主办单位 四川大学近代法文化研究所 四川大学法学院

主　　编 里　赞　刘昕杰

投稿地址：《法律史评论》期刊协同采编系统 https://falv.cbpt.cnki.net/

法律史評論

第23卷

里赞 刘昕杰 主编

2024
春

巴蜀书社

目　录

主题研讨一：

中华优秀传统法律文化的近代传承与文明互鉴

清代州县官员处理词讼案件的“教谕式调解”

白　阳*

摘　要　清代词讼案件的审判模式被界定为一种“教谕式调解”，其理念则是对于符合情理的唯一“公论”之追求。《杜凤治日记》中所记载的相关案例展现了州县官员处理词讼案件的基本特征，即非理性裁断、以律例为手段、目光在两造间来回流转，以及“软硬兼施”促使结案等。同时，这些特征也反映出实践对追求“公论”这一理念有所偏离。

关键词　词讼案件；教谕式调解；公论；偏离

清代的诉讼大致分为词讼与案件两类。① 所谓词讼，又称为州县自理词讼，是指州县官员可以自主审定结案的案件，主要包括民事纠纷案件与轻微的刑事案件。滋贺秀三指出：“没有必要处徒以上刑罚的案件，全部都委任给州县一级进行处理。只要当事者不上诉，上级机关与这类案件就不生关系。这类案件称州县自理的案件。”② 同样，夫马进也有类似的观点，认为州县自理案件是“在州县一级终审的案件，即无须报送府以上进行审理，在州、县一级，作为刑罚可处笞、杖，或完全不处刑罚，仅以训谕结案。具体地说，是有关婚姻、户籍、田土、斗殴、偷窃、田粮等的案件”。③

---

* 白阳，上海政法学院法律学院讲师。

① 参见邓建鹏：《词讼与案件：清代的诉讼分类及其实践》，《法学家》2012 年第 5 期。

② ［日］滋贺秀三：《中国法文化的考察——以诉讼的形态为素材》，王亚新译，载王亚新、梁治平编：《明清时期的民事审判与民间契约》，法律出版社，1998，第 12 页。

③ ［日］夫马进：《明清时代的讼师与诉讼制度》，范愉、王亚新译，载王亚新、梁治平编：《明清时期的民事审判与民间契约》，法律出版社，1998，第 395 页。

滋贺秀三将清代州县官员听讼，即处理州县自理案件的审判模式界定为一种“教谕式调解”。其表现为：地方官听取两造主张，根据情理而提出妥当的、能够使双方当事人心服的解决方案，并通过说服或压服的方式使双方当事人接受，从而停止争执，达到平息纠纷的处理过程。故而，其是调解的一种，又因公权力的介入而带有强制性的成分，因此称之为“教谕式的调解”。① 寺田浩明进而指出，清廷对于词讼案件的审理抱有一种“过度的普遍主义理想”，认为各个不同的案件都存在一个天下公认的正确处理结果，即所谓“公论”。其坚信，虽然需要在每个个案中对双方当事人提出的主张、依据以及背景等因素进行个别性的综合考量，但只要裁决者是站在公平的立场予以认真处理，就能得到大致相同的裁决，而这一裁决也会被两造所接受。因此，官员的责任只不过是寻找这个符合“情理”的“公论”而已。②

当然，在每一个词讼案件中寻找“公论”是一种理想状态，或者可以称之为清代审判词讼案件的基本理念。但是，州县官员具体是如何通过“教谕式调解”的方式来处理词讼案件的？在实践中这种追求“公论”的理念又能否得到贯彻？本文以《杜凤治日记》中所记载的词讼案件为切入点，结合相关案例，分析清代词讼案件审理中反映出的“教谕式调解”的特征，同时分析其对追求“公论”这一理念的偏离现象。

一、“教谕式调解”

清代官员常常指出，听讼时只需存有公心，“胸中打扫洁净，空空洞洞，不豫立一见，不豫着一物，只细问详求，其情自得”。③ 其在裁判词讼案件时“准情度理便是办案把鼻”，④“惟有准情酌理，详细推鞫，但能详细，民自不冤，所可据者，此耳。”⑤ 换言之，官员只需以“情理”作为裁决依据，秉公审判，就能找到两造都能接受的某种“公论”，即

① 参见王亚新：《关于滋贺秀三教授论文的解说》，载王亚新、梁治平编：《明清时期的民事审判与民间契约》，法律出版社，1998，第97—111页。

② ［日］寺田浩明：《“非规则型法”之概念：以清代中国法为素材》，载氏著：《权利与冤抑：寺田浩明中国法史论集》，王亚新等译，清华大学出版社，2012，第357—393页。

③ （清）徐栋：《牧令书》，卷17《刑名上·听讼》，载官箴书集成编纂委员会编纂：《官箴书集成》，黄山书社，1997，第七册，第380页。

④ （清）徐栋：《牧令书》，卷17《刑名上·听讼》，载官箴书集成编纂委员会编纂：《官箴书集成》，黄山书社，1997，第七册，第384页。

⑤ （清）徐栋：《牧令书》，卷17《刑名上·听讼》，载官箴书集成编纂委员会编纂：《官箴书集成》，黄山书社，1997，第七册，第382页。

所谓：“推情度理，讲论曲直，判断是非……务得其平，使两造心服，庶几案归平允。”①一旦找到了符合“情理”的“公论”，“使两造皆明义理，安得有讼？”② 也就意味着完美实现了治理的最终目的。

当州县官亲自对自理词讼案件予以调处时，便会采取“教谕式调解”的方式，即在了解案情之后，权衡双方的利益与主张，然后给出一个其认为恰当的方案，并积极促成两造接受其方案，从而解决纠纷。

这种“教谕式调解”的方式并不少见，州县官往往在了解基本案情后基于某种普遍的情理而提出自己的解决方案。这种模式似乎是官员依据“情理”寻找“公论”，并以此“公论”作为最终裁决意见，从而得到两造接受的过程。然而，对于这种判决意见，两造并不会基于找到了唯一正确的结论而欣然接受，相反地，词讼案件往往需要州县官一面苦口婆心地予以劝慰，一面略带威胁地警告，从而使得两造表示妥协，最终接受其方案。与司法审判不同，其并非以确定两造的绝对胜负为目的，而是采取一种妥协的方式促使纠纷得到化解；而案件终结的形式也并非两造接受依照明确且具强制性的法条所裁决的结果，而是以双方具结、表示自己心甘情愿地终结该诉讼的方式予以结案。从这一角度看，清代的听讼确实更像是一种调解，而这种调解又由于加入了官方的某种隐约可见的强制性意见而更像是父母对子女的一种“教谕”。

例如，在一起因葬地买卖而引发的债务案件中，刘家勋的妻子邹氏病死，其父母的坟茔早已迁葬，于是打算将其妻葬于该处坟地。但由于此葬地为族中公地，刘家勋便与其侄刘天德商定出银十四两买下该坟地。当其妻下葬后，刘家勋却赖账不肯支付，刘天德便以其母亲梁氏的名义将其诉至县衙。由于担心钱债案件知县不予重视，刘天德妄称刘家勋为葬妻而盗灭祖父母骸骨，以此作为案由。知县杜凤治审出实情，虽然斥责其捏词诬告的行为，但念梁氏为妇女免于惩处，并给出了自己的处理意见，判令刘家勋出银买下该葬地，用于其妻安葬，但价格却按照原定十四两打七折，作银九两八钱。两造最终也接受了这一折中的办法。③

又如一起叔侄债务纠纷，陈福广曾向其堂叔陈丙昌借银四两，以自己屋旁地及廊屋作抵押，但借钱后本利不还，还妄控其堂叔强占田房产业。杜凤治查出陈福广实属诬控，声

---

① （清）褚瑛：《州县初仕小补》，载官箴书集成编纂委员会编纂：《官箴书集成》，黄山书社，1997，第八册，第751页。

② （清）汪辉祖：《学治臆说》，载官箴书集成编纂委员会编纂：《官箴书集成》，黄山书社，1997，第五册，第275页。

③ 《杜凤治日记》，邱捷点校，广东人民出版社，2021，第二册，第904页。

言本应重惩，“姑念同堂叔侄起衅为四两借项”，于是给出自己的裁判意见：陈福广应当归还所借本金四两，利息不计，但鉴于其生活穷苦，建议减去一两，让陈福广还三两结案。两造便按照此方案具结完案了。①

二、“教谕式调解”的特征及其对目标的偏离

官员亲自调判词讼案件时，往往难以发现其追寻“公论”的痕迹，反而出现明显偏离该目标的处理方式。这主要呈现以下四个方面的特征：

（一）非理性裁断

实践中，州县官对案件事实的判断很大程度上基于其主观判断，所做出的判决则更接近于一个他认为双方有可能接受的解决方案，而非执着于查明案件真相，也非严格依照律例或者符合情理，更不必说追寻唯一的“公论”了。

试举一例。同治八年（1869年）六月十六日，杜凤治处理了一起盗卖尝田的案件。有个地主家的“傻儿子”严广惠，虽然十以内的数都无法数清，但“黄赌毒”倒是样样精通。严广惠经常在高垣的亚德烟馆抽大烟，日积月累，欠下不少钱。高垣顿起贪心，哄骗严广惠以其母亲的名义与自己签订契约，从而盗买其母的尝田，并让店员严亚福做中人。根据严亚福的供述，高垣向严广惠支付了四十两银子，又将严广惠抽大烟的花费定为三十两，以此折抵田价，但在契约上却写作总价二百两。杜凤治初次审理后便做出判决，判令此契约无效，要求高垣将所持契约交出，严广惠则将所收四十两银子还给高垣；至于抽大烟的欠钱则被杜凤治认定为十两，故而严广惠共需还银五十两。② 二十一日下午，杜凤治升堂继续处理该案。严广施已于前一天按照判决替他的“傻哥哥”付银五十两，当日则是遵照其母亲的意思再向衙门捐助二十两，作为修筑城工的费用。而此时高垣仍不肯缴契服判，这可惹恼了杜凤治。杜知县向其说道：“之前判决还你五十两本银，是可怜你是个做小本生意的。现在竟然不知好歹，胆敢匿契不缴，实属刁奸。”随即，杜凤治引用了律例的规定：“查律载民间置买田房产业，一年之内匿不报税，将契价一半充公。”“既然你不肯缴契，那这田产便是你的，”杜凤治接着说道，“你并未前来报税，按照律条规定，田价的一半即一百两应当充公。严广施交付的五十两先予以充公，你还需补交五十两，之后仍要你

① 《杜凤治日记》，邱捷点校，广东人民出版社，2021，第二册，第1009—1010页。
② 《杜凤治日记》，邱捷点校，广东人民出版社，2021，第三册，第1063页。

把契交出，销毁作废。”① 判决之后仍将高垣押候。但一直到七月十一日，高垣仍未缴契，即将卸任的杜凤治也未要求其补交五十两，只是对其不遵判决、拒绝缴契的行为表示不满，下令继续将高垣收押，等待新任知县处理。②

实际上，在许多词讼案件中，官员并不对争议数额进行调查确认，而是随意地酌中认定。此案中，杜凤治一开始并未援引律例处理，而是认定所签订契约无效，令双方还钱缴契；同时又将严广惠所欠烟馆的消费金额定为十两银子，但我们却难以发现其定价的依据。又如杜凤治审理的一起欠租案中，唐善初等人控告张华琳欠租谷二十四石不还，而张华琳开始拒不承认欠租，后又改口称只欠四石。杜凤治虽然不能判断唐善初所说的二十四石数额是否真实，但认为按其一半判令付给其十二石也不算少了。③ 另一起砍桂树案件中，严茂桢供认确为私自砍伐，但只有三四十株，而赖鉴却声称有二千余斤之多。杜凤治认为，两造所供数目均不属实，于是酌中断为一千斤，从而结案。④ 显然，这种酌中认定数额并无任何依据，只是州县官员认为两造有可能接受的妥协幅度而已。

而即便在纠纷数额明确、应当足额清还的情况下，为了促成案件尽快了结，州县官员也会判令减轻甚至免除相应债务。如一起因葬地买卖而引发的债务案件中，刘家勋原本应当出银十四两购买坟地，但因其赖账导致被诉至衙门。杜凤治最终判令刘家勋按照原价打七折，即向卖主支付九两八钱便购得此坟地。⑤ 又如一起叔侄债务纠纷中，杜凤治鉴于债务人生活穷苦，在应还本金四两的基础上减去一两，判令还三两即可结案。⑥ 同样的，另一起钱债案件中，杜凤治原本判令还本金二千四百两，并以查封店铺抵债作为威胁；⑦ 但由于债务数额巨大，于是又改判为一千两。⑧ 尽管官员这种减轻债务的裁判一定程度上有助于促使债务人在能力范围内尽快履行债务，从而减少债权人的损失，但这并不符合“欠债还钱”的基本情理，更不必说律例规定了。更有甚者，在一些判决中官员直接免除相应债务，试图终结纠纷。同治十三年（1874 年）九月三十日，杜凤治下乡时就近审理了一起抢牛案。其案情比较简单，陈运高因彭华彩欠钱拖延不还，便擅自将彭华彩家的两头牛牵走抵债。彭华彩便控诉陈运高抢牛伤人，陈运高则声称其欠债不还，自愿将牛抵欠。经杜凤治查核账簿，确认彭华彩欠陈运高六十余千文。而按照市价，两头牛价值二十八千文，

① 《杜凤治日记》，邱捷点校，广东人民出版社，2021，第三册，第 1070 页。
② 《杜凤治日记》，邱捷点校，广东人民出版社，2021，第三册，第 1091 页。
③ 《杜凤治日记》，邱捷点校，广东人民出版社，2021，第八册，第 4020 页。
④ 《杜凤治日记》，邱捷点校，广东人民出版社，2021，第八册，第 4138 页。
⑤ 《杜凤治日记》，邱捷点校，广东人民出版社，2021，第二册，第 904 页。
⑥ 《杜凤治日记》，邱捷点校，广东人民出版社，2021，第二册，第 1009—1010 页。
⑦ 《杜凤治日记》，邱捷点校，广东人民出版社，2021，第四册，第 1999 页。
⑧ 《杜凤治日记》，邱捷点校，广东人民出版社，2021，第四册，第 2192 页。

即便以此抵债，尚有三十二余千文未还。于是，看在彭、陈两家“既为乡邻，又有戚谊”，杜凤治又把牛价认定为四十千文，但仍欠二十余千文。鉴于该案已缠讼两年，而陈运高擅自牵牛亦属不应，杜凤治便大笔一挥，判令以牛抵债，剩余欠数一笔勾销。① 另一起因欠租金而诬控抢劫的案件中，杜凤治也并未要求承租人如数还钱，而是判令出租人收回店铺，另租他人，承租人所欠租金一概免除。②

同时，一些案件的处理结果则呈现出州县官的“谜之操作”，与追求“公论”的目标大相径庭。如前案中，面对高垣不愿缴契的态度，杜凤治一怒之下改变了裁决，将原本判令还给高垣的五十两银子充公，还罚其银五十两。如果判决是按匿税予以处罚，那么是否意味着杜凤治变相承认了该买卖行为已然成立？这显然与其主张契约无效的初衷相悖，前后矛盾，可见一斑。

类似情形并不少见。如有一案，曾其茂与其寡嫂曾李氏将土地绝卖于曾云祯等人，但写契时漏把白鹤崀地区田亩四分写入，曾其茂便借机兴讼，谎称白鹤崀处田亩并未卖出。杜凤治查明真相后，下令将曾其茂重责，同时也要处置曾李氏。曾李氏供称自己女流之辈，颇为无知，且自己身为寡妇，将田卖出后便无生活来源，衣食无着，恳求大老爷恩典。杜凤治此时也发了恻隐之心，以“写契漏写白鹤崀土名，亦有不是”为由，要求曾云祯等人出银十两给予寡妇曾李氏。③ 该案中，仅仅因为寡妇贫穷无依，杜凤治便对其诬控的行为不予追究，还让原本受到牵连的被告一方出银救济，难保被告心中没有怨言。如其不肯缴付，则又容易产生新的纠纷。更令人担忧的则是，越来越多处于弱势地位的人会争相效仿，引发更多类似的诉讼，以求获得此种“救济”。

又如，在一些纠纷较为复杂、一时难以厘清案情的案件中，州县官员为了尽快了结诉讼，竟然采取充公之类“简单粗暴”的处理方式。同治九年（1870年）十一月三十日，杜凤治审理了一起因典卖、绝卖之争而引发的土地纠纷。梁勇升指出，其三十多年前典卖山田给宁定志，现欲以原价赎回，宁定志却声称当时为绝卖，不能回赎。杜凤治验契之后，一时难辨真伪，又觉得以五两一钱买得偌大山田过于便宜，且三十多年所得利益早就超过此价，于是判令允许梁勇升以原价回赎该地。同时，杜凤治又担心宁定志不肯服判，于是指出“契恐非真”，本应追究责任，收三十余年之罚款，姑且宽免，令其具结完案。④ 宁定志自然不肯遵断。待到十二月十一日复讯该案时，杜凤治干脆断令将田充公，以免两造再

① 《杜凤治日记》，邱捷点校，广东人民出版社，2021，第七册，第3623页。
② 《杜凤治日记》，邱捷点校，广东人民出版社，2021，第七册，第3896—3897页。
③ 《杜凤治日记》，邱捷点校，广东人民出版社，2021，第二册，第667页。
④ 《杜凤治日记》，邱捷点校，广东人民出版社，2021，第四册，第1755页。

起纠葛。① 该案中，杜凤治并未深究契约的真假，只是基于买地时地价便宜就允许以原价赎回。但该次交易发生在三十多年前，当时地价是否合理也属未知。且当事人三十多年后要求回赎，难保不是伪造契约，谎称典卖，以便图利。而由于契约真假未定，杜凤治威胁其罚款的理由也显得缺乏依据。而最终裁判的结果，竟然是充公了事。这种简单粗暴的办法也许能起到一时的效果，但两造恐怕难以接受这一重大损失，难保日后不会再起讼端。类似的，同治九年（1870 年）十二月初一，邵凤进、邵乔桓二人因互控争山而涉讼，杜凤治见其缠讼不休、纠葛不清，同样断令将该山及两家所种一半竹木充公，以便结案。②

（二）以律例为手段

虽然许多判决出现了引用律例的记录，但并不意味着官员是严格依律例裁判的。一般情形下，法律条文只是促成结案的筹码，官员或是以依律例裁断相威胁，或是针对当事人可能存在的诬控的行为予以警告，从而使得当事人被迫接受其判决。

如前文所引严广惠盗卖尝田的案件中，面对高垣不愿缴契的态度，杜凤治改判充公、罚银，而其依据则是《户部则例》的规定：“凡置买田房不赴官纳税、请粘契尾者，即行治罪，并追契价一半入官。仍令照例补纳正税。”当然，对高垣的最终处理结果已无法得知，而从杜凤治离任前的命令可以看出，其仍执着于高垣应当服从缴契的判决，至于依例罚银的说法，恐怕只是促使其尽快具结遵断的威吓手段而已。再如一起争继案中，冯凤祥的大哥已死，族中选定其二哥的长子过继于大房，而冯凤祥则主张将自己的儿子过继给大房，从而发生纠纷。杜凤治先是好言相劝、反复劝导，试图说服冯凤祥撤诉结案，但冯凤祥坚称这是其已故父亲的意见，不肯遵照。杜凤治不由得大怒，以“国家自有定例”“惟有照案按例”究办等语相威胁，这才迫使其遵断结案。③ 另一起互争山松案件中，杜凤治在判决中指出：“陈姓匿契五十年不税，本应将业照例罚半充公，倘从此安分息事，亦免议罚……验所呈批耕约，并无批耕何公之田字样，亦希借批影射，宽不计论，两造俱遵断具结完案，回家安业，毋许再启争端干咎。”④ 显然，其点出当事人可能存在的违例行为也是为了促使案件尽快完结。

更为常见的情况则是官员以依律追究诬告责任为威胁手段，迫使当事人尽快具结。从清代诉状的写作风格可以看出，当事人在撰写诉状时为了引起州县官的重视，使案件顺利

---

① 《杜凤治日记》，邱捷点校，广东人民出版社，2021，第四册，第 1776 页。
② 《杜凤治日记》，邱捷点校，广东人民出版社，2021，第四册，第 1759 页。
③ 《杜凤治日记》，邱捷点校，广东人民出版社，2021，第一册，第 349 页。
④ 《杜凤治日记》，邱捷点校，广东人民出版社，2021，第七册，第 3690 页。

进入审理阶段，在案件情节的描述上往往掺杂有一定程度的夸张、虚构成分，即在有关田土、钱债等民事纠纷的状词中加入打骂殴辱等情节，使其看上去仿佛是一起严重的刑事重案。寺田浩明曾指出，即使对于那些民事诉讼，当事者主要的目的是争取经济利益，呈状者也不会在诉状中明确表明，而是像涉及暴行伤害的刑事诉讼那样注重谴责对方的行为态度，并使用各种手法展现对方欺压的暴行和自己受到凌辱的惨状。① 于是，几乎所有的田土、钱债、继承等民事纠纷经过语词的修饰、套语的运用与情节的夸张，便构成了一个固定的模板，如同戏剧舞台上出现的经典桥段：一个不染毫非的老实人被素有恶习、恃强逞凶的奸恶之辈或好讼之徒所伤害，由于对方不合理或不合法的行为，呈状人被迫陷入了一种危急的状态，而旁人迫于对方的蛮横或强势无法予以调解、给予帮助，故而只能寻求青天大老爷，即州县官员的公正审理。诚如唐泽靖彦所说，“在这类模式中，起诉人总是正直善良，被诉方则是邪恶者，常常寻找机会诬陷诚实之人……在许多情况下，遭受暴行的起诉人，‘幸’被亲邻们‘力救’‘施救’‘解救’。结果，起诉人只能采取诉讼手段而向维护道德与法律的地方官提出诉状”。②

然而，当州县官审理时会发现，这一桩桩看似暴力犯罪的案件实际上只是涉及田土细故的纠纷而已，声称对方动辄打杀的控诉也不过是夸张的修辞。这种在官员眼中捏词耸听的行为在理论上极有可能触犯清廷的相关律法。《大清律例》“教唆词讼”条规定：“凡教唆词讼及为人作词状，增减情罪，诬告人者，与犯人同罪。”③ 这实际上将真正执笔撰写情节夸张、饰词耸听的状词的作状人置于极为被动的处境，使其与控告者一同承担诬告的罪名。而对于诬告者，清律惩治得十分严厉：“凡诬告人笞罪者，加所诬罪二等；流、徒、杖罪，加所诬罪三等；各罪止杖一百、流三千里。”④ 同时其规定：“若告二事以上，轻事告实，重事告虚；或告一事诬轻为重者，皆反坐所剩。若已论决，全抵制罪；未论决，笞、杖收赎；徒、流止杖一百，余罪亦听收赎。”⑤ 如此一来，那些“细事”纠纷为实，殴辱打杀为虚的诉状呈状人也就面临着诬告反坐的危险。

但在清代的司法实践中，官员往往并非严格依照律文规定予以处置，而是以此作为促使当事人尽快具结的手段，即利用其诉状中存在的虚构、夸张的情节，在适当的时机指出

① ［日］寺田浩明：《权利与冤抑——清代听讼和民众的民事法程序》，载氏著：《权利与冤抑：寺田浩明中国法史论集》，王亚新等译，清华大学出版社，2012，第235—237页。

② ［日］唐泽靖彦：《清代的诉状及其制作者》，牛杰译，《北大法律评论》第10卷，北京大学出版社，2009，第35页。

③ 《大清律例》，卷30《教唆词讼》，田涛、郑秦点校，法律出版社，1999，第490页。

④ 《大清律例》，卷30《诬告》，田涛、郑秦点校，法律出版社，1999，第481页。

⑤ 《大清律例》，卷30《诬告》，田涛、郑秦点校，法律出版社，1999，第482页。

当事人涉嫌诬告，从而使其不敢轻易抵制判决，更容易选择妥协。如在一起控告窃砍山木的案件中，杜凤治认为其有诬控情节，便当堂判令：“汝诬控人形迹尽露，倘肯悔过，念汝年老，当堂自认挟嫌妄控，知过乞恩，尚可宽宥。如强梁迷执，立即责惩，更当治以诬控之罪。”告状者见状连忙恳求从宽，具结完案。① 又如一起争山田案中，杜凤治同样饬令告状者具结，若敢不遵，便要究办其诬控之罪。②

更有甚者，即便涉及一些严重违反律例的行为，只要当事人愿意遵从判决、息讼结案，州县官员也不会严格依照律例裁断，而是将其作为一种潜在的敦促工具。如杜凤治在审理一起钱债纠纷时发现，该案的起因竟然与“枪手”代考有关。黄鸿儒雇了黄凤炘替他儿子黄显明参加院试，但考完后又赖账不给，因而被黄凤炘诉至衙门。杜凤治深知此案重大，指出“此事情节显然，如果照例办，两边均不得了”，但却并未惩办，而是话锋一转：“本州从宽，必不深究，惟尔须捐桥工经费数百元，则亦不传讯矣。”原来，杜凤治是想让两造罚钱结案，照例究办的话语恐怕只是作为一种铺垫而已。③ 类似情形也可见于其他档案材料。如根据黄岩 31 号诉状的记载，徐罗氏丈夫与被告郑祖焕等人因钱债纠纷发生争斗，郑家将徐罗氏的丈夫打伤致死，其后郑祖焕许诺出银四百元私了，但实际仅付十四元。于是，徐罗氏为讨回银洋而向官府求助。欧阳知县审阅状词后指出呈词“满纸模糊”，继而对钱债的凭据、涉及的数目、斗殴的具体情形、死者的伤处等问题提出疑问，并批示道：“乃辄自贿和，迄今旬余，尸已棺殓埋葬。以勒休负噬等情呈告，明系听人唆使，籍端讹诈，借事妄控，显而易见。查私和人命，例载治罪明文，诬告有反坐之条。据此论罪，该氏两者必居其一。本先将该氏研讯严究，姑念妇女无知，从宽驳斥。不准。”④ 从这则案件中我们可知，呈状人徐罗氏本身可能触犯两条律法。其一，《大清律例》“尊长为人杀私和”条规定：“凡祖父母、父母及夫若家长为人所杀，而子孙、妻妾、奴婢、雇工私和者，杖一百、徒三年。”⑤ 该案中，若徐罗氏之夫乃被人殴打后致死，其并未报告官府，而与行凶者商定银洋四百元和息，这明显违法律条，理应杖一百、徒三年。其二，该案事发至呈状之时已一月有余，其夫已埋葬，故而州县官认为此时控诉“明系听人唆使，籍端讹诈，借事妄控，显而易见”，若果真如此，其又会因诬告而遭到反坐，而教唆词讼者也会受到严厉的处罚。

---

① 《杜凤治日记》，邱捷点校，广东人民出版社，2021，第四册，第 1760 页。

② 《杜凤治日记》，邱捷点校，广东人民出版社，2021，第四册，第 1872 页。

③ 《杜凤治日记》，邱捷点校，广东人民出版社，2021，第七册，第 3876 页。

④ 田涛、许传玺、王宏治主编：《黄岩诉讼档案及调查报告》，法律出版社，2004，第 277—278 页。

⑤ 《大清律例》，卷 26《尊长为人杀私和》，田涛、郑秦点校，法律出版社，1999，第 441—442 页。

可欧阳知县最终仅以“妇女无知”为由，结案了事。①

（三）目光在两造间来回流转

既然官员做出的判决仅仅是一种可能的解决方案，而非唯一的“公论”，那么该判决就存在“讨价还价”的空间。因此，官员的裁判过程经常表现为其在双方主张之间摇摆，不断试探后最终确定某种两造暂时可接受的处理办法。

同治十三年（1874年）八月十七日，杜凤治审理了一起地税纠纷。崔张氏及其子崔棣亨控告梁亚林、梁发堂等人假契匿税，应缴七升而只认税二升，恳请查验。经过杜凤治仔细审理，大致案情浮出水面：原来，崔张氏的产业每年应缴税一斗一升民米，后来其将塘地、房屋、树木、厕屋全部卖与梁发堂，仅留下房屋未卖，但立契过税时误以为共需纳税四升，故只将出卖的产业认定了二升税米。据此，梁姓按契约约定纳税二升，而剩余九升全部需由崔张氏缴纳，崔张氏认为有失公平，因而诉至衙门。杜凤治最开始判令两家平均缴纳这一斗一升税米，即各缴纳五升五合，但梁姓不肯遵照；杜凤治便又提出了新的方案，判令崔张氏可将原来卖给梁姓的产业转卖给别人，然后按原价还给梁姓银一百六十两。此时，崔张氏又指出原来契约上所写契价是梁发堂自行填写的，并非其实际所得钱款。杜凤治也觉得一百六十两价格过高，便让崔张氏先寻买主，以实际出卖价格支付给梁姓。梁发堂原本仍不肯遵依，但在杜凤治拍桌怒斥之下，只得具结完案。②

从此案判决可以看出，杜凤治并非在找寻某种符合情理的唯一判决，而是提出不同的方案，观察两方的态度，再逐渐达成某种一致意见。最开始，各自承担一半税米的方案显然更符合崔张氏的诉求，但梁姓明确表示不同意；其后，退地还钱的方案得到了梁姓的认可，而崔张氏却对所还价款提出质疑。杜凤治见两造似乎可以接受这一方案，便进一步协商价格，最终以实际出卖价款还给梁姓。尽管梁发堂对该数额仍表示不满，但由于其已就方案本身表示过认可，此时反悔必然遭到杜凤治的斥责。于是，这起案件便在“青天大老爷”的调判下结案了。

又如一起盗卖田地案件中，官经广因挥霍无度，便将家中的田契偷出，将约二十二亩的田地卖与罗尚彬，得钱二百两。但这些田亩中官经广只占有五亩，其余田亩均是其寡居弟妇所有。杜凤治初次审理此案时做出判决：将一半田亩判归罗尚彬，抵银二百两，另一

---

① 相关分析可参见邓建鹏：《清代州县讼案的裁判方式研究——以“黄岩诉讼档案”为考查对象》，《江苏社会科学》2007年第3期。

② 《杜凤治日记》，邱捷点校，广东人民出版社，2021，第七册，第3532、3539页。

半仍归官家寡妇所有。① 其后，因官姓不服该判，阻拦丈量，又兴讼端。② 杜凤治复讯该案后，改判为官家交付罗尚彬六亩五分土地，抵银二百两，从而具结完案。③ 该案中，杜凤治并未判决盗卖行为本身无效，也未依律惩治盗卖行为，而是考量应当交付多少土地才是“恰当”的。当然，从其改变判决这一过程也可看出，不论是对半划分还是以六亩五分交付，都很难称得上是符合“公论”的正确判决。类似的，另一起盗卖尝田的案件中，杜凤治先是认定盗卖性质成立，判令以原价二十两银子赎回田地，契约作废。④ 但三天后复讯该案时，杜凤治的态度却发生了明显转变。他认为，买方花费精力悉心开垦，才使得该地适于耕种。而卖方见沙地变为良田，便想乘机赎回，若此时以原价赎回该地显然不妥。因此，杜凤治予以改判，断令卖方于正田价二十余两外再加挑沙工本银二十两，再还付买方所缴契税，从而赎回该田。⑤ 该案拖到第二年二月仍未结案，待杜凤治第三次提讯该案时，却又不见了对于买方的同情，转而又指出其属于盗买行为，斥责其倚老卖老、不识轻重、昏聩糊涂，并威胁买方尽快具结。⑥

（四）“软硬兼施”促结案

为了保证两造能够尽快接受其提出的方案，州县官员会采取“软硬兼施”的手段来促使双方当事人暂时表示认可，从而具结完案。

如一起案件中，陈奇彰与其堂叔陈齐贤等人因田亩所有权纠纷涉讼。前任知县断令陈齐贤出银二十两给陈奇彰，田则归陈齐贤所有。但陈齐贤不肯出银，以致两造仍然互控，案件迁延一年之久仍未了结。杜凤治审理后认为，该田本应断给陈奇彰所有，但既然前任已经做出判决，则“将错就错”，依照原判决执行，于是下令陈齐贤限三日内向陈奇彰付银二十两，并罚款二十两充公。⑦ 待一月后再次提讯该案时，杜凤治又好言劝导，指出叔侄亲情为重，为防止叔侄因该诉讼结仇，只需按前任判决将二十两付给陈奇彰，便可免予罚款。陈齐贤当即表示感激，十日后便将银凑齐交清，并具结销案了。⑧

从该案可以看出，杜凤治虽然认为原判有错，但并未执着于寻找正确的“公论”进而做出改判，而是仍然要求执行原判决。由于该案已拖延一年之久，杜凤治便使出了“软硬

① 《杜凤治日记》，邱捷点校，广东人民出版社，2021，第二册，第 658、661 页。
② 《杜凤治日记》，邱捷点校，广东人民出版社，2021，第二册，第 662 页。
③ 《杜凤治日记》，邱捷点校，广东人民出版社，2021，第二册，第 670 页。
④ 《杜凤治日记》，邱捷点校，广东人民出版社，2021，第四册，第 1743 页。
⑤ 《杜凤治日记》，邱捷点校，广东人民出版社，2021，第四册，第 1751 页。
⑥ 《杜凤治日记》，邱捷点校，广东人民出版社，2021，第四册，第 1865 页。
⑦ 《杜凤治日记》，邱捷点校，广东人民出版社，2021，第二册，第 587 页。
⑧ 《杜凤治日记》，邱捷点校，广东人民出版社，2021，第二册，第 617、624 页。

兼施”的手段：一面判令罚银对拒不执行判决予以惩戒，一面又温情脉脉地叙起叔侄之情，将罚银免除。显然，罚银的判决更像是一种威胁的手段，叔侄亲情也不过是以情理装点的门面，最终目的是让两造乖乖地执行判决，尽快结案。这正是：“经年缠讼不肯息，软硬兼备施故技。”一面“凛凛杀威棒”，一面“脉脉总关情”。

司法实践中，州县官员为促使当事人遵断具结而采取的强硬手段较为多样，一般包括三种形式：

1. 以按照律例处置相威胁

诚如前文所述，官员往往指出案件若严格依律例裁判会导致更加不利的后果，以及当事人可能面临因涉嫌诬控而被追究责任的处境，从而使当事人基于利益衡量而遵照官员所提出的裁判意见予以执行。

2. 声称做出充公、罚款或其他有损于当事人利益的改判行为

如果两造对州县官员所做判决表示不服，不愿遵照执行，官员还可能以改判相威胁。当事人为了避免落入更加不利的境地，则会选择遵照原判决执行，从而终结诉讼。

如有一起互争铺亭案件。陈卓义将街边之地租与林启燊，林启燊在该地开设铺亭卖肉。因陈卓义霸占铺亭，转租别人，因而被林启燊诉至衙门。杜凤治判令林启燊交清欠租后继续承租，陈卓义归还铺亭，不准另租他人，并警告两造：“如果两执己见，更相攻讦，则街中大路系属官业，两姓均无实据，不应占踞，必将铺亭充公，以断葛藤。”① 但陈卓义迟迟未将铺亭交出，于是杜凤治又饬令其立即将铺亭归还林启燊，“倘敢强蛮无理霸占妄争，押候比追”。为了进一步督促陈卓义执行判决，杜凤治又指出：“陈姓霸占至今，视为固有，殊属目无法纪。倘自知理亏，将铺亭归还林姓，遵断具结，尚可从宽含混，免其深究。如仍执迷，自以为是，该墟所有街道均系官路归公，街亭何人所建听起自行拆卸，即此定断，永免争执。陈卓义等自择焉……如敢迁延不交，意图观望，定干比追，改押羁所不贷。”② 此案中，杜凤治两次都以充公为威胁，让两造遵照其判决尽快结案。而另一起田土纠纷中，杜凤治判令田主补价十二两，但田主不遵。于是杜凤治发下话来：“既不肯出十二金，判令捐银百两，为改造西门、修理包庙并学官衙署尚未毕，又种种需项，令其捐助，交差督候缴项再释……又不遵断，吝啬小费，罚之令其自择。”③ 由此可见，杜凤治见其不肯遵照判决执行，便下令让其“捐银百两”。但这并非真的要求罚款，而是一种变相的威胁，让其自己掂量孰轻孰重再做出选择，最终当事人往往只能乖乖地服从判决，具结完案。

---

① 《杜凤治日记》，邱捷点校，广东人民出版社，2021，第七册，第3571页。
② 《杜凤治日记》，邱捷点校，广东人民出版社，2021，第八册，第3942页。
③ 《杜凤治日记》，邱捷点校，广东人民出版社，2021，第二册，第740页。

此外，当官员改判会导致当事人的利益受损、负担加重时，当事人往往也只得遵照原判。雷经宗控张德钦欠租八十余石未还，而张德钦供称只欠三十余石。杜凤治判令按五十石计算，让张德钦还租结案。① 但张德钦第二天却又翻供，声称旧欠早已还请，只有今年租谷未缴。杜凤治闻听大怒，认为张德钦故意狡赖，于是下令前判作废，就按雷经宗所控数额予以认定，要求其全数交还。② 张德钦见状急忙改口，供称之前误听判决，自己愿意按照先前的判决缴纳五十石。杜凤治此时也就顺水推舟，同意按原判结案：“公堂之上岂容信口雌黄、听唆翻供？岂非自贻伊戚！现应缴五十石租速了，以便释回安业，三名均提出交差。”③

3. 对不遵照判决的当事人实施强制或惩戒手段

当两造拒不服从已经做出的判决，不肯具结，州县官员有时不再仅仅停留于口头威胁，而是采取相应措施，促使当事人基于恐惧而遵断具结。其中，最典型的方式便是将当事人收押，直到愿意按照判决结案之时才将其释放。杜凤治在处理案件时经常采取此种方式，如“冯税庆不遵，押收勒令具结”，④ “不肯照堂判具结，下朱谕令分别收押”，⑤ “不肯具结，分别收押”，⑥ “固执不允，将其押祠”，⑦ “哓哓争辩，不肯具结，将其收押土地祠”，⑧ 等等。

此外，州县官员还会对某些蛮横的当事人施以掌嘴、枷号等刑罚以示惩戒。如一起争山案中，冯卓杰以山作为抵押向江昆强借银一千两，待冯卓杰向其还钱后，江昆强却说该山当时是绝卖给他的，不肯将山归还，两方因此涉讼。前任蒋知县审理此案时，江昆强曾暗中向蒋知县许诺给予贿赂，但蒋知县当堂斥责其行贿行为，判令待冯卓杰将借款还清后，江昆强需归还该山，并勒令其遵断具结。但江昆强拒不遵断，蒋知县下令掌嘴数百下。江昆强不服，因而上控，仍发回县衙重审。杜凤治仔细审核案卷后认为，且不论该山究竟应当归谁，仅就江昆强为争山而花费的钱财就早已超过山价，进而认定该人狡诈刁健、不识轻重，鉴于其抗不具遵，屡次喝令掌嘴。⑨ 而在一起争田案中，蒋光杰、蒋光俊兄弟二人欠租不交，还将田地霸占，谎称自家祖业，被杜凤治审出实情后仍强词夺理，不肯服判。

---

① 《杜凤治日记》，邱捷点校，广东人民出版社，2021，第二册，第 724 页。
② 《杜凤治日记》，邱捷点校，广东人民出版社，2021，第二册，第 727 页。
③ 《杜凤治日记》，邱捷点校，广东人民出版社，2021，第二册，第 730 页。
④ 《杜凤治日记》，邱捷点校，广东人民出版社，2021，第一册，第 148 页。
⑤ 《杜凤治日记》，邱捷点校，广东人民出版社，2021，第一册，第 337 页。
⑥ 《杜凤治日记》，邱捷点校，广东人民出版社，2021，第二册，第 696 页。
⑦ 《杜凤治日记》，邱捷点校，广东人民出版社，2021，第二册，第 741 页。
⑧ 《杜凤治日记》，邱捷点校，广东人民出版社，2021，第七册，第 3475 页。
⑨ 《杜凤治日记》，邱捷点校，广东人民出版社，2021，第四册，第 1758 页。

于是，杜凤治下令：重责枷号示众，以为恃众恃强、刁健抗断者诫。[①] 同样地，杜凤治在审理另一起争山案件时也对当事人施以枷号的处罚，让其遵断具结，两造和好。为了避免他们再次因争山涉讼，杜凤治还特意指出："如何人首先呈控，即刻将其人重责枷号，永无释期。"[②]

当然，州县官员审理词讼案件时也并非总是呈现威风凛凛、杀气腾腾的"严父"一面，其还试图以"情"感化当事人，苦口婆心地进行劝谕，以"慈母"的姿态促使案件得到妥善解决。如在一起争继案中，冯凤祥与其大嫂、二嫂发生争执，杜凤治当堂大谈人伦纲常，试图对其进行开解："人与禽兽饮食同之、嗜欲同之，所以重人者为其有五伦耳。敦品立名全在五伦上用心，稍轶范围即非人类。且人有二名：功名、声名，功名尚可因捐得奖，即至极品不足为奇，声名则非可幸邀，必须从五伦中体会出来，所谓敦品立名也。声名如坏，即不齿人类，不齿人类即禽兽也。汝长嫂谢氏，询知十七岁归汝兄，本年汝兄即死，冰心霜操孀守二十九年，已合旌表之例，本县闻其言亦不禁肃然起敬，汝独无心肝乎？"[③]

一些案件中，杜凤治以亲邻关系作为纽带，劝当事人和好息讼。如"本属同铺，向来相识，毋得因小事而成大仇，其各遵断出去，两相和好，永泯争端"，[④] "松木无多且小，所值几何？两姓邻村安居，朝夕相见，奚必因此结讼？"[⑤] "嫌隙甚微，又系一姓，何必涉讼……两造所控均不足计论，本系一姓，从此释怨和好如初"，[⑥] 等等。还有的案件中，杜凤治向当事人指出缠讼的弊端，劝其尽快结案、和好如初："该功职须知兴讼整有两年，今日方讯，递呈候审，废时失业，又需费用，讼则终凶，何必始相好而终相仇？"[⑦]

在个别案件中，杜凤治甚至和当事人讨价还价起来，案件的审理俨然成为为结案而引发的利益博弈。

试举一例。同治十三年（1874年）八月初一下午，杜凤治升堂问案。有一案是关于土地买卖究竟是典卖还是绝卖的纠纷。叶盛开声称其弟叶志开将田亩典卖于佃户唐成举，其后叶盛开向其回赎，但唐成举却声言该田已经绝卖给他，由此两方引发纠纷，进而对簿公堂。由于叶志开外出做买卖，不知下落，难以核对签订契约的笔迹，杜凤治起初颇感为难。其后，他发现契内所填写的叶志开母亲的姓氏有误，将柯氏错写为阿氏。哪有亲生儿子把

---

① 《杜凤治日记》，邱捷点校，广东人民出版社，2021，第八册，第4156页。
② 《杜凤治日记》，邱捷点校，广东人民出版社，2021，第七册，第3514、3516页。
③ 《杜凤治日记》，邱捷点校，广东人民出版社，2021，第一册，第349页。
④ 《杜凤治日记》，邱捷点校，广东人民出版社，2021，第二册，第718页。
⑤ 《杜凤治日记》，邱捷点校，广东人民出版社，2021，第七册，第3690页。
⑥ 《杜凤治日记》，邱捷点校，广东人民出版社，2021，第七册，第3790页。
⑦ 《杜凤治日记》，邱捷点校，广东人民出版社，2021，第七册，第3623页。

自己母亲姓氏写错的道理呢？据此，杜凤治认为该案十有八九是唐成举伪造契约，试图将典卖作为绝卖，从中渔利。因此，在初次判决中，杜凤治判令叶盛开可以将田赎回，而价格却非契据上九十一两的价格，而是减半支付，即向唐成举缴银四十五两五钱后，该土地便归叶家所有，原契作废销毁。但唐成举不愿遵断，杜凤治只得将其继续收押。①

第二天，杜凤治复讯此案时，却画风突变。他并未要求两造按初审判决予以执行，转而断令唐成举出银一百二十千文补与叶盛开，田地仍归唐成举所有。这时轮到叶盛开不乐意了，其坚决反对这一判决。杜凤治无奈，干脆下令：何人补钱一百二十千文，即将田断与何人。②

而在审理期间，唐成举因年老多病，保外就医，案件暂时搁置。这一等便近一年。③等到光绪元年（1875 年），杜凤治回任，重新审理此案。他先是劝喻唐成举：把钱交完，田便归你；要是等到叶盛开先缴了，你便悔之晚矣。同时，杜凤治指出唐成举的儿子因逆党案件牵涉其中，并和他讨价还价起来：要是想让儿子脱罪，需要把该案田价交付，再捐桥工经费四百元，“尔子之事即可为尔洗刷尽净也”。通过这种方式，杜凤治威胁唐成举尽快具结完案。④ 此举果然有效，唐成举立即缴钱一百二十千文，并罚捐二百元，表示遵断。待唐成举缴钱之后，杜凤治又对叶盛开言道：当时你弟签订绝卖契约时，柯氏当场签有花押，怎么会是伪造的契据呢？只是你不在场，不明真相而已。现在唐成举已将一百二十千文交清，但不能全部给你，你领去六十千文，再在契约上补上签名画押，具结完案。至于剩余六十千文则交由局绅作为修筑桥工经费。叶盛开不肯遵断，杜凤治便扔下一句话后退堂：“如一月后不来领去，即将此六十千文一并拨充桥工经费矣。”⑤

该案的处理典型地体现了恩威并用、软硬兼施的手法。在两造均不服判的情况下，杜凤治先找来一方好言相劝，并以帮助其儿子脱罪为条件，使其遵照判决执行。等到这一方具结完案之后，杜凤治再对另一方展开攻势，威胁其如不服判则将所判给的钱财充公，从而迫使其遵断具结。

三、结语

从州县官员处理词讼案件的具体方式可以发现，“教谕式调解”呈现出非理性裁断、以

---

① 《杜凤治日记》，邱捷点校，广东人民出版社，2021，第七册，第 3501 页。
② 《杜凤治日记》，邱捷点校，广东人民出版社，2021，第七册，第 3504 页。
③ 《杜凤治日记》，邱捷点校，广东人民出版社，2021，第七册，第 3508—3509 页。
④ 《杜凤治日记》，邱捷点校，广东人民出版社，2021，第七册，第 3876 页。
⑤ 《杜凤治日记》，邱捷点校，广东人民出版社，2021，第八册，第 3981 页。

律例为手段、目光在两造间来回流转、“软硬兼施”促结案等四个方面的特征。而这些特征反映出司法实践中对追求“公论”这一理念明显的偏离。

在这一过程中，似乎难以发现州县官员苦苦追求唯一“公论”、确保案件判决符合情理的身影，反而更多的是想方设法让案件得以暂时平息、获得两造具结的场景。这显然与理想化的司法目标发生了偏离。即如《学治臆说》中所提出的“断案不如息案”之说：“勤于听讼善已，然有不必过分皂白可归和睦者，则莫如亲友之调处。盖听断以法，而调处以情。法则泾渭不可不分，情则是非不妨稍借。理直者既通亲友之情，义曲者可免公庭之法，调人之所以设于周官也。或自矜明察，不准息销，似非安人之道。”①

那么，究竟是什么原因导致了此种偏离呢？这种偏离又会对词讼案件造成何种影响？州县官员又将如何应对？又将如何避免此种偏离？这些问题仍然值得进一步的分析与思考。

① （清）汪辉祖：《学治臆说》，载官箴书集成编纂委员会编纂：《官箴书集成》，黄山书社，1997，第五册，第277页。

吴经熊的民法理论与实践

陈怡玮*

摘　要　除自然法哲学和宪法理论之外，吴经熊在民法领域也有其贡献。他对民法理论颇有研究，在阐述自然法哲学时，他以民法领域的概念变化来说明法律的动态性；他认为中国的旧法制“民刑不分”，指出法律与道德并非对立关系。他对侵权问题有较深入的研究，这基于他对“权利”和“利益”概念的透彻理解。在民事审判实践中，他高超的理论水平有了更为生动的表现。他曾短暂地参与《中华民国民法》的编纂工作，也参与了对其体例编制的探讨，并在民国民法正式颁布后大赞其先进性。在民国民法的发展史上，吴经熊是不可忽视之存在。

关键词　吴经熊；民法理论；民事审判；民国民法

一、引言

吴经熊是中国近现代史上享有国际性声誉的著名法学家。他一生履历丰富，在法学的各个领域都有所建树，是民国法学界的杰出代表。在理论研究方面，他著述颇丰，尤其在自然法哲学领域无人能出其右；在法律实践方面，他不仅是一名优秀的法官和律师，也是法学教育界的领军人物，更是民国制宪史上不容忽视的奠基人之一。有学者认为他是“20

* 陈怡玮，华东政法大学博士研究生。

世纪中国最具有代表性的法学家之一”,① 这一评价当不为过。

学界对吴经熊的研究始于奥地利天主教神父田默迪的博士学位论文，后来他在学生协助下将其译成中文，名为《东西方之间的法律哲学——吴经熊早期法律哲学思想之比较研究》。② 这是世界范围内第一部系统研究吴经熊早期法律哲学思想的著作。此后，台湾地区以及大陆学界也纷纷展开了对吴经熊的研究，以人物自传为基础,③ 范围主要集中在法学和哲学领域，近来已有学者将视野扩宽到翻译学。④ 就法学领域的研究而言，又可分为法律理论研究和法律实践研究。其中，法律理论研究的成果颇多，涉及对其法哲学思想和宪法思想的多角度解读;⑤ 法律实践研究则以孙伟的著作《吴经熊与中国近代法制》为代表,⑥ 该著作中的一些章节曾以单篇论文的形式发表，具体内容涉及立法实践、司法实践和法学教育实践等角度。截至目前，海内外学界关于吴经熊的研究十分丰富，但仍有一些缺憾之处。从法学角度来看，学界对吴经熊的现有研究多偏重于其法哲学理论，其中又以自然法理论和制宪思想为主，对于他在其他法学分支学科的理论成果研究较为缺乏。诚然，自然法哲学和宪法思想是吴经熊法学成果中最为耀眼的部分，但在研究、评价他的法学成就时，我们也可以适当将视线转移到其他“冷门”领域，以发现他更多的贡献。

在吴经熊的一生中，时常为人津津乐道的是他在上海公共租界临时法院担任推事的经历。临时法院需要处理的案件颇多，且经常牵涉到列强在华利益，如果处理不当便会引起国际纠纷，甚至影响到领事裁判权的收回，审理难度极大。但吴经熊的推事生涯却极为成功，这与他优秀的民法理论功底密不可分。除推事工作外，他也曾短暂参与民国民法典的编纂工作，并为其提出了个人的建议。毫无疑问，吴经熊在民法上的造诣颇深，那么，他的民法理论究竟包含了哪些内容？他是如何将这些理论与实践进行结合的？他对民国民法的贡献又体现在哪些方面？这些都是值得研究的问题。本文的意图是，通过对吴经熊法学论著的解读，结合其亲历的审判实践，对他在民法领域的贡献做出系统的分析，并结合当

---

① 王健:《超越东西方：法学家吴经熊》,《比较法研究》1998年第2期。

② ［奥］田默迪:《东西方之间的法律哲学——吴经熊早期法律哲学思想之比较研究》，中国政法大学出版社，2004。

③ 其中具有代表性的作品是2002年社会科学文献出版社出版的吴经熊自传《超越东西方》，再版多次。

④ 这方面的研究成果有张乐:《吴经熊、蒋介石与近代中国的〈圣经〉翻译——以〈圣咏译义初稿〉为例》,《北京社会科学》2017年第10期；吴衣弘、陈立群:《吴经熊的法学翻译实践对当代中国法学外译的启示》,《上海翻译》2020年第5期。

⑤ 其中较具有代表性研究成果有丁洁琳:《吴经熊与民国宪政》,《国家检察官学院学报》2013年第3期；杨奕华:《论吴经熊法律思想的浪漫因素》,《苏州大学学报（法学版）》2015年第3期；仇伟伟:《吴经熊论法的艺术精神》,《苏州大学学报（法学版）》2015年第3期；李若君:《从法律方法到法律目的——吴经熊法哲学思想脉络梳理》,《南开法律评论》第12辑，中国检察出版社，2018，第85—92页；聂鑫:《吴经熊法学思想中的西方与东方》,《四川大学学报（哲学社会科学版）》2019年第6期。

⑥ 孙伟:《吴经熊与中国近代法制》，法制出版社，2010。

时的时代背景，还原民国民法发展过程中的一些片段。

二、吴经熊的民法理论研究

法律哲学思想是吴经熊在法学领域最为突出的贡献之一。作为一名学贯中西的大家，他对中国和西方的法学都有着深刻的认识，并且能以浅显易懂的语言对其进行阐述。吴经熊的法律哲学思想，用他自己的话可以概括为“在进化中的自然法”八字，① 而进化的表现之一，便是“权利”概念的变化。这一变化虽然发源于宪法，但却在民法领域产生了更广泛的影响。在宏观的法律哲学范围之外，吴经熊对中国法制中的民法也有自己的认识，他认为道德化的法律思想使中国旧法制“民刑不分”，不存在纯粹的民法。在民法的具体制度上，吴经熊较为关注的是侵权责任的形式问题，并就此有过详细阐述。

（一）自然法哲学中的民法

吴经熊认为，法律的标准是“理”，在这一概念之下，又有许多内涵。首先，“理”是实事求是的，是社会日常生活中的，而非玄想或者书本中的；其次，“理”在形式上是绝对的，在实质上却是变化的，也就是说，“理”的名目始终存在，但它的内涵却会随着社会生活的变化而变化，正所谓“法律的简单与复杂，随时势而变；但是万变之中，自有一个不变的真理在里面”。② 这一本质决定了法律本身是动态的，它需要不断地发展变化，才能适应社会的需要。

在阐述自然法观念时，吴经熊重申了这一观点。他认为自然法是天生于人类本性之中的，③ 且不是一成不变的东西，而是与时俱进的有机体。自然法虽有一成不变的核心和最根本的原则，但具体的法律规则却会随着人类理性的复杂化而不断进化。基于诚实做人的观念，损害的种类和等级的观念，以及人人各得其所应得内容，在人类进化的进程中，必然会得到更充实和更有深度的内容，在这方面，自然法可以说是环绕着自己的“核心”而成长，其边缘则与人定法（human law）密接。④

那么，自然法是如何实现自身成长的？吴经熊的观点是，自然法通过人定法，以增加或者删减的方式取得自身的发展，并以自然权利、侵权行为和无过失责任为例加以说明：

---

① 参见吴经熊：《在进化中的自然法》，载氏著：《法律哲学研究》，清华大学出版社，2005，第 45—54 页。

② 吴经熊：《法律的基本概念》，载氏著：《法律哲学研究》，清华大学出版社，2005，第 9 页。

③ 吴经熊：《自然法哲学的比较研究》，载氏著：《法律哲学研究》，清华大学出版社，2005，第 40 页。

④ 吴经熊：《在进化中的自然法》，载氏著：《法律哲学研究》，清华大学出版社，2005，第 53 页。

目前由于各国司法方面，对于过去所未尝考虑到的各类新的自然权利和新的侵权行为，诚为我们提供不少足以确证自然法可以成长的例子。如秘密权、出生前损害赔偿请求权、第三人利益契约、不当得利和恢复原状的法律，以及关于权利滥用的种种案件，都是经由司法机关，不待立法的手续，而径自加以确认的。

无疑地，“无过失无责任”的原则，在一般情形之下仍是合乎公道的，因此可以把它当为自然法的次等原则。惟现代工商企业发达，情况特殊，此一原则已有例外出现。①

人民享有何种权利这一问题，本属于宪法的范畴。宪法中“权利”这一概念内涵的范围也是随着时代，随着具体社会问题的产生而变化的。然而，作为一般民众，唯有在权利受到侵害时，才能切身感受到这种变化，因此，“新的侵权行为”的出现，便是“权利”概念发生改变的一种表现形式。在这一基础上，新的归责原则也随之产生，这便是自然法通过人定法实现自我发展的实例。

人定法之所以可以成为自然法发展之工具，是因为在人定法之中始终包含着自然法的原则和实证法的规律。例如，“侵害他人者应负赔偿责任”这是自然法的原则，但以何种方式才能使受害者得到公正的赔偿，则需要借助实证法来规定。实证法的作用，便是发挥其适当的功能，以充实自然法。关于这一点的例子，可以从返还法中找到：

自然法要求：任何不当得利，致他人受损害时，应返还一切由他的不当行为所取得的利益。为了充实天赋理性所理解的这一自然法，美国的法官遂创设“推定信托”（constructive trust）的“拟制（fiction）制度”。②

在这之中，自然法的原则是“没有人应该损害别人，获得不正当的利益。如果他这样做，就应该返还其利益与受害者”，推定信托的拟制制度是自然法原则的实现形式。

以上是吴经熊从民法的视角出发，以“权利”这一基本概念为例，结合西方的法理学说所论证的法律动态性理论。纵观吴氏的法哲学论文，法律动态性的观点贯穿始终，可以说是其法学思想的核心。

---

① 吴经熊：《在进化中的自然法》，载氏著：《法律哲学研究》，清华大学出版社，2005，第54页。

② 吴经熊：《自然法哲学的比较研究》，载氏著：《法律哲学研究》，清华大学出版社，2005，第36页。

（二）“民刑不分”的中国旧法制

在宏大的自然法观点之外，吴经熊对中国法制也有自己的见解。对于中国的民法，他的观点是“中国的旧法制之中没有纯粹的民法”，并认为这种“民刑不分”的传统自有其哲学上的根源，即“道德化的法律思想”。

吴经熊写道，一直以来，对于法律与道德的关系问题，世界各国的学者都众说纷纭，但我国学者却历来只有一个答案，即“道德是法律的目的，法律是道德的工具”。法律的唯一使命便是保障道德，所谓“德礼为政教之本，刑罚为政教之用”。这一认识之下所产生的逻辑是，道德和法律是政教的两面，凡是不属于道德的，都会被归结于法律。也就是说，“不道德”的概念和“法律”的概念是等同的，这是我国传统法律哲学所得出的结论，也是“道德一元论的法律史观”。[①] 在此结论的基础上，人们的一切行为便“出礼而入刑”了：凡是法律所禁止的都是不道德的事体，凡是不道德的事体总是要罚，所以凡是法律所禁止的总是要罚。因此，中国旧法制对许多现在看来纯粹是民事关系的事项也规定了刑事的制裁，造成了“民刑不分”的后果。

道德化的法律思想，使古代中国并不存在纯粹的民法。因为一切的民事关系都被纳入了刑法的体系，甚至会因为违背道德而遭受更重的惩罚。[②] 在司法实践中，民事问题也往往为刑事问题所吸收。在道德观的笼罩下，没有私人的物权、债权存在的空间，更无从寻找独立存在的民法。

吴经熊对中国旧法制的批评，点出了古代中国法律哲学的问题核心所在。在中国旧法制哲学中，道德是核心的因素，但法律过分吸收道德，反而是一种不道德。因为法律具有强制性，而道德是自由的，是无强制性的。若以外在的强制力去实施一切道德上的义务，那么道德就会变质。旧律将法律与道德混为一谈，将一切不道德的行为统归于犯罪行为，这便导致旧法制中没有民法存在的空间了。[③] 实际上，虽然法律中不能没有道德，但道德只是法律需要维护的利益中的一项，除了道德之外，法律还有其他需要维护的利益，所以法律与“不道德”是不能等同的。

---

① 参见吴经熊：《中国旧法制底哲学的基础》，载氏著：《法律哲学研究》，清华大学出版社，2005，第 60—61 页。

② 如《唐律》“诈伪门”有“诸诈病有所避者，杖一百；若故自伤残者，徒一年半”的规定，加重惩罚的理由是有违孝道。

③ 参见吴经熊：《中国新旧法制在哲学上之基础》，载氏著：《法律哲学研究》，清华大学出版社，2005，第 68 页。

（三）侵权行为责任的两种方式

吴经熊对民法的见解不仅停留在宏观的法哲学层面，他对民法中的具体制度也有涉及，尤其对侵权责任问题进行过深入的研究。在《新民法侵权行为责任的两种方式》一文中，他对侵权责任的两种形式展开了充分的论述。①

该文分为“过失责任”和“无过失责任”两部分，吴经熊首先指出，过失责任是新民法所采用的通说。在侵权案件中，需要主张并证实过失存在的基本情状是“因故意或过失不法侵害他人之权利”。其中，“不法”的内涵是“没有违法的阻却”，这一点可以在德国民法的注释家和瑞士债务法中找到凭证，② 也可以用霍姆斯与魏格摩的“三分说”来证实。③就原告而言，只要表明他的权利被故意或过失所侵害，其起诉理由便已成立，违法阻却的举证责任在被告方。如果被告能够证明违法阻却之存在，那么权利的侵害便可免责。此处的“权利”是指在一般情形下的法益，而非指在特殊情形下的法益，此种法益尚需在具体的审判实践中鉴衡。但对“不法”要素的要求也有例外，当对方的加害行为出于故意且有悖于善良风俗时，即使该行为是对方行使自身权利的后果，亦不为法律所包容，因为损人不利己的行为和权利的滥用不得谓合法。

在过失责任中，还有一类特殊的责任，当事人并非因为确有过失，而是因法律规定其有过失而负责。例如《中华民国民法》第一百八十四条第二项：“违反保护他人之法律者，推定其有过失。”但吴经熊认为此种推定并非绝对的结论，依照德国民法的理论应当是容许反证的。

另外，吴氏将“非因存在过失，只因某种关系的存在而负责”的情况也归入了过失责任的部分。该情况大致分为以下四类：(1) 由于雇佣关系之存在，受雇人不法侵害他人的，

---

① 以下关于该文的内容参见吴经熊：《新民法侵权行为责任的两种方式》，载氏著：《法律哲学研究》，清华大学出版社，2005，第 178—184 页。

② “德国民法的注释家（commentators of the German Civil Code）和瑞士债务法（Swiss Code of Obligations）都以为它的意义是被告如要卸脱责任的话，便须证明损害的发生系由于行使他固有权利的结果。有些注释家并加以说明，违法的阻却，或为正当防卫，或为紧急状态。因于正当防卫或紧急状态的行为，虽于法多所抵牾，但非属不法。”参见吴经熊：《新民法侵权行为责任的两种方式》，载氏著：《法律哲学研究》，清华大学出版社，2005，第 179 页。

③ “三分说的要旨可见之于下述三定则：第一，侵权行为之诉系对于民事的损害而生。法律认定民事的损害是一种祸害，其目的在所以防止之或补偿之。第二，若原告实因被告行为的结果而遭受民事的损害时，进一步的问题便是此种结果是否为被告所能预见……如损害的可能性甚为明显而结果的损害发生，是为故意行为所致，如非甚为明显但堪注意者，是为过失行为所致。如损害之不可预见者，是为不幸而已。第三，但在何种情形之下，虽有损害之故意，但无须对之负责者，是为有违法阻却之存在。违法的阻却有好几种。有违法阻却存在时，便系有权明加损害。但这种特权之应否容许，如应容许，究应容许至如何程度，乃是政策问题（question of policy），所以案件每因特权的存否与特权的范围或程度的广狭而生差异。”参见吴经熊：《新民法侵权行为责任的两种方式》，载氏著：《法律哲学研究》，清华大学出版社，2005，第 179—180 页。

雇佣人与受雇人需连带负损害赔偿责任；(2) 由于占有关系之存在，动物加损害于他人的，其占有人需负损害赔偿责任；(3) 由于所有权之存在，土地上之建筑物或其他工作物因设置或保管有欠缺，致损害他人之权利的，由工作物之所有人负赔偿责任；(4) 由于监护关系之存在，无行为能力人或限制行为能力人不法侵害他人之权利者，以行为人有识别能力为限，与其法定代理人连带负损害赔偿责任，行为时无识别能力者，由其法定代理人负损害赔偿责任。在这几类情况下，连带负责人可以证明自己已经尽到相当程度的注意义务，以此免去赔偿责任。此种责任的本质是一种替代责任，它不以过错的产生为要件。

至于"无过失责任"，吴经熊认为，它产生于前述"只因某种关系的存在而负责"的基础之上。在此类责任中，行为人没有过错，只因存在某种关系而负责，当他证明自己已尽注意义务时，便可免于赔偿责任。然而，吴经熊欲在此处强调的是"例外中的例外"：虽然行为人可免责，但当受害人因此不能得到损害赔偿时，法院可依其申请，斟酌行为人与被害人之经济状况，令行为人为全部或部分之损害赔偿。此时，赔偿的责任基础便不再是过失，也不再是某种关系，而是"正义公道"。此种责任的范围即为"无过失责任"，它的范围极富伸缩性，吴氏将其对应的行为命名为"准侵权行为"，并用几位外国法学家的学说加以佐证，认为准侵权行为虽无过失，但为公平起见，仍使发生与正直侵权行为之结果，与民法中的"准契约行为"相类似。

三、吴经熊的民事审判实践

吴氏对侵权行为责任的认识反映出他对"权利"和"责任"概念的深刻理解，且他的理解并未停留于纸面上，而是有着切实的实践支撑。他在上海公共租界临时法院担任民庭推事的经历，为其理论增添了生动的注脚。

1927 年，上海公共租界关闭了原有的会审公廨，成立新的公共租界临时法院。吴经熊由董康先生和同学陈霆锐暗中推荐，以"娴习外国语言文字而认可法官免试资格"的理由被江苏省政府任命为临时法院民庭推事，① 于 1927 年 1 月 1 日正式上任。后因被南京国民政府司法部任命为编订法典委员会委员，无法兼顾法院工作，而于 1928 年 4 月底辞职，并由应时接替他的职位。②

① 《上海公共租界临时法院任命推事》，档案号 Q179－1－26，上海市档案馆藏。

② 《上海公共租界临时法院推事吴经熊辞职荐应时接充》，档案号 Q179－1－35，上海市档案馆藏。

吴经熊对担任民庭推事一职怀抱着极大的热情。① 尽管他的推事生涯十分忙碌，② 但他的工作却极为成功——上海的中外媒体和市民对他的判决好评如潮。例如，在1928年，吴经熊审理了一起有关女裁缝和她苛刻的客户之间关于定作物的瑕疵以及损害赔偿的民事争讼案，由于最终判决处理得法，他被《上海水星报》誉为“裁判席上的所罗门王”。③ 根据相关资料，吴经熊共留下了14个民事案件的判决记录，④ 从这些记录中，我们可以更直观地感受到他是如何运用自己渊博的法学知识和正直的法律观念，在各类审判实践中实现不同法律价值的微妙平衡的。

（一）裁判的艺术：正义与平衡

在讨论吴经熊的实践活动之前，有必要先说明他在司法审判中所秉持的基本原则。吴氏认为，理想的法律应当保护所有人的利益，但现实却是不同利益之间不断冲突。因此，什么利益应受保护，什么利益应该舍弃，便成为一切法律问题的核心，这也是法院最为关心的问题。但是，利益的衡量又不存在绝对的标准，它只能由“思维着的头脑和感受中的心灵来指引”，需要法官在不同程度的确定与不同程度的正义之间开展“公正的利益衡平”的选择。⑤

法律是利益衡平的艺术。为实现利益衡平之目的，需要通过司法之手段。在司法过程中，又需要采取科学之方法。司法过程中的科学方法包括：类推、概率、假设和“不得不”逻辑。但所有这些方法的最终目标是，为最终的判断找出足够充分的理由。使用类推的方法可以推定相似合同和侵权案件中的动机，使用假设的方法可以判断侵权案件中的因果关系，做出正确的因果关系连接。⑥ 换言之，在每个案件中都需要明确案件事实，明确案件

---

① 他在给霍姆斯的信中不仅称这是“令人高兴的事情”，还写道：“用别的话说，我将会裁决双方都是中国居民的案子，也可以裁决原告是外国人但被告是中国人的案子。我是一个praetor peregrine（外国人的总督）！我将有大量机会来做法律领域创造性的工作了。我可以试着将中国法律霍姆斯化了！”参见吴经熊：《超越东西方：吴经熊自传》，周伟驰译，雷立柏注，社会科学文献出版社，2013，第88页。

② 根据吴经熊和霍姆斯的通信，吴经熊在担任民庭推事期间，平均每个月要处理40个案件。参见孙伟编著：《吴经熊裁判集与霍姆斯通信集》，中国法制出版社，2010，第155页。

③ 参见陈夏红：《百年中国法律人剪影》，中国法制出版社，2006，第92页。

④ 尽管吴经熊裁决了许多案件，但其中留下判决记录的却只有一小部分。目前学界对吴经熊判决记录的整理，较为全面的成果有孙伟编著：《吴经熊裁判集与霍姆斯通信集》，中国法制出版社，2010。该书中被列为“民事案件”的案件共有15个，但“李柴爱夫兄弟控告苏俄商联舰队案”本质属于国际法问题，因此不在本文的讨论范围之内。

⑤ 参见吴经熊：《法律的艺术》，载孙伟、李冬松编译：《吴经熊法学文选》，中国政法大学出版社，2012，第46页。

⑥ 参见吴经熊：《司法过程中的科学方法》，载孙伟、李冬松编译：《吴经熊法学文选》，中国政法大学出版社，2012，第50页。

事实便是明确责任归属。

明确责任归属是为了明确判决的正当性。“不得不”逻辑便是用于证明判决正当性的逻辑，它的作用是发现法院最重视的利益。总有一些利益是具有更高的普遍性的，在司法审判中，法院会更优先地维护它们，而适当牺牲其他类型的利益。① 但是，利益的牺牲也必须有其必要的限度，这便是手段与目的间的比例问题。解决这一问题的核心在于对各种价值的判断。理想的状态是，某个行为的实现：首先，需有较高必要性；其次，在使个人获得利益的同时，对别人造成的不利以最低限度为限；最后，实现社会受益的结果。在这一过程中，利益衡平原则需要保障的是，尽量控制这一行为对他人造成的损害——这一点在民法领域有着突出的表现。试以《中华民国民法》中的条文为例：

第一百四十九条：对于现时不法之侵害，为防卫自己或他人之权利所为之行为，不负损害赔偿之责。但已逾越必要程度者，仍应负相当赔偿之责。

第一百五十条：因避免自己或他人生命、身体、自由或财产上急迫之危险所为之行为，不负损害赔偿之责。但以避免危险所必要，并未逾越危险所能致之损害程度者为限。

第七百七十九条：高地所有人，因使浸水之地干涸，或排泄家用、农工业用之水以至河渠或沟道，得使其水通过低地。但应择于低地损害最少之处所及方法为之。

至于“必要限度”的判断，则是非常艰难的问题。在许多案件中，利益双方的差距是非常微小的，对与错，优势与劣势，几乎差不多。此时影响利益衡平的因素往往非常微妙，即使是相似的案件也可能会产生截然不同的判决。② 因为法律裁判毕竟是人的实践活动，必定受到主观因素的影响。所以吴经熊认为：“人所能希望达到的最高程度的客观与确定是，每当我们遇到主观与犯错可能性时，我们能够体认并承认它。”③

综上，吴氏的见解是，在司法裁判中，必须明确责任归属，形成正确的逻辑判断，这是得出正确结论的基础。同时，在得出结论的过程中，还必须注意平衡各方的利益，以达到最完美的结果，才能实现法律的最终目的，即正义与平衡的统一。

---

① 参见吴经熊：《裁判中之“不得不”逻辑》，载孙伟、李冬松编译：《吴经熊法学文选》，中国政法大学出版社，2012，第63—69页。

② 参见吴经熊：《手段与目的间的比例：法律的艺术之研究》，载孙伟、李冬松编译：《吴经熊法学文选》，中国政法大学出版社，2012，第70—74页。

③ 吴经熊：《法律的艺术》，载孙伟、李冬松编译：《吴经熊法学文选》，中国政法大学出版社，2012，第46页。

这一观点在他对正义的探讨中也有所体现。吴经熊认为，责任、价值和利益的衡量判断，不仅是“法律的艺术”，还关系到“正义”的内涵问题。正义的内涵包括真、善、美三方面：“真”是指事实必须清楚；“善”则要求大家注意“价值”的成分，权量利害关系，讲求二者之间的轻重问题；而“美”便是平衡，平衡即“和”，不“和”则不美。一言以蔽之，不外乎恰到好处，为法官者，须斟情酌理，务使能恰到好处。必须用自己的智慧和审美眼光去仔细衡量，然后才能求得理想的公平。①

（二）“裁判席上的所罗门王”

吴氏是如何在具体的审判中实现上述原则的呢？如前所述，吴经熊留下判决记录的民事案件共14件，涉及侵权、违约、婚姻等各个方面。② 但就明确责任和衡平利益的原则而言，我们必须将目光聚焦到与损害赔偿有关的案件上来。因为在此类案件中，“权利受到侵害”和“各方有利益冲突”的情况往往同时存在，所以，它们的审判过程更能充分地体现上述两个原则。

为了证实这一观点，有必要先对其判决记录中的侵权案件进行简要分析。吴经熊审理的民事案件中，涉及侵权的共有3件，分别是“使用主于被用人执行业务时所致损害之责任案”“共同不法行为应负共同返还及赔偿之义务案”和“因车祸而求损害赔偿案”。其中，“使用主于被用人执行业务时所致损害之责任案”是典型的因雇佣关系之存在而承担连带损害赔偿责任的案件。吴经熊在判决主文中严格遵循了前文关于连带责任的论述逻辑，以被告是否已尽注意义务为决定准则。③“共同不法行为应负共同返还及赔偿之义务案”则是财产纠纷案，吴经熊结合已有刑事判决及现有证据，推定被告三人有共同诈欺之事实，并基于“故意”“不法”“因果关系”和“造成损害”之四要素将行为定性为侵权，判令被告共同负返还及赔偿之义务。“因车祸而求损害赔偿案”是交通事故案，该案被告违章驾驶，在街道与原告发生碰撞导致原告受伤。在裁判时，吴氏首先判断的是“因果关系”之要素，即原告受伤与被告的违章驾驶行为之间是否存在因果关系；在得出肯定的结论后，再依此推断被告负赔偿责任。但在被告负责的基础上，又因原告伤势之好转之现实情况，判令减

① 参见吴经熊：《正义的探讨》，载氏著：《法律哲学研究》，清华大学出版社，2005，第21—25页。

② 下文中的案件、案情记录和审判结果，均引自孙伟编著：《吴经熊裁判集与霍姆斯通信集》，中国法制出版社，2010。

③ “本案待审查焦点有二：（一）被告于选任汽车夫及监督其事业是否已尽相当之注意，此为被告责任之先决问题，然此点由被告负举证之责；（二）本件肇祸情形是否因被告之车夫玩忽业务而发生，此点应由原告证明。”“按我国法例，使用主于被用人执行事业加损害于第三人时负赔偿之义务，但使用主于选任被用人及监督其事也已尽相当之注意者，不在此限。本件被告既已证明已尽相当之注意，自不应令赔偿损害。”参见孙伟编著：《吴经熊裁判集与霍姆斯通信集》，中国法制出版社，2010，第21页。

免被告赔偿数额。

可以看到，吴氏在处理侵权类案件时的基本思路是，先明确责任的归属，再根据案情的具体状况来判断各方的利益应如何得到维护，这与他文章中的理论是相一致的。

至于因合同纠纷而引起的损害赔偿类案件，则将“利益衡平”原则体现得更为淋漓尽致。在此以前文中已经提及的“定作物纠纷案”为例。该案是典型的合同纠纷，当事人双方都是俄罗斯籍。大致案情是，原告委托被告为她制作衣服（部分布料由原告提供），并预先支付了一部分费用，但衣服制作完成后原告认为衣服不符合她的要求，因此诉至法庭，要求被告返还自己先前支付的费用。在法庭审理时，原告和被告争论的焦点是，被告制作的衣服是否应该退款，即被告的履行是否存在重大瑕疵。对此，原告坚称被告的制作不符合自己的要求，原本这件衣服完全可以做得更好；被告则声称衣服的样式是按照原告的要求定作的，原本就不是完全符合原告的身型。

很明显，该案的关键是判断衣服成品是否糟糕到了需要原告退货的程度。为了客观地看待这个问题，吴经熊找了一些旁观者来做证人，由他们来判断这件衣服是否达到了“糟糕”的标准。证人们则认为衣服本身并不能算糟糕，但确实有一些瑕疵。因此，他先是判决原告不能得到赔偿金；但在发现原告已经预先支付一部分费用时，他又将这些费用纳入了利益衡量的范围。原告为制作衣服已经花费了 18 美元，在吴经熊看来，这个价值已然超过了衣服本身应有的价值，且被告在制衣过程中确有疏忽之处——但必须强调的是，这是他基于个人的判断而不是任何客观的凭据——因此他判令被告给予原告部分（6 美元）的赔偿，这是他个人估计的在制衣过程中因失误而产生的损失。这个判决令双方都很满意。

该案显然是“利益衡平”类案件的代表，因为该案的难点便在于，如何维护定作人和承揽人之间的“利益平衡”。① 当定作人的要求和承揽人的成品存在差距时，是否应以定作人的主观期待为判断标准？如何判断定作人的利益是否受损？承揽人是否已经尽到自己应尽的职责？吴经熊的解决方法是，依靠与案情无关的第三者来进行客观的判断。因为法院要维护的并不只是定作人一方的利益，甚至也不是定作人和承揽人双方的利益，而是民事关系中的交易公平——对当事人双方利益的衡平，只是为了达到这一目的的手段。

无疑，吴经熊的审判实践是成功的。他对“责任”和“利益”概念的理解十分深刻，在某个案件中，何种利益受到侵犯，何种利益需要保护，侵犯利益者是否需要付出代价，又需要付出何种代价，是司法实践中最重要的问题。而吴经熊每次在判定责任和衡量利益

① 吴经熊认为这是自己所面对过的最困难的案子之一。参见孙伟编著：《吴经熊裁判集与霍姆斯通信集》，中国法制出版社，2010，第 46 页。

时，都有着十分细致的考虑，且都能给出令人信服的理由，也正因如此，他的判决才能得到大多数人的认可，真正实现“法律的艺术”，无愧于“裁判席上的所罗门王”之名。正如塞尔苏斯（Celsus）所说，法律是公平与正义的艺术，是利益衡平的艺术。生活艺术的真实同时也是法律艺术的真实，立法和司法过程莫不如此。①

四、吴经熊与《中华民国民法》

鸦片战争之后，中国传统法律体系受到西方近代法律体系的强烈冲击，开始被迫走向近代化，在冲击中曲折地向前发展，这一过程在民法领域体现得最为明显。《中华民国民法》（以下简称“民国民法”）的编纂，经历了颇为漫长和艰难的历程。在南京国民政府成立之前，已经先后产生了《大清民律草案》（1911 年修订法律馆稿）和《民国民律草案》（1925 年至 1926 年修订法律馆稿）两个民法草案，它们是民法近代化的阶段性成果，却都因为种种原因未能正式颁行。南京国民政府成立之后，为了规范内部事务，也为了应对各大国在议决撤销在华领事裁判权之前对我国司法状况所进行的调查，马不停蹄地加快了立法的进程。② 吴经熊曾短暂参与到民国民法的编纂之中，后虽因故未能继续，但他仍通过其他方式对民法的编订提出意见和建议。在民国民法正式颁布后，他又专门撰文，对其先进性大加赞扬，客观上起到了宣传的作用。

（一）民法编订之商榷

1928 年，吴经熊被司法部任命为编订法典委员会委员，后出任司法部参事。尽管他因为在同年 7 月接受了何世桢的邀请，重返临时法院担任刑庭推事及上诉院院长，并未能真正参与到后来的民法制定之中，但这并不代表吴经熊对民国民法再无贡献。从他写给霍姆斯的信中，我们可以看出他当时的喜悦和雄心。他不仅将参与编纂民法典称为“最美的梦想”和“伟大的事业”，还意图通过这项工作，将中国的法制和英美法系、大陆法系做详尽

---

① 吴经熊：《法律的艺术》，载孙伟、李冬松编译：《吴经熊法学文选》，中国政法大学出版社，2012，第 46 页。

② 参见李秀清：《20 世纪前期民法新潮流与〈中华民国民法〉》，载何勤华、李秀清：《外国法与中国法——20 世纪中国移植外国法反思》，中国政法大学出版社，2003，第 238 页。

的比较研究。① 从当时留下来的点滴史料来看，他在编纂工作上也有着非常优异的表现。②吴经熊离开民法的编纂工作不久，民法《总则编》便向社会公布，余下各编的编写工作还在紧锣密鼓地进行，当时学界对如何编纂民法的讨论如火如荼，吴经熊当然也参与其中。

1929 年 9 月，他发表了《关于编订民法之商榷》一文，对民国民法的体例编制提出意见。该文的“民法”是指一整部民国民法，不仅针对《总则编》。吴经熊在文章中主要探讨两个问题：一是民法典编纂之方法，二是民法立法之宗旨。鉴于前文已对他的民法理论做出了详细介绍，下文将着重探讨吴经熊在文中对民法的体例编制提出的三项意见。

第一项是删除总则推广法例。吴经熊对《大清民律草案》和《民国民律草案》中的《总则编》进行比较研究，认为现有总则中的各项条文都可编入分则之中作为相应的通则，而无另设总则的必要：“盖关于同类事项之法规，应荟萃一编之中，不宜分散于数编，以致断续相离，徒使读律者感前后翻检之苦痛耳。”③

第二项是民法的编次顺序。吴经熊对法国、德国和瑞士三个国家的民法编次进行比较研究并分析各自的优缺点，认为瑞士民法在编次上最为合理，在内容上则仍需完善。对于民国民法之编次，他的结论是：“不佞以为我国新民法之编排应依下列次序：（一）法例编，（二）人编，（三）亲属编，（四）继承编，（五）债编，（六）物编。此种编次方法实于立法例上自辟畦畛，不复有寄人篱下矣。”④

第三项是刚性法规与柔性法规应如何适用的问题。吴经熊先对它们进行定义，然后对惹尼、庞德及施塔姆勒等人就何种事实宜用刚性法规或柔性法规进行分析，最后提出了自己的观点：民法中有三种不同事项，一是与交易安全、财产分配有直接关系的，如物权、继承、法人及商人等项，应采用刚性法规；二是与交易安全或财产分配无直接关系，而责任的确定需依据当事人行为的具体情况判断的，如行使权利履行义务之方法、侵权行为、不当行为、管理事务等项，应采用柔性法规；三是介乎上述两者之间的事项，如通常契约、

① 关于霍姆斯和吴经熊通信的内容，可参见孙伟编著：《吴经熊裁判集与霍姆斯通信集》，中国法制出版社，2010，第 75—161 页；另可参见吴经熊：《法律哲学研究》，清华大学出版社，2005，第 321—333 页。

② “我亲爱的吴先生：或许你还记得我的朋友拉斯基，不管怎样你应该知道他是谁吧！我刚才收到了他的一封来信，我从中抄了一段。‘我的一个中国朋友昨天来喝茶，他说就在六周前刚见过吴经熊。他说吴的身体很好，还在法院和担任的法典编纂工作方面有着非常优异的表现。’”参见孙伟编著：《吴经熊裁判集与霍姆斯通信集》，中国法制出版社，2010，第 128 页。

③ 吴经熊：《关于民法编订之商榷》，载何勤华、李秀清主编：《民国法学论文精萃》，第 3 卷《民商法律篇》，法律出版社，2004，第 3 页。

④ 吴经熊：《关于民法编订之商榷》，载何勤华、李秀清主编：《民国法学论文精萃》，第 3 卷《民商法律篇》，法律出版社，2004，第 7 页。

亲属关系等，须用刚柔相济之方法，根据实际情况做出相应的判断。①

必须指出的是，吴经熊对民法编制的看法，特别是对《总则编》的看法与当时的主流观点不同。实际上，在民法编纂的过程中，“法例”一章的去留确实存在反复，但《大清民律草案》及《民国民律草案》均设有总则一篇。《大清民律草案》的《总则编》含有“法例”等八章，《民国民律草案》删除“法例”与“权利之行使及扣保”两章，并将“自然人”与“法人”并为一章，尚留五章。到了正式民法典的《总则编》，又在总则中恢复了“法例”一章。②

本文无意比较两份民律草案与民国民法之间的优劣，仅就民法《总则编》之编订以及“法例”章之去留做些讨论。《大清民律草案》的“法例”一章，实仿日本民法第一章之“通则”，唯具体内容有别，因当时法律馆的19人中，大部分均在日本接受法学之训练；③操刀民律《总则编》起草之松冈义正，亦毕业于东京帝国大学。因此草案《总则编》章节配置均仿日本民法成例，体例形式上日本凿痕显见。④ 但到了《民国民律草案》，体例却变为以德国民法体例独尊的模式。其中缘由，限于资料而无法得出明确的结论，但可能与当时民法总则的主要编纂者余棨昌个人的法学思想有关。⑤ 德国民法总则中并未设置“法例”一章，也没有类似于日本民法的“通则”规定，“法例”章的消失可以说有迹可循。

到了1928年，民法起草委员会成立，编纂执行长胡长清考诸罗马“法学阶梯”式编制缺点颇多，尤其物债规定混同、亲属法与人格及能力相混等，而德国“潘德克顿”式编制可补其缺，且增设总则，为全部民法共同适用之通则。⑥ 就总则具体内容结构之安排，史尚宽参酌最新之苏俄、瑞士、泰国、土耳其等成规，摭拾法律适用通则，将法例冠诸编首。⑦ 如此一来，“法例”章便又回到了总则之中。

---

① 吴经熊：《关于民法编订之商榷》，载何勤华、李秀清主编：《民国法学论文精萃》，第3卷《民商法律篇》，法律出版社，2004，第9页。

② 参见吴经熊：《关于民法编订之商榷》，载何勤华、李秀清主编：《民国法学论文精萃》，第3卷《民商法律篇》，法律出版社，2004，第3页；另参见谢振民编著，张知本校订：《中华民国立法史》，中国政法大学出版社，2000，下册，第743—748页。

③ 除严锦镕、王宠惠、章宗元留学美国，李方留学英国，陈箓留学法国外，其余人均在日本留学。

④ 陈范宏：《清末民国民法总则编立法探赜及启示》，《中国政法大学学报》2017年第6期。

⑤ “前清民律法例章构成有二：民法之法源及其适用之次序；诚信原则及善意推定。关于前者，余棨昌虽不否认法律、习惯法为民法之法源，但不认为‘法理’有独立为法源之正当性。因为‘（法理）自法官不能以法无明文拒绝裁判之原理之反面观之，自不待言之规定者也’，而勉强规定又‘转生疑义’，故以不规定为宜。至于后者，就诚信原则而言，民初修律回归德国立法例重新将之遣入债编，但具体内容与德国民法又各异，草案仅将之作为条件成就与否的反向判断标准，适用范围大为缩编，无由跻身总则。综览《民国民律草案》就权利效力之善意推定，余棨昌强调恶意与善意之判断，兹事体大，宜以客观证据为凭而非推定。是故，直接取消法例章建制。”参见陈范宏：《清末民国民法总则编立法探赜及启示》，《中国政法大学学报》2017年第6期。

⑥ 胡长清：《中国民法总论》，中国政法大学出版社，1997，第12页。

⑦ 史尚宽：《民法总论》，中国政法大学出版社，2000，第81页。

可见，在民法立法过程中，“法例”一章虽有反复，《总则编》却始终存在。无论是从历史因素（两次民律草案之修订历程）还是现实因素（民国民法主要修订者之法律思想）来看，民国民法的体例编制都主要以德、日两国为参考，《总则编》的设立实为必然。而吴经熊却推崇瑞士民法，强调法例的重要性，认为总则是非必要之篇目，与当时的主流思想相去甚远。他对民法体例之希冀，最终也只能停留在纸面上。

（二）新民法与“三民主义”

尽管吴经熊对民法编制的看法与主流颇有分歧，但他对民国民法的推崇之情却是不容置疑的——他认为新编纂之民法完全体现了“三民主义”之精神，而这正是中国新法制与旧法制的区分所在。

如前所述，吴经熊对中国的旧法制哲学秉持着批判的态度。他认为旧法制从“阴阳五行”的理论根源上便是不平等的，因此新法制若想改良旧法制的弊病，必须彻底摒除这些观念，建立一个完全平等的思想体系，同时对中华民族固有之精神也要充分发挥。在他看来，三民主义便是满足这些条件的极佳哲学思想，中国的新民法正是因为体现了三民主义精神，才与旧法制的“道德一元论”有了彻底的分别。

依吴氏之言论，新民法对三民主义的体现，主要包括以下几个方面：第一，20 世纪以来各国之立法倾向，无不限制个人主义，发扬社会公益主义，此趋势与民权主义中的社会性因素甚为相合，而新民法的立法精神也是如此。第二，新民法的渊源不仅包括法律条文，还包括了习惯和法理，并以善良风俗与公共秩序并列，同为民事行为的最高判准。这样民法便将“法”“情”“理”三个要素兼容并蓄，通过这三种渊源将三民主义的精神吸收了。① 第三，新民法提倡婚姻自由，此项规定使恋爱与结婚趋于自由，有助于改良后代，进而改良民族，体现了民族主义精神。第四，社会公道精神作为民生主义的一种表现形式，也体现在了新民法的立法精神之中。②

关于“民法与三民主义”这一论题，民国民法典的主要编纂人、法学大家史尚宽先生也做过相关的论述。史氏与吴氏的相似之处在于，他也主张我国新民法的最高原则是三民主义，同时赞成其迎合了立法的社会化趋势（由权利本位转向社会本位），并有利于增进种族健康。不同之处在于，吴氏是从“民族”“民权”“民生”的角度来解读民法和三民主义之关系，史氏则将三民主义重述为“自由”“平等”“博爱”三原则，认为民法是此三者调

---

① 参见吴经熊：《中国新旧法制在哲学上之基础》，载氏著：《法律哲学研究》，清华大学出版社，2005，第 69 页。

② 参见吴经熊：《三民主义与法律》，载氏著：《法律哲学研究》，清华大学出版社，2005，第 95—102 页。

合之成果。婚姻恋爱自由为自由原则之体现，男女平等则为平等原则之适用，权力滥用之禁止为博爱原则下对个人自由之限制。①

可以肯定的是，三民主义确实是新民法的立法指导思想。吴经熊对民法和三民主义关系的认识，在一定程度上代表了当时的主流观念。在民法的范围之外，各位法学家也在积极探讨法律与三民主义的关系，各家观点频出，众说纷纭，但有一点却是共通的，那就是三民主义是当时中国新法制的指导思想，它重视法律的社会性、限制个人主义的价值取向，代表了新法制的前进方向。

（三）新民法的先进性

到了1935年，民国民法早已全篇颁布，并在社会上施行了一段时间，先前对它便非常推崇的吴经熊也有了更深刻的感受，这些感受集中体现在了《十年来之中国法律》一文中。②

该文中，吴经熊首先对十年来的民国民法发展史进行了梳理，回顾了南京国民政府成立之前的民法适用情况，以及《大清民律草案》和《民国民律草案》的演变与内容；然后阐述了南京国民政府成立后，民国民法颁布以来的适用情况；继而指出与前两者相比，新民法在内容和技术上的进步非常明显；最后，他还将新民法与西方发达国家当时的民法典进行比较，认为它不论在内容还是在技术上，都体现了当时世界上最新的法律思想和立法精神。简言之，新民法的先进性体现在以下诸方面：

首先，是前文已经提及的，民国民法强调法律的社会化，其强调社会利益的主旨已与19世纪个人主义思想之核心相距甚远。这一原则，又显著地表现在三方面。一为男女平等原则之确立，此项有助于矫正社会畸形状态；二为习惯之适用，此项规定实为法律与事实经验结合之体现；三为人民自由度的强制性规定，此项有助于维护社会法益。其次，民国民法条文简约，用词明晰，在立法技术方面，较之前的民律都有极大进步。最后，民国民法的内容较前法有许多不同，除了采用习惯作为法律渊源、确立男女平等原则外，另有留置权、典权、永佃权、姻亲血亲、废止宗祧继承等新规定，还将商法的规则也一并归入民法之中，十分具有革命的精神。

在《新民法和民族主义》一文中，③ 吴经熊再次强调，20世纪后，世界各国已经产生了消解个人主义影响、强化社会公益的立法趋势，而这一趋势与中国原有的民族心理是相

① 参见史尚宽：《民法与三民主义》，《文风杂志》1944年第1卷第6期。
② 参见吴经熊：《十年来之中国法律》，载氏著：《法律哲学研究》，清华大学出版社，2005，第87—94页。
③ 参见吴经熊：《新民法和民族主义》，载氏著：《法律哲学研究》，清华大学出版社，2005，第171—176页。

吻合的。新民法中关于订约自由、民事责任和亲属关系三大民事基本问题的规定，便是这一趋势的集中体现。因此，新民法既符合中国大众的民族性，亦与世界法学潮流相一致；既不乏其合理性，又不乏其科学性，实在是一部很好的法律。

吴经熊多次对新民法做出肯定的评价，这从侧面体现出民国民法的立法技术确实有相当的先进性。胡汉民先生曾说新民法为中国民族性中根深蒂固的王道精神的表现,① 梅仲协赞誉它是“集现代各国民法之精英，而弃其糟粕，诚巨制也”。② 的确，民国民法所确立的制度，以及立法技术与立法原则，在现在来看也是十分进步的，它对当时民法的发展具有不可估量的积极意义，它的制定和颁布标志着中国民法近代化的完成。③ 从民法史的角度而言，南京国民政府颁布的《中华民国民法》毫无疑问是近代中国民法史上的一座里程碑。吴经熊对它的评价，不仅代表了他个人对于这项成果的肯定，更代表了当时的民国法学家对中国民法的殷切期望。

五、结语

以上是关于吴经熊在民法领域的理论与实践。就理论而言，吴经熊主要从自然法哲学的角度出发，以民法中概念之变迁，阐述自然法动态变化之本质，并利用自然法理论，对中国自古以来“民刑不分”的旧法制进行批判，将民国时期的新民法与当时西方的主流法学思想相结合，以此来论证其必要性和先进性。就实践而言，吴经熊在民事审判中，能够坚定地贯彻自己的理论，用实际行动来捍卫法律的公平与正义，以实现法律“真善美”之目标，是当之无愧的法学大师。无论从何种角度看来，他都是一位十分成功的法律人。

在讨论吴经熊的民法理论与实践时，我们又必须将其置于民国时期的大背景下观察。民国时期，我国法学界大家频出，他们聪慧博闻，学贯中西，为中国法律带来了全然不同于旧时的新气象。吴经熊作为其中的代表人物之一，自然也在民国法律史上留下了浓墨重彩的一笔。吴经熊对民国民法，或者说，对民国法律的理论态度，与当时法学界的主流趋势是相一致的，即运用自然法的理论，强调法律与社会之间的联系，以此阐发三民主义的法学原理。三民主义的重点是“民”，此民并非小民个体，而意指国民之全体。三民主义之主旨，意在谋求全体国民之利益，这与自然法缩限个人权利，强调社会整体利益的倾向不谋而合。在论述三民主义的法学原理时，民国法学家们无不强调这一点，而此种倾向在民

---

① 吴经熊：《新民法和民族主义》，载氏著：《法律哲学研究》，清华大学出版社，2005，第 176 页。
② 梅仲协：《民法要义》，中国政法大学出版社，1998，“初版序”，第 1 页。
③ 朱勇主编：《中国民法近代化研究》，中国政法大学出版社，2006，第 156 页。

法领域又体现得最为明显。例如，吴氏对侵权责任问题的论述，实际上是在利用“过失责任原则”的变化来说明“权利”这一概念的变化，借此强调社会公益主义，说到底依然属于自然法思想的范畴，只是通过民法的渠道呈现出来。

至于吴氏的民事审判实践，则体现了正式民法颁布的必要性。在他担任推事时，民事裁判的法律依据主要是《大清现行刑律》的民事法律部分和大理院的判例，① 但吴经熊在判决中却大量运用了近代西方的民法原则来进行说理，这并非是他在有意“炫技”，而是因为当时我国的民事立法确实不甚完善。作为裁判艺术极为高超的法官，吴经熊能在个案审判时给出公正合理的判决，却不能以法官身份改变制度上的缺陷，这应当也是他后来投身民法编纂工作的驱动力之一。

吴经熊不仅对中国民法有透彻的认知，对西方法理学更有透彻的理解，正因为他具备了“超越东西方”的法学素养，才能在阐述民法理论时旁征博引，在实践民事审判时信手拈来。通过对吴经熊的民法理论和实践的考察，我们不仅可以更全面地了解这位法学巨擘的贡献，使学界对他的研究成果获得进一步的深入，更能从侧面呈现出民国民法的发展和变迁历程，以此窥见民国法学大环境之一角。此外，他的民法理论对当前《民法典》的相关工作也具有一定的参考价值，有利于推动我国民法的发展与进步，这些都是本文的研究目的所在。当然，吴氏毕竟不是专攻民法领域的学者，其对民法之贡献自然也不能同史尚宽、梅仲协等民法巨擘相提并论，但他为数不多的民法研究成果依然能为当代人提供许多启示。

吴经熊的一生，正如一部近代中国法律的发展史，其中有收获，也有艰难和曲折。他不仅有着深厚的法学功底，高超的审判技术，还有一颗纯粹的心灵。践行法律之艺术，维护社会公平与正义，不仅是他的思想观点，更是他为人处世的方式方法。在当时的时代背景和现实环境下，他尽自己所能，以学识和行动维护法律与人的尊严，这足以成为当代任何一位法律人的楷模。

---

① 关于民国初年的民事法律渊源的情况，可参考李显冬：《从〈大清律例〉到〈民国民法典〉的转型——兼论中国古代固有民法的开放性体系》，中国人民公安大学出版社，2003，第186—193页。

新旧之间：王文豹的事业、交游与文化观*

刘之杨**

摘　要　长期担任民初监狱司司长的王文豹是探讨近代监狱官吏及司法改革的良好样本。王文豹初学警政，后转向狱政，在警务与监狱现代化事业上多有贡献，主要表现在改革晚清湖南全省警察编制，以及通过调研来推进民初监狱改良与人才培养工作。作为寓京湘籍官员，王文豹同在京湖南人士交往密切，并为重振北平湖广会馆出力颇多。王文豹还提倡人伦文化观，即以人伦为中国文化之根，以明人伦为设计礼乐政刑及推动现代化建设之本。综合来看，王文豹是一位处于新旧之间的法政人物：推动司法现代化是其事业，而桑梓情谊与孔孟之道是其精神家园。这既显示出近代法政人物的多重面貌，也反映出复兴传统文化的必要与可能。

关键词　王文豹；湖南；近代警察；近代监狱；人伦文化观

监狱改良是近代司法改革的重头戏，相关研究已为数不少，然而对监狱官吏的考察，尤其是以某一具体人物为研究对象的成果尚属鲜见。① 事实上，如王文豹、王元增等狱政

* 本文系国家社科基金青年项目“清至民国时期罪犯劳作制度的变迁研究”（项目号：23CFX091）的研究成果，并受湖北大学“沙湖学者计划”支持。

** 刘之杨，湖北大学法学院讲师。

① 研究监狱官吏的典型成果可参见王素芬：《明暗之间：近代中国狱制转型研究——理念更新与制度重构》，中国方正出版社，2009，第 56—90 页；张东平：《近代中国监狱的感化教育研究》，中国法制出版社，2012，第 197—239 页；［美］徐小群：《现代性的磨难：20 世纪初期中国司法改革（1901—1937）》，杨明、冯申译，中国大百科全书出版社，2018，第 297—333 页；［荷］冯客：《近代中国的犯罪、惩罚与监狱》，徐有威等译，江苏人民出版社，2008，第 112—113、148—161 页；郭明：《中国监狱学史纲》，中国方正出版社，2005，第 111—130 页；郭辉、杨晓辉：《近代监狱改良视阈下的监狱官制度考》，《河北法学》2017 年第 12 期。

要员，在变动不居的时代因应变局，反思时政，其生平事业与思想观念，对我们认识近代法政人物以及司法改革均有裨益。其中，王文豹便是具有代表性的一位。

王文豹，字绍荃，湖南长沙人士。王氏在清末曾历任湖南及京师多项警政职务，① 后在民初担任司法部监狱司司长近十五年之久，并在 1924 至 1926 年兼署司法部次长一职，一度以代理总长之身份管理部务。② 王文豹是近代法政改革中比较重要的人物，然而学界对其探讨甚少，③ 这不免与王文豹没有留下日记一类的材料有关。幸而在当时的报刊和他人的记述中尚存一些蛛丝马迹，且王文豹曾作《人伦文化论》一文，为我们研究其人其事留下了契机。

身处变局之中，王文豹是一位介于"新旧之间"的官员。其"新"在于，王氏曾留学日本，此后亦致力于推动警察及监狱制度现代化；其"旧"在于，桑梓情谊和孔孟之道等传统情感与文化才是其精神家园。这展示出近代法政人物的多重面貌，以及复兴传统文化的必要和可能。本文拟以狱政要员王文豹为个案，论述其事业、交游与文化观，一窥近代法政人物的所做所思。

一、王文豹之生平履历简考

正所谓"知人论世"，想要讨论王文豹之言行，必先了解其所处时代、成长经历、事业履历等，方不至于误解其文，错会其意。是故，有必要先做一番简要的考述。

（一）清末时期

王文豹究竟生于何年？学界现今起码有三种意见，分别是 1873 年、约 1877 年和 1887 年，然而都没有给出明确的证据。④ 笔者以为，这三种意见恐怕都不准确。中国第一历史档案馆藏有一份档案，记录了清季民政部奏请皇帝定夺该部疆理司郎中人选一事。该折提

---

① 《王文豹履历》，民政部档案，档案号 21－0244－0018，中国第一历史档案馆藏。

② 刘寿林等编：《民国职官年表》，中华书局，1995，第 42—44 页。

③ 目前研究者们只简单提到了王文豹与严景耀的师生关系以及王氏所编辑的《京外改良监狱报告录要》。典型成果参见姚建龙：《作为监狱学家的严景耀：方法、理论与实践》，《上海政法学院学报（法治论丛）》2019 年第 5 期；杨木高：《严景耀监狱学思想初探》，《犯罪与改造研究》2017 年第 2 期。崔嘉欣还提到了王文豹对王元增工作的支持，崔嘉欣：《清末民国时期北京监狱研究（1907—1937）》，河北大学博士学位论文，2019，第 32、38、46 页。由于王文豹并非这些成果的主要考察对象，因此涉及王氏的内容实属寥寥。

④ 参见徐友春主编：《民国人物大辞典》，河北人民出版社，2007，第 74 页；寻霖、龚笃清编：《湘人著述表》，岳麓书社，2010，第一册，第 79 页；杨慎之主编：《湖南历代人名词典》，湖南出版社，1993，第 390 页；《湖南名人志》编委会编：《湖南名人志》，中国档案出版社，1999，第一卷，第 753 页。

到王文豹时年 36 岁，上奏时间为宣统三年闰六月初六日（1911 年 7 月 31 日）。① 据此逆推，1875 年才是王文豹较为准确的出生年。

19 世纪后期的湖南，在内地省份中得风气开化之先，长沙更是如此，时务学堂即其一端。该学堂不仅兼授“新学”与“旧学”，② 而且在法政教育方面颇为用心。③ 1898 年 7 月，王文豹入时务学堂，兼修传统经典与西学新知。④ 虽然时务学堂仅存在了一年，但王文豹的学业未就此停止。1900 年，王文豹进入两湖书院继续学习。⑤ 两湖书院同样兼授中学与西学，尤其是从 1896 年改革后，法政等课程明显增多。⑥ 由此可说，王文豹的学识基础是新旧杂糅的。这大概为他日后一面推行新制度，一面阐扬旧文化，打下了基础。

迨至 1903 年，王文豹留学日本，进入警视厅学习法政警察专科，于 1905 年 7 月毕业，并参与编译了《警察讲义》一套。回国后，王文豹出任湖南警务总局总参议绅，负责改定全省警察编制。⑦ 1906 年春，王文豹奉调进京，在外城巡警总厅警事股工作。次年 9 月，充任民政部法政研究所讲员。1908 年 1 月，补外城巡警右分厅知事。1910 年底，为防止东北鼠疫在京扩散，民政部委任王文豹为京师防疫局提调。后王文豹与汪荣宝等共同仿照日本大阪临时鼠疫预防事务局之官制，草拟章程十九条，推动了当时京师的防疫工作。⑧ 以上便是王文豹在晚清时期的主要经历。

（二）民国时期

1914 年 7 月，经司法总长章宗祥呈准，王文豹出任司法部监狱司司长，⑨ 从此开启了为期近十五年的改良监狱生涯。在任期间，王文豹先后进行了三次较大规模的调研。可以说实地调研监狱的运行情况，是王文豹工作的重点之一。自 1924 年 11 月 30 日始，王文豹兼任司法部次长，至 1926 年 3 月 16 日免职。后又于同年 4 月 17 日兼署次长一职，至 6 月 22 日孔昭焱上任后止。另在 1926 年 4 月 19 日至 5 月 13 日间，还代理司法总长管理部务。⑩ 在 1927 年 8 月 9 日郑灿出任南京国民政府监狱司司长后，王文豹卸任，此后似再未踏足官

---

① 《奏请王念曾拟正王文豹拟陪简放疆理司郎中》，民政部档案，档案号 21－0309－0076，中国第一历史档案馆藏。
② 朱汉民、胡长海：《湖南时务学堂与中国教育近代化的探索》，《湖南大学学报（社会科学版）》2017 年第 6 期。
③ 蒋海松：《时务学堂与近代法政教育革新》，《湖南大学学报（社会科学版）》2017 年第 6 期。
④ 《湘报》报馆编：《湘报》，中华书局，1965，第 577、1108 页。
⑤ 《王文豹履历》，民政部档案，档案号 21－0244－0018，中国第一历史档案馆藏。
⑥ 黄新宪：《张之洞与中国近代教育》，福建教育出版社，1991，第 36—42 页。
⑦ 《王文豹履历》，民政部档案，档案号 21－0244－0018，中国第一历史档案馆藏。
⑧ 汪荣宝：《汪荣宝日记》，韩策、崔学森整理，王晓秋审订，中华书局，2013，第 239 页。
⑨ 《大总统令》，《大公报》（天津版）1914 年 7 月 21 日第 2 版。
⑩ 刘寿林等编：《民国职官年表》，中华书局，1995，第 42—44 页。

场。据外媒报道，王文豹处于“退休”状态。① 而从其他史料来看，卸任后的王文豹大抵投身于教育事业和社会活动之中。

除去公务，王文豹还参与了不少社会团体。一方面，王文豹曾兼任多所大学的教职。比如在1927年，王文豹兼任燕京大学社会学系教授；1929年，兼任河北省立法商学院教授；此外还兼任过朝阳学院法科教员以及中国大学、郁文大学等多所学校之教职。② 另一方面，王文豹还参加了一些社会团体。这其中有与监狱工作相关者，如在1914年与许世英等人创办了新民辅成会；后又与许伯华等监狱界要员发起了中华民国监狱协会等。③ 还有一些是与监狱工作不甚相关的，比如在1918年，王文豹曾担任长辛店铁路工厂留法预备班理事；在1926年11月初，王文豹联合梁家义等人成立了讲学会或称读经团；同年，兼任北平湖广会馆董事会副董事长；在1928年后的数年间，还兼任静生生物调查所委员会委员和会计。④

以上这份简历为我们研究王文豹提供了一些线索，也留下了不少疑问。比如王文豹在警政及狱政事业中主要有哪些贡献？为何会积极参加一些与本职工作无关的社会团体，难道仅仅是兴趣使然么？王文豹联合学衡派代表人物吴宓发起了讲学会，可见“旧学”在其心中之地位，那么王文豹的文化观念又是如何？对其认识法政改革有何影响？下文将逐一探讨。

二、王文豹在警政及狱政改革上的主要贡献

从前述履历可见，在晚清及北洋政府时期的警务与狱政改良事业中，王文豹曾主持或参与了多项工作。其中尤能体现王文豹之贡献的，应属改革湖南全省警察编制，以及积极开展调研来推动狱政改良。

---

① 参见 M. C. Powell，Who's Who in China，*The China Weekly Review*，1926，p. 253.

② 于恩德：《燕京大学社会学系概况》，《社会学界》1930年第4卷；朝阳学院编：《朝阳学院概览》，1933，国家图书馆藏；顾德铭：《河北省立法商学院三年工作报告》，1932，第17页，国家图书馆藏。

③ 参见《新民辅成会之进行办法》，《大公报》（天津版）1920年3月23日第6版。向长艳、王志亮：民国初期的监狱协会与监狱学刊物》，载贾洛川、王志亮主编：《监狱学论坛（第2期）》，中国法制出版社，2012，第427—428页。

④ 参见李永春、肖志伟：《蔡和森赴京与湖南留法勤工俭学运动的开展》，《湖南科技大学学报（社会科学版）》2005年第1期；袁德宣等编纂：《湖南会馆史料九种》，曾主陶校点，岳麓书社，2012，第273页；赵慧芝：《任鸿隽年谱（续）》，《中国科技史料》1988年第4期；吴宓：《吴宓日记》，生活·读书·新知三联书店，1998，第3册，第248页。

（一）改革湖南全省警察编制

晚清民政部档案提到，王文豹作为“总参议绅，改定全省警察编制”，① 可见，王文豹在当时湖南警务改革中发挥过不可忽视的作用。

1898 年 7 月，湖南保卫局在长沙正式成立，首次把西方警察制度引入中国。② 不料政局突变，保卫局在成立约半年后便遭裁撤。此后，湖南便一直没有出台关于全省警察编制的统一规划和制度设计。正是在此情况下，留日归来的王文豹奉命进入警务总局，着手制定章程，③ 终于在 1906 年初完成了《湖南全省警务章程》，④ 使晚清湖南的警务现代化再启新篇。该章程共计八章，分为总则、编制、职务、赏罚、经费、礼式、服装、规则。其中第八章详细规定了各类警务人员的职权职务。

该章程首先厘定了警务编制，将湖南全省警察系统设计为三级：在省一级设警务总局，在府、直隶州、直隶厅一级设警务局，在州、县一级设警务分局。同时在驿路、市镇、乡村等地增设警兵分防处，下设教练所。进而，该章程明确规定了每级、每类警察机构内部的警员编制。以省城警务总局为例，该局设督办一员，由臬司兼任。会办二员，由道员兼任。总提调一员，由长沙知府兼任。副提调二员，不论官绅。总稽查、总文案各二员，总收支一员，均由州县官兼任。通译、卫生总监、查户总监、庶务长各一员，均不论官绅。稿书四名，骑马警兵部长一名，骑马警兵十名，司法警兵部长一名，司法警兵十名，守卫警兵六名，杂役八名，茶房、门号、厨丁、伙夫各一名。⑤

除却编制之外，该章程对警务人员的权责也做了详细的规定。主要可分为五类：第一类是总局、局、分局和分防处的办事规则，主要规范的是一些行政事务，如长官如何坐班，上下级间的指导与汇报，等等。第二类是警兵分防处处长职事规则和警兵巡视规则，这也是内容最细致繁复的一类，主要包括处长如何安排并监督警兵巡视，警兵需留心防范者，应竭力保护者，应绝对禁止者，应随时盘问者，等等。第三类是清道规则，即街道清洁、保持良好的卫生环境等事项。第四类是清查户口规则，旨在平日检点每户人口，稽查居民事业行为，分别良莠。第五类是各种奖惩待遇规则。⑥

与八年前的《湖南保卫局章程》相比，《湖南全省警务章程》在规则属性和适用范围上

---

① 《王文豹履历》，民政部档案，档案号 21—0244—0018，中国第一历史档案馆藏。

② 韩延龙主编、苏亦工副主编：《中国近代警察制度》，中国社会科学出版社，2018，第 8 页。

③ 长沙市地方志编纂委员会编：《长沙市志》，湖南人民出版社，1999，第四卷，第 8 页。

④ 岳阳市地方志办公室编：《岳阳市志》，中央文献出版社，2002，第四册，第 199 页。

⑤ 湖南省地方志编纂委员会编：《湖南全省警务章程》，第二章，国家图书馆藏。

⑥ 《湖南全省警务章程》，第八章，国家图书馆藏。

有了明显的发展。由于保卫局仅在长沙试办，因此该章程的适用范围也仅限于长沙一地，不能算是通行于全省的警察制度。而后者则意在建立一套能够覆盖全省各级行政单位的警察系统，因此章程也表现出了强制厘定警务编制、划一各地规则的意愿。如总则所言："本章程通行于湖南全省。""本章程经颁布后，全省各局以前章程一律照改。"① 此章程颁行后，省内多地相继设立了新式警察机构。如至1906年底，全省共有51处州、县陆续成立了警务分局。② 一些此前成立的警务机构也遵照章程改变了名称，如江永县将原有团练改为警务分局，并在东、西城外各设立分防处一所。③ 安乡县也将原设之巡警局改名为警务分局。④ 永顺县也把之前的警务公所更名为警兵分防处。⑤

这些变化都在晚清朝廷下令各省通设巡警道之前，可见尽管保卫局未能久存，湖南的警务改革仍可算是走在了全国前列。如果说《湖南保卫局章程》是晚清湖南警政现代化的起步或萌芽，那么《湖南全省警务章程》则意味着现代警察制度在湖南全省正式确立了起来。而这一发展与作为总参议绅的王文豹密不可分。

（二）重视调研以推动监狱改良并培养监狱学人才

进至民国，王文豹的工作重心从警务转移到了狱政。在作为全国监狱系统最高领导的近十五年里，王文豹多次开展实地调研，并将调研这一方法贯彻到了教学活动中。

1915年4月初，司法部认为江苏省监狱堪称各省模范，故特派王文豹赶赴江苏考察情况。迨至王文豹赴江苏时，他的调研活动却远超司法部的要求。王文豹首先调研了上海模范监狱和第一看守所，其间不仅详细察看了监房、工场、洗浴室、养病室等场所，还尤其注意监狱内的卫生状况。⑥ 次日，王文豹以上海提篮桥处设有西牢，可为国内监狱借鉴，故特意与西人交涉，逐一考察了提篮桥监狱的监所、工场、囚犯所产物品等内容。⑦ 之后，王文豹由沪赴浙，先是调研了杭州监狱，并当场建议可仿照山东方案在温州及兰溪等处加紧改良县监狱。随即又前往鄞县，调查县监情况。⑧ 江、浙两省视毕，王文豹又远赴安徽、江西、湖北等省继续考察。⑨

---

① 《湖南全省警务章程》，第一章，国家图书馆藏。
② 参见湖南省地方志编纂委员会编：《湖南省志·政法志·公安》，湖南出版社，1997，第2页。
③ 参见吴多禄主编：《江永县志》，方志出版社，1995，第521页。
④ 参见安乡县志编纂委员会编：《安乡县志》，新华出版社，1994，第184页。
⑤ 参见永顺县地方志编纂委员会编：《永顺县志》，湖南出版社，1995，第183页。
⑥ 参见《部员察看监狱》，《申报》1915年4月12日第10版。
⑦ 参见《部员参观西牢》，《申报》1915年4月13日第10版。
⑧ 参见《王文豹考察杭监》，《申报》1915年4月17日第7版。
⑨ 参见《部员由杭返沪》，《申报》1915年4月18日第10版。

通过实地调研，王文豹认为："各省县监狱官腐败最甚，而经费亦属无多"，于是拟定了四条调研大纲：第一，调查监狱现在之情形；第二，调查经费之多寡及来源；第三，调查各监狱官吏是否合格；第四，调查监狱官吏之薪俸。进而提出了四项改良重心：第一，省监狱应如何改良及其建筑方法如何；第二，预筹监狱经费并指定可靠款项；第三，由高等检察厅负责检查监狱官吏是否合格并决定应否撤换；第四，规定各监狱官吏之薪俸等待遇。① 此后，王文豹又于1919年和1922年开展了监狱调研，前者集中在江、浙两省，② 后者又涉及江、浙、豫、皖、赣、闽、鄂等多个省份。③ 可以说，实地调研一直是王文豹重要的工作内容和工作方法。

从后续的情况来看，王文豹所提的改良建议以及后来的监狱立法都在相当程度上与他的调研有关。一方面，王氏始终关注监狱经费的问题，为监狱经费常常不得落实而痛心，呼吁建立特别预算。④ 这一意见看似平淡，实则指出了民国时期监狱改良效果不显的根本症结，远比空谈引入何种监狱制度来得实际。另一方面，民初政府承袭清季变法之成果，监狱制度虽有框架但缺少细则，很多方面仍属无法可依。迨至1915年后，从监狱改良的整体步骤，到监狱行刑的各个方面，相关法律法规才密集出台，尤其是在省城、道属及通商口岸等处设立模范监狱的规划，⑤ 以及有关监狱官吏的薪俸、职级和考评等法规，⑥ 都是在王文豹调研不久后相继颁行的。尽管当时军阀混战，政局不稳，但监狱立法工作却始终较为繁荣，这恐怕与王文豹重视调研关系密切。

王文豹不仅亲自开展了多次调研工作，还把调研这一方法贯彻到了教学工作中。前文简历部分已经提到，王文豹曾兼任多所大学监狱学或犯罪学课程的教授，在授课过程中，他仍然重视实地考察。比如有报道称，王文豹曾带领河北省立法商学院二、三年级五十余名本科生到河北第三监狱进行调研，参观了囚犯工场，观摩了囚犯所从事的制面、纺线等各类科目，并现场为同学们详细剖析了作业规则、囚犯每日生活状况等多项内容。⑦

最能表现出此种教学态度和方法之影响的，还要属王氏在燕京大学社会学系的爱徒严

---

① 《改良狱政之手续》，《大公报》（天津版）1915年8月12日第3版。

② 《法部委员视察监狱》，《申报》1919年11月8日第11版。

③ 《法部司长考察狱务》，《申报》1922年3月11日第16版；《杭州快信》，《申报》1922年3月16日第10版；《杭州快信》，《申报》1922年3月19日第10版；《部员勘察狱务》，《申报》1922年3月21日第10版。

④ 王文豹：《对于监狱改良及希望》，《监狱杂志》1930年第2期。

⑤ 《关于改良监狱之决议》，《大公报》（天津版）1915年11月17日第6版。

⑥ 比如《考核各县管狱员成绩通饬》（1915年8月）、《监狱看守教练规则》（1917年）、《监所职员任用暂行章程》（1919年）、《监所职员官等法》（1919年）、《监所职员官等法及监所职员官俸表、监所职员官等俸给对照表》（1919年），等等。参见王传敏主编：《民国监狱法规汇编》，光明日报出版社，2014，第105—110、144—155页。

⑦ 《法商学生参观监狱》，《大公报》（天津版）1929年11月8日第5版。

景耀。严景耀是中国近代著名的犯罪学家和监狱学家，而引领他走上犯罪学和监狱学研究这条道路的老师正是王文豹。王文豹在 1927 年应许仕廉之邀，在燕京大学社会学系开设犯罪学课程。据严景耀自称，正是承王文豹的指导，他才对犯罪学有了兴趣，萌生出假扮犯人来实地调查监狱罪犯情况的心思。① 可是，一般人很难进监考察，此时又是王文豹为严景耀牵线搭桥。据严氏回忆：在 1927 年暑假，他"得到司法部监狱司司长王教授的介绍和指导，就入了京师第一监狱，住了三个多月。开学以后，仍是一星期去两天"。这样难得的调研工作，一直持续到了次年春。此后，严景耀又在 1928 年暑期赴河北、山西、河南、湖北等多省调查监狱，而各地监狱之所以允许严氏自由开展调研，恐怕亦与王、严之间的这段师生情谊有关。② 这些珍贵的一手资料帮助严景耀完成了《北京犯罪之社会分析》等多篇高水平论文，也从一个侧面展示出，重视调研的王文豹为民国时期的狱政改良培养了优秀的人才。

三、王文豹在京日常交游中的桑梓情结

在警监事业之外，王文豹还参加了不少社会活动。如此前考述履历部分所言，这些活动中有相当一部分与监狱改良事业无关，诸如静生生物调查所委员会会计等职务，更是有些匪夷所思。那么王文豹究竟为何会组织或参与这些社会活动呢？仅仅是个人兴趣使然么？笔者以为背后原因恐怕与王文豹之湘籍身份有关。

（一）同寓京湘籍人士多有互动

不妨从在王文豹日常交游中看起来最奇妙的静生生物调查所说起。静生生物调查所（下文简称"静生所"）是 20 世纪前中期国内著名的生物学研究机构，开展过动植物调研采集、标本制作等诸多科研项目，也培养了一批优秀的生物学人才。而该所的成立与当时另一位名人范源濂密不可分。

范源濂是中国近代著名教育家，曾任北洋政府教育总长，长期致力于推广新式教育，尤其关注自然科学事业的发展，在学界声望颇著。可惜天不假年，1927 年底，范源濂因病辞世。承其遗志，范氏生前所主持的尚志学会和中华文化教育基金会商定组建静生所。③ 之所以命名为"静生"，正是由于范源濂字静生。而王文豹与范源濂亦有联系，二人同属湘

---

① 严景耀：《严景耀论文集》，开明出版社，1995，第 2 页。

② 严景耀：《严景耀论文集》，开明出版社，1995，第 2—3、47 页。

③ 胡宗刚：《静生生物调查所史稿》，山东教育出版社，2005，第 11—15 页。

籍，王氏为长沙人，范氏则生于湘阴。不仅如此，王文豹曾就读于时务学堂，而范源濂亦曾在该处求学，是王氏之学长。此后，范源濂在京组建了尚志学会，王文豹是该学会之主要成员。在1933年初，由于时局吃紧，静生所有意转移。王文豹则用范源濂常说的“拨火当前”一语鼓励同仁坚守事业，“研究学术之精神不可稍存退避”。① 由此亦可见王文豹对范源濂这位同乡学长深怀敬意。这些因素或许是他“跨界”在静生所兼职的一大原因。

与在静生所兼职同样令人难解的，是王文豹在1926年11月初发起讲学会或称读经团。该组织旨在讲经论道、品评时政，不定期聚会，由会员轮流负责讲学之场地，并招待餐食。② 该会起初有六人：王文豹、吴宓、梁家义、李郁、陆懋德、尹国镛。后由梁家义引荐，又增两人：孙雄和刘异。考察各位的籍贯可知，在最初的六人中，王文豹、梁家义和尹国镛三位均是湖南人，③ 其中王氏与梁氏更是长沙同乡。④ 而在梁家义引荐的两位新人中，刘异生于湖南衡阳，亦属湘籍。⑤ 该会半数成员为湖南人士，可推知在兴趣之外，该会在相当程度上亦带有同乡联谊的性质，湘籍这一地缘纽带促使各位成员走到了一起。

进一步观察王文豹的日常交际，还可以更加明显地发现这一点。王文豹著述不丰，为他人撰文作序更是罕见。以笔者目力所及，王文豹仅为王元增、王觐和邵振玑三人之著作写过序言，而后两者都与王氏分属同乡。王觐为中国近代刑法学家，历任清华大学、北京大学等多所高校之教授，是湖南浏阳人。⑥ 邵振玑曾在20世纪20年代初期任江苏第二监狱看守长兼教诲师，将日常教诲罪犯之辞章编为《教诲浅说》一书，司法部曾将该书向全国监狱推广。邵振玑不仅同是湖南人，还与王文豹同期在时务学堂修习课业。⑦

还有一些社会活动或团体更直白地显示出“湖南色彩”。比如在1918年，青年留法预备班在长辛店铁工厂成立。而王文豹之所以会兼任该会理事，正是由于蔡元培请他出面，为湘江学子募集留法求学之经费。⑧ 1920年，湖南旅京学会成立。百余位旅京湖南人士公推范源濂为会长，而王文豹亦兼任该会八位股长之一。⑨ 1928年，粤汉铁路促成会成立。

---

① 《静生生物调查所委员会议记录》，转引自胡宗刚：《静生生物调查所史稿》，山东教育出版社，2005，第120页。

② 吴宓：《吴宓日记》，生活·读书·新知三联书店，1998，第3册，第257页。

③ 吴宓：《吴宓日记》，生活·读书·新知三联书店，1998，第3册，第250页。

④ 梁家义：《余所主张佛学研究方法（原名〈法华大纲讲义〉序）》，《海潮音》1920年第8期。

⑤ 吴宓：《吴宓日记》，生活·读书·新知三联书店，1998，第3册，第250页。

⑥ 湖南省浏阳市地方志编委会编：《浏阳县志》，中国城市出版社，1994，第906页。

⑦ 麦华林主编，《上海监狱志》编纂委员会编：《上海监狱志》，上海社会科学院出版社，2003，第660页；《湘报》报馆编：《湘报》，中华书局，1965，第1108页。

⑧ 李永春、肖志伟：《蔡和森赴京与湖南留法勤工俭学运动的开展》，《湖南科技大学学报（社会科学版）》2005年第1期。

⑨ 《湖南旅京学会成立范源濂为会长》，《晨报》1920年2月19日。

由于长沙站为该线路之核心站点之一，故会员中亦有不少湘籍人士，比如湖南长沙人周震麟任主席，醴陵人袁德宣、宁乡人吴超澄任执行委员，湘西凤凰人熊希龄任财务主任等，而王文豹亦兼任该会之财务委员，做了熊希龄的下手。①

上述考察已经显示，王文豹的日常交游活动与其湘籍身份有关者为数不少。值得进一步考述的，是王文豹对北平湖广会馆的贡献。北洋政府交通部参事袁德宣曾有诗赞曰："收回百二是今年，如此河山岂恝然。两界事原消外侮，三湘文定继前贤。小楼倡议犹堪忆，真迹重镌更可传。寄语吾乡大司寇，每逢岁岁酌甘泉。"② 那么王文豹究竟对湖广会馆有何贡献？袁诗所谓"百二""河山""两界""外侮""真迹重镌"等语又是何意？据笔者研究，这实际上就是指在20世纪20年代中后期，王氏推动了湖广会馆的修缮工作，并代表该会馆打赢了一场馆界之讼。

（二）重振北平湖广会馆

北平湖广会馆始建于清嘉庆十年（1805年），据吴家驹先生回忆，直到光绪末年，该会馆仍是楼阁崇宏，亭林幽致。不料民国以降，"此中所有，百不一存"，"极零乱荒落之致"。③ 此等颓势一直持续到了20世纪20年代中期，王文豹正是在这种情况下正式参与到该会馆的修缮工作中的。

1926年，王文豹兼任北平湖广会馆董事会副董事长。此前王文豹就曾召集过寓京湘人聚会闲叙，据黄尊三记述，有一次人数多达九十余人。④ 虽为兼任的副董事长，但王文豹亦非挂名，上任之后便与同僚协作对会馆进行考察并加以修复。其中尤可记者为宝善堂、"旧时风景"碑和子午泉。

宝善堂本来堂高宏敞，东西有长廊，院南有假山。⑤ 不料年久失修，风光大不如前。王文豹迭次与袁德宣等人协商筹措，宝善堂方得修葺。有诗赞称："宝善重开今日盛，急公直继古人贤。"⑥ "旧时风景"碑本由明代内阁首辅、湖广茶陵（今湖南茶陵）人李东阳所题，后人将此碑陈列在湖广会馆。不幸因馆舍颓圮，此碑亦遭毁损。⑦ 后经袁德宣、王文豹等努力，将其修复。⑧ 子午泉则较为神奇，据说该泉平时水位较低，惟子、午二时泉水

---

① 《粤汉铁路促成会全体委员会议记录》，《交通丛报》1928年第133期，"要纪"，第3页。
② 袁德宣等编纂：《湖南会馆史料九种》，曾主陶校点，岳麓书社，2012，第321页。
③ 袁德宣等编纂：《湖南会馆史料九种》，曾主陶校点，岳麓书社，2012，第243页。
④ 黄尊三：《黄尊三日记》，谭徐锋整理，凤凰出版社，2019，上册，第470—471页。
⑤ 袁德宣等编纂：《湖南会馆史料九种》，曾主陶校点，岳麓书社，2012，第280页。
⑥ 袁德宣等编纂：《湖南会馆史料九种》，曾主陶校点，岳麓书社，2012，第329页。
⑦ 袁德宣等编纂：《湖南会馆史料九种》，曾主陶校点，岳麓书社，2012，第283页。
⑧ 袁德宣等编纂：《湖南会馆史料九种》，曾主陶校点，岳麓书社，2012，第320页。

上涌，且异常清冽甘甜。纪晓岚、叶素云等名流皆曾居于此泉附近。可惜岁久不修，井已湮塞。① 幸赖袁德宣等人修缮，子午泉才得以重焕荣光。尽管王文豹似乎没有直接参与修缮过程，但如时人所言，王文豹多次创作诗文称赞此泉，大大提升了这一古迹与湖广会馆的知名度。②

最为同僚所称道的，还应该要数那场历时一年左右的馆界之争。约在 20 世纪 20 年代初期，陈鸿德堂从市政公所手中购得湖广会馆旁一处较宽较长的沟渠，由于馆务废弛已久，因此无人提出异议。③ 直到 1926 年 8 月 15 日，陈东山才发现馆界被侵，立即与王文豹、陈嘉言等人商议对策。④ 经开会讨论后，公推王文豹代表湖广会馆出面交涉。⑤ 历时一月，交涉未果。眼见陷入僵局，王文豹从琉璃厂购得一图，上面记载了光绪十八年（1892 年）湖广会馆的界址，以及当年该馆作为沟渠所有者雇用玉顺兴木厂修沟补屋之事。⑥ 此证一出，馆界朗然，警方亦据此定案。

不仅如此，在王文豹的主持和推动下，该会馆又反诉陈鸿德堂，要求京师地方审判厅勘验界址，查明陈鸿德堂有无故意侵害之情。⑦ 市政公所替陈鸿德堂出面与湖广会馆协商，试图只退还部分沟渠，而王文豹等人则坚持一寸不让。在 1927 年 5 月下旬，市政公所终于支持了湖广会馆的意见，王文豹代表湖广会馆见证了勘界过程。⑧ 当年 7 月末，京师地方审判厅做出了和解，此争方以湖广会馆的胜利告终。

王文豹助湖广会馆打赢了馆界之争，自感欣慰，在湖广会馆成立 120 周年之际作联纪念："元老善贻谋，共启宏规，嘉惠湖湘子弟；万方正多事，请从今日，收回百二山河。"⑨ 这便是时人诗文中"百二""河山"的出处。这件事也为王文豹本人赢得了颇多赞誉，如有同僚称："少公今又与南北同乡协争馆界，以维先产，其恭桑敬梓之情，与考献征文之意，皆足令人景佩。"⑩ 而若问王氏为何对北平湖广会馆如此用心，或许正是出于时人所言的"恭桑敬梓之情"吧。王氏曾有诗云："乡党相逢不问年，追随杖者舞轩然。举杯共话桑麻

---

① 袁德宣等编纂：《湖南会馆史料九种》，曾主陶校点，岳麓书社，2012，第 352 页。
② 袁德宣等编纂：《湖南会馆史料九种》，曾主陶校点，岳麓书社，2012，第 328 页。
③ 王日根、[日] 大木康编纂：《中国会馆志资料集成》，厦门大学出版社，2019，第二辑第 2 册，第 478 页。
④ 袁德宣等编纂：《湖南会馆史料九种》，曾主陶校点，岳麓书社，2012，第 325 页。
⑤ 王日根、[日] 大木康编纂：《中国会馆志资料集成》，厦门大学出版社，2019，第二辑第 2 册，第 472 页。
⑥ 袁德宣等编纂：《湖南会馆史料九种》，曾主陶校点，岳麓书社，2012，第 323 页。
⑦ 王日根、[日] 大木康编纂：《中国会馆志资料集成》，厦门大学出版社，2019，第二辑第 2 册，第 481、483 页。
⑧ 王日根、[日] 大木康编纂：《中国会馆志资料集成》，厦门大学出版社，2019，第二辑第 2 册，第 492—495 页。
⑨ 袁德宣等编纂：《湖南会馆史料九种》，曾主陶校点，岳麓书社，2012，第 289 页。
⑩ 袁德宣等编纂：《湖南会馆史料九种》，曾主陶校点，岳麓书社，2012，第 328 页。

乐，树木犹期子弟贤。”① 在湖广会馆复兴工作中，王文豹更愿意将自己视为一名普通的湘人，他想做的只是为湘江老幼尽心尽力，而桑梓之情是这一切的出发点。

通观本节所示王文豹在京时期的日常交游，可以说不少活动是由“湘籍”身份而展开的。王文豹在1931年双十节前作诗曰：“赏心寻乐无余事，回首难言是故乡。”② 这位寓京二十余年的湘籍官员始终怀念着故乡山川，并把这份怀念融入了日常交游之中。这当然不是说王文豹只念乡情而不问国事。同僚多以“收回百二河山”为争回馆界事，其实按照王文豹本人的解释，此语还有另一层含义，即纪念国民政府在1927年初收回英国在汉口的租界。③ 一语双关，所反映的实际是在王文豹心中乡情与国事并存。王文豹有意无意地将自己的工作身份和生活身份相分离，虽为新政府中谙熟西方法律知识的狱政要员，但心底仍潜有一股桑梓情结。王文豹并非个案，沈家本、许宝蘅等法界人物亦颇为惦念家乡事业。④ 这种传统情感并未随着时代变迁、政权更迭、西学渗入而发生太多改变。这不仅是乡土气，更是人情味。

四、王文豹的“人伦文化观”及其法理意蕴

前述履历已言，王文豹有旧学功底，还与吴宓等人共同发起了读经团。另据吴宓所记，王文豹曾一口气买下了一整套《学衡》杂志（共计50期），又在《学衡》难以为继之时，答应为印刷杂志提供方便。⑤ 由此均可见传统文化在王文豹心中的地位。王文豹曾著《人伦文化论》一文，笔者借此称其文化观为“人伦文化观”。下面就以该文为核心文本加以分析。

（一）人伦是礼乐政刑的“超越原则”

王文豹谈道：“中国文化自人伦始，礼乐政刑皆后起也。”“一切制度皆当以人伦为基础，然后家齐国治，而天下亦可平。”⑥ 王氏引孟子所言指出：“尧舜之世，使契为司徒，教以人伦：父子有亲，君臣有义，夫妇有别，长幼有序，朋友有信。”⑦ 此“五伦乃天下之

---

① 袁德宣等编纂：《湖南会馆史料九种》，曾主陶校点，岳麓书社，2012，第326页。
② 河北省立法商学院校刊编辑委员会编：《法商季刊》“文艺”版，1931，第1页，国家图书馆藏。
③ 袁德宣等编纂：《湖南会馆史料九种》，曾主陶校点，岳麓书社，2012，第289页。
④ 李在全：《变动时代的法律职业者：中国现代司法官个体与群体（1906—1928）》，社会科学文献出版社，2018，第118—119页。
⑤ 吴宓：《吴宓日记》，生活·读书·新知三联书店，1998，第3册，第250、257页。
⑥ 王文豹：《人伦文化论》，京师第一监狱，1927，第1b页，国家图书馆藏。
⑦ 王文豹：《人伦文化论》，京师第一监狱，1927，第3b页，国家图书馆藏。

大纲”。[①] 可见，所谓“人伦”即孔孟所言的五伦。进而论到：“吾国社会组织以人伦为基础，而礼教政刑皆从此起。”[②] 具体到法律制度亦是如此：“盖治乱之源即发乎此，否则侈言法制，高谈政策，譬如建层楼于流沙之上，未有能存在者也。”[③] 这便是人伦文化观的简明要义。

王文豹提出人伦文化观之时，适值“五四”新文化运动兴起后六七年，当时人们普遍不喜谈论道德伦理。如学者们指出，有些人“一听到道德就好像孙悟空听到紧箍咒一样，浑身不自在”。[④] 尤其当人们谈及三纲五常时，首先便想到“礼教吃人”，“近代以来，这种习惯性的思维太深入人心了”。[⑤] 在此风气中，王文豹的看法自然逃不过质疑或误会。吴宓就曾写到，王氏“极痛恨非孝无父及自由恋爱等新说”。[⑥] 这不免让人误以为王文豹是一个极端守旧之人。更有人质疑，王文豹或为恢复帝制张本。[⑦] 可见，欲阐明王文豹的人伦文化观，不能不进一步辨析。

在新文化运动时期，许多人将儒家文化等同于三纲五常。实际上，无论是孔子所言的“君君，臣臣，父父，子子”,[⑧] 还是孟子所说的“父子有亲，君臣有义，夫妇有别，长幼有序，朋友有信”,[⑨] 都只描述了五伦，即五种理想的人际关系。处于每种关系中的主体之间并无主次之分，亦无“后来所强调的尊卑贵贱等思想，更无所谓严格的等级之分和不可动摇的上下位之别”。[⑩] 不过，如此则人际关系仍不稳定，但凡有不君之君，便可能有不臣之臣，父子、夫妇等其他伦理关系亦然。为补救这种不稳定性，三纲五常才应运而生。

贺麟先生指出，三纲“要求臣、子、妇尽单方面的忠、孝、贞的绝对义务，以免陷入相对的循环报复、给价还价的不稳定的关系之中”。[⑪] 维持稳定的人际关系，这是三纲五常的价值所在。问题在于，大多数居于上位者在以法律制度保障这种稳定之时，都只乐于规定君、父、夫压制臣、子、妇的权力，而舍弃了五伦所推崇的对等性，没有顾及君、父、夫对臣、子、妇所应尽的义务。正是这些由道德向法律转化时的不当之处，造成了单方性的教条化的伦理，也让原本温和自然的伦理变成了“吃人的礼教”。明白此点，便可知“君

① 王文豹：《人伦文化论》，京师第一监狱，1927，“后记”，国家图书馆藏。
② 王文豹：《人伦文化论》，京师第一监狱，1927，第3a页，国家图书馆藏。
③ 王文豹：《人伦文化论》，京师第一监狱，1927，第3b页，国家图书馆藏。
④ 牟宗三：《中国哲学十九讲》，上海古籍出版社，2005，第62—63页。
⑤ 楼宇烈：《中国文化的根本精神》，中华书局，2016，第3页。
⑥ 吴宓：《吴宓日记》，生活·读书·新知三联书店，1998，第3册，第250页。
⑦ 王文豹：《人伦文化论》，京师第一监狱，1927，第4b页，国家图书馆藏。
⑧ 杨伯峻：《论语译注》，中华书局，2009，第126页。
⑨ 杨伯峻：《孟子译注》，中华书局，2010，第114页。
⑩ 景海峰：《五伦观念的再认识》，《哲学研究》2008年第5期。
⑪ 贺麟：《文化与人生》，商务印书馆，2015，第62页。

要臣死，臣不得不死”“男可重婚，女无再适”等教条，都不符合孔孟真意。[①]

那么王文豹所提倡的人伦，是符合孔孟之学，还是袒护上位者呢？针对有人质疑王文豹意在恢复帝制，王文豹谈道：无论是古代的皇帝，还是民国的总统，究其实质，即作为一国元首这一点来讲是无异的，因此也就都有可能滑向独裁。为避免这种危机，唯有“尚贤崇德”。[②] 可见王文豹所推崇的君臣关系是建立在君臣大义的基础上，这种君臣大义的典范便是尧舜，即“不尚竞争，专讲揖让”。[③] 换言之，为君者以尚贤崇德为己任，而不以暴力保障其地位；为臣者以提升自身德行为要务，而不借武力谋取大宝。此正孟子所谓：“欲为君，尽君道；欲为臣，尽臣道。二者皆法尧舜而已矣。”[④] 王文豹在某些场合甚至更强调上位者应以身作则。比如王文豹曾批评到，官吏贪腐之风难禁，归根到底是上位者未能洁身自好所致，唯有当国者清心寡欲，恪守道义，方能收正本清源之效。[⑤] 其实王文豹无意恢复帝制，他所关心的是君臣关系或上下关系能否稳定和谐，而其中关键绝不在君对臣的单方压制，而在于君臣各尽其职的双向义务。

另就夫妇一伦而言，王文豹亦非厚此薄彼。一方面，王文豹确实不鼓励寡妇改嫁，不过王氏并非从“夫为妻纲”来立论，而是重点考虑稳固家庭关系和减轻社会负担。王文豹认为，若鼓励寡妇抛弃幼孩而自由改嫁，则“天下将添无数失养失教之幼年，间接扰乱社会，重烦国家教养，其关系实非浅也”。[⑥] 王文豹无意以夫权来压制妇女，而只是在改嫁自由说勃兴之际，强调已婚妇女的伦理责任，希望借此维持稳定的家庭生活和社会秩序。另一方面，王文豹也对男子娶妻进行了规制。王文豹以鲁惠公强娶宋仲子为夫人，以致隐公惨遭杀身之祸为例证，说明了“夫妇之变危害于国家，关系匪轻”，以此警告世间男子在择偶娶妻时亦应充分考虑夫妻伦理与家庭关系，否则必生祸乱。[⑦] 可见王文豹虽不鼓励寡妇改嫁，但也并未鼓吹夫权，而是以和谐对等的夫妻关系为着眼点。这一观点看似不如张扬妇女权利之新说来得动人耳目，实则不乏价值。正如贺麟先生所指出的：“三从四德的旧箴言，纳妾出妻的旧制度，已是残遗的旧躯壳……反之，酒食征逐、肉欲放纵，追求个人享乐的婚姻，发疯、自杀、决斗的热情恋爱乃是青年男女的堕落，社会、国家的病态……假如男女问题能循有诗意、合礼仪、负社会国家的道德责任的途径以求解答，便可算得契合

① 苏亦工：《天下归仁：儒家文化与法》，人民出版社，2015，第187页。
② 王文豹：《人伦文化论》，京师第一监狱，1927，第4b页，国家图书馆藏。
③ 王文豹：《人伦文化论》，京师第一监狱，1927，第2b页，国家图书馆藏。
④ 杨伯峻：《孟子译注》，中华书局，2010，第151页。
⑤ 王觐：《中华刑法论》，姚建龙勘校，中国方正出版社，2005，“王文豹序”，第4页。
⑥ 王文豹：《人伦文化论》，京师第一监狱，1927，第4a页，国家图书馆藏。
⑦ 王文豹：《人伦文化论》，京师第一监狱，1927，第3a页，国家图书馆藏。

儒家的规范了。”这种结合“于社会、国家皆有裨益，且亦是社会、国家所赞许嘉勉的”。①

如此说来，王文豹所提倡的人伦绝非教条化了的三纲五常，而更近于孔孟所言的五伦。以人伦为本的中国文化，亦非推崇暴力压迫与道德绑架，而是追求和谐稳定的人际关系。植根于人伦文化的礼乐政刑，也不是仅赋予上位者以权力的单向性规范，而是强调双方主体各尽其责的对等性规范。牟宗三先生曾提出，孔孟所讲的“仁”，不是礼乐的内在原则，而是超越原则。若不具备仁这一内核，则礼乐再有道理，也是无意义的。② 借此可说，王文豹意在阐扬的人伦，可算是礼乐政刑的“超越原则”。秉持人伦，则可生发出兼顾主体双方权利义务的礼乐政刑，促成和谐安定的社会状态；丧失人伦，则礼乐政刑虽有法理、乐理等内在道理，却难免沦为上位者压迫下位者的工具，人际关系终难和谐，社会亦不免陷于权争力搏。

（二）以人伦文化为本推进现代化建设

进一步讲，王文豹还谈到了有关现代化建设的问题。这一问题同样具有强烈的现实关怀，因为经济决定论或说物质基础决定论在当时颇为流行。③ 王文豹也遇到过类似的诘难。有人曾质疑称：“衣食足而后礼义兴，现在吾国穷困已极，民不聊生，应注重工商实业各种学问以图补救，高谈伦理，今非其时。”④ 还有一次，王文豹在家中举办讲学会的活动，做了有关人伦文化观的演讲。在场的史学家陆懋德当即提出反对：“陆君懋德独主经济史观，力言生计而轻道德。”⑤ 那么，在王氏看来，阐扬传统的人伦道德与吸收外国文化实现现代化之间究竟是何关系？

王文豹指出，二者实具本末体用之关系，应以阐扬人伦为本，来学习外国文化，发展经济，推进现代化建设。如其所言：“吾之主张重人伦者，并非劝全国人士舍工商实业之学而专从事于空谈，不过说明人伦为吾国文化之精神，宜永久保存，然后尽量吸收各国之文明，以资补助。庶几如木有本，潜滋暗长，月异而岁不同。否则揠苗助长，蒙马虎皮，非徒无益而害之也。”⑥ 很明显，王氏不同意经济决定论，而主张人伦文化才是“工商实业”之基础，同时中国的现代化亦应以人伦文化为主体，以外来文明为补助。

这种主次之别很容易让人联想起“中体西用”的思想。贺麟先生曾批评道：“‘中学为体，西学为用’的说法不可通。因中学西学各自成一整套，各自有其体用，不可生吞活剥，

---

① 贺麟：《文化与人生》，商务印书馆，2015，第 17—18 页。

② 参见牟宗三：《中国哲学十九讲》，上海古籍出版社，2005，第 43 页。

③ 贺麟：《文化与人生》，商务印书馆，2015，第 25、39 页。

④ 王文豹：《人伦文化论》，京师第一监狱，1927，第 4b 页，国家图书馆藏。

⑤ 吴宓：《吴宓日记》，生活·读书·新知三联书店，1998，第 3 册，第 248 页。

⑥ 王文豹：《人伦文化论》，京师第一监狱，1927，第 4b 页，国家图书馆藏。

割裂零售。且因体用不可倒置，西学之体搬到中国来决不会变成用，中学之用，亦决不能作西学之体。”① 那么王文豹的看法是否也陷入了“生吞活剥”“割裂零售”的窠臼呢？笔者以为，答案恐怕并非如此，尚需回到“人伦文化”观的提出背景中来探索。

在晚清庚子之前，虽然部分国人已经逐渐意识到了学习西方的重要性，然而中国文化尚未失去其根本地位。迨至庚子之后，效仿欧美、取法日本成了清政府变法图强的主要模式，于是中西文化在国人心目中的地位也发生了转换。如王文豹所言：“庚子以前，自尊自大，一意排外，不知外国有文化；庚子以后，自暴自弃，一意效颦，不认本国有文化。”② 在新文化运动时期，知识分子对中国文化之鄙夷与批判达到了一个高潮。孰料几位西方哲人先后来华演讲，意外地为中国文化之复兴注入了可能。杜威、罗素等哲人反思了西方业已发生的物质与人生相脱节的危险，这为所谓“东方文化派”理论观点的形成以及文化诉求提供了理据。③ 于是一部分知识分子展开了拯救中国文化的努力。王文豹观察到：“欧战以还，各国学者如罗素、杜威之流先后来华，演讲之余加以调查，皆以吾国为四千余年古国，且有蒂固根深之文化，民族生存发达，各国无与比伦。因此之故，吾国人亦渐变从前之态度，于是提倡保存有之，提倡阐扬有之。其方法有主张开设学校者，有主张设立图书馆或博物馆者，有主张翻印古籍广为传布者。议论纷纭，莫衷一是。”④

有此态度与行动自然是好，问题是我们做这些的意义在哪里？正如梁漱溟先生所提到的，当时不少学人都乐谈把中国文化带到西方去，再把西方文化引进来，然而当我们说“带中国文化”的时候究竟是要带什么，所谓“中国文化”究竟何所指？⑤ 它肯定不止是古董古籍这么简单，换言之，要想使这些复兴中国文化的手段能够有的放矢，则不能不先弄清一个根本性的问题，即中国文化的核心到底是什么。用王文豹的话讲，便是先明确“中国文化何者最应保存”，才能把握“保存中国文化以何者为下手之处”。⑥ 正是在此种情况下，王文豹提出了“人伦文化观”。

可见，“人伦文化观”与晚清“中体西用论”在形成基础上已经迥然不同，吸收外来文化以推进现代化已是不可改变的大趋势。王文豹无意逆势而动，而只是想在中国自身发展以及与外国对话时，为中国树立起一个独立自主的主体地位。王文豹并非以中国文化来抵抗外国文化，亦非以传统伦理来拒斥现代化事业，而是着眼于为中国文化“走出去”和把

① 贺麟：《近代唯心论简释》，商务印书馆，2011，第227页。
② 王文豹：《人伦文化论》，京师第一监狱，1927，第1a页，国家图书馆藏。
③ 郑师渠：《五四前后外国名哲来华讲学与中国思想界的变动》，《近代史研究》2012年第2期。
④ 王文豹：《人伦文化论》，京师第一监狱，1927，第1a页，国家图书馆藏。
⑤ 梁漱溟：《东西文化及其哲学》，中华书局，2013，第1—2页。
⑥ 王文豹：《人伦文化论》，京师第一监狱，1927，第1b页，国家图书馆藏。

外国文化“引进来”提供一个根本要旨，即重建和谐的人伦关系。在王文豹看来，如不能保持人伦文化之主体地位，则包括经济发展在内的现代化建设都将沦为虚无，徒存学术概念所搭起的空架子，黎民百姓终难从中获得实益。王文豹举例称：“近年以来，假借美名，各争私利，以致有民而无主，有兵而无民，有强权而无公理，有好恶而无是非，国民所受痛苦已非笔墨所能形容。若再误解自由，以婚礼为可废，妄想平等，以孝行为可非，则人伦之道根本取消，为害之烈必更不可思议。纵立致富强，所得亦不偿所失。”① 同时，王氏还论到：中国正因一味求新，才“精神丧失，东奔西走而不知所归，或摹仿日本，或步武法、美，或崇拜苏俄，构成今日群龙无首，四分五裂之局面”。② 意即如丧失了人伦文化之主体地位，则中国只能以外国马首是瞻，终将在林林总总的域外文化中迷失方向。

已有学者发现，在“后五四”时期，“否定现存法律和秩序的倾向愈发明显，甚至出现了鄙视、痛恨法律的社会心理”。③ 王文豹对法政改革及现代化建设的不满情绪尚未如此剧烈，他所要追求的，毋宁是一种真正立足于中国文化的法政改革道路，使得可资借鉴的西学新知能够真正落地。楼宇烈先生曾言：“有主体才能有借鉴”，“一个国家要有文化主体性，才能去吸收其他文化的精华。如果自己脚跟都没有站稳就去吸收别人的东西，就会不知所措。”④ 借此表述，王文豹的文化观念可称为一种“主体论”。王文豹无意割裂外国文化之体与用，或将外国文化视为中国文化之用。国人既可以吸收外国文化之体，亦可以学习外国文化之用。王文豹所强调的乃是，这种吸收学习只能是“借鉴”而非“替代”。它有利于重塑和谐的人伦关系，应该成为批判性借鉴外国文化的一项底线性原则。

五、结论

通过以上考察，本文揭示了王文豹所具有的三重面貌。透过这三重面貌可以看出，王文豹是一位处在新旧之间的近代法政人物。这不仅是指他身处政权鼎革之际，更是指他的专业知识、内心情感以及文化观念处在现代与传统之间。

其一，作为法政改革实际推动者的王文豹。无论是改革晚清湖南全省警察编制，还是主持全国监狱工作，王文豹都可算是近代法政改革的实际推动者。漫长的职业生涯反映出，推进警务与狱政现代化是他工作的核心。在此他与当时力主仿效西法的新派人士区别无多。

---

① 王文豹：《人伦文化论》，京师第一监狱，1927，第 5a 页，国家图书馆藏。
② 王文豹：《人伦文化论》，京师第一监狱，1927，第 5a—5b 页，国家图书馆藏。
③ 李在全：《“五四”前后社会法律心理之变动》，《湖南科技大学学报（社会科学版）》2019 年第 1 期。
④ 楼宇烈：《中国文化的根本精神》，中华书局，2016，第 138、140 页。

其二，作为久居京城之湘籍要员的王文豹。在京日常交游展示出王文豹作为一名湘籍官员所怀有的桑梓情结。监狱改良是王文豹的工作重心，然而在工作之余，他更乐于做回一名普通的湘籍寓京人士，真诚地为湘江老幼服务。这显示出王文豹对湘人与湘事之关切，也展示出在新政府中任职的法律专业人士所具有的传统且富于人情味的一面。

其三，立足于儒家文化来反思法政改革等现代化建设的王文豹。“人伦文化观”显示出，王文豹以人伦为礼乐政刑之“超越原则”，以维护和谐稳定的人际关系为法政改革的终极目的，以人伦文化为中国能够保持主体性，以及顺利推进现代化事业的根基所在。王文豹无意复古，只是主动向儒家经典寻求解决现实问题的答案。儒家文化也不是现代化的绊脚石，而是批判及反思现代性的思想利器。

王文豹的所作所思为我们进一步认识近代监狱官吏提供了一个窗口。监狱官吏可算作是一类技术官僚，就现有材料来看，相较于梁启超、董康、居正等法政要员，监狱官吏们很少发表长篇大论来品评时政。然而上述对王文豹的考察显示，少言寡语绝不意味着他们对周遭变化麻木不仁，对时局毫无思考。隐藏在“狱官”“法政人”这些职业标签背后的，是一个个鲜活的生命个体。他们不仅在事业上有所贡献，而且有着丰富的内心情感，对法政改革的反思或许也不亚于法界名流。他们在大变局中并无显赫的地位，然而其体验与观感已是中国近代法政变革和法律现代化的组成部分，治史者对此应有所体察。

目光稍微放宽，会发现王文豹并非个案，如黄尊三、余绍宋乃至沈家本等人都或多或少具有上述多重面貌。后人往往将近代法政人物划分为法理派与礼教派，贴上先进或保守的标签，指责礼教派或保守者思想落后，有碍于现代化建设。然而法理与礼教可能并非截然对立，先进与保守或许也可以和谐共存。王文豹等人既坚守传统文化这一根基，也努力由此发展出可以和西方沟通的制度，这不是一种简单的中西新旧间的嫁接，而是一种更值得探索的现代化方案。同时，王文豹等人虽“喝过洋墨水”且经历过新文化运动，然而传统情感与传统文化仍是他们不愿割舍的精神家园。正如学者所指出的，现代法政知识多半未能给他们提供精神寄托和内心信仰，他们安身立命之所在更多的是中土的、传统的。①这既表现出传统的魅力，也说明了振兴传统文化的必要和可能。当下人们仍然急于抛弃传统，拥抱现代，实则往往落入“现代化的困窘”。② 王文豹等人身处新旧之间，自觉或不自觉地做着调和传统与现代的努力。尝试分析他们的事业、生活与思想观念，对我们理解历史、把握当下均有裨益。

---

① 李在全：《变动时代的法律职业者：中国现代司法官个体与群体（1906—1928）》，社会科学文献出版社，2018，第225页。

② 苏亦工：《天下归仁：儒家文化与法》，人民出版社，2015，第355—366页。

蔡枢衡与中国古代法律规范实践之解释*

白雪峰**

摘　要　蔡枢衡从中国传统小学视角解读古典文献，对“法”“律”“礼”“命”“令”“君”等古代的法律概念有着独特的理解。蔡枢衡解释了古代规范事实的起源、法律文本的出现、规范模式的运作、君王专制的原理以及惩罚的意旨。在他看来，“天在人上”表明了人类最早的规范意识。“法”“律”“礼”等最初以一种规范事实的身份出现，严格区分于后来承载这些事实的器物。五帝时代，“天人交通”的规范事实与“族内理民”的规范实践生化出两种规范模式。五帝后期，“人神杂糅”的革命运动，促成前述两种规范模式的融合，也提升了邦君在法律治理中的地位。循着历史发展脉络，整理蔡枢衡先生的这些论述，照应20世纪初他所提出的中国法理自觉，对于构建中国特色法学话语体系具有重要意义。

关键词　蔡枢衡；古代法律；规范事实；制度载体

在蔡枢衡（1904—1983）的法律理论体系中，相对于“法理自觉”，“法律批判”更为学人所熟知。在他的著述中，揭示中国近代法制殖民地性的论述占有很大的比重，其中，

---

* 本文系天府文化研究和文创课题“近代成都（1895年—1949年）高等教育法学学科的创新性发展研究”（项目号：TYB202308）的研究成果。

** 白雪峰，四川行政学院法学教研部讲师。

“中国法和中国法的历史脱节，和中国社会的现实不适合”，直陈了近代法学人士的“烦闷”。① 蔡枢衡法律批判的理论基点是，近代“买办性”的法制不具有维持社会秩序和促进社会发展的目的。相对于这种严厉的批判而言，“明日中国法应有之面目和精神”的理论建构更能体现出蔡枢衡法律批判的价值。蔡枢衡的自觉法律理论建构，不仅需要对理想法做出合理的预判，还需要对古代法的规范机制做出历史梳理和科学解释。后者为现实法治的理论建构提供了基础资源和方向指引。对于这一点，中国古代法律治理原生资源的历史解读与科学解释显得尤为必要。蔡枢衡利用中国传统小学知识解读古籍字义，尝试“恢复古史资料的本来面目和精神”，基于“历史唯物主义和辩证唯物主义认识论”，厘清了中国古代法律规范实践的起源、发展和要素，② 为现代中国法理的自觉提供了历史佐证。

一、“天下为公”时代的自觉秩序

蔡枢衡先生从中国文字学意义上观察“人（大）”和“天（一）”的形象，推断出“人”和规范秩序的起源。“天（一）在人（大）上”表明，“人（大）”产生以后，自觉受到“天（一）”的规范，“天人交通”描述了夏族最早的规范实践。结合中国音韵知识，他发现了夏族早期规范事实与制度载体的区分与混合现象。

（一）群物无殊：“人”的初现及其生活秩序

蔡枢衡从古文“人（大）”的形象来解释“人”的本质，推断人类原初自觉的生活秩序，同时从反向推断出人类自觉以前的生活状态。蔡枢衡认为，古文“人（大）”的出现，表明人类具有了自我意识，将自身区别于他者，描述了“从猿变人的历史”。③ 古文“人（大）”形体“像个长臂猿直立的侧影，显示了人类直立行走的特点，从外形上划分了人和动物的界限，也表明了人是万物之灵”。④ 古文“人”结合“天”的形象，讲述了“天”产生以后“人”对于客观规范的认知。“古文天字由一大、二大、口大或〇大组成。一、二、

① 关于蔡枢衡对中国近代法制与社会相互脱节问题认识的学理考究有很多。例如孔庆平：《中西之争向古今之争的转换——蔡枢衡法学理论之解读》，《法商研究》2007年第3期；程波：《蔡枢衡的深刻性：以〈中国法律之批判〉（1942年）为中心展开》，《东方法学》2013年第1期。另外，笔者对此问题也有论述，参见白雪峰：《法学第三立场：蔡枢衡与中国近代法制“殖民地性”的认知》，《华北电力大学学报（社会科学版）》2023年第4期。

② 蔡枢衡：《中国刑法史》，中国法制出版社，2005，“序”，第1—9页。

③ 蔡枢衡：《中国刑法史》，中国法制出版社，2005，第25页。

④ 蔡枢衡：《中国刑法史》，中国法制出版社，2005，第25页。

口、○都是像天形，大字像人形。天字表示人所共戴为天，天在人上。”① 结合“天”的本意，“天之为言，颠也。居高临下，为人经纬”。② “天（一）”描述了“人（大）”产生以后的生活状态，受到“天（一）”的压迫或约束。③ 从反向推断，“天（一）”产生以前，“人（大）”的生活状态是“无法无天”。正如蔡枢衡指出的，这种情况下的人没有规范意识，更没有“法”的意识。④ 蔡枢衡这里考证的无规范社会大致上处于传说中的“三皇”时代。“三皇”之“皇”具有“大”与“无制令”的意思。⑤ 人类最初没有社会规范，也没有违反规范的现象存在。⑥ 蔡枢衡的推断建立在唯物主义历史观上，“原始共产主义社会没有人剥削人、人压迫人的现象存在，自然也不会有以统治者的出现和存在为前提的禁令和命令”。⑦ 蔡枢衡列举的《庄子·缮性》中说，上古之人处在“漠茫之中”，《三坟》中则言：“上古之时，人民无别，群物无殊。”⑧ 这些记载意在强调，“人”和“物”没有差别，“人”没有规范他者或被他者规范的意识。蔡枢衡的这种推断澄清了汉字文化意义上“人”的起源及其最初的秩序模型，也印证了古籍中记载的“三皇”时代人类的淳朴形象。例如《淮南子·汜论训》：“神农无制令而民从。”⑨《晋书·刑法志》：“三皇设言而民不违。”⑩

（二）“天人交通”：一种规范事实

在蔡枢衡看来，“天（一）”描述了“人（大）”产生以后自觉的规范秩序。⑪ 在天与人的规范实践中，“人群对于自然界夜以继日、寒来暑往等的经常，地震星陨、山崩海啸、风雨雷电、水旱虫疫等的变异，都能有所分辨而莫知其所以然，遂致误解种种变异都是天对人的警告和惩罚，因而肯定天是人的压迫者”。⑫ 在这一过程中，人们期望通过某种“中介”来了解天的意愿，为了迎合族群的这种需求，自称善解天意的“巫觋”成为天人交通的“机关”。⑬ 天人交通的祭祀活动表明，人接受了一种称作“礼”的规范事实。蔡枢衡这里指出的“礼”可以具体化为族群长期形成的禁忌与号召，即现代意义上的风俗习惯。“随

---

① 蔡枢衡：《中国刑法史》，中国法制出版社，2005，第 39 页。
② 蔡枢衡：《中国刑法史》，中国法制出版社，2005，第 39 页。
③ 蔡枢衡：《中国刑法史》，中国法制出版社，2005，第 34 页。
④ 蔡枢衡：《中国刑法史》，中国法制出版社，2005，第 34 页。
⑤ 蔡枢衡：《中国刑法史》，中国法制出版社，2005，第 35 页。
⑥ 蔡枢衡：《中国刑法史》，中国法制出版社，2005，第 34 页。
⑦ 蔡枢衡：《中国刑法史》，中国法制出版社，2005，第 35 页。
⑧ 蔡枢衡：《中国刑法史》，中国法制出版社，2005，第 34 页。
⑨ 何宁：《淮南子集释》，卷 13《汜论训》，中华书局，1998，第 928 页。
⑩ （唐）房玄龄等：《晋书》，卷 30《刑法》，中华书局，1974，第 917 页。
⑪ 蔡枢衡：《中国刑法史》，中国法制出版社，2005，第 34 页。
⑫ 蔡枢衡：《中国刑法史》，中国法制出版社，2005，第 39 页。
⑬ 蔡枢衡：《中国刑法史》，中国法制出版社，2005，第 39—40 页。

着从猿到人过程的发展，人类社会多少积累了些婚姻、血统、亲续、家室、邦国以及生产劳动等等的经验，形成种种社会制度，具体表现为通行的风俗习惯”。① 体现风俗习惯的礼在结合了“事神致福”的因素以后，由巫觋惩罚违反风俗习惯的族群成员具有了合法性。② 蔡枢衡考证，《尚书·皋陶谟》记载的“无教逸欲”中的“无逸”即“巫筲”的意思，也就是“巫觋执法”。③

（三）制度名实：规范事实与制度载体的区分与混合

蔡枢衡通过分析古文“法”的音韵，发现“法”具有禁止、使命、击打三层含义。“法字古音废”，“废”有遏止和禁止的意思，另一方面，由于“法、逼双声，逼音变为法”，“逼是使命”，“法字成了禁止和使命的概括词”。④ 同时，“法和伐音近，同属废韵。法借为伐，伐是击，击是刑罚、处罚”。⑤ 这种解释符合汉字的认知规律，字意先于字音产生，字形最后表现。⑥ 按照这种观点，作为规范事实的“法”先于作为文字的“法”出现。后来的“法”字形象作为一种规范事实的载体，向人们表明禁止、使命和击打。蔡枢衡在这里强调的是人类早期规范事实与制度载体之间的关联。他分析古文“律”“礼”“命”“令”等字的形体、字意和音韵，发现了中国历史上制度载体与规范事实之间的区分与混合现象。在蔡枢衡看来，古文“律”“礼”“命”“令”本是社会制度的载体，后于社会规范事实的出现。“律”“礼”“命”“令”最初是竹简的名称，其中，“律当是箻的省笔，箻是等的别体。等的本义当是竹名”。⑦ 礼借为“簟”，⑧ 命、令同义，⑨ “簩省作令”。⑩ 作为制度形式的“礼”并“非奉玉以事神的豊，而是表示典章的簟（礼）。簟是竹名，因亦是简名。由于簟、豊、礼三字同音，属于荠韵，簟或省作豊，又或借用礼，遂致名称混同”。⑪ “礼”作为一

① 蔡枢衡：《中国刑法史》，中国法制出版社，2005，第34页。
② 蔡枢衡：《中国刑法史》，中国法制出版社，2005，第40页。
③ 蔡枢衡：《中国刑法史》，中国法制出版社，2005，第40页。
④ 蔡枢衡：《中国刑法史》，中国法制出版社，2005，第36页。
⑤ 蔡枢衡：《中国刑法史》，中国法制出版社，2005，第115页。
⑥ 例如，清代钱大昕说：“声音故在文字之先，而即文字求声音，则当以文字为定，字之义取于孳形声相加。”（清）钱大昕：《小学考序》，《潜研堂文集》，长沙龙氏家塾重刊本，第6册，第14—15页。王念孙也说：“窃以训诂之旨，本于声音，故有声同字异、声近义同，虽或类聚群分，实亦同条其贯。”（清）王念孙：《广雅疏证》，中华书局，1983，“自序”，第2页。段玉裁持同样的观点，他为《广雅疏证》作序时说：“圣人之制字，有义而后有音，有音而后有形，学者之考字，因形以得其音，因音以得其义，治经莫重于得义，得义莫切于得音。”（清）王念孙：《广雅疏证》，中华书局，1983，“段玉裁序”，第1页。
⑦ 蔡枢衡：《中国刑法史》，中国法制出版社，2005，第96页。
⑧ 蔡枢衡：《中国刑法史》，中国法制出版社，2005，第36页。
⑨ 蔡枢衡：《中国刑法史》，中国法制出版社，2005，第35页。
⑩ 蔡枢衡：《中国刑法史》，中国法制出版社，2005，第35页。
⑪ 蔡枢衡：《中国刑法史》，中国法制出版社，2005，第36页。

种具有规范性的事实，最早可以追溯到燧皇氏时代，“礼事起于燧皇，礼名起于黄帝”。① 燧皇氏时代的“礼”，内容包括亲续、血统、婚姻等。②“对于同类事项具有常规意义的令，古时名礼”，指“婚姻、血统、亲续、君臣之类的社会制度”。③ 蔡枢衡声称，作为制度名称的“礼”出现于五帝初期，“黄帝《李法》”实为“黄帝簟伐”，就是黄帝时代簟简所规定的处罚。④ 最初“礼”记载着族群的“禁忌”和“号召”，后世流传的“礼”逐渐淡化了其本意，特指“礼（簟）”简上记载的社会制度。⑤ 蔡枢衡考证的“礼”与近代法律的性质相当，两者都具有“禁止”和“使命”的属性。⑥ 蔡枢衡的这些论述详致地解释了制度载体与规范事实融合之前人类自觉的生活秩序。

二、“人、民有别”与五帝时代的两种规范模式

在蔡枢衡看来，五帝时期的邦人私有制决定了夏族内部“人”和“民”的区分。邦人颁行制令，规范邦民的行为。这是中国历史上最早的世俗意义上的规范事实。夏族内部，“巫觋执法”维系着“礼”的规范传统。在邦人管理邦民的过程中，“礼”的内容成为规范实践的参照标准。蔡枢衡考证五帝后期“人神杂糅”的革命运动，促成了世俗制令与祭祀之礼的融合，提升了世俗统治者在法律治理中的地位。

（一）人、民：催生世俗制令的概念

蔡枢衡考证，五帝时代，夏族邦人对集体的生产资料维持共产制，对于夏族以外的他者，实行邦人私有制。这里的他者主要指夏族内部的“民”，地位低于“人”。“民和奴名异而实同”，“古文民字，有的好像缚着一条腿”，“异族的妻奴”“异族的俘虏”即“古义的民”。⑦“人”和“民”是两个群体，在邦族内部，邦人颁行“制令”，用以统治邦民。“制令”成为邦人统治邦民的一种手段。在蔡枢衡看来，五帝时代颁行的“制令”也具有“使命”和“禁止”双重性质，与前述“礼”的规范内涵相同。⑧“人”和“民”的区分引出了“牧”“臣”“官”等法律概念。族群中的“头人”和“邦牧”代表邦人管理内部的异族战俘

① 蔡枢衡：《中国刑法史》，中国法制出版社，2005，第 36 页。
② 蔡枢衡：《中国刑法史》，中国法制出版社，2005，第 11 页。
③ 蔡枢衡：《中国刑法史》，中国法制出版社，2005，第 36 页。
④ 蔡枢衡：《中国刑法史》，中国法制出版社，2005，第 88 页。
⑤ 蔡枢衡：《中国刑法史》，中国法制出版社，2005，第 36、88 页。
⑥ 蔡枢衡：《刑法学》，中国民主法制出版社，2011，第 81 页。
⑦ 蔡枢衡：《中国刑法史》，中国法制出版社，2005，第 24—25 页。
⑧ 蔡枢衡：《中国刑法史》，中国法制出版社，2005，第 35 页。

(臣或民)。① “头人”是族群之间斗争的产物，后来成为“逮捕敌群成员和对敌战斗的先锋和统帅”。② “伏羲氏易九头为九牧”，“经过改头为牧，出现了官”。③ 结合上文论述的“巫觋执法”传统，“头人”和“邦牧”的出现使得“族内理民”和“天人交通”的任务有了分工，生化出“巫牧分权”的治理传统。邦牧成为中国历史上最早的世俗统治者。

（二）邦人内部的制度约束

按照蔡枢衡的考证，五帝时代的巫觋维系着族内“礼”的规范传统。其中，族群中的成员——邦牧在管理邦民过程中，将部分“礼”的内容融入治理实践。在当时的夏族看来，那些对族群生活秩序造成严重威胁的“蛮夷”违背了“礼”，理应受到相应的制裁。蔡枢衡指出，《尚书·舜典》“蛮夷滑夏，寇贼奸宄”表明，虞舜时期“邦民在蚩尤作乱期间起来侵害生命财产”，“为加强对蛮夷的镇压而修改刑法”。④ 在这种规范实践中，“人民有别”的事实明确了“官”与“民”的身份，“礼”约束着“人”和“民”的行为。“礼”逐渐具有普遍的规范实效，世俗的制令与祭祀的礼趋于融合。这也能够印证蔡枢衡对“礼”和“刑”之间正反关系的解释。他认为，“《大戴礼·四代》：‘阳为德，阴为刑。阳德出礼，礼出刑’讲的是社会制度、犯罪、刑罚”之间的关系，其中，“阶级社会的礼俗，实际是社会制度、社会秩序的总体”，“统治者的意志和利益表现为礼俗”，“统治者通过惩罚犯人，重新肯定阳德和礼俗”。⑤ 蔡枢衡的这些论述能够解释三代以前“礼”和“刑”的分野及其生发的历史社会背景，也为三代时期“礼不下庶人，刑不上大夫”的传统提供了理论注脚。

（三）巫牧合一规范模式的形成

根据蔡枢衡的考证，“巫牧分权”的制度传统在五帝后期面临着变革。在颛顼担任华夏族联盟首领时，苗族首领通过革命剥夺了巫觋执掌“天人交通”的权力，这引起了巫觋的集体反击。在这一过程中，苗族首领处巫觋“割颈死刑”，首创“碎割（行为人）周身”的刑罚，“割碎”了群巫。⑥ 在华夏族看来，苗族内部的这次革命运动违背礼制。颛顼率领邦人以武力强迫苗族恢复“巫牧分权”的制度传统。蔡枢衡认为，“苗族实行君夺神权，人神杂糅。对于夏族，便成主奴不分，自难首肯。夏族统治者因而在打败苗族统治者后强制苗

---

① 蔡枢衡：《中国刑法史》，中国法制出版社，2005，第35、41页。
② 蔡枢衡：《中国刑法史》，中国法制出版社，2005，第41页。
③ 蔡枢衡：《中国刑法史》，中国法制出版社，2005，第41—42页。
④ 蔡枢衡：《中国刑法史》，中国法制出版社，2005，第25—26页。
⑤ 蔡枢衡：《中国刑法史》，中国法制出版社，2005，“引言”，第1页。
⑥ 蔡枢衡：《中国刑法史》，中国法制出版社，2005，第43—44页。

族实行改革”。[①] 这对于解释尧、舜以后的治理传统非常重要。华夏族首领在捍卫“巫牧分权”制度传统时，不自觉地把世俗统治者的权威置于巫觋和诸邦牧之上。虽然说礼的制度传统得以维护，但是也开启了“巫牧合一”的政治法律传统。如蔡枢衡指出的，五帝末期，唐尧曾针对邦人违反风俗习惯而设置了相应的惩戒措施。[②] 虞舜时期，华夏族内部存在邦人拒绝“纳税”的行为，舜命令其行政助理对行为人施以“打髀股”的措施。[③] 同一时期，皋陶废除了由巫觋惩罚违反风俗习惯的邦人之特权，让巫觋去充任管理公田的职务。[④] 至此，五帝后期，“事神致福”的礼与规范邦民的“制令”得以融合，提升了世俗统治者在法律治理中的地位。

三、宗、尊相通与法律治理中的专制因素

结合蔡枢衡考证的“宗法”本意，与上述“人神杂糅”规范传统的形成，可见三代以后法律治理的专制色彩表现浓厚。君王命令成为五帝以后法律的重要渊源。制度载体的出现保证了君王意志在法律治理中的实现。这种法律实践表明，被规范对象——“人民”视野中的“专制”，在法律表述者——君王眼中，是“公意”的体现。

（一）宗、尊相通的“法治”基点

蔡枢衡考证，“宗法本是尊法，即尊尊之法”，“是君王特权的一种表现”。[⑤] 蔡枢衡这里本是解释中国传统的血统关系和婚姻家庭制度，但是为五帝以后君王特权的合法性提供了合理解释。如上论述，“礼事”兴起于三皇时期，“燧人氏时代才开始划分世代，实行族内行辈婚，禁止父女、母子性交，从此有了世代、父子和亲疏的区别”。[⑥] 这与上述“天人交通”的规范事实相结合，使得“父老而慈，子寿而孝”“慎终追远”等历史传统具有了神圣性。五帝以后的华夏族内部，家邦中的长者成为主要负责人，独享对祖先的祭祀权，作为一种尊贵的象征。“天人交通”的使命使得华夏族联盟首领成为世俗社会中唯一“通天命”进而主宰世间万物的主角。

在蔡枢衡看来，“邦君代替巫惩罚违反习俗的邦人，意味着君王代替巫觋成为天在人间

① 蔡枢衡：《中国刑法史》，中国法制出版社，2005，第 44 页。
② 蔡枢衡：《中国刑法史》，中国法制出版社，2005，第 57—58 页。
③ 蔡枢衡：《中国刑法史》，中国法制出版社，2005，第 27—28 页。
④ 蔡枢衡：《中国刑法史》，中国法制出版社，2005，第 45 页。
⑤ 蔡枢衡：《中国刑法史》，中国法制出版社，2005，第 16 页。
⑥ 蔡枢衡：《中国刑法史》，中国法制出版社，2005，第 11 页。

的代表。从此肯定君权神授，一如往昔确认巫权神授”。① 三王时代，邦牧或邦君口头发布的“制令”可以看作天的意志，也可看作族群中长者对于卑幼的训诫。邦君成为“天”和“人”的一个组合，一方面，邦君是天人交通的机关，可以惩罚违反风俗习惯的邦人；另一方面，邦君也是族群中的一分子，具有“人”的一面，不能违背天的意志。② 邦君或君主只需要对天负责，“替天行法”，集“命令权、禁止权和惩罚权于一身，只具有现代意义上的立法和执法的权力，并没有遵守世俗法的义务”。③ “宗法”在制度化的同时，使得君长的意志在法律实践中占据着关键的位置。

（二）法令一统的治理实践

在蔡枢衡关于中国古代法的论述中，君王的角色非常重要。这不仅仅是上述“巫牧合一”制度传统使然，而且是宗法制下法律治理客观标准确立的关键环节。在君王命令成为法律唯一渊源的情形下，制度载体诸如竹简、器皿、玉帛、纸张等关系到法律治理的实效。按照蔡枢衡的考证，“黄帝李法”出现以前，法律实践中不存在可资参照的制度文本。“先王议事以制，不为刑辟”表明，“古时统治者只凭犯罪事实斟酌处罚，不用刑罚简册”。④ 五帝时期“裁判是由统治者亲自实践的”，邦牧和巫觋发布的口头命令就是法律。⑤ 五帝后期，邦君设置了部属官。司法实践中，部属官的个人意志成为裁判的标准，裁判结果与邦君意志有时相互矛盾。“为了避免（部属）滥用权力，使众多司法人员的意志和感情互相一致，有如一人，藉以贯彻统治者客观而冷静的意志和感情于每一案件的裁判”，“裁判标准”的确立尤为必要。⑥ 蔡枢衡在这里指出了确立制度文本的价值，即“废私立公”。在“巫牧合一”之后的司法实践中，邦君的意志代表“公意”，部属官违背邦君意志进行裁判就是“以私废公”。

按照蔡枢衡的上述论证，制度载体对于实现君王的治理意志具有决定性意义。制度载体上载明的内容不仅仅是具体的制度条文，还包括体现君王意志的判决先例。蔡枢衡认为，写明制度条文只是法律发展的一种模式，“通过适用条文于具体案件进而成为判决先例”也是“同类案件裁判的标准”。⑦ 他指出：“唐、虞、夏、商都称条文为彝，称判例为伦。周

① 蔡枢衡：《中国刑法史》，中国法制出版社，2005，第45页。
② 蔡枢衡：《中国刑法史》，中国法制出版社，2005，第45—46页。
③ 参见蔡枢衡：《中国刑法史》，中国法制出版社，2005，第46—47页。
④ 蔡枢衡：《中国刑法史》，中国法制出版社，2005，第109页。
⑤ 蔡枢衡：《中国刑法史》，中国法制出版社，2005，第109页。
⑥ 蔡枢衡：《中国刑法史》，中国法制出版社，2005，第109页。
⑦ 蔡枢衡：《中国刑法史》，中国法制出版社，2005，第114页。

也称判例为伦，唯称条文为要。彝伦、要伦并提，便是条文和判例二者的概括。”① 《尚书·吕刑》中“刑罚世轻世重，惟齐非齐，有伦有要”一句表明，周代的裁判优先参照判决例，以适应不同历史时期社会变迁的需要。② 东周时期，“诸侯不同德，国君异法。折狱无伦，以意为限”描述的是，各诸侯或国君不按照周代传统的“要”和“伦”裁判相关案件，“司法上出现了无政府状态”。结合上文分析的君王之于法令一统的意义，不难发现东周时期政治乱局形成的原因是周王权力的式微。后者是宗法制的危机，也是法律信仰的危机。

在蔡枢衡看来，秦朝对于“天下”的统一，确立“律、令并行制度”，“开始了从要、伦并行进到律、令并行的过渡”。但是，“秦始皇躬亲文墨，以身传诛。不仅不曾克服司法人员以意为限的现象，反而助长了司法无政府状态，加剧了擅断和律、令间的对立面斗争”。③ 蔡枢衡的这种说法与前述“废私立公”的法律价值相矛盾。其实，从法律传统脉络来看，秦朝的皇帝仍然是当时“受命于天”的合法治道者，其角色定位与三代的君王具有一致性，这从《史记·秦始皇本纪》关于秦始皇“采上古帝位号”以及“封禅祭祀”等事迹记载中可得到相应证实。④ 秦朝及后世，“律”操之于君，是“法”的表现形式，约束除君主以外的其他臣民。同时，秦朝的“律”与周朝的“要”类似，无法满足社会变迁的需要，在这种情形下，皇帝会临时发布“敕”“令”来弥补“律”的功能性不足。

蔡枢衡将三代及后世君王在法律治理中的实践概括为“专制”。这与他对“君”字的解释一致。“君”字“像人坐形，体现出一种尊贵性”；由“尹”和“口”组成，“尹”有正和“握事”的意思，“口是主体发布禁止和命令的意思”，“君”表示一位尊贵的首领在公告制令，处理事务。⑤ 这表明邦君或后世君主成为法律的表述者。因此，在中国古代法律效力等级认定上，君王发布的命令，其效力高于律文的效力。秦汉及后世，政权建立之初的君王所颁行的律典具有根本法的性质。各个时期不同君王对律文进行解释，或临时发布命令，维护着法令一统的制度生产机制，防止各级官吏在法律实践中“废公谋私”。“废公谋私”意味着“失信于天下”，威胁到整个制度传统，东周的“国君异法”即是著例。为保证法令一统，惩罚成为中国古代应对秩序危机的一个重要权衡。

① 蔡枢衡：《中国刑法史》，中国法制出版社，2005，第 114 页。
② 蔡枢衡：《中国刑法史》，中国法制出版社，2005，第 116 页。
③ 蔡枢衡：《中国刑法史》，中国法制出版社，2005，第 117 页。
④ （汉）司马迁：《史记》，卷 6《秦始皇本纪》，中华书局，1959，第 237—243 页。
⑤ 蔡枢衡：《中国刑法史》，中国法制出版社，2005，第 42—43 页。

四、“法借为伐”与法律治理中的暴力因素

蔡枢衡从中国文字学和音韵学角度考证，古文“法”具有“教导”和“击打”的内涵。与上述五帝时代的两种规范模式相对应，针对夏族内部不同的规范对象——“人”和“民”，“法（伐）”的指向不同。“巫牧合一”规范模式形成以后，作为法律表述者的君王具有神圣性，“以伐致法”维护着法律的表述机制。结合蔡枢衡对于《法经》名称、体例和内容的考证，能够明确东周以后“以罪统刑”体例的历史机理和“先教后伐”的法律原理。

（一）五帝时代的“伐”及其两种规范意旨

在上述“人、民有别”的历史语境下，蔡枢衡提出了五帝时代针对邦人和邦民的两种规范模式，相应地，针对不同的规范对象，“伐”的指向也不一致。“三皇五帝时代，惩罚违反风俗习惯行为的方法是扑挟和放逐。”① 其中，“扑挟”是指“用竹制击具敲打违反者的身体，使其感到羞耻，不敢再犯。同时藉以教训旁人，使其不敢轻举妄动”。② “放逐的方法是敲打。敲打不止，被打的人自然是拔脚就跑，执行的人紧紧追逐，终至逐出境外，便成放逐。”③ 这一解释与古文“灋”的内涵相吻合。蔡枢衡考证，古文“灋”由水、廌和去三部分组成，“灋字结构表明：灋是廌触水去”，“解廌触定，放在水上，随流漂去便是法”。④ “灋字本义原是流。所谓‘皋陶造狱法律存’或‘皋陶造法律’的法，都是流弃的意思。”⑤ 按照蔡枢衡的推断，由于“獬触不能正确解决虚实问题。因在虞舜后期宣告废除獬触制度”。⑥ 以此来看，五帝时期，夏族邦人意识中的“法”与放逐有关。蔡枢衡强调，前述“扑挟”和“放逐”不能算作后世所谓“刑罚”，仅仅是两种教导措施。⑦ 唐尧后期，夏族内部惩罚邦人违反风俗习惯的措施是，让行为人“戴黑色额巾，饰发向上，用黑色发簪扎起，大巾覆衣”，以此象征对于行为人的约束，一段时期以后，除去这些装束，解除约束。⑧ 由于这种“单一的惩罚方法不能满足分别罪行轻重的需要”，唐尧参照苗族在少昊时

① 蔡枢衡：《中国刑法史》，中国法制出版社，2005，第49页。
② 蔡枢衡：《中国刑法史》，中国法制出版社，2005，第49页。
③ 蔡枢衡：《中国刑法史》，中国法制出版社，2005，第50页。
④ 蔡枢衡：《中国刑法史》，中国法制出版社，2005，第159页。
⑤ 蔡枢衡：《中国刑法史》，中国法制出版社，2005，第159页。
⑥ 蔡枢衡：《中国刑法史》，中国法制出版社，2005，第160页。
⑦ 蔡枢衡：《中国刑法史》，中国法制出版社，2005，第49—50页。
⑧ 蔡枢衡：《中国刑法史》，中国法制出版社，2005，第57—58页。

代创制的五种刑罚，制定了五种象刑，即“衿缨象受黥刑”“幪巾象受劓刑”“屦鞮象受刖刑”“遮韠象受椓刑”“交领象受杀刑”。① 以此推断，“象刑”的指向与“扑抶”和“放逐”类似。

蔡枢衡将五帝时期的刑罚限制为死刑和肉刑，以异族邦民为对象，突出刑罚的威慑作用。“法（音废）、伐（音吠）音近，同属废韵，法借为伐，伐是击，击即刑罚。”② 黄帝时代的刑罚用篁竹书写，故称为“黄帝《李（篁）法（伐）》”。③ 五帝时代，夏族邦人惩罚邦民的刑罚包括：炙饔（火烤熟食）、矜鏍（矛镈刺喉）、虐削（碎削周身肌肉）、肆殛（缚在十字架上砍下四肢和头颅）、张殛（磔死）、创明（剜去眼珠）、创剕（切去小腿肚及以下肢体）等。④ 夏族的少昊时代，苗族在镇压巫觋的集体反抗以后，用竹简写明了刖（揭去膝盖骨）、劓（割鼻）、椓（截甫）、黥（头额刺墨）、杀（割颈）五种刑罚。⑤ 虞舜末年，皋陶先后废除了上述以邦民为惩罚对象的五种死刑和两种肉刑。“由于象形不足以镇压犯罪，因此也被废除了”。⑥ 在这一时期，皋陶确立了由剕刑（锯去小腿）、劓刑（毁坏嗅觉）、戭刑（长枪刺喉）、宫刑（割势）、墨刑（黥面）以及“扑抶”和“放逐”组成的刑罚体系。⑦ 蔡枢衡对于五帝时期刑罚改革的解释，与上述提到的“巫牧合一”治理传统下法律规范内涵的历史转向相吻合。这意味着，五帝后期，夏邦内部“人”和“民”身份的趋同，“刑罚趋向缓和”，由五帝早期的死刑为主转变为以肉刑为主。⑧

（二）三王时代“以伐致法”的规范实践

蔡枢衡根据《尚书·洪范》“次九曰向用五福，威用六极”推断，夏代的刑罚包括“死、劓、墨、膑、宫、椓”。⑨ 殷革夏命，“废除了椓刑”。“周承殷制，用墨、劓、宫、刖、杀五种刑罚组成体系。”⑩ 结合周代“掌五刑之法，以丽万民之罪：墨罪五百，劓罪五百，宫罪五百，刖罪五百，杀罪五百”，三代刑罚制度大致相当。⑪ 这里表明了三代时期法律书写体例，即列明五种刑名，每种刑名之下列举所属的犯罪类型。三代时期的刑名是固定的，

---

① 蔡枢衡：《中国刑法史》，中国法制出版社，2005，第59—60页。
② 蔡枢衡：《中国刑法史》，中国法制出版社，2005，第88页。
③ 蔡枢衡：《中国刑法史》，中国法制出版社，2005，第88页。
④ 蔡枢衡：《中国刑法史》，中国法制出版社，2005，第50—52页。
⑤ 蔡枢衡：《中国刑法史》，中国法制出版社，2005，第52—54页。
⑥ 蔡枢衡：《中国刑法史》，中国法制出版社，2005，第62页。
⑦ 蔡枢衡：《中国刑法史》，中国法制出版社，2005，第67—68页。
⑧ 蔡枢衡：《中国刑法史》，中国法制出版社，2005，第68页。
⑨ 蔡枢衡：《中国刑法史》，中国法制出版社，2005，第68—70页。
⑩ 蔡枢衡：《中国刑法史》，中国法制出版社，2005，第70—72页。
⑪ 蔡枢衡：《中国刑法史》，中国法制出版社，2005，第68—72页。

刑名之下的犯罪类型不断变化。这种书写体例可能与刑罚的规范目的有关。蔡枢衡考证，三代的刑事政策思想可以从周穆王对刑罚目的之阐发中窥其大概，“刑罚的作用，不在报复既往的损害，而在使一般人不敢犯罪”。① 对于被法律规范的人民而言，只有伐的类型是确定的，君王和司法官在何种行为被处以何种类型处罚方面具有很大的决定空间。犯罪类型即应当科处刑罚的行为根据君王的命令和司法官的实践加以具体化。“巫牧合一”规范模式形成后，对于被规范对象而言，主要的法律渊源——君王命令的神圣性具有威慑效果。这也是中国古代法律表述的一种经典方式。当君王的权威下降时，势必会破坏这种法律表述机制。

（三）东周成文法的公布及后世“先教后伐”的规范实践

东周时期周王权威的下降导致宗法制出现危机，这也破坏了三代以来的法律表述机制。具体表现如蔡枢衡指出的“诸侯不同德，国君异法。折狱无伦，以意为限”。在这种情况下，凌驾于各诸侯国之上的法律表述主体和执法（伐）主体缺位。按照蔡枢衡对于《法经》名称的考证，“法经实是法刑或法成”，因应于宗法制崩塌的现实——诸侯称王，《法经》合并了周代规范大夫和庶民的两部刑法的内容。② 蔡枢衡认为，法经“出现了以罪名为纲领的萌芽，体现了刑法体系由刑名分类到罪名分类的历史发展”，“自秦到清，刑法的内容都是法经体例的延续与发展”。③ 蔡枢衡并没有解释《法经》体例变革的历史依据，及其与《法经》名称变革的历史关联。其实，《法经》的公布与郑国“铸刑书”、晋国“铸刑鼎”的意义一致，即人们尝试利用成文法来修复之前的法律表述机制。设想如果继续维持“以刑统罪”的传统，法律实践中哪些行为构成犯罪以及处以何种刑罚方面则会缺乏明确的标准。在这种意义上，成文法的公布承担了之前君王对法律的表述。在编纂成文法时，罪名似乎成为先王的一种教导，刑罚仍然承担着原来的教育和惩罚功能。这种“先教而杀”的法律表述方式，不仅成为一种政治权威的象征，也实现着先王在世时司法裁判的社会公信力。

按照蔡枢衡对于东周以后刑罚制度改革规律的认识，“刑罚体系的历史规律，不是要求肉刑和自由刑相结合和并存，而是要求用自由刑来代替肉刑”。④ 他指出的刑制改革发生于汉文帝时期，在这之前，“秦始皇初期还使用着黥、劓、刖、宫四种肉刑”。⑤ 秦朝通过重刑思想指导政治实践，重新确立起君王的权威，在治理天下过程中仍然崇尚重刑，暴虐有

① 蔡枢衡：《中国刑法史》，中国法制出版社，2005，第74页。

② 蔡枢衡：《中国刑法史》，中国法制出版社，2005，第95页。

③ 蔡枢衡：《中国刑法史》，中国法制出版社，2005，第99—100页。

④ 蔡枢衡：《中国刑法史》，中国法制出版社，2005，第84页。

⑤ 蔡枢衡：《中国刑法史》，中国法制出版社，2005，第75页。

余而教导不足。这与《法经》及其三代以来的法律表述方法相左。汉文帝时期的刑制改革以后，实现了“以肉刑为中心变为以自由刑和劳动刑为中心”。在蔡枢衡看来，这次刑制改革“重用了以身体、生命为内容的笞刑，简直成了历史逆流”。① 其实，蔡枢衡梳理的除了死刑以外刑罚，包括自由刑、身体刑、劳动刑、羞辱罚、金钱罚等，其意是在保护行为人生理健全的前提下，实现“人的劳动生产力和人的价值”。② 在这种刑罚规范实践中，“先教后伐”的历史传统得以延续。

五、结语

蔡枢衡的《中国刑法史》，涵括了中国古代的“宗法”“风习”“法令”等法律基本概念之解读。这些概念的含义及其相互之间的理论关联对于理解中国古代法律的基本原理至为关键。蔡枢衡从中国文字学、音韵学、训诂学的视角解读古籍中有关法律的记载，“作了许多不同于传统观点的解释”。这些解释大都能印证三代及之前的历史推断。例如，“天字由一大组成”，“大字像人形。天字表示人所共戴为天，天在人上”，表明早期人类认为“天是人的压迫者”。③ 这也能印证三代时期人们借天命讨伐异邦的思维模式。同时，蔡枢衡站在历史唯物主义和辩证唯物主义的立场解释中国古代法律的发展历程，将科学认知方法引入中国古代法律史学领域，这与他早年在日本留学有关。20 世纪初，日本社会主义运动高涨，马克思列宁主义开始成为人们认识历史社会的工具。④

蔡枢衡对中国法制起源与发展脉络的梳理，展现了汉语和汉字形塑出的法律文化魅力。“天人”关系讲述了文字出现以前夏族通过表象觉知客观规范秩序的故事。“法”“律”“礼”本是竹名，夏族早期的规范事实与制度文本得以区分开来。“人、民有别”表明，夏族将自身区别于他者。在邦人看来，“天人交通”的“礼”能够给自身带来福祉，也是处理族群之间纠纷的重要参照，渗透到邦人管理邦民的实践中。颛顼时期“人神杂糅”的革命运动促成了部落联盟首领主导法律治理，这与宗法制共同强化了君王在法律治理中的关键作用。蔡枢衡的这些解读和论述不仅仅展现了中国古代法律精彩的发展历程，也是建构中国特色法学话语体系的重要资源。

---

① 蔡枢衡：《中国刑法史》，中国法制出版社，2005，第 85 页。

② 蔡枢衡：《中国刑法史》，中国法制出版社，2005，第 85 页。

③ 蔡枢衡：《中国刑法史》，中国法制出版社，2005，第 39 页。

④ 例如，1920 年代，日本的福本和夫“以大量引用马克思主义经典著作的方式论述辩证唯物论和历史唯物论，同时还进一步用新颖的方法提出这些理论具体运用于日本的历史和现实时所产生的重要问题来引起人们的关注”。［日］近代日本思想史研究会：《近代日本思想史》，那庚辰译，商务印书馆，1992，第三卷，第 18 页。

主题研讨二：

传统中国的法律治理

卜辞所见商代社会底层的犯罪与惩罚*

周　博**

摘　要　殷墟卜辞所见商代的社会底层有臣妾（婢）、刍人、被奠者等，属于商王朝的法权管理对象。他们的犯罪类型主要表现为逃亡，一次少则几人，多则十几人，更有携家带口的，被商王视作灾咎事件，遭到了严厉的打击。商王对于抓捕事宜颇为关心，屡次占卜能否抓获逃亡者。其抓捕力度与规模亦较大，发动大量的贵族参与行动。对于抓获的底层逃亡者，商王朝的惩罚措施主要表现为刑罚，包括肉刑与死刑。在肉刑方面，主要施以刖刑，幸存的刖足者要继续受到役使，从事于守门等工作；在死刑方面，通过将底层逃亡者与祭祀相结合，以用为人牲的方式剥夺其生命权。

关键词　卜辞；商代；社会底层；犯罪；惩罚

商代社会阶层除了贵族、平民之外，还有大量的底层族群，如臣妾（婢）、刍人、被奠者等。他们承担着各种低贱而又繁重的役事，遭受沉重的剥削与压榨，有频繁逃亡的现象，卜辞对此有充分的记载。社会底层的大量逃亡严重影响了商王朝的统治秩序与社会稳定，属于犯罪活动，故遭到商王严厉的打击。关于商代社会底层的逃亡，裘锡圭、① 胡厚

* 本文系国家社会科学基金青年项目“金文所见西周军事防御体系研究”（项目号：21CZS007）的阶段性研究成果。

** 周博，南昌大学国学研究院副教授。

① 裘锡圭：《甲骨卜辞中关于俘虏和奴隶逃亡的史料》，载氏著：《裘锡圭学术文集·第五卷·古代历史、思想、民俗卷》，复旦大学出版社，2012，第3—14页。按：此文原属未刊稿，写定于1973年。

宣、① 齐文心、② 赵平安、③ 王子杨、④ 蔡哲茂⑤等先生均有相关的探讨，取得了丰硕的成果，但也存在一些问题，比如对于逃亡者的身份辨析不足，往往混同俘虏与奴隶，从而给商代法制的探讨带来不少困扰。本文拟在前人时贤研究的基础上，从法制史角度系统梳理社会底层的逃亡，注重其身份的界定；并就商王朝的抓捕、惩罚等做一全面考察，不当之处，敬请各方家指正。

一、社会底层的逃亡犯罪

殷墟卜辞中不仅有商王、贵族的身影，而且有称之为“众”的平民。此外，还有身处社会底层的臣妾（婢）、刍人、被奠者等，关于其身份及其逃亡情况，梳理如下：

（一）臣妾（婢）

卜辞中“臣”的身份有高有底，高者如“小臣𠂤”（《合集》5572 反）、⑥ “小耤臣”（《合集》5603）等，由贵族充任。此外还有大量处于社会底层的臣妾，一般属于商王或贵族所有。如卜辞有“子商臣”（《合集》638—640；或称“商臣”，见《合集》636）、“子敳臣”（《合集》195 甲乙），分别指的是贵族子商、子敳的臣。另外，《合集》974 正［典宾］：“入雀妾。”占卜入贡“雀妾”之事，“雀妾”即贵族雀或雀族之妾。凡此均可说明臣妾与贵族之间的隶属关系。

关于臣的逃亡，卜辞多有记载，如：

(1A) 乙酉卜，宾贞：州臣㞢（有）逸自寷得。

(1B) 贞：州臣得。

(1C) 贞：州臣得。

(1D) 贞：州臣不［其］得。

---

① 胡厚宣：《甲骨文所见殷代奴隶的反压迫斗争》，《考古学报》1976 年第 1 期。

② 齐文心：《殷代的奴隶监狱和奴隶暴动——兼甲骨文“圉”“戎”二字用法的分析》，《中国史研究》1979 年第 1 期。

③ 赵平安：《战国文字的“遊”与甲骨文“㚔”为一字说》，载氏著：《文字·文献·古史：赵平安自选集》，中西书局，2017，第 11—14 页。

④ 王子杨：《甲骨文字形类组差异现象研究》，中西书局，2013，第 241—253 页。

⑤ 蔡哲茂：《甲骨文中的〈阿波卡猎逃〉——商代奴隶逃亡的故事》，载宋镇豪主编：《甲骨文与殷商史》（新九辑），上海古籍出版社，2019，第 149—159 页。

⑥ 郭沫若主编，胡厚宣总编辑：《甲骨文合集》，中华书局，1978—1983。本文简称“《合集》”。

(1E) 贞：今日㞢(有) 㚔。

(1F) 贞：今日亡其㚔。 《缀汇》548 [典宾][1]

(2) 贞：逸自寷得。 《合集》855 [典宾]

(3) 贞：州臣得。 《合集》851 [典宾]

(4) ☐雍逸臣☐[2] 《乙编》785 [典宾][3]

(1)(2)(3) 三版卜辞同文，当为同事所卜。其中 (1A) 辞最为完整，贞卜能否抓获从寷地逃逸的州臣。"㚔"同"得"，(1B) 至 (1F) 以及 (2)(3) 均为简省形式，亦是占卜能否抓获州臣。与"州臣"结构相同，卜辞尚有"州妾"(《合集》659 [典宾])。这里的"州"，裘锡圭、杨升南先生理解为地名，[4] 似不确。(1A) 已有表示州臣所自出的地名，即"寷"。若将"州臣"解作州地之臣，则就扞格难通了。因此，"州臣"似以训作州族的臣为宜，有鉴于所在卜辞为王卜辞，说明这些可能是州族入贡的臣，商王将之置于寷地。同理，"州妾"亦似即州族的妾。关于 (4) 辞，裘锡圭先生指出"雍是武丁卜辞里屡见的人名，有时也称子雍"，"雍逸臣"当即子雍的逃亡的臣。[5]

《尚书·费誓》云："马牛其风，臣妾逋逃，勿敢越逐。"郑玄注："臣妾，斯役之属也。"伪孔传："役人贱者，男曰臣，女曰妾。"[6] 可见臣、妾地位低贱，学界一般认为臣、妾是奴隶身份。臣妾逃亡在先秦文献中的记载尚有不少，如《左传·襄公十年》载："子西闻盗，不儆而出，尸而追盗。盗入于北宫，乃归，授甲，臣妾多逃，器用多丧。"[7]"臣妾"即郑国大夫子西家之男女奴隶。[8]

《说文·女部》："婢，女之卑者也。"段玉裁注："《内则》：'父母有婢子。'郑曰：'所

---

① 蔡哲茂编：《甲骨缀合汇编》，台湾花木兰文化出版社，2011。本文简称"《缀汇》"。

② 按：《乙编》785 又见于《合集》633，但后者"臣"字有泐痕且不清楚，致使《甲骨文合集释文》《甲骨文校释总集》误释作"羌"。参见胡厚宣主编：《甲骨文合集释文》，中国社会科学出版社，1999，第 47 页；曹锦炎、沈建华编著：《甲骨文校释总集》，上海辞书出版社，2006，第 97 页。

③ 董作宾主编：《殷虚文字乙编》，商务印书馆，台湾"中央研究院"历史语言研究所，1948、1949、1953。本文简称"《乙编》"。

④ 裘锡圭：《甲骨卜辞中关于俘虏和奴隶逃亡的史料》，载氏著：《裘锡圭学术文集·第五卷·古代历史、思想、民俗卷》，复旦大学出版社，2012，第 6 页；杨升南：《甲骨文法律文献译注》，载刘海年、杨一凡主编：《中国珍稀法律典籍集成》，科学出版社，1994，甲编第一册，第 114 页。

⑤ 裘锡圭：《甲骨卜辞中关于俘虏和奴隶逃亡的史料》，载氏著：《裘锡圭学术文集·第五卷·古代历史、思想、民俗卷》，复旦大学出版社，2012，第 11 页。

⑥ (清) 阮元校刻：《尚书正义》，卷二十，《十三经注疏》，中华书局，1980 年影印本，第 255 页；(汉) 司马迁：《史记》，卷三十三《鲁周公世家》，中华书局，1982，第 1524—1525 页。

⑦ (清) 阮元校刻：《春秋左传正义》，卷三十一，《十三经注疏》，中华书局，1980 年影印本，第 1948 页。

⑧ 杨伯峻：《春秋左传注》(修订本)，中华书局，1990，第 980—981 页。

通贱人之子。’是婢为贱人也。”① 婢、妾相仿，故可互训，如《礼记·檀弓下》：“如我死，则必大为我棺，使吾二婢子夹我。”郑玄注：“婢子，妾也。”② 二者亦可连称，如《墨子·七患》：“马不食粟，婢妾不衣帛。”③ 婢在甲骨文中作“”（《合集》26956），从妾从卑，卑亦声。其中“妾”属于意符，从字形亦可见婢与妾的关联。于省吾先生指出：“妾与婢的身份相比次，在商代都系家内奴隶。”④ 罗琨先生亦认为“妾、婢等是各种家内女奴”。⑤ 他们的看法当可信。值得注意的是，殷墟卜辞似未见妾、婢之逃亡。对此，蔡哲茂先生认为“没有妾的原因可能是说到臣就包含妾，或妾为女性不便逃亡”。⑥ 但是，卜辞有用妾、婢为祭牲的记载（详下文），不排除与其逃亡有关。

卜辞中还有“逸家”，相关记载如下：

（5）戊辰卜，㱿贞：念㞢（有）逸家，呼☒　　《英藏》392［典宾］⑦

（6A）贞：逸自念得。

（6B）贞：不其得。　　《英藏》732［典宾］

（6A）（6B）为一对正反对贞的卜辞。裘锡圭先生业已指出，（6A）的“逸”即（5）的“逸家”。（5）（6）两版当为同事所卜，占卜能否抓获从念地逃亡的“家”。“逸家”与（4）的“逸臣”结构相同，裘先生指出“这里的家当是一种人的名称”，进一步又认为“逸家”之“家”疑即“家臣，为一种家内奴隶”。⑧ 裘先生的说法富有启发意义。西周有关赏赐的金文中屡见“臣某（即数字）家”，如“臣一家”（□簋，《铭图》5179）、⑨“臣三家”（易簋，《集成》4042—4043）、⑩“臣五家”（不其簋，《集成》4328）、“臣十家”（令簋，《集成》4300；耳尊，《集成》6007）、“臣卅家”（令鼎，《集成》2803）等。其中“家”为“集体单

① （清）段玉裁：《说文解字注》，卷二十四，上海古籍出版社，1988年影印本，第616页。
② （清）阮元校刻：《礼记正义》，卷十，《十三经注疏》，中华书局，1980年影印本，第1310页。
③ 孙诒让：《墨子间诂》，卷一，中华书局，2001，第27页。
④ 于省吾：《甲骨文字释林》，中华书局，1979，第212—215页。
⑤ 罗琨：《商代人祭及相关问题》，载胡厚宣等著：《甲骨探史录》，生活·读书·新知三联书店，1982，第149页。
⑥ 蔡哲茂：《甲骨文中的〈阿波卡猎逃〉——商代奴隶逃亡的故事》，载宋镇豪主编：《甲骨文与殷商史》（新九辑），上海古籍出版社，2019，第158页。
⑦ 李学勤、齐文心、艾兰编：《英国所藏甲骨集》，中华书局，1985、1992。本文简称“《英藏》”。
⑧ 裘锡圭：《甲骨卜辞中关于俘虏和奴隶逃亡的史料》，载氏著：《裘锡圭学术文集·第五卷·古代历史、思想、民俗卷》，复旦大学出版社，2012，第7页。
⑨ 吴镇烽编著：《商周青铜器铭文暨图像集成》，上海古籍出版社，2012。本文简称“《铭图》”。
⑩ 中国社会科学院考古研究所编：《殷周金文集成》，中华书局，1984—1994。本文简称“《集成》”。

位量词”,① 似即男女奴隶所组成的家庭。（5）的“逸家”之“家”可能亦是如此。另外,《花东》61:“甲辰：岁妣庚家一。”② 用作岁祭人牲的“家一”或即“臣一家”。

（二）刍人

殷墟甲骨文有一字，作“”“”“”，学界以往均释作“刍”。近年，邬可晶先生发表了不同看法，认为释“刍”“在字形方面是缺乏根据的”，主张应从唐兰先生的早年看法，改释为《说文》训作“择菜”的“若”。③ 然而，目前学界主流仍持释“刍”说，今亦从之。

刍，《说文》训作“刈艸也”，段玉裁注：“谓可飤牛马者。”④ 可见，用作动词时有“打牧草”之义，又可引申为放牧、饲养牲畜之义。《周礼·地官·充人》：“祀五帝，则系于牢，刍之三月。”郑玄注：“养牛羊曰刍。”⑤《周礼·地官·牛人》：“凡祭祀，共其享牛、求牛，以授职人而刍之。”⑥ 孙诒让疏：“凡以草及禾藁飤牲，并谓之刍。”⑦

刍用作名词时，有数义：第一，“打牧草的工作的人”,⑧ 即刍人。如《诗经·大雅·板》：“先民有言，询于刍荛。”毛传：“刍荛，薪采者。”⑨ 刍人的地位似较低贱。《孟子·梁惠王下》：“文王之囿，方七十里，刍荛者往焉，雉兔者往焉，与民同之。”赵岐注：“刍荛者，取刍薪之贱人也。”⑩ 第二，牲畜所吃的草料，即刍草。如《玉篇·艸部》：“刍，茭草。”⑪《尚书·费誓》：“鲁人三郊三遂，峙乃刍茭，无敢不多，汝则有大刑。”⑫《诗经·唐风·绸缪》：“绸缪束刍，三星在隅。”⑬《国语·周语中》：“廪人献饩，司马陈刍。”⑭ 第三，吃草的牲畜。如《庄子·齐物论》：“民食刍豢，麋鹿食荐。”⑮《经典释文》引司马彪

---

① 张玉金：《西周汉语语法研究》，商务印书馆，2004，第 82 页。
② 中国社会科学院考古研究所编著：《殷墟花园庄东地甲骨》，云南人民出版社，2003。本文简称“《花东》”。
③ 邬可晶：《“刍、若”补释》，载中国古文字研究会、吉林大学中国古文字研究中心编：《古文字研究》第三十二辑，中华书局，2018，第 274—280 页。
④（清）段玉裁：《说文解字注》，卷二，上海古籍出版社，1988 年影印本，第 44 页。
⑤（清）阮元校刻：《周礼注疏》，卷十三，《十三经注疏》，中华书局，1980 年影印本，第 724 页。
⑥（清）阮元校刻：《周礼注疏》，卷十三，《十三经注疏》，中华书局，1980 年影印本，第 723 页。
⑦（清）孙诒让：《周礼正义》，卷二十三，中华书局，2013，第 927 页。
⑧ 裘锡圭：《说殷墟卜辞的“奠”——试论商人处置服属者的一种方法》，载氏著：《裘锡圭学术文集·第五卷·古代历史、思想、民俗卷》，复旦大学出版社，2012，第 180 页。
⑨（清）阮元校刻：《毛诗正义》，卷十七之四，《十三经注疏》，中华书局，1980 年影印本，第 549 页。
⑩（清）阮元校刻：《孟子注疏》，卷二上，《十三经注疏》，中华书局，1980 年影印本，第 2674 页。
⑪（南朝梁）顾野王：《宋本玉篇》，卷十三，中国书店，1983 年影印本，第 259 页。
⑫（清）阮元校刻：《尚书正义》，卷二十，《十三经注疏》，中华书局，1980 年影印本，第 255 页。
⑬（清）阮元校刻：《毛诗正义》，卷六之二，《十三经注疏》，中华书局，1980 年影印本，第 364 页。
⑭ 徐元诰：《国语集解》（修订本），中华书局，2002，第 68 页。
⑮ 郭庆藩：《庄子集释》，卷一下，中华书局，1961，第 93 页。

云："牛羊曰刍，犬豕曰豢，以所食得名也。"[①]《孟子·告子上》："故理义之悦我心，犹刍豢之悦我口。"[②] 杨伯峻注："草食曰刍，牛羊是也；谷食曰豢，犬豕是也。"[③]

以上梳理了"刍"在先秦传世文献中的用法，具体到殷墟卜辞中，学者们的意见则颇有分歧，比如：

(7A) 己丑卜，殻贞：即以刍其五百唯六。

(7B) 贞：[即] 以刍不其五百唯六。　　《合集》93 正 [典宾]

(8) 甲辰卜，亘贞：今三月光呼来。王占曰：其呼来，迄至唯乙。旬㞢二日乙卯允㞢来自光，以羌刍五十。　　《合集》94 正 [典宾]

(7)(8) 两版的"刍"，于省吾先生认为皆指牲畜，[④] 朱凤瀚先生亦将 (8) 的"羌刍"解作"羌人的牲畜"。[⑤] 而黄天树先生认为"羌刍，是指为牲畜打草的羌族刍人"，[⑥] 蔡哲茂先生亦主张 (7)(8) 的"刍"皆指刍人。[⑦] 杨升南、马季凡先生将 (7)(8) 的"刍"理解为"从事畜牧业的生产者"，[⑧] 相当于我们所说的刍人。大致而言，(7)(8) 两版的"刍"是指牲畜还是刍人，两种观点各有道理，这个问题似可继续深入探究。不过，卜辞中常见的"奠刍""逸刍"的"刍"皆指刍人，学界看法基本一致。本文主要对刍人的逃亡进行梳理，相关卜辞如下：

(9) 癸丑卜，争贞：旬亡忧。王占曰：㞢（有）求（咎）㞢（有）[illegible]。甲寅，允㞢（有）来艰。左告曰：㞢（有）逸刍自温十人㞢（有）二。　　《合集》137 正 [典宾]

(10) ☐ [戊午夕] 皿（向）己未，寇、寵刍逸自爻圉 [六人。八月]。

《合集》138 [典宾]

(11) ☐戊 [午夕皿（向）己未，寇]、寵刍逸自爻圉六人。八月。

《合集》139 正 [典宾]

---

① (唐) 陆德明撰，黄焯汇校，黄延祖重辑：《经典释文汇校》，中华书局，2006，第 742 页。

② (清) 阮元校刻：《孟子注疏》，卷十一上，《十三经注疏》，中华书局，1980 年影印本，第 2749 页。

③ 杨伯峻：《孟子译注》，中华书局，1960，第 261—263 页。

④ 于省吾：《甲骨文字释林》，中华书局，1979，第 264 页。

⑤ 朱凤瀚：《商周家族形态研究》(增订本)，天津古籍出版社，2004，第 162—163 页。

⑥ 黄天树：《午组卜辞研究》，载氏著：《黄天树古文字论集》，学苑出版社，2006，第 145 页。

⑦ 蔡哲茂：《晚商畜牧业的经营——以牧与刍为中心》，载李宗焜主编：《古文字与古代史》第二辑，台湾"中央研究院"历史语言研究所，2009，第 154—156 页。

⑧ 杨升南、马季凡：《商代经济与科技》，中国社会科学出版社，2010，第 223—226 页。

(9) 是一条完整的卜辞，所记之事为：癸丑日占卜未来一旬有无忧患，商王视兆判断将有灾咎发生。果然次日甲寅便发生了灾祸，即“有逸刍自温十人有二”，意为从温地逃逸了十二个刍人。据此可知，商王将刍人逃亡视作祸事。(10)(11) 是同文卜辞，皆属验辞，残辞可相互补足，此处参考了裘锡圭先生的意见。①“寇、龍刍”应是原属寇族、龍族的刍人，因所在卜辞为王卜辞，则表明他们可能已被入贡给了商王，为其所有，故商王关心其得失。(10)(11) 二辞记载了寇、龍二族的刍人从㸚地监狱逃亡了六个。

关于刍人的来源，蔡哲茂先生指出“有一大部分应该是透过战争所掳获的羌人，也有可能一部分是王朝统治下的罪犯或地位低下的奴隶”。② 被俘羌人成为商王朝统治下的刍人，完成了身份的转变，自当受商王朝的管理。刍人从事打牧草工作，一般将之归在畜牧业生产者之列。从卜辞来看，刍人的管理者有牧、刍正、牛臣等。如《合集》148［典宾]：“呼牧于朕刍。”此辞可能是关于呼命牧到朕地主管刍人之事。蔡哲茂先生据之认为“牧是管理刍人的人”，③ 其说可从。另外，《合集》141 正［典宾]：“贞：呼刍正。”“刍正”即刍人的长官。另外，《合集》1115 正［典宾］载有“牛臣刍”，即隶属牛臣（掌牛之官）的刍人。④

（三）被奠者

殷墟卜辞中的“奠”作名词时可指被奠置之人，即被奠者。裘锡圭先生对此做了系统深入的研究，指出：

> 商王往往将被商人战败的国族或其他臣服国族的一部或全部，奠置在他所控制的地区内。这种人便称为奠，奠置他们的地方也可以称为奠。奠的分布是分散的，并不存在一个围绕在商都四郊之外的称为奠的地带。被奠者一般居于鄙野，其居邑没有可资防守的城墙。被奠者内部一般似仍保持着原来的组织（如被奠的危方仍有自己的首领危伯㚔）。他们要在被奠之地为商王耕作、畜牧，有时还要外出执行军事方面的任务，此外似乎还要满足商王对臣妾等的需求。奠所受的剥削、压迫很沉重，所以他们

① 裘锡圭：《甲骨卜辞中关于俘虏和奴隶逃亡的史料》，载氏著：《裘锡圭学术文集·第五卷·古代历史、思想、民俗卷》，复旦大学出版社，2012，第 4 页。

② 蔡哲茂：《晚商畜牧业的经营——以牧与刍为中心》，载李宗焜主编：《古文字与古代史》第二辑，台湾“中央研究院”历史语言研究所，2009，第 163 页。

③ 蔡哲茂：《晚商畜牧业的经营——以牧与刍为中心》，载李宗焜主编：《古文字与古代史》第二辑，台湾“中央研究院”历史语言研究所，2009，第 154 页。

④ 杨升南、马季凡：《商代经济与科技》，中国社会科学出版社，2010，第 232 页。

有时起而反抗商王。除了上述这种奠的方式外，商王有时还将从事某种工作的人奠于某地。①

战败或臣服的国族被商王安置在其控制区域之内，为之从事于各种劳役、任务等，似乎说明了其身份已从外族他邦转变成为商王朝统治下的族群，自然应受后者之管理。此外，“从事某种工作的人”中就包括了刍人，卜辞有大量关于奠刍的记载，裘先生已有细致分析，此不赘述。② 被奠者作为商王朝统治下的族群，遭受沉重的剥削与压榨，当处于社会之底层。其逃亡现象在卜辞中似有反映：

(12A) 贞：奠得。

(12B) 贞：奠不其得。　　《合集》4838＋《合集》7880＋《乙编》688［典宾］③

(13) 贞：奠不其得。　　《合集》4839［典宾］

与（12）（13）两版辞例相近的有（1）（3）（24）（25）（26）（27）等，据此推断（12）（13）两版有可能占卜的是能否抓获奠。这里的“奠”疑指被奠者，可能发生了逃亡，故商王发动了抓捕行动，并通过占卜关心抓捕的结果。

以上我们分析了商王朝的社会底层如臣妾（婢）、刍人、被奠者等的逃亡情况。需要说明的是，臣妾（婢）属于家内奴隶，刍人是依工种而得名，被奠者是因被安置而有此称，三者的划分标准不一，区分并不严谨，发生重叠的可能性是存在的。例如裘先生曾指出《合集》6的“在京奠”“应指被奠在京地的人”，而《屯南》1111、《合集》32010“卜问是否将勅刍‘奠于京’。如果勅刍确实被奠于京，他们就可以称为‘在京奠’了”。④ 职是之故，有些被奠者的逃亡不排除即为刍人的逃亡。

关于社会底层的逃亡类型，这里略作说明。据（10）（11）二辞“寇、[illegible]刍逸自爻圉六人”来看，有越狱逃亡的。另外，还有杀人逃亡的，如：

① 裘锡圭：《说殷墟卜辞的“奠”——试论商人处置服属者的一种方法》，载氏著：《裘锡圭学术文集·第五卷·古代历史、思想、民俗卷》，复旦大学出版社，2012，第169—192页。

② 裘锡圭：《说殷墟卜辞的“奠”——试论商人处置服属者的一种方法》，载氏著：《裘锡圭学术文集·第五卷·古代历史、思想、民俗卷》，复旦大学出版社，2012，第180—181页。

③ 蔡哲茂先生缀合，缀合信息参见莫伯峰、王子杨：《2004～2010年甲骨新缀号码表》，载黄天树主编：《甲骨拼合集》，学苑出版社，2010，第594页。

④ 裘锡圭：《说殷墟卜辞的“奠”——试论商人处置服属者的一种方法》，载氏著：《裘锡圭学术文集·第五卷·古代历史、思想、民俗卷》，复旦大学出版社，2012，第183页。

(14) 癸未卜，㱿贞：旬亡忧。王占曰：㞢（有）求（咎）。三日乙酉，奠㞢（有）㱙（杀）。

《合集》16935 正［宾一］

(15A) 丙申卜，宾（以上反面）贞：弗其［以］。（以上正面）

(15B) 贞：呼取奠蚥（杀）人罘夫，以。（以上正面）

(15C) 贞：呼取。（以上反面）

《契合》381［典宾］①

按：陈剑先生指出“㱙”“蚥”为一字，当释读为“杀”，② 可从。(14) 是卜旬卜辞，大意是说：癸未日占卜未来一旬有无忧患，商王视兆判断将有灾咎发生，果然到了第三日乙酉就出现了灾祸，即“奠有杀”，意为被奠者杀人。如若理解为被奠者被杀，有鉴于其底层身份，则似不足以被商王视作灾祸。(15B) 的“奠”字残泐不清，从陈剑先生释。③“奠杀人罘夫”疑为定语后置，即“杀人罘夫”之奠。《说文·又部》：“取，捕取也。”(15) 版大致是在贞卜能否将犯有杀人罪行的被奠者抓捕归案。

据 (14)(15) 来看，当时存在底层杀人逃亡的情况，由此引发了关于逃亡原因的思考。以往诸家多认为社会底层因不堪沉重的剥削与压榨，遂奋起反抗而采取了逃亡的方式。不过既然存在杀人逃亡的情形，那么底层逃亡的原因似不宜作简单化的理解，而要充分考虑到实际情况的复杂性。当然，限于卜辞的简略或残缺，详情已难以推求。

据上分析，社会底层的逃亡现象在卜辞中较为多见，而且往往三五成群，少则几人，多则十几人，更有携家带口的（即“逸家”）。卜辞所见逃亡的类型有越狱逃亡、杀人逃亡。社会底层频繁、大量的逃亡冲击了商王朝的统治秩序，破坏了社会的稳定，也使得劳动力大为减少，损害了经济生产活动，因此被商王视作灾咎事件。从法制史角度来看，逃亡行为属于违法犯罪活动，故遭到商王朝的打击。《左传·昭公七年》载：“周文王之法曰‘有亡，荒阅’，所以得天下也。”杜预注：“荒，大也；阅，蒐也。有亡人当大蒐其众。”④ 文王时在商末，其法或源自商制，盖殷商法制亦如此。

---

① 林宏明：《契合集》，台湾万卷楼图书公司，2013。本文简称“《契合》”。

② 陈剑：《试说甲骨文的“杀”字》，载中国古文字研究会、复旦大学出土文献与古文字研究中心编：《古文字研究》第二十九辑，中华书局，2012，第 9—19 页。

③ 陈剑：《试说甲骨文的“杀”字》，载中国古文字研究会、复旦大学出土文献与古文字研究中心编：《古文字研究》第二十九辑，中华书局，2012，第 14 页。

④ （清）阮元校刻：《春秋左传正义》，卷四十四，《十三经注疏》，中华书局，1980 年影印本，第 2048 页。

二、商王朝的抓捕行动

对于社会底层的逃亡犯罪，商王朝予以严厉的打击，发动力量对逃亡者进行大力抓捕。这方面以臣、刍人的材料最为典型，兹分析如下：

（一）臣的抓捕

关于商王朝抓捕逃亡的臣，上引（1）（2）（3）已有揭示。而典宾类卜辞记载有一起较为详细的臣逃亡事件：

(16A) 癸酉卜，亘贞：臣得。王占曰：其得唯甲乙。甲戌臣涉，舟□（隐）弗告，旬㞢（有）五日丁亥幸。十二月。

(16B) 癸酉卜，亘贞：臣不其得。　　《醉古》27［典宾］[1]

(17A) 癸巳卜，宾贞：臣幸。王占曰：吉，其幸唯乙丁。七日丁亥既幸。

(17B) 贞：臣不其幸。　　《合集》643 正丙［典宾］

(18A) 癸巳卜（以上反面），□贞：臣不其幸。（以上正面）

(18B) 〼臣幸。（以上正面）　　《醉古》23［典宾］

(16A) 验辞的""，蔡哲茂先生认为字形"正象人隐藏于短墙之形，是一个会意兼声的构形"，可读为"隐"；"甲戌臣涉，舟□隐弗告"大意是说甲戌日臣涉水逃亡，渡口的舟人□隐匿了其事，没有上告。[2]《合集》643 正遥缀了三版甲骨，编号为正甲、正乙、正丙，这一缀合实误，蔡哲茂、林宏明先生业已指出。[3] 林宏明先生将《合集》643 正甲、正乙与其他片缀合，即《醉古》23。(16)（17）（18）为三组正反对贞的卜辞，均是占卜能否抓获逃亡的臣。

---

① 林宏明：《醉古集：甲骨的缀合与研究》，台湾万卷楼图书公司，2011。本文简称"《醉古》"。

② 蔡哲茂：《甲骨文中的〈阿波卡猎逃〉——商代奴隶逃亡的故事》，载宋镇豪主编：《甲骨文与殷商史》（新九辑），上海古籍出版社，2019，第 153 页。

③ 参见林宏明：《醉古集·释文及考释》，台湾万卷楼图书公司，2011，第 69 页。

胡厚宣、[①] 林宏明、[②] 蔡哲茂[③]等先生已指出（16）（17）为同一事所卜，如林宏明先生分析这两版所卜“应是同一件事，所捉获的臣也是同一（批）人。因为两者都是在丁亥日捉到的，癸巳往前推七日正好是丁亥日。‘既’字有‘已经过去’的意思，因为是七天前所执得，所以用‘既㚔’”。[④]（18）从干支（癸巳）、事项及年代可以与（16）（17）系连，所卜似亦属同一事。

此次臣逃亡事件的过程大致为：癸酉日占卜能否抓获逃亡的臣。商王视兆判断甲日或乙日可以抓获。结果次日甲戌臣涉水逃亡，舟人□隐匿而未告，致使在第十五天丁亥日才将之抓获。因在外地，这一消息可能并未传达至商王那里。故商王又于癸巳日继续占卜能否抓获逃亡的臣，视兆判断将在乙日或丁日抓获。后来消息传来，即已经在七天前的丁亥日抓获了逃亡的臣。[⑤]

这次臣逃亡时间很久，至少有十五天，引发了商王两次占卜，可见商王对之颇为关注，在一定程度上反映出这次逃亡的臣之规模或许不小。而舟人□的隐匿未告则明显纵容了其逃亡。蔡哲茂先生指出：“商代在河川的渡口处，势必也设立了管制水上运输的专门人员”，舟□“很有可能就是当时驻守渡口、河岸的人员”。[⑥] 作为官员的舟□本应恪尽职守，趁此机会捉拿逃亡的臣，但却隐匿、纵容了臣的逃亡。这种隐匿行径当是一种犯罪。《左传·昭公七年》云：“吾先君文王，作《仆区》之法，曰：‘盗所隐器，与盗同罪’，所以封汝也。”《释文》引服虔注：“仆，隐也；区，匿也。为隐匿亡人之法也。”[⑦]“《仆区》之法”即关于隐匿、窝藏之法，“盗所隐器，与盗同罪”即其中的一条法律规定。楚文王将隐匿列入罪行，推想商代可能亦如此。

（二）刍人的抓捕

殷墟卜辞中关于抓捕逃亡的刍人的记载较多，兹梳理如下：

---

① 胡厚宣：《甲骨文所见殷代奴隶的反压迫斗争》，《考古学报》1976年第1期。

② 林宏明：《醉古集·释文及考释》，台湾万卷楼图书公司，2011，第72—73页。

③ 蔡哲茂：《甲骨文中的〈阿波卡猎逃〉——商代奴隶逃亡的故事》，载宋镇豪主编：《甲骨文与殷商史》（新九辑），上海古籍出版社，2019，第149—152页。

④ 林宏明：《醉古集·释文及考释》，台湾万卷楼图书公司，2011，第72—73页。

⑤ 林宏明：《醉古集·释文及考释》，台湾万卷楼图书公司，2011，第72—73页。

⑥ 蔡哲茂：《甲骨文中的〈阿波卡猎逃〉——商代奴隶逃亡的故事》，载宋镇豪主编：《甲骨文与殷商史》（新九辑），上海古籍出版社，2019，第157页。

⑦（清）阮元校刻：《春秋左传正义》，卷四十四，《十三经注疏》，中华书局，1980年影印本，第2048页。

(19A) 己卯卜，古贞：沐幸逸刍自□（寝）。王占曰：其唯丙戌幸㞢尾，其唯辛𡧊（家）。［辛］□［允既］幸。（以上正面）

(19B)［己］卯卜，古贞：逸刍自□（寝），沐弗其幸。（以上正面）

(19C) 己卯卜，古［贞］：▨王占曰：其唯［丙］戌幸㞢若尾，其唯辛𡧊（家）。（以上反面）　《合集》136［典宾］

(20A) 贞：㞢逸刍［自］□（寝），呼求得。

(20B) 贞：逸［刍］自□（寝），▨其▨。　《契合》226 正［典宾］

(21) 己未卜，□贞：呼彗□豕［逸］刍。十三月。　《合集》120［宾一］

(22) 甲午卜，争贞：逸刍禼得。　《合集》130 正［典宾］

(23) ▨𡆥 幸得逸刍。（以上正面）［王］占曰▨唯既▨（以上反面）

《英藏》776＝《合集》39485［典宾］

(24) 贞：逸刍不其得。　《合集》131［典宾］

(25) 贞：逸刍不［其得］。　《合集》132［典宾］

(26A) 贞：逸刍得。（以上正面）王占曰：吉，其［得］。（以上反面）

(26B) 不其得。（以上正面）　《合集》133［典宾］

(27) □□卜，宾［贞］：逸刍得。　《合集》134［典宾］

(19A)(19B) 是一对正反对贞的卜辞，占卜沐能否抓获从寝地逃逸的刍人。(19C) 的命辞虽残，但从卜日（己卯）、贞人、占辞与 (19A) 相同来看，所卜应是同一件事。(19A) 最为完整，有占辞、验辞。占辞中的“尾”“家”，胡厚宣先生分别读为“祟”“嘉”,① 占辞大意是说丙戌日难以抓获，而辛日则可以。验辞记载了辛日果然成功抓获了逸刍。“辛□”中的地支名残损，林宏明先生认为是“巳”,② 可备一说。

(20) 亦涉及从寝地逃逸的刍人，与 (19) 版所记相同，二者可能是为同一事所卜。(20A) 的“求”疑为人名，又见于《合集》572［典宾］，是云：“贞：呼求寇，幸。”蔡哲茂先生认为命辞原当作“呼求幸寇，幸”。③ 若此推断无误，则 (19)(20) 两版乃是贞卜沐还是求能够抓获从寝地逃逸的刍人。负责抓捕之事的沐、求作为商王臣属，应即贵族身份。

① 胡厚宣：《甲骨文所见殷代奴隶的反压迫斗争》，《考古学报》1976 年第 1 期。

② 林宏明：《契合集・释文及考释》，台湾万卷楼图书公司，2011，第 180 页。

③ 蔡哲茂：《说卜辞中的“寇”与商王朝对异族的统治政策》，载中国古文字研究会、河南大学甲骨学与汉字文明研究所编：《古文字研究》第三十三辑，中华书局，2020，第 24—25 页。

（21）辞略残而且有不识字，但大致的意思可能是呼命彗抓捕逃逸的刍人。彗是黄族族长之一，受到商王重视，地位似不低。其本人也有参与抓捕寇贼之事，如《合集》553［典宾］：“癸丑卜，宾贞：令彗、郭以黄执寇。七月。”① （22）辞占卜寯能否抓获逃逸的刍人。《合集》3438（自宾间）：“贞：自（师）寯其㞢（有）忧。○□□卜，争贞：自（师）寯亡忧。□月。”寯在商王朝有任职武官“师”，故称“师寯”。由商王关心其休咎来看，寯与商王关系较密，或是地位较高的贵族。

（23）的“率”有皆、悉之义。② 全辞似是占卜𢀛能否将逃逸的刍人全部抓获。𢀛是商王朝重要的同姓贵族，③ 对外参与征伐（如《合集》6569、6631），对内曾受命担任“总管耕耤之事”的“小耤臣”（《合集》5603），④ 又有抓捕寇贼之事（如《合集》578）等。《合集》846［典宾］：“贞：𢀛幸逸。”（《合集》847同文）此辞并未提及逃逸者之身份，是否即（23）的刍人，待考。（24）至（27）诸版皆是占卜能否抓获逃逸的刍人，但具体抓捕者并未提及。

从上述卜辞来看，商王为了抓捕逃逸的刍人，发动有沐、求、彗、寯、𢀛等贵族，其中有的地位不低，有的更是同姓身份。据此来看，商王对于抓捕之事较为重视。此外，还有一些可能属于抓捕逃逸的刍人的卜辞，如：

（28A）丙申卜，古贞：呼见洗刍，弗其擒。

（28B）丙申卜，古贞：呼见洗刍，擒。　《醉古》197［典宾］

（29A）丙午［卜］，□贞：洗雍刍〼。

（29B）贞：□（勿）［洗］雍刍。　《合集》123—《合集》125［典宾］⑤

（30A）〼臣呼洗㞢刍。

（30B）〼洗牛臣刍。　《合集》1115正［典宾］

（31）〼呼洗光刍〼。　《合集》1380［典宾］

（32A）癸卜：获奠。十月。

① 周博：《卜辞所见商代寇贼的犯罪与惩罚》，《四川大学学报（哲学社会科学版）》2022年第2期。

② 詹鄞鑫：《释卜辞中的范围副词“率”——兼论诗书中“率”字的用法》，《华东师范大学学报（哲学社会科学版）》1995年第6期。

③ 朱凤瀚：《商周家族形态研究》（增订本），天津古籍出版社，2004，第43—45页。

④ 裘锡圭：《甲骨文中所见的商代农业》，载氏著：《裘锡圭学术文集·第一卷·甲骨文卷》，复旦大学出版社，2012年，第265页。

⑤ 林宏明：《〈殷虚文字乙编〉新缀十五例》第六组，载王宇信、宋镇豪、徐义华主编：《纪念王懿荣发现甲骨文110周年国际学术研讨会论文集》，社会科学文献出版社，2009，第271页。

(32B) 癸卯卜，贞：。

(32C) 甲辰卜，贞：或获刍☐之夕雨。

(32D) 乙巳卜，贞：肩。　　《缀汇》823［午组］

(28) 版的“洗”从王子杨先生读,[①] 用作动词。林宏明先生指出其表示的是对“刍”的“一种行动，根据司礼义的规则，这里‘弗（按：原误作“不”）其擒’是商王所不愿见到的”。进而推断“洗”“行动的目的，是为了捉拿刍的”。[②] 其说可从。那么，(29)(30)(31) 诸版亦皆是关于捉拿刍人之占卜。“刍”“雍刍”“㞢刍”“光刍”如同“弜刍”(《合集》11408),[③] 分别指属于、雍、㞢、光族的刍人，因所在卜辞为王卜辞，则表明他们似已被入贡给了商王。“牛臣刍”即王朝牛臣所属的刍人。这些刍人可能发生了逃亡，所以商王占卜能否抓获他们。

(32) 整版颇为残泐，此处参考了《缀汇》的摹本。“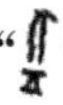”“”“或”“肩”似为人名。癸卯、甲辰、乙巳三日相连，所卜或为同一事。那么，(32A) 的“奠”即 (32C) 的“刍”，指的是被奠置的刍人。盖他们有逃亡之事，因此占卜能否将之抓获，而“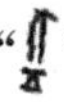”“”“或”“肩”则是具体负责抓捕的人员。值得注意的是，此版是非王卜辞，占卜主体是贵族，可能有受商王之命，故行占卜之事。

综上所述，以臣、刍人之逃亡为例，我们对商王朝的抓捕行动进行了较为详细的梳理。商王对于抓捕事宜颇为关心，屡次占卜能否将逃亡者抓获。另外，抓捕行动并非只靠商王一己之力，而是发动大量贵族参与其中，如沐、求、彗、㝵、𡵂、见、、、或、肩等人，其中有的地位不低，有的更是同姓族人。据此可以推知，商王对于抓捕逃亡者的重视以及抓捕的力度非同一般。

三、商王朝的惩罚措施

作为社会底层的逃亡者一旦被抓获，就将面临商王朝严酷的惩罚。据卜辞来看，大致

---

① 王子杨：《甲骨文字形类组差异现象研究》，中西书局，2013，第230—241页。

② 林宏明：《醉古集·释文及考释》，台湾万卷楼图书公司，2011，第139页。

③ 裘锡圭先生指出《合集》11408“奠弜刍”的“弜刍”“应指属于弜族的刍人”。参见《说殷墟卜辞的“奠”——试论商人处置服属者的一种方法》，载氏著：《裘锡圭学术文集·第五卷·古代历史、思想、民俗卷》，复旦大学出版社，2012，第180页。

有以下两种刑罚：

（一）施以刖刑

刖刑作为肉刑的一种，是断足之刑。这对于靠双腿逃亡的人而言无疑是沉重的打击，相关记载如下：

（33）□□卜，争［贞］：刖逸，不□（昏）。四月。

《缀兴》142①＝《合集》861＋《合集》17150［典宾］

（34）乙酉卜，［殻］贞：刖［奠］☐ 《合集》6002 正［典宾］

（33）的“逸”即逃逸者，据前文来看，不排除指臣妾（婢）、刍人、被奠者等社会底层的可能性。“昏”意为暴死，即“突然的、非正常的死亡”。② 全辞是占卜对抓捕回来的逃逸者施行刖刑，会不会发生突然的死亡。据此可知，刖刑具有一定的生命危险性。（34）的“奠”字仅存上半部分，诸家皆释作“奠”。③ 此辞是关于对“奠”施行刖刑的卜辞，这里的“奠”当指被奠者。依据（12）（13）（32）诸辞所反映的被奠者之逃亡与抓捕来看，（34）辞的被奠者有可能犯逃亡罪行，故抓获后被施以刖刑。

从目前的甲骨文资料来看，对于底层逃亡者，除了施以刖刑外，似乎不见其他的肉刑。因此，刖刑有可能是针对逃亡犯罪的主要肉刑措施。（33）辞反映出商王关心逃亡者的生死，事实上商王并不希望他们死去，为的是继续役使这些人。裘锡圭先生曾指出，“古代常用刖足者守门”，若“幸而不死，无疑也会被使用在守门一类的工作上”。④ 商周青铜器上的刖人守门形象并不乏见，亦能补充证明这一点。⑤

（二）处以死刑，用为祭牲

殷墟卜辞中有将臣、妾用为人牲的记载，兹梳理如下：

---

① 张宇卫：《缀兴集——甲骨缀合与校释》，台湾万卷楼图书公司，2020。本文简称“《缀兴》”。

② 陈剑：《甲骨金文考释论集》，线装书局，2007，第 427—436 页。

③ 参见胡厚宣主编：《甲骨文合集释文》，中国社会科学出版社，1999，第 327 页；曹锦炎、沈建华编著：《甲骨文校释总集》，上海辞书出版社，2006，第 742 页；陈年福：《殷墟甲骨文摹释全编》，线装书局，2010，第 602 页。

④ 裘锡圭：《甲骨文中所见的商代“五刑”——并释“刞”“剢”二字》，载氏著：《裘锡圭学术文集·第一卷·甲骨文卷》，复旦大学出版社，2012，第 3 页。

⑤ 参见徐昭峰：《刖刑相关问题探析》，《中国国家博物馆馆刊》2012 年第 1 期。

(35A) 贞：出（侑）于妣己□瓜（夫）。

(35B) □（勿）出（侑）□于妣己。

(35C) 出（侑）妾于妣己。　《合集》904 正 [宾一]

(36) ▨□▨妾▨。　《合集》755 [𠂤小]

(37) 贞：今庚辰夕用甗（献）小臣卅、小妾卅于妇。九月。《合集》629 [宾出]

(38) 癸酉卜，贞：多妣甗（献）小臣 [卅]、小母卅于妇。　《合集》630 [宾出]

(39) □□卜，殻 [贞]：御妇好于□甲，呼出（侑）妾。《合集》656 正 [典宾]

(40) ▨臣七十、妾▨。　《合集》631 [典宾]

(41) 癸▨出（侑）▨于▨惠▨妾。　《合集》661 [宾出]

(42A) 贞：出伐妾媚。

(42B) 卅妾媚。

(42C) 贞：出伐奻（妾）媚。　《合集》655 正甲 [典宾]

(43A) ▨今▨御妣己。

(43B) ▨豕▨妾▨ [妣] 己。一月。　《合集》19892 [𠂤小]

(44A) [乙] 巳：自祖乙又（侑）妾，又（侑）戌大。

(44B) 弜又（侑）。　《合集》32165 [𠂤历间]

(45) □辰贞：又（侑）妾，伐卯▨。　《合集》32164 [历二]

(46) ▨桒（祷）年于▨臣惠豚▨又（有）大雨。　《屯南》2828 [历无名间]①

(47A) 壬戌卜，在 [□]：② □于妣乙，卯用牢。不。

(47B) 癸亥卜，在 [□]：子御□于乙女，臣于祖庚，卯羊二、豼二。

《村中南》478 [午组]③

(48A) 丙卜：惠小宰又□、妾御子馘妣丁。

(48B) 己卜：惠□、臣又妾御子馘妣庚。　《花东》409 [花东子卜辞]

---

① 中国社会科学院考古研究所编：《小屯南地甲骨》，中华书局，1980、1983。本文简称"《屯南》"。

② 按：李霜洁先生认为"'在'后疑漏刻地名或时间名词"，是说可从。参见氏著：《殷墟小屯村中村南甲骨刻辞类纂》，中华书局，2017，第319页。

③ 中国社会科学院考古研究所编：《殷墟小屯村中村南甲骨》，云南人民出版社，2012。本文简称"《村中南》"。

上引诸辞中的“□”作为人牲，与臣妾对举或并举，可见二者身份不同，当非奴隶。关于其身份，胡厚宣先生主张“□即服，义同俘”，① 姚孝遂先生进一步指出“乃俘虏名”，② 林沄先生亦认为“□可能是新抓获的俘虏”。③ 诸位先生之说可从。（35A）的“瓜（夫）”从陈剑先生读，“□瓜（夫）”又作“瓜（夫）□”（《合集》787，[典宾]），意为成年男性俘虏。④（35）占卜侑祭妣己时用妾还是成年男性俘虏作为人牲。（47）（48）两版是非王卜辞，（47B）的“乙”即（47A）的“妣乙”，“御□于乙女”亦即“御□女于妣乙”，⑤“□女”与“□夫”相似，当系女性俘虏。（47B）贞卜御祭妣乙、祖庚是否要用女性俘虏、臣作为人牲，并对剖二羊、二豣。（48A）（48B）是为子馘而分别御祭妣丁、妣庚，前者所用祭牲有小宰、俘虏、妾，后者所用祭牲有俘虏、臣、妾。

（37）（38）为同一事所卜，（38）的“小母”即（37）的“小妾”。⑥ 二辞大致贞卜是否要向多妣献祭小臣、小妾各三十人。关于用牲规模，（37）（38）（40）（42B）诸辞有载，据此知当时一次用作人牲的臣、妾数量最高分别可达七十人、三十人。

除了臣、妾外，卜辞中亦有用刍人、婢为人牲的记载，相关材料如下：

（49）☐戠☐刍☐。　　《合集》121［典宾］

（50A）叀婢，王受又（祐）。

（50B）又（侑）□羌，王受又（祐）。　　《合集》26956［无名］

（51A）叀羌用。

（51B）叀□羌。

（51C）叀婢。　　《合集》30315［无名］⑦

（52A）己卯卜，贞：王宾祖乙奭妣己姬、婢二人，□二人，卯二宰，亡尤。

（52B）甲申卜，贞：王宾祖辛奭妣甲姬、婢二人，□二人，卯二宰，亡尤。

《合集》35361［黄组］

---

① 胡厚宣：《中国奴隶社会的人殉和人祭》（下篇），《文物》1974年第8期。

② 姚孝遂：《商代的俘虏》，载氏著：《姚孝遂古文字论集》，中华书局，2010，第155—156页。

③ 林沄：《花东子卜辞所见人物研究》，载氏著：《林沄文集·古史卷》，上海古籍出版社，2019，第253页。

④ 陈剑：《释“瓜”》，载复旦大学出土文献与古文字研究中心编：《出土文献与古文字研究》第九辑，上海古籍出版社，2020，第66—103页。

⑤ 陈剑：《释“瓜”》，载复旦大学出土文献与古文字研究中心编：《出土文献与古文字研究》第九辑，上海古籍出版社，2020，第99页。

⑥ 胡厚宣：《中国奴隶社会的人殉和人祭》（下篇），《文物》1974年第8期。

⑦ 此版颇为残泐，参考了《甲骨文合集释文》《甲骨文校释总集》的释读。见胡厚宣主编：《甲骨文合集释文》，中国社会科学出版社，1999，第1491页；曹锦炎、沈建华编著：《甲骨文校释总集》，上海辞书出版社，2006，第3377页。

(53A) 庚午卜，贞：王宾姬妣庚婢二人，□二人，卯白牝二牢，亡尤。在八月。

(53B) □辰卜，贞：[王] 宾妣庚 [姬]、婢二 [人]，□一人，☐牢，亡 [尤]。

《醉古》298 [黄组]

(54A) 壬寅卜，贞：王宾武丁奭妣癸姬、婢，□，卯牢，亡尤。

(54B) ☐贞☐武丁奭☐亡尤。　《缀兴》202 [黄组]

(49) 的“戮”，《甲骨文字诂林》姚孝遂先生按语云：“卜辞多用为动词，乃杀牲之法，字象以钺斩杀人首分离之形。”① 此辞虽残，但有可能是关于将刍人用为人牲之事。“□”为用牲法，在文献中亦作“剅”，有击、杀、裂之义。② (50) (51) 两版是选贞卜辞，占卜用婢还是羌俘以祭。(52) 至 (54) 属于王宾卜辞，祭祀对象均为先妣，所用人牲有姬、婢等。其中“姬”，姚孝遂先生已指出“卜辞为女俘之名”。③

以上我们梳理了商人用臣、妾、婢及刍人等为人牲的情况。从卜辞类组的年代来看，用臣妾、刍人基本见于武丁、祖庚时期，用婢则见于廪辛至帝辛时期，年代有先后。依祭祀者的身份而言，上揭卜辞几乎全系王卜辞，仅 (47) (48) 是非王卜辞，可见祭祀者包括了商王与贵族，但以商王为主体。

商王朝使用人牲的卜辞颇为丰富，但明确将臣妾（婢）、刍人作为人牲的材料似仅有上述数版，占比较小。一般认为商代祭祀所用人牲的主体为俘虏，包括上文提及的□、羌、姬等。④ 蔡哲茂先生认为商代“战争所获的俘虏为人牲，经常不够用，而有用臣、妾祭祀的习惯”，⑤ 似不确。除了相关材料较少外，臣妾（婢）、刍人作为商王朝底层族群，他们本身要从事大量低贱而又繁重的工作，若将之用为人牲，这些工作又让谁来做呢？况且，上揭 (35) (36) (47) (48) (50) (51) (52) (53) (54) 诸版中臣妾（婢）与俘虏（□、羌、姬）相并举或对举，似乎看不出俘虏不够用。另外，上文已提及臣妾用为人牲基本见于武丁、祖庚时期，这一时期商王朝的对外征伐颇为频繁，所获战俘应不少。因此，存在用臣妾祭祀的习惯这一看法并不正确。

---

① 于省吾主编：《甲骨文字诂林》，中华书局，1996，第3189—3190页。

② 于省吾：《甲骨文字释林》，中华书局，1979，第213—214页。

③ 于省吾主编：《甲骨文字诂林》，中华书局，1996，第502页。

④ 姚孝遂：《“人牲”和“人殉”》，载氏著：《姚孝遂古文字论集》，中华书局，2010，第290—300页；姚孝遂：《商代的俘虏》，载氏著：《姚孝遂古文字论集》，中华书局，2010，第144—188页；罗琨：《商代人祭及相关问题》，载胡厚宣等著：《甲骨探史录》，生活·读书·新知三联书店，1982，第139—153页；顾德融：《中国古代人殉、人牲者的身份探析》，《中国史研究》1982年第2期。

⑤ 蔡哲茂：《甲骨文中的〈阿波卡猎逃〉——商代奴隶逃亡的故事》，载宋镇豪主编：《甲骨文与殷商史》（新九辑），上海古籍出版社，2019，第156页。

事实上，商王有将罪犯用作人牲的情况，如卜辞中用寇多见，即是将寇贼用为祭牲。① 结合前文对社会底层的逃亡与抓捕的梳理与分析，上述被用作人牲的臣妾（婢）、刍人有可能就是被抓获的逃亡者，他们因犯逃亡罪行而遭受极刑，即通过被用为祭牲而剥夺其生命权，也就是死刑。徐义华先生曾将商代的死刑分为两种：“一种是普通死刑，即单纯的剥夺生命的刑罚；另一种是将罪犯用作牺牲，将其作为祭品献给神灵。”② 商王对臣妾（婢）、刍人施行的死刑属于第二种。

此外，有一版卜辞，以往有的学者认为与死刑相关，内容如下：

(55A) 贞：其矢逸。

(55B) 贞：不矢逸。（以上正面）

(55C) ☐得唯其六率☐。（以上反面）

正面：《合集》860 正甲乙＋《乙编》1728＋《乙补》1462＋R060163（杨熠缀合）③

反面：《合集》860 反乙＋《乙编》1729［典宾］

“矢”从沈培先生读，④ 用作动词。关于此字，裘锡圭先生读为“夷伤、夷灭之‘夷’”，“夷逸”“可能是对逃亡者进行镇压的意思”。⑤ 胡厚宣先生将该字解作“用箭射杀”之义，⑥ 徐义华先生从之，将弓箭杀视作对罪犯的普通死刑。⑦ 这些看法似有一定的问题。“矢”当从沈培先生的意见，以读作“失”为宜，正好可与（55C）的“得”形成对应。沈先生认为（55A）（55B）的“逸”“后面如果有缺字，可能是‘羌’‘刍’之类的人”，“整版卜辞是卜问会不会失去逃走的羌或刍”。同时，他也指出“逸”或许“之后并无缺字”，“逸”作名词。⑧ 据杨熠先生的缀合来看，后者为是。（55A）（55B）占卜是否会失去逃逸者，而（55C）似是验辞，是说抓获了其中的六个人。因此，（55）整版与刑罚无涉。

---

① 参见周博：《卜辞所见商代寇贼的犯罪与惩罚》，《四川大学学报（哲学社会科学版）》2022 年第 2 期。

② 王宇信、徐义华：《商代国家与社会》，中国社会科学出版社，2011，第 592 页。

③ 杨熠：《甲骨缀合第 155—170 则》，第 162 则，https://www.xianqin.org/blog/archives/16620.html，2022 年 5 月 10 日。

④ 沈培：《卜辞“雉众”补释》，载北京大学汉语语言学研究中心《语言学论丛》编委会编：《语言学论丛》第二十六辑，商务印书馆，2002，第 251 页。

⑤ 裘锡圭：《甲骨卜辞中关于俘虏和奴隶逃亡的史料》，载氏著：《裘锡圭学术文集·第五卷·古代历史、思想、民俗卷》，复旦大学出版社，2012，第 12 页。

⑥ 胡厚宣：《甲骨文所见殷代奴隶的反压迫斗争》，《考古学报》1976 年第 1 期。

⑦ 王宇信、徐义华：《商代国家与社会》，中国社会科学出版社，2011，第 593—594 页。

⑧ 沈培：《卜辞“雉众”补释》，载北京大学汉语语言学研究中心《语言学论丛》编委会编：《语言学论丛》第二十六辑，第 251 页。

据上分析，商王朝对于抓获的臣妾（婢）、刍人、被奠者等底层逃亡者予以严厉的惩罚，主要方式为肉刑与死刑。在肉刑方面，商王主要施以刖刑。刖刑具有一定的生命危险性，而幸存的刖足者则要从事守门等工作。在死刑方面，商王将底层逃亡者与祭祀结合在一起，将之用作人牲，献祭于诸神祇。

四、结语

本文对商王朝社会底层的逃亡、抓捕及惩罚进行了系统梳理与分析。殷墟卜辞所见逃亡的社会底层包括了臣妾（婢）、刍人、被奠者等，其中臣妾（婢）一般认为是奴隶身份。这些底层族群处于商王朝的管理之下，从事各种低贱而又繁重的工作，遭受沉重的剥削与压榨，发生有大量的逃亡现象，一次少则几人，多则十几人，更有携家带口的（即“逸家”）。从而严重破坏了商王朝的统治秩序与社会稳定，亦使劳动力大为锐减，给经济生产活动造成损失，因此被商王视作灾咎事件。

社会底层的逃亡行为本身乃是犯罪活动，故受到商王朝严厉的打击。商王对于抓捕之事颇为重视，屡次占卜能否抓获逃亡者。其抓捕力度与规模亦较大，发动大量的贵族参与行动，如沐、求、彗、㝉、共、见、、、或、肩等人。他们中间有的地位不低，有的更是商王同姓族人。对于抓获的底层逃亡者，商王朝予以严酷的惩罚，主要表现为刑罚，即肉刑与死刑。在肉刑方面，主要施以刖刑。刖刑斩断逃亡者所依赖之足，可谓正当其刑。而受刑之后的刖足者则要继续受役使，从事于守门等工作。在死刑方面，通过将底层逃亡者与祭祀相结合，以用为人牲的方式剥夺其生命权。

本文聚焦于商王朝的社会底层，其身份的确定是法制研究开展的基石，这就牵涉到了俘虏与奴隶的问题。像前文所言的底层如臣妾（婢）、刍人，其主要来源一般认为是战俘，其中大部分可能为羌人。① 职是之故，以往学界存在将俘虏与奴隶混同的现象，但实际上二者是迥然不同的。姚孝遂先生曾指出：

> 俘虏并不等于奴隶。只有把俘虏活着保留下来，强迫其从事某种劳役的时候，俘虏才算是取得了奴隶的身份。从甲骨刻辞中所见到的情况是，俘虏在没有能够取得奴

① 蔡哲茂：《甲骨文中的〈阿波卡猎逃〉——商代奴隶逃亡的故事》，载宋镇豪主编：《甲骨文与殷商史》（新九辑），上海古籍出版社，2019，第 154—159 页；杨升南、马季凡：《商代经济与科技》，中国社会科学出版社，2010，第 224—226 页。

隶身份之前，就已经被当作祭祀的牺牲而杀掉了。有许多同志却把他们的身份断定为奴隶，这是不恰当的，是不符合于实际情况的。①

姚先生廓清了俘虏与奴隶的区别，所论颇为精当。事实上，（35）（36）（47）（48）（50）（51）（52）（53）（54）诸版卜辞中作为奴隶的臣妾（婢）与俘虏（□、羌、姬）相并举或对举，可证二者的确不同。俘虏转化为奴隶，实际上是身份的转变，即从外族他邦蜕变为商王朝的社会成员，自然属于商王朝的法权管理对象。因此，注意界定身份，这是非常重要的基础性问题。唯有厘清身份，才能判断是否属于商王朝的法权管理对象，才能使得商王朝的法制探讨成为可能。

最后，需要指出的是，逃亡类的卜辞颇为丰富，但有交代逃亡者身份的并不多。除了前文分析的具臣妾（婢）、刍人、被奠者等身份的社会底层外，羌人逃亡在卜辞中亦不乏见，这里略作探讨。从卜辞类组来看，相关材料见于宾组、自组，年代约在武丁、祖庚时期，如：

(56A) 兆（逃）三羌，既获抑？

(56B) 毋获抑？　　《缀汇》777［𠂤小］

(57A) 贞：逸羌得。

(57B) 贞：逸羌不其得。　　《合集》505 正［典宾］

(58)［贞］：逸羌不其得。　　《合集》508［典宾］

(59A) 贞：般亡不若，不逸（失）羌。

(59B) 贞：龙亡不若，不逸（失）羌。　　《醉古》31［典宾］

(56A) 的“逃三羌”意为“逃亡的三个羌人”,②（56A）（56B）占卜是否已经抓获了他们。(57)（58）贞卜能否抓获逃逸的羌人。(59A)（59B）的“般”“龙”系商王臣属，占卜“般和龙会不会亡失羌人”。③

前文已经提及，臣妾、刍人等底层主要是从羌人俘虏转化而来，身份虽然发生了变化，

① 姚孝遂：《商代的俘虏》，载氏著：《姚孝遂古文字论集》，中华书局，2010，第 187 页。

② 蒋玉斌：《释殷墟自组卜辞中的“兆”字》，载中国古文字研究会、吉林大学古文字研究室编：《古文字研究》第二十七辑，中华书局，2008 年，第 104—106 页。

③ 裘锡圭：《甲骨卜辞中关于俘虏和奴隶逃亡的史料》，载氏著：《裘锡圭学术文集・第五卷・古代历史、思想、民俗卷》，复旦大学出版社，2012，第 7—8 页。

但其种族仍是羌人。那么，(56) 至 (59) 诸版的羌人是种族泛称，还是指羌人俘虏，抑或已具臣妾、刍人等身份的羌人呢？上揭 (50) (51) 两版人祭卜辞中作为奴隶的“婢”与“羌”对举而形成选贞，据此判断“羌”当非奴隶身份，而以解作羌人俘虏为宜。然而，(56) 至 (59) 诸版缺乏相关的对举或并举的辞例，要准确界定这些卜辞中羌人的身份，着实困难。以往学界存在将之统一视作羌奴的看法，这就混淆了俘虏与奴隶的不同，并不可取。因此，在缺乏辞例限定的情况下，逃亡羌人的身份问题似难以廓清，若强行予以解释，非但无益，而且使得研究基础变得不牢靠，所得结论亦难以取信于人。基于此，本文并未涉及羌人逃亡的分析，这一问题仍有待日后继续探究。

总之，卜辞所见商代社会底层的逃亡犯罪及其抓捕、惩罚等资料是重要的法制史料，通过系统爬梳与系联分析，我们在一定程度上还原了当时法制运作的基本面貌，促进了商代法制史研究的发展。

秦代“程”考辨

张　寒*

摘　要　《秦律十八种》中的《工人程》命名方式较为特殊，没有以“律”命名，但见“程”字，《工人程》究竟是律篇名，还是法条的简单集合?《工人程》与《秦律十八种》另外两篇《工律》《均工》有何关系？程是否为秦代独立法律渊源？它在秦代法律体系中的地位如何？我们可试从以下三个方面入手来明晰上述问题：首先通过“程”的含义解读和简牍中包含“程”的文例梳理，分析“程”的性质，明确其法律规范属性并进一步探索它与律令的关系；其次通过“工人程”的释义和性质探讨，对《工人程》本身内容及其与前后简文的关系进行剖析，尝试印证其为律令细化的猜测；最后结合秦代立法特点，从内容、法律体系、抄录编排、命名方式和程的发展五个方面探究“程”的文本形态、法律性质与法律地位。

关键词　程；工人程；工律

《工人程》是《秦律十八种》① 中命名方式较为特殊的一篇，不以“律”命名，但见“程”字。先学多从秦代手工业立法这个角度解读《工人程》，而对其性质分析较为简略。秦代程的文本形态和功能性质如何？是普通的法律规范还是法律形式之一？程在秦代法律体系中的地位如何？值得探究。研究秦代的程，不仅需要对程做全面剖析，还需要探讨《工人程》的性质，并在最后从秦代立法特点方面尝试寻找证据。

---

*　张寒，西南科技大学法学院讲师。

①　睡虎地秦墓竹简整理小组编：《睡虎地秦墓竹简》，文物出版社，1990，第 17 页。（本文所引睡虎地秦简的简文、释文、注释、律篇名均遵照此版本）

一、程

单论程，需要分析两个问题：一是程字何义，二是程的性质怎样。

（一）程的含义

《说文》："程，品也，十发为程，十程为分，十分为寸。"段玉裁注："品者，众庶也。因众庶而立之法，则斯谓之程品。"从《说文》的解释，可以看出程有两层含义，相对应有两种用法：

1. 与计量有关的用法，指衡量事物的标准

"程者，物之准也"，[①] 这里"程"指度量衡的总称，为程之本义。就词性而言：（1）程可用作量词，是计量换算单位，曾有一件早于秦代的 120 斤重刻有"程"字的铁质石权出土，即是官府征收租税称量专用之量具。[②] 又如"十发为程，十程为分"，"至于秦始皇……昼断狱，夜理书，自程决事，日悬石之一"，服虔曰："始皇省读文书，日以百二十斤为程"，[③]《居延汉简·功令》卌五（45.23）："弩发十二矢，中巩矢六为程，过六矢赐劳十五日"，[④] 三处"程"均做量词。（2）程亦可用作名词，《秦律十八种·工律》99 简："为计，不同程者毋同其出"，此处"程"做名词，为规格、标准之义。另在岳麓秦简中有"取禾程""取程""秏程。以生（实）为法，如法而成一""枲程八步一束"，[⑤]"程"均作名词，意为定量性规定。（3）程还可以用作动词，《秦律十八种·仓律》33 简："程禾、黍□□□□以书言年，别其数以稟人"和《秦律十八种·效》165 简："禾粟虽败而尚可食（也），程之，以其耗石数论负之"，这里"程"是称量的意思。程也有计量、考核之义："武帝既招英俊，程其器能"，[⑥]"程工人，备器用，匠工之功也"。[⑦] 另《秦律十八种·徭律》122、123 简："县为恒事及谳有为也，吏程攻（功），赢员及减员自二日以上，为不察。上之所兴，其程攻（功）而不当者，如县然。""程"为计算衡量的意思。《工人程》所含三条简文的内容多与工作量的换算有关，为劳动量计量之规定，扣住了程的这一层含义。

---

① （清）王先谦：《荀子集解》，卷 9《致士》，沈啸寰、王星贤点校，中华书局，1988，第 262 页。

② 丘光明：《"程"字铁质石权》，《中国计量》2013 年第 1 期。

③ （汉）班固：《汉书》，卷 23《刑法志》，中华书局，1999，第 929 页。

④ 谢桂华、李均明、朱国炤：《居延汉简释文合校》，文物出版社，1987，第 79 页。（本文所引居延汉简的简文、释文均遵照此版本）

⑤ 陈松长主编：《岳麓书院藏秦简（一—三）（释文修订本）》，上海辞书出版社，2018，第 81—82，90—91 页。

⑥ （汉）班固：《汉书》，卷 65《东方朔传》，中华书局，1999，第 2161 页。

⑦ 刘春生译注：《尉缭子全译》，卷 3《原官》，贵州人民出版社，1993，第 61 页。

2. 与法律规范有关的用法，指法度、程式

《玉篇·禾部》：“程，法也，式也。”如：“故立法明分，中程者赏之，毁公者诛之。”① 立法明确了“程”的具体规定，符合“程”的给予赏赐。又如：“天下既定，命萧何次律令，韩信申军法，张苍定章程。”颜师古引如淳曰：“章，历数之章术也。程者，权衡、丈尺、斗斛之平法也。”② 汉初立法，章程是与律令、军法并列的法律形式。《工人程》的“程”内容具体，是明确特定工作量换算细则的法律规范。把程的两种用法做一简表：

表一 “程”的含义

<table>
<tr><td colspan="5">第一种：与计量有关的用法
是衡量事物的标准</td><td>第二种：与法律规范有关的用法
指法度、程式</td></tr>
<tr><td>量词</td><td colspan="2">名词</td><td colspan="2">动词</td><td rowspan="2">权衡、丈尺、斗斛之平法</td></tr>
<tr><td>计量、换算的单位</td><td>规格、标准</td><td>定量性规定</td><td>称量</td><td>计算、衡量、计量、考核</td></tr>
</table>

第一种用法，程仅为一个普通的词汇；第二种用法，程是具有了法律属性的规范。从字义上看，程虽是多义词，但均和标准相连，且包含法律规范之义。那从功用上论，程是否具有法律属性？如果具有，其效力层级又如何？这就需要进入下一个问题的讨论。

（二）程的性质

我们只在程用作规定时分析它的性质，这就需要讨论两个问题：首先，要确证程是一般规定还是法律规范；其次，如果程是法律规范，那么它与律令的关系如何？它究竟是属于哪一个效力层级的法律规范？

1. 程的性质

关于程的性质，目前有两种观点：一种认为程仅指定额、规格，是普通规定。大庭脩先生认为程就是劳动效率、生产定额。③ 何四维先生例举“冬程”“春程”说明程即“定额”（“norm”）。④ 刘信芳、梁柱先生指向更加具体，认为程在秦律中多指规定数额。⑤

另一种观点认为程是与定量有关的法律规定，强调程的法律属性。彭浩先生将《算术书》中“程禾”与《秦律十八种·仓律》比较，并对《算术书》中出现的众多“程”进行

---

① 高亨注译：《商君书注译》，《修权》，中华书局，1974，第 297 页。

② （汉）班固：《汉书》，卷 1 下《高帝纪》，中华书局，1999，第 58—59 页。

③ ［日］大庭脩：《秦汉法制史研究》，林剑鸣等译，上海人民出版社，1991，第 51 页。

④ A. F. P. Hulsewé, *Remnants of Ch'in Law*, Leiden: E. J. Brill, 1985, p. 61.

⑤ 刘信芳、梁柱编：《云梦龙岗秦简》，科学出版社，1997，第 38 页。（本文所引龙岗秦简的简文、释文均遵照此版本）

了研究，他认为程是政府对某种物品计量带有法律性质的规定。① 闫晓君先生认为程是秦汉时期的计量性法规。② 丘光明先生将带有定量限制特征的程的外延扩大到包括考课官营手工业产品质量在内的各种法律、法令、规章和章程。③

那么程究竟是一般性规定还是法律规范？“法律规范是国家制定或认可的关于人们的行为或活动的命令、允许和禁止的一种规范”，④ 它是“逻辑上周全的、具有普遍约束力的行为规则，它规定了社会关系参加者在法律上的权利和义务，并有国家强制力作为其实施的保障”。⑤ 就《工人程》所包含的三条简文看，即用法律规范的概念来衡量“程”：首先它是国家制定或认可的，具有国家意志性；其次它所规定的内容为手工业劳动者劳动量的换算，是对条文涉及的规范对象具有普遍约束力的行为规则，具有规范性和强制约束力。从这个角度看，程符合法律规范的定义，具有法律属性。另“张苍定章程”，《集解》：“瓒曰：‘《茂陵书》：丞相为工用程数其中，言百工用材多少之量及制度之程品者是也。’”⑥ 这里引用建造茂陵的百工使用材料有严格计量标准的规定，例举“程品”所包含的内容，可进一步佐证程为计量性法规。

虽然我们在《工人程》中没有看到法律规范应包含的制裁内容，但《效律》58简中记载对“计脱实及出实多于律程”者，根据账目错误估值的钱数，分别给予“除”“赀盾”和“赀甲”的处罚。《二年律令·行书律》表达比较完整：“邮人行书，一日一夜行二百里”，是送达文书的法定标准，即“程”；“不中程半日，笞五十；过半日至盈一日，笞百；过一日，罚金二两”，是违反“程”的处罚。⑦ 法律规范的结构为：标准（“程”）＋违法行为（“行不中程”）＋与标准的差额（差半日、一日、过一日）＋惩罚（笞五十、笞百、罚金二两）。法律先确立标准，没有达到，即“不中程”，要获责。两处律文均是对违反法律规定“程”者，视其与法定标准“程”的差额多少决定刑罚轻重。按陈直先生观点，“不中程”屡见于《汉书》，居延汉简也常有“中程”和“不中程”的记载，皆秦汉人的习俗语。⑧ 西汉土功工程也有冬程、春程、夏程、秋程之分，此制沿袭于秦，可见程是秦汉一种常见的法律规范形式。《唐六典·工部》注：“凡计功程者，夏三月与秋七月为长功，冬三月与春正月为短功，春之二月、

① 彭浩：《中国最早的数学著作〈算数书〉》，《文物》2000年第9期。

② 闫晓君：《秦汉法律研究》，法律出版社，2012，第34页。

③ 丘光明：《“程”字铁质石权》，《中国计量》2013年第1期。

④ 舒国滢主编：《法理学导论（第二版）》，北京大学出版社，2012，第100页。

⑤ 孙国华、朱景文主编：《法理学》，中国人民大学出版社，2010，第246页。

⑥ （汉）司马迁：《史记》，卷130《太史公自序》，中华书局，1999，第2507—2508页。

⑦ 张家山二四七号汉墓竹简整理小组编著：《张家山汉墓竹简［二四七号墓］（释文修订本）》，文物出版社，2006，第46页。（本文所引张家山汉简的简文、释文、注释、律篇名均遵照此版本）

⑧ 陈直：《〈墨子·备城门〉等篇与居延汉简》，载氏著：《文史考古论丛》，天津古籍出版社，1988，第263页。

三月，秋之八月、九月为中功。”① 说明秦汉至唐，程都可指与某一类计量标准有关的法规。

再者，我们不能单纯用今天解构法律规范的标准去研判秦律，苛求它必须具备完整严密的逻辑结构。况“工人程”确为抽象、一般性规则，它对工作量换算这种事实状态做出了明确规定；且规定了一定的行为模式，还实际发挥着法对社会关系的调整功能。从法律规范的结构看，没有完成工作定额，应当有对应的惩罚。参看《均工》111—112 简：“能先期成学者谒上，上且有以赏之；盈期不成学者，籍书而上内史”，新工匠开始工作，以工代学，提前学成的要奖励；满期没有学成的要上报（听候发落），可谓奖惩分明。《工律》98 简：“为器同物者，其小大、短长、广亦必等”，限定统一的产品规格，虽对不符合规格者《工律》中亦无对应罚则，但对读《秦律杂抄》18 简：“非岁红（功）及毋（无）命书，敢为它器，工师及丞赀各二甲”可知，生产的产品不符合“命书”的，相关责任人“工师”和“丞”要接受“赀甲”的惩罚，疑“为器不同物者”也应有相应处罚。再看岳麓秦简 1852 简：“为程，牍、牒各一ㄥ。不从令者，赀一甲ㄥ”，② 此条与行书制度有关，“程”或为制作牍、牒的法定标准，违反者，赀一甲。汉代亦可见“责以员程，不得取代；不中程，辄笞督”“不中程，辄掠”，③ 不符合“程”的规定者要接受刑罚的制裁。那手工业者如果没有完成“工人程”所规定的生产定额应该是有对应罚则的，惜目前未见，姑且推测之。

2. 程的法律地位

程作为法律规范，究竟只是法律条文，还是秦代法源中的一种法律形式；它和律令并列，还是仅为律令的细化？这是加深对程认识需要解决的问题。

程是否为独立的法律形式，观点有二：第一种认为程仅仅是律令的细化条文和具体规定，不具有独立法源的属性。前文述及指出程是与定量有关的法律规定的三位学者，在这个问题上，认识较为一致，丘光明和闫晓君先生均给了程一个较大的外延，将凡是与计量有关的规定都纳入其中。故闫先生说程并不具备法律形式的独立品格，是融合在律、令等法律形式中的一种具有计量性质的法律条款。丘先生认为程可以具有法律、法令、规章和章程的形式。④ 第二种则认为程是一种和律令并行的独立法源，堀毅先生指出程是和律令同样的法的形式，⑤ 另有观点认为程这种法律形式，在国家法律中的地位要低于律和令，

---

① 吴荣曾：《秦的官府手工业》，载氏著：《先秦两汉史研究》，中华书局，1995，第 197 页。

② 陈松长：《岳麓书院藏秦简（伍）》，上海辞书出版社，2017，第 224 页。[本文所引岳麓书院藏秦简（伍）的简文、释文均遵照此版本]

③ （汉）班固：《汉书》，卷 76《尹翁归传》，中华书局，1999，第 2397 页；《汉书》，卷 53《景十三王传》，中华书局，1999，第 1843 页。

④ 闫晓君：《秦汉法律研究》，法律出版社，2012，第 38、43、44 页；丘光明：《“程”字铁质石权》，《中国计量》2013 年第 1 期。

⑤ [日] 堀毅：《秦汉法制史论考》，法律出版社，1988，第 7 页。

仅是对有关部门或具体事项的细则规定。①

下文先梳理程用作法律规范的文例。按《说文》：“程，品也”，“程品”有时连用：“仓为计相时，绪正律历……若百工，天下作程品。”师古曰：“言吹律调音以定法令，及百工程品，皆取则也。”② 这里“程”与“律历”“法令”并列，是有关计量标准的法律规定，是“律历”“法令”的一种。沈家本先生分析，汉《具律》之目有“出卖呈”，“呈”，即“程”：法也，式也，是规定出卖事项的法律。这里再次确证了程是法律规范无疑，汉代有程这种法律规范，并且程与律是从属关系，“出卖呈”隶属于《具律》之下，是律篇之下的目。同时沈家本先生指出：“张苍为章程，与萧何次律令，韩信申军法，陆贾造《新语》同相提并论，是章程非律令书也。”③ “章程非律令书”，是因为程隶属于律令不能独立，还是因其与律令并行故不能归入其中？可惜只见“出卖呈”的名称，具体内容阙如，加上此为汉代之立法，反推秦代，在无其他旁证的情况下，依此孤证定论有些勉强。

再看简牍中的程。天水放马滩秦简有“大程”，居延汉简有“时中程”“分中程”“事功程”，但都只见词组，而无对应具体内容。岳麓秦简有“取禾程”“秏程”“枲程”，也仅可知“程”为定量性规定。用下表将秦汉简牍中的“程”简要列举，似可发现一些规律：

表二　秦汉简牍中的“程”

简名	篇名	简文
睡虎地秦墓竹简	工律	为计，不同程者毋同其出。99
	工人程	隶臣、下吏、城旦与工从事者冬作，为矢程。108
	尉杂	□其官之吏□□□□□□□□□□□法律程籍，勿敢行，行者有罪。200
	效律	计脱实及出实多于律程，及不当出而出之，直其贾，不盈廿二钱，除。58
	仓律	程禾、黍□□□□以书言年，别其数以禀人。33
	徭律	县为恒事及谳有为也，吏程攻（功），赢员及减员自二日以上，为不察。122
里耶秦简（一）④		亦尽然各以程令□□。 此程令，疑它郡县。 御史问直络帬（裙）程书。
岳麓书院藏秦简（伍）		1852 其厚之半。为程，牍牒各一ㄥ。不从令者，赀一甲ㄥ。御史上议：御牍尺二寸ㄥ，官券牒尺六寸。·制曰：更尺一寸牍。
龙岗秦简		租不能实□，□轻重于程。
居延汉简		十一月邮书留迟，不中程，各如牒。晏等知邮书数留迟，为府职不身拘校而委任小吏，忘为中程，甚毋状，方议罚，檄到各相与邸校。定吏当坐者，言须行法。⑤
	功令	中巩矢六为程，过六矢赐劳十五日。

① 徐世虹主编：《中国法制通史》，法律出版社，1999，第二卷，第 65 页。

② （汉）班固：《汉书》，卷 42《张苍传》，中华书局，1999，第 1620 页。

③ （清）沈家本：《历代刑法考》，郑经元、骈宇骞点校，中华书局，1985，第 1375 页。

④ 陈伟主编：《里耶秦简牍校释》，武汉大学出版社，2012，第一卷，第 93、241、259 页。

⑤ 所引释文原没有标点，系笔者添加。

续表

简名	篇名	简文
肩水金关汉简（一）		城官所负食马过律程谷□□□□□□。
张家山汉简	效律	出实多于律程，及不宜出而出，皆负之。352
	行书律	邮人行书，一日一夜行二百里。行不中程半日，笞五十；过半日至盈一日，笞百；过一日，罚金二两。273
	算术书	取程　取程十步一斗……83 程禾　程曰：禾黍一石为粟十六斗……88

“程”有时和“律”“令”连用，做“程令”“律程”。里耶秦简的“程令”应指某一法律规范，上级督促下级必须遵行，惜不知具体内容为何，亦不知该“程令”是一条还是数条。《秦律十八种・尉杂》200简、《效律》58简、肩水金关汉简和《二年律令・效律》352简都可见“律程”，其中睡虎地秦简《效律》可与《二年律令・效律》对读，“律程”是指与会计账目有关的法律规定，律条结构完整：违法行为＋量化标准＋惩罚，体现了秦汉律编纂将事制与罪名杂于一篇的特点。① 岳麓秦简1852简也体现了量化标准＋违法行为＋惩罚的律文结构，只是程所规定的尺牍形制需要调整，由侍御史上议获批准后方可变更。

《工律》中的“程”是秦律对产品质量提出的要求，是对手工业产品质量进行生产管理的规定，② 那么是否“程”的规定包含在《工律》之中，“程”就是《工律》的细化？如果“程”的规定包含在某令之下，则这些条文属于“程令”；如果程的规定包含在某律之下，则是“律程”。类比徐世虹先生研究课与律关系的成果，程与律似也有此种关系，即律在一定程度上是程的标准，以秦律所见，行为的定量标准往往由律承载，③ 同时违反程相对应的罚则疑也在律中。“工人程”是与官营手工业者工作量换算有关的律文，居延汉简和《二年律令・行书律》中的“程”是关于文书传递时间和行程的定量性规定的律文，睡虎地秦简《效律》和《二年律令・效律》中的“程”是涉及验核官府物资财产的计量性规定的律文，《功令》中的“程”是对士兵训练达标要求的定量性规定的令文。岳麓秦简1852简的“程”是文书形制标准的规定，依简文“不从令者”的表达，恐亦属于某令。《秦律十八种・仓律》和《秦律十八种・徭律》中的“程”虽用作动词，但条文内容也与计量有关，分别是粮食计量与工程计量的规定。故程的命名是依据作程规定的具体内容有别而体现出差异性，例如“工人程”和“出卖呈”。

---

① 徐世虹：《秦“课”刍议》，《简帛》第八辑，上海古籍出版社，2013，第262页。
② 栗劲：《秦律通论》，山东人民出版社，1985，第435页。
③ 徐世虹：《秦“课”刍议》，《简帛》第八辑，上海古籍出版社，2013，第262页。

以上单独分析了程，下文把目前所见篇名、内容相较完整的《工人程》作为一个整体再做进一步考查。

二、工人程

如果程只是律令条文的细化，依属于律令篇目之下，《工人程》也应体现出这种性质，那么它是律篇名还是仅为法条的简单集合？它是否具有独立性，即是否从属于《工律》？与前后《工律》《均工》有何关系？下文试做探究。按整理小组研究成果，《秦律十八种》中的《工人程》自108简至110简，共计三条，简末均缀有“工人程”三字：

隶臣、下吏、城旦与工从事者冬作，为矢程，赋之三日而当夏二日。

《工人程》108

冗隶妾二人当工一人，更隶妾四人当工【一】人，小隶臣妾可使者五人当工一人。

《工人程》109

隶妾及女子用箴（针）为缗绣它物，女子一人当男子一人。　　《工人程》110

（一）“工人程”释义

对“工人程”的含义，一说为“人程”连释：整理小组认为人程即员程，如《汉书·尹翁归传》注：“员，数也，计其人及日数为工程。”① 《为吏之道》293简也见“作务员程”。孙雍长先生认为，由于“人”与“员”经常合在一起，从而使“人”也临时具有了“员”所包含的“数”的意思，故有“人程”一词。② 魏德胜先生解释员程为人数、时间、工作量的标准。③ 一说则认为“工人”为一词，栗劲先生认为，“工人”二字连读，无需注释其意自明，不必转为“员程”。④ 从内容看，三条简文均是有关劳动量换算的规定，睡虎地秦简称从事手工劳作之人为“工”，“工人程”可做“工之人程”理解，即有关手工业者生产定额的法律规定。

学界对《工人程》的规范对象和调整内容认识比较一致，即规范对象为官营手工业者，

---

① 陈伟主编，彭浩等撰著：《秦简牍合集（一）》，武汉大学出版社，2014，第110页。与此处员程之义相类者，还有杨树达：《汉书窥管》，卷八“员程谓定数之程课，如每日斫莝若干石之类”，均指计数标准。

② 孙雍长：《古汉语的词义渗透》，《中国语文》1985年第3期。

③ 魏德胜：《〈睡虎地秦墓竹简〉中的复音词对〈汉语大词典〉的补充》，《辞书研究》2000年第5期；魏德胜：《〈睡虎地秦墓竹简〉词汇研究》，华夏出版社，2003，第122页。

④ 栗劲：《秦律通论》，山东人民出版社，1985，第417页。

调整内容为手工业者制作产品的工作量，即劳动效率和生产定额，① 也包括不同季节及男女老幼之间工作量的具体换算。② 故《工人程》是关于官营手工业生产定额的法律规定。

（二）“工人程”的性质

大庭脩和李均明先生称“工人程律”，③ 与整理小组同样视该篇与《秦律十八种》其他各篇为并列关系，“工人程”仅是“工人程律”的简称而已，从性质上看该篇为律篇。张忠炜先生以胡家草场汉简所见“工作课律”为证，亦认为“工作课”是“工作课律”的省称，那么“工人程”可能是“工人程律”的省称。④ 如《工律》98—101 简简末录“工律”两字，103 简简末仅录“工”一字，“工”即为“工律”的省略。另《厩苑律》15 简简末为“厩苑”，《仓律》除 47 和 48 简简末录为“仓律”外，其他简简末均仅录“仓”字，还有很多类似例子，在此不赘。但整理之后命名的某些名称如“秦律十八种”“秦律杂抄”，用“律”字统称可能不够准确，因为标在一些简文末尾的关市、工人程、均工、司空、行书、内史杂、尉杂、属邦等名称，也许根本不是律名，也不是律篇名，而是其他法律形式的名称。⑤ 堀毅先生认为不存在“工人程律”，《工人程》属于单行法规。⑥ 工人程如果不是律、不是律篇名，究竟归属如何？徐世虹先生认为工人程是依附于工律下的一种具体规定，均工的性质也是如此。⑦ 闫晓君先生同样持工人程隶属于工律的观点，指出程仅是律令中具有定量性的条款，不属于独立的法律形式。⑧

概言之，对工人程的性质，现有三种观点，第一种将其视为独立律篇，与《秦律十八种》其他律篇并列，“工人程”是“工人程律”的简称；第二种认为“程”是一种独立的法律形式，是与律相区别的法源，与其他律篇有别，故工人程不是律名，或为单行法；第三种认为工人程不具有独立的法源性质，且不是律篇名，是从属于工律之下的定量性法律规定，仅是律的细化法条而已。

《工律》《工人程》和《均工》三篇联系紧密，从内容上看，都是对官营手工业进行管

---

① ［日］大庭脩：《秦汉法制史研究》，林剑鸣等译，上海人民出版社，1991，第 51 页。

② 李均明：《秦汉简牍文书分类辑解》，文物出版社，2009，第 186 页。

③ 李均明：《秦汉简牍文书分类辑解》，文物出版社，2009，第 186 页。

④ 张忠炜：《新见汉律律名疏证》，《西域研究》2020 年第 3 期。

⑤ 张建国：《秦令与睡虎地秦墓竹简相关问题略析》，《中外法学》1998 年第 6 期；徐世虹：《九章律再认识》，《沈家本与中国法律文化国际学术研讨会论文集》，中国法制出版社，2005，下册，第 687—689 页；徐世虹：《秦汉法律的编纂》，韩国《中国古中史研究》2010 年第 24 辑。

⑥ ［日］堀毅：《秦汉法制史论考》，法律出版社，1988，第 7 页。

⑦ 徐世虹：《九章律再认识》，《沈家本与中国法律文化国际学术研讨会论文集》，中国法制出版社，2005，下册，第 687—689 页；徐世虹：《秦汉法律的编纂》，韩国《中国古中史研究》2010 年第 24 辑。

⑧ 闫晓君：《秦汉法律研究》，法律出版社，2012，第 34、39、43、44 页。

理的法律规定，为明了三者之间的关系，简要列表如下：

表三 《工人程》与《工律》《均工》

名称	简号	简要题解	内容
《工律》	98—107简	关于官营手工业的法律	制作器物的标准化、衡器的校正检验、借用官有器物的手续和赔偿、在武器上做标记及官用器物的标记和借用管理。
《工人程》	108—110简	关于官营手工业生产定额的法律	隶臣、下吏、城旦和工冬季与夏季的工作量换算，冗隶妾、更隶妾和小吏臣妾与工的工作量的换算，隶妾及女子做刺绣产品的工作量与男子的换算。
《均工》	111—114简	关于调度手工业劳动者的法律	新手工业劳动者的培训以及培训期间的工作定额，手工业劳动者的调度。

《工律》偏重于对物的规定，《工人程》偏重于对工作量定额的规定，《均工》偏重于对人员培训和调度的规定。三者有共同的调整对象——官营手工业，各针对同一对象的不同方面做出了不同的规定。如果以调整对象作为划定律篇的标准，三者趋同。可否做此猜测，工律是一个属概念，工人程和均工是种概念，工律做整体全面的规定，工人程则强调定额和标准，均工的侧重点在“均”，即人员调度上。工律对手工业立法的所有方面进行规定，细化和具体内容再通过下位法律规范做出，工人程即为工律之下专门细化规定与计量有关的内容的律令，这就与上文对程是律令细化的分析保持了一致。

三、秦代立法与程

最后再从宏观的角度对程进行考察。

第一，从内容上看。秦代立法完备，“皆有法式”，同时全面实行法治，“事皆决于法”，栗劲先生分析秦的立法范围远不止刑法，还包括诸如行政法和经济法的单行法规，工人程应属于经济法的范畴。但是，单行经济法规的制定，可能是由于不同的经济管理机构分别在不同时期起草制定的原因，内容上有重复和矛盾。① 这似可解释为何工律和工人程、均工虽内容上有所类似，但并列共存。工律颁行以后，可能在实际遵行中遇到具体问题难以处理，再制定工人程和均工进一步明确律文的规范标准，做补充细化之用。

第二，从法律体系上看。戴炎辉先生认为周末秦初，有规定重大犯罪及刑罚的具有根本法性质的刑书，即律；也有临时制宜的具有补充法性质的教令书。② 戴先生没有提到程，

① 栗劲：《秦律通论》，山东人民出版社，1985，第52、67、420页。

② 戴炎辉：《中国法制史》，台湾三民书局，1966，第1—2页。

恐成书较早之故。但岳麓秦简 1009 简：“●制诏御史∠：吏上奏当者，具傅（附）所以当者律令、比行事。固有令，以令当，各署其所用律令、比行事。”这条简文提到了“上奏者”应当提供的法律证明包括律令和比行事，也未言及其他。

有学者认为秦的法律体系远不止律令，秦始皇在推广原有秦律的基础上，又颁布了新的法律法令，形成了律、令、制、诏、程、式、课、法律答问、廷行事等多种法律渊源。① 睡虎地秦简就包括了律、令、程、式、课等主要法律形式，② 即程是秦的法源之一，并且独立于律令。高敏先生也认为程不是律，而是发展或补充律文的法令。③ 张忠炜先生认为程虽然是不同于律的一种法律渊源，但更接近于令，不排除是秦令的可能。④ 上文述及目前可见有“程令”，也有多处“律程”的表述，是否都可以把它们归为令呢？

程与式、课是有区别的。《封诊式》有书题且为单独编排，是对官吏办案要求和法律文书程式的专门集中规定；加上出土时放于墓主人头部右侧，不同于《秦律十八种》置于躯体右侧的摆放。“式”的性质应与“程”有所区别。关于“课”，秦律杂抄中除“牛羊课”外，还有“课駃騠”“马劳课殿”“采铁课殿”，居延汉简可见“邮书课”“驿马课”，里耶秦简有“课志”“卒死亡课”等，都涉及对某一项具体内容进行考核的规定，它是一种独立的法源还是律令细化，尚无定论。程可以和式、课并列且均被视作独立法源吗？

第三，从抄录编排上看。学界对《秦律十八种》并非秦律全部，仅是抄写者选择性地摘录部分内容几已达成共识，只是对各篇章之间关系的认识有异。曹旅宁先生认为《秦律十八种》各篇之间的关系并列平等，秦律不存在二级分类。⑤ 张忠炜先生认为，各律令篇目为“单篇别行”，单篇律与令构成了秦的律令法体系。⑥ 不管是各篇并列还是“单篇别行”，都肯定了《秦律十八种》各篇的相对独立性，工人程要么为独立篇目，要么依附于律令之中而不是律令的下位法。孟彦弘先生却认为，秦汉时期的各种律名，只能被视作组成律的各种篇目或篇章，法典中并无所谓的单行法。⑦ 按照此说，工人程是组成秦律的其中一篇或目，仅属于律的一个部分。

张金光先生论述了秦律在编排体例上的特点，他指出秦代属于成文法初创阶段，立法技术尚未进入类型分明的系统化制作时期。睡虎地秦简所抄录的秦律，律、制混杂，集中

---

① 赵晓耕主编：《罪与罚：中国传统刑事法律形态》，中国人民大学出版社，2012，第 96 页。
② 徐世虹主编：《中国法制通史》，法律出版社，1999，第二卷，第 46 页。
③ 高敏：《云梦秦简初探》，河南人民出版社，1979，第 43 页。
④ 张忠炜：《秦汉律令法系研究初编》，社会科学文献出版社，2012，第 107 页。
⑤ 曹旅宁：《秦汉魏晋法制探微》，人民出版社，2012，第 12—13 页。
⑥ 张忠炜：《秦汉律令法系研究初编》，社会科学文献出版社，2012，第 92—93 页。
⑦ 孟彦弘：《秦汉法典体系的演变》，《历史研究》2005 年第 3 期。

体现了这一特点。①《工律》《工人程》《均工》三篇内容相近，却能并列共存，可能有抄手抄录的原因，经转抄辑成的《秦律十八种》本不能用法典编纂的视角解读；也可能是秦立法尚未类型化和系统化的原因，工人程和均工是工律的细化，三者本属于一篇，但因内容各有侧重而名称有异。

第四，从命名方式上看。经徐世虹先生考证，目前《秦律十八种》和《秦律杂抄》中所知的秦律名确定为23种，另外还有未见律字者：关市、工人程、均工、司空、行书、内史杂、尉杂、属邦、牛羊课。秦汉律令命名方式即秦汉律篇的设篇标准是以事类为篇、一事一律，② 工律、工人程、均工都是规范官营手工业的法规，没必要将调整相同事类的法律规范分割为单独的三篇。且律篇取名应有一定的界限性，调整对象和规范内容要反映出一个事类，工律具备这一特征，而工人程略显欠缺。里耶秦简（8—462简）有“工律”，“今《工律》：曰度缮其”，可进一步证实确有“工律”这一律名存在。但目前仅睡虎地秦简可见“工人程”，别无他例。然抄手自己取名的可能性不大，因抄写条文的目的是用来对照执行，不能擅自改易国家之成法。是秦律确实存在性质类似或内容相近的篇章，还是工人程隶属于工律而缺乏独立性，还有待进一步探讨。

最后，从程的发展看。有学者认为秦代的程与汉代的章程、品约是有联系的。大庭脩先生认为秦代的程与汉初张苍所作《章程》之“程”意义相同。③ 李智令、安忠义先生通过对居延汉简“塞上蓬火品约”的研究，指出汉代的品约又叫程品，是政府机构内部的办事规程和行为准则。④ 程品是为众多事物确立程度等级的规范，这和秦代程的义项是相通的。还有学者认为科与程也有直接联系，刘笃才先生认为科为科令，程为考课，可以以程释科。⑤ 闫晓君先生亦认为秦汉时期程、科义同。⑥ 但章程、品约和科是不是程在汉代的延续，章程、品约和科作为独立的法律形式是否可以反证秦代程的法律地位，尚须进一步考证。

综上所述，依目前材料所见，程是与计量有关的法律规范，往往就某一事项确立具体的标准，补充细化律令的规定，违反程的罚则规定在律令中。然仅依凭“工人程”所见三条简文尚不能确证程的整体形态和法律地位，文中一些论断尚停留在推测阶段，有待更多资料出现后再做补正和深入探究。

---

① 张金光：《秦制研究》，上海古籍出版社，2004，第21—22页。

② 徐世虹：《九章律再认识》，《沈家本与中国法律文化国际学术研讨会论文集》，中国法制出版社，2005，下册，第687—689页；徐世虹：《秦汉法律的编纂》，韩国《中国古中史研究》2010年第24辑。

③ ［日］大庭脩：《秦汉法制史研究》，林剑鸣等译，上海人民出版社，1991，第51页。

④ 李智令、安忠义：《居延所出〈塞上蓬火品约〉性质再探》，《鲁东大学学报（哲学社会科学版）》2011年第4期。

⑤ 刘笃才：《汉科考略》，《法学研究》2003年第4期；刘笃才：《论汉代法律体系的几个问题》，《当代法学》2004年第4期。

⑥ 闫晓君：《秦汉法律研究》，法律出版社，2012，第36页。

幽默与批判：明代笑话中的法律实践与社会观念

尤佳君*

摘　要　明代笑话百花齐放，折射出当时法律运行的实际状态和民间一般法律观念。笑话重新建构了官民形象，官方权威有所消解，平民能动性得以体现，“青天”诉求在反传统的叙事中凸显。笑话展现了各种民间关系中的利益纠葛，纠纷的产生不可避免，民众倾向把诉讼作为处理纠纷的底线方案，由此选用不同的纠纷处置策略。笑话对法律素养的褒贬体现出传统知识体系中律学的尴尬定位。笑话中亦可见诉讼请托者、胥吏和差役活跃于司法活动中，这些群体切实地对诉讼产生着影响。明代笑话不仅记录了社会现实和民间意识，还承载了一般民众的政治寄托和法制理想，理想与现实的落差形成张力，而深受儒家文化熏陶的古人对理想社会中法律运行应然状态的追求则始终如一。

关键词　明代；笑话；法律文化；民间法律意识

一、引言

笑话，或称谐谑小说，属于中国古代诙谐文学的一种。明代笑话呈现出百花齐放的景象，在人们基本物质生活得到满足、闲暇时间日增的社会经济背景下，形成了“新开门七件事”——“谈谐（即说笑话）、听曲、旅游、博弈、狎妓、收藏（包括书籍、古董、时

* 尤佳君，中国人民大学法学院博士研究生。

玩)、花鸟鱼虫”。[①] 笑话占据了明代世俗生活的一席之地。明代出版业空前繁荣，读者群体逐渐下沉，笑话书籍的出版迎合了市场中日益增长的文化需求。

中国古代士人历来认为笑话难登大雅之堂，故明代人对笑话的书写始终秉持谨慎态度。此种心态令书写者借助夸张手法，塑造典型且极端的形象，编造与真实世界有隔阂的荒诞情节，将其艺术特征发挥到极致，在引人发笑的同时讽喻世事，借此隐晦地表达褒贬。正因如此，这些谈谐之言为后人了解向来为士人忽视乃至鄙薄的民俗观念提供了丰富材料。以法律史的眼光审视明代笑话文本，法律运行的诸多细节隐藏于荒诞有趣的情节所凭依的社会现实之中，故事背后之价值取向投射出当时民间的一般法律观念，中国传统法律文化便寓于二者之中。

关于中国古代笑话的法律史研究，学界已有珠玉在前。[②] 笔者尝试以更丰富的笑话文本作为研究素材，考察明代法制与民俗在谐谑载体上的交融，从多维视角揭示时人法律观念的不同面相，或能在现有学术成果的基础上有所拓展。

二、官方权威的消解

传统叙事常常塑造官员清正廉洁的形象，用官员群体的品行来象征不容置疑的官方权威，地方官作为百姓的父母官“若保赤子，惟民其康乂”。明代笑话中固然有赞美司法官断案公正的笑话，《判牛》即属此类：

> 二农家畜牛相触，致死一牛，因讼于官，为之判曰：“两牛相触，一死一生。死者同食，生者同耕。”又有畜鹅者，食邻居晒谷，因被扑杀，鹅主讼于官，为之判曰：“鹅嘴如梭，吃谷不多。鹅主偿谷，谷主赔鹅。”[③]

两起案件均因牲畜而起，判决用语诙谐又展现出司法官根据事实衡量两造利益，进而公平裁决案件的智慧，从中可以见到对传统叙事风格的承袭。

相比赞扬的主题，明代笑话更热衷于讽刺，它们一改官方所引导宣扬的官民和谐状态，

---

① 陈宝良：《明代社会生活史》，中国社会科学出版社，2004，第46页。

② 参见徐忠明：《娱乐与讽刺：明清时期民间法律意识的另类叙事——以〈笑林广记〉为中心的考察》，《法制与社会发展》2006年第5期；易森、陈丽：《从〈笑林广记〉看明清时期民间的法律意识》，《兰台世界》2015年第12期。

③ （明）乐天大笑生辑：《解愠编》，《续修四库全书》，上海古籍出版社，2002，第1272册，第389页。

把平素高高在上的官员置于被嘲笑或批评的处境，官方权威因此在笑话书写者笔下渐趋消解。对官员形象的重构首先表现为消除附加于其身的神性色彩，使他们于社会意识层面不再与平民百姓有云泥之别。明代笑话从人的本性上弱化官员和布衣百姓的区别，实现对官员身份神圣性的祛魅，把这些通过科举考试产生的官员重新拉回人间，《三骇》呈现了此种具有平等意味的意识：

中和里，僻陬也，居民多老死不见官府。相传里中有三骇云……其一直郡筦库，郡守退食，骇子从旁睨之，出大诧语其兄曰："原来官人吃饭亦与凡人同也。"兄呵之曰："咄，官人非人耶？"①

该笑话嘲笑把官员当作非凡之人而对其吃饭行为大为惊异的"僻陬骇子"，知府已属于帝国中层官员，而骇子之兄所持有的平民立场尽管依然对其保持敬畏之心，却不视之为可望而不可即的具有某种神性的人。另有《三笑事》取材于时事，同样消解了官员的权威：

嘉靖庚子，杭有稳婆为人收生，反生子于产家，而医人因急症死于病家者。又有蔡仓官权巡捕，而为强盗劫掠，一时畏盗，口称"爷爷"……好事者作一绝曰："稳婆生子收生处，医士医人死病家。更有一般堪笑者，捕官被盗叫爷爷。"②

三件事均属反常，从事专门职业者反倒在各自专业领域出现纰漏，时论又以第三件事最为荒唐，仓官遇险甚至会颜面尽失地称强盗为"爷爷"，官员及其所代表的国家权力在民众眼中又何来威严之有？

重构官员形象其次体现为通过诙谐的故事或民谣将矛头指向官员的道德品质，如果说前一种重构形式只是让官员回到与普通人齐平的地位，那么此处则有着更深刻的批判意味，下列笑话从不同角度讽刺了官员道德之败坏：

郡二守杜公，每出见狗，即擒其家坐罪，故民间无畜狗者。及杜去，民谣云："杜同知给由去，苟完矣。"③

---

① （明）耿定向：《权子》，载王利器辑录：《历代笑话集》，上海古籍出版社，1981，第144—145页。

② （明）郎瑛：《七修类稿》，上海书店出版社，2009，第532页。

③ （明）浮白斋主人：《雅谑》，载王利器辑录：《历代笑话集》，上海古籍出版社，1981，第203页。

昔一县尹与丞爱钱，主簿极清。一日，同饮酒，至半酣，县尹遂设一令：要《千家诗》一句，下用俗语二句含意。尹曰："旋砍生柴带叶烧，热灶一把，冷灶一把。"丞曰："杖藜扶我过桥东，左也靠着你，右也靠着你。"簿乃托意嘲曰："梅雪争春未肯降，原告一两三，被告一两三。"①

这些描写将官员之贪腐与严酷展现得淋漓尽致，隐含怒骂于嬉笑之中。受到儒家人治理念的影响，民众形成了官员的道德品质与素养能力相一致的观点，司法官唯有清廉正直才能做到断案公正，"清官观念"便是这种意识的集中体现，它既有民众对清官个人的敬仰，也折射出对"王法"的信念与希望。② 前述笑话的灵感来源于现实中官员的种种劣迹，创作者从多层次的视角毫不留情地揭露官员之腐化，进而瓦解其行使国家权力的正当性，对官方历来宣扬的传统叙事提出了挑战。

笑话除了通过讽刺国家中下层官员来间接消解官方权威外，更有甚者，越过国家权力的具体执行人而质疑国家制度本身，君主和祖制亦可成为笑话的揶揄对象，《王法》就表达了这种略显大胆的思考：

齐大夫郗石父谋叛，宣王诛之，欲灭其族。郗之族大，以相聚而谋曰："他人之言，王必不内，惟艾先生辨而有宠，盍往祈焉。"举族拜于艾子之庭，涕泗以请。艾子笑曰："是不难，诸公但具一绳来，立可免祸。"郗氏以为戏言，亦不敢诘，退而索绹以馈。艾子怀其三尺以见王曰："郗石父包藏祸心，王肆诸市当矣；然为之者，石父一人耳，其宗族何辜，而王欲尽歼之，无乃非仁君之用心乎？"宣王曰："此非寡人意也，先王之律有明训也，《政典》曰：'与叛同宗者，杀无赦。'是以寡人不敢曲宥，以伤先王之法。"艾子顿首曰："臣亦知王之不得已也。窃有一说：往年公子巫以邯郸降秦，非大王之母弟乎？以是而言，大王亦叛臣之族，理合随坐，臣有短绳三尺，敢献于下执事，请大王即日引决，勿惜一身而伤先王之法。"王笑而起曰："先生且休，寡人赦之矣。"③

虚构的艾子故事被作者设定发生于战国时期，其中却分明蕴含着明代社会的法律制度与思想。齐宣王以必须遵从"先王之法"为托词，拒绝赦免郗氏一族，正与明代尊崇祖制

① （明）无名氏：《笑海千金》，载王利器辑录：《历代笑话集》，上海古籍出版社，1981，第 413 页。
② 参见马小红：《礼与法：法的历史连接（修订本）》，北京大学出版社，2017，第 381—385 页。
③ （明）陆灼：《艾子后语》，载王利器辑录：《历代笑话集》，上海古籍出版社，1981，第 152 页。

的法制状况契合。艾子巧妙地将话题引到齐宣王本人身上，一旦发现严格遵循祖制将会威胁到自己的性命，后者立马转变态度而决定赦免郗氏宗族。笑话径直揭开祖制神圣不可动摇的伪装，言明恪守祖制无非是君主推行个人意志以攫取一家一姓利益的幌子，只要现实问题触及君王的利益，他们便会置原有的权威性和神圣性于不顾，想方设法地绕开祖制约束，建立在沿袭祖制之上的制度权威因此被削弱。

三、民众的能动与“青天”诉求

（一）民众参与诉讼的能动性

既然明代笑话能以不同方式消解官方权威，那么普通民众的形象是否也与以往有所不同呢？细究其中的平民形象，则可以发现他们往往不是被动等待和接受官府裁判的提线木偶，而具有一定能动性，呈现出机智或狡诈的形象。

当面对官府的处置时，一些笑话中的民众会积极辩驳，为自己争取更多利益：

> 正德间徽郡天旱，府守祈雨欠诚而神无感应，无赖子作十七字诗嘲之云：“太守出祷雨，万民皆喜悦，昨夜推窗看，见月。”守知，令人捕至，责过十八，止曰：“汝善作嘲诗耶?”其人不应守，以诗非己出，根追作者，又不应。守立曰：“汝能再作十七字诗则恕之，否则罪置重刑。”无赖应声曰：“作诗十七字，被责一十八，若上万言书，打杀。”守亦哂而逐之。此世之少有，无赖亦可谓勇也。①
>
> 官出，见轻薄少年，摇摆街中，风吹衣起，露出红绫裤子，怒其奢侈，拿责十板。其人受责五板，立起曰：“上面半截是麻布接的。”②

无赖和少年的辩驳都与笞杖竹板数目密切相关，他们的主张都暗含着朴素的公平理念，即所受惩罚应与过错相适应，民众并不总将官方的处置决定视为金科玉律，若这种处置会使自己的利益白白受损，特别是有悖于其内心对于公平的衡量基准时，那么即便是处于绝对弱势地位的百姓也会积极动用才智加以维护。

为了实现利益最大化，笑话故事中的民众甚至会采取一些“灰色”的诉讼策略，伪造

① （明）郎瑛：《七修类稿》，上海书店出版社，2009，第516—517页。
② （明）醉月子辑：《精选雅笑》，载王利器辑录：《历代笑话集》，上海古籍出版社，1981，第396页。

士人身份就是惯用伎俩之一。无论在法律制度抑或是司法惯例上，明代士人都享有一定优待。① 基于这种隐性优势，平民百姓企图瞒天过海，冒充士人进行诉讼，以期增加胜诉概率，未承想弄巧成拙：

一医生，诈称儒士，讦愬于官，冀得讼胜，官出对试之曰："银顶三檐伞。""金丝万应膏。"官疑为医家，再出对曰："李千株，桃万树，遇景而开。"对曰："姜二片，葱三根，带温而服。"官斥之曰："胡说胡说。"对曰："只为服附太多，故发谵语也。"②

富家村子弟，诈为秀才，状诉追债。官见其粗鄙可疑，乃问曰："汝是秀才，且道'桓公杀公子纠'一章如何说？"其人不知是书句，只恐是件人命，便连声大叫曰："小人实不知情。"官命左右挞二十。既出，谓其仆曰："这县官太无道理，说我阿公打杀翁小九，将我打二十。"其仆曰："这是书句，汝便权应略知也罢。"其人曰："我连叫不知情，尚打二十下；若说得知，岂不拿我偿命。"③

二人并无真才实学，在官员三言两语的试探下露馅，依靠假冒身份获得司法优待的如意算盘随即落空。诉讼策略之使用固然是趋利避害的人性使然，同时也折射出另类的官民关系：既然现实中官府并没有洞察万事万物的能力，那么涉及案件的百姓出于实现自身利益之目的便会想方设法创造有利条件，寻找最有可能胜诉的路径，甚而采取无理取闹或弄虚作假的方法。由此官员明察秋毫的形象被否定，庶民的能动性得以体现。

（二）平民的"青天"诉求

考察明代笑话中的民众立场，他们一方面从自我本位出发，于案件中积极谋求利益，另一方面则着眼于作为裁判者的官员，表达出希冀"青天"出现的平民意识，这种意识一般通过对昏聩或不公官员的讽刺而展开：

余邑一博士张宗圣，工谈谑。会主簿游姓者，滥受状词，擅拷打，有黑声；张乃著一哑谜嘲曰："小衙门，大展开，铁心肠，当堂摆，全凭一撞一撞拷打，才有些取采。不怕他黑了天，有钱的进来，与你做个明白。"盖指油铺也。④

---

① 参见严曦：《明代绅士与诉讼——以判牍为中心》，中国政法大学博士学位论文，2008，第89页。

② （明）乐天大笑生辑：《解愠编》，《续修四库全书》，上海古籍出版社，2002，第1272册，第360—361页。

③ （明）冯梦龙辑：《广笑府》，载王利器辑录：《历代笑话集》，上海古籍出版社，1981，第312页。

④ （明）江盈科：《雪涛谐史》，载王利器辑录：《历代笑话集》，上海古籍出版社，1981，第251页。

昔一官断事朦胧，嗜酒怠政，贪财酷民。百姓怨极，乃作五言八句以讥之曰："黑漆皮灯笼，半天萤火虫。粉墙画白虎，黄纸写乌龙。茄子敲泥磬，冬瓜撞木钟。唯知钱与酒，不管正和公。"①

上述笑话具有很强的现实批判性，百姓以哑谜和诗句为武器讥讽暴虐昏聩的官员。前者借用"天"和"日"的意象隐喻平民所遭受的不公，朗朗青天代表公平正义的世界，行使国家权力的官员即为这种公正理想的具象化人格，"黑天"则是蒙冤受屈者无可奈何的喟叹。后者表述得颇为直白，突出对地方官未能做到"正和公"的失望。在另一则笑话中，作者用"赞"的形式表露对"青天"的呼唤：

官之昏者，以图财致命成诬告；官之贪者，以打死贫贼害富家。苍天苍天，百姓们何处伸冤也！②

民众对现状的不满和"青天"诉求构成了鲜明对比，而这种对比折射出他们对官员的应然要求及评判标准，"青天"理想不仅要求官员满足严格执行法律的最低要求，而且强调司法官应当公正廉明、明辨是非，在探明案件真相的基础上实现实质正义。民间的"青天"诉求凝结了对官员所应具备素质的共识，平民以理想的"青天"为标准来衡量现实，由此形成批评虐政和约束官员的舆论武器。

四、民间纠纷的生成与化解途径

趋利避害乃人之天性，它驱动着人们的决策与行动，当个体之间的利益发生冲突时，纠纷由此生成，明代城市发展在带来经济繁荣的同时，相关领域的利益纠葛亦日益纷繁复杂。笑话成了社会现实的侧面写照，为后人提供了了解当时民间纠纷产生原因，以及纠纷形成后当事人寻求化解途径的窗口。

（一）民间利益纠葛之复杂

人生存于社会之中，便置身于由诸多社会关系编织的网络。前现代社会秩序一定程度

---

① （明）无名氏：《时尚笑谈》，载王利器辑录：《历代笑话集》，上海古籍出版社，1981，第 422 页。

② （明）赵南星：《笑赞》，载王利器辑录：《历代笑话集》，上海古籍出版社，1981，第 290 页。

上为熟人关系所塑造，人与人之间联系的紧密程度相较于当今有过之而无不及，复杂且深厚的民间社会关系滋生了利益纠葛，由此为各种纠纷的生成提供了土壤。

第一，家庭。家庭关系的特殊性在于人身与财产关系的紧密结合，中国古代社会秩序从家国一体的基础之上构建，对家庭和睦的强调无以复加。即使如此，伦理道德的约束机制仍然不足以始终维系家庭成员之间的和谐，公权与国法不可避免地介入其中。《相推供养》描绘了一幅家庭关系中道德约束失效的场景：

彭祖晚年，子孙相推供养，祖讼于官，官判断曰："此老龙钟今八百，子孙看承如过客。执称无服已多年，大小相推供饮食。"①

它以传说中寿命极长的彭祖为主角，讲述其晚年无子孙愿意供养，以至于诉诸官府的境遇。随着血缘联系的疏远，子孙的亲情观念愈发淡薄，"孝"名存而实亡，当名义上的道德要求与现实经济利益发生冲突时，前者可能让位于后者。存在血缘关系的家庭成员之间尚且为利益所困，致使孝道所维系的稳定家庭结构产生裂隙，遑论与位于差序格局更远端之主体发生的其他法律关系。

第二，钱债。需求和供给的高涨共同造就了民间借贷之发达，明代社会经济迅速发展，加之自然灾害频发，使普通民众生产生活需求高企，向私人有偿借贷成了最常见的手段。而在供给层面，尽管国家设定了私债利率上限，明太祖圣训要求"今后放债，利息不得过二分、三分"，并禁止"年月过期叠算不休"，②《大明律》明确规定了违律取利的刑事制裁，③实际市场利率还是游离于国家法律之外，④丰厚的利润刺激了放债人大批涌现，《好放债》刻画了他们嗜财如命的形象：

一人好放债，家已贫矣，止余斗粟，仍谋煮粥放之。人问曰："如何起利？"答曰："讨饭。"⑤

---

① （明）乐天大笑生辑：《解愠编》，《续修四库全书》，上海古籍出版社，2002，第1272册，第367—368页。

② （明）章潢：《图书编》（四），《景印文渊阁四库全书》，台北商务印书馆，1986，第1478册，第789页。

③ 参见《大明律》，怀效锋点校，法律出版社，1999，第82页。

④ 参见刘秋根：《明清高利贷资本》，社会科学文献出版社，2000，第201—202页；赵毅：《明代豪民私债论纲》，《东北师大学报》1996年第5期。

⑤ （明）浮白主人辑：《笑林》，载王利器辑录：《历代笑话集》，上海古籍出版社，1981，第214页。

民间债务观念具有双重面相，一方面，“欠债还钱，天经地义”“父债子偿”之类讲究按约履行债务的俗语深入人心，另一方面，也存在着诸如“虱子多了不痒，债多了不愁”等消极应对债务的鄙谚。从笑话中亦能窥探到上述复杂观念，前者如《借衣》中的迂公：

雨中借人衣着之出，道泞失足，损一臂，衣亦污，从者掖公起，为之摩痛。迂公止之曰：“汝第取水来涤吾衣，臂坏无与尔事。”从者曰：“身之不恤，而念一衣乎？”公曰：“臂是我家物，何人向我索讨？”①

迂公唯恐弄脏衣服而无法归还出借人，使自己背负更为沉重的债务，对于自己的身体反倒没有那么怜惜。当然不是所有债户都如迂公一般重视偿还债务，消极躲债甚而赖账不还的情形比比皆是，此类意识在明代笑话中亦有所体现：

有避债者，偶以事出门，恐人见之，乃顶一笆斗而行。为一债家所识，弹其斗曰：“所约如何？”姑应曰：“明日。”已而雨大作，斗上点击无算，其人慌甚，乃曰：“一概明日。”

有欠债屡索不还者，主人怒，命仆辈潜伺，扛之以归。至中途，仆暂歇，其人谓仆曰：“快走罢，歇在此，又被别家扛去，不关我事。”②

两则笑话将拖欠多笔债务的债户形象描摹得惟妙惟肖，要么使用拖字诀，用“明日”应付一时，要么索性破罐子破摔，在债主欲动用私力追讨时仍不思还债。两种债务观念根据债户经济状况而消长变化，在明代社会生活借贷普遍化的背景下，致使钱债纠纷频发。

第三，田土。土地是处于中国古代小农经济形态核心位置的生产资料，绝大多数人的生产生活围绕着土地展开，因此土地权属常常引发争端。《申明亭》通过巧解“申”字，暗讽民间为了田土归属争执不休的风气：

两乡人至县前，见“申明亭”“申”字，一曰：“‘由’字。”一曰：“‘甲’字。”傍一人曰：“你多一头，他多一脚，看来还是‘田’字。”③

---

① （明）浮白斋主人：《雅谑》，载王利器辑录：《历代笑话集》，上海古籍出版社，1981，第 187 页。
② （明）浮白主人辑：《笑林》，载王利器辑录：《历代笑话集》，上海古籍出版社，1981，第 210 页。
③ （明）醉月子辑：《精选雅笑》，载王利器辑录：《历代笑话集》，上海古籍出版社，1981，第 390 页。

申明亭为明代首创的法制设施，兼有法制宣传和纠纷调处功能。本条笑话与后一种功能相关，申明亭被设置为“民间户婚、田土、斗殴相争、一切小事，不许辄便告官，务要经由本管里甲、老人理断”的场所，① 里甲、老人剖理民间词讼成为当事人赴官府控告之前的必经程序。设置申明亭“导民善，平乡里争讼”② 的初衷未能如愿，物资匮乏的升斗小民为了生计考虑更注重取得和保有财产，而非优先维护乡里与家族的秩序和睦。田土纠纷既多，人们自然而然地将申明亭与“田”字联系在一起，无怪乎编纂者借俗语“家有百亩田，不离县门前”加以评论。

绝大多数钱债和田土法律关系以契约形式得到确认，中人在契约实践中扮演了举足轻重的角色。中人的存在人为创造出了交易双方的“熟人”关系，在契约领域构建和维护了柔性私法秩序。③ 从明代笑话中可以瞥见中人作用之一隅：

两人因买田争价告官，买者卖者及说合人，各问老不应罪。其说合人无力纳银，亦告人买地，状内不写说合人。官问：“何故无人说合？”其人说：“说合人都问了罪，谁人又敢说合？”④

上述笑话说明了两点：其一，中人与建立在契约基础之上的买卖关系联系紧密，契约内没有中人的情况十分罕见，以至于司法官见诉状内无说合人时感到奇怪。其二，充当中人将负担一定的法律风险，买卖双方的争端导致说合人也被一并问罪，契约的正常履行和中人利益攸关，因而无形中给后者施加了核验买卖双方资质与积极维护私法秩序稳定的义务。但是并非所有中人都能审慎地履行义务而在契约关系中发挥积极作用，反而可能给交易带来麻烦，笑话里的中人有时呈现出负面形象：

玉帝修凌霄殿，偶乏用，欲将广寒宫典与下界人皇。因思中人亦须一皇帝方好，乃请灶君皇帝下界议价。既见朝，朝中讶之曰：“天庭所遣中人，何黑如此？”灶君笑曰：“天下那有中人是白的？”⑤

---

① （明）朱元璋：《教民榜文》，刘海年、杨一凡主编：《洪武法律典籍》，科学出版社，1994，第635页。

② （清）张廷玉等纂：《明史》，中华书局，1974，第1878页。

③ 参见王帅一：《明清时代的“中人”与契约秩序》，《政法论坛》2016年第2期。

④ （明）赵南星：《笑赞》，载王利器辑录：《历代笑话集》，上海古籍出版社，1981，第288页。

⑤ （明）浮白主人辑：《笑林》，载王利器辑录：《历代笑话集》，上海古籍出版社，1981，第212页。

它巧妙地由灶君外貌之黑引申到中人内心之黑，鲜明地反映出民间意识中对违背中人义务者的不满。中人的存在给予涉及契约的法律关系双重影响，尽职尽责的中人固然可以促成交易并维系契约关系，而那些心术不正、逃避义务的中人所带来的负面效应同样不容忽视，于是钱债和田土法律关系在契约主体的冲突之外，还可能导致双方当事人与中人之间的争端，这使得利益纠葛愈发复杂。

第四，人际关系。社交活动编织起了错综复杂的人际网络，而日后纠纷的伏笔时常埋藏在这张网络之中，朋友与仇家关系都可能带来隐患，下列笑话反映出了特定人际关系的利益纠葛：

> 有人拉友作会，友固拒之，不得，乃曰："汝若要我与会，除是跪我。"其人即下跪，乃许之。傍观者诮曰："些须会银，左右要还他的，如此自屈，吾甚不取。"答曰："我不折本也，他日讨会钱时，拜我的日子正多哩。"①

明代社与会之发展达到了前所未有的盛况，这些组织均需要活动经费来维持自身运转以及举办聚会等活动，文人结社经费的来源形式有二：社内成员共同分担或由家道丰腴的成员独立承担。② 笑话中的会社经费采取第一种形式，会社的发起人对下跪不以为意，理由是日后朋友讨要会钱时双方角色定会互换。文人结社聚会本是同道中人增进友谊的方式，会银却给纯粹的交往平添了一分现实色彩，一旦金钱因素参与到人际交往中，纠纷就有了生长土壤：

> 一人偶于露水桌子上以指戏画"我要做皇帝"五字，仇家见之，即掮桌赴府，首彼谋反。值官府未出，日光中，露水已灭迹矣。众问："汝掮桌至此何为？"答曰："我有桌子一堂，特把这张来看样，不知老爷要买否？"③

这则笑话反映了仇家关系之水火不容。谋反为"十恶"之首，此人的一举一动都为仇家所窥伺，仇家心怀必置其于死地之企图，将桌上之戏画当作此人谋反的证据，不料露水痕迹很快消失，幸得仇家急中生智，方逃脱了"诬告反坐"的制裁。中国古代的人际交往范围相对狭小，若与人结仇，则仇家在抬头不见低头见的环境中极易因琐事再起纷争，因

---

① （明）浮白主人辑：《笑林》，载王利器辑录：《历代笑话集》，上海古籍出版社，1981，第 216 页。
② 参见陈宝良：《明代的社与会》，《历史研究》1991 年第 5 期。
③ （明）浮白主人辑：《笑林》，载王利器辑录：《历代笑话集》，上海古籍出版社，1981，第 222 页。

而导致各类诉讼特别是刑事案件的发生。

凡此种种，勾勒出明代充斥着复杂利益纠葛的世俗社会图景。个体在其中无法独善其身，总不免与他人发生社会关系，明代商品经济发展与社会转型加速又使得这些关系所牵扯的利益日益纷乱交织，于是在家庭、钱债、田土、社交等事务纷至沓来的同时，也带来了与他人的潜在利益冲突，民间纠纷便在此间酝酿。

（二）处理纠纷的民间价值取向

当利益纠葛最终演变为纠纷后，它们并非一概被交由官府裁判处断。民间观念中的诉讼往往只发挥兜底作用，向官府提出控告被视为一种以“存在”为主要作用形式的底线方案，一般情况下不会作为解决纷争的首选途径。

民间怀有把诉讼作为最后手段而尽可能回避的价值取向，首先源自参与诉讼可能付出的高昂代价。平民如若卷入词讼则势必耗费高额钱财，甚至人身自由与生命健康都会遭受损害。《嘲健讼》云：

> 犯刑好讼气昂昂，押入天牢苦莫当。头枕断砖眠烂地，手爬餐饭咬生姜。舞文黠吏如蛇蝎，索钞公人胜虎狼。家破人亡空悔恨，放归茅屋是天堂。①

健讼者历经牢狱之苦和黠吏、公人的盘剥，最终家破人亡才追悔莫及，其人诉前的“气昂昂”和被释放后的“空悔恨”形成鲜明对比。社会意识中对诉讼之印象大抵如是，官府固然是替平民百姓主持正义的后盾，国家法律的实施过程却充满了变数，再结合时人对狱政的黑暗想象，不免使普通人心生畏惧。

其次在于司法官素质参差不齐，导致民人对审判结果是否公正合理心生怀疑。于是百姓自动远离具有国家强制力的纠纷解决途径，转而通过私了平息纷争。《长面》借行人之口道出了此种倾向：

> 有失去马鞍者，见一人面长而凹，认以为鞍也，执之。其人曰：“此吾面也。”争辩不已，将往听断于官。有行人问知其故，谓长面人曰：“劝兄赔他些价罢，若经官定是断给。”②

① （明）乐天大笑生辑：《解愠编》，《续修四库全书》，上海古籍出版社，2002，第1272册，第374页。

② （明）冯梦龙辑：《广笑府》，载王利器辑录：《历代笑话集》，上海古籍出版社，1981，第318页。

将人之长面误认为马鞍而发生争执实属谬妄，一句“若经官定是断给”却将荒诞不经的笑话与现实连接起来。笑话中的争端尚未提交官府正式审理，行人就已对可预测的官府判案结果失去了信心，建议长面者私了赔钱以减少损失。倘若不是司法官中不乏昏聩颟顸之人，当事人面对一件是非曲直显而易见的案件何至于此？

最后则是无形的社会力量压制诉讼的产生。宋以降“无讼”与“好讼”的矛盾实质上反映了既有农业文明和新兴商业文明各自塑造的大、小传统诉讼文化之间的紧张。① 儒家“无讼”的大传统早已融入社会每一隅的惯习之中，潜移默化地影响着生活于这片土壤的个体，异质诉讼文化因此受到全方位排斥。且将目光移至《因梦致争》中担当配角的邻人：

> 贫士梦拾银三百两，既觉，谓其妻曰：“若果得此，以百两买屋，以百两买田，又以百两聘二小妻，其乐何如？”妻即大怒曰：“你只好冻，才有些钱，便思讨小。”争闹不已，就床打起，惊动四邻，急来相劝，问知其故。四邻笑曰：“幸得是梦，你家若真有钱讨小妻，岂不打出人命，连累我邻右耶？”②

这些邻居听闻夫妻争闹之声便急来劝和，得知原委后又庆幸没有发生命案。虽然他们并非争端当事人，然而一旦夫妻纠纷发展为刑事案件，邻居就只得被迫作为证人卷入诉讼。为了免受牵连，大多数人在其社会活动范围内都致力于平息纠纷，无形中充当了维护儒家“无讼”大传统所构建秩序的社会力量，许多争端因此在未及“惊扰”官府之前就得以消解。

“好讼”和“无讼”实为一体两面的关系，明代民间诉讼观念的实际状态应该更接近于“内心‘厌讼’，不会真正‘好讼’。但纠纷当前，不能‘无讼’”,③ 与之相适应，民众群体意识自觉或不自觉地选用了大事化小与小事闹大的纠纷处置策略。既然诉讼活动与中国传统价值观相抵触，且可能给当事人带来潜在不利影响，那么一般民众对于不涉及重大利益的纠纷，特别在事件原委不甚明晰的情形下，不如大事化小而私下了结。当社会中“大事化小”的观念成为常态，自然有不法之徒利用普通人对诉讼避之不及的心理实施讹诈：

> 有恶少，值岁毕时，无钱过岁。妻方问计，恶少曰：“我自有处。”适见篦头者过其门，唤入梳篦，且曰：“为我剃去眉毛。”才剃一边，辄大嚷曰：“从来篦头，有损人

① 参见尤陈俊：《儒家道德观对传统中国诉讼文化的影响》，《法学》2018年第3期。

② （明）乐天大笑生辑：《解愠编》，《续修四库全书》，上海古籍出版社，2002，第1272册，第371页。

③ 汪雄涛：《无讼、健讼、还是不得不讼?》，《中国社会科学报》2018年12月19日第5版。

眉宇者乎?”欲扭赴官。篦者惧怕，愿以三百钱陪情，恶少受而卒岁。妻见眉去一留一，曰：“曷若都剃去好看。”恶少答曰：“你没算计了，这一边眉毛，留过元宵节。”①

明代的流氓无赖成了一个游离于土地的社会阶层，② 他们不事农业生产，又无正当营生手段，其收入来源大多游走于法律边缘，讹诈便是无赖的惯伎。这则笑话显示了这一阶层的讹诈手段，恶少通过一嚷一扭佯作告官，使篦者因惧怕官司而花钱消灾，成功得钱过年，随即又开始谋划于元宵节故技重施。

而当普通人忍无可忍、不得不讼时，往往反其道而行之，采取“小事闹大”的策略，《被殴不言》即为这种策略的极端表现：

迂公出，遭酒人于道，见殴，但叉手听之，终不发言。或问：“公何意?”曰：“倘毙我，彼自抵命，吾正欲其尔尔。”③

迂公放任醉汉殴打，内心希望普通的殴打平人案件能一跃成为人命重案，颇有同归于尽之意。对于关乎切身利益、穷尽其他救济手段仍未能妥善解决的纠纷，民众在利弊权衡之下迫不得已动用最后手段，以诉讼的方式交由官府处断。出于传统文化结构中“秩序情结”的反动，④ 此时他们对待纠纷的思路转变为扩大矛盾严重程度，同时塑造自己占理却吃亏的形象，以期得到官府重视，增加受理和胜诉概率，争夺有利的诉讼话语权，并让对方当事人面临更严厉的惩罚。

笑话所展示的纠纷处置策略呈现出迥然相异的样态，此种现象源于法律制度、经济发展水平、官吏个人道德与职业素养、社会意识形态等因素的共同作用。无论是通过大事化小尽量回避诉讼，抑或是在不得不讼的情形下小事闹大以争取优势，都是时人总结经验后做出的理性选择。

五、对法律素养的褒贬

明代社会主流意识对个人的法律素养抱有复杂态度：一方面认为社会成员应当具备必

---

① （明）江盈科：《雪涛谐史》，载王利器辑录：《历代笑话集》，上海古籍出版社，1981，第265页。
② 参见陈宝良：《明代社会转型与文化变迁》，重庆大学出版社，2014，第180页。
③ （明）浮白斋主人：《雅谑》，载王利器辑录：《历代笑话集》，上海古籍出版社，1981，第185页。
④ 参见徐祖澜：《公民“闹大”维权的中国式求解》，《法制与社会发展》2013年第4期。

要的法律知识，背负处理刑名事务职责的官吏则更是如此；另一方面又隐然轻视法律，对过分拘泥于法律条文者嗤之以鼻。笑话即为这种矛盾心理在民俗领域的集中体现，它们在肯定巧妙运用法律知识的官吏、讽刺法律素养匮乏之人的同时，给予拘泥于法律之人负面评价。这些笑话对各色人等法律素养的评价，为考察社会普遍意识看待法律知识的价值取向提供了另类视角，进而有助于探究律学在传统知识体系中的地位。

（一）褒扬妙用法律知识的官吏

官吏妙用法律知识的笑话往往取材于现实，作为中国古代运用法律的主要群体，有些官吏拥有良好的法律素养，表现为能够熟练掌握和运用法律条文，把法律知识风趣地融入实践问题中。对于精通法律的官吏，笑话的书写者持褒扬态度，着重刻画其机智形象。《夜杀猪》即为一例：

> 张端为河南司录府，当祭社买猪，已呈尹，其夜突入司录厅，即杀之。吏白尹，尹问端，答曰："按律：诸无故夜入人家，登时杀之勿论。"尹大笑，为别市猪。①

张端妙用法律，通过"猪"与"诸"之谐音一语双关，使自己杀祭社用猪的做法为府尹所接受，能够对无故夜入人家的法律规定信手拈来，其丰富的法律知识储备令人赞叹。

再看另一则笑话：

> 嘉靖间一御史，蜀人也，有口才。中贵某，欲讥御史，乃缚一鼠虫，曰："此鼠咬毁余衣服，请御史判罪。"御史判曰："此鼠若问笞杖徒流太轻，问凌迟绞斩太重，下他腐刑。"中贵知其讥己，然亦服其判断之妙。②

欲同时达到判罚老鼠和讽刺宦官之目的，宫刑是一个绝佳的切入点，这需要对法制史熟稔于心。御史寥寥数语的判决衡量了不同刑种之轻重，指出腐刑的程度介于流刑和死刑之间，其所依据的背景知识包括新五刑逐步替代旧五刑的历史，以及汉末魏晋恢复肉刑的争论，展现出对相关知识的精准把握。作者借中贵心服口服之表现，侧面凸显出对御史深厚法律功底的敬佩。

---

① （明）浮白斋主人：《雅谑》，载王利器辑录：《历代笑话集》，上海古籍出版社，1981，第189页。此处标点为"张端为河南司录，府当祭社买猪"似更恰当。

② （明）江盈科：《雪涛谐史》，载王利器辑录：《历代笑话集》，上海古籍出版社，1981，第248页。

（二）讥讽法律素养匮乏者

“读书万卷不读律，致君尧舜知无术”，① 随着历史演进，古人愈发意识到法律在国家治理中的重要作用，法律在士人特别是官吏的知识结构之中不可或缺。及至明代，明太祖特别重视法制宣教，通过规定“讲读律令”条、鼓励每户收藏《大诰》、设置申明亭等一系列措施，令远离庙堂的黎庶也能通晓本朝法律。基于上述社会背景，对于那些缺乏法律素养之人，笑话往往不留情面地加以讥讽。由于法律条文的拟定追求简明精准，从文字上很难寻找到引人发笑之处，故这些笑话大多使用谐音方法达到讽刺的效果，《五十犹痴》和《吃斋》乃此中典型：

> 农民为吏，学律于先辈，教以笞杖徒流之等曰：“用小荆杖决打，自一十至五十谓之笞；用大荆决打，自六十至一百谓之杖。”农吏惊讶曰：“我不信，我不信，岂有年至五十而犹痴者耶？”②
>
> 乡人吃斋者，偶以事至县，见柱榜题曰：“诬告加三等，越诉笞五十。”慌谓人曰：“县出告示，月素笞五十，倘知我长斋，却不打杀乎？”③

“笞”与“痴”、“越诉”与“月素”的谐音使两则笑话的主角产生与法律条文本意大相径庭的理解，须知五刑之制载于律书篇首且有《五刑图》附于律文前，而一般情况下禁止越诉亦为诉讼实践中的常识，官吏军民理应知晓，而二人竟完全不具备此等基础法律知识，笑点就蕴藏于其误解法律规定所体现的无知之中。如果说平民和初学吏事者的法律知识尚停留在启蒙阶段，因而闹出笑话犹可理解，那么对于官员尤其是地方官而言，处理辖区内司法事务则为其分内之事，地方官员履行该职责必须具备足够的法律素养。若这些司法权的执掌者也像上述乡人一般不谙法律，凭借对条文的一知半解便妄加断案，则不免致使冤抑丛生，于是笑话在对官员缺乏法律素养的现象加以嘲笑之外，又增添了几分批判色彩：

> 一郡从事，不谙文理，妄引律断狱。有僧命其徒磨面，徒乃持面与麸，走匿他所，僧执而讼之。从事断曰：“这僧该问徒罪。”僧曰：“罪不至此。”从事曰：“你不应背夫

① （清）王文诰辑注：《苏轼诗集》，孔凡礼点校，中华书局，1982，第325页。
② （明）乐天大笑生辑：《解愠编》，《续修四库全书》，上海古籍出版社，2002，第1272册，第376页。
③ （明）醉月子辑：《精选雅笑》，载王利器辑录：《历代笑话集》，上海古籍出版社，1981，第392页。

逃走。”闻者皆笑。①

司法官断罪皆须具引律令的要求源自唐律，此后一脉相承，将抽象的法律条文适用于具体的案件需要建立在正确理解法条含义的基础之上，司法官熟练掌握现行刑事律例的素质必不可少。郡从事望文生义，胡乱理解法律条文，强行将僧徒所背之麦麸与刑律中背弃丈夫的行为模式联系起来，全然不顾该条文载于《户律》的“婚姻”门之下，以及规制主体限于妻子。② 这名官员无法正确运用属于国家常经之法的《大明律》，虽然具备引律断狱之外在形式，却与经由审判维护社会公平正义之目的南辕北辙。笑话借助荒唐无稽的情节刻画不学无术的官员形象，影射讽刺现实中居父母官之位却不能尽职尽责地处理治下刑名事务的官员，突出民间意识中期望官员具备一定法律素养的渴求，以及这种渴求并不总能得到满足的忧虑。

（三）不屑拘泥于法律之人

既然前揭笑话分别褒贬了谙练和不通法律之人，那么是否意味着法律在中国传统知识结构中拥有崇高的地位，个人法律知识的多寡与他受到的社会评价成线性关系？其实不然，传统社会意识对学习法律的态度矛盾重重，把相关知识当作末流之学、视若无睹诚然不足取，而拘泥于法律亦为时人所不齿。从以下笑话中书吏在丈人处的境遇可见一斑：

苏人有二婿者，长秀才，次书手；每薄次婿之不文，次婿恨甚，请试。翁指庭前山茶为题，咏曰：“据看庭前一树茶，如何违限不开花？信牌即仰东风去，火速明朝便发芽。”翁曰：“诗非不通，但纯是衙门气。”再命咏月，咏云：“领甚公文离海角？奉何信票到天涯？私渡关津犹可恕，不合黄夜入人家。”翁大笑曰：“汝大姨夫亦有此诗，何不学他？”因请诵之，闻首句云：“清光一片照姑苏”，哗曰：“差了，月岂偏照姑苏乎？须云照姑苏等处。”③

丈人的评价颇为中肯，书吏的口占之作形式上符合格律，然而法律条文和公文用语贯穿全诗，无论遣词造句还是意境营造都与文人雅士所创作的诗歌相去甚远，就连评鉴秀才咏月诗时，书吏也下意识地用“照姑苏等处”之公文惯用语加以批驳。书吏能够轻车熟路

① （明）江盈科：《雪涛谐史》，载王利器辑录：《历代笑话集》，上海古籍出版社，1981，第259页。
② 参见《大明律》，怀效锋点校，法律出版社，1999，第65页。
③ （明）冯梦龙辑：《笑府》，载王利器辑录：《历代笑话集》，上海古籍出版社，1981，第302页。

地把法律条文融入诗歌，反映出参与官府日常事务的高超业务能力，这却不能让文人满意，后者的态度反而充斥着对书吏“衙门气”的鄙夷，而这股“衙门气”很大程度上是吏员工作素质之体现——法律素养无疑是其中的重要组成部分。

明代社会普遍意识中律学的知识体系内部定位就此得以明晰，尽管当时的精英与大众无法否认法律在社会治理中的重要作用和研习法律的现实意义，主张人们主动了解法律，但也仅此而已，律学始终处于学问体系的边缘位置，其地位远不及经学和文学。笑话连接了文学想象与社会现实，书写者的主观倾向受到大众观念的深刻影响，透过笑话的诙谐情节，可以觉察到书写者对精通法律之官吏的钦佩和对全不知晓法律常识之人的嘲讽，同时深感过犹不及，凡事都过分强调法律亦不应当提倡，中庸观念由此在法律领域得以体现。这种对于法律知识谨慎而复杂的态度，岂非“刑为盛世所不能废，而亦盛世所不尚”① 之谓乎？

六、司法活动中其他角色之活跃

在司法官和诉讼两造之外，还存在着形形色色活跃于司法场域中的人，法律制度往往忽略这些人群，他们的活动却能够切实地对司法活动产生影响。遍览明代笑话，其中以诉讼请托者和胥吏、差役两类群体最为突出。

（一）诉讼请托者

司法官不是按部就班适用法律的工具，他们在日常生活中脱不开人情世故，因此给欲逃避法律责任者留下了钻营请托的操作空间。从明代有关诉讼请托者的笑话中可以察见这一群体的现实活动方式及当时社会观念对请托行为的认知。

请托为历代法律所禁止，明代亦不例外。② 现实却未朝着法律设计的方向发展，请托行为屡禁不止。早在景泰年间，黄仕俊即上言称各处州县“里老多因前官纵容，往来嘱托公事，结揽收物，营求催办，害众成家，积有岁年”，③ 这些里老甚至挟制操纵地方官员的去留，维护他们在当地为非作歹的特权。时人笔记中记载了明中叶请托之风的泛滥：“京师

① （清）永瑢、纪昀等：《钦定四库全书总目》，《景印文渊阁四库全书》，台北商务印书馆，1986，第2册，第721页。

② 参见周永坤：《中国古代“请托”立法及其现代意义》，《河北学刊》2013年第1期；《大明律》，怀效锋点校，法律出版社，1999，第202—203页；《宪纲事类》，载刘海年、杨一凡主编：《明代条例》，科学出版社，1994，第36页。

③ 《明英宗实录》，台湾“中央研究院”历史语言研究所，1962，第4807—4808页。

有依托官府赚人财货者，名‘撞太岁’，吴中名‘卖厅角’，江西名‘树背张风’，盖穿窬之行也。士人熟于嘱托公事者，此行亦忍为之。”① 嘱托公事从中央到地方都已相当寻常，竟有人专门从事请托并以此获利，做显官而不替人说项者反倒寥寥无几，诉讼请托之猖獗可见一斑。

且看明代笑话如何描写请托者：

> 杭有一妇，夫死，未终七即嫁。被讼于官，浼金编修为居间。临审时，金佯问问官云：“此辈何事?”官曰：“丈夫身死未终七，嫁与对门王卖笔。”金曰：“月移花影上栏杆，春色恼人眠不得。”官笑而从末减。②
>
> 按君访察。匡章、陈仲子及齐人俱被捉。匡自信孝子，陈清客，俱不请托。唯齐人以其一妻一妾，送显者求解。显者为见按君。按君述三人罪状，都是败坏风俗的头目，所以访之。显者曰：“匡章出妻屏子，仲子避兄离母，老大人捉得极当；那齐人是叫化子的头，捉他做甚么?”③

此类笑话被堂而皇之地写入书中，作者丝毫没有指摘违法请托者之意，反倒对通过妙言趣语为诉讼当事人谋取法外利益的行为隐约透露出赞许态度，说明诉讼请托已经成为人们习以为常的行为，社会大众对此种普遍违法的存在不以为意，并且意识到请托者的话语很大程度上能左右判决结果。事实上，禁止请托的法律条文在人情社会中被一定程度地抵制和修正，原本处于对立紧张关系中的国法与人情由此达成微妙的平衡。④

从上述笑话中可以找寻到明代请托活动的共性。第一，诉讼请托者的身份以公职人员为主。官员的社交关系主要发生于官场网络中，公职人员之间在职务工作和私人生活方面形成了千丝万缕的联系，诉讼当事人想要对司法官施加影响，请求其他公职人员居间说情是最为高效直接的策略。面对其他公职人员的请托，司法官尽量避免得罪这些人，《牧鉴》云：“凡嘱托公事，切不可从，但答曰：‘某于他事不敢违，此事恐妨公论，更望裁择可否。’何如以礼送出，使自知惶愧。若顺其一事，则人不知止，后必难却，一事不从，则怨谤兴矣。”⑤ 司法官谨小慎微乃至于此，他们虽然意识到接受请托的危害，却只能通过激发

---

① （明）陆容：《菽园杂记》，载本社编：《明代笔记小说大观》，上海古籍出版社，2005，第 511—512 页。
② （明）浮白斋主人：《雅谑》，载王利器辑录：《历代笑话集》，上海古籍出版社，1981，第 196 页。
③ （明）冯梦龙辑：《广笑府》，载王利器辑录：《历代笑话集》，上海古籍出版社，1981，第 318 页。
④ 参见孙旭：《明代白话小说法律资料研究》，上海古籍出版社，2017，第 236—246 页。
⑤ （明）杨昱：《牧鉴》，《四库全书存目丛书》子部，齐鲁书社，1996，第 125 册，第 341 页。

请托者羞恶之心来唤起良知的方式加以拒绝，而不会诉诸具有国家强制力的法律。其原因在于请托者及其背后的官场网络影响着司法官的仕途发展，不讲人情地坚决回绝容易招致不利后果，出于自身利益的考虑，实践中往往默许诉讼请托的存在。

第二，请托行为具有隐蔽性。请托者接受当事人的委托后，通常不直接向司法官表明来意，而是看似随意地在日常交际中传达出为当事人求情的意思。笑话中的请托者临审时“佯问”案情，装作偶然关注到案件，隐晦地表示出维护当事人权益的倾向，对于请托者的暗示，司法官自然心领神会。诉讼请托隐蔽于请托者与司法官的交往活动背后，出于规避禁止请托法律的考虑，也是人情社会行事逻辑之体现，官员无论接受或是拒绝请托，都不会贸然揭开请托行为的伪装，为和请托者继续在官场上打交道留有回旋余地。

第三，请托对判决结果有显著影响。尽管请托不足以决定判决结果，但不可否认该行为可以显著影响司法官的决策。笑话中的当事人客观上都确定无疑地触犯了法律，司法官却因为请托者的巧妙化解而可能减轻或免除刑罚。上文《访察》这一则笑话中的人物采自经史，显示出请托者颠倒黑白的本领，齐人以妻妾相赠，换来显贵协助其逃脱法律追究，而自视清高的匡章和陈仲子俱不请托，最终只得身陷囹圄。对比有无请托的迥异结果，可以看出民间观念中对请托重要性之认识，时人认为凭借官场关系和灵活话术，足以颠覆貌似无可动摇的事实，从而为当事人谋求法律之外的利益。

（二）胥吏与差役

胥吏与差役位卑而权重，官府内具体事务由其直接经手操办，这一群体在靠近权力运作的位置获得了侵夺和滥用官府权力的机会，进而为诉讼结果带来变数。明代多有以讽刺吏役为主题的笑话，分别折射出现实生活中他们同平民和官员的关系。

首先看吏役群体和官员的关系。明朝开国之初，以官统吏的状态得以强化，随着时间推移，实然状态下的官员却无法如制度设计般绝对管控吏役，胥吏与差役可能掣肘甚至颠覆官吏的本然关系。正是这种违背常理的现象，引起了当时社会意识的关注，进而通过夸张的手法大书特书于笑话之中：

> 一官极善忘，有商人得罪其门子，官正坐堂，门子即差一人，拘商人到。差人禀称拿某人到，门子即于签筒内拔签六根，叫六个皂隶打商人三十板。门子大声喝令去罢。此官直目而视，不知所以。退堂至后堂坐下，问门子：“适间商人谁叫他来?”门子禀道：“爷着叫他。”此官又问：“因何打他?”门子禀道：“爷看签筒，小的就知是要

打他。”官不能答，俯仰寻思，心中恍惚，看着门子说道：“这件事多一半是你做的。”①

门子利用官员健忘的特点，趁机侵夺公权为己所用。当门子一气呵成完成拘拿、打板、喝去商人的步骤之后，官员犹是一副懵懵懂懂的模样，思索半天才怀疑是门子自作主张。短短数语，将官员之昏聩无能和差役之奸猾狡诈刻画得淋漓尽致。照应到现实之中，官员不谙政事、不通法律而给吏役可乘之机，和笑话中任由门子摆布的官员相比，岂非五十步与百步的差别？

既然前一则笑话中门子弄权是官员无能所致，那么具备合格资质的官员是否可以摆脱操纵，避免胥吏与差役攫取官府权力？其实不然，笑话清晰反映了胥吏擅权这一异常却不寡见的状态。《笑老吏专权》云：

昔有一官，须发俱白。有一吏，须发亦白。吏唤漆匠，都将油黑。官问曰：“你的须，如何黑了？”吏曰：“前日唤漆匠油黑。”官云：“我的也把油一油。”吏曰：“只油得吏，怎油得官。”②

吏员本应为官员权力行使的具体执行者，然而有些胥吏会在此过程中逐步垄断地方事务，一旦地方政务完全把持在吏员手中，官员的权力归属就名存实亡。老吏借由谐音打趣的方式说出“只油（由）得吏，怎油（由）得官”，背后体现了官员几乎被架空的状态。

官员的地域流动性较强，胥吏的任职范围则相对固定，担任吏员“常限本贯并须乡里对其合乎条件具保，故其基本上只能任职于这个纵向节制的系统之内，很少会有横向的跨域流动”，③ 其来源呈现出某种地域或血缘特点，是故吏员能够在特定地域长期经营，凭借对具体事务的熟悉和人脉积累逐步控制当地事务。胥吏侵夺基层权力的问题于明末已非常突出：“州县之敝，吏胥窟穴其中，父以是传之子，兄以是传之弟。而其尤桀黠者，则进而为院司之书吏，以掣州县之权，上之人明知其为天下之大害而不能去也。”④ 在这种情况下，官员不仅无力改变胥吏垄断地方事务的格局，他们行使职权还不得不依赖吏员的力量，吏员就此无形中对官长形成挟制。

由于明代的胥吏与差役在办理地方事务方面拥有一定影响力，此种影响力于某些场合

---

① （明）赵南星：《笑赞》，载王利器辑录：《历代笑话集》，上海古籍出版社，1981，第 290 页。
② （明）无名氏：《笑海千金》，载王利器辑录：《历代笑话集》，上海古籍出版社，1981，第 412 页。
③ 楼劲：《“官吏之别”及“官吏关系”的若干历史问题》，《社会》2016 年第 1 期。
④ （清）顾炎武：《亭林诗文集》，《顾炎武全集》，上海古籍出版社，2011，第二十一册，第 62 页。

甚至是决定性的，他们又是百姓最容易接触到的官府中人，百姓顺理成章地与吏役群体发生较多联系。考察涉及吏役与平民关系的笑话，前者通常以贪婪形象出现：

一吏人犯赃致罪，遇赦获免，因自誓以后再接人钱财，手当生恶疮。未久有一人讼者，馈钞求胜。吏思立誓之故，难以手接，顷之则思曰："你即如此殷勤，且权放在我靴筒里。"

一吏人贪婪无厌，遇物必取，人无不被害者。友人戏之曰："观汝所为，他日出身除是管厕混斯无所耳。"吏曰："我若司厕，一般有钱欲登厕者，禁之不许，彼必赂我；本不登厕者，逼之登厕，彼无奈何，岂患不赂我耶？"①

吏役之贪有其社会背景，明初改变元朝以儒任吏的政策，着重申明官吏尊卑有别，差役的地位等而下之。吏役群体上升通道受阻，跻身仕途无望，转而追求金钱与物质，他们日常接触的公权就被滥用为敛财工具。第一则笑话反映了诉讼当事人为求赢得诉讼而用钱打点胥吏的现象，拿人钱财的胥吏通过舞文弄墨等手法偏袒一方当事人，完全可能达到颠倒是非的效果，当事人甚至可能因不贿赂吏役而付出惨痛代价，"权吏李炳、刘炳章先向原被告索贿，无贿者摇头为号，重刑拷打，打死王应阳、郑士明等多命"即为真实例证。②在讲究等级尊卑的中国古代社会中，平民难以寻找到有效制约官府权力的手段，笑话中胥吏掌握小如司厕的权力即可榨取钱财，正是民众面对贪吏束手无策之表现。吏役徇私舞弊而为自己谋得私利，置事实和公正于不顾，极大损害了国法的权威。

七、结语

最先将"humour"翻译为"幽默"的林语堂对该词有着精辟深刻的解读："愈是空泛的、笼统的社会讽刺及人生讽刺，其情调自然愈深远，而愈近于幽默本色。"③ 笑的表达是人类本能，唯有共通的观念才能使不同阶层的读者产生共鸣，进而引发这种本能，笑话的精髓在于针对某种普遍现象开展社会批评，以使大多数人会心一笑。通过笑话这一特殊文学形式，沟通平民百姓与士人阶层观念的桥梁得以构筑。明代法律笑话即包含了这层"幽默"意蕴，笑话不止忠实记录了社会现实和民间意识，还承载着书写者和潜在读者群体的

① （明）冯梦龙辑：《广笑府》，载王利器辑录：《历代笑话集》，上海古籍出版社，1981，第316页。
② （明）朱燮元：《少师朱襄毅公督蜀疏草》，《续修四库全书》，上海古籍出版社，2002，第491册，第253页。
③ 林语堂：《我的话·上册——行素集》，河北教育出版社，1994，第14页。

观念互动，包含了深刻或朴素的政治寄托和法制理想。这一层面上，娱乐解颐只是笑话的表象，社会批判功能才是其内核所在。

明代笑话中所映射的法律文化交织了理想与现实，两者通过与真实世界若即若离的夸张形象和荒诞叙事得以接续。在现实维度，笑话所反映的民间一般法律观念承认世俗社会利益关系复杂，纠纷的产生无法避免，在穷尽其他救济手段时，不得不启用作为底线方案的诉讼；官方权威遭到动摇，官员明察秋毫的神性色彩被抹除，道德与能力的参差不齐使民众质疑他们能否妥善处理纠纷；司法活动存在诸多干扰因素，导致诉讼结果的不确定性。在理想维度，则可以看到民众对公正化解争端的追求。充当最后保障的诉讼显得尤为关键，而在人治的传统语境之下，这种追求转化为对司法官道德和专业技能的期待：官员应当符合公正廉明的“青天”形象，具备充分的法律素养并恰如其分地运用，摒除乱法吏役等群体的干扰，维护法的可预测性，实现公平正义。现实与理想产生冲突，纠纷不断产生的现实和通过化解争端追求无讼的理想、官吏良莠不齐的现实和要求其具备应然素质的理想之间形成强大张力，两者的落差转化为对实然状态的讽刺和批判，明代法律笑话令人莞尔的内在根源即在此处。

无独有偶，西方同样有关于法律的笑话，① 但儒家传统影响下之法制理想与民俗的交融则是隐藏在中国古代法律笑话深处的与众不同之处。儒家文化深入血脉的浸润塑造了社会共同意识，诸多笑话对纠纷解决和司法官品质呈现出的同质化要求构成了中国传统法律文化的特质。不管理想与现实的落差如何巨大，古人始终没有放弃对理想社会中法律运行状态的追求，反而以此理想为基准审视与批判现状，试图将偏离轨道的社会实践拉回到符合文化共同体公认的正义之方向。

① 参见杨崇森：《英美嘲弄法律人的谚语与笑话给法律人之省思》，《军法专刊》2012年第1期。

论清朝的“稽查积案专例”

陈　丽*

摘　要　清嘉庆十二年（1807 年），随着大规模的积案清厘运动的开展，“湖南积案议处成案”应运而生。“湖南积案议处成案”被制定的目的是对地方督抚司道积压案件的行为进行追责，其性质为专门性的单行行政法规。因律例纂修，“湖南积案议处成案”先后演变为“外省承审事件事例”和“稽查积案则例”，它们共同构成“稽查积案专例”。为防治积案问题，清廷制定其他相关定例与稽查积案专例进行衔接，地方清讼章程或省例对稽查积案专例加以补充。稽查积案专例因其追责对象的特定性，体现了首抓“治官之官”的治理逻辑。但因该专例被选择性适用而体现实效性差异，导致承审压力的分散与下移。单一的行政追责无法遏制汹涌的诉讼浪潮，清朝中后期一直存在积案问题。

关键词　稽查积案则例；清朝；会典事例；章程；诉讼

传统中国的积案问题伴随狱讼而存在。“审断有责”为中华法系之一大特征。① 为实现“政清讼理”的目标，中国古代统治者将积案防治纳入法制轨道，并形成独具特色的治官之法。清嘉庆十二年（1807 年），清廷集中整治积案问题，议准了专门对地方大员进行追责的“湖南积案议处成案”。因律例纂修，“湖南积案议处成案”先后演变为“外省承审事件事例”和“稽查积案则例”，它们共同构成“稽查积案专例”。20 世纪末以来，学界已对清朝

* 陈丽，厦门大学法学博士后研究人员。

① 陈顾远著作原文为“‘审断有责’为中国固有法系之特征”。陈顾远：《中国法制史概要》，商务印书馆，2011，第 59 页。

积案问题的表现、弊端、成因、治理等问题进行了探讨，但集中探讨清朝积案防治中的治官之法的成果并不多见。① 为此，笔者择取稽查积案专例为研究对象，探讨该专例的出台背景、演变经过、治理逻辑及实效。

一、从比照到奏准：“湖南积案议处成案”的产生

清朝为防治积案、稽查官吏、体恤民生，在入关初期即制定了较为完备的审限制度。随着疆域底定、人口增多、社会经济发展，乾隆朝以降，积案问题渐增。嘉庆元年（1796年）正月初一，皇帝诏令除不赦之案外，将此前“已发觉、未发觉、已结、未结者，咸赦除之”，② 至此旧时刑案一清。但嘉庆元年以后，各地狱讼逐年积压，嘉庆十二年（1807年），清廷开展大范围的积案清厘运动，③ 适时议准“湖南积案议处成案”。

（一）嘉庆十二年集中清厘积案运动

以江西巡抚奏报该省积案情形为导火索，嘉庆十二年（1807年）清廷开启大规模积案清厘运动，这场运动构成了嘉庆帝政治改革的环节之一。

嘉庆十一年（1806年）八月，江西巡抚张师诚奏明巡抚衙门案件“共有六百四十余件

---

① 赵晓华提出晚清上谕训令各级官员按限清结积案，严定考核劝惩之法，赵晓华：《晚清的积案问题》，《清史研究》2000年第1期。韩国学者한승현（韩承贤）总结嘉庆帝在统治的前半时期主要通过强化地方官员的行政能力来解决积案，后半时期则转向通过更严厉的手段打击讼师来减少讼端，한승현. 청대 건륭—가경연간 미결 소송 적체 현상과 그 대책. 한국학（구정신문화연구），37（1).〔[韩] 韩承贤：《清代乾嘉年间未决诉讼积压现象及其对策》，《韩国学》（原《精神文化研究》）2014年第1期。笔者注。〕阿风论述因积压狱讼而受到严格处分的官员屈指可数，阿风：《清朝的京控——以嘉庆朝为中心》，《中国社会历史评论》第15卷，天津古籍出版社，2014，第259页。邓建鹏指出州县官审判面临重重监督，但他们基于利益合谋从背面采取措施以共同规避上级监督，导致词讼积压，邓建鹏：《清代州县词讼积案与上级的监督》，《法学研究》2019年第5期。郑小悠系统指出：“在嘉庆和道光初年，面对积案问题……再次颁布大量关于刑名事务的考成议处条款。”郑小悠：《人命关天：清代刑部的政务与官员（1644—1906)》，上海人民出版社，2022，第383—384页。笔者曾系统介绍清朝积案防治中的治官法律，陈丽、门植渊：《清朝积案防治中的治官之法》，《检察日报》2023年6月29日第3版。

② 《清高宗实录》，卷1494，嘉庆元年正月戊申，中华书局，1986年影印本，第19册，第991—992页。

③ 美国学者Melissa Macauley（梅利莎·麦柯丽）根据清代档案列表说明嘉庆十二年9个省份的积案情形。Melissa Macauley，*Social Power and Legal Culture*：*Litigation Masters in Late Imperial China*，Stanford：Stanford University Press，1998，pp. 66—67. 阿风提出“嘉庆十二年（1807年）开始的清查积案运动，只有河南藩司齐布森等少数官员被真正革职或降职”，阿风：《清朝的京控——以嘉庆朝为中心》，《中国社会历史评论》第15卷，天津古籍出版社，2014，第259页。韩国学者한승현（韩承贤）提出嘉庆朝因吏治腐败、官僚道德堕落、行政能力下降等原因，积案成为重大问题，并在1807年（即嘉庆十二年）爆发。한승현. 청대 건륭—가경연간 미결 소송 적체 현상과 그 대책. 한국학（구정신문화연구），37（1).〔[韩] 韩承贤：《清代乾嘉年间未决诉讼积压现象及其对策》，《韩国学》（原《精神文化研究》）2014年第1期。笔者注。〕

未经审结”，朱批“实心勉力办理”。[①] 但张师诚未及主持清厘积案，旋因海疆不靖而被调任福建巡抚。嘉庆帝经通盘考量，于十月三十日将素有能吏之谓的刑部左侍郎、曾外任过山东按察使并清厘过山东积案的金光悌外放为江西巡抚。金光悌于嘉庆十二年（1807 年）正月奏报江西巡抚、两司、粮盐两道衙门共有 1610 起未结案件，学政衙门积案有数百起，其中有迟至十余年尚未审结之案。[②] 嘉庆帝求治之心急切，于二月十二日发布煌煌圣谕，劝谕督抚，下达整治地方积案的命令，制定督抚交接时的积案奏报制度——“每督抚莅任伊始，即将该省未结之案，通行详细查明究有若干起，一面设法赶办，及早清厘，据实具奏，以便酌核办理。”为预防督抚匿报、少报积案，嘉庆帝特意强调：“不可因江西省现因查出积案太多，各罹处分，遂不核实奏明，以多报少，更蹈欺饰重咎。”[③] 从此清朝开启了大范围的积案清厘运动。

二月十二日的嘉庆谕旨给地方官带来了些许震慑，当年各地陆续奏报积案情形。笔者运用一手清代档案、《嘉庆朝上谕档》、《清仁宗实录》等史料和前人研究成果，列表如下。

表一 嘉庆十二年（1807 年）各地奏报积案情形统计表

序号	地域/衙门	奏报时间	积案情形
1	江西	正月二十二日	巡抚、两司、盐、粮各巡道衙门未结词讼共计 1610 起。学政衙门数百起。
2	福建	五月十八日	巡抚衙门积案达 2977 件。
3	直隶	五月二十七日	总督和两司衙门积案 627 起。
4	山东	六月初二日	严饬各属赶紧审办积案，无具体奏报数值。但据山东巡抚吉纶于次年正月二十日奏报，最少有 730 起。
5	安徽	六月十五日	巡抚和两司衙门积案共 463 起。
6	湖南	六月十八日	巡抚、两司和粮、盐道未结讼案共 3818 起，只完结 485 起。
7	江苏	六月二十二日	三司衙门未结积案共 102 件。巡抚转饬府州审办之案，自十余案至两百余案不等。
8	漕运总督衙门	八月初四日	总漕衙门批审未结之案共 325 起。

① 《呈现在督饬查办积案等地方要务清单》，朱批奏单，档案号：04—01—12—0274—055，中国第一历史档案馆藏。

② 《奏为查办积案设法清厘未结词讼事》，朱批奏折，档案号：04—01—01—0512—028，中国第一历史档案馆藏；《奏为清厘学政衙门积案筹酌嗣后处置章程事》，录副奏片，档案号：04—01—01—0512—026，中国第一历史档案馆藏。

③ 以上见《清仁宗实录》，卷 174，嘉庆十二年二月甲申，中华书局，1986 年影印本，第 3 册，第 287—288 页。

续表

序号	地域/衙门	奏报时间	积案情形
9	湖北	八月二十五日	总督和巡抚衙门无积案。司、道衙门历任各员积案，或自一二案至七八案止；或自两三案至十八案止，为数无多。
10	山东	十月十三日	新增 193 起。①
11	山西	十月二十日	巡抚、两司积案共 124 案；附省之冀宁道有 29 案；各道府直隶州准理词讼未结者，计自 40 余案以至一二十案及数案不等，并有全数审办完结者。
12	安徽	十二月十二日	巡抚和两司衙门积案共 728 起。
13	广西	十二月十九日	201 起。②
14	广东	十二月	历任督抚藩臬批发通省词讼共 2107 起。

据列表，嘉庆十二年（1807 年）共有 11 省（安徽省和山东省前后奏报两次）和漕运总督奏报督抚司道衙门的积案情形，基本集中于省城衙门。就积压狱讼数量而言，仅湖北省积案不够百起，多数省份的积案在百起以上，其中江西、湖南、福建、广东为积案重灾区，分别为 1610、3818、2977、2107 件。

（二）行政追责与“湖南积案议处成案”的出台

积案的地域分布有别，与地方经济发展水平、人口密度、交通条件、诉讼风气等因素有关，但均妨害吏治和民生。朝廷适时进行追责，吏部的议处依据从比照“不随时查催例”变化为议准的“湖南积案议处成案”。

1. 比照“不随时查催例”

从嘉庆十二年（1807 年）二月至八月二日“新例”出台前，清廷对积案问题进行行政追责适用的是“不随时查催例”。皇帝最早下达对江西大员进行议处的指示。首先，朝廷开启了对巡抚秦承恩和先福的追责。清朝规定“凡议处，情与例不相比，亦得引例而加减焉”。③ 此时并无针对各省大员积压狱讼的专门处分定例，吏部必须援引其他定例。二月十九日，吏部议覆议处依据“查定例：州县自理户婚、田土等项案件，定限二十日完结，仍

---

① Melissa Macauley, *Social Power and Legal Culture: Litigation Masters in Late Imperial China*, Stanford: Stanford University Press, 1998, p. 67.

② Melissa Macauley, *Social Power and Legal Culture: Litigation Masters in Late Imperial China*, Stanford: Stanford University Press, 1998, p. 67.

③ （清）托津等纂：《大清会典（嘉庆朝）》，卷 8，王帅一、刘盈皎、王正华点校，凤凰出版社，2021，第 111 页。

设立号簿，开明已未完结缘由。如有心弊混，不造入号簿，或未结捏报已结，巡道不随时查催者，降二级调用”等语。[①] 奏明应将秦承恩和先福“均照‘不随时查催例’，降二级调用”，另奏明二人任内的其他奖惩情况，指出秦承恩“应行革任”。[②] 皇帝裁量后将秦承恩加恩改为革职留任，先福着加恩准其销去加二级抵降二级。[③] 其次，吏部奏请皇帝对相关按察使进行追责。三月二十七日，金光悌复奏臬司衡龄和刘沄任上各有未结词讼200余件，“其余各臬司自数十案至数案不等”。[④] 四月十七日，皇帝将衡龄和刘沄交部严加议处，其余人员交部议处。清代定例“官员议处有奉旨交部严加议处者，查照本例酌量加等”。[⑤] 十天后，吏部覆奏应将衡龄、刘沄“均比照不随时查催降二级调用本例上酌加一等，议以各降三级调用”；汪志伊、颜检、阿林保、蒋攸铦、许兆椿、景敏“均比照不随时查催例，降二级调用”。[⑥] 皇帝最后将衡龄和刘沄都从宽改为革职留任，对另外6人也量予从宽而“改为降三级留任，分别注册”。[⑦] 江西省积案涉及前后共11位按察使，除司马騊、陆伯焜、张姚成病故而毋庸追责外，其他8人均被问责。最后，金光悌接准吏部咨文，“将盐、粮、巡道未结词讼各案一并查开职名送参”，[⑧] 另案处理。至此，朝廷完成了对江西大员的全部追责。

客观来看，这种不分积案多寡统以“降二级调用”的行政处分较为严苛，若非皇帝特谕免处或从宽，那么多数督抚藩臬都将调离岗位。两年后，时任浙江巡抚的蒋攸铦回忆道：“伏念于嘉庆六年署理江西按察使，任内有词讼三案未结，部议降二级调用，原属咎所应得，钦承谕旨改为降留。”[⑨] 蒋攸铦仅因积压三案而差点被降调，印证了当时吏部议处比照的“不随时查催例”的处分过于笼统，因而皇帝必须综合考量，酌量减免。

嘉庆十二年（1807年）上半年，朝廷完成对江西省大员的追责后，相继有福建、直隶、山东、安徽、湖南和江苏六省督抚奏报积案情形，似有望风而动的嫌疑，如阿风所谓“清

---

① 乾隆四十七年定例，载于《钦定大清会典事例·吏部·处分例·外省承审事件》，吏部奏折中系简引。详见（清）托津等纂：《钦定大清会典事例（嘉庆朝）》，卷98，台北文海出版社，1991年影印本，第4585页。

② 《奏为江西积案太多议处任官最久者秦承恩及先福事》，录副奏折，档案号：03—1506—076，中国第一历史档案馆藏。

③ 《奏为积案繁多无可辞咎蒙恩准销去加二级抵降二级谢恩事》，朱批奏折，档案号：04—01—12—0277—008，中国第一历史档案馆藏。

④ 《奏为遵旨查照积案最多之历任按察使事》，录副奏折，档案号：03—1507—064，中国第一历史档案馆藏。

⑤ （清）文孚纂修：《钦定六部处分则例》，卷1，台北文海出版社，1969年影印本，第29页。

⑥ 《奏请将积案最多原江西按察使衡龄等严加议处事》，录副奏折，档案号：03—1507—073，中国第一历史档案馆藏。

⑦ 《清仁宗实录》，卷178，嘉庆十二年四月己亥，中华书局，1986年影印本，第3册，第341—342页。

⑧ 《奏为另行咨报盐粮巡道未结词讼各案事》，录副奏折，档案号：03—2447—010，中国第一历史档案馆藏。

⑨ 《奏为奉旨开复积案未结降留处分谢恩事》，朱批奏折，档案号：04—01—12—0282—016，中国第一历史档案馆藏。

理积案，势必涉及前任督抚藩臬，常常会引起官场上的连锁反应”。① 这六省距京程途不一，公文往来迟速不同，因此朝廷对于各地积案问题的处理时间是不同的。

很多现任督抚或两司大员因积案问题被处分，影响了人事更替。五月二十七日，直隶总督温承惠奏报直隶总督衙门积案共剩 102 起，但藩司衙门有 294 起词讼积案，臬司衙门有 231 起。② 五月二十九日，皇帝将温承惠免议处，而追责积压多案的两司。经吏部议奏将原直隶藩司庆格和臬司杨志信（时任山东布政使）降革。六月初九日，上谕“姑念此系外省相沿积习，此次降旨训饬，将积案过多者交部议处，以儆将来。若遽予降革，一时简换乏人”。③ 皇帝从宽将庆格降三级留任，将杨志信改为革职留任仍注册。

五月十八日，张师诚奏报福建嘉庆元年以后的积案共 2977 件。④ 六月下旬奏折到京，嘉庆指出：“历任各巡抚均有应得之咎，自应加以惩处。但其在任年月久暂不同，而其任内积案亦多少互异，且有在任久而积案少者，亦有在任未久而积案转多者，必须详细查明，方能分别核办”，⑤ 谕令张师诚先开列各前任和兼署巡抚在任时限与名下积案数目。

六月初二日，护理巡抚印务的山东布政使杨志信即因“东省民人纷纷赴京呈控，上烦睿虑”而奏报其正在严饬各属审办积案。⑥ 四日后，皇帝训斥：“伊既知地方健讼之风由于州县怠惰，而何以于自理词讼，并不认真审理，迅速究结，为州县法式乎?”⑦ 杨志信已因直隶积案被交部议处，故朝廷未因山东积案问题对之另行追责，但当月皇帝即调朱栋为山东臬司，谕令其严拿讼师以及“听断务明决，切勿耽延”等事。⑧

截至六月，安徽巡抚和两司衙门共有未结积案 463 件，护理安徽巡抚鄂云布在折中亦给出了解决方案——酌定计日考课章程，皇帝对此方案较为认可，当即批示“实力办理！以清、正、勤三字为本，断无积案矣!”⑨ 也没有另外追责。

六月二十二日，江苏巡抚汪日章奏报江苏三司衙门积案均不过数件至数十件，转饬府州审办的也不过十余案到二百余案不等，皇帝认为“尚不至积压过多”，不必予以处分，但

---

① 阿风：《清朝的京控——以嘉庆朝为中心》，《中国社会历史评论》第 15 卷，天津古籍出版社，2014，第 259 页。

② 《奏为遵旨清厘积案饬令藩臬两司及各道府厅州县迅速审结办理事》，朱批奏折，档案号：04－01－01－0512－043，中国第一历史档案馆藏。

③ 《嘉庆道光两朝上谕档》，广西师范大学出版社，2000 年影印本，第 12 册，第 263 页。

④ 《奏为遵旨查明全省未结案件赶紧清厘事》，录副奏折，档案号：03－2448－009，中国第一历史档案馆藏。

⑤ 《清仁宗实录》，卷 182，嘉庆十二年六月壬辰，中华书局，1986 年影印本，第 3 册，第 398 页。

⑥ 《奏报到任后赶办积案情形事》，录副奏片，档案号：03－2448－004，中国第一历史档案馆藏。

⑦ 《嘉庆道光两朝上谕档》，广西师范大学出版社，2000 年影印本，第 12 册，第 254 页。

⑧ 《清仁宗实录》，卷 182，嘉庆十二年六月，中华书局，1986 年影印本，第 3 册，第 402 页。

⑨ 《奏为遵旨查明安省未结词讼督催审办事》，朱批奏折，档案号：04－01－01－0503－001，中国第一历史档案馆藏。

旋即联想到此前直隶、江西和福建奏报的未结案件较多，怀疑江苏官员为规避处分而故意瞒报或少报，要求各督抚嗣后清查积案，必须据实开报，“勿任规避处分，稍涉颟顸”。①

如前所述，朝廷有“简调乏人”的担忧，也下达“酌核办理”的谕旨，因此对地方大员多从宽处置，或认同地方提出的清讼方案而免予追责。直到湖南严重的积案情形暴露于众，朝廷才适时“制定新例”。

2. 湖南积案与奏准议处成案

社会问题的爆发推动了法律漏洞的填补，嘉庆十二年（1807年），因湖南积案数量为全国之最，巡抚奏请立法整饬而制定“湖南积案议处成案”。

弃瑕录用的景安于嘉庆十一年（1806年）被起用为江西巡抚，旋调湖南巡抚，于十一年（1806年）八月初三到任。十二年（1807年），朝廷因积案问题追责江西大员时，对其免议。十二年（1807年）六月十八日，景安查明嘉庆元年大赦后至他到任之日止，巡抚、两司和粮、盐道衙门积案高达3818件，前后只审结485件，尚余3333件，乃各省城积案之最。景安言明“十月以来，虽尽力催办，而完结之案总不及新控之多。以是旧案未清，新案踵集”。景安指出积案繁多的根本原因是官员“玩延成习，积重难返”，故呼吁“必须随时稽核，立法整饬”，② 还奏上历任司道衙门未结案数清单。七月十二日皇帝谕令“吏部议奏”。③ 八月初二，吏部议覆原折的“详目”载明吏部核议出办法，将湖南省未结讼案自三案以上至十案之前盐法长宝道事长沙知府沈廷瑛、未结讼案自十一案至五十案之按察使清安泰等、未结讼案五十一案至数百案之前任湖南盐法道达明阿等，照例议处。④ 该“成案”被援引。当年十月二十日吏部奏称：“查各省未结积案，臣部于本年八月议奏：如未结词讼仅止一二案或在任不及一月者应予免议；自三案以上至十案者，罚俸一年；自十一案至五十案者，降一级留任；自五十一案以上至数百案者，降二级调用。等因。奏准在案。”⑤ 亦有相关实例可佐证。韩葑曾任湖南按察使，因追责积案问题“议应革任，蒙恩改为革留注册”。⑥ 当年九月初七日，河南巡抚马慧裕谢恩折载明：“奉旨：吏部议处湖南积案各员，将未结词讼五十一案至数百案之历任巡抚司道，均议以降二级调用。其无级纪抵销应实降二级

① 《清仁宗实录》，卷183，嘉庆十二年七月庚戌，中华书局，1986年影印本，第3册，第407—408页。

② 《奏为遵旨清厘积案严督各州县勒限审办事》，朱批奏折，档案号：04—01—01—0512—014，中国第一历史档案馆藏。

③ 《奏报清厘全省积案设法催办情形事》，录副奏折，档案号：03—2204—013，中国第一历史档案馆藏。

④ 参见《吏部为历任巡抚司道未结积案交部议处事》，内阁大库清代档案，登录号：190845，台湾“中央研究院”历史语言研究所藏。

⑤ 《奏为议处闽省积案未结各原任巡抚事》，录副奏折，档案号：03—1629—068，中国第一历史档案馆藏。

⑥ 韩葑：《韩桂舲先生自订年谱》，载北京图书馆编：《北京图书馆藏珍本年谱丛刊》，北京图书馆出版社，1999年影印本，第120册，第522页。

调用之马慧裕著加恩改为降三级留任。”① 应行革任的史积容也被加恩改为革职留任，仍注册。②

“湖南积案议处成案”在此后被选择性适用，最明显的例子是前文所述的当年对福建各大员的追责。九月，张师诚查明福建省积案中，姚棻、田凤仪、魁伦、玉德任内分别有 398 件、195 件、189 件和 179 件，但这 4 员“或已身故，或已获究业遣，毋庸议”。另外，费淳任内 3 件；汪志伊任内 894 件；李殿图任内 317 件；温承惠任内 363 件。③ 除了费淳，另 3 位巡抚每人积压的案件都超过 50 件，若按照“新例”，应将他们降二级调用。其中温承惠还力主清理直隶积案，皇帝讽刺温承惠：“责人则严，自待则宽，看来竟系通病!”④ 经考量后，皇帝将“莅任久而积案最多”的汪志伊和“莅任未久而积案亦多”的温承惠交部议处；将李殿图交部察议；“费淳在任未久，积案无多，著无庸议”。⑤ 清制：“若参奏、若陈请以议处而得旨改为察议者，则减议”，⑥ 故十月二十日，吏部依据“奏准在案”的湖南成案，奏请将汪志伊和温承惠照例降二级调用，李殿图降一级留任。一并查核各职员的其他处分，指出汪志伊“无级可降，应行革任”。⑦ 同日，皇帝将汪志伊加恩改为革职留任仍注册，余依议。

当年下半年，山东和广西奏报的积案数目系笔者援引 Melissa Macauley 的统计结果，但笔者暂未找到相关史料，不便探讨。而漕运总督和湖北、山西、安徽、广东四省的积案奏报都在湖南积案议处成案出台后，却因不同原因被免予追责。八月初四，漕运总督萨彬图奏报漕督衙门有 325 起积案，⑧ 皇帝指出本应照例议处，但考虑到漕务案件的特殊性，加之前漕督吉纶“办事尚属认真，非任意延搁不行清理”，谕令“所有漕务积案各官员处分均著加恩宽免”。⑨ 这属于议准成案后第一次选择性回避。湖北积案为数不多，督抚提出统限一年将各府州县积案清理殆尽。⑩ 皇帝仅批示“依议办理”。对山西积案，皇帝只指示：

---

① 《奏为前任湖南巡抚任内积案繁多部议降调蒙恩改为降三级留任谢恩事》，朱批奏折，档案号：04—01—12—0278—087，中国第一历史档案馆藏。

② 《奏为前在湖南臬司暨现任藩司任内积案繁多应行革任蒙恩从宽留任谢恩事》，朱批奏折，档案号：04—01—12—0279—047，中国第一历史档案馆藏。

③ 《奏报遵旨查明历任巡抚任内未结词讼起数事》，录副奏折，档案号：03—2207—001，中国第一历史档案馆藏。

④ 《嘉庆道光两朝上谕档》，广西师范大学出版社，2000 年影印本，第 12 册，第 321 页。

⑤ 《清仁宗实录》，卷 186，嘉庆十二年十月戊寅，中华书局，1986 年影印本，第 3 册，第 452 页。

⑥ （清）托津等纂：《大清会典（嘉庆朝）》，卷 8，王帅一、刘盈皎、王正华点校，凤凰出版社，2021，第 111 页。

⑦ 《奏为议处闽省积案未结各原任巡抚事》，录副奏折，档案号：03—1629—068，中国第一历史档案馆藏。

⑧ 《奏报清查未结控案并赶办情形事》，录副奏折，档案号：03—2448—033，中国第一历史档案馆藏。

⑨ 《清仁宗实录》，卷 184，嘉庆十二年八月甲申，中华书局，1986 年影印本，第 3 册，第 425 页。

⑩ 《奏为遵旨清厘积案拟定期限事》，朱批奏折，档案号：04—01—01—0512—012，中国第一历史档案馆藏。

“勤于听讼，积案必清。又以察吏为要，则事半功倍矣。”① 皇帝就安徽省积案也指示：“时勤听断，严拿讼棍，为息讼安良之本。”② 而当年广东的积案有2107起，嘉庆帝只劝谕“诚以立心、勤以治事、恩以安良、威以去莠，则次第就绪，驯致太平。若因循姑息，不可问矣！”③ 这五则未追责的事例说明清廷并不必然追责地方大员积压狱讼的责任，而是要看积案情形是否严重，地方官是否拿出解决方案，皇帝是否明确交部议处，正是上谕所谓的“酌核办理”。经过几波议处，已引发官场的连锁反应，皇帝又将注意力转向讼师——“外省控案滋多，总由讼师挑唆播弄”，要求督抚等务必严饬地方官速为审理控案，“如审系虚诬捏控，即究出讼师，严拿按律惩治，以清积案而杜讼源”。④

二、稽查积案专例的演变及其与其他法规的联系

“湖南积案议处成案”演变为则例经过了一定的时间，并与其他法规保持关联。

（一）成案—事例—则例：稽查积案专例的演变

“湖南积案议处成案”先后演变为“外省承审事件事例”和“稽查积案则例”，它们共同构成“稽查积案专例”。

首先，吏部基于湖南积案情形制定了议处办法，皇帝批准这一办法并将之适用，即为“湖南积案议处成案”。嘉庆十三年（1808年）六月八日，因浙江积案问题，皇帝谕令将积压案件之清安泰、崇禄、朱理俱交部议处。六月十四日，吏部奏明：“臣等查嘉庆十二年八月因湖南省具奏未结讼案，经臣部核议将未结词讼自五十一案以上至数百案者，照例议以降二级调用。等因。奏准在案。”“查该抚及藩臬两司未结词讼均在五十一案以上”，故照例将三人处以降二级调用。⑤ “奏准在案”，即说明因议处湖南历任巡抚司道未结讼案的规定已成“定例”，但此时未届修例之期，因而吏部引述时会将其制定经过叙明，可称之为“湖南积案议处成案”，其实质是单行的行政法规，只是暂未列入法典中。

而后，“湖南积案议处成案”被编入《嘉庆会典事例》中“外省承审事件”目，即“各

① 《奏为清厘词讼查明晋省已未完结案数事》，朱批奏折，档案号：04－01－01－0511－050，中国第一历史档案馆藏。

② 《奏为清厘积案情形事》，录副奏折，档案号：03－2209－048，中国第一历史档案馆藏。

③ 《清仁宗实录》，卷190，嘉庆十二年十二月下，中华书局，1986年影印本，第3册，第518页。

④ 《清仁宗实录》，卷186，嘉庆十二年十月戊子，中华书局，1986年影印本，第3册，第459页。

⑤ 《奏为河南巡抚清安泰等任内查有未结词讼积案遵旨议处事》，录副奏折，档案号：03－1515－009，中国第一历史档案馆藏。

省督抚司道各衙门，遇有自理及批发词讼、案件，如有迟延，除仅止一二案，或在任不及一月者，免其议处；自三案以上至十案者，罚俸一年；自十一案至五十案者，降一级留任；自五十一案以上至数百案者，降二级调用。”①《嘉庆会典事例》记载嘉庆十七年（1812 年）之前的典章制度，于嘉庆二十三年（1818 年）告成。“湖南积案议处成案”成为事例后，在文首冠以“各省督抚司道各衙门，遇有自理及批发词讼、案件，如有迟延”，进一步明确适用对象与情形，成为“经久长行”之制。嘉庆十九年（1814 年）五月，山东积案逾限未结者几及百件，皇帝指出“厥罪惟均”，将藩司朱锡爵和臬司刘大懿交部加等议处。② 之后，吏部覆奏“定例：各省督抚司道各衙门，遇有自理及批发词讼、案件，如有迟延，自五十一案以上至数百案者降二级调用”等语。吏部指出“藩司朱锡爵、臬司刘大懿均照降二级调用本例上加等议处，以降三级调用”。③ 吏部言明的“定例”，即会典事例。

最后，该成案演化为“稽查积案则例”，实现了“行政处分法规的相对独立”。④ 光绪二年（1876 年）《吏部处分则例》载：“各省督抚司道衙门自理词讼及批发案件，如有迟延，除积存仅止一二案及在任不及一月者，免其处分。其自三案以上，罚俸一年；十案以上，降一级留任；五十案以上，降一级调用；一百案以上，降二级调用。（俱公罪）”⑤

“湖南积案议处成案”“外省承审事件事例”“稽查积案则例”的内容有所差别，尤其是后半部分差别明显，嘉庆朝“湖南积案议处成案”和“外省承审事件事例”记载“自五十一案以上至数百案者，降二级调用”，而“稽查积案则例”增加了五十一案至九十九案降一级调用这个档次，处罚梯度更显合理，其他文字表述更简洁确切，并注明该条“俱公罪”。目前笔者所能找到的最晚的内容明确的遵循该专例议处大员的事例即前文嘉庆十九年（1814 年）的山东事例，其依据的是“外省承审事件事例”，故笔者认为“稽查积案则例”中多出的一档应是嘉庆晚期以后增置。《清代吏部则例（嘉庆朝）》载有“稽查积案则例”，其中载有“五十案以上，降一级调用”这一款。⑥ 但该版本的“公式”门记载了嘉庆二十五年（1820 年）十月二十四日制定的“处分条例注明公罪私罪则例”，⑦ 书中亦多载道光朝

---

① （清）托津等纂：《钦定大清会典事例（嘉庆朝）》，卷 98，台北文海出版社，1991 年影印本，第 4602—4603 页。

② 《清仁宗实录》，卷 290，嘉庆十九年五月丁酉，中华书局，1986 年影印本，第 4 册，第 969 页。

③ 《奏为山东积案未结请将布政使朱锡爵等降三级调用事》，录副奏折，档案号：03—1558—011，中国第一历史档案馆藏。

④ 杨一凡：《清代则例纂修要略》，载杨一凡主编：《中国古代法律形式研究》，社会科学文献出版社，2011，第 556 页。

⑤ （清）文孚等修，（清）清平等纂，（清）沈贤书、孙尔耆校勘：《钦定吏部处分则例》，卷 47，光绪二年三善堂重刻本，第 46a 页。

⑥ 《钦定吏部则例（嘉庆朝二）》，卷 47，香港蝠池书院出版有限公司，2008 年影印本，第 604 页。

⑦ 《钦定吏部则例（嘉庆朝一）》，卷 1，香港蝠池书院出版有限公司，2008 年影印本，第 1 页。

则例，说明该版本实为道光朝以后版本。《光绪会典事例》沿袭《嘉庆会典事例》的记载，① 对该则例的内容不同之事并无注解。

则例和事例，“一是独立的单行的行政法规；一是辅助会典，以时间为序记录历年颁布的规定”。② 当例案“集积之时，则限年纂辑之。分别取舍，定明其当遵行否。更经奏请敕裁，定为行政上当尊据之法规，此为则例”。③ 这意味着则例是“更经奏请敕裁”的结果，其编纂经过更复杂。林乾先生主张部院则例与《会典则例》《会典事例》虽为不同种类，“但都属于行政法规的性质”。④ 例一般因言或因案随时增定，新例和旧例之间会有抵牾，清朝会定期修例。⑤ 嘉庆十六年（1811 年）九月，上谕“例所未备而案应遵照者，即检明汇齐纂入《则例》。其案与例不符者，造册注明事由，将原稿即行销毁。若有例案不符而稿件仍有关查核者，著另册登记，钤印贮库，办稿时不得再行援引”。⑥ 如王钟翰先生所言：“则例所标，为一事，或一部一署，大小曲折，无所不概括。其范围愈延愈广，愈广愈变”，“不惟《会典》所不及赅，且多有因地因时，斟酌损益者；故不得不纂为则例，俾内外知所适从。”⑦ 因而各部则例之间以及则例与会典事例的内容记载多有不同。

就稽查积案专例的内容而言，其有三层含义。一是规定约束对象。首句“各省督抚司道衙门自理词讼及批发案件”即将范围限定于督抚、两司和道员，即地方正四品以上的官员，而不适用于府厅州县官吏，这样也就回应了该则例的条目——“稽查积案”，即长官对于辖域内案件的稽查责任。二是明确罪与非罪的界限，即“积存仅止一二案及在任不及一月”，免其处分，对地方大员任上积案多寡和任职久暂的情形加以区分明晰。三是按照积案数量问责。这体现了一定的合理性，当然也存在一定的弊端。如前所述，此专例在编为则例之前，在五十案以下划分较为细致，五十案至数百案之间缺少梯次过渡，降一级留任和降二级调用的处分之间也缺乏“降一级调用”作为衔接，这也为其后则例的完善预留了空间。前文所列举的地方大员名下的积案不乏两三百案以上者，但地方大员政务殷烦，若笼

① （清）昆冈等修：《钦定大清会典事例》，卷 122，《续修四库全书》，上海古籍出版社，1996 年影印本，第 800 册，第 153—154 页。

② 苏亦工：《明清律典与条例（修订版）》，商务印书馆，2020，第 22 页。

③ ［日］织田万：《清国行政法》，李秀清、王沛点校，中国政法大学出版社，2003，第 62 页。

④ 林乾：《清会典、则例的性质及其与律例的关系》，载氏著：《治官与治民：清代律例法研究》，中国政法大学出版社，2019，第 8 页。

⑤ 自乾隆十一年至道光十年，十年一修，道光十年二月打破了这一规定。参见：《清高宗实录》，卷 271，乾隆十一年七月辛酉，中华书局，1986 年影印本，第 4 册，第 540 页；《清宣宗实录》，卷 165，道光十年二月乙丑，中华书局，1986 年影印本，第 3 册，第 553 页。

⑥ 《清仁宗实录》，卷 248，嘉庆十六年九月甲辰，中华书局，1986 年影印本，第 4 册，第 356 页。

⑦ 王钟翰：《清代则例及其与政法关系之研究》，载氏著：《王钟翰清史论集》，中华书局，2004，第 3 册，第 1701 页。

统降调，则朝廷“简换乏人”。该定例在梯次和责任设置上，相比之前笼统“比照不随时查催例降二级调用”已精细许多，也和其他则例的处分保持了一致。

（二）大小相维：稽查积案专例与其他法规的衔接

嘉庆十二年（1807年）各省暴露的多为省城官员积压的自理词讼，督抚奏称一些案件积压有十余年之久，对吏治和民生两相妨害。除了制定稽查积案专例外，清朝对积案的解决也通过配套立法达到大小相维的目的，这在《大清律例》、《会典事例》、则例、省例中均有体现。本文聚焦清廷对积压狱讼的地方大员的处分，故侧重梳理稽查积案专例与其他则例的衔接以及省例或章程对稽查积案专例的补充。

“稽查积案则例”属于《六部处分则例》中的“审断”门，该门均系对官员承审方面的规定及议处规则，经嘉道两朝发展，区分出公罪和私罪。光绪二年（1876年）重修《吏部处分则例》卷四十七“审断上”所载则例，多能体现嘉道时期整治地方司法的经过。

嘉庆十二年（1807年）五月制定“奏咨案件督抚亲审限期则例”，属于约束督抚限期审理奏咨案件的专例，其主要内容为：“钦交案件，以提齐人犯之日起，限四个月。咨交案件，仍照旧例以接奉咨文之日起，限四个月。……其无故迟延，逾限不及一月者，将该督抚罚俸三月；一月以上，罚俸一年；三月以上，降一级调用；半年以上，革职。”①

“人命重案知府早为亲讯则例”以知府厘清审理人命重案迟延为背景，于嘉庆十二年定例：“嗣后凡人命重情，有经呈控到案，复由上司批委提讯者，若不亲为审理，迟延至半年以上，即著实降三级调用，无庸查级议抵。”②

“承审限期则例”中有一条——道光十二年（1832年）闰九月初八日吏部奏准：“州县官审理无关人命徒罪人犯，如于统限四个月届满尚有迟延，核计逾限在一月以上者，即拟降一级留任。如系府州臬司转详迟延或督抚批结迟延，亦照此例议处。……”③ 此条即将无关人命徒罪案件的审理、转详、批结、造册汇报迟延以及督抚出咨逾限责任分晰列明。

“紧要案件督抚亲提审讯则例”其中一条为“督抚藩臬道府，如有应行亲提讯究之案，发交原问官收审或仍令会审者，照例议以革职留任。若一案控告在三次以上，俱发原问官收审或仍令会审者，降一级调用；五次以上，降二级调用；十次以上，降三级调用。（俱公

---

① 《清仁宗实录》，卷179，嘉庆十二年五月丁未，中华书局，1986年影印本，第3册，第349—350页。

② （清）文孚等修，（清）清平等纂，（清）沈贤书、孙尔耆校勘：《钦定吏部处分则例》，卷47，光绪二年三善堂重刻本，第33a—b页。

③ 此条在光绪十三年《六部处分则例》中独列“外结徒犯承审限期”一目。（清）文孚纂修：《钦定六部处分则例》，卷47，台北文海出版社，1969年影印本，第963页。

罪）至应行亲提之案，如有转委别员审办者，照例议以降二级留任。若一案控告在三次以上，俱转委别员审讯者，降三级留任；五次以上者，降四级留任；十次以上者，革职留任。（俱公罪）俱令各该督抚遵照道光十八年十二月所奉谕旨，于审结时将是否亲提之处随案声叙，如有应亲提而委审，应亲提委审而仍发原问衙门者，专案报部，臣部照例分别议处。如该督抚瞻徇不报，将该督抚照瞻徇情面例，议以降二级调用。（私罪）（此条新增）”。[①] 此条禁止督抚藩臬道府将应行亲提讯究之案由原问官收审、会审或转委别员审办，目的是督促方面大员亲自、及时、公平审结控案。

以上列举的则例都重在强调地方大员的稽查和审理案件的责任，一些情节还被认定承担“私罪”后果。

地方章程或省例是地方性特别法。督抚为清厘地方积案，规避处分，多向朝廷奏请制定清讼章程或者增设省例条款。嘉庆十二年（1807年）各地奏报积案情形时，多在折中叙明清厘积案章程。譬如，《大清律例》“诬告”条例中“赴各衙门告言人罪，一经批准，即令原告到案投审”一条被迭次增修，在乾隆晚期增加原告两个月不到案而销案的决定。[②] 嘉庆十二年（1807年）五月，署理直隶总督温承惠将之进一步细化，其奏明“其原告情虚畏质之犯，俟各人证传齐解省，即令地方官出示晓谕，如一月内尚不报到就审，即将人证宁释，立案不行。如逾限再行妄控，即治以诬告之罪”。[③] 这是针对积案而设置的原告需在一个月内报到就审的规定，借鉴了“诬告”条例的规定。皇帝谕令温承惠“务当按照奏拟章程，严饬所属上紧清厘，实力整顿，勿徒以空言塞责”。[④]

清讼章程有的适用面比较狭窄且时间效力有限，有的则规定得比较全面且影响持久。

江苏清厘积案章程是嘉庆中期地方解决积案问题的典型建制。嘉庆十五年（1810年）七月二十九日，江苏巡抚章煦提出府州县积压自理词讼更为严重，“该府州县向来视为寻常案件，并不依限审办，经年累月，玩愒因循，以致屈抑者赴诉不休，奸狡者告讦愈甚，狱讼之烦，皆由于此”。[⑤] 是故设立章程，分别惩劝。该章程对两司、各府州提审之案，细事和重情的审理，诬告、委审、展限、关提人证、生矜包讼等问题都进行了细致的规定，成为江苏省断狱和清讼的行动指南。防患未然，治理已然，对相关责任人员的奖惩亦叙述细致。其

① （清）文孚等修，（清）清平等纂，（清）沈贤书、孙尔耆校勘：《钦定吏部处分则例》，卷47，光绪二年三善堂重刻本，第41a—b页。

② 郭成伟主编：《大清律例根原》，上海辞书出版社，2012，第1481页。

③ 《奏为遵旨清厘积案饬令藩臬两司及各道府厅州县迅速审结办理事》，朱批奏折，档号：04—01—01—0512—043，中国第一历史档案馆藏。

④ 《清仁宗实录》，卷180，嘉庆十二年五月庚午，中华书局，1986年影印本，第3册，第375—376页。

⑤ 《奏为设法清厘积案并酌议章程事》，朱批奏折，档案号：04—01—01—0521—007，中国第一历史档案馆藏。

中一些条款体现出地方大员将压力分散到基层的状况，如第二款：“批发各府州县审详者，如有狱讼繁多之处，酌委候补丞倅牧令等官一员，分赴各处会同赶办。一百案以上者，勒限三个月全完；五十案至一百案者，勒限两个月全完；五十案以下者，勒限一个月全完。责令将审结案数每一月开折具报以凭稽察。至应解知府、直隶州亲审事件，如州县玩延，不速传人证解审，许该管上司查揭以儆怠惰。”① 即通过委审方式勒限清理批发至府州县审详的狱讼。

道光九年（1829 年）四月三十日，署直隶总督松筠向朝廷奏报酌定清厘案牍章程。章程中除各州县将所收呈词按月详报等事外，还将“有能实力秉公断结各案在十之八九者，分别记功；其断结未能及半者，分别记过”。② 松筠还奏明自六月初一日起限，按月稽查各属详报已未结各案，以核功过。③ 很有意思的是，松筠将州县自理词讼纳入督抚奏事范围——三个月奏闻一次，但这一办法仅施行了四个月就因直隶总督那彦成奏请被废止。④ 大吏徇庇州县官员，这也是累累积案一直无法根除的重要原因。

省例中也有相关内容，如《粤东省例新纂·吏·功过·审案议奖》载：“首府县帮审案件，委员不论时日久暂，应以结案多寡分别奖励，如审结奏案及委审案内有平反更正，罪关生死出入暨审结二三年以上日久未结之命盗重案，每一案记功一次；寻常命盗罪应斩绞者，每五案记功一次；遣军流徒者每十案记功一次；自理枷杖人犯，每二十案记功一次。积功至三次者，由府县列折请奖，候补试用人员给予超委，实缺人员量予调剂；积功至六次者，候补试用人员请给尽先超委，实缺人员准予调署繁缺一次，以示鼓励（至审案出力保举应照吏部通行新章办理）。”⑤ 粤东省例对办案奖惩规定格外细致，是对道光时期制定的“审出实情议叙则例”的补充。

三、稽查积案专例的治理逻辑与效果

治官之法注重约束官吏和君主及民众之间的关系，“稽查积案专例”是考察清朝吏治、民生的有效进路。

---

① 《呈酌议清厘积案章程各款清单》，朱批奏单，档案号：04—01—01—0521—008，中国第一历史档案馆藏。

② 《奏为严查各府州县积案分别功过整饬官方遵旨酌定章程事》，朱批奏折，档案号：04—01—01—0710—002，中国第一历史档案馆藏。

③ 《奏为凛遵训谕严饬各属实力奉行清厘案牍事》，朱批奏折，档案号：04—01—12—0408—050，中国第一历史档案馆藏。

④ 《清宣宗实录》，卷 160，道光九年九月庚申，中华书局，1986 年影印本，第 3 册，第 484 页。

⑤ （清）黄恩彤修，（清）宁立悌等纂：《粤东省例新纂》，卷 1，道光丙午（1846 年）冬镌（藩署藏板），第 24a—b 页。

（一）治理逻辑：首抓“治官之官”

科层制官僚架构意味着不同等级的官僚分掌不同的职责和事务，清人鲁一同提出：“州县长吏、丞、簿、尉，治事之官也；州县以上皆治官之官也。”① “治官之官”也被称为“方面大员”，是政令传输的动脉，承担以上率下的政治作用，文书行政体系下，“治官之官”对基层事务有重大的影响，是国家的重点治理对象。稽查积案专例重在约束地方大员，因而其治理逻辑可概括为首抓“治官之官”。

清初，承担督察和巡视职能的部分中央官员逐步被固定为地方官。譬如，乾隆朝以前，督抚隶属京官系统中的都察院堂官，因事裁设，无定额；乾隆时期风气一变，《乾隆会典》中的“外官”条记载“直省设总督统辖文武，诘治军民；巡抚综理教养刑政……督抚挈其纲领，司道布其教令，以倡各府。”② 清朝至此形成了有序的地方官僚序列和相对稳固的地方利益集团，导致官僚结构中存在治事之官少而治官之官多的问题，州县承受着来自上司的繁重任务和巨大压力。

“国家行政的重心是官僚的守法和社会秩序的安定。”③ 为巩固皇权，朝廷制定严密的治官之法，以确保官员依法行权。传统中国在治国理政程序设计上，“通过法律重点调整涉官关系、重点规制官吏行为，强化对各级各类官吏的精准制约，推动了官制体系与法律体系的紧密关联”。④ 随着专制政体发展到极致，清代官僚束身奉法，督抚虽为一方之长，但终不过是“承号令，备策应而已”。⑤ 清代司法体制设计体现出明显的“同级集权与纵向监督”的特征，⑥ 纵向的科层化复审使得上下级之间承担司法连带责任。清朝严密的中央集权体制塑造外官“其贤者斤斤自守，不肖者亟亟营私”的人格。⑦ “委重律令”的统治方式，扼杀了官员的能动性，造成因循疲玩的吏治生态，即便有求治之人，“亦就其分之所得，安于苟简，而不能有度外之功名”。⑧ 而在稽查积案专例出台前，清朝已将“官文书稽程”“告状不受理”等律条作为地方受理狱讼的基本法则，因时制宜增设例条促使案件被及时审理。雍正元年即制定地方词讼月报制度，⑨ 加强方面大员稽核案件的责任，但经久成

① （清）鲁一同：《鲁通甫集》，郝润华校，三秦出版社，2011，第10页。
② （清）允裪等纂：《大清会典（乾隆朝）》，卷4，李春光点校，凤凰出版社，2018，第20—21页。
③ 魏淑民：《清代省级司法与国家治理研究》，社会科学文献出版社，2022，“刘凤云序”，第3页。
④ 朱勇：《“官法同构”：中国古代的大国治理之路》，《学术月刊》2019年第11期。
⑤ （清）赵尔巽等撰：《清史稿》，卷114《职官志》，中华书局，1977，第12册，第3264页。
⑥ 郑小悠：《同级集权与纵向监督：清代法制体系的设计、权变与评价》，《天府新论》2015年第1期。
⑦ （清）赵尔巽等撰：《清史稿》，卷356《洪亮吉传》，中华书局，1977，第37册，第11309页。
⑧ （明）黄宗羲：《明夷待访录·原法》，梁溪图书馆印刷，1925，第8页。
⑨ 郭成伟主编：《大清律例根原》，上海辞书出版社，2012，第1464页。

为具文，以致省城衙门案件丛积，这与官吏怠惰、大员稽查不力息息相关。

清末，博通掌故的袁昶抨击咸丰朝以前的权力运行，指出：“治民之官少，而治官之官太多，防弊之意多，而同心协谋以致富强之臣转少。”① 而朝廷对于各地积案问题的处理态度也不一致，只有皇帝明确下达交部议处谕令后，吏部才会遵旨启动对督抚司道的追责，即便如广东省积案达两千多件，亦未追责。“朝廷不得不就此妥协，只是选择性地惩治那些监督州县官严重不力的个别官员，同时持续下发各类催促地方官公正审案、清理积案的上谕。”② 嘉庆十四年（1809年），百龄和韩崶奏报广东省积案情形时指出“粤东词讼之繁，虽系民刁俗健，亦半由地方官因循懈玩以致积压日多”，皇帝特意在“因循懈玩”处夹批“甚是！此四字实今日内外各衙门通病”。③

（二）实效性差异：选择性适用

选择性适用稽查积案专例导致实效性差异，是地方积案难清的重要原因。

嘉庆十二年（1807年），在议处江西、河南、湖南、福建督抚司道时，皇帝法外施仁，削弱了稽查积案专例防治积案的作用，导致方面大员有恃无恐，沿袭痼习。嘉庆十三年（1808年）闰五月，新任河南巡抚清安泰奏报该省积案情形：巡抚、藩司、臬司、盐道、开归陈许道、河北道、南汝光道、河陕道衙门未结积案分别为2、180、62、8、4、7、11、4件。④ 闰五月十二日，皇帝指出唯藩司衙门积案最多，将齐布森著交部议处。而其余巡抚司道等衙门未结案件“尚不为多”，“均著加恩免其议处”。⑤ 之后吏部照例将齐布森议以降调。一个月后，清安泰又因前在浙江巡抚任上有322件未完积案被吏部照例议处降二级调用，皇帝再次加恩将其“降三级留任”。⑥ 可见，因皇权的至高无上，皇帝可以超法规处理，影响了法律效力。

因选择性适用稽查积案专例，朝廷始终未对广东积案问题进行追责。而督抚等大员着力应付海疆事务，积案问题没有得到及时有效的解决。嘉庆十四年（1809年），两广总督百龄和广东巡抚韩崶奏明截至十四年（1809年）五月底，广东省城衙门原来的2107件旧案中仍有947起未结。除随时审结各新案不计外，四个衙门又产生1009件新积案。⑦ 十四年

① 《清史列传》，卷63，王钟翰点校，中华书局，1987，第5013页。
② 邓建鹏：《清代州县词讼积案与上级的监督》，《法学研究》2019年第5期。
③ 《奏为查明通省未结词讼积案赶紧严饬清厘恭折奏闻》，宫中档，档案号：故宫100782，台湾故宫博物院藏。
④ 《奏为查明词讼积案酌拟办理事》，录副奏折，档案号：03—2451—017，中国第一历史档案馆藏。
⑤ 《清仁宗实录》，卷196，嘉庆十三年闰五月丁丑，中华书局，1986年影印本，第3册，第591页。
⑥ 《嘉庆道光两朝上谕档》，广西师范大学出版社，2000年影印本，第13册，第354页。
⑦ 《奏为查明广东通省未结积案严饬清理事》，录副奏折，档案号：03—2458—024，中国第一历史档案馆藏。

(1809年) 八月，百龄等又查明前督臣吴熊光任内有22件盗案未结，被监毙的盗犯达12名，吴熊光因已获咎而免被追责。

嘉庆十二年 (1807年) 湖南以三千多件积案推动了新例的制定，至十六年 (1811年) 九月，景安在离任交卸前夕，汇报其任内共催办完结及审详新旧案件2933件，尚有未结新案339件。另外，“藩司朱绍曾两次护理巡抚，共批准控案六十八件，已结四十五件”。① 可见，湖南省在四年里还有未结新案300多件，仍需继任者花费一定的精力清厘。

福建的积案情形似乎也没有太大的改善。嘉庆十八年 (1813年) 十一月，张师诚立限勒催州县详结积案，如“自今以后，凡一事行催至三次不详结者，记大过一次”。② 他力图从基层减少汇聚到省城的积案，大员的个中无奈跃然纸上。

而嘉庆朝晚期，山东狱讼繁多，巡抚奏报的积案高达万件，大案迭兴，京控不断，更是说明了稽查积案专例对地方大员的警示作用有限，清朝中后期积案问题此起彼伏。

(三) 治理效果：压力的分散与下移

自理词讼或案件，若不及时审结容易激化矛盾，冲击政治统治。追究责任固然重要，政清讼理、长治久安才是统治的根本目标。清廷在追责之外，也看重地方案件的清理结果。稽查积案专例重在约束地方大员，这决定了大员除对必要的案件亲提审问外，会将行政压力层层分散下去，最终由府厅州县承担主要的清理积案职责，如湖广总督汪志伊和湖北巡抚章煦所谓：“是欲清讼狱之源，必须先从各州县衙门始也。”③

各地为稽核词讼，恢复自理词讼循环簿制度。直隶总督温承惠奏称：“仍饬各府厅州县将奉批自理各案，分立循环号簿，仿照四柱册式，逐一登记，按月呈送，轮流更换。”④ 嘉庆十五年 (1810年) 二月，清廷制定“州县自理词讼则例”，规定“嗣后各省州县自理词讼，将所收呈词，每月造报该管道府，按例起限……”⑤ 即从基层防治积案，加强上司稽查责任。

① 《奏为查明任内积案业已全数完结并未结新案实数事》，朱批奏折，档案号：04－01－01－0530－045，中国第一历史档案馆藏。

② (清) 张师诚：《一西自记年谱》，载北京图书馆编：《北京图书馆藏珍本年谱丛刊》，北京图书馆出版社，1999，第126册，第151—152页。

③ 《奏为遵旨清厘积案拟定期限事》，朱批奏折，档案号：04－01－01－0512－012，中国第一历史档案馆藏。

④ 《奏为遵旨清厘积案饬令藩臬两司及各道府厅州县迅速审结办理事》，朱批奏折，档案号：04－01－01－0512－043，中国第一历史档案馆藏。

⑤ (清) 文孚等修，(清) 清平等纂，(清) 沈贤书、孙尔耆校勘：《钦定吏部处分则例》，卷47，光绪二年三善堂重刻本，第20a— b页。

嘉庆十二年（1807年），湖北省将未结积案查明年份，“分定限期，认真实办”。① 其他省也多采用分别案件类型，限期清理，扫数完结的方式。十三年（1808年），河南巡抚清安泰奏报“各以案数多寡，分别予限半年及三个月，一并审详完结”。② 这种勒限清理积案的方式在各地被纷纷沿用。

分发和委审是常用的清理积案的方式，发审局也应运而生。为提高效率，各地制定清讼功过章程分别奖惩。嘉庆晚期，山东积案情形十分严重，几位山东巡抚先后专门制定清讼章程以严格奖惩、勒限清理。如嘉庆二十三年（1818年）五月二十二日，山东巡抚和舜武与藩臬两司查核各属循环月报，根据案件之多寡分别定立清讼限期。③ 该章程经奏准后，和舜武在属员中找到了几个典型以示奖惩，其特参滨州知州王龙图任内有积案110多起，朝廷将其革职发往军台效力赎罪，并制定一条新的处分则例——“嗣后州县官任内积案，延不讯结。至一百案及四十案以上者，即照此例，查明参奏，将该员革职发往军台。其积压在四十案以下者，奏请革职，以惩积玩。”④ 这是专门针对州县官员不及时清理狱讼的专例，也说明清理积案的压力的分散与下移。后任巡抚钱臻除沿用前述措施外，还奏定新章程，按照属员清理积案的份数进行奖惩，对考核属员勤惰而言更科学，促使当年山东积案全清。

压力分散和下移的举措对清理积案起到一定的作用，延缓了清朝迈入衰颓的步伐。但地方章程和省例，大部分以审结案件的数目作为考核指标，致使发审局员或州县官员片面地追求审案速度，任用刑讯逼供等举措。当然，也有一些地方对审判质量加以把控，将翻案率和平反率作为考核内容，而这些规定在施行中仍有诸多问题。因审理积案出力而被保举之人增多，冲击了原有的奖叙和铨选体系，实践中也不乏地方大员滥行保奏的情形。言官纷纷呼吁慎重保举。⑤ 道光十七年（1837年）十一月，上谕：“嗣后各省遇有承审出力之员，该督抚务于保奏时，将何人任内积压，何人承审错误，一并声叙。庶劝惩并用，彰瘅兼施，可收指臂之效，而吏治自蒸蒸日上矣。”⑥ 这算是对承审积案动辄被保荐之风的一种约束。

---

① 《奏为遵旨清厘积案拟定期限事》，朱批奏折，档案号：04—01—01—0512—012，中国第一历史档案馆藏。

② 《奏为查明词讼积案酌拟办理事》，录副奏折，档案号：03—2451—017，中国第一历史档案馆藏。

③ 参见《奏为遵旨勒限清厘积案并酌议分提审办京控案件事》，朱批奏折，档案号：04—01—01—0581—007，中国第一历史档案馆藏。

④ 《清仁宗实录》，卷344，嘉庆二十三年七月甲寅，中华书局，1986年影印本，第5册，第556—557页。

⑤ 《奏为各省保举过优请旨量为裁抑事》，录副奏折，档案号：03—2664—066，中国第一历史档案馆藏。

⑥ 《清宣宗实录》，卷303，道光十七年十一月甲午，中华书局，1986年影印本，第5册，第727页。

四、结语

嘉庆十二年（1807年）二月十二日，江西巡抚金光悌还奏请清除详报迟延弊端，酌立审办命案章程。① 这说明一个案件在审办的各个环节都可能被稽缓迟滞，而当时的法规不尽完善或未被实力奉行。嘉庆十二年（1807年）的清厘积案运动，让官吏承受了较大的压力，清廷对很多未完积案的督抚司道大员进行问责，也对督抚特参不职的府县官员予以处分。按数目追责地方大员积压案件的稽查积案专例被选择性适用，所起作用有限。在“行政兼理司法”的背景下，司法审判只是官吏众多行政职责中的一个方面，审案稽迟属于渎职行为，并不能因司法过错而将官吏的治绩全盘否定。即便一些官员被严加议处或被议处，但皇帝运用超法规特权宽免大员处分，只有极少数人被降调；嘉庆十四年（1809年）九月，因皇帝五旬万寿，特意降旨将内外一二品文武大臣处分开复，如百龄著开复前在湖南臬司任内积案未结革职留任；巡抚蒋攸铦著开复积案未结降三级留任一案；许兆椿著开复积案未结降三级留任一案。② 因此这些惩儆未能真正震慑官吏，无法改变因循疲玩的吏治生态。而方面大员还将清理地方积案的任务层层分发下去，朝廷不得不制定系列定例进一步约束“治官之官”的审断行为。

嘉庆末期，“各省命盗等案有拖延至数年、十余年之久者”。③ 嘉庆二十五年（1820年），上谕指出地方官“若于民事漠不关心，日耽娱乐，则阘茸废弛，积压日多。地方狡健之徒，因而别生枝节，案外牵连。无辜良民受其拖累，吏役更从中诈索。百弊丛生，皆由于此”。④ 嘉庆朝处于清代由盛转衰的关节点，皇帝已把积案问题视作百弊丛生的根源，而各督抚也存在匿报、漏报、少报积案数目的情形。嘉道名流包世臣指出当时江浙各州县，“均有积案千数，远者至十余年，近者亦三五年，延宕不结”，但当时的一些官员办事拖沓，“节经各上司饬属清厘，尘牍如故”。⑤ 需要指出的是，嘉道时期制定的防治积案问题的相关法规也有积极且长远的影响。但因历史局限性，清朝中后期的积案问题无法得到根治。

---

① 《奏为清除详报迟延弊端请酌立审办命案章程事》，朱批奏折，档案号：04－01－01－0507－002，中国第一历史档案馆藏。

② 《嘉庆帝起居注》，卷14，嘉庆十四年九月二十日丁丑、二十二日己卯，广西师范大学出版社，2006年影印本，第14册，第514、520页。

③ 《嘉庆道光两朝上谕档》，广西师范大学出版社，2000年影印本，第24册，第634—635页。

④ 《嘉庆道光两朝上谕档》，广西师范大学出版社，2000年影印本，第25册，第60页。

⑤ （清）包世臣撰：《包世臣全集》，李星点校，黄山书社，1997，第3册，第375页。

主题研讨三：宋代法律史

乌台诗案视角下的宋代诉讼

何良彬*

摘　要　乌台诗案可谓观察宋代诉讼实践的宝贵样本，过去相关研究多集中于文学、史学以及文本层面，诉讼程序层面研究较少，本文借径诗案材料，尝试对北宋诉讼文化做具体剖析和价值借鉴，主要包括五个部分：基本背景与主要过程、司法机构及职责分工、诉讼程序、裁判思维与法律适用、宋代司法职业化趋向。

关键词　乌台诗案；诉讼程序；裁判思维；司法职业化

乌台诗案从元丰二年（1079 年）五月苏轼受指控至十二月二十八日结案，历时两百余日，直接涉案人员众多，主犯是诗词大家、一代文宗苏轼。乌台诗案之所以引人关注，固缘于后人对苏轼的仰慕和同情，亦得益于乌台诗案遗文存世，使乌台诗案研究成为可能。① 宋代及以后的诗案考证研究大多从文学史角度入手，"围绕这个案件记载许多传闻，而很少

---

* 何良彬，成都高新区人民法院二级高级法官。

① 乌台诗案遗存文本研究成果，参见刘德重：《关于苏轼"乌台诗案"的几种刊本》，《上海大学学报（社会科学版）》2002 年第 6 期；［日］内山精也：《〈东坡乌台诗案〉流传考——围绕北宋末至南宋初士大夫间的苏轼文艺作品收集热》，载氏著：《传媒与真相——苏轼及其周围士大夫的文学》，朱刚等译，上海古籍出版社，2013；［美］蔡涵默：《1079 年的诗歌与政治：苏轼乌台诗案新论》，载卞东波编译：《中国古典文学研究的新视镜——晚近北美汉学论文选译》，安徽教育出版社，2016；朱刚：《"乌台诗案"的审与判——从审刑院本〈乌台诗案〉说起》，《北京大学学报（哲学社会科学版）》2018 年第 6 期；赵晶：《文书运作视角下的"东坡乌台诗案"再探》，《福建师范大学学报（哲学社会科学版）》2019 年第 3 期；李山岭：《〈乌台诗案〉版本流变再考》，《湖州师范学院学报》2021 年第 1 期；张宜喆：《"乌台诗案"的文书运行过程及相关文本属性考辨》，《复旦学报（社会科学版）》2021 年第 2 期。

触及真正的审判经过”。① 20世纪90年代以来，诗案研究成果增多，仍多集中于文学、史学以及文本版本层面，② 从诉讼视角关注不多，③ 借鉴价值挖掘不够。在一定意义上，乌台诗案可谓观察宋代诉讼实践的重要窗口，“苏轼一案的量刑判决，彰显了传统帝制时代法治所能达到的一个高度”，④ 加之诗案“基本的过程与县级的程序并无不同”，⑤ 实为观察宋代诉讼之宝贵样本。本文试图从诉讼视角对乌台诗案略作剖析，并立足于“中国法律主体性认同的历史维度”，希望通过对此案的探讨，能增进对我国古代开明务实的法律传统的理解与传承，⑥ 深化司法领域的文化自信。

一、诗案的基本背景与主要过程

乌台诗案发生原因前人多有涉及，下述方面尤值得关注：第一，变法党争的主因。熙宁王安石变法时期，朝廷重用李定、蔡确等支持新法的“新党”，而苏轼、司马光等属反对变法的“旧党”，遂成新党之“眼中钉”。⑦ 第二，诗讽传统的浸润。诗文讽喻之风经唐代白居易等得以强化而凝为社会共识，至宋初王禹偁笃志弘扬，欧阳修、苏轼仰之为讽喻典

---

① 朱刚：《苏轼十讲》，上海三联书店，2019，第104页。

② 赵晶：《文书运作视角下的“东坡乌台诗案”再探》，《福建师范大学学报（哲学社会科学版）》2019年第3期。

③ 从法律视角研究乌台诗案的主要论文成果，参见殷啸虎：《“乌台诗案”与宋代法制》，《法治论丛》1993年第5期；［日］近藤一成：《东坡的犯罪——对〈乌台诗案的基础性研究〉》，载日本东方学会：《东方学会创立五十周年纪念——东方学论集》，1997；［日］内山精也：《“东坡乌台诗案”考——北宋后期士大夫社会中的文学与传媒》，载氏著：《传媒与真相——苏轼及其周围士大夫的文学》，朱刚等译，上海古籍出版社，2013；赵斐：《乌台诗案相关法律问题研究》，山东大学硕士学位论文，2016；郭艳婷：《从乌台诗案看北宋官员犯罪司法程序的特点》，《常州大学学报（社会科学版）》2014年第1期；［美］蔡涵默：《乌台诗案的审讯：宋代法律施行之个案》，载卞东波编译：《中国古典文学研究的新视镜——晚近北美汉学论文选译》，安徽教育出版社，2016；［美］蔡涵默：《1079年的诗歌与政治：苏轼乌台诗案新论》，载卞东波编译：《中国古典文学研究的新视镜——晚近北美汉学论文选译》，安徽教育出版社，2016；陈羽枫：《从“乌台诗案”看宋代诏狱的司法秩序》，《保定学院学报》2017年第2期；朱刚：《“乌台诗案”的审与判——从审刑院本〈乌台诗案〉说起》，《北京大学学报（哲学社会科学版）》2018年第6期。

④ 戴建国：《“东坡乌台诗案”诸问题再考析》，《福建师范大学学报（哲学社会科学版）》2019年第3期。

⑤ ［美］蔡涵墨：《乌台诗案的审讯：宋代法律施行之个案》，载卞东波编译：《中国古典文学研究的新视镜——晚近北美汉学论文选译》，安徽教育出版社，2016，第189页。

⑥ 刘昕杰：《在历史与法律之间：历史法学及其中国意义》，《西南民族大学学报（人文社会科学版）》2020年第7期。

⑦ ［日］内山精也：《传媒与真相：苏轼及其周围士大夫的文学》，朱刚等译，上海古籍出版社，2013年，第255页。有论者认为，过去主流观点似有夸大变法党争催化诗案嫌疑，认为诗案主要源于御史台职官履行职责之结果，举劾官员大多刚直且与苏轼并无私仇，参见戴建国：《“东坡乌台诗案”诸问题再考析》，《福建师范大学学报（哲学社会科学版）》2019年第3期。

范，受王禹偁影响甚大。① 苏轼相关诗文确实体现了诗讽文谏传统，亦是诗案发生之要因。② 第三，志向个性的潜化。苏轼年少即“奋厉有当世志”，③ 又受恩师欧阳修影响，对治世改革持温和态度，加之苏轼生性“但知任己以直前，不复周防而虑后”，④ 难免得罪人。第四，雕版印刷技术的助推。宋代印刷业大兴，从根本上改变了文字作品的传播方式、途径和范围，文化活动从写本时代迈向印本时代，苏轼作品生前被编集传播者多达十多种，其中至少有六种系民间雕印售卖。⑤ 乌台诗案并非我国古代首起诗案，但实属其中首例因公开出版物而引发的案件。第五，士人交游的扩展。苏轼性格旷达、乐善好交，朋友圈广博，对诗案也有影响。诗案供词中所涉绝大部分诗是按通信应和的对象分组，恰恰表明指控者认为不仅苏轼之诗坐实罪名，而这些诗作所勾连的士大夫之间的交游对推行变法亦实具强大威胁甚至颠覆性，必须严惩。⑥

元丰二年（1079 年）五月，御史台监察御史里行何正臣进呈札子弹劾苏轼但未获重视。⑦ 七月初御史台长官李定上奏弹劾苏轼，当月获批并送御史台根勘所。七月二十八日苏轼被捕，八月解送御史台。审讯从八月十八日持续至十一月底结束，过程虽属严苛但并

① 元丰元年（1078 年），苏轼作《王元之画像赞并序》，云“方是时，朝廷清明，无大奸慝，然公犹不容于中，耿然如秋霜夏日不可狎玩，至于三黜而死。倘不幸而处于众邪之间、安危之际，则公之所为，必将惊世绝俗，使斗筲穿窬之流，心破胆裂，岂特如此而已乎？”王禹偁曾孙王汾将其镌刻于王禹偁墓碑。王禹偁一生三贬而终贬于黄州，元丰二年（1079 年）年底苏轼因诗案亦被贬至黄州，必曾备感命运之相似。参见（宋）苏轼：《王元之画像赞并序》，载孔凡礼点校：《苏轼文集》，中华书局，1986，第二册，第 603—604 页。

② 程颐弟子杨时称“观苏东坡诗，只是讥诮朝廷，殊无温柔敦厚之气，以此人故得而罪之”，参见（宋）杨时：《杨时集》，林海权校理，中华书局，2018，第一册，第 270 页。

③ （宋）苏辙：《亡兄子瞻端明墓志铭》，《苏辙集》，陈宏天、高秀芳点校，中华书局，2017，第三册，第 1117 页。

④ （宋）苏轼：《谢监司荐举启》，孔凡礼点校：《苏轼文集》，中华书局，1986，第四册，第 1335 页。

⑤ 苏轼“诗文生前刊刻之多、流传之广，在中国历史上似乎很难找到第二人”。参见曾枣庄、［日］池泽滋子：《“屈于生而伸于死”——中日苏轼研究比较的对话》，《文艺研究》2011 年第 1 期。

⑥ ［美］蔡涵墨：《1079 年的诗歌与政治：苏轼乌台诗案新论》，载卞东波编译：《中国古典文学研究的新视镜——晚近北美汉学论文选译》，安徽教育出版社，2016，第 161 页。

⑦ 诗案何时肇始存疑，宋代朋九万《乌台诗案》谓何正臣于元丰二年（1079 年）三月二十七日上奏举劾札子，何正臣称“伏见知湖州苏轼谢上表”，但三月二十七日苏轼尚在由徐州赴湖州路上，苏轼到任湖州确切日期虽多争议，但均确认系四月二十至二十九日到任，故苏轼《湖州谢上表》完成时间不早于四月底五月初，加之谢表上邸报有个过程，何正臣五月才可能见到谢表，故三月可能为五月之误，五月进呈札子之说似更可信。参见孔凡礼：《苏轼年谱》，中华书局，1998，第 435 页。南宋王铚《元祐补录》、施宿《东坡先生年谱》等则认为，苏轼任杭州通判时期，沈括借受朝廷之命察访之机暗中收集苏轼诗文，加以注解后作为揭发材料上报皇帝。参见［日］内山精也：《传媒与真相：苏轼及其周围士大夫的文学》，朱刚等译，上海古籍出版社，2013，第 185 页；朱刚：《苏轼十讲》，上海三联书店，2019，第 81 页。

无直接刑讯证据。① 苏轼既未推责他人，亦未托人求生，② 所持主张亦无实质退让，③ 实践了“临利害之际不失故常”之修为准则。④ 十一月三十日，御史台上奏审讯结果，大理寺做出“当徒二年，会赦当原”的判决结论；⑤ 李定、舒亶遂上奏要求对苏轼“特行废绝，以释天下之惑”；审刑院顶住压力向朝廷提交了支持大理寺意见的判词。十二月二十八日，神宗终裁苏轼“责授检校水部员外郎，充黄州团练副使，本州安置，不得签书公事”，⑥ 其余25人分别受罚。⑦ 苏轼当日出狱，诗案就此落幕。

顺便指出，诗案遗存文本形成、演变历时长久，故不可将现今文本等同于其原初文本，而应谨慎探究其变迁过程中的“历史物质性”，⑧ 注重其功能意义之转换。乌台诗案原卷曾于靖康二年（1127年）由御史台吏随驾携至扬州，后为御史中丞张守收藏，周必大称“余尝借观，皆坡亲笔，凡有涂改，即押字于下，而用台印”，⑨ 此后原卷下落不明。后世研究乌台诗案主要依靠两种资料：一为南宋朋九万编《东坡乌台诗案》（以下简称“朋本”），因收录御史台审讯记录较全而成为诗案之重要原始资料，亦称“御史台本”；二为成于南宋而

① 同期入狱的苏颂曾称“却怜比户吴兴守，诟辱通宵不忍闻”。参见孔凡礼：《苏轼年谱》，中华书局，1998，第456页。苏轼曾忆“去年御史府，举动触四壁。幽幽百尺井，仰天无一席”。参见曾枣庄、舒大刚主编：《苏轼全集》，中华书局，2021，第一册，第368页。客观而言，宋代重视恤囚，对刑讯多有限制，太宗时即令诸州系囚证佐明白，悍拒不伏合讯掠者，集官属同讯，不许拷掠。元丰诗案发生前三年即熙宁九年（1076年），枢密使吴充还上言“今后按鞫罪人，不得妄加逼迫，致有冤诬”。参见胡兴东、蔡燕、唐国昌等辑点：《〈宋会要辑稿〉法律史料辑录》，中国社会科学出版社，2021，下册，第1031页。北宋亦曾拟废刑讯，学者赞为“不仅停止刑讯，且进而重视证据，用以替代口供也”，惜乎南渡后未能继续奉行。参见陈顾远：《中国法制史概要》，商务印书馆，2011，第166页。

② 作为对比，古代文人狱中诗词不乏恳求权贵之助者。参见韩涛：《牢愁：文人诗词中的监狱生活和囚徒心理》，《法律史评论》第16卷，社会科学文献出版社，2021，第154—157页。

③ 名为讥讽实为惜民，反映出苏轼并不认罪。参见李公羽：《北宋榷盐制度下苏轼民本思想的顽强表达与悲剧终结》，载冷成金主编：《中国苏轼研究（第十二辑）》，学苑出版社，2020，第258页。

④ （宋）苏轼：《陈侗知陕州制》，载曾枣庄、舒大刚主编：《苏东坡全集》，中华书局，2021，第三册，第1130页。

⑤ （宋）李焘：《续资治通鉴长编》，卷301，上海师范大学古籍整理研究所、华东师范大学古籍整理研究所点校，中华书局，2004，第十二册，第7333页。

⑥ 孔凡礼：《苏轼年谱》，中华书局，1998，第460页。

⑦ 亦有36人受罚之说，如“梁国张公、涑水司马公等三十六人，素厚善眉阳，得其文不以告，皆罚金”。参见周义敢等：《秦观集编年校注》，人民文学出版社，2001，下册，第538页。有关诗案受罚人数之争，参见王秀林：《“乌台诗案”的牵连者——僧居则》，《中南民族大学学报（人文社会科学版）》2022年第12期。

⑧ “历史物质性”意指“一件艺术品的历史形态并不自动显现于该艺术品的现存状态，而是需要通过深入的历史研究为加以重构。这种重构必须基于对现存实物的仔细观察，但也必须检索大量历史文献和考古材料，并参照现代理论进行分析和解释”。参见［美］巫鸿：《美术史十议》，生活·读书·新知三联书店，2016，第50、58—59页。“历史物质性”一语对法律史研究实具借鉴价值，艺术品如此，历史文献之传承变迁亦如此。

⑨ （宋）周必大：《二老堂诗话》（下），《周必大全集》，王蓉贵、［日］白井顺点校，四川大学出版社，2017，第三册，第1691页。宋代南渡后官司文书遗失严重，南宋建炎四年（1130年）有臣奏称“渡江以来，官司文籍散亡，无从稽考”；淳熙七年（1180年）李大理奏称“渡江以来，官司文籍散逸，多出于老吏一时省记”。参见胡兴东、蔡燕、唐国昌等辑点：《〈宋会要辑稿〉法律史料辑录》，中国社会科学出版社，2021，下册，第1060、1078页。

修于明代的《重编东坡先生外集》（以下简称“重本”），收录大理寺、审刑院判词较完整，亦称“审刑院本”，① 两种资料各具优势、互为补充。林语堂述及“幸亏诗人陆游曾编有一本历史，其中包括所有审问苏东坡的亲笔文件”，甚至称“陆游记载说，他看见全部都是苏东坡手写的，还有改正之处，都有苏东坡签名，再盖上御史台的官印”，② 似属误用周必大之事。

二、诗案中的司法机构及其职责分工

乌台诗案属“诏狱”，办案机构除作为司法终裁者的皇帝外，还包括御史台、大理寺、刑部、审刑院、权发运三司度支，其中：

御史台属中央最高监察机关。“掌纠察官邪，肃正纲纪”，③ 并对中央司法机关官员供职怠慢行为进行纠察。④ 同时，宋代改革了唐代御史台不能办理重大刑案的旧制，兼理最高侦查机关职能，淳化四年（993 年）诏“御史台应有刑狱公事，御史台中丞以下，躬亲点检推鞫，不得信任所司，致有冤滥”，咸平六年（1003 年）诏“御史台今后推勘公事，令中丞、知杂躬亲披详，必须仔细询问，御史台推直官躬亲勘鞫”。⑤ 太宗时期，朝廷亦曾针对“御史多不躬亲，垂帘雍容，以自尊大”的问题专门下诏，要求“御史决狱必躬亲，毋得专任胥吏”；淳化三年（992 年），又诏“狱无大小，自中丞以下，皆临鞫问，不得专责所司”。⑥ 在本案中，御史台负责提出指控、缉捕嫌犯、事实审讯和提出处理意见，是乌台诗案的始作俑者和积极推动者。

---

① 朱刚：《“乌台诗案”的审与判——从审刑院本〈乌台诗案〉说起》，《北京大学学报（哲学社会科学版）》2018 年第 6 期。关于“朋本”“重本”之别，有论者认为“朋本”系后人根据御史台所藏案卷及其他诗案材料编撰而成，“重本”并非审刑院版本而属中书门下颁布的政务公文，参见戴建国：《“东坡乌台诗案”诸问题再考析》，《福建师范大学学报（哲学社会科学版）》2019 年第 3 期；或认为“朋本”可能摘抄自御史台存档的各个阶段上行、下达的文书，“重本”可能抄自承载皇帝最终判决意见的敕牒，参见赵晶：《文书运作视角下的“东坡乌台诗案”再探》，《福建师范大学学报（哲学社会科学版）》2019 年第 3 期；或认为“朋本”除“御史台根勘结按状”小标题下相关大理寺检法量刑部分内容外，其他内容应当都来自御史台勘得的供状及收到的中书门下“奉圣旨”札送的下行文书，而“重本”所载“乌台诗案”的主体部分应是一份中书覆奏状，内容主要来自审刑院覆议后的上奏文本，参见张宜喆：《“乌台诗案”的文书运行过程及相关文本属性考辨》，《复旦学报（社会科学版）》2021 年第 2 期。

② 林语堂：《苏东坡传》，湖南文艺出版社，2012，第 175 页。

③ （元）脱脱等：《宋史》，卷 164《职官志》，中华书局，2000，第 2593 页。

④ 景祐二年（1035 年），中书门下言“审刑院、大理寺、刑部当职官员供职懈慢，今后并须早入晚出。所有公案文字仰逐旋结绝，仍令御史台觉察”，从之。参见胡兴东、蔡燕、唐国昌等辑点：《〈宋会要辑稿〉法律史料辑录》，中国社会科学出版社，2021，下册，第 1092 页。

⑤ 胡兴东、蔡燕、唐国昌等辑点：《〈宋会要辑稿〉法律史料辑录》，中国社会科学出版社，2021，下册，第 1195、580 页。

⑥ （元）脱脱等：《宋史》，卷 199《文苑二》，中华书局，2000，第 3321—3322 页。

大理寺属最高审判机关。“凡狱讼之事，随官司决劾，本寺不复听讯，但掌天下奏狱，送审刑院详讫，同署以上于朝”，北齐始名、唐代继之，宋初置而后废，元丰元年（1078年）“复置大理寺”，实行法官专职，以大理寺卿为最高长官（类似最高法院院长），专“掌折狱、详刑、鞫谳之事”，① 并兼部分立法、监督、考选法官及管理监狱等职能。② 大理寺复置次年诗案案发，大理寺顶住御史台压力，坚持援法定罪，对诗案从轻判决发挥了重要作用。值得注意者，诗案发生当年，即元丰二年（1079年）四月，朝廷因陈世儒案下诏“大理寺劾陈世儒，留系多日，继又推治初勘官不公及因缘请求，迁延久未结正，可遣御史黄颜监勘”，③ 并对崔台符、周辅等大理寺官员均予处罚，反映出御史台对大理寺司法官员及其审判权力之监督，亦表明宋代司法机构职责分工已具实质意义。

刑部属中央司法复核机关。“掌刑法、狱讼、奏谳、赦宥、叙复之事”，尚书作为长官“掌天下刑狱之政令”。④ 淳化年间宋太宗下诏将司法复核职能从刑部转至审刑院，诗案后元丰改制，司法复核职能重归刑部。据“朋本”载，“中书门下奏：据审刑院、尚书刑部状，御史台根勘到祠部员外郎、直史馆苏轼为作诗赋并诸般文字谤讪朝政，及中外臣僚、绛州团练使驸马都尉王诜为留苏轼讥讽文字及上书奏事不实按并札子二道者”，⑤ 刑部似仍参与了诗案复核，并与大理寺初判意见保持一致。

审刑院属重大刑案备案和详议机关。淳化二年（991年）为防“刑部、大理寺吏舞文巧诋”而设，凡全国上奏大案须“先达审刑院，印讫，付大理寺、刑部断复以闻，乃下审刑院详议申复，裁决乞，以付中书省”。⑥ 诗案中，审刑院“不顾御史台反对，向朝廷提交了支持大理寺的判词，体现了北宋司法官员值得称赞的专业精神”。⑦ 审刑院是基于司法职能专业化分工而做的机构和制度设置，为北宋司法制度创新之一，但亦导致司法复审体系及程序的复杂化。元丰三年（1080年）审刑院并归刑部，诗案似为审刑院处理之末案。

权发运三司度支本身不属司法机构。“置使以总国计，应四方贡赋之人，朝廷之预”，⑧ 沈括、陈睦皆曾出任该职。诗案期间，陈睦以权发运三司度支副使之职参与诗案“录问”，元丰改制后该机构及职官被裁撤。

---

① （元）脱脱等：《宋史》，卷165《职官志》，中华书局，2000，第2613页。

② 田志光：《宋代大理寺诸职能论析》，《保定学院学报》2014年第1期。

③ （宋）李焘：《续资治通鉴长编》，卷297，上海师范大学古籍整理研究所、华东师范大学古籍整理研究所点校，中华书局，2004，第十二册，第7235页。

④ （元）脱脱等：《宋史》，卷163《职官志》，中华书局，2000，第2584—2585页。

⑤ 《诗案·御史台检会送到册子》，载孔凡礼：《苏轼年谱》，中华书局，1998，第450页。

⑥ （元）脱脱等：《宋史》，卷199《刑法志》，中华书局，2000，第3322页。

⑦ 朱刚：《苏轼十讲》，上海三联书店，2019，第96页。

⑧ （元）脱脱等：《宋史》，卷162《职官志》，中华书局，2000，第2549—2550页。

宋代普通案件均由各地侦办，大案则分两种情形：如系地方侦办并上奏，多由地方完成事实审讯并提出法律意见后报“刑部详覆，寻如旧制：大理寺详断，而后覆于刑部”；①如系皇帝决定或同意的“诏狱”，多由御史台负责事实审讯，大理寺负责检法初断，审刑院负责复核，经中书省再核后报天子定夺。御史台属朝廷监察机关，负责“纠察官邪，肃正纲纪……文官，右巡主之，武官，左巡主之”，并负责官员犯罪案件初审，台内亦设有检法、推直官等；大理寺原则上“不复听讯，但掌断天下奏狱，送审刑院详讫，同署以上于朝”，② 也就是不负责事实听审，而是进行法律审并提出判决意见；审刑院属复核机构，不负责事实审讯和法律审。乌台诗案大体遵循上述分工流程，御史台负责缉捕和事实审讯，主张对苏轼等人从重定罪处罚；负责检法的“大理寺的官员明显与御史台的推勘者保持着距离”，“尽最大努力保证苏轼受到公正的审判”，③ 并提出不同的裁判意见；审刑院亦顶住压力，较好维护了复核机构的独立性。

我国古代因采行政兼理司法模式，难谓有专门和独立的司法机构，④ 但北宋时期办案机构与程序设置仍有创新之处。北宋时期司法制度实行“鞫谳分司”，“狱司推鞫，法司检断，各有司存，所以防奸也”，⑤ 即事实审讯和法律判决由不同官署负责，依不同程序进行，不得相互商议，最大限度确保审判公正。县为司法基层单位，县尉掌捕犯，狱司掌推鞫（事实调查），法司掌检断（提出法律适用意见），知县掌判决；州、路设置类似，司理参军审讯，司法参军检法，推官或判官拟判，知州定判；⑥ 中央则由作为监察机构的御史台掌诏狱等部分大要案件的抓捕和审讯，大理寺掌详断（审理），刑部掌详覆（复核），审刑院掌详议（再核）。“鞫谳分司”不仅反映在不同办案机构之间，在同一机构内亦有体现，如在大理寺内设置右治狱、左断刑，前者负责重案审讯、后者负责引条判决，其“审判活动毫无例外也遵循着‘鞫谳分司’精神”。⑦ 抓捕、审讯、裁判三机构分离，巡捕官、狱官、法官三职业初立，实乃北宋司法制度一大亮点，对后世亦具启示意义。日本学者认为，

---

① 邱汉平：《历代刑法志》，商务印书馆，2017，第 368 页。

② （元）脱脱等：《宋史》，卷 165《职官志》，中华书局，2000，第 2593、2613 页。

③ ［美］蔡涵墨：《乌台诗案的审讯：宋代法律施行之个案》，载卞东波编译：《中国古典文学研究的新视镜——晚近北美汉学论文选译》，安徽教育出版社，2016，第 212 页。

④ 也有人认为，古代地方官主责厥惟听讼断狱，教育、建设与社会救济则多由民众团体办理，“与其谓为以行政官兼理司法，毋宁谓为以司法官兼理行政之更切实际”。参见汪楫宝：《民国司法志》，商务印书馆，2013，“弁言”。

⑤ （明）黄淮、杨士奇：《历代名臣奏议》，卷 217，上海古籍出版社，1989，第 2853 页。

⑥ 贾文龙：《司命千里——宋朝司理参军制度》，《平顶山学院学报》2015 年第 3 期。有学者认为，宋代地方“鞫谳分司”除上述四个阶段外，还存在“议”司负责的“详议”程序。参见张群：《近年宋代法律史研究述评》，《法律史评论》第 17 卷，社会科学文献出版社，2021。

⑦ 戴建国：《宋代鞫、谳、议审判机制研究——以大理寺、审刑院职权为中心》，《江西社会科学》2018 年第 1 期。

“即使是现代文明国家，也常常容易将这三者混淆，但宋代已经确立了三者应当独立的原则，确实是令人惊奇的事情”。①

三、诗案适用的诉讼程序

总体上言，我国古代的司法活动未脱离行政体系而单独存在，州县官对纠纷的审断实为其地方政务之一部分，诉讼规则未能形成法典化、体系化格局，历代正史《刑法志》对程序规则之建构与演变记载较少，遗存司法判词汇编亦难以体现诉讼程序过程。虽然如此，北宋时期诉讼程序确乎备受重视，亦有若干特色亮点值得关注借鉴，有学者甚至提出宋代司法因其整体性突破与结构性优化而折射出近世化转型趋向。② 作为观察剖析北宋诉讼的重要窗口，乌台诗案遗文“反映出的宋代审判规程甚至比苏州府学案子的碑文还要细致”。③ 北宋时期，诉讼程序明确分为巡捕、推鞫、检断三个阶段。其中，巡捕指缉捕，不审理嫌疑犯；推鞫包括事实调查、认定证据；检断，全称为“检法断刑”，指搜检适用个案所需适用的法律法条。如系朝廷查办大案，按宋朝刑法规定，“凡群臣犯法，大者多下御史台，小则大理寺、开封府鞫治”。④ 整体上言，乌台诗案适用程序本质上仍与普通案件相近，但诗案源自“诏狱”，其审理程序相对一般案件复杂，每一阶段均可能有上奏、下旨、批送等环节。

诗案诉讼程序自元丰二年（1079年）五至十二月，大抵分为以下八个阶段：第一，指控（五至七月）。五月，御史台监察御史里行何正臣进呈举劾札子，首次提出指控但未获神宗重视；七月，御史台监察御史里行舒亶、御史台御史中丞李定分别进呈举劾札子，并将《元丰续添苏子瞻学士钱塘集》册子一并奏上，国子博士李宜亦上奏检举状，再次“乞赐根勘”。第二，立案（七月）。七月，上述举劾札子和举报状进呈并获神宗批准，“诏知谏院张璪、御史中丞李定推治以闻”，“令御史台选牒朝臣一员乘驿追摄”，⑤ 此案遂成“诏狱”。第三，拘捕（七至八月）。御史台根勘所开始调查，并派人前往湖州拘捕苏轼，八月苏轼入

① ［日］宫崎市定：《宋元时期的法制与审判机构》，载杨一凡、［日］寺田浩明主编：《日本学者论中国法制史论著选·宋辽金元卷》，中华书局，2016，第35页。

② 陈景良、吴欢：《宋代司法公正的制度性保障及其近世化趋向》，《河南大学学报（社会科学版）》2015年第1期。

③ ［美］蔡涵墨：《乌台诗案的审讯：宋代法律施行之个案》，载卞东波编译：《中国古典文学研究的新视镜——晚近北美汉学论文选译》，安徽教育出版社，2016，第191页。

④ 邱汉平：《历代刑法志》，商务印书馆，2017，第389页。

⑤ （宋）李焘：《续资治通鉴长编》，卷299，上海师范大学古籍整理研究所、华东师范大学古籍整理研究所点校，中华书局，2004，第十二册，第7266页。

御史台狱。第四，审讯（八至十一月）。由御史台负责调查事实并多次讯问苏轼，苏轼初期拒绝指控，八月底开始部分认供，十一月三十日御史台根勘所“结案具状申奏”，提出处刑意见。其间，御史台在审讯录供同时，亦于庭外广泛调查苏轼交游关系，继续收集苏轼相关诗文以为罪证，并对苏轼推举的官员进行调查。第五，录问（十二月）。由权发运三司度支副使陈睦对苏轼进行“录问”，“别无翻异”。第六，初判（十二月初）。大理寺负责对御史台审讯情况和处理意见进行详断，并提出“当徒二年，会赦当原”的判决意见。御史台李定、舒亶进呈两分奏状，提出苏轼“所怀如此，顾可置而不诛乎”，故应对其“特行废绝，以释天下之惑”的反对意见。① 第七，复核（十二月）。审刑院复核后明确支持大理寺判决意见，并进一步强调赦免令的有效性。第八，终裁（十二月）。上述意见报皇帝裁断，宋神宗权衡后做出苏轼可“责授检校水部员外郎，充黄州团练副使，本州安置，不得签书公事”的最终裁决，同时裁定王诜、王巩、苏辙、司马光等 25 人连坐，处贬谪或罚金等处罚。同月二十八日苏轼出狱，历经八个月的乌台诗案就此尘埃落定。其中，指控、拘捕、审讯由御史台负责，初判由大理寺负责，录问由权发运三司判官负责，复核由刑部和审刑院负责，终裁报皇帝定夺，多个机构参与诗案诉讼。

宋代诉讼程序创新颇多，试举四点：第一，“鞫谳分司”：切实保障审判公正的积极探索。“鞫谳分司”不仅指机构分立，也包括程序分离，前者负责事实审讯，解决事实认定问题；后者负责检法议刑，解决法律适用问题。这反映出宋代对诉讼中的事实问题与法律问题已做初步区分，分别适用不同程序，类似于近现代诉讼事实审与法律审之分。现代诉讼之审、判主体本质归一，但程序仍有分离，源于案件事实认定与法律适用实具不同属性，适用程序自应有别，亦有助于审级功能有序运行。第二，“狱贵初情”：重视审级定位界分基础上的初审功能发挥。咸平六年（1003 年）真宗下诏云“论诉公事，不得蓦越，须先经本县勘问。谈徒罪以上，送本州。杖罪以下，在县断遣。如不当，即经州论理……情理重者，备录申奏”；② 隆兴二年（1164 年）诏“人户诉讼，在法：先经所属，次本州，次转运司，次提点刑狱司，次尚书本部，次御史台，次尚书省……辄敢隔越陈诉，理合惩革”。③ 表明宋代比较重视审级功能的合理划分和有序运行，强调一般不得越级诉讼。宋代尤其重视并强调初审功能的重要作用，咸平六年（1003 年）诏“州县之职，属在审详”，④ 南宋高

① （宋）李焘：《续资治通鉴长编》，卷 301，上海师范大学古籍整理研究所、华东师范大学古籍整理研究所点校，中华书局，2004，第十二册，第 7334 页。

② 马泓波点校：《宋会要辑稿·刑法》，河南大学出版社，2011，上册，第 386 页。

③ 胡兴东、蔡燕、唐国昌等辑点：《〈宋会要辑稿〉法律史料辑录》，中国社会科学出版社，2021，下册，第 1186 页。

④ 马泓波点校：《宋会要辑稿·刑法》，河南大学出版社，2011，上册，第 385 页。

宗时期刘行简奏折明确指出“狱之初情，实在于县。自县而达之州，虽有异同，要之以县狱所鞫为祖”；① 嘉定五年（1212年）另一奏折强调“狱贵初情，初情利害，实在县狱……外郡大群翻异，邻州邻路差官别勘，多至六七次，远至八九年，未尝不因县狱初勘失实”，② 表明宋代已对审级功能定位有着较为深刻的认识，尤其是意识到发挥好初审查清事实、依法裁判功能对从源头上定分止争至关重要，与当前四级法院审级职能定位改革强调基层人民法院重在“准确查明事实、实质化解纠纷”接近，亦表明宋代在强化初审职能上认识较深。第三，“翻异换推”：防范冤错并保障当事人的公平诉讼权利。北宋设“录问”机构与“录问”程序，以诏狱论，在御史台上奏审讯结果后、大理寺判决前，朝廷还会派出其他官署的一位官员来“录问”，即确认“供状”，旨在防止因招供不实导致冤案，此可谓北宋诉讼的一大特色，于今亦仍具借鉴意义。“录问”期间，被告人还有推翻前供、陈述冤情的机会，谓之“翻异”。一旦“翻异”，便需重新进行一次事实审理，谓之“换推”“别推”“覆推”。这一程序同样适用于被告人家属，《元丰令》载：“即罪人翻异，若家属称冤，申所属，速为换推。”③ 乌台诗案中，上述程序得到切实体现，先由御史台负责审讯，上奏审讯结果后朝廷还派出另一官署官员陈睦对苏轼进行“录问”，然后由大理寺检法量刑，再由刑部和审刑院复核，最后由皇帝终裁。正因为北宋时期司法程序设计比较谨慎、细致，由此真正维护犯案人权利的，并不是包公那样的清官，而是比较严密的司法制度与诉讼程序设计。④ 第四，“必给断由”：促进民事诉讼的公平公正和顺畅有序。“断由”系南宋州县官府出具给当事人作为初审结案凭据的法律文书（非判决本身），内容主要包括认定事实、裁判依据和结案理由等，⑤ 其功能重在三端：确保诉讼公平公正、防范冤错案件；促进服判息诉、案结事了；推进诉讼有序运行、减少阻滞，亦内含裁判实质理由优先于形式判断

① （明）黄淮、杨士奇：《历代名臣奏议》，卷217，转引自徐道隣：《徐道隣法政文集》，清华大学出版社，2017，第254页。

② 马泓波点校：《宋会要辑稿·刑法》，河南大学出版社，2011，上册，第489页。《名公书判清明集》判词亦有类似之见，如范西堂“漕司送下互争田产”案判词云“尝谓乡民持讼，或至更历年深，屡断不从，固多顽嚣，意图终讼；亦有失在官府，适以起争”。参见周名峰校释：《名公书判清明集校释·户婚门》，法律出版社，2020，第36页。

③ ［日］宫崎市定：《宋元时期的法制与审判机构》，载杨一凡、［日］寺田浩明主编：《日本学者论中国法制史论著选·宋辽金元卷》，中华书局，2016，第38页。

④ 朱刚：《苏轼十讲》，上海三联书店，2019，第94—97页。

⑤ 有人认为，“断由”似为记载着判决理由的官府用以结案的法律文书，主要包括判案时所适用的法条、案情事实、结案的理由等。参见陈景良：《宋代司法传统的叙事及其意义——立足于南宋民事审判的考察》，《南京大学学报（哲学·人文科学·社会科学）》2008年第4期。或认为“断由”是指南宋高宗以后，州县、监司在婚田差役类民事讼案审结时当庭或三天之内，给争讼当事人双方所出具的包括案情事实、法律适用和审断理由的不同于判决书或判语的，用于作为结案凭据的专门性法律文书。参见张本顺：《变革与转型：南宋民事审判“断由”制度生成的历史成因、价值功能及意义论析》，《首都师范大学学报（社会科学版）》2015年第3期。

的理念，实具积极意义。绍兴二十二年（1152 年），朝廷准奏“今后民户所讼如有婚田、差役之类，曾经结绝，官司须具情与法，叙述定夺因依，谓之‘断由’，人给一本”；绍熙元年（1190 年）准奏“州县遇民讼之结绝，必给断由”。①《名公书判清明集》有 20 则判词提及“断由”，证明“断由”制度发挥了积极作用。需注意者，“断由”非限于实体裁判，亦适用于不予受理，如嘉定五年（1212 年）准奏“如受理词诉，实时出给告示，不受理者，亦于告示内内具因依”。②

四、诗案中的裁判思维与法律适用

诗案遗存文本不仅“提供了检视宋代法律体系如何运作的绝妙机会”，更可借此“检视宋代原始的检法程序背后详细的推理与运作过程”。③《宋史》《续资治通鉴长编》对乌台诗案的审判过程和定罪量刑均记载简略，“朋本”详审判过程而略定罪量刑，“重本”对定罪量刑记载较详，综合简述如下：

（一）指控重罪且事实多样

主要反映在四篇举劾札子之中，何正臣首先指控苏轼《湖州谢上表》愚弄朝廷，诗文则讥讽朝政，“所怀如此，世之大恶……乃惟终不可不杀……正宜大明诛赏以示天下”；④舒亶札子指控“包藏祸心，怨望其上，讪渎慢骂而无复人臣之节者，未如轼也”，甚至“缘以指斥乘舆，盖可谓大不恭矣”，应“用世之重典，付轼有司，论如大不恭，以戒天下之为臣子者”；⑤ 李定札子除呼应舒亶外并列举苏轼“怙终不悔，其恶已著”，“傲悖之语，日闻中外”，“言伪而辩，行伪而坚”，“肆其愤心，公为诋訾”等四条罪状，认为属十恶不赦，非杀不可；⑥ 李宜之检举状针对《灵壁张氏园亭记》指控苏轼“乱举士之法”，“亏大忠之节”，“废为臣之道”，且“显涉讥讽，乞赐根勘”。⑦ 综上，从指控罪证看，何正臣、舒亶和

① 胡兴东、蔡燕、唐国昌等辑点：《〈宋会要辑稿〉法律史料辑录》，中国社会科学出版社，2021，下册，第 1185—1188 页。

② 胡兴东、蔡燕、唐国昌等辑点：《〈宋会要辑稿〉法律史料辑录》，中国社会科学出版社，2021，下册，第 1190 页。

③ ［美］蔡涵墨：《乌台诗案的审讯：宋代法律施行之个案》，载卞东波编译：《中国古典文学研究的新视镜——晚近北美汉学论文选译》，安徽教育出版社，2016，第 188、191 页。

④ 《诗案 • 监察御史里行何正臣札子》，转引自孔凡礼：《苏轼年谱》，中华书局，1998，第 449 页。

⑤ 《诗案 • 监察御史里行舒亶札子》，转引自孔凡礼：《苏轼年谱》，中华书局，1998，第 447—448 页。

⑥ 《诗案 • 御史中丞李定札子》，转引自孔凡礼：《苏轼年谱》，中华书局，1998，第 446—447 页。

⑦ 《诗案 • 国子博士李宜之状》，转引自孔凡礼：《苏轼年谱》，中华书局，1998，第 449—450 页。

李定主要针对《湖州谢上表》和《元丰续添苏子瞻学士钱塘集》，李宜之针对《灵壁张氏园亭记》；从指控罪状看，何正臣指控苏轼“愚弄朝政”，但未指明指控罪名和法律依据，舒亶明确指控苏轼“指斥乘舆”，属《宋刑统》规定“十恶”之“大不恭”，① 李宜之亦指控苏轼四项罪状，实质指向“大不恭”，李定指控罪状最细，且指“言伪而辩，行伪而坚”，“依先王之法当诛”，但无具体说明；从刑罚主张看，四人均要求或暗示处死刑，可见必欲借诗案置苏轼于死地。

（二）证据核验琐细周纳

诗案证据众多而自成链条和体系，大体包括以下几组：第一，举劾材料。包括何正臣、舒亶、李定和李宜之四篇举劾札子，元丰二年（1079年）五至七月进呈；另有大理寺提出初判意见后十一月二十八日舒亶、李定再次上奏要求处死刑的札子。第二，初始控证。包括《湖州谢上表》《灵壁张氏园亭记》两文和王诜资助、民间印行的《元丰续添苏子瞻学士钱塘集》及其中诗文，随四篇举劾札子提交。第三，审讯苏轼之记录。同年八至十二月苏轼入狱期间，御史台多次审讯苏轼之记录，共约40篇，最早一份审讯记录是在八月二十日，苏轼入御史台狱第三天；最后一份在十一月。第四，审讯他人之记录。“朋本”列举曾收受苏轼“讥讽文字”的张方平等24人，应均有审讯记录；另列出已收苏轼文字但未查出“讥讽文字”的章传等47人，针对此部分人员有无审讯记录尚无证据；十一月二十七日起还对苏轼举荐官员进行调查，亦可能有调查记录。

宋代诉讼比较重视证据，认为“监司最不可泛及，拷讯最不可妄加，而臆度之见最不可视以为是也”，② 强调审案必依证据裁判，“只有将证据通过审判思维逻辑串联成具有说服力的证据链，司法官的判决才能拥有超越权力本身的权威性，即一种基于事实的理性与逻辑的权威性”。③ 以诗案为例，证据核验呈现出以下特点：第一，举证类型集中但量大。诗案证据主要体现为被告人供述、人证与物证。如前所述，被告人供述多达40余次，人证多达近80人，《元丰续添苏子瞻学士钱塘集》既属物证、又属书证，内容涉及苏轼50余篇诗文，充分反映出口供在我国古代刑事诉讼中的至上地位。第二，质证体现出证—供—证的往复循环过程。诗案原始控证为《湖州谢上表》《灵壁张氏园亭记》两文和王诜资助、民

---

① “大不恭”系最严重罪行的“十恶”之六，“谓盗大祀神御之物、乘舆服御物，盗及伪造御宝，合和御药误不如本方及封题误，若造御膳误犯食禁，御幸舟船误不牢固，指斥乘舆情理切害及对捍制使而无人臣之礼”。参见（宋）窦仪等详定：《宋刑统校证》，岳纯之校证，北京大学出版社，2015，第7页。

② 田志光：《宋朝士大夫“以法治国”观论析》，《安徽师范大学学报（人文社会科学版）》2010年第1期。

③ 刘舟祺：《“酌情据法，以平其事”——从两则立继类书判论宋代士大夫民事司法的价值追求与实践技艺》，《法律史评论》第12卷，社会科学文献出版社，2019，第96页。

间印行的《元丰续添苏子瞻学士钱塘集》，御史台初次审讯即从原始控证入手，此为由证到供。由于苏轼在初期审讯中承认寄送过相关诗文但拒认讥讽指控，御史台又于庭外搜集苏轼相关诗文、查找收受诗文人员，此为由供到证。两方面贯穿诗案举证质证全程，注重供述与证物互证。其间，有九月三日至十三日、九月二十七日至十月十二日、十月二十日至十一月二日三个期间无供述记录，推测应为御史台庭外查证活动。第三，核验主要采原典、析义和示意三元方法。诗案证据核验具有书证主义特征，苏轼供述也主要针对被控诗文之用典、含义与意旨辩解。原典回溯诗文用典情况，析义重于阐释具体含义，示意旨在揭示实际意图，三者勾连贯通，整体上仍属文义分析方法。如针对写给刘恕的诗“敢向清时怨不容，直嗟吾道与君东”，供词释称“马融谓郑康成：‘吾道东矣。’故以比之。汲黯在朝，淮南寝议，又以比恕之直”，① 此谓原典；针对《山村五绝》第二首中的“老翁七十自腰镰，惭愧春山笋蕨甜”，供词释称“意山中之人，饥贫无食，虽老犹自采笋蕨充饥”，② 此谓析义；针对《司马光独乐园》“先生独何事，四方望陶冶。儿童诵君实，走卒知司马……抚掌笑先生，年来效喑哑”，供词释称“既言终当进用，亦是讥讽朝廷新法不便，终当用司马光，光却喑哑不言，意望依前攻击”，③ 此谓示意，当然是否是诗中原意真意另当别论。由于御史台借机打压旧党，其证据核验难免有穿凿附会、深文周纳之嫌，但亦表明其力图通过证据核验来查清事实、定罪量刑，仍具一定证据裁判理念。第四，比较注重据众证定罪。我国古代为防止证据核验与客观事实的严重背离，亦强调尽量避免孤证定案，立法上遂有据众证定罪之规则。《宋刑统》卷 29“断狱律”之六规定，“诸应议、请、减，若年七十以上、十五以下及废疾者，并不合拷讯，皆据众证定罪，违者以故失论。若证不足，告者不反坐”，所谓“诸应议、请、减”者指七品以上官享有不受拷讯特权；所谓“众证”谓“三人以上，明证其事，始合定罪”，④ 苏轼为从六品官属适用范围，加之因神宗关照对苏轼不宜刑讯，御史台遂多方组织证据，意在依靠证据之不同来源与较大数量保障证据核验之可靠真实，实质上仍采据众证定罪的证据核验方法。另值得注意者，宋律要求“质之众证”，“切不可凭一二人口说，便以为信，及备三两纸供状，谓可塞责”，⑤《宋刑统》规定“诸鞫狱官停囚待对问者，虽职不相管，皆听直牒追摄”，⑥ 即须组织证人与被控者当面对

① 四川大学中文系唐宋文学研究室编：《苏轼资料汇编：上编（二）》，中华书局，1994，第 602—603 页。

② 四川大学中文系唐宋文学研究室编：《苏轼资料汇编：上编（二）》，中华书局，1994，第 585 页。

③ 四川大学中文系唐宋文学研究室编：《苏轼资料汇编：上编（二）》，中华书局，1994，第 600—601 页。

④ （宋）窦仪等详定：《宋刑统校证》，岳纯之校证，北京大学出版社，2015，第 395—396 页。

⑤ 罗时润等译释：《洗冤集录今译》，转引自祖伟：《中国古代“据众证定罪”证据规则论》，《当代法学》2012 年第 1 期。

⑥ （宋）窦仪等详定：《宋刑统校证》，岳纯之校证，北京大学出版社，2015，第 400 页。

质。司法实践亦颇重视，如吴恕斋审理盛荣与盛友能争屋业案判词谓“予夺田地之讼，所据在契照，所供在众证”，并强调“盛荣所以嚣讼不已”的根源正在于“自县而府，即不曾追友闻对所以出卖之因”，没有“合唤友闻与盛荣面对是与不是盗卖”，吴恕斋据此组织双方当面对质，查清事实后做出公正裁判；吴恕斋审理另一争地界案判词中亦谓“以邻里证之，沈九二等供……众所共知，信非一日”。① 诗案牵连嫌犯几十人之多，供证亦为不少，虽无直接对质记载，但不排除御史台曾组织若干人与苏轼直接或间接对质之可能。

（三）定罪事实与量刑事实初步区分

诗案定罪量刑情况的两个版本材料中，“朋本”记载条理杂乱，② 论者认为是后人编辑原因所致；“重本”记载条理清晰。两个版本的定罪量刑情况虽有小别但实无大异，亦符合三段论演绎要求。现结合两个版本和其他材料，对诗案定罪量刑情况分别简析如下：

“朋本”记载。③ 第一，（1）事实：共七项事实，其中包括《湖州谢上表》因上表称谢，妄有诋毁，违敕。量刑：因敕令未规定具体处罚，大理寺采“海行条贯”之制，不指定刑名，从不应为轻重，参引《唐律疏议》第450条“不应得为而为之者”之规定，不应为事理，重者杖八十断，合杖八十私罪。（2）事实：到台累次虚妄不实供通，违律。量刑：别制下问按推，报上不实，徒一年，未奏减一等；合杖一百私罪。第二，事实：作诗赋等文字讥讽朝政阙失等事；到台被问，便具因依招通；作匿名文字，谤讪朝政及中外臣僚，违律。量刑：准律徒二年；准敕，罪人因疑被执，赃状未明，因官监问自首；依按问欲举自首；又准《刑统》，犯罪按问，欲举而自首，减二等；合并：合比附，徒一年。第三，事实：作诗赋及诸般文字寄送王诜等，致有镂版印行。各系讥讽朝廷及谤讪中外臣僚。量刑：①准敕，徒二年，情重者奏裁；②准律，犯私罪，以官当徒者，九品以上，一官当徒一年；③准敕，馆阁贴职，许为一官；或以官，或以职，临时取旨；④ 据按，苏轼见任祠部员外郎、直史馆，并历太常博士；其苏轼合追两官，勒停放；④准敕，比附定刑，虑恐不中者奏裁。

---

① 周名峰校释：《名公书判清明集校释·户婚门》，法律出版社，2020，第152、169页。

② “朋本”《东坡乌台诗案》第三部分“御史台根勘结按状”虽冠以御史台之名，但蔡涵默认为实为大理寺判词，赵晶认为其系“择取了御史台鞫狱后的奏状、大理寺检法议刑后的奏状、审刑院与刑部议覆后的奏状、御史台反对‘谳’与‘议’建议的奏状以及神宗最终裁定的敕牒等部分内容，进行杂糅汇编”。参见［美］蔡涵默：《乌台诗案的审讯：宋代法律施行之个案》，载卞东波编译：《中国古典文学研究的新视镜——晚近北美汉学论文选译》，安徽教育出版社，2016；赵晶：《文书运作视角下的“东坡乌台诗案”再探》，《福建师范大学学报（哲学社会科学版）》2019年第3期。

③ 孔凡礼：《苏轼年谱》，中华书局，1998，第463页。

④ 朱刚：《苏轼十讲》，上海三联书店，2019，第98页。

"重本"记载。[①] 第一，事实：到台累次虚妄不实供通。量刑：别制下问准律，别制下问，报上不实，徒一年，未奏减一等。第二，事实：①诗赋等文字讥讽朝政阙失等；②到台被问，便因依招通。量刑：①准敕，作匿名文字，谤讪朝政及中外臣僚，徒二年；②又准《宋刑统》，犯罪案问欲举，减罪二等，今比附，徒一年。第三，事实：作诗赋寄王诜等，致有镂板印行，讽毁朝政，又谤诋中外臣僚。量刑：①准敕，犯罪以官当徒，九品以上官当徒一年；②准敕，馆阁贴职许为一官。或以官，或以职，临时取旨。第四，事实：某人见任祠部员外郎直史馆，并历任太常博士。量刑：①合追两官，勒停；②犯在熙宁四年九月十日明堂赦、七年十一月二十日南郊赦、八年十月十四日赦、十年十一月二十七日南郊赦，所犯事在元丰三年十月十五日德音前，准赦书，官员犯人入己赃不赦，余罪赦除之。其某人合该上项赦恩并德音，原免释放。

结合"重本"和《续资治通鉴长编》，大理寺裁判意见为"当徒二年，会赦当原"。[②] 经奏报后，神宗做出终裁，"朋本"表述为："苏轼可责授检校水部员外郎，充黄州团练使，本州安置，不得签书公事"；"重本"表述为："特责授检校水部员外郎，充黄州团练副使，本州安置"。

综合上述简析，大理寺初判意见初步区分了定罪事实与量刑事实，表述较为规范、严谨，针对性强，显示出司法技术的专业化、职业化粗具雏形。同时，"重本"记载对"会赦当原"内容也做了详解，明确指出苏轼构罪无疑，但自苏轼有"犯罪事实"以来朝廷先后颁发过四次赦免令，审讯当年十月亦有新下的德音，认为"其某人合该赦恩并德音"，即上述赦免令及德音对苏案均属有效，故苏轼之罪已全部赦免，应"原免释放"，反映出相关机构官员对据法司法的维护。宋代司法活动蕴含着以"以平其事"为核心的价值追求和以"酌情据法"为核心的实践技艺，[③] 乌台诗案虽属刑案，其与民案程序并无大异，故上述价值追求和实践技艺在相关机构官员的裁判活动中仍有相应体现。

（四）裁判心证多用三段演绎

"朋本"与"重本"对定罪量刑的记载大同小异，判官的裁判心证区分了规定、事实与结论三个层次、三个要素，其推演过程实质上近于三段论演绎，现结合两个版本记载分别

---

① 朱刚：《"乌台诗案"的审与判——从审刑院本〈乌台诗案〉说起》，《北京大学学报（哲学社会科学版）》2018年第6期。

② （宋）李焘：《续资治通鉴长编》卷301，上海师范大学古籍整理研究所、华东师范大学古籍整理研究所点校，中华书局，2004，第十二册，第7333页。

③ 刘舟祺：《"酌情据法，以平其事"——从两则立继类书判论宋代士大夫民事司法的价值追求与实践技艺》，《法律史评论》第12卷，社会科学文献出版社，2019，第91—101页。

进行三段论归入：

“朋本”所载定罪量刑分为三个部分：

第一部分实质包含两组三段论演绎：第一组：（1）大前提（规定）：①准敕：“臣僚不得因上表称谢，妄有诋毁，仰御史台弱奏”；②又条海行条贯：“不指定刑名，从不应为私罪”；③准律：“不应为事理，重者杖八十断”。（2）小前提（事实）：“《湖州谢上表》讥用人生事扰民”等七项事实。（3）结论（裁判）：合杖八十私罪。第二组：（1）大前提（规定）：准律：“别制下问按推，报上不实，徒一年，未奏减一等”。（2）小前提（事实）：“又到台累次虚妄不实供通”。（3）结论（裁判）：“合杖一百私罪”。

第二部分为一组：（1）大前提（规定）：①准律：“作匿名文字，谤讪朝政及中外臣僚，徒二年”；②准敕：“罪人因疑被执，赃状未明，因官监问自首；依按问欲举自首”；③又准《刑统》：“犯罪按问，欲举而自首，减二等”。（2）小前提（事实）：①“作诗赋等文字讥讽朝政阙失等事”；②“到台被问，便具因依招通”。（3）结论（裁判）：“合比附，徒一年。系轻，更不取旨”。

第三部分为一组：（1）大前提（规定）：①准敕1：“作匿名文字，嘲讪朝政，及中外臣僚，徒二年。情重者奏裁”；②准律：“犯私罪，以官当徒者，九品以上，一官当徒一年”；③准敕2：“馆阁贴职，许为一官。或以官，或以职，临时取旨”；④准敕3：“比附定刑，虑恐不中者奏裁”。（2）小前提（事实）：①“作诗赋及诸般文字寄送王诜等，致有镂版印行。各系讥讽朝廷及谤讪中外臣僚”；②“据按，苏轼见任祠部员外郎、直史馆，并历太常博士”。（3）结论（裁判）：“苏轼合追两官，勒停放”。

“重本”所载大体相同，亦分为三个部分：

第一部分为一组：（1）大前提（规定）：准律：“别制下问按推，报上不实，徒一年，未奏减一等”。（2）小前提（事实）：“到台累次虚妄不实供通”。（3）结论（裁判）：“徒一年，未奏减一等”。

第二部分包括两组，第一组涉及定罪事实：（1）大前提（规定）：准敕：“作匿名文字，谤证（讪）朝政及中外臣僚，徒二年”。（2）小前提（事实）：“诗赋等文字讥讽朝政阙失等”。（3）结论（裁判）：“徒二年”。第二组涉及量刑事实：（1）大前提（规定）：“又准《宋刑统》，犯罪案问欲举，减罪二等”。（2）小前提（事实）：“到台被问，便因依招通”。（3）结论（裁判）：“今比附，徒一年”。

第三部分为一组：（1）大前提（规定）：①准敕：“犯罪以官当徒，九品以上官当徒一年”；②准敕：“馆阁贴职许为一官”。（2）小前提（事实）：“作诗赋寄王诜等，致有镂板印行，讽毁朝政，又谤诋中外臣僚”。（3）结论（裁判）：“或以官，或以职，临时取旨”。

综合上述归入分析，第一，作为大前提的规定，计有律、敕、法和判例四种，且分别对应于不同事实。其中，“御史台根勘结按状”定罪量刑部分共提及“准律”2次，“准《宋刑统》”1次，“准敕”4次，“比附”3次，“奏裁”2次，体现出大理寺法官的法源意识和找法能力。从法源类型看，引用敕最多，类推次之，律再次之。有论者认为，诗案反映出“宋代法律实践的发展越来越依赖皇帝的诏敕，而这是以损害《宋刑统》中规定的律条为代价的”，似有以敕代律甚至废律之嫌，① 本文对此持疑。应当指出，宋代整体上高度重视立法和司法工作，立朝之初即加紧推进统一立法，太祖建隆四年（963年）即颁布《宋刑统》，标志着宋代法制建设的重大进展。至诗案发生的元丰二年（1079年），《宋刑统》已颁行一百多年，北宋经济社会生活已发生诸多变迁，特别是市场流通活跃、商品经济发达、人员流动频繁、文化传播广泛等因素，加之庆历新政、熙宁变法、元丰改制等改革影响，导致《宋刑统》已难以简单套用于北宋中后期社会现实。朝廷针对新的情势及时颁行和灵活运用敕令等条文，司法办案合理运用解释技术和类推方法，主动适应社会变革，实质上推动法律制度转向“活法”，最大限度地适应社会变化，总体上仍值得肯定。第二，作为小前提的事实，“朋本”包括12项，其中定罪事实9项，量刑事实3项；“重本”包括4项，其中定罪事实与量刑事实各2项。第三，作为结论的裁判意见，系在引用法律规定、结合相关定罪事实和量刑事实情节后做出，符合《宋刑统》关于“诸断罪皆须具引律、令、格、式正文，违者笞三十。若数事共条，止引所犯罪者，听”的规定，② 基本体现了据法司法的要求。同时，法官亦注意结合法条区分具体事项之裁决是否属上奏情形，如规定范围内则依规定径行提出裁判意见，如“系轻，更不取旨”；超出规定范围或权限者则具明“情重者奏裁”，或“临时取旨”，亦体现了依法裁判要求和裁判权层级分工。

（五）据法司法切实体现

诗案相关文本比较清楚地记载了大理寺初判所依定罪量刑的根据、理由和结论，为通过个案了解北宋司法机构、法官的裁判思维提供了宝贵资料：御史台最初对苏轼的指控罪名是“指斥乘舆”，即辱骂皇帝，属可判死刑的重罪，李定等人也提出了死刑意见；但“大理寺官员明显与御史台的推勘者保持距离，他们拟定适用的法律”，避免了笼统定性的断罪方式，主要采取技术化的专业立场和裁判方法，力求做到定罪援引规则、量刑有所依据，

---

① ［美］蔡涵墨：《乌台诗案的审讯：宋代法律施行之个案》，载卞东波编译：《中国古典文学研究的新视镜——晚近北美汉学论文选译》，安徽教育出版社，2016，第210页。

② （宋）窦仪等详定：《宋刑统校证》，岳纯之校证，北京大学出版社，2015，第404页。

并努力实现罪、责相适，责、罚对应，审刑院也坚持了同样立场。① “朋本”指控记载七项事实中仅有“《湖州谢上表》讥用人生事扰民”有敕令明确禁止的规定，但未明确具体刑罚；其余六项事实主要来自苏轼陈述而非御史台直接指控，内容大多属苏轼与王诜、柳询、思僧、李清臣等人的私人钱物或请托往来，其中仅涉及赠李清臣两诗但并无讥刺朝廷之意，实与御史台指控内容和目的无关，且针对该六项事实宋律似无明确规定，大理寺判官认为性质又属严重，遂参“海行条贯”之制，② 引《宋刑统》卷二十七“杂律”之十二关于“诸不应得为而为之者，笞四十；事理重者，杖八十”之规定，③ 决定“合杖八十”。罪刑是否相适及妥当固可别论，但判官之据法司法理念和过程由此可观。又如“朋本”记载“准敕，罪人因疑被执，赃状未明，因官监问自首；依按问欲举自首”。原条有两个适用条件：一是存在犯罪财物情形，二是案发前如实招供属自首。大理寺判官本着有利于被告人理念，适用接近现代类推含义的“比附”原则，通过扩展解释使其适用于诗案，认定苏轼到案后如实供述可构成自首，既符合据法司法要求，亦体现了“宽和思生”的刑法理念。此外，诗案时值北宋中后期，得益于立国以来比较重视法制建设，社会习法氛围浓厚，士大夫法律素养普遍较高，当世的司马光、王安石、苏轼、吕公著、崔台符等均属法律高手，依法治国观念基本形成，“酌情据法、以平其事”成为司法准则，④ 加之诗案备受关注，办案机构难免面临一定压力，依法据理裁判亦势所必然。

五、诗案折射的宋代司法职业化趋向

诗案时处北宋中后期，司法制度建构运行基本定型，结合乌台诗案和其他材料，北宋时期的司法职业化趋向主要体现在以下方面：

（一）明确职业准入

前已述及，北宋实行刑事诉讼三机构分离、三职业独立体制。唐代朝廷通过设置专门

① ［美］蔡涵墨：《乌台诗案的审讯：宋代法律施行之个案》，载卞东波编译：《中国古典文学研究的新视镜——晚近北美汉学论文选译》，安徽教育出版社，2016，第187—212页。

② “海行”谓行于海内，指宋代法律规定中的条款适用于国家任何地方。参见（宋）赵升：《朝野类要》，中华书局，2007，第81页。

③ 此条源于《唐律疏议》第450条，所谓“不应得为而为之者”，乃谓“律令无条，理不可为者”，本条疏议曰“其有在律在令，无有正条，若不轻重相明，无文可以比附。临时处断，量情为罪，庶补遗阙，故立此条”。参见（宋）窦仪等详定：《宋刑统校证》，岳纯之校证，北京大学出版社，2015，第376页。

④ 语出“立继有据不为户绝”判词，参见周名峰校释：《名公书判清明集校释·户婚门》，法律出版社，2020，第197页。

法律考试选用官员谓之“明法”科，宋初亦有但规模很小，王安石变法时期神宗下诏设立“新科明法”考试，考试内容分为“律文”和“断案”两大部分，前者为法律条规，后者为审判实务。考试主要有两种类型，一谓“试刑法”，适用于从下级官吏中选用司法官；另一谓“明法科”，对普通人开放，考中者即有机会进入司法体系。熙宁三年（1070 年），朝廷制定了熙宁刑法六场格式，被认为是“中国历史上第一部关于司法考试比较完整的法规，并对北宋后期的司法考试制度产生了重大影响”。① 宋初立国即倡导学法习律以通吏道，加之推行“明法科”考选官员，造成宋代学习律令之普遍风尚，以至“有宋一代的名公巨卿，差不多个个都具有充分的法律知识和深切地了解民间疾苦和刑狱之弊”。② 参与过乌台诗案审判、并曾在审刑院履职的大理寺详断官崔台符即出自“明法科”。《宋史》对崔台符评价并不高，称其“所在以锻炼笞掠成之，都人惴栗，至不敢偶语”。③ 但在乌台诗案中，崔台符领导的大理寺顶住御史台的政治压力，基本保障了苏轼获得公平审判和合法判决的权利，并未法外重判。某种程度上，正是北宋时期相对独立的司法机构与司法职业，较为严密的诉讼程序，以及司法人员的专业精神，保障了乌台诗案最终有一个相对合理的结果。

（二）试行职业分立

其中巡捕官与狱官的分立较早实现，史载“时光化军断曹兴，将刑称冤，复命县尉鞫治。刑部上言，县尉是元捕盗官，事正于碍，望颁制以防枉滥故也”。④ 推司与法司的分立也逐步推行，南宋时期周林曾上奏《推司不得与法司议事》，谓应“严立法禁，推司公事，未曾结案之前，不得辄与法司商议”。⑤ 当然，二者混同现象实际仍存。嘉定五年（1212 年），荆湖北路转运司上言指信阳军判官兼之狱官，称“既自勘鞫，而又自检断，岂无妨嫌”？吏部认为“信阳军判官既兼司法检断，难以又兼军院鞫勘，委以职事相妨”，⑥ 也坚持推官与法官应当分离的要求。同一机构内部仍有职责分离，元丰时于刑部设“郎官四人分左右厅，或以详覆，或以叙审，同僚而异事，有防闲考覆之意”，南宋初虽“务从简审”，后又恢复；⑦ 元祐三年（1088 年），“大理寺卿路昌衡请分大理寺丞为左右推，若有翻异，

---

① 黄源盛：《中国法史导论》，广西师范大学出版社，2014，第 272 页。
② 徐道隣：《宋律中的审判制度》，载氏著：《徐道隣法政文集》，清华大学出版社，2017，第 207 页。
③ （元）脱脱等：《宋史》，卷 355《崔台符传》，中华书局，2000，第 8897—8898 页。
④ 马泓波点校：《宋会要辑稿・刑法》，河南大学出版社，2011，上册，第 443 页。
⑤ （明）黄淮、杨士奇：《历代名臣奏议》，卷 217，转引自［日］宫崎市定：《宋元时期的法制与审判机构》，载杨一凡、［日］寺田浩明主编：《日本学者论中国法制史论著选・宋辽金元卷》，中华书局，2016，第 37 页。
⑥ （清）徐松：《宋会要辑稿》职官四十八之十四，转引自［日］宫崎市定：《宋元时期的法制与审判机构》，载杨一凡、［日］寺田浩明主编：《日本学者论中国法制史论著选・宋辽金元卷》，中华书局，2016，第 37 页。
⑦ 邱汉平：《历代刑法志》，商务印书馆，2017，第 386 页。

自左移右再变”。① 此外，为保证司法机构分工及行权独立，立法还禁止参与案件审理的不同机构官员会见，防止相互干扰，如《庆元条法事类》卷九《断狱敕》载：“诸被差鞫狱、录问、检法官吏，事未毕与监司及置司所在官吏相见，或录问、检法与鞫狱官吏相见者，各杖八十”，② 反映出宋代已粗具依法独立行使司法权的理念。

（三）严格履职标准

进入司法体系需要通过考试，履职规律也逐步标准化，需承担相应责任。一是司法官员必须亲审案件。太宗因“颇闻御史台中鞫狱，御史多不躬亲，垂帘雍容，以自尊大”，专门下诏“御史决狱，必躬亲，不得专任胥吏”；淳化年间，“寻又诏狱无大小，自中丞以下，皆临鞫问，不得专责所司”。③ 二是要做到公正平和，罪刑相适。务求“明审克之公，使奸不容情，罚必当罪，用迪于刑之中”。④ 三是讲求效率，严防拖延。太祖、太宗时期就十分重视司法审限并作出明确规定，“听狱之限，大事四十日，中事二十日，小事十日，不他逮捕而易决者，不过三日”；“凡大理寺决天下案牍，大事限二十五日，中事二十日，小事十日。审刑院详覆，大事十五日，中事十日，小事五日”；⑤ 隆兴二年（1164 年）准奏“将州县、监司词诉分别轻重，立限结绝”；淳熙十五年（1188 年）诏“诸路凡有讼事，斟酌大小轻重，于送狱之际不许轻率”，⑥ 初步形成审限分类管控体系，表明当时已有轻重分离、快慢分道的意识机制，亦可供当今之民事简繁分流改革参酌借鉴。四是严格考核项目和标准。宋代对官吏考核的内容包括经济、稳定、司法、人口、教化等多方面，如《宋史·职官三》记载之“七事”“四善”“三最”，“七事”中两条直接涉及司法者为“较正刑狱、盗贼多寡”，“四善”为“德义有闻、清谨明著、公平可称、恪勤匪懈”，“三最”中两条直接涉及司法者为“狱讼无冤、催科不扰为治事之最；屏除奸盗、人获安处、振恤困穷、不致流移为抚养之最”。⑦ 继承了北宋多数制度的金朝提出了官吏政绩的分类评定标准“考课法”，人谓“四善十七最之制”，“四善”即“德义有闻、清慎明著、公平可称、勤恪匪懈”，都涉及司法官员；“十七最”中以下三条直接涉及司法官员：“七曰盗贼消弭，使人安静，为巡

---

① 邱汉平：《历代刑法志》，商务印书馆，2017，第 408 页。
② 杨一凡、田涛主编：《中国珍稀法律典籍续编》，戴建国点校，黑龙江人民出版社，2002，第 1 册，第 168 页。宋代其他材料亦有所载，参见（宋）洪迈：《容斋随笔》，穆公校点，上海古籍出版社，2015，第 137 页。
③ 邱汉平：《历代刑法志》，商务印书馆，2017，第 370、372 页。
④ 邱汉平：《历代刑法志》，商务印书馆，2017，第 387 页。
⑤ 邱汉平：《历代刑法志》，商务印书馆，2017，第 369、372 页。
⑥ 胡兴东、蔡燕、唐国昌等辑点：《〈宋会要辑稿〉法律史料辑录》，中国社会科学出版社，2021，下册，第 1086、1188 页。
⑦ （元）脱脱等：《宋史》，卷 163《职官志》，中华书局，2000，第 2572 页。

捕之最”，“十三曰谨察禁囚，轻重无怨，为狱官之最”，“十六曰议狱得情，处断公平，为法官之最”；此外，还提出了县令考核标准即“六事”，其中之六为“词讼简”。① 庆元四年（1198 年），臣僚奏请“今后论荐知县，如其廷无滞讼，邑无冤民，诉讼不至于上司者，始可剡荐，不得徒以财赋为争”，朝廷从之，② 强调推荐官员不得仅看税赋入库情况，更须符合办理司法案件无拖延、无冤错、能够服判息诉等三项条件，体现了兼顾公平效率、注重实质解纷的鲜明导向。于今观之，上述标准仍具积极意义。

（四）推行错判追责

太宗雍熙三年（986 年），朝廷即定制，“应断狱失入死刑者，不得以官减赎，检法官、判官皆削一任，而检法仍赎铜十斤，长吏则停任”，为此还实行司法官员署名制度，“凡集断急按，法官与议者并书姓名，议刑有失，则皆坐之”；③ 南宋时期，“《绍兴法》：鞫狱官推勘不得实，故有不当者，一案坐之。《乾道法》：又恐有移替事故者，即致淹延，乃令先决罪人不当，官吏案后收坐”。④ 此外，不仅司法官员要追责，连举荐者也跑不掉，真宗曾谓宰相曰“执法之吏，不可轻授。有不称职者，当责举主，以惩其滥”；仁宗时，刑部曾推荐详覆官，“帝记其姓名，曰：‘是尝失入人罪，不得迁官者，乌可任法吏？’举者皆罚金”；⑤ 也在仁宗时期，“陇安县民诬平民五人为劫盗，尉悉执之，一人掠死，四人遂引服……悉论死。未几，秦州捕得真盗，陇州吏当坐法而会赦。帝怒，特贬知州孙济为雷州参军，余皆除名流岭南”，⑥ 反映出朝廷对司法责任的重视和对错判案件的严处，于今之深化司法责任制改革亦不无启示借鉴。

六、结语

习近平总书记深刻指出：“我国古代法制蕴含着十分丰富的智慧和资源，中华法系在世界几大法系中独树一帜。要注意研究我国古代法制传统和成败得失，挖掘和传承中华法律文化精华，汲取营养、择善而用。”⑦ 党的二十大报告明确提出：“弘扬社会主义法治精神，

---

① （元）脱脱等：《金史》，卷 55《百官志》，中华书局，2000，第 816—817 页。
② 胡兴东、蔡燕、唐国昌等辑点：《〈宋会要辑稿〉法律史料辑录》，中国社会科学出版社，2021，上册，第 559 页。
③ 邱汉平：《历代刑法志》，商务印书馆，2007，第 371、375 页。
④ 邱汉平：《历代刑法志》，商务印书馆，2007，第 387 页。
⑤ 邱汉平：《历代刑法志》，商务印书馆，2007，第 372、374 页。
⑥ 邱汉平：《历代刑法志》，商务印书馆，2007，第 382 页。
⑦ 习近平：《加快建设社会主义法治国家》，《求是》2015 年第 1 期。

传承中华优秀传统法律文化，引导全体人民做社会主义法治的忠实崇尚者、自觉遵守者、坚定捍卫者。"[①] "法令昭然，有如日星"，[②] 乌台诗案诚属观察宋代诉讼程序的宝贵样本，宋代诉讼制度则是我国古代法治文明的灿烂篇章。宋代诉讼文化是中华法律文化的重要组成部分，在新的时代条件下积极弘扬宋代诉讼文化精华，对深入学习贯彻习近平法治思想，传承中华优秀传统法律文化，增强司法领域的道路自信、理论自信、制度自信和文化自信，进一步推进司法体系和司法能力现代化，在更高起点上建设中华民族现代法治文明，具有重要的现实意义与长远价值。致力于深入挖掘、传承包括宋代诉讼文化在内的中华优秀传统法治文化成果，为加快建设中华民族现代法治文明提供深厚的文化认同和智识资源，乃是当代中国法学理论与司法实务界责无旁贷的共同使命。

---

① 习近平：《高举中国特色社会主义伟大旗帜　为全面建设社会主义现代化国家而团结奋斗——在中国共产党第二十次全国代表大会上的报告》，《人民日报》2022年10月26日第1版。

② 周名峰校释：《名公书判清明集校释·户婚门》，法律出版社，2020，第282页。

遵法与从权：法学家苏轼的司法实践与审判风格*

喻　平**

摘　要　在宋代士林中，苏轼通法晓律、谙熟吏事、关怀人文，被当代学人称为“法学家”，是考察宋代司法理念与实践的绝佳对象。从法律人的角度观察苏轼，不仅应探析其法律表达，也应考察其司法实践。经查考，苏轼曾亲决密州盗窃案、杭州颜氏案等案件。在司法实践中，苏轼通过“遵法”完成遵从皇权的宣誓，以获取审判合法性，避免招致纷争。在具体的审断中，苏轼衡平各种价值，以最为切实有效的方式妥善处理纠纷，通过“从权”维护一方之治。考察苏轼的司法实践，不仅能更为全面地认识法学家苏轼，亦可管窥宋代司法名公的司法价值衡量及诉讼理想，回应学界关于宋代司法传统研究的诸多问题，具有重要的理论价值。

关键词　合法性宣誓；价值衡平；司法实践；审判风格；苏轼

一、绪论

赵宋惩五代藩镇之弊，自太祖始，以儒臣治州事。同时，朝廷颇为重视司法官的选任及其法律素养的养成。基于上述因素，宋代士大夫集汉以来的儒生、文吏于一身，成为通经术、明吏事、晓法律、重现实的复合型人才。进而，士大夫通法晓律、争言法令成为宋

---

* 本文系国家社科基金青年项目“宋‘故事’与宋代法律体系研究”（项目号：20CFX008）的研究成果。

** 喻平，湘潭大学法学学部副教授，华东政法大学博士后研究人员。

代风尚，明习文法、明练法律成为评价官员的重要标准。《宋史》论曰："宋之中叶，文学法理，咸精其能"，① 即为此意。法史学界有以司法官及其佐吏为视角考察宋代司法传统的进路，有学者认为，作为司法主体之一的宋代司法官呈现职业化趋向，对此进行史料挖掘和适度解释，是宋代司法文明叙事的一个新尝试。②

在宋代士林中，苏轼为知法、懂法且具法律自觉之典型。自台湾学者徐道隣始，学界从法律角度对苏轼的考察未曾中断。③ 陈景良在其论述宋代士大夫法律素养和宋代司法传统的系列论文中，多次言及苏轼，认为苏轼是谙熟朝廷法令、关心民间疾苦的典型人物。④ 此后，可能囿于史料的局限，学界主要关注苏轼的法律思想，典型代表有何勤华、赵晓耕、彭林泉、张群等学者。⑤ 从微观视角考察苏轼司法实践的研究暂付阙如。⑥ 尤显重要的是，苏轼的司法实践涉及宋代司法是否依法审判、是否具有稳定性等学界广泛关注的问题。有鉴于此，笔者不揣简陋，拟在既有研究基础上，查考苏轼亲自审理的司法案件，观察苏轼在事实认知、法律推理、现实处置等过程中的具体做法，发掘其在司法实践中所体现的审判风格，在还原更为全面的法学家苏轼的同时，管窥以苏轼为代表的宋代司法名公的司法价值衡量及诉讼理想，回应学界关于宋代司法文化定性研究的诸多问题。

二、事实：苏轼亲决的四个案件

苏轼虽屡历州县，但记载其亲决案件的史料并不多见。经查考，仅得四件，⑦ 暂取名

---

① （元）脱脱等：《宋史》，卷319《曾巩传》，中华书局，1985，第10396页。

② 陈景良：《"文学法理，咸精其能"——试论两宋士大夫的法律素养》（上、下），《南京大学法律评论》1996年第2期、1997年第1期；陈景良：《试论宋代士大夫的法律观念》，《法学研究》1998年第4期；陈景良：《唐宋州县治理的本土经验：从宋代司法职业化的趋向说起》，《法制与社会发展》2014年第1期。

③ 徐道隣：《法学家苏东坡》，载氏著：《徐道隣法政文集》，清华大学出版社，2017，第389—416页。

④ 陈景良：《试论宋代士大夫的法律观念》，《法学研究》1998年第4期。

⑤ 何勤华：《苏轼法律思想再探——以"较量利害，参用所长"之"术"为线索》，赵晓耕：《苏轼与北宋士人法律思维管窥》，彭林泉：《论苏轼的"以法活人"》，上述三篇文章均载眉山市法学会主编：《苏东坡法治思想与实践论文集》，四川大学出版社，2017，第1—12、13—24、138—150页。张群：《苏轼的行政才干与法政思想——从惠州营房问题说起》，《师大法学》2018年第2辑总第4辑，法律出版社，2019，第105—123页。

⑥ 笔者以"苏轼"与"法律""法制""法治""法政"等四个词条搭配作为主题词，在中国知网检索出相关文章24篇。除去9篇并非专论苏轼或与法律人苏轼无关之外，在余下的15篇文章中，有8篇以苏轼的法律思想、法律理念为题，另7篇也未涉及苏轼的司法实践。

⑦ 此外，文献中尚有名为苏轼所判的案件数则，例如"子瞻判和尚游娼""花判助官妓女从良"等。"子瞻判和尚游娼"一案参见（宋）罗烨：《醉翁谈录》，庚集卷2《花判公案》，胡绍文整理，载上海师范大学古籍整理研究所编：《全宋笔记》，大象出版社，2018，第9编第8册，第260页。该条史料有一定影响，例如，林语堂《苏东坡传》曾引用，参见林语堂：《苏东坡传》，群言出版社，2009，第98—99页。然而，笔者认为，《醉翁谈录》为话本小说集，"子瞻判和尚游娼"在原书即目之为"花判"，难以确证苏轼曾判此案。"花判助官妓女从良"一案参见（宋）王辟之：《渑水燕谈录》，卷10《谈谑》，金圆整理，载朱易安、傅璇琮等主编：《全宋笔记》，大象出版社，2006，第2编第4册，第105页。情况大抵类似于前者，故本文不用。

为“密州盗窃案”“杭州颜氏案”“杭州高丽僧案”“杭商负债案”。

（一）密州盗窃案

熙宁八年（1075年），苏轼知密州的次年，当地发生一起盗窃案。据苏轼《墓志铭》载：“郡尝有盗窃发而未获，安抚、转运司忧之。遣一三班使臣领悍卒数千人，入境捕之。卒凶暴恣行，以禁物诬民，入其家争斗，至杀人，畏罪惊散，欲为乱。”① 细观之，本案颇复杂，既涉盗窃，又涉斗杀，上有帅、漕介入，下有百姓奔走。就盗窃言，失窃之物恐为禁物。② 在宋代，禁物为私人不得有之物，从国家专营、禁止走私、礼制宫禁等不同规制角度，包括盐、矾、茶、酒，铜、铅等贵金属，兵器以及皇家专属物等。本案所指禁物，应为银矿。③ 重要的是，类似案件存在争议，据载：“密州民田产银，或盗取之，大理当以强。公亮曰：‘此禁物也，取之虽强，与盗物民家有间矣。’固争之，遂下有司议，比劫禁物法，盗得不死。”④ 仁宗朝，同在密州，也发生了一起盗窃禁物案。因属涉死刑的疑难案件，适用奏裁程序。大理寺以强盗论。宋代重惩盗贼，《宋刑统》载：“诸强盗……十匹及伤人者，绞；杀人者，斩。”⑤ 若案涉盗银，想必得财不少，依律应处死罪。然而，宰相曾公亮认为，此案虽用强盗手段，但“与盗物民家有间”，应定为盗禁物。双方相持不下，皇帝令有司集议，最终比照“劫禁物法”。就斗杀言，由于“卒凶暴恣行”，在官民冲突中有百姓被杀。其后，兵卒畏罪溃逃，可能酿成哗变，百姓奔走，诉至州衙。

面对复杂案情，苏轼从容处置。据载：“民奔诉轼，轼投其书不视，曰：‘必不至此。’散卒闻之，少安，徐使人招出戮之。”⑥ 苏轼分两步处理。第一，佯装不顾百姓诉求，“投其诉状于地”，以此稳定逃散兵卒；第二，待局势稍安，再派人抓获斗杀百姓的兵卒，以正国法。

（二）杭州颜氏案

元祐四年（1089年）七月，苏轼知杭州。当月，颜氏案发。案件背景为苏轼推行的一

---

① 孔凡礼：《苏轼年谱》，中华书局，1998，上册，第325页。

② 从常理推测，既然兵卒公然地以“禁物诬民”而非他物，说明失窃之物中很有可能包括“禁物”。

③ 经查考，密州产银。大致于仁宗末年，密州便发生过盗窃禁物案，该案所涉“禁物”即民田银矿。参见（元）脱脱等：《宋史》，卷312《曾公亮传》，中华书局，1985，第10233页。虽无确证表明苏轼案中“禁物”即银矿，但从路级官府调派数千兵卒缉捕可以想见，此案所涉地域广、涉案人员多，非单人单事。而且，仁宗末年距神宗熙宁八年仅十数年之隔。综上，笔者认为，密州盗窃案中所涉“禁物”很有可能同为银矿。

④ （元）脱脱等：《宋史》，卷312《曾公亮传》，中华书局，1985，第10233页。

⑤ 薛梅卿点校：《宋刑统》，卷19《贼盗律》，法律出版社，1999，第342页。

⑥ 孔凡礼：《苏轼年谱》，中华书局，1998，上册，第325页。

场税政改革。宋代税收有夏、秋之分，在夏季，民户须纳绸绢。苏轼发现，当地赋税状况堪忧。民户常以劣质绸绢输纳，且阻挠税吏甄别，此弊靡然成风。苏轼欲革弊立新，令税吏筛选所收绸绢。改革引发不满，据苏轼所述："至七月二十七日，有百姓二百余人，于受纳场前，大叫数声，官吏军民，并皆辟易。遂相率入州衙，诣臣喧诉。"①

知州甫至，即有百人啸聚，奔走于街巷，喧诉于州衙，本非小事。且杭州富庶，税赋关乎国帑，故不得不妥善处理。苏轼分析认为："此数百人，必非齐同发意，当有凶奸之人，为首纠率。"② 意即有奸人策动群体性事件。进而，侦查分三步展开。首先，询问证人。据受纳官陈述："有人户颜巽男颜章、颜益纳和买绢五匹，并是轻疏糊药，丈尺短少，以此拣退。其逐人却将专典揞撮及与揽纳人等数百人，对监官高声叫啖，奔走前去。"③ 可见，颜氏兄弟有煽动之嫌。其次，讯问嫌疑人。据司理院鞫推，颜氏兄弟招认："若或拣退，即须揞撮专拣，扇摇众户，叫啖投州，吓胁官吏，令只依递年受纳不堪䌷绢。"④ 颜氏兄弟预计官府将拣退劣质绸绢，便挑起事端，胁众喧嚣。再次，查访嫌疑人过往行迹。颜氏兄弟之父名为颜巽，此人原为书手，甚是奸猾，曾因收人钱财、虚销赋税、重复抵押等罪名被两次处刑。颜氏兄弟受其父影响，父子三人俱奸恶凶煞，闾里畏惧。⑤ 至此，颜氏兄弟因交纳劣质绸绢被官府拣退，进而鼓动百姓、率众强闯州府的事实已经查明。判决阶段，苏轼在判词中言："颜章、颜益家传凶狡，气盖乡闾。故能奋臂一呼，从者数百。欲以摇动长吏，胁制监官。蠹害之深，难从常法。"⑥ 根据颜氏兄弟的犯罪情节，苏轼在常法之外，判处二人刺配本州牢城。

（三）杭州高丽僧案

元祐四年（1089年）十一月，杭州发生一起高丽僧团来华祭奠并请求朝贡的案件。案件背景为高丽频繁朝贡带来弊端。其一，高丽朝贡，朝廷需赏赐，地方需接待，造成公私

① （宋）苏轼：《奏为法外刺配罪人待罪状》，载曾枣庄、刘琳主编：《全宋文》，上海辞书出版社，2006，第86册，第334页。

② （宋）苏轼：《奏为法外刺配罪人待罪状》，载曾枣庄、刘琳主编：《全宋文》，上海辞书出版社，2006，第86册，第334页。

③ （宋）苏轼：《奏为法外刺配罪人待罪状》，载曾枣庄、刘琳主编：《全宋文》，上海辞书出版社，2006，第86册，第335页。

④ （宋）苏轼：《奏为法外刺配罪人待罪状》，载曾枣庄、刘琳主编：《全宋文》，上海辞书出版社，2006，第86册，第335页。

⑤ （宋）苏轼：《奏为法外刺配罪人待罪状》，载曾枣庄、刘琳主编：《全宋文》，上海辞书出版社，2006，第86册，第335页。

⑥ （宋）苏轼：《奏为法外刺配罪人待罪状》，载曾枣庄、刘琳主编：《全宋文》，上海辞书出版社，2006，第86册，第335页。

劳费。如苏轼所言："熙宁以来，高丽人屡入朝贡……馆待赐予之费，不可胜数。两浙、淮南、京东三路筑城造船，建立亭馆……所在骚然，公私告病。"① 其二，高丽有为契丹刺探情报之嫌。其时，高丽为辽国臣属。契丹蓄谋跃马中原，便利用高丽人来华朝贡之机，刺探情报。如苏轼所言："使者所至，图画山川，购买书籍，议者以为所得赐予，大半归之契丹……有识之士，以为深忧。"② 苏轼作为州官，对于高丽使团颇为戒慎。

本案可从一位圆寂不久的杭州僧人静源说起。静源旧居海滨，常与高丽人交往，在高丽享有盛誉。③ 元丰末年，高丽王子义天来华时，二人曾有往来。静源有一门徒徐戬，曾雕造夹注《华严经》板运往高丽，获利白银三千两。静源故去后，徐戬为继续牟利，鼓动静源其他门徒，往高丽告知义天静源死讯，并请义天来华祭奠。义天得知静源圆寂，派门徒寿介、继常等人，携带公文来华祭奠静源。祭奠完毕后，寿介一行呈状称："临发日，奉国母指挥，令赍金塔二所，祝延皇帝、太皇太后圣寿。"④ 对此，苏轼一面退还书状，告知"朝廷清严，守臣不敢专擅奏闻"；⑤ 一面奏报朝廷请旨。

本案焦点在于如何处理徐戬。苏轼将其枷送司理院审讯，在元祐四年（1089 年）十一月三日的奏状中建议："法外重刑，以戒一路奸民滑商次"。⑥ 又据其次年八月的奏状载："奉圣旨，徐戬特送千里外州、军编管。"⑦ 从"特"字可知，朝廷采纳了苏轼"法外重刑"的建议，对徐戬做了法外加重处理。

（四）杭商负债案

杭州期间，苏轼还处理了一起制扇商人负债案件。⑧ 一日，州府接到陈诉，有人拖欠绸缎款项达两万钱。苏轼传唤被告，被告对债务并无异议。同时，被告称并非故意欠债不还，而是当前确有困难。其一，被告是经营团扇的商人，今春以来，阴雨连绵，天气寒冷，

---

① （宋）苏轼：《论高丽进奉状》，载曾枣庄、刘琳主编：《全宋文》，上海辞书出版社，2006，第 86 册，第 339 页。

② （宋）苏轼：《论高丽进奉状》，载曾枣庄、刘琳主编：《全宋文》，上海辞书出版社，2006，第 86 册，第 339 页。

③ 孔凡礼：《苏轼年谱》，中华书局，1998，中册，第 896 页。

④ （宋）苏轼：《论高丽进奉状》，载曾枣庄、刘琳主编：《全宋文》，上海辞书出版社，2006，第 86 册，第 339 页。

⑤ （宋）苏轼：《论高丽进奉状》，载曾枣庄、刘琳主编：《全宋文》，上海辞书出版社，2006，第 86 册，第 340 页。

⑥ （宋）苏轼：《论高丽进奉状》，载曾枣庄、刘琳主编：《全宋文》，上海辞书出版社，2006，第 86 册，第 340 页。

⑦ （宋）苏轼：《乞禁商旅过外国状》，载曾枣庄、刘琳主编：《全宋文》，上海辞书出版社，2006，第 87 册，第 39 页。

⑧ 本案见于何薳所记《春渚纪闻》卷 6《东坡事实》，该卷所记大体为苏轼轶事。作者何薳与苏轼为同时期人，据同卷《裕陵眷贤士》一文载"先生临钱塘日，先君以武学博士出为徐州学官，待次姑苏。公遣舟邀取至郡，留款数日，约同刘景文泛舟西湖"可见，作者的父亲与苏轼交情匪浅，彼此熟悉，不难想见作者可能从其父亲处得知苏轼事迹。且本卷目之以"事实"。综合来看，此事虽具戏剧性，但有一定可信度。参见（宋）何薳：《春渚纪闻》，卷 6《东坡事实》，储玲玲整理，载朱易安、傅璇琮等主编：《全宋笔记》，大象出版社，2008，第 3 编第 3 册，第 239、244 页。

团扇滞销；其二，被告父亲近日亡故，尚处居丧期间，以致迁延。

严格依律裁决并不利于本案的妥善解决。一方面，被告并非故意拖欠，确属事出有因；另一方面，若被告因杖责而致伤，将进一步减损偿债能力。苏轼显然意识到此点，并未简单地依律责打了事。他让被告将自己所制团扇取来，“公取白团夹绢二十扇，就判笔作行书、草圣及枯木竹石，顷刻而尽”。① 意即，书画名家苏轼帮债务人推销，在二十柄团扇上作画题诗。有了东坡墨宝，团扇顷刻以高价售罄。“其人抱扇泣谢而出。始逾府门，而好事者争以千钱取一扇，所持立尽，后至而不得者，至懊恨不胜而去。遂尽偿所逋。”② 最终，被告得以偿还债务。

三、遵法：审判合法性的前提

中国传统司法是否“依法审判”，是法史学界的经典命题。在各种讨论中，尤以20世纪90年代，滋贺秀三与黄宗智的争论为代表。滋贺秀三认为，清代民事审判基本上不引用任何实定法，情理是清代民事裁判的法源。所谓“情理”，简单说来就是“常识性的正义衡平感觉”。③ 黄宗智则认为，清代的民事审判基本上是以法律为准据的。④ 此后，随着讨论深入，学者从不同侧面对此议题有所拓展。⑤ 然而，既有研究仍有进一步深入的可能。一方面，滋贺秀三和黄宗智关于清代法源的争论，及其后来的研究，大体基于类型化的比较，往往聚焦于不同类型审判的基本框架和主要特点，且将各种类型视为一个稳定的结构，因此忽略了在同一时期的司法官在审判风格上的共时性差异。事实上，更为细致的研究表明，胡颖、蔡杭、刘克庄等南宋司法官在审判中风格各异，司法官对于法源的选择有各自的倾向和偏好。⑥ 那么，讨论具有代表性的苏轼的审判风格及其在司法实践中对法源的抉择，

① （宋）何薳：《春渚纪闻》，卷6《东坡事实》，储玲玲整理，载朱易安、傅璇琮等主编：《全宋笔记》，大象出版社，2008，第3编第3册，第244页。

② （宋）何薳：《春渚纪闻》，卷6《东坡事实》，储玲玲整理，载朱易安、傅璇琮等主编：《全宋笔记》，大象出版社，2008，第3编第3册，第244页。

③ ［日］滋贺秀三等：《明清时期的民事审判与民间契约》，王亚新等译，法律出版社，1998，第13页。

④ ［美］黄宗智：《清代的法律、社会与文化：民法的表达与实践》，上海书店出版社，2007，第189页。

⑤ 相关讨论参见张伟仁：《中国传统的司法和法学》，《现代法学》2006年第5期；汪雄涛：《功利：第三种视角——评滋贺秀三与黄宗智的“情理—法律”之争》，《学术界》2008年第1期；汪雄涛：《明清诉讼中的“依法审判”》，《开放时代》2009年第8期；［英］马若斐：《南宋时期的司法推理》，陈煜译，《中国古代法律史文献研究》第7辑，社会科学文献出版社，2013，第299—358页；赵晶：《中国传统司法文化定性的宋代维度——反思日本的〈名公书判清明集〉研究》，《学术月刊》2018年第9期；陈景良、王小康：《宋代司法中的事实认知与法律推理》，《学术月刊》2020年第2期。

⑥ 赵晶：《中国传统司法文化定性的宋代维度——反思日本的〈名公书判清明集〉研究》，《学术月刊》2018年第9期。

可为解决上述问题提供有效的学术积累。另一方面，滋贺氏与黄宗智的争论主要集中于民事审判领域。那么，在处理命盗重案时，断罪依据是否也存在一定模糊性呢？以及，我们是否可以超越“依法审判”来讨论此问题？本文拟在此基础上结合苏轼的审判风格，进一步申说。

苏轼所判四案，大抵涉及刑事领域。就刑案的法源问题，《晋书·刑法志》载：“律法断罪，皆当以法律令正文。若无正文，依附名例断之。其正文名例所不及，皆勿论。”① 在唐、宋及后世的法典中，有“诸断罪皆具引律、令、格、式正文”等类似规定。② 有学者指出，对于普通刑事审判，法律构成了判决的基础。③ 也有学者认为，宋代的司法审判中出现了专门“检法官”以及给“案由”制度，意味着“依法审判”的倾向。④ 主张在听讼中适用“情理”的滋贺氏也认为：“处理重罪案件的官吏则必须引用这种律例中的某项条文，据此才能进行刑的处断。”⑤

在苏轼的司法实践中，尽管法外用刑的情况多有，但细致分析，不难发现其对于遵法守法的重视。例如，在杭州颜氏案中，因颜氏兄弟素来为害乡里，犯罪情节严重，公然阻碍税收新政，苏轼在常法之外，判处兄弟二人刺配本州牢城。但是，在结案后，苏轼立刻上奏朝廷待罪。待罪奏状中，苏轼在细致阐述了“（颜氏兄弟）蠹害甚深，难从常法……庶几明年全革此弊……所贵今后京师即本路官吏军人，皆得堪好衣赐”等理由之后，仍乞朝廷“重行朝典”。⑥ 御史们的弹劾，恐怕也是苏轼上奏待罪的原因。宋人笔记记载，苏轼法外刺配之事被御史论为不法，屡章不已。⑦ 可见，宋代存在依法审判这一基本共识。

究其原因，笔者认为，制定法在传统社会具有宣誓审判正当性与合法性的作用。首先，法律是皇权的产物。汉代杜周在讨论律、令出处时曾言：“三尺法安出哉？前主所是著为律，后主所是疏为令。”⑧ 在历次的法典制定和颁行过程中，无不反映这一点。其次，制定法的权威是政权稳定的基础。东晋元帝时熊远的奏议说得颇为明晰：“自军兴以来，法度陵

① （唐）房玄龄等：《晋书》，卷30《刑法志》，转引自高潮、马建石主编：《中国历代刑法志注译》，吉林人民出版社，1994，第119页。

② 刘俊文点校：《唐律疏议》，卷30《断狱》，法律出版社，1999，第602页。

③ 徐忠明：《明清刑事诉讼“依法判决”之辨正》，《法商研究》2005年第4期；姚旸：《清代刑案审理法源探究》，《南京大学法律评论》2010年春季卷，法律出版社，2010。

④ 陈景良：《唐宋州县治理的本土经验：从宋代司法职业化的趋向说起》，《法制与社会发展》2014年第1期。

⑤ ［日］滋贺秀三等：《明清时期的民事审判与民间契约》，王亚新等译，法律出版社，1998，第12页。

⑥ （宋）苏轼：《奏为法外刺配罪人待罪状》，载曾枣庄、刘琳主编：《全宋文》，上海辞书出版社，2006，第86册，第335页。

⑦ （宋）陆游：《老学庵笔记》，卷4，李昌宪整理，载上海师范大学古籍整理研究所编：《全宋笔记》，大象出版社，2012，第5编第8册，第53页。

⑧ （汉）班固：《汉书》，卷60《杜周传》，中华书局，1962，第2659页。

替，至于处事不用《律》《令》，竞作属命，人立异议，曲适物情，亏伤大例……愚谓命录事更立条制，诸立议者，皆当引《律》《令》、经传，不得直以请言，无所依准，以亏旧典也。若开塞随宜，权道制物，此是人君之所得行，非臣子所宜专用。主者唯当征文据法，以事为断耳。”① 熊远认为，魏晋以来的变局，因法度陵替、不遵律令所致，在一般情况下，议政施政均应以《律》《令》、经传为准，即便需要调整立法，也应遵循“法自君出”的原则，在处理具体事务中，臣子遵法即可。数百年后，苏轼亦有类似的法律表达。他在《论每事降诏约束状》中称：“天子法天恭己，正南面，守法度，信赏罚而天下治，三代令王，莫不由此。若天下大事，安危所系，心之精微，法令有不能尽，则天子乃言，在三代为训诰誓命，自汉以下为制诏，皆所以鼓舞天下，不轻用也。若每行事立法之外，必以王言随而丁宁之，则是朝廷自轻其法，以为不丁宁则未必行也。言既屡出，虽复丁宁，人亦不信……臣谓立法不为不重，若以为未足，又从而降诏，则是诏不胜降矣。”② 苏轼认为，法度是天下安危所系，即便是天子，也不能肆意频繁更改，一脉相承地表达了守法度和维护法律稳定性的法律观念。再次，遵法是有序治理的保障。自制定法运动开端时代的魏晋南北朝始，便有不少关于遵守法律的讨论载于史册。例如，《晋书·刑法志》载：“夫天下之事多涂，非一司之所管；中才之情易扰，赖恒制而后定。先王知其所以然也，是以辨方分职，为之准局。准局既定，各掌其务，刑赏相称，轻重无二，故下听有常，群吏安业也。”③ 尚书裴頠在陈表中，借先王而言时政，表达对当时有法不依状况的不满，并提出要守恒制、遵准局，使得政事有常而群吏安业。有趣的是，晋朝裴氏遵法奉法的态度，在赵宋苏轼的奏对中仍然出现。在《策别十七首·策别三》中，苏轼称：“今天下治安，大吏奉法，不敢顾私，而府史之属招权鬻法，长吏心知而不问，以为当然。”④ 苏轼认为，属吏“招权鬻法”是当下弊政之一，言下之意，即应上下一体，遵守法律。总之，遵皇命制定颁行的法律，是以皇权为中心的政权有序治理的基石，律令法度的权威需要君臣上下维护。当然，稳定的律令法典难免遇到现实中“法有限而情无穷”的问题，为避免事实与规范的冲突，在立法上，可以遵循“法自君出”原则，通过敕、例、故事等法律形式来补充律令等基本法律，以确保法制稳定。

---

① （唐）房玄龄等：《晋书》，卷30《刑法志》，转引自高潮、马建石主编：《中国历代刑法志注译》，吉林人民出版社，1994，第121页。

② （宋）苏轼：《论每事降诏约束状》，载曾枣庄、刘琳主编：《全宋文》，上海辞书出版社，2006，第86册，第275页。

③ （唐）房玄龄等：《晋书》，卷30《刑法志》，转引自高潮、马建石主编：《中国历代刑法志注译》，吉林人民出版社，1994，第107页。

④ （宋）苏轼：《策别课百官三》，载张志烈等校注：《苏轼全集校注》，文集2，河北人民出版社，2010，第11册，第818页。

如上文所述，在司法实践中，作为州县官的苏轼确有遵法的审判风格，传统社会中也确有遵法守法的观念与事实。然而，与既有研究结论有别的是，苏轼之“遵法”的主要目的并不在于在司法过程之中严格遵照法定程序或者依法判决，而是将遵法守法作为牧民之官论罪议刑的前置性条件，以取得审判的正当性与合法性。

四、从权：多重价值间的衡平

学者在考察传统社会司法审判的过程中，常将论域限于单纯的审判活动，而忽略了州县官的多重职责及其审判行为在州县事务格局中的实际地位。事实上，州县官是代表皇权治理一方的亲民官，司法审判仅为其实现一方之治的众多政务之一种，而非现代三权分立意义上的司法行为。因此，州县官审理案件的首要目标并不是确保程序正当及严格适用法律，而在于平息社会纠纷，达成良好的治理效果。这一点，在探究苏轼审判风格的过程中令人印象深刻。

在苏轼的司法实践中，屈国法伸人情①的从权情形大量存在。例如，在密州盗窃案中，苏轼并未依照朝廷颇为重视的盗贼重法处置盗禁物的百姓，而是从“人情”出发惩治了斗杀百姓的暴卒。在杭商负债案中并未“依法”处罚制扇商人，而是亲自题写扇面，帮助商人偿还债务。在杭州颜氏案与杭州高丽僧案中，苏轼分别做出了“法外刺配”颜氏兄弟和对徐戬“法外重刑”的处理。细绎之，在密州盗窃案中，苏轼就是否处置盗窃禁物的百姓，需要综合考虑的情况有三：其一，从朴素的正义观出发，已有百姓在官民冲突中被杀，遭受了较为严重的暴力侵害，若再施以重刑，恐于情理不合；其二，从地方治理的角度来看，作为知州的苏轼所面对的是“百姓奔走，诉至州衙”的紧迫局面，若再大面积抓捕百姓，恐有逼良民为匪盗的风险；其三，从司法官的角度出发，在不久前的仁宗朝，密州便发生过一起盗窃禁物案，对于盗窃禁物的处置，宰相与中央法司之间产生了较大分歧，“顺势而为”将避免再次陷入纷争。总之，在权衡利害之后，苏轼并未处置盗“禁物”的百姓。在杭州颜氏案中，是否重惩颜氏兄弟也需权衡。首先，在起因上，颜氏兄弟挑起的骚乱起源于苏轼整顿税政。其次，在时间上，苏轼的施政发生在其就任杭州的当月，很有可能是新官上任第一把火，若处置不力，将严重影响其往后的施政效果。再次，据载“其时（颜章）寻拑撮翁诚叫屈。颜益在后用手推翁诚，令颜章拑去投州，即便走出三门前，叫屈二声，

---

① 此处所言的人情概指某种“事实”，可表示“社会中普遍存在的现实情况”，也可表示“行为举止合乎相应的伦常要求”。参见［英］马若斐：《南宋时期的司法推理》，陈煜译，《中国古代法律文献研究》第7辑，社会科学文献出版社，2013，第313页。

跳出栏干，将两手抬起，唤众户扇摇叫唤，称一时投州去来。众户约二百余人，因此亦一时叫唤相随，投州衙喧诉”。① 颜氏兄弟当场压制官员、鼓动骚乱的恶劣行径可见一斑，不重惩难以修复遭受侵害的官方公信力与权威。最后，苏杭夏季税收对于朝廷非常重要。据苏轼自述“庶几明年全革此弊……所贵今后京师即本路官吏军人，皆得堪好衣赐”。② 综上，苏轼冒着台谏弹劾的压力，力主对颜氏兄弟法外处刑的奏请，变得容易理解。同理，在杭州高丽僧案中，高频度多人次的高丽进贡对国家安全、地方治理的确造成了严重影响。在处理完高丽僧案之后，杭州、明州等地又发生了王应升请往高丽拨船入辽，李球往高丽经纪致使高丽人李资义等二百六十九人来朝等事件。对此，苏轼在元祐五年（1090年）的《乞禁商旅过外国状》中提出：“勘会熙宁以前《编敕》，客旅商贩，不得往高丽、新罗及登、莱州界，违者，并徒二年，船物皆没入官。窃原祖宗立法之意，正为深防奸细因缘与契丹交通。自熙宁四年，发运使罗拯始遣人招来高丽，一生厉阶，至今为梗。……若不特降指挥，将前后条贯看详，别加删定，严立约束，则奸民猾商，往来无穷，必为意外之患。”③ 然而，删修法令需要经过复杂程序与较长时间，站在地方官的角度，若眼下不对徐戬等奸民猾商特事特办、严肃惩治，恐怕难以遏制其往来无穷的行径，以致难以避免“意外之患”。在杭商负债案中，宋律对于负债不如期归还有较为详细的规定，据《宋刑统·杂律》“公私负债”条：“诸负债违契不偿，一匹以上，违二十日笞二十，二十日加一等，罪止杖六十；三十匹，加二等；百匹，又加三等。各令备偿。”④ 依照一匹大致一千钱的折算标准，本案中的两万钱显然已经超过了最低的起刑点。但是，如果严格依法裁判，作为被告的制扇商人将面临最少笞二十的刑罚。一方面，严格施刑，对于问题的处理并无裨益，只会减弱团扇商人的偿债能力；另一方面，此案属于民间细故，从情理出发解决问题无伤大雅。

如此说来，在具体审判过程中，无论是民间细故案件还是重罪案件，事实上分享同一理路，即苏轼以亲民官而非单纯司法官的角色体认，充分研判具体情况，综合运用情、理、法，在处理案件中衡平多重价值，以维护地方社会的安定与和谐，此即本文所称的“从权”。

---

① （宋）苏轼：《奏为法外刺配罪人待罪状》，载曾枣庄、刘琳主编：《全宋文》，上海辞书出版社，2006，第86册，第335页。

② （宋）苏轼：《奏为法外刺配罪人待罪状》，载曾枣庄、刘琳主编：《全宋文》，上海辞书出版社，2006，第86册，第335页。

③ （宋）苏轼：《乞禁商旅过外国状》，载曾枣庄、刘琳主编：《全宋文》，上海辞书出版社，2006，第87册，第40页。

④ 薛梅卿点校：《宋刑统》，卷26《杂律》，法律出版社，1999，第467页。

五、结论

从微观视角考察苏轼在司法实践中所展现的审判风格，不仅可以还原更为全面的法学家苏轼；更为重要的是，可以发现，作为地方官的苏轼的审判，并非西方式的包含事实认定、规范选择和运用等环节的法律适用，而是在获取审判合法性的前提下，通过衡平多重价值，以达到综合治理效果的过程。一言以蔽之，即遵法与从权的并重。需要指出的是，本文所称的遵法与从权，在逻辑上并非并列关系。司法官需要通过“遵法”完成遵从皇权的宣誓，以取得审判的合法性与正当性，避免审判招致不必要的批判与纷争，此为审判前提；在实际审判过程中，司法官重点考虑的则是妥善衡平多重价值，综合运用情、理、法，以最为便捷有效，最能妥善解决问题的方式平息纠纷，在“从权”中维护一方之治，以完成其司法官兼行政官这一复合身份所赋予的多重使命。据载，处理完杭州颜氏案后，苏轼在《杭州谢放罪表》中曾言：“职在承宣，当遵三尺之约束；事关利害，辄从一切之便宜。”① 这或许是苏轼对其自身审判风格的真实写照。

① （宋）苏轼：《杭州谢放罪表》，载曾枣庄、刘琳主编：《全宋文》，上海辞书出版社，2006，第86册，第153页。

苏轼与北宋编敕

彭林泉*

摘　要　北宋时，敕是一种法律形式，编敕是一种立法活动。在宋太祖到宋徽宗期间，有过多次编敕，且编敕活动逐渐频繁，至宋神宗朝时达到高峰，但几乎全已散失。苏轼在状、札子等文中，存留了大量北宋编敕，时间跨度大、地域范围广、使用频率高、表现形式多样、涉及内容广泛。在实践中，苏轼针对海外贸易法令和执行中的乱象、五谷力胜税钱的征收、高丽使者买书的利害、轻罪重罚的做法等问题，熟练地运用北宋编敕，提出解决措施，体现出苏轼的法律素养和担当精神，也反映了苏轼的民本思想和维护国家安全的意识，以及对实质正义的追求。苏轼对北宋编敕亦有独到的见解。上述内容对北宋法制研究，具有重要的价值，经此苏轼亦做出了自己的法学贡献。

关键词　苏轼；北宋；编敕；存留；运用；价值

在北宋，敕是一种法律形式，编敕是一种立法活动。《宋史·刑法志一》："宋法制因唐律、令、格、式，而随时损益则有编敕。"① 在宋太祖至宋徽宗期间，有过多次编敕，且编敕活动逐渐频繁，以适应经济社会发展的需要。其中宋神宗时编敕最多，共有86种，约占全宋编敕总数的40%，达到高峰。编敕是对《宋刑统》的补充，而不是破坏，且皇帝拥有立法权。截至目前，一些学者对北宋编敕立法的数量、篇名、历史地位、意义等做了分析，

---

* 彭林泉，四川省眉山市人民检察院高级检察官。

① （元）脱脱等：《宋史》，卷199《刑法志一》，转引自高潮、马建石主编：《中国历代刑法志注释》，吉林人民出版社，1994，第373页。

也有学者提及《苏轼文集》中存有编敕的篇目，苏轼亦能熟练地运用北宋编敕，反映了其较高的法律素养。① 问题是苏轼在文集中存留了多少北宋编敕？他是如何运用北宋编敕的？有何价值？诸如此类的问题，学术界少有深入和具体的研究。本文拟对此进行探讨，以揭示苏轼的法学贡献。

一、苏轼对北宋编敕的存留

苏轼在论、状、札子等诸文中，不仅存留了许多北宋的敕、敕令，还存留了大量的北宋编敕。根据孔凡礼先生点校、中华书局1986年出版的《苏轼文集》，笔者对苏轼存留北宋编敕的情况，进行了搜索、梳理。

据统计，在《苏轼文集》中，苏轼共使用编敕39次，其内容得以存留，具体情况见表一。

表一　苏轼使用编敕情况统计表

序号	时间	篇目	次数
1	元丰二年正月	乞医疗病囚状	1
2	元丰八年五月	刑政	1
3	元祐五年七月十五日	奏浙西灾伤第一状	1
4	元祐五年八月十五日	乞禁商旅过外国状	8
5	元祐六年十一月	奏淮南闭籴状二首	2
6	元祐七年正月	乞将合转一官与李直方酬奖状	1
7	元祐七年五月十六日	论积欠六事并乞检会应诏所论四事一处行下状	1
8	元祐七年六月十六日	扬州上吕相公论税务书	1
9	元祐七年七月二十七日	论仓法札子	1
10	元祐七年七月二十七日	论纲梢欠折利害状	5
11	元祐七年八月五日	乞岁运额斛以到京定殿最状	3
12	元祐七年八月初六日	申明扬州公使钱状	1
13	元祐七年十一月初七日	乞免五谷力胜税钱札子	1
14	元祐八年二月初一日	论高丽买书利害札子三首	10
15	绍圣元年正月	乞减价籴常平方米赈济状	1
16	绍圣二年正月	与程正辅七十一首（以下俱惠州）之四十九	1

经梳理，苏轼存留、使用编敕有以下特征：

一是时间跨度大。从“自祖宗以来《编敕》”的表述来看，包括宋太祖、宋太宗等时段

① 陈景良：《试论北宋士大夫的法律观念》，《法学研究》1998年第4期。

的编敕。从苏轼在文中列明的编敕来看，具体为从庆历、嘉祐、熙宁、元丰年间到元祐、绍圣年间，涉及宋仁宗、宋神宗和宋哲宗三朝。最早在《苏轼文集》中出现编敕一词的是元丰二年（1079年）正月苏轼上奏的《乞医疗病囚状》，最迟出现编敕一词的是作于绍圣二年（1095年）正月的《与程正辅七十一首》（以下俱惠州）之四十九。

二是地域范围广。无论是在徐州、常州、杭州、颍州、扬州、定州、惠州等地方任职，还是在朝廷为官，苏轼在状、札子等文中，均存有大量的北宋编敕。如在朝廷任礼部尚书时，在其奏论的《论高丽买书利害札子三首》中，存留不少北宋编敕。这与苏轼在元祐年间于地方（如杭州）和朝廷之间来回调动有关。

三是使用频率高。在16篇状、札子等中，共使用39次编敕，有的文章出现多次，如《乞禁商旅过外国状》共出现编敕8次，在元祐八年（1093年）二月间奏论的《论高丽买书利害札子三首》共使用10次，为最多。

四是表现形式多样。苏轼存留的北宋编敕，从书写或表现形式载体上看，主要有状、札子等，以状居多。其中状中出现24次，札子中出现12次，书中出现1次，论中出现1次，其他文中出现1次。

五是涉及内容广泛。如涉及海外贸易、高丽使者购书、税收、减免积欠、刑罚称罪、病囚医疗公使钱、奖励等。对此后面将作详细分析。

根据苏轼存留北宋编敕的内容，接表一的序号、时间、篇目，笔者制成表二。

表二　苏轼存留编敕内容统计表

序号	内容	出处
1	至熙宁四年十月二日中书札子详定编敕所状，令众官参详，狱囚不因病死，及不给医药饮食，以至非理惨虐，或谋害致死，自有逐一条贯？	第26卷第763—765页
2	今《编敕》续降，动若牛毛，人之耳目所不能周，思虑所不能照，而法病矣。	第4卷第134—135页
3	检准《编敕》节文，五谷不得收力胜钱。	第31卷第882—886页
4	勘会熙宁以前《编敕》，客旅商贩，不得往高丽、新罗及登、莱州界，违者，并徒二年，船物皆没入官。 《熙宁编敕》，稍稍改更庆历、嘉祐之法。 《元祐编敕》，亦只禁往新罗。 《庆历编敕》（内容略） 《嘉祐编敕》（内容略） 《熙宁编敕》（内容略） 《元祐编敕》（内容略） 乞三省密院相度裁定，一依庆历、嘉祐《编敕》施行。	第31卷第888—890页
5	右检会《编敕》，诸兴贩斛斗，虽遇灾伤，官司不得禁止……其逐州、县、镇官吏，亦明知有上条及臣已坐条关牒，并不施行，宁违朝廷《编敕》条贯，不敢违监司乖戾指挥。	第33卷第944—946页

续表

序号	内容	出处
6	右检准《编敕》节文（内容略）	第 33 卷第 950—954 页
7	检准《熙宁编敕》（内容略）	第 34 卷第 957—969 页
8	乞申明《编敕》，严赐约束行下，而罢真、扬、楚、泗转般仓。	第 48 卷第 1404 页
9	今来所奏，只是申明《元祐编敕》，不过岁捐转运司违法所收粮纲税钱一万贯，而能使六百万石上供斛斗，不大失陷，又能全活六路纲梢数千、牵鹤兵士数万人免陷深刑。	第 34 卷第 972—973 页
10	盖是朝廷捐商税之小利，以养活纲梢，而缘路官司，遵守《编敕》法度，不敢违条点检收税，以致纲梢饱暖，爱惜身命，保全官物，事理灼然。 臣寻已备坐《元祐编敕》，晓示今后更不得以随船为名，违条勒令住岸点检去讫。 乞朝廷申明《元祐编敕》不得勒令住岸条贯，严赐约束行下。 谨具《元祐编敕》及金部擅行随船点检指挥如左。 准元祐《编敕》（内容略）	第 34 卷第 974—979 页
11	臣前奏乞举行《元祐编敕》钱粮纲不得点检指挥。 自祖宗以来《编敕》，皆不许点检，当时不闻商税有亏。 今若依《编敕》放行，不惟纲梢自须投务纳税，如前状所论，而商贾坌集于京师，回路货物，无由复入，空纲揽载，所获商税必倍，此必然之理也。	第 35 卷第 983—874 页
12	检准《编敕》，诸州公使库，许以本库酒糟造醋沽卖，即系官监醋务本库愿认纳元额诸般课净钱，承买者听其所收醋息钱，并听额外收使。	第 35 卷第 985 页
13	今《元祐编敕》虽云灾伤地分虽有例亦免，而谷所从来，必自丰熟地分，所过不免收税，则商贾亦自不行。	第 35 卷第 990—991 页
14	仍奏乞编配狡商猾僧，并乞依祖宗《编敕》，杭、明州并不许发舶往高丽，违者徒二年，没入财货充赏。 检会《元祐编敕》，诸以熟铁及文字禁物与外国使人交易，罪轻者徒二年。 今乃废见行《编敕》之法，而用一时失错之例……今买书利害如此，《编敕》条贯如彼，比之皮冠与旌，亦有间矣。 臣已令本部备录《编敕》条贯，符下高丽人使所过州郡，约束施行去讫。 近又检坐见行《编敕》，再具论奏，并不蒙朝廷详酌利害，及《编敕》法意施行，但检坐《国朝会要》，已曾赐予，便许收买。 而况《会要》之为书，朝廷以备检阅，非如《编敕》一一皆当施行也。 臣只乞朝廷，详论此事，当遵行《编敕》耶？ 譬《编敕》禁以熟铁与人使交易，岂是外国都未有熟铁耶？	第 35 卷第 994—1000 页
15	今体问得春夏之交，人户委是阙食，既非河水灾伤，即每事只依《编敕》指挥，欲坐观不救，恐非朝廷仁圣本意。	第 36 卷第 1034—1036 页
16	谨按《编敕》，支移折变，令转运司相视丰歉，务从民便。	第 54 卷第 1609—1612 页

这些存留的内容丰富且重要。

二、苏轼对北宋编敕的运用

与此相关的问题是苏轼如何运用这些北宋编敕。陈景良先生认为，苏轼对法律的熟练主要表现为三个方面，其一即是在他向朝廷乞写的状奏及札子奏中熟练地运用法律条文及历朝编敕。① “苏轼通过对庆历、嘉祐、熙宁、元丰诸编敕及敕令节文进行比对后，得出了‘元丰九月十七日指挥，最为要害’的结论，其原因就在于指挥‘将祖宗以来禁人往高丽、新罗条贯，一时削去，又许商贾得擅带诸藩附船入贡’。他提出应删定熙宁以来敕令，对于商贩出国严加约束的建议。”② 这为笔者的详细分析提供了参考。苏轼对北宋编敕的运用，涉及较广，特点明显，也取得一定成效。

（一）苏轼对北宋编敕运用的状况

苏轼对北宋编敕的运用涉及海外贸易、税收等诸多内容，从一个侧面印证了他对法律的熟悉或者说法律素养。这里着重从苏轼对海外贸易的乱象、高丽使者购书的利害、五谷力胜税钱的征收、轻罪重罚的弊病、病囚医疗的问题五个方面提出的改进措施进行详细分析。

1. 对海外贸易乱象主张管制

北宋时，杭州、泉州等地的海外贸易乱象丛生，部份商人非法交易，甚至勾结高丽与辽国，危及北宋国家安全。苏轼在《乞禁商旅过外国状》一文中，列举了三起案件，即泉州商人徐戬非法交易案、泉州商人王应升非法交易案和商人李球非法交易案，它们均与高丽有关，其中王应升假借高丽公凭前往敌国（辽国）做买卖被抓获，查获船上全部是辽国的货物，李球还为牟利从高丽走私货物。对此，苏轼在查办徐戬案件后，奏论自己的看法。出于国家安全的考虑，他针对这些乱象，先后引用《庆历编敕》《嘉祐编敕》《熙宁编敕》《元祐编敕》及相关内容，进行比对分析，主张加以管制：

① 陈景良：《“文学法理，咸精其能”（上）——试论两宋士大夫的法律素养》，《南京大学法律评论》1996年秋季号。

② 陈景良、喻平：《苏轼的司法理念与实践》，载赵晓耕主编：《北宋士大夫的法律观——苏洵、苏轼、苏辙法治理念与传统法律文化》，北京大学出版社，2020，第206页。

勘会熙宁以前《编敕》，客旅商贩，不得往高丽、新罗及登、莱州界，违者，并徒二年，船物皆没入官。①

苏轼认为，祖宗立法的原意，正是为了防止奸细乘机与契丹勾结。这是苏轼在文中第一次引用熙宁以前《编敕》的相关禁令。熙宁以前《编敕》，从上下文来看，主要是指《庆历编敕》《嘉祐编敕》。《庆历编敕》相关禁令的内容如下：

客旅于海路商贩者，不得往高丽、新罗及登、莱州界。若往余州，并须于发地州、军，先经官司投状，开坐所载行货名件，欲往某州、军出卖。许召本土有物力居民三名，结罪保明，委不夹带违禁及堪造军器物色，不至过越所禁地分。官司即为出给公凭。如有违条约及海船无公凭，许诸色人告捉，船物并没官，仍估物价钱，支一半与告人充赏，犯人科违制之罪。②

《嘉祐编敕》的规定与此规定基本相同。

而《熙宁编敕》对《庆历编敕》《嘉祐编敕》的规定稍做了修改。苏轼在文中引用《熙宁编敕》的相关规定：

诸客旅于海道商贩，于起发州投状，开坐所载行货名件，往某处出卖。召本土有物力户三人结罪出，保明委不夹带禁物，亦不过越所禁地分。官司即为出给公凭。仍备录船货，先牒所往地头。候到日点，检批凿公凭讫，却报元发牒州，即乘船。自海道入界河，及往北界高丽、新罗并登、莱界商贩者，各徒二年。③

随后论说到，熙宁四年（1071 年）发运使罗拯开始派人与高丽相往来，由此埋下祸端，以致演变成灾祸。至元丰八年（1085 年）九月十七日敕，只禁止国人去辽国及登州、莱州，其余地方不加禁止，又允许外国人搭便船前来朝贡，商贩也听从其便。《元祐编敕》也只禁止国人前往新罗。由此导致刁民奸商，争相请发通行证，往来如梭，公然载运外国使者前来朝贡，骚扰各地。

接着，苏轼引用了两段中书札子节文和敕节文。一段是元丰三年（1080 年）八月二十

---

① 《苏轼文集》，孔凡礼点校，中华书局，1986，第 3 册，第 889 页。
② 《苏轼文集》，孔凡礼点校，中华书局，1986，第 3 册，第 889 页。
③ 《苏轼文集》，孔凡礼点校，中华书局，1986，第 3 册，第 890 页。

三日中书札子节文：

诸非广州市船司，辄发过南蕃纲舶船，非明州市舶司，而发过日本、高丽者，以违制论，不以赦降去官原减。（其发高丽船，仍依别条。）①

另一段是元丰八年（1085年）九月十七日敕节文：

诸非杭、明、广州而辄发海商舶船者，以违制论，不以去官赦降原减。诸商贾由海道贩诸蕃，惟不得至大辽国及登、莱州。即诸蕃愿附船入贡或商贩者，听。②

从内容上看，这当是《元丰市舶条例》中的部分内容。在他看来：

堪会元丰八年九月十七日指挥，最为害事，将祖宗以来禁人往高丽、新罗条贯，一时削去，又许商贾得擅带诸蕃附船入贡。因此，致前件商人徐戬、王应升、李球之流，得行其奸。③

苏轼认为这种状况必须改变，要求三省密院相度裁定，一依庆历、嘉祐《编敕》施行。从上可见，苏轼在文中存留了若干北宋各个时期海外贸易法令编敕。具体来说共有8处，这是单篇文章引用北宋编敕数量最多的。陈景良、杨丁宇等学者对此给予积极评价。④

2. 对高丽使者买书持反对态度

苏轼在《乞禁商旅过外国状》一文中，已提及“况高丽臣属契丹”，⑤ 即高丽是宋朝北方敌对国辽国的藩国。其通好宋朝，恐为辽国向宋寻衅提供口实。苏轼曾说：“使者所至，图画山川，购买书籍，议者以为所得赐予，大半归之契丹。虽虚实不可明，而契丹之强，足以祸福高丽；若不阴相计构，则高丽岂敢公然入朝中国？有识之士，以为深忧。”⑥ 他为

① 《苏轼文集》，孔凡礼点校，中华书局，1986，第3册，第890页。

② 《苏轼文集》，孔凡礼点校，中华书局，1986，第3册，第890页。

③ 《苏轼文集》，孔凡礼点校，中华书局，1986，第3册，第891页。

④ 参见陈景良、喻平：《苏轼的司法理念与实践》，载赵晓耕主编：《北宋士大夫的法律观——苏洵、苏轼、苏辙法治理念与传统法律文化》，北京大学出版社，2020，第206页；杨丁宇：《从〈乞禁商旅过外国状〉看北宋海外贸易法令的制定与执行中的乱象》，载眉山市法学会主编：《苏东坡法治思想与实践论文集》，四川大学出版社，2017，第177—182页。

⑤ 《苏轼文集》，孔凡礼点校，中华书局，1986，第3册，第888页。

⑥ 《苏轼文集》，孔凡礼点校，中华书局，1986，第3册，第847页。

此深表担忧。

元祐八年（1093年）二月，高丽使者又来汴京，欲买《册府元龟》等书。作为礼部尚书的苏轼，在元祐八年二月初一日至二十六日期间，不到一个月，先后写了《论高丽买书利害札子三首》，论奏高丽买书的利害，表明其反对态度。

过去，高丽使者到汴京时，尚书省曾允许他们购买了一些书。元祐八年二月初一日，苏轼奏论高丽使所买书籍等事，分析利害，在文中提出了著名的“五害说”。他反对宋神宗当时对高丽推行的政策，认为“财政上耗资巨大”“军事上泄露机密”“外交上丽、辽‘阴相计构’”。① 考虑到高丽与辽国的关系，苏轼认为对高丽使者不可假以书籍，但未被采纳。尚书省的理由是“所买书籍，曾经收买者许依例收买”，“对今来吏人独免上簿，而书籍仍许收买”。

元祐八年二月十五日，他继续论奏，说道：

> 检会《元祐编敕》，诸以熟铁及文字禁物与外国使人交易，罪轻者徒二年。看详此条，但系文字，不问有无妨害，便徒二年，则法意亦可见矣。以谓文字流入诸国，有害无利。故立此重法，以防意外之患。前来许买《册府元龟》及《北史》，已是失错。古人有言：“一之谓甚，其可再乎？”今乃废见行《编敕》之法，而用一时失错之例，后日复来，例愈成熟，虽买千百部，有司不敢复执，则中国书籍山积于高丽，而云布于契丹矣。臣不知此事于中国得为稳便乎？②

在这里，他两次对照和引用《元祐编敕》和《编敕》之法，特别是以《元祐编敕》的刑事规定及处罚作为依据。他举历史上齐景公的例子，说“今买书利害如此，《编敕》条贯如彼，比之皮冠与旌，亦有间矣”，③ 以说明守道的重要性。

二十六日，他继续奏论高丽买书事：

> 今准敕节文，检会《国朝会要》：淳化四年、大中祥符九年、天禧五年曾赐高丽《九经书》《史记》《两汉书》《三国志》《晋书》、诸子、历日，圣惠方、阴阳、地理书等，奉圣旨，依前降指挥。臣前所论奏高丽入贡，为朝廷五害，事理灼然，非复细故。近又检坐见行《编敕》，再具论奏，并不蒙朝廷详酌利害，及《编敕》法意施行，但检

---

① 王水照：《苏轼的高丽观》，载氏著：《苏轼研究》，中华书局，2015，第317—318页。
② 《苏轼文集》，孔凡礼点校，中华书局，1986，第3册，第999页。
③ 《苏轼文集》，孔凡礼点校，中华书局，1986，第3册，第999页。

坐《国朝会要》，已曾赐予，便许收买。窃缘臣所论奏，所计利害不轻，本非为有例无例而发也。事诚无害，虽无例亦可；若其有害，虽百例不可用也。①

最后一句话尤为重要，在他看来，不能以有无先例为标准，而应以利害轻重为准则。这有法理之意。他针对先例说进行了反驳。在这里，他又两次引用《编敕》，提出按《编敕》法意施行。接着，他又引用《编敕》，提出应当遵行《编敕》，不再允许高丽使者购书：

而况《会要》之为书，朝廷以备检阅，非如《编敕》一一皆当施行也。臣只乞朝廷，详论此事，当遵行《编敕》耶？为当检行《会要》而已？臣所忧者，文书积于高丽，而流于北虏，使北人周知山川险要边防利害，为患至大。虽曾赐予，乃是前日之失，自今止之，犹贤于接续许买，荡然无禁也。又，高丽人入朝，动获所欲，频岁数来，驯致五害。②

在这一系列论奏中，他共引用编敕10次，以阐述自己的看法，这种为国是谋的精神非常可贵。而对于与高丽正常的文化交往，苏轼并无异议，持积极态度。

3. 对五谷力胜税钱主张废除

北宋前期，商船不论载货与否，均按载重量收税，称“力胜钱”。唯贩运粮食不收。神宗时，各州军为增加商税收入，对贩粮船也征税，称“五谷力胜钱”。朝廷屡令禁征而无效。③

苏轼多次论及五谷力胜税钱，元祐七年（1092年）十一月初七日上奏的《乞免五谷力胜税钱札子》集中体现了他的看法，即主张废除对五谷力胜税钱的征收。他说：

而近岁法令，始有五谷力胜税钱，使商贾不行，农末皆病。④

过去是以法不税五谷，而近年来实行五谷力胜税钱，致使商贾不行，农末皆病，此处揭示了征收五谷力胜税钱的严重后果。苏轼认为这是盛世的弊病。他进一步举例说：

---

① 《苏轼文集》，孔凡礼点校，中华书局，1986，第3册，第1000页。
② 《苏轼文集》，孔凡礼点校，中华书局，1986，第3册，第1000页。
③ 张志烈、马德富、周裕锴主编：《苏轼全集校注》，河北人民出版社，2010，第2525页。
④ 《苏轼文集》，孔凡礼点校，中华书局，1986，第3册，第990页。

臣顷在黄州，亲见累岁谷熟，农夫连车载米入市，不了盐茶之费；而蓄积之家，日夜祷祠，愿逢饥荒。又在浙西，亲见累岁水灾，中民之家有钱无谷，被服珠金，饿死于市。此皆官收五谷力胜税钱，致商贾不行之咎也。①

为此，苏轼提出“以物与人，物尽而止”“以法活人，法行无穷”的主张。他说：

今陛下每遇灾伤，捐金帛，散仓廪，自元祐以来，盖所费数千万贯石，而饿殍流亡，不为少衰。只如去年浙西水灾，陛下使江西、湖北雇船运米以救苏、湖之民，盖百余万石。又计籴本水脚官钱不赀，而客船被差雇者，皆失业破产，无所告诉。与其官司费耗，为害如此，何似削去近日所立五谷力胜税钱一条，只行《天圣附令》免税指挥？则丰凶相济，农末皆利，纵有水旱，无大饥荒。虽目下稍失课利，而灾伤之地，不必尽烦陛下出捐钱谷，如近岁之多也。②

五谷力胜税钱弊病甚多，为此他提出“削去近日所立五谷力胜税钱一条，只行《天圣附令》免税指挥”，③ 认为废除此法，可以使丰荒相济，对农业和商业都有好处，即使有水旱之灾，也不会发生大的饥荒。《天圣附令》规定：“诸商贩斛斗，及柴炭草木博籴粮食者，并免力胜税钱。诸卖旧屋材柴草米面之物及木铁为农具者，并免收税。其卖诸色布帛不及匹而将出城，及陂池取鱼而贩易者，并准此。”④ 其主要内容是对商贾贩运粮食等免税。苏轼进而提出：

今《元祐编敕》虽云灾伤地分虽有例亦免，而谷所从来，必自丰熟地分，所过不免收税，则商贾亦自不行。⑤

意思是《元祐编敕》虽然规定受灾地区即使有相关征收律令，也应免除五谷力胜税钱，而用来赈济的粮食，必然来自丰收地区，在运往灾区的沿途不免被征税，则商人也不敢行动。在这里，他引用《元祐编敕》阐述自己的主张。

① 《苏轼文集》，孔凡礼点校，中华书局，1986，第3册，第991页。
② 《苏轼文集》，孔凡礼点校，中华书局，1986，第3册，第991页。
③ 《苏轼文集》，孔凡礼点校，中华书局，1986，第3册，第991页。
④ 《苏轼文集》，孔凡礼点校，中华书局，1986，第3册，第991页。
⑤ 《苏轼文集》，孔凡礼点校，中华书局，1986，第3册，第991页。

有人据此建议制定这样一条法令：如果一路发生灾害，则相邻的路也免去五谷力胜税钱；一州发生灾害，则邻州也予免税。苏轼认为这与现行法令相比，虽然稍有变通，但若隔一路一州之外，则丰歉又不能相救，所以还不是良法。必须尽废此类有关五谷力胜税钱的法令，只按《天圣附令》行事，方可行之有效。

苏轼在文中详细列出不同时期的《天圣附令》《元丰令》和《元祐敕》等与之相关的规定，作为自己主张的依据。苏轼认为，如果照其意见办理，税钱也不至于大幅流失。因为粮食不予征税，商业必然兴旺，行商若不载现钱，则回程亦必然要带些货物。现钱与货物都须征税，则所得不一定就比力胜税钱少。互通有无，方便救济，公私费用节省，其利不可计算。最后他说道，现在大赦已经迫近，如果在赦书中顺便下达此令，更显圣德，如此则深得民心，实乃无穷之利。

陈景良先生认为，苏轼任职杭州、扬州期间，针对朝廷开征“五谷力胜钱”之法令给老百姓造成的沉重负担，写就此文，提出了“以法活人，法行无穷”的观点，认为应“尽削今日之弊法，专用《天圣令附令》指挥”，且在其奏状中尽列《天圣附令》《元丰令》《元祐敕》的有关规定。可见，苏轼不仅谙熟法律，且把法令的贯彻落实到了减轻民间疾苦上，反映了他的法律素养和人文情怀。① 这是有见地的。

4. 对轻罪重罚的做法表示反对

仓法，是“诸仓乞取法”的简称，宋神宗在位时颁布。苏轼在《论仓法札子》中所说的重禄，也就是重禄法，即仓法。在诗文中，苏轼多次提及仓法，在其《论仓法札子》中更是运用《元祐编敕》来表明自己的立场。

元祐七年（1092 年）七月二十七日，苏轼在《论仓法札子》中，认为仓法是暂时推行的权宜之计，导致天下惊恐，实为古今所无，乃盛世的虐政。自圣上即位以来，首次缓行此法，但一些衙门和胥吏靠这道法令为生，朝廷不愿仓促间就夺去其请受，所以一直因循至今。仓法乃是不得已而保留，绝不是说可以依赖这一虐政以为治。他指出：

> 自有刑罚已来，皆称罪立法，譬之权衡，轻重相报，未有百姓造铢两之罪，而人主报以钧石之刑也。今仓法不满百钱入徒，满十贯刺配沙门岛，岂非以钧石报铢两乎？天道报应，不可欺罔，当非社稷之利。②

---

① 陈景良：《试论北宋士大夫的法律观念》，《法学研究》1998 年第 4 期。

② 《苏轼文集》，孔凡礼点校，中华书局，1986，第 3 册，第 972—973 页。

仓法规定仓吏勒索财物不满百钱就处一年徒刑，每增百钱加刑一等，满千钱流二千里，满十千钱为首者刺配沙门岛（北宋流放罪犯之地）。对此严刑峻法，苏轼极不赞成。他认为，这种轻罪重罚的做法对国家不利，作为臣下，皆当劝谏圣上慎重行事，不能因为一点点的利害就轻易为之。仓吏敢于勒索财物，也是因为监司（负有监察之责的官吏）不得人，监察不到位，如果监司选人得当，胥吏岂敢为非作歹？所以问题的关键在于妥善选择监司。如果监司选择不当，即使对仓吏军法从事，他们为非作歹仍会更加严重。现在的执政大臣不留心如何去选择官员，却独行仓法，并不是治理的良策。现在又下令对真州、扬州、楚州、泗州等地转运仓的斗子（掌管仓库出纳的下等役人）实行仓法，致纲运败坏。执政大臣始终不愿选择一些干练的发运使，以办成其事，只相信仓部小吏的妄加陈情，推行仓法，这使他颇为忧虑。他进而说道：

> 今来所奏，只是申明《元祐编敕》，不过岁捐转运司违法所收粮纲税钱一万贯，而能使六百万石上供斛斗，不大失陷，又能全活六路纲梢数千、牵鹤兵士数万人免陷深刑，而押纲人员使臣数百人保全身计，以至商贾通行，京师富庶，事理明甚，无可疑者。但恐执政不乐臣以疏外辄议已行之政，必须却送户部，或却令本路监司相度，多方沮难，决无行理。①

苏轼在这里申明《元祐编敕》，并对其规定加以解释，以此作为请求废除仓法的依据。他指出这样做不过是放弃每年转运司违法所收到的一万贯粮纲税，却能够使六百万石上贡粮食不受大的损耗，又能使几千名承担纲运的船工得以存活，几万名牵驾士兵免受惩罚，还能让商业兴旺，京城富庶。从而可以上“增圣德”，下“济苍生”。这不仅是算经济账，也是从国家治理的高度来看待刑罚适用。

5. 改善病囚医疗条件

囚犯在关押时因虐待等原因病死的问题，古已有之。虽然在汉宣帝、五代和苏轼所处的北宋等时期采取过相应措施，但未得到根本解决。

囚犯的生命非依法不得剥夺。元丰元年（1078 年）六月下旬，苏轼知徐州时，曾“来到徐州监狱，向押司胡公达询问有关情况。得知徐州监狱共有犯人 130 人，全是徒刑八年以上的重刑。八年以下的囚犯押在彭城和各县监狱中。狱中医疗卫生条件太差，每年都会病死不少人。去年病死 24 人，今年上半年就病死 17 人。最近疟疾流行，无法医治，接连

---

① 《苏轼文集》，孔凡礼点校，中华书局，1986，第 3 册，第 973 页。

病死好几人。当时刑部规定，凡囚犯非因迫害，染病而死，不加治罪；各州监狱每年死囚不超过十分之二，便不问责。为此，监狱押司对于囚犯病死狱中，视同儿戏，毫不介意”。① 苏轼问明情况，到牢房视察。不久，便根据在徐州监狱视察所见，上奏《乞医疗病囚状》。

在此文中，苏轼引用了治平四年（1067 年）十二月二十四日宋英宗的手诏：

> 狱者，民命之所系也。比闻有司岁考天下之奏，而瘐死者甚多。窃惧乎狱吏与犯法者旁缘为奸，检视或有不明，使吾元元横罹其害，良可悯焉。《书》不云乎："与其杀不辜，宁失不经。"其具为今后诸处军巡院、州司理院所禁罪人，一岁内在狱病死及两人者，推司狱子并从杖六十科罪，每增一名，加罪一等，至杖一百止……每至岁终，会聚死者之数以闻，委中书门下点检。或死者过多，官吏虽已行罚，当议更加黜责。②

这一规定的精神与汉宣帝地节四年（公元前 66 年）的诏令是一致的。汉宣帝的诏书云："死者不可生，刑者不可息。此先帝之所重，而吏未称，今系者或以掠辜若饥寒瘐死狱中，何用心逆人道也！朕甚痛之。"③ 苏轼认为，宋英宗的手诏是善政，体现了好生之德，意在通过加强对监狱管理人员的考核和问责来减少病囚的死亡。但该规定有不妥之处，尚不具体，而且只惩不奖，也不利于调动狱官等的积极性，容易产生新的弊端。苏轼进一步说：

> 至熙宁四年十月二日中书札子详定编敕所状，令众官参详，狱囚不因病死，及不给医药饮食，以至非理惨虐，或谋害致死，自有逐一条贯。④

条贯即条例。对这几种情形的处理，条例已有明确的规定，实际上，熙宁四年（1071 年）十月二日中书札子详定编敕所状成了处理病囚死亡问题的一个法律依据。在此基础上，苏轼提出改善病囚医疗条件的具体措施：

> 臣愚欲乞军巡院及天下州司理院各选差衙前一名，医人一名，每县各选差曹司一名，医人一名，专掌医疗病囚，不得更充他役，以一周年为界。量本州县囚系多少，

---

① 徐新民、陆明德：《苏轼全传・徐州卷——黄楼丰碑》，中国文史出版社，2017，第 60 页。

② 《苏轼文集》，孔凡礼点校，中华书局，1986，第 3 册，第 764 页。

③ 《苏轼文集》，孔凡礼点校，中华书局，1986，第 3 册，第 763—764 页。

④ 《苏轼文集》，孔凡礼点校，中华书局，1986，第 3 册，第 764 页。

立定佣钱，以免役宽剩钱或坊场钱。仍于三分中先给其一，俟界满比较，除罪人拒捕及斗致死者不计数外，每十人失一为上等，失二为中等，失三为下等，失四以上为下下。上等全支，中等支二分，下等不支，下下科罪，自杖六十至杖一百止，仍不分首从。其上中等医人界满，愿再管勾者听。人给历子以书等第。若医博士助教有阙，则比较累岁等第最优者补充。……每有病囚，令狱官、县令具保，明以申州，委监医官及本辖干系官吏觉察，如诈称病，狱官、县令皆杖六十，分故失为公私罪。①

这篇札子详细地设计了病囚医疗管理的措施及奖惩办法，对可能出现的问题，苏轼也考虑到了补救措施，体现了其体恤之仁，因为被关押且可能在狱中病死的主要是社会底层的民众。黄震评论道："《乞医病囚状》具载治平手诏、熙宁札子，折衷其说，毋坐狱官罪，而课医病者功罪。"② 这是比较客观的评论。

（二）苏轼对北宋编敕运用的特点

从文本分析来看，苏轼运用北宋编敕，在形式、内容、方法、目的上，具有以下特点：

1. 形式上的特点

一是单独适用。在正文中单独适用编敕，如引用《编敕》节文，苏轼在《乞将合转一官与李直方酬奖状》中引用右检准《编敕》节文："诸官员躬亲帅众获盗一半以上，能分遣人于三十日内获余党者，通计人数，同躬亲法。"③ 然后结合李直方的功劳，分析将合转一官与李直方酬奖的理由，使人明了其为何大力请功。这种情形居多。但也有例外，即在贴黄中单独引用北宋编敕，比如在《乞岁运额斛以到京定殿最状》中，苏轼在贴黄中三次引用编敕。

二是综合适用。在运用北宋编敕时，苏轼有时与令、敕、敕令、法令等相结合，如在《论积欠六事并乞检会应诏四事一处行下状》一文中，苏轼在引用北宋编敕时，与《元祐编敕》、《明唐敕书》、钱法、籍纳之法、敕节文、敕令等结合运用，以阐述自己的观点。

三是正文加补充的适用。据统计，苏轼在 39 次适用编敕中，正文适用 33 次，补充适用 6 次。"贴黄"即补充或"补言"。如苏轼在《论高丽买书利害札子三首》中，在贴黄、又贴黄中分别引用了《编敕》和《编敕》条贯的规定，以进一步表达他的看法。苏轼在文

---

① 《苏轼文集》，孔凡礼点校，中华书局，1986，第 3 册，第 765—766 页。

② 《黄氏日钞》，卷 62《苏文·奏议》，转引自张志烈、马德富、周裕锴主编：《苏轼全集校注》，河北人民出版社，2010，第 3005 页。

③ 《苏轼文集》，孔凡礼点校，中华书局，1986，第 3 册，第 952 页。

中运用这种正文加补充的适用方式，比前两种方式为多。有时苏轼在贴黄后，于又贴黄中继续运用北宋编敕，以补充其看法，较为特殊。

2. 内容上的特点

苏轼在以上所述的文论中列举的编敕，涉及行政法规和刑事法规的内容，其中以刑事法规的内容居多。如元祐五年（1090 年）八月十五日，苏轼在《乞禁商旅过外国状》所引用的《元祐编敕》的内容：

> 诸商贾许由海道往外蕃兴贩，并具人船物货名数所诣去处，申所在州，仍召本土有物力户三人，委保物货内不夹带兵器，若违禁以堪造军器物，并不越过所禁地分。州为验实，牒送愿发舶州，置簿抄上，仍给公据。方听候回日，许于合发舶州住舶，公据纳市舶司。即不请公据而擅行，或乘船自海道入界河，及往新罗、登、莱州界者，徒二年，五百里编管。①

这里的“徒二年”为刑事处罚。编管也是一种刑罚执行方式。两年后，苏轼在《论高丽买书利害札子三首·其二》中说，“检会《元祐编敕》，诸以熟铁及文字禁物与外国使人交易，罪轻者徒二年”。② 这也涉及刑事法规及处罚的内容。

3. 方法上的特点

在运用北宋编敕时，苏轼从事实出发，用事实、数据说话，包括地方报告、案例、经济数据、个人了解的情况、处理的事务和案件实情等，并分析法意，讲明事理，体现了苏轼的法律素养和担当精神。

如元祐七年（1092 年）正月，知颍州的苏轼在《乞将合转一官与李直方酬奖状》中，③请求依照《编敕》第三等酬赏捕获强恶贼人的李直方。他引用了《编敕》节文：“诸官员躬亲帅众获盗一半以上，能分遣人于三十日内获余党者，通计人数，同躬亲法。”④ 苏轼从《编敕》摘要出发，结合李直方捕获尹遇的表现做了阐述。这一法条有两层含义，规定了官员亲自率领众人捕获盗贼的数目比例和分遣人员捕获余党的人数及时限两个恩赏条件，李直方符合第二个条件，不符合第一个条件，本案中共抓获四人，李直方亲自率领众人捕获一人，分派人员捕获三人，从数目的比例来看，不到获盗一半以上。但苏轼认为李直方忠

---

① 《苏轼文集》，孔凡礼点校，中华书局，1986，第 3 册，第 890 页。
② 《苏轼文集》，孔凡礼点校，中华书局，1986，第 3 册，第 999 页。
③ 张志烈、马德富、周裕锴主编：《苏轼全集校注》，河北人民出版社，2010，第 3451 页。
④ 《苏轼文集》，孔凡礼点校，中华书局，1986，第 3 册，第 952 页。

义正直，把除掉恶贼放在第一位，无暇计较恩赏问题，所以亲自长途跋涉，专捕尹遇一人，由此所派的弓手先行将陈兴等三人抓获，遂与上述规定不相符合，与奖赏的要求稍有出入。但“考之法意”，显然规定不太完善。于是请求朝廷详加斟酌，允许按照亲自抓获的奖励办法予以奖赏，为第三等奖。苏轼希望皇上考虑到若尹遇等人不及时捕获，必然要聚集起来为害，而李直方本是一个读书人，却能奋不顾身，忠义精神可嘉。

在这里，苏轼使用了“法意”一词。此外，在前述诸文中运用北宋编敕时，苏轼多次使用了“法意”。如在《论高丽买书利害札子三首》，苏轼两次使用“法意”。一次是元祐八年（1093 年）二月十五日，苏轼在论奏中说检会《元祐编敕》，“法意亦可见矣”。① 一次是元祐八年（1093 年）二月二十六日，苏轼在论奏中说“检坐见行《编敕》”，要求按“《编敕》法意施行”。② 有时，苏轼还提到祖宗立法之意。如在《乞禁商旅过外国状》中，苏轼在引用熙宁以前《编敕》的规定后说，“窃原祖宗立法之意，正为深防奸细因缘与契丹交通”。③ 这些“法意可见”、按“法意实施”和“原祖宗立法之意”，均与编敕相关。

4. 目的上的特点

苏轼运用北宋编敕的目的，有一个明显的特点，即忧国为民。

苏轼之所以连续论奏高丽买书利害，建议不再允许高丽使者买书，皆是“为朝廷消久远之害”。④

乞禁商旅过外国，也是为了北宋的国家安全。苏轼对中书舍人陈轩“事事曲从”，奉高丽使者之意申请在相国寺“行辅入馆铺设”，并为福建地区违法商人开脱罪责感到不满。他还说：

> 见今两浙、淮南，公私骚然，文符交错，官吏疲于应答，须索假借，行市为之忧恐。而自明及润七州，旧例约费二万四千六百余贯，未论淮南、京东两路及京师馆待赐予之费，度不下十余万贯。若以此钱赈济浙西饥民，不知全活几万人矣。不惟公私劳费，深可痛惜，而交通契丹之患，其渐可忧。⑤

苏轼在这里列出了各地的接待、赐予之费，认为费用过多，指出如果以此赈济浙西饥民，不知能存活多少人。他的心里装着百姓，装着浙西饥民。

---

① 《苏轼文集》，孔凡礼点校，中华书局，1986，第 3 册，第 999 页。
② 《苏轼文集》，孔凡礼点校，中华书局，1986，第 3 册，第 1000 页。
③ 《苏轼文集》，孔凡礼点校，中华书局，1986，第 3 册，第 1000 页。
④ 《苏轼文集》，孔凡礼点校，中华书局，1986，第 3 册，第 995 页。
⑤ 《苏轼文集》，孔凡礼点校，中华书局，1986，第 3 册，第 995 页。

他曾说“今肆赦甚近，若得于赦书带下，益见圣德，收结民心，实无穷之利，取进止”。① 强调如在大赦时废除五谷力胜税钱，可以起到“益见圣德”“收结民心”的作用。

在《论积欠六事并乞检会应诏所论四事一处行下状》中，苏轼补充说：“臣今所言六事及旧所言四事，并系民心邦本，事关安危，兼其间逐节利害甚多，伏望圣慈少辍清闲之顷，特赐详览。”② 针对催促积欠的危害，他说：

> 臣闻之孔子曰：“苛政猛于虎。”昔常不信其言，以今观之，殆有甚者。水旱杀人，百倍于虎，而人畏催欠，乃甚于水旱。③

接着，他进一步指出：

> 臣窃度之，每州催欠吏卒不下五百人，以天下言之，是常有二十余万虎狼，散在民间，百姓何由安生，朝廷仁政何由得成乎？④

这些陈词源自他的民本思想。在《刑政》中，苏轼指出，“民者，国之本也”，⑤ 强调民众在国家的地位。

由此可见，苏轼在运用北宋编敕时，不是单纯地就事论事，其目的在于实现仁政，体现了苏轼的民本思想和维护国家安全的意识，在处理一些特殊案件中，还体现了他对实质正义的追求。

（三）苏轼对北宋编敕运用的效果

与此相关的另一个问题是苏轼对北宋编敕的运用是否有效？过去学术界少有论及。笔者对此持肯定的态度，认为苏轼对北宋编敕的运用取得了一定效果。

如苏轼在上奏的《论高丽买书利害札子三首》中说，他担任杭州知州时，在处理涉外个案后，还奏请朝廷发配“奸商猾僧”，并请求依照祖宗编敕的规定，明令杭州、明州一律不许发船前往高丽，违者处以两年徒刑，没收财物作为告发人的奖赏。同时还请求删去元

---

① 《苏轼文集》，孔凡礼点校，中华书局，1986，第3册，第992页。
② 《苏轼文集》，孔凡礼点校，中华书局，1986，第3册，第968页。
③ 《苏轼文集》，孔凡礼点校，中华书局，1986，第3册，第959页。
④ 《苏轼文集》，孔凡礼点校，中华书局，1986，第3册，第959页。
⑤ 《苏轼文集》，孔凡礼点校，中华书局，1986，第3册，第135页。

丰八年（1085 年）九月间制定的“允许船主擅自捎带外国人来纳贡和经商”的规定。以上这些奏请，朝廷全都加以批准。

再如减免积欠。苏轼先后知杭州、颍州和扬州，对积欠及危害有深入的了解。“早在杭州时，苏轼就曾上疏要求宽免积欠，但是没有得到回应。连年水旱相继，饥疫相迫，偶遇丰年，官吏又催收积欠，则农民永无休养生息之日。”① 元祐七年（1092 年）三月十六日，苏轼到扬州任上。是年五月十六日，知扬州的苏轼写了《论积欠六事并乞检会应诏所论四事一处行下状》，长达七千余字，再次提出对积欠加以减免。

在奏议中，他说：

> 臣自颍移扬，舟过濠、寿、楚、泗等州，所至麻麦如云。臣每屏去吏卒，亲入村落，访问父老，皆有忧色。云：“丰年不如凶年。天灾流行，民虽乏食，缩衣节口，犹可以生。若丰年举催积欠，胥徒在门，枷棒在身，则人户求死不得。”言讫，泪下。②

这是他亲眼所见和调查所得。面对“帑廪日益困，农民日益贫，商贾不行，水旱相继，以上圣之资，而无善人之效”的情况，③ 他深感痛心。苏轼认为，是积欠所压造成了这类情况。他说：

> 所至访问耆老有识之士，阴求其所以，皆曰：方今民荷宽政，无它疾苦，但为积欠所压，如负千钧而行，免于僵仆则幸矣，何暇举首奋臂，以营求于一饱之外哉！④

他举例说：“其余自小民以上，大率皆有积欠。监司督守令，守令督吏卒，文符日至其门，鞭笞日加其身，虽有白圭、猗顿，亦化为筚门圭窦矣。”⑤ 平民百姓以上，都有欠账，加之地方暴力催欠，后果更为严重。

对此，苏轼自到任以来，从其仁政观出发，采取了一系列措施。他每天都在检查本州的积欠事宜。其中有些属于规定应该免除，而官吏不予免除的，他就命令本州予以免除；对于那些理应免除而又条文上没有规定的，他就命令本州暂停催促，听候指示；对于理应

---

① 王水照、崔铭：《苏轼传》，天津人民出版社，2008，第 310 页。
② 《苏轼文集》，孔凡礼点校，中华书局，1986，第 3 册，第 959 页。
③ 《苏轼文集》，孔凡礼点校，中华书局，1986，第 3 册，第 957 页。
④ 《苏轼文集》，孔凡礼点校，中华书局，1986，第 3 册，第 957 页。
⑤ 《苏轼文集》，孔凡礼点校，中华书局，1986，第 3 册，第 957 页。

免除而又有明确规定不能放免的，则不敢下令停催。这些，呈现了他积极务实的精神和勤政为民的情怀。

他在上书中称：

> 检准《熙宁编敕》：“诸主持仓库欠折官物买扑场务少欠课利元无欺弊者，其产业虽已估计倍纳入官，许以所收子利纽计还元欠官钱。数足，即给还或贴纳所欠钱数，相兼收赎。如过十年不赎，依填欠田宅条施行。系十保干系人产业，虽欠人有欺弊，亦准此。”①

苏轼认为这是祖宗的善典，即使熙宁年间推行新政，也准许折充欠数，数足便予发还。只因元丰四年（1081年）十二月间，两浙转运司奏报，买扑之人多是作弊，拖欠应该交纳的赋税，等到官府催逼紧急，却请求依照条例将产业在官，只收取利息，折还原来抵押的田产财物。因为利息很少，以致不够折还所欠的官钱。承包场务一事，乃是老百姓自愿用产业抵押而认领，需承担责任。其利税本应按条例规定逐月交纳，与仓吏主持仓库而欠折公家财产后赔偿不同。苏轼请求朝廷在《编敕》内删去“买扑场务少欠课利”八个字，在此基础上立法，规定：导致公共财物有损失而无欺诈行为的人，其产业估纳没收，以所收到的利息折充欠数，欠数与利息数相等后就可将原产业发还，或者重新交钱赎回。

奏状寄发之后，朝廷很快批示，暂停催收，百姓如释重负，苏轼的喜悦之情溢于言表，以诗记之。

在惠州，北宋朝廷为了减轻漕运负担，规定收税要钱不要米，岭南出现钱荒的情形。绍圣二年（1095年），苏轼在《与程正辅七十一首》（以下俱惠州）之四十九中主张按编敕行事：“谨按《编敕》：‘支移折变，令转运司相视丰歉，务从民便。’详此敕意，专务便民，丰则纳米，歉则纳钱。今乃返之，违条甚矣。某切谓提刑、提举司当依赦文检坐此条，改正施行。”② 这里的“务从民便”以及“详此敕意，专务便民”表明了苏轼的态度。苏轼主张百姓纳税交钱交米“并从其便”。他借力于广州提刑、表兄程之才，解决此问题。在身为犯官、处于困境的情况下，苏轼尚思为百姓服务，甚为难得。宋人费衮对其给予较高评价：“谪居尚尔，则立朝之际，其可以生死祸福动之哉！”③

---

① 《苏轼文集》，孔凡礼点校，中华书局，1986，第3册，第961页。
② 《苏轼文集》，孔凡礼点校，中华书局，1986，第3册，第1610页。
③ （宋）费衮：《梁溪漫志》，卷4，上海古籍出版社，1985。

三、苏轼存留、运用北宋编敕的价值

笔者认为，苏轼存留、运用北宋编敕对于宋代法制研究，具有以下价值：

（一）史料价值

敕是皇帝发布的命令，是北宋时的一种法律形式，“敕令者，治世之经”，① 而编敕是宋代立法的一种重要形式，经编纂往往形成敕典。

宋代在全国范围内统一行用的编敕，戴建国先生认为有 18 部，② 孔学先生等认为有 19 部，③ 胡兴东先生认为有 21 部。笔者赞同胡兴东先生的意见。“通过史料考辑出来的数量，从现在的记载看，有制定时间和制定事件的有 18 部，仅有名称和被引条文的有 3 部，加起来共 21 部。这还不包括同一敕典两次修订的情况，如《淳化敕》。”④ 在胡兴东先生看来，这 18 部敕典是《建隆编敕》《太平兴国编敕》《淳化编敕》等，不含《赦书德音目录》《仪制》等。其他三部敕典为《皇祐敕》《治平敕》和《崇宁敕》。这不无道理。

在上述 18 部敕典中，北宋有 13 部，南宋有 5 部，且条文众多。如《庆历敕》共有 12 卷，1757 条；《嘉祐敕》共有 18 卷，1834 条；《熙宁敕》共有 17 卷；《元丰敕》共有 20 卷；《元祐敕》共有 20 卷，2440 条。⑤

不过，对胡兴东先生所说的这些敕典的名称，笔者存有疑问，如胡兴东先生在论述《庆历敕》《嘉祐敕》《熙宁敕》《元祐敕》时，称它们又名《庆历编敕》《嘉祐编敕》《熙宁编敕》《元祐编敕》，而苏轼在前述《乞禁商旅过外国状》一文中奏论商旅出境问题时，载明引用的是《庆历编敕》《嘉祐编敕》《熙宁编敕》《元祐编敕》等有关规定的内容，主张加强对商旅出境贸易的管制。因苏轼幼时正当《庆历编敕》颁布，及长又生活在《嘉祐编敕》《熙宁编敕》《元祐编敕》实施的年代，且其《乞禁商旅过外国状》为上书，在名称上应是不会出错的，所以比较而言，以《编敕》名之更为真实、准确。

北宋编敕的数量多于南宋，《太平兴国编敕》是宋朝建国后真正意义上的首次编敕成果的总结。

---

① 高潮、马建石主编：《中国历代刑法志注译》，吉林人民出版社，1994，第 377 页。
② 戴建国：《宋代编敕初探》，载氏著：《宋代法制研究丛稿》，中西书局，2019，第 11—12 页。
③ 孔学、李乐民：《宋代全国性编敕纂修考》，《河南大学学报（社科版）》1998 年第 4 期。
④ 胡兴东：《宋朝立法通考》，中国社会科学出版社，2018，第 144 页。
⑤ 胡兴东：《宋朝立法通考》，中国社会科学出版社，2018，第 144—158 页。

敕开始代替律，与令、格、式并列，置于前，并对敕的准确含义做出界定的，始于宋神宗。

元丰七年（1084年）三月乙巳日，编敕完成后，宋神宗在与诸修法大臣的对话中，对敕的准确内涵做了界定，“禁于已然之谓敕，禁于未然之谓令”，并形成了敕、令、格、式格局，意义重大。如以敕可以弥补律的未备、未详，纠正律的偏颇，改变律的僵化。

编敕分为综合性的编敕和专门性的编敕。既有通行全国的编敕，也有适用于路、州、县、司、务等的编敕。据郭东旭先生统计，从散载于各处不同效力等级的编敕名称来看，朝廷、中央最高行政机构、三司、户部、礼部、枢密院、兵部、刑部、工部和地方制定的各种编敕共有199部，① 数量颇大。

从上述胡兴东先生和郭东旭先生的统计可以看出，宋代编敕的数量大，且其“调整范围极为广泛，内容更加丰富，更具有鲜明的时代特征”。② 可惜的是，这些数量庞大的编敕或敕典几乎全已散失。郭东旭先生认为，宋代编敕几乎全已散失，无法详知其内容，仅能从散载于各处、不同效力等级的编敕名称，概观编敕所涉及的范围。③ 吕志兴先生也认为，“北宋前、中期（编）敕的史料基本已佚失”。④

在北宋编敕几乎全已散失的情形下，苏轼在前述诸文中存有的大量的北宋编敕，就显得弥足珍贵。从文本的角度讲，不仅可以起到补充史料的作用，而且将其与相关史料结合起来看，还可以从一个侧面证实北宋编敕的真实性和相关规定的情况，因此具有重要的史料价值。

如苏轼在前述文中引用的《庆历编敕》规定的内容，可以在一些新发现的史料当中得到证实。《天圣令·关市令》宋七条规定：“（禁物）如不合将至应禁之地，为人纠获者，皆二分其物，一分赏纠人，一分入官。若官司于其所部所捉获者，不在赏限，其物没官。”⑤ 这一条针对的亦是禁物出关后相应的处罚措施，只是与苏轼文中所引的对禁物的处罚办法略有不同。而日本古籍《朝野群载》记载了一张北宋崇宁四年（1105年）由明州市舶司发给泉州商人李充去往日本渡海经商的公凭，⑥ 较《庆历编敕》更加生动详细地解释了其中的有关规定，宋代市舶条法对此也有相应记载，⑦ 与苏轼存留的这份《庆历编敕》的内容

---

① 郭东旭：《宋代法制研究》，河北大学出版社，2000，第30—31页。
② 郭东旭：《宋代法制研究》，河北大学出版社，2000，第29页。
③ 郭东旭：《宋代法制研究》，河北大学出版社，2000，第29页。
④ 吕志兴：《宋代法律体系与中华法系》，四川大学出版社，2009，第73页。
⑤ 天一阁博物馆等校正：《天一阁藏明钞本天圣令校正》，中华书局，2006。
⑥ 转引自曹家齐：《宋代交通管理制度研究》，河南大学出版社，2002，第252—255页。
⑦ 郭建：《中国经济立法史》，新华出版社，2019，第206—212页。

形成互证。吕志兴先生论及，对于编敕“《苏轼文集》中尚有零星记载，如其所收录的苏轼任杭州知府时向朝廷上的《乞禁商旅过外国状》中就有几条”。① 笔者认为，是大量存留还是零星记载，可以讨论，不过从笔者搜索、整理的上述情况看，不是“零星记载”。

此外，苏轼在《申明扬州公使钱状》说：“检准《编敕》，诸州公使库，许以本库酒糟造醋沽卖，即系官监醋务本库愿认纳元额诸般课净钱，承买者听其所收醋息钱，并听额外收使。”② 此处对公使钱等做了详细分析，他通过与其他地方公使钱数量的比较，认为扬州公使钱较少，要求增拨。后来苏轼遭遇乌台诗案，此文也作为涉罪证据之一。如果将两者结合起来研究，可以加深对乌台诗案这一北宋重大事件、司法案件，也是一起文字狱的理解。

（二）适用价值

在《乞将合转一官与李直方酬奖状》一文中，苏轼叙述了尹遇等人的犯罪事实、危害和威胁，包括三起命案。对此，身为知州的苏轼考虑到事情的紧迫，立即派遣官员监率捕盗官兵，限期捕获。他在此文中说：

> 臣度事势迫切，即差职员监勒捕盗官吏，责限收捕。有汝阴县尉李直方，素有才干，自出家财，募人告缉，知得逐贼窟穴去处。内陈兴、郑饶、李松等，见住寿州霍丘县开顺场。尹遇一名，在寿州霍丘县成家步，比陈兴等去处更远二百里。
>
> 直方以谓众贼之中，唯尹遇最为桀黠难捕，又其窟穴离州界最远，遂分布弓手，捕捉众贼。而直方亲领弓手五人，径往成家步捉杀尹遇。直方母年九十六，只有直方一子。临去之时，母子泣别，往返五百余里，骑杀一马。直方步行百余里，装作贩牛小客，既至地头，众皆畏惧不前，独弓手节级程玉等二人与直方持枪大呼，排户而入。尹遇惊起，彀弓驾箭欲发，直方径前亲手刺倒，众弓手皆入，方始就擒。直方本与弓手分头捕捉众贼，内陈兴、郑饶、李松三人以地近故，先九日获。独尹遇一名，以地远难捕，直方亲行，故后九日获。既获之后，远近喜快。③

此处叙述了李直方的情况和分工抓获尹遇等人的经过、结果，可谓有事实、有相互关系。在此基础上，苏轼引用《编敕》节文，上书为李直方请功。此文带有故事性，有“运

---

① 吕志兴：《宋代法律体系与中华法系》，四川大学出版社，2009，第 73 页。
② 《苏轼文集》，孔凡礼点校，中华书局，1986，第 3 册，第 985 页。
③ 《苏轼文集》，孔凡礼点校，中华书局，1986，第 3 册，第 951 页。

作”、有“过程”，体现了“活的制度史”,① 特别是制度的形成及运行这一动态过程。

而活的制度史通常与立法和适用法律密切相关。法律可以分为立法与适用法律，称为二分法律。从这个意义上说，宋代编敕属于立法。如前所述，宋代编敕经历了一个发展过程。如果从法律史规范的角度讲，作为北宋的一种立法活动，编敕以及编敕的条文、节文，就是制度的规定，或者说是一种规范。而苏轼运用北宋编敕，力图解决现实中的法律问题，属于适用法律。在适用中可以发现制度是“如何被激活，如何相互发生关系，又如何发挥效用”。② 苏轼在状、札子等文中存留了大量的北宋编敕，更重要的是他能准确地引用这些编敕，正确地解释编敕，解决迫切的现实问题，如高丽使者买书问题。

有学者指出，“熟悉敕令是宋代地方官员为政的一项基本要求。苏轼能够对庆历、嘉祐以来有关客旅通商的编敕信手拈来，并能发现其损益变化以及其弊端，依照立法原意和现实情况，提出立法建议，足见其对法律的娴熟”。③ 这肯定了苏轼对敕令的熟悉和运用。实际上，苏轼也提出了相关制度设计、政策建议等，具有很强的操作性和适用性。而且苏轼在运用北宋编敕的过程中，注重情理，尽量做到法理情的融合，从而体现了苏轼的执法、司法能动性。司法不仅能够落实立法，也能检验立法，甚至弥补立法的漏洞。

在颍州，苏轼引用前述《元祐编敕》中“灾伤地分虽有旧例亦免”的规定，将力胜税免除，还奏请朝廷以敕令的形式扩大适用范围。激活制度在这里成了关键一环，缓解了民众忧愁。

因此，作为北宋士大夫的苏轼，在适用北宋编敕的过程中，有效地使宋代立法转为适用法律，充分发挥了其适用价值，实现了从纸上的法到心中的法、再到行动中的法的演变。

这绝非偶然，既与苏轼所受教育、经历和理想等有关，也与苏轼任职履历相关。他在地方为官多年，又在朝廷多个重要岗位任职，特别是在元祐年间，他在朝廷和地方任上来回调动，可谓座席未暖，召节已行，形成了不一样的职业生涯。在经过乌台诗案之后，他更是对司法、执法有了更为深切的体验，进而在个案中展现了司法的温度。

（三）独特价值

“三苏”（苏洵、苏轼、苏辙）是一个有机的又有个体差异的整体，三苏文化、三苏法律文化或三苏法治文化也不例外。在存留和运用北宋编敕方面，三苏也存在差异。经查阅，

① 邓小南：《走向“活”的制度史——以宋代官僚政治制度史研究为例的点滴思考》，《浙江学刊》2003年第3期。

② 吴钩：《知宋：写给女儿的大宋历史》，广西师范大学出版社，2019，“父亲序”，第3页。

③ 陈景良、喻平：《苏轼的司法理念与实践》，载赵晓耕主编：《北宋士大夫的法律观——苏洵、苏轼、苏辙法治理念与传统法律文化》，北京大学出版社，2020，第206页。

在《嘉祐集》中，苏洵未存留有北宋编敕，而《苏辙集》中存留有两件北宋编敕：一件是在《乞罢杜纮右司郎中状》（八月一日），文中说："初修熙宁编敕，杜纮与其议，害民之法皆经其手……"① 第二件是在《再乞差官同黄廉体量茶法状》（二十一日），文中说，"右臣近奏乞选差清强官，与黄廉同体量蜀中茶法，寻蒙朝廷差杜纮前去，既而详定编敕所奏留杜纮"。② 这两处皆涉及杜纮，与茶法执行相关。与苏轼相比较，苏辙存留和运用北宋编敕很少，苏洵甚至没有，这与他们的经历，特别是从政的经历相关。

而苏轼在存留和运用北宋编敕的过程中，对当时不断颁布的编敕也有自己的看法。如在《代吕申公（吕公著）上初即位论治道》二首之一的《刑政》一文中，苏轼说"今《编敕》续降，动若牛毛，人之耳目所不能周，思虑所不能照，而法病矣"，③"神宗以律不足以周事情，凡律所不载者一断以敕，乃更其目曰敕、令、格、式，而律恒存乎敕外。熙宁初，置局修敕，诏中外言法不便者，集议更定，择其可恒采者赏之。元丰中，始成书二十有六卷，复下二府参订，然后颁行"。④ 又如天圣"五年五月诏以祥符七年止天圣五年，续降宣敕增及六千七百八十三条，辛酉命宰臣吕夷简等详定，依律分门十二卷，千二百余条"，⑤ 对不断颁布的过细的编敕，苏轼持否定态度。这种认知使他的法学素养达到一个新的高度，具有不可忽视的价值。这与苏轼学法、知法、重视法律在施政中的作用有关。这种见解与他在《决壅蔽》一文中不赞同法令的繁苛是一脉相承的。

不过法随时移，一方面北宋编敕是必要的，可以适应北宋转型的内在需要和经济社会发展，特别是商品经济发展的迫切需要，弥补《宋刑统》的不足。因为编敕具有灵活性和适时性，朝廷设立专门的编敕机构，如编敕所或详定编敕所，从事法律编纂工作。且宋代皇帝不仅拥有最后的司法决定权，也拥有最高的立法权，在皇帝尚法、重法或锐意改革时，编敕工作更是受到重视。但另一方面，不断颁布的过密的编敕也会给执法、司法增加难度，因为编敕越多，漏洞也可能越多。苏轼在这方面的经历和见解，自有其理论意义。

在这方面，王安石持有相同的看法。他曾说："法令如毛，朝令夕改，非治国之道。"⑥ 这是针对宋神宗开创敕令格式统类合编的体例后，法令的繁杂特征更为突出而言的，他的批评颇为尖锐。

王安石还参与修订《熙宁编敕》。据《玉海·艺文志》记载：熙宁"六年八月七日，提

① 《苏辙集》，陈宏天、高秀芳点校，中华书局，1990，第2册，第696页。
② 《苏辙集》，陈宏天、高秀芳点校，中华书局，1990，第2册，第677页。
③ 《苏轼文集》，孔凡礼点校，中华书局，1986，第3册，第134页。
④ 张志烈、马德富、周裕锴主编：《苏轼全集校注》，河北人民出版社，2010，第442—443页。
⑤ （宋）王应麟：《玉海·艺文志》，卷66，江苏古籍出版社、上海书店，1987，第1257页。
⑥ 韩伟：《大文豪苏轼的刑法思想》，《人民法院报》2017年11月3日第5版。

举编敕宰臣王安石上删定《编敕》《赦书德音》《附令敕》《申明敕》《目录》共二十六卷，诏编敕所镂板，自七年正月一日行。先是，诏以嘉祐四年正月以后，续降宣敕删定”。① 这里对王安石参与删定《编敕》的情况做了补充，进一步证实王安石参与删定《编敕》的情况。

王安石也运用过编敕，如“公因奏开封敕有重于编敕而当改者数事，仁宗皆以为然”。② 这是就孙公的事迹而言的。不过，与苏轼相比，王安石存留和运用北宋编敕比较少。

司马光在《资治通鉴》卷282《后晋纪三》中对编敕有所记载：

> 戊申，薛融等上所定编敕，行之。
>
> 丙辰，敕：“先令天下公私铸钱，今私钱多用铅锡，小弱缺薄，宜皆禁之，专令官司自铸。”③

但在《司马光集》中，也很少存留和运用北宋编敕。

通过上述比较可见，在这些人物中，苏轼不仅存留和运用北宋编敕多，而且有自己的见解，具有实践价值和理论价值，也构成了苏轼的法律人生，于今也有参考意义。经此苏轼做出了自己的法学贡献。

---

① （宋）王应麟：《玉海·艺文志》，卷66，江苏古籍出版社、上海书店，1987，第1260页。

② （宋）王安石：《宋尚书司封郎中孙公墓志铭》，载王水照主编：《王安石全集》，复旦大学出版社，2017，第7册，第1669页。

③ （宋）司马光编撰：《资治通鉴》，卷282《后晋纪三》，沈志华、张宏儒主编，中华书局，2019，第12036页。

论宋代翻异别勘司法实践对其立法目的的背离*

王忠灿**

摘　要　创自前代的翻异别勘制度在宋代全面施行。罪囚在从审讯到执行的司法过程中皆可翻异，翻异案件先在审讯机关内部移司别推，再翻则由其他机关别勘，内部相互制约、外部层层监督，翻异别推、别勘次数没有限制。其立法目的在于督促官员公正审判、防范冤案发生。但在宋代司法实践中，罪囚利用翻异寻机脱罪，无辜的干连人被长期羁押，造成新的冤滞。前后勘官员因连带责任而结成利益共同体，别勘监督逐渐形式化。宋代坚持施行翻异别勘制度，付出巨大的司法成本，反而对正常司法秩序造成破坏，给胥吏留下操纵司法牟利的空间，其运行效果完全背离了立法目的。宋代统治者为补救翻异别勘制度运行之弊不断强化集权监督，但收效甚微。究其原因应是宋代司法行政化、官僚化空前加强，违背了司法的基本规律，导致刑狱冤滞矛盾始终难解。

关键词　宋代；翻异别勘；司法实践；立法目的；背离

翻异别勘是指在刑事司法过程中罪囚推翻、改变原来的口供和服罪态度，依法必须更换法官或司法机关对案件重新审理的制度。宋代的翻异别勘制度远承唐代，直接承袭自后唐，至迟在太宗淳化年间开始全面施行。宋代设计了一套更加精细的司法制度将翻异别勘落到实处，将州级及以上翻异官府内部换推和外部移司别勘结合起来，以最大限度地减少

---

* 本文系国家社科基金项目“理学兴起与宋代司法传统的历史转型研究”（项目号：17BFX029）的研究成果。

** 王忠灿，许昌学院法学院副教授。

冤案的发生。法律史学界公认翻异别勘制度是代表宋代司法水平的优良制度。① 但是对于其实际运作的效果则关注较少。徐道隣在最早研究该制度时指出系囚多次翻异会产生刑狱淹滞问题，② 戴建国、郭东旭也注意到多次翻异换官移司别推造成了案件积压和刑狱淹延，认为在慎刑恤狱和司法效率之间存在内在的矛盾。③ 但是，问题并不止于此。如果我们深入考察宋代翻异别勘制度的运作过程，就会发现这个以“无冤”为目标的制度在司法实践中遭遇到极大的困难，弊端丛生。一个优良的司法制度在实践中是如何被扭曲的？其背后的原因又何在？笔者将对宋代翻异别勘制度运行的困境进行详细考察，并分析宋代刑事司法的深层次矛盾，进而尝试回答这些问题。

一、宋代翻异别勘制度及其立法目的

（一）宋代的翻异别勘制度

宋代为防止冤案发生，将汉唐以来的录囚、复审制进行融合，确立了翻异别勘制度。④ 按照宋代法律规定，翻异包括三种情形：一是被审讯的囚犯改变原来的供词，案件事实的陈述发生重大变化，“大情显别”，足以影响犯罪性质；二是拒绝承认犯罪是自己所为，不再认罪；三是罪囚在录问、引断或行刑时喊冤。概括而言，翻异的标准是案情有疑或罪囚称冤，只要符合这个标准，就需要移司别推或者差官别勘。如北宋吕陶所言：“囚无翻异，则论决如律；事有可疑，则移治他司。”⑤ 南宋许枢在奏论中也说：“引断翻异，申提刑司审详。如情犯分明，则行下断遣。或大情疑虑，推勘未尽，即令别勘。”⑥ 如果前后所供只是微小差异，重要案情清楚，只是细节有出入，不影响定罪量刑，则不构成翻异。《庆元条法事类》规定：“今后翻异公事，当职官予细照应，所翻情节，实碍重罪，即依条移司别推外，若所称冤翻异一项，不碍从重论决……不须移推决遣。”⑦ 该条对翻异的内涵做出详细规定。

---

① 对翻异别勘进行评价的代表性观点可参见各种中国法律史教材。如范忠信、陈景良主编：《中国法制史》，北京大学出版社，2007，第358页；邓建鹏：《中国法制史》，北京大学出版社，2011，第177页；朱勇主编：《中国法律史》，高等教育出版社，2019，第190页。从统编教材表达的观点来看，学界对于宋代翻异别勘评价基本上是正面的，鲜有例外。

② 徐道隣：《徐道隣法政文集》，清华大学出版社，2017，第278页。

③ 戴建国、郭东旭：《南宋法制史》，人民出版社，2011，第203—204页。

④ 陈晓枫、柳正权：《中国法制史》，武汉大学出版社，2012，下册，第795页。

⑤ （宋）李焘：《续资治通鉴长编》，卷369，元祐元年闰二月庚戌，中华书局，2004，第15册，第8913页。

⑥ （清）徐松：《宋会要辑稿》，《刑法三・勘狱》，刘琳、刁忠民、舒大刚、尹波等校点，上海古籍出版社，2014，第8438页。

⑦ （宋）谢深甫：《庆元条法事类》，卷73《断狱》，戴建国点校，黑龙江人民出版社，2002，第761页。

罪囚在司法机关审讯期间翻异，移送该机关的其他审讯机构叫作“别推”。如果犯人在录问时翻异，案子则会马上交给另一个官司重审。① 真宗景德四年（1007 年）之后，翻异别勘程序已经非常规范：翻异称冤在录问以前，由各州府移送本地方的其他法院移司别勘，如在录问以后，则由各州府申报提刑司，再由提刑司差官别勘。② 南宋的翻异别勘皆由本路提刑司决定，“在法，狱囚翻异皆委监司差官别推。若犯徒、流罪已录问后，引断翻异，申提刑司审详”。③ 概括而言，罪囚在录问前翻异移司别推，录问后翻异差官别勘。哲宗时期，大理寺也确立了翻异内部审讯机构换推制度，“诏大理寺分左、右推，如左推翻异即送右推”。④ 如录问时翻异，则送御史台或者尚书刑部别勘。和汉唐录囚、复审制度相比，宋代的翻异别勘具有下列特征：

1. 宋代罪囚在整个刑事司法过程中皆可翻异

宋代系囚在审讯、录问、引断乃至执行全过程皆可翻异。地方州府、大理寺等司法机关内部设有多个审讯机构，通常叫作左推、右推。在某个审讯机构受审时犯罪人不招供或者招供后又翻供的，则转至另外一个审讯机构。如太平兴国九年（984 年），开封府审讯王元吉案，“事下右军巡按之，未得实状，移左军巡”。王元吉在左军巡自诬服，开封府“本府引问，始以实对”。因罪囚改变了之前的供词，“又移司录司”。⑤ 经过一级官府审讯结束，即须将口供及各种证据材料进行整理，做出事实认定，这称为“结款”或“结案”。结款以后，地方徒、流案件由本州没有参加过审讯、依法不必回避的其他官员提审囚犯，当面核实供词，这个环节叫作录问。⑥ 诸州死刑由“长吏、通判、幕职官同录问详断”，⑦ 真宗大中祥符三年（1010 年）规定死刑和重大刑事案件本州录问后由邻州官员再次录问，“诸州大辟罪及五人以上狱具，请邻州通判、幕职官一人再录问讫决之”。⑧ 中央法司大理寺审理死刑案件，录问也是由大理寺卿、少卿录问，刑部组织本部官员和其他官员审问。在录问、再录问、审问中罪囚皆可翻异，地方州府审讯的案件如有翻异由本级官府、路级监司报请或决定移司别推。“大辟或品官犯罪，已结案未录问，而罪人翻异或其家属称冤者，听

① 王云海主编：《宋代司法制度》，河南大学出版社，1992，第 289 页。

② 徐道隣：《徐道隣法政文集》，清华大学出版社，2017，第 270 页。

③（清）徐松：《宋会要辑稿》，《刑法三・勘狱》，刘琳、刁忠民、舒大刚、尹波等校点，上海古籍出版社，2014，第 14 册，第 8438 页。

④（宋）李埴：《皇宋十朝纲要校正》，卷 13，绍圣二年八月丙子，燕永成校正，中华书局，2013，下册，第 364 页。

⑤（清）徐松：《宋会要辑稿》，《刑法五・亲决狱》，刘琳、刁忠民、舒大刚、尹波等校点，上海古籍出版社，2014，第 14 册，第 8503—8504 页。

⑥ 王云海主编：《宋代司法制度》，河南大学出版社，1992，第 268、276 页。

⑦（宋）李焘：《续资治通鉴长编》，卷 53，咸平五年十月戊寅，中华书局，2004，第 2 册，第 1156 页。

⑧（宋）李焘：《续资治通鉴长编》，卷 73，大中祥符三年六月庚午，中华书局，2004，第 3 册，第 1675 页。

移司别勘。若已录问而翻异称冤者，申提刑司审察。事有不可委本州者，差官别勘。”① 大理寺审理的案件，罪囚翻异由尚书省决定别勘。

2. 翻异别勘既重审当事人、干证人，同时追究前勘官员的司法责任

罪囚翻异引发案件覆推或重审，对罪囚、干连人、证人和元勘机关都会产生直接影响。首先，案件的当事人再次受审，相关证人需要再次被追至官府推问，案卷材料需要移交。别推是按照初审程序进行的，杖罪以上不能马上审决的案件当事人、干连人依法都应收禁。当事人需要被继续羁押受审或者收禁待审，而所有与案件有关的“干连人”也被追呼拘禁。干连人既包括了解犯罪事实的证人，也有与案件有牵连的罪轻犯人。因为翻异案件属于案情复杂的疑难案件，这些人需要继续作证，所以监禁待审。②

翻异别勘对于所有前审此案的官员实行一案推结。所谓一案推结，是指翻异案件在后审中同时审查前审官员的违法失职、出入人罪责任。“谓如前勘官吏，或有失实，于法须并行追勘。”③ 按照徐道隣先生的说法就是因犯人翻异的案件，是把所有参加过这件案件的官吏佐证，全都聚合在一起，当庭对质。④ 犯人“翻异”导致之前审理本案的所有官员都成了被审讯的对象，南宋时期在别勘中将前勘官员因故意、过失造成的事实认定错误、判决不当与被讯犯罪人一同论罪。“绍兴法，鞫狱官推勘不得实，故有不当者，一案坐之。乾道法，又恐有移替事故者，即致淹延，乃令先决罪人不当，官吏案后收坐。”⑤ 一案推结时，前审官员是需要在任待罪，参与审理的胥吏则被监禁待审。“罪人至有翻异送别狱者，元勘官待罪未得离任，元行人吏监禁未得别行他案，则后勘便得一案结绝。”⑥

3. 宋代翻异别推、别勘并无次数限制

关于宋代翻异次数，徐道隣先生曾经做过详细的梳理，他将其分为“刑统的旧三推制”“绍兴五年的新三推制”和“孝宗的五推制”。但是这种划分并不准确，所谓“旧三推制”或者“有条件的三推制”，是针对临决称冤案件。临刑称冤的罪囚已经过三度推勘，且三次都认罪伏法的案件，才不再重推。如果“本推官典受赂，推勘不平，及称冤事状，有据验者”，仍要重推。⑦

---

① （清）徐松：《宋会要辑稿》，《刑法三·勘狱》，刘琳、刁忠民、舒大刚、尹波等校点，上海古籍出版社，2014，第14册，第8430页。

② 王云海主编：《宋代司法制度》，河南大学出版社，1992，第193页。

③ （清）徐松：《宋会要辑稿》，《职官五·推勘》，刘琳、刁忠民、舒大刚、尹波等校点，上海古籍出版社，2014，第5册，第3148页。

④ 徐道隣：《徐道隣法政文集》，清华大学出版社，2017，第350页。

⑤ （元）脱脱等：《宋史》，卷200《刑法志二》，中华书局，1977，第15册，第4995页。

⑥ （宋）李心传：《建炎以来系年要录》，卷172，绍兴二十六年四月己卯，中华书局，1988，第2831页。

⑦ 徐道隣：《徐道隣法政文集》，清华大学出版社，2017，第272—273页。

南宋绍兴五年（1135 年）令："诸鞫狱明白，而妄行翻异。虽罪至死者，三经别推，即令逐路提刑司申察缴奏，加本罪一等。"① 这里实行所谓"绝对化的三推制"依然是针对"鞫狱明白，而妄行翻异"情形的。无论是在北宋还是南宋，犯罪事实不清、法官鞫狱不明、判决不当的翻异案件的移推、别勘是没有次数限制的。如乾道二年（1166 年）姚孝资所言："在法，诸录囚有翻异者，听别推然后移推，初无止限，至有一狱经六七推不得决者"。② 在孝宗时期，对于翻异在五次以上的案件，由提刑司长官亲自审理，再由邻路提刑司差官录问或审问，如果罪囚再次翻异，"即令本路提刑具前后案款，指定闻奏"。③ 这样翻异别勘次数就达到七次，且仍未终结。纵观《宋会要辑稿》的推勘档案记录，宋代始终没有对翻异别勘的次数进行限制。南宋孝宗时期对于五次以上的翻异要求提刑司长官亲自审理，如再翻异，则将之前所有审讯案卷进行全面审核，"指定所勘情节是与不是实情，所翻词理，系与不系避罪妄行翻异"，④ 上报中央司法机关，由朝廷指挥断遣施行。实际运行的情况如范成大所说："刑狱旧制翻异，不问次数，今限五勘文具而已。"⑤

（二）宋代翻异别勘制度的良法美意

宋代的翻异别勘制度设计极为细密，且和鞫谳分司、推勘、录问、复审制度相互配合，形成完整的刑事司法监督制约体系。翻异别勘制度的立法目的是为了最大限度减少冤抑，纠正官员故意或过失造成的推勘不当，防止民负冤抑、含冤不白。宋代统治者希望通过刑事审判的制约机制实现"无冤"，这是西周以来"贤人圣主"的司法理想。

1. 翻异别勘的思想渊源是仁政和慎刑

西周以来，便主张"明德慎刑"，在刑事司法上"不罚无辜"。《尚书·大禹谟》云："与其杀不辜，宁失不经。"罚及无辜、造成冤案是司法者见事不明、用刑不当、德不配位的表现。所以西周统治者和先秦儒家均主张"慎罚""慎刑"。在刑事司法中要"有哀矜之心，无姑息之过，如雷之断，如电之明，济以仁术"。⑥

---

① （清）徐松：《宋会要辑稿》，《刑法三·勘狱》，刘琳、刁忠民、舒大刚、尹波等校点，上海古籍出版社，2014，第 14 册，第 8435 页。

② （清）徐松：《宋会要辑稿》，《刑法三·勘狱》，刘琳、刁忠民、舒大刚、尹波等校点，上海古籍出版社，2014，第 14 册，第 8439 页。

③ （清）徐松：《宋会要辑稿》，《职官五·推勘》，刘琳、刁忠民、舒大刚、尹波等校点，上海古籍出版社，2014，第 5 册，第 3144 页。

④ （清）徐松：《宋会要辑稿》，《职官五·推勘》，刘琳、刁忠民、舒大刚、尹波等校点，上海古籍出版社，2014，第 5 册，第 3144 页。

⑤ （宋）范成大：《范成大集》，卷 44《应诏三札》，辛更儒点校，中华书局，2020，下册，第 771 页。

⑥ （清）刘沅：《周易恒解》，卷 2《周易上经·噬嗑》，巴蜀书社，2016，第 80 页。

孔子主张“导之以德，齐之以礼，有耻且格”，努力扩大礼乐教化之效用，缩小政刑适用之范围。追求的司法理想是“焉用杀”“必也使无讼”。反映在刑事司法上就是教化为主，刑罚为辅，施政的理想是天下之民咸遵教化，刑设而不用。孟子承孔子之宗旨而阐发仁心、仁政。仁心源于性善，仁政是以不忍之心，行推恩之政。在司法方面就是要轻刑慎刑，最终目标是刑设而不用，是为“刑措”。

孔孟的仁政思想经过后代儒生的阐发，自汉代以来成为治理国家的主导思想，在司法中的表现为“慎刑”“慎杀”“哀矜折狱”。宋代统治者也奉行“仁政”和“慎刑”，其中一个基本的要求就是不能制造冤案，这就构成了翻异别勘制度的思想基础。宋代不对翻异别勘次数做出限制，就是基于宋代君臣具有“仁无止境”的观念，认为“圣人之仁，当尽天下之情，而勿限于三鞫”。① 苏轼也主张“仁可过也，义不可过也”，他说“知天下之恶不胜刑，而刀锯不足以裁也。是故疑则举而归之于仁，以君子长者之道待天下”。② 此说得到宋代士大夫们的高度认可。从宋太宗淳化年间到南宋高宗绍兴、孝宗乾道年间多次争论是否限制翻异别勘的推勘次数，但是司法实践中始终没有严格限制，这正是因为存有要实现“有冤必究，有疑必勘”的司法理想。

2. 翻异别勘的立法目的是防冤

按照许慎《说文解字》的解释，“冤”是人被委屈、被强制的状态。在司法领域主要是指无辜者被错误地追究刑事责任处以刑罚。就刑事案件的审判而言，“冤案”是指法官因故意或者过失错误认定事实、适用法律不当导致罚不当罪、无辜被刑。在中国传统法律思想中，“刑”本应为纠正人的错误行为，使之符合礼的要求，冤却是错误追究本不该追究的人，刑罚加于无罪，这就违背了刑法的目的，造成的结果是被刑罚处罚者不服，刑罚实施失去公正，违反最基本的社会正义。法官失刑，统治者失德。

在宋代统治者的思想观念中，冤案还关乎“天道”“天命”。汉儒用天人感应解释儒家经义，认为如果蒙冤者痛苦惨怛会造成冤气横塞、阴气过盛，天将降灾异以垂诫，冤案会导致天怒人怨。有鉴于此，历代统治者都以防止冤案发生为己任，设计了服辩、申诉、录囚和复审制度，保证犯罪人不服则诉、有冤则鸣。宋代统治者显然也接受了这一观念，为了防冤，建构了比前代更加细密的刑事司法监督制约体系，以防止冤案的发生，希望达到“洗冤不如民自以不冤，平冤又不若天下之无冤”的理想效果。③

翻异别勘设立的理论基础是“有冤推定”，即只要有数量众多的刑狱案件存在，则刑事

① 《杨万里集笺校》，卷89《千虑策·刑法上》，中华书局，2007，第7册，第3515—3516页。
② 《苏轼文集》，卷2《省试刑赏忠厚之至论》，孔凡礼点校，中华书局，1986，第1册，第33页。
③ （元）王與：《无冤录校注》，《附录·明人羊角山叟序》，杨奉琨校注，上海科学技术出版社，1987，第138页。

司法中必将产生错误的追究。宋代翻异别勘的立法目的是纠正刑事司法中口供定案所产生的错误，采取的方法是保证受审当事人有充分的申辩和申诉自由，只要当事人翻异，即更换一个没有利害关系的法官重新认定案件事实。一般来说，被追究刑事责任的当事人最清楚是否蒙冤，也最有动力为自己洗刷冤屈。而没有利害关系的法官也最有可能将案件事实查明，所以说翻异别勘是宋代社会背景下最好的防冤制度设计。

二、宋代翻异别勘制度运行的效果

宋代翻异别勘制度确立之后，即在刑事司法中全面、深入施行。让统治者始料不及的是，翻异别勘制度在运行过程中产生了诸多问题和弊端，其运行效果基本背离了“防冤”的立法目的，与“无冤”理想更是背道而驰，虽然宋代统治者不断采取措施解决翻异别勘运行中的问题，竭力消除其弊端，但是效果并不明显。

（一）防冤致滞：翻异别勘破法定审限导致案件积压、系囚淹滞

刑狱淹滞是指因对刑事案件的审理断决违反审限导致未决案件积压、囚犯长期羁押的违法状态。宋代司法制度中对刑事审判规定有严格的审限，要求司法机关在规定期限内结绝受理的刑事案件。太平兴国六年（981 年），宋太宗建三限之制：“大事四十日，中事二十日，小事十日，不须追捕而易决，无过三日”，后又颁布了决狱违限令：“决狱违限，准官书稽程律论，逾四十日则奏裁。”① 对于大理寺和刑部的断谳和复审也有期限限制：仁宗皇祐四年（1052 年）诏大理寺：“旧制大事限三十日，中事限二十日，小事限十日，审刑院递减半。”炎热之季的农历四月到六月，“案内有系囚者减限之半”。②

没有次数限制的翻异别勘破坏了法定的审限，造成了刑狱淹延和新的冤案发生。罪囚翻异案件导致案件久拖不决，每一个环节都费时日。翻异之后，层报上级官府，上级官府选官别勘需要时间，选择的官员如推脱不行，则必须再选官员，后勘官和前勘官审讯结果一致，则罪囚很有可能再次翻异；如后勘与前勘不同，则需将前勘官“一案推结”。这就导致审讯旷日持久，涉案人员越来越多，淹滞愈不可解。如楼钥所说：“翻异愈繁，淹延愈甚，囚系愈多矣。”③ 南宋孝宗时期，大理寺少卿周自强说：“其干连人被追逮者多至一二百人，少亦不下数十人，狱成之后，往往翻异，差官别勘，有经年不决者。”这些干连人、

① （元）脱脱等：《宋史》，卷 199《刑法志一》，中华书局，1977，第 15 册，第 4968 页。
② （宋）李焘：《续资治通鉴长编》，卷 172，仁宗皇祐四年三月己未，中华书局，2004，第 7 册，第 4139 页。
③ （宋）楼钥：《攻媿集》，卷 27《奏议·缴刑部札子》，中华书局，1985，第 6 册，第 379 页。

证人都要被羁押在监狱，造成大量淹滞。每次别勘，案件所有的干证人都要被牵连入狱，大量无辜的人被羁押，甚至在长期的无休止的审讯中死于非命，这可以说是翻异别勘的“次生灾难”。

宋代翻异别勘造成的刑狱淹滞情况究竟有多严重呢？正常的翻异别勘如果经过“五推”最快也需要一年。“如罪囚止一名，限以半月；三名以上，限以一月，方许出院……期限既定，大约计之，每推自其被差以至出院，亦须两月之期而后讫事。如是五推，盖可以岁计矣。”① 实际上因为翻异别勘没有次数限制，案件拖延的时间往往远超一年。北宋时期，“蓬州贾克明为杀人前后禁系一年半，七次勘鞫，皆伏本罪，录问翻变”。② 永济县令崔道升“指论百姓刘宁打折母手及强夺地土事，道升前后推勘五年，逐度招承虚诳，每经录问，多是翻变”。③ 南宋时期的因翻异别勘导致的刑狱淹滞更加严重，嘉定六年（1213 年）七月，刑部报告说：“见催促诸路累翻积年未决之狱四十六件，其间有系八年、九年公事，今来已经涉七年，尚未了绝。兼诸路翻异公事径行移勘，不曾申上者又不知其几。”④ 翻异别勘本为防冤，却造成经年不决的滞狱现象，而淹滞又会造成新的冤案。

翻异别勘导致刑狱淹滞的另一个重要原因是“一案推结”。后审法官既要纠正前审官员的错审错判，还要追究前审官员的出入人罪责任，这就导致被追究刑事责任的人员大量增加，且引发后审官员和前审官员的矛盾。在多次翻异别勘案件中，推勘结果不同、判决意见不同的官员间形成相互对立的关系。如南宋官员所言：“比年以来，推勘之法未尽，是致多有冤滥。推原其故，则法有所谓一案推结者，实病之也。谓如前勘官吏或有失实，于法须并行追勘。关涉人数既多，追逮繁扰。彼冤者既不能得直，而后勘官吏已与前勘官吏自相争讼。……关涉之人愈多，则愈难一案推结。”⑤

（二）仁反为残：翻异别勘导致有罪者脱罪、无辜者瘐死

宋代翻异别勘制度最大的特点是审讯次数多，持续时间长，且每一次审讯都是由不同

---

① （清）徐松：《宋会要辑稿》，《职官五・推勘》，刘琳、刁忠民、舒大刚、尹波等校点，上海古籍出版社，2014，第 5 册，第 3148 页。

② （清）徐松：《宋会要辑稿》，《刑法三・勘狱》，刘琳、刁忠民、舒大刚、尹波等校点，上海古籍出版社，2014，第 14 册。第 8419 页。

③ （清）徐松：《宋会要辑稿》，《刑法三・勘狱》，刘琳、刁忠民、舒大刚、尹波等校点，上海古籍出版社，2014，第 14 册，第 8425 页。

④ （清）徐松：《宋会要辑稿》，《刑法五・省狱》，刘琳、刁忠民、舒大刚、尹波等校点，上海古籍出版社，2014，第 14 册，第 8529 页。

⑤ （清）徐松：《宋会要辑稿》，《职官五・推勘》，刘琳、刁忠民、舒大刚、尹波等校点，上海古籍出版社，2014，第 5 册，第 3148 页。

的官员重新审讯。罪囚很容易利用审讯时间和法官的审讯心理逃脱罪责。早在宋太宗淳化四年（993 年），柴成务就指出了翻异别勘“滋长弊幸”，犯重罪有可能判处死刑的犯罪人通过多次翻异，让审讯持续进行，在漫长的待决时间内，就有可能遇到赦免，从而逃脱刑罚处罚。

施行日久，翻异别勘的制度漏洞更加暴露无遗，很多犯罪人精心设计自己的翻异，他们在前官推勘中故意留下破绽，等待录问时翻异，别勘时翻案。北宋范纯仁在河中府审理宋儋年被毒杀案时就识破了犯罪人的虚假招供，犯罪人故意供述在鳖肉中投毒杀害宋儋年，实际上宋儋年根本不吃鳖肉。“罪人以儋年不嗜鳖而为坐客所共知，且其后巡数尚多，欲为他日翻异逃死之计尔。”① 到南宋时，犯罪人利用翻异别勘逃罪的伎俩繁多：“每一移推，旋改情节，或自招服而令家属称冤，或故为不圆以使监司疏驳，或沉溺递角以致奏案不到，迁延岁月，以待按发之官去任。或徒伴有死亡者，然后计嘱官司，尽脱其罪。”② 罪囚脱罪之计层出不穷，或者故意留下破绽为将来翻异称冤做好充分准备，或者拖延时间等待审讯法官任满去职、同案犯死亡，时间拖得越久，事实无法查清的可能性就越大，犯罪人脱罪的机会就越多。

审讯官员为防止罪囚翻异，就采取酷刑锻炼成狱，让其不敢或不能翻异。北宋时蔡确称开封府司狱“鞭笞束缚，既得以自专，往往颠倒曲直，使无罪诬服。一有翻异，复加锻炼，益甚于前”。③ 南宋李元弼也说：“主吏有勒囚招状者，必戒其引问无翻异。囚畏不如所戒，必遭楚掠。”④ 蒙冤者因害怕不敢申冤，本为防冤的制度实行中却是审讯官员用酷刑逼迫系囚招供认罪，防冤变成了造冤。

案件审讯过程中，除犯罪嫌疑人外，还有大量的证人被勾追待问，长时间的羁押会造成系囚的非正常死亡。如邵武军曾均殴打阿黄致死案，“嘉祐三年事发，四年六月方始断遣，在禁及在狱病患到家身死者一十八人”。⑤ 乾道九年（1173 年），孝宗为翻异别勘牵连入狱者专门下诏：“审录引断，随即翻异，追逮干连，经涉岁月，深可怜悯。”⑥

---

① （宋）郑克编撰：《折狱龟鉴译注》，卷 6《覈奸》，刘俊文译注点校，上海古籍出版社，1988，第 330 页。

② （清）徐松：《宋会要辑稿》，《刑法三・勘狱》，刘琳、刁忠民、舒大刚、尹波等校点，上海古籍出版社，2014，第 14 册，第 8435

③ （宋）李焘：《续资治通鉴长编》，卷 235，神宗熙宁五年七月壬午，中华书局，2004，第 10 册，第 5697 页。

④ （宋）李元弼等撰：《宋代官箴书五种》，《州县提纲》，卷 3《审囚勿对吏》，闫建飞等点校，中华书局，2019，第 140 页。

⑤ （清）徐松：《宋会要辑稿》，《刑法三・勘狱》，刘琳、刁忠民、舒大刚、尹波等校点，上海古籍出版社，2014，第 14 册，第 8427 页。

⑥ （清）徐松：《宋会要辑稿》，《刑法三・勘狱》，刘琳、刁忠民、舒大刚、尹波等校点，上海古籍出版社，2014，第 14 册，第 8442 页。

杨万里在论及翻异别勘之弊端时，痛切指出："杀人者一夫也，而连逮者十之焉。不惟十也，有再其十，有三其十焉，捕同捕也，系同系也，讯同讯也。狱吏岂曰彼有罪，汝无罪也？幸而狱成矣，连逮者得释矣，而杀人者临刑不伏，则又鞫也。则连逮者释未毕也，而捕又继之。又伏又不伏，则又鞫也。而连逮者复与焉。鞫至于三，至于五，至于十，而连逮者皆与焉。连逮者家破矣，瘐死矣，而狱未竟也。大抵一狱有十年不决者，狱决矣，不杀人者俱死，而杀人者独生焉。"① 这些无辜的干连人、证人在翻异别勘中反复被羁押审讯，导致瘐死者甚众，旧冤是否属实尚未查明，新的冤情已经大量发生。翻异别勘制度对被追问的犯罪人固然可以称得上"仁至义尽"，但对无辜的干证人而言，实在是残酷无情。

（三）趋利避义：官员为规避翻异别勘的责任风险致使监督形式化

宋代翻异别勘制度的立法目的是想要通过官员之间的相互监督制约实现司法公正，减少冤案发生。但是事与愿违，官员往往会做出对自己最为有利的行为选择，他们会竭力规避翻异别勘所带来的责任风险，使自己处于安全的境地，至于罪囚是否含冤、案件审理是否公正则无暇顾及。宋代的审讯官员为应对罪囚翻异主要采取以下几种办法来规避自身风险：

一是躲避责任，尽可能不担任推勘官员。早在咸平二年（999年），宋真宗就发现"所差京朝官推勘公事，承命之后，多闻称疾"，他判断"此有所规避也"。② 而州县官员一旦接到改任命令，马上停止在办案件的审理，急切离任。"外州推劾有方行追鞫或当结案次，以勘官受命移官者，皆避事牒本州而去"。③ 在选择别勘官员时，各州之间常相互推诿，不愿意参与翻异案件的审讯，唯恐给自己带来麻烦。刘克庄接到饶州朱超打死人命案的翻异报告，"委官别推，一路官员之多，无敢承当者"。④ 录问是翻异别勘案件中最重要的程序，而派来录问的官员往往不愿深涉案件之中，履行完程序性职责便报请别推。如南宋孝宗乾道六年（1170年）汪大猷上书所说："窃见诸勘鞫公事，多是翻异别勘，录问官未尝诘问，才闻冤便取责短状以出。"接到推鞫、别勘命令的官员，想方设法规避审讯。为防止官员规

---

① （宋）杨万里：《杨万里集笺校》，卷89《千虑策·刑法上》，辛更儒笺校，中华书局，2007，第7册，第3516页。

② （清）徐松：《宋会要辑稿》，《刑法三·勘狱》，刘琳、刁忠民、舒大刚、尹波等校点，上海古籍出版社，2014，第14册，第8421页。

③ （清）徐松：《宋会要辑稿》，《刑法三·勘狱》，刘琳、刁忠民、舒大刚、尹波等校点，上海古籍出版社，2014，第14册，第8423页。

④ （宋）刘克庄：《饶州州院推勘朱超等为趯死程七五事》，载曾枣庄、刘琳主编：《全宋文》，卷7534，上海辞书出版社、安徽教育出版社，2006，第327册，第416页。

避审理案件，还专门制定法律，“勘会被差鞫狱、录问，起发违时及辄占留辞避者，皆有成法”。① 由此可见官员因害怕罪囚翻异而不愿参与各环节审讯的情形的确非常严重。

二是推勘官员对罪囚从轻判处，以免其翻异。罪囚翻异的目的无非是为了脱罪，其脱罪目的达到自然就不会再翻异。所以，后勘官员往往会选择对翻异罪囚从轻判处。“后勘官见累勘不承，虑其翻诉不已，狱情一变，或坐失入之罪，故为脱免。”②

三是官员之间相互配合，后勘不改前勘结果。罪囚翻异之后，后勘官必须面对前勘官的审讯结果，如事实认定和判决发生改变，则前勘官必然面临故、失出入人罪的刑事追究。当然，后勘官自己也会因罪囚的再次翻异而成为前勘官。为避免同僚之间因断案迥异而被处罚，最好的办法是后勘官与前勘官保持一致。这样，官员就能够规避风险，而代价就是罪囚如果真的有冤抑就没有翻案的机会了。

庆历七年（1047 年）十月，宋仁宗在其一道诏书中就指出各路派出推勘的官员因循前判的行为。“自来行下诸路转运、提刑司差官置院推勘，甚有徇情偏曲，所差官不晓道理，承前勘鞫，致元诉之人冤状不伸。”③ 南宋时期，这种利益共同关系就更为牢固，后勘官勘得结果与前勘官常相一致。如赵师夔所言：“窃见诸州军重囚或有翻异，必于邻郡差官再勘，承勘官深虑犯人供具异同，则为元勘官司之累，往往循习旧案，相为符合，使有冤抑者不得自伸。”④ 翻异别勘本为公平审判计，让各司、官员之间相互监督，追求真相，不枉不纵，结果是后官为自己利益而做出选择，与前审保持一致。如此一来，同一案件持相同意见的审判者或参与审判者就建立了共同利害关系。

更为严重的是，在宋代翻异别勘制度运行中，路级监司和州县官员也逐渐在判决前就已在案件处理上达成一致意见，让一路之内的翻异别勘监督制约机制失去效用。淳熙十四年（1187 年）七月十四日的一份奏章中说：“访闻其间却有轻重任情，先授意旨，往来申请，必欲符合，乃许结案。”⑤

---

① （清）徐松：《宋会要辑稿》，《刑法三・勘狱》，刘琳、刁忠民、舒大刚、尹波等校点，上海古籍出版社，2014，第 14 册，第 8440、8442 页。

② （清）徐松：《宋会要辑稿》，《刑法三・勘狱》，刘琳、刁忠民、舒大刚、尹波等校点，上海古籍出版社，2014，第 14 册，第 8440 页。

③ （清）徐松：《宋会要辑稿》，《刑法三・勘狱》，刘琳、刁忠民、舒大刚、尹波等校点，上海古籍出版社，2014，第 14 册，第 8427 页。

④ （清）徐松：《宋会要辑稿》，《刑法三・勘狱》，刘琳、刁忠民、舒大刚、尹波等校点，上海古籍出版社，2014，第 14 册，第 8442 页。

⑤ （清）徐松：《宋会要辑稿》，《职官五・推勘》，刘琳、刁忠民、舒大刚、尹波等校点，上海古籍出版社，2014，第 5 册，第 3145—3146 页。

（四）因弊生奸：翻异别勘运行成本高昂且为胥吏留下大量的刑狱操纵空间

宋代翻异别勘运作过程会产生高昂的司法成本，官府为此需要付出巨大的人力、财力和物力。选派官员推勘，则派出官员的机关、沿途官府、设狱官府、原审官府均需要支付必须费用，翻异别勘次数越多，官府承担的成本愈是高昂。南宋的翻异别勘广泛推行，差官别推遍及本路各监司，甚至邻路、隔路监司，监司委派州府官员千里推勘，交通差旅费就是一笔巨大的开支，加上干证人的生活开支，给参与审讯的官府造成巨大的负担。导致“郡有浮费而数路无宁居”，各地州府、监司不堪其扰。宣和二年（1120年），中书省奏报皇帝：“勘会诸路监司、郡守被奉特旨置司推勘公事，其指差司狱支破请给及缘狱司费用之类，皆有条法。近来往往旋行申请画一，致有数千里待报去处，显是淹延刑禁。”①

翻异别勘作为防冤制度在运行中成为扰民扰官的恶政，实在是出人意料。杨万里算过这笔账：“外路之官吏被命而往鞫者，所居则有给，所过则有给，所至则有给。不则居者行者交病于饥寒，给则县官不胜其费。其鞫之一，其里之千，费钱万者，无虑三数十焉。其鞫之十，则为千里者十，费钱万者，无虑三数百焉。此其费何名者也？犹曰推仁不计费也。”② 以推行仁政、防民蒙冤之名，不计成本地推行翻异别勘制度，结果是官员疲于奔命、干连人犯痛苦惨怛，冤滞不减反增。

翻异别勘的运行，破坏了宋代正常的司法秩序，给胥吏操纵司法谋取私利留下了空间。刑狱淹滞、案件的久拖不决甚至羁押人员的痛苦正是奸吏谋取利益的机会。“盖司狱之利在于枝蔓，而无辜受害，有不胜言。”③ 他们利用自己熟悉翻异别勘程序和负责办理具体司法事务的优势，教人攀扯脱罪伎俩以牵连更多的人入狱，“州县捕获盗贼，狱吏往往教导，使广引豪富之人，指为窝藏。至有一家被盗，邻里骚然，贼情未得，而胥吏之家贿赂充牣”。④

因为翻异需要大量的官员跨州审判案件，而精明强干的官员往往借故推脱或者疲于往还推勘，监司委派别勘官员多是不熟悉业务的新手或者闲差，他们对推勘事务并不熟悉，不得不将审讯事务交给业务精熟的胥吏。这就为胥吏们操纵审讯、谋取私利提供了条件，

---

① （清）徐松：《宋会要辑稿》，《刑法三·勘狱》，刘琳、刁忠民、舒大刚、尹波等校点，上海古籍出版社，2014，第14册，第8431页。

② （宋）杨万里：《杨万里集笺校》，卷89《千虑策·刑法上》，辛更儒笺校，中华书局，2007，第7册，第3516页。

③ （清）徐松：《宋会要辑稿》，《刑法三·勘狱》，刘琳、刁忠民、舒大刚、尹波等校点，上海古籍出版社，2014，第14册，第8434页。

④ （清）徐松：《宋会要辑稿》，《刑法三·勘狱》，刘琳、刁忠民、舒大刚、尹波等校点，上海古籍出版社，2014，第14册，第8438页。

他们贪赃受贿，操纵刑事案件的审判结果。南宋绍兴十二年（1142 年），有臣僚言："比者诸路推究翻异公事，或朝廷委之推勘，多于闲慢可差出之官，例皆初官荫补子弟及新第进士，于法令实未暇习，其势必委之于其下，老胥猾吏得以轻重其手。"① 这些胥吏操纵刑狱的手段五花八门，概括起来就是教罪囚翻异、攀扯，使案件愈加复杂，事实无法查清，从中就可以恣意轻重。

三、宋代统治者消减翻异别勘所生弊端而采取的对策

宋代统治者对翻异别勘制度有着强烈的自信，认为这是祖宗旧制且具良法美意，故三百年间坚持施行。如上所述，翻异别勘运行过程中产生了巨大的弊端，实践效果和立法目的发生严重背离，宋代统治者又如何解决这些问题呢？归纳起来，为消除、减少翻异别勘运行中的弊端，宋代统治者主要采取以下三种对策：

（一）因事立法、三令五申

针对翻异别勘制度运行过程中出现的问题，宋代统治者采取的最主要的方法是因事立法，也即根据出现的弊病有针对性地制定新法。譬如为防止翻异案件过分拖延，造成刑狱淹滞，天禧四年（1020 年）二月制定翻异案件审刑院备案、结绝销案之法。同年五月规定翻异案件如罪囚因拖延时间遇赦，差官追究元勘官员的罪责。② 为了畅通诉冤渠道，防止司法监督制约体系空转而百姓冤抑不伸，庆历七年（1047 年）制定诣阙诉冤案件中书省登记督办制度：对于诣阙诉冤案件，由中书登记在案，将案件发回所在路转运司、提刑司重审，审理结束，到中书销案，"候断放日，具节略公案入马递闻奏，中书对簿销落"。③ 为防止司狱在翻异案件审讯中舞弊，制定司狱回避法。宋徽宗政和七年（1117 年）规定："其移勘公事，须先次契勘后来承勘司狱与前来司狱有无亲戚，令自陈回避，不自陈者，许人告，赏钱三百贯，犯人决配。"④

为解决翻异别勘制度运行中所生弊病，宋代统治者三令五申，要求官员遵守翻异别勘

① （清）徐松：《宋会要辑稿》，《刑法三·勘狱》，刘琳、刁忠民、舒大刚、尹波等校点，上海古籍出版社，2014，第 14 册，第 8436 页。

② （清）徐松：《宋会要辑稿》，《刑法三·勘狱》，刘琳、刁忠民、舒大刚、尹波等校点，上海古籍出版社，2014，第 14 册，第 8424 页。

③ （清）徐松：《宋会要辑稿》，《刑法三·勘狱》，刘琳、刁忠民、舒大刚、尹波等校点，上海古籍出版社，2014，第 14 册，第 8427 页。

④ （清）徐松：《宋会要辑稿》，《刑法三·勘狱》，刘琳、刁忠民、舒大刚、尹波等校点，上海古籍出版社，2014，第 14 册，第 8431 页。

程序，违反禁令会做出相应处罚。譬如关于禁止翻异案件牵连枝蔓的问题，绍圣三年（1096年）下诏重申："鞫狱请治状外事者，论如求他罪律。"① 乾道元年（1165年）正月，下诏申明只许追证紧切人证，不准枝蔓追逮："应鞫狱干证如紧切照勘，方得时暂追证，有罪先次摘断，无罪日下疏放。前后约束，非不严备，尚虑当职官不切究心，止凭胥吏枝蔓追逮，连及无辜，有失恤刑之意，仰监司常切觉察，不得容庇。"② 乾道二年（1166年），再次重申："翻异公事，如经三推者，其紧切干证人若干碍出入情节，方许追证，其余不得泛滥追呼"。③ 乾道六年（1170年）十一月，再次申明："狱成翻异，惟据所翻之事别勘，所有干证人止许追紧切人，或有滥追淹禁，并令提刑司案奏"。④ 乾道九年（1173年）十一月九日，"今后并仰狱官依条亲行勘鞫，务得实情，除紧切干证人外，不得枝蔓追呼"。⑤ 十年间，同一法令由皇帝下诏申明六次，可见该法令实际上并未被官员遵守。嘉泰三年（1203年）、开禧二年（1206年）、嘉定二年（1209年）重申的还是同一法令："刑狱翻异，自有条法，不得于词外推鞫。其干连人虽有罪，而于出入翻异称冤情节元不相干者，录讫先断。"⑥

宋代统治者申明较多的还有"一案推结"制度，声称要对违法推勘官员严肃问责，几乎每过几年就要重申一次。如真宗大中祥符七年（1014年）八月重申："自今勘鞫官须尽理推勘本犯，不得以形势及元奏抑令招服，致有枉曲。如囚事冒罣及被诉虚招情罪，别勘诣实，其元勘官当行朝典。"⑦ 绍兴二十八年（1158年）刑部申明："今后应中外翻异、驳勘及别推公事，若前勘有不当，依条合一案推结者，其官吏未有移替事故，即依绍兴九年指挥施行。"⑧ 绍兴三十年（1160年）再次重申："今后外路翻异之囚，悉依祖宗条格施

① （清）徐松：《宋会要辑稿》，《刑法三·勘狱》，刘琳、刁忠民、舒大刚、尹波等校点，上海古籍出版社，2014，第14册，第8429页。
② （清）徐松：《宋会要辑稿》，《刑法三·勘狱》，刘琳、刁忠民、舒大刚、尹波等校点，上海古籍出版社，2014，第14册，第8439页。
③ （清）徐松：《宋会要辑稿》，《刑法三·勘狱》，刘琳、刁忠民、舒大刚、尹波等校点，上海古籍出版社，2014，第14册，第8439页。
④ （清）徐松：《宋会要辑稿》，《刑法三·勘狱》，刘琳、刁忠民、舒大刚、尹波等校点，上海古籍出版社，2014，第14册，第8441页。
⑤ （清）徐松：《宋会要辑稿》，《刑法三·勘狱》，刘琳、刁忠民、舒大刚、尹波等校点，上海古籍出版社，2014，第14册，第8442页。
⑥ （清）徐松：《宋会要辑稿》，《刑法六·矜贷》，刘琳、刁忠民、舒大刚、尹波等校点，上海古籍出版社，2014，第14册，第8555页。
⑦ （清）徐松：《宋会要辑稿》，《刑法三·勘狱》，刘琳、刁忠民、舒大刚、尹波等校点，上海古籍出版社，2014，第14册，第8423页。
⑧ （清）徐松：《宋会要辑稿》，《刑法三·勘狱》，刘琳、刁忠民、舒大刚、尹波等校点，上海古籍出版社，2014，第14册，第8437页。

行。”① 到宋理宗嘉定二年（1209 年）还在重申几乎同样的内容，“今后县解公事或有情节未圆，不许将罪人往复押下，止许追承勘人吏一案勘结”。② 法令被重申的次数越多，说明被遵守的程度越低，也反映出翻异别勘制度运行极不正常。

（二）指挥约束、强化监督

为纠正翻异别勘中出现的违法现象，宋代常用的行政手段有三种：自上而下的个案处理指示、自下而上的请示和中央行政机关的普遍约束。首先，朝廷对于影响较大的疑难案件以诏令形式就案件处理颁布指挥。如前述永济县令崔道升翻异案，“诏以道升为安州参军，其余干连人并放”。③ 其次，地方州府主动申取朝廷指挥，对某类特殊案件做出处理。法令规定地方州府因特殊情况造成刑狱长期不决，应主动上报申取朝廷指挥。譬如绍兴八年（1138 年）六月，刑部要求“今后诸路州县及推判官司勘鞫公事，若经一年外不决者，并具因依申本路提点刑狱司，备申刑部及御史台，看详有无冤滞，申请朝廷指挥施行”。④ 再如对于多次翻异案件，本路监司无法差官、本路安抚司差官别勘后罪囚再次翻异，“令本司具案并翻异因依申取朝廷指挥”。⑤ 最后是由尚书省立法或申明立法，对地方州府、监司的司法审判行为进行普遍性约束。哲宗元祐元年（1086 年），尚书刑部立法禁止法官将囚徒交给胥吏审讯，徽宗宣和七年（1125 年），尚书责成刑部给地方州府结绝稽留案件立限。⑥ 五月二十六日，针对翻异别勘中前后官员无视刑律出入人罪的规定，恣意轻重，“或后勘驳正前勘所犯不至前勘之重，或前勘已得实情而后勘却与出脱”，由尚书刑部“检视见行条法，申严行下”。⑦ 无论是具体案件的请示、指挥还是普遍性的行政命令，均需层报和向下传导，其效力是逐级递减的。

为了纠正翻异别勘中的违法司法行为，地方加强监司按劾，中央由刑部负责司法监督、

---

① （清）徐松：《宋会要辑稿》，《刑法三·勘狱》，刘琳、刁忠民、舒大刚、尹波等校点，上海古籍出版社，2014，第 14 册，第 8438 页。

② （清）徐松：《宋会要辑稿》，《职官五·推勘》，刘琳、刁忠民、舒大刚、尹波等校点，上海古籍出版社，2014，第 5 册，第 3150 页。

③ （清）徐松：《宋会要辑稿》，《刑法三·勘狱》，刘琳、刁忠民、舒大刚、尹波等校点，上海古籍出版社，2014，第 14 册，第 8425 页。

④ （清）徐松：《宋会要辑稿》，《刑法三·勘狱》，刘琳、刁忠民、舒大刚、尹波等校点，上海古籍出版社，2014，第 14 册，第 8435 页。

⑤ （清）徐松：《宋会要辑稿》，《刑法三·勘狱》，刘琳、刁忠民、舒大刚、尹波等校点，上海古籍出版社，2014，第 14 册，第 8438 页。

⑥ （清）徐松：《宋会要辑稿》，《刑法三·勘狱》，刘琳、刁忠民、舒大刚、尹波等校点，上海古籍出版社，2014，第 14 册，第 8432 页。

⑦ （清）徐松：《宋会要辑稿》，《刑法三·勘狱》，刘琳、刁忠民、舒大刚、尹波等校点，上海古籍出版社，2014，第 14 册，第 8442 页。

御史台对官员进行专门监督。真宗年间，提点刑狱司制度固定下来，成为路级专司刑狱的长官，监督地方州县监狱系囚成为其重要职责，“所部每旬具囚系犯由、讯鞫次第申报，常检举催督。有淹系久者即驰往案问”。[①] 绍兴六年（1136年）诏令：“如有司故作淹留，并令监司按劾。”[②] 针对翻异别勘中出现的其他违法行为，加强监督的方法基本都是“在内委刑部、御史台，在外委监司觉察按劾”。

乾道九年（1173年），对于官员规避推勘、录问委派，受命之后故意拖延导致罪人久被囚系，“仰监司、守臣觉察按劾，重置典宪”。[③]

（三）严惩胥吏乱法，规范司法

宋代在太宗时期就确立翻异别勘制度用以监督审讯官员，但是实际操纵案件审讯的乃是胥吏。官员对翻异别勘中复杂的程序设计和纷繁的法令并不熟悉，被动或者主动把审讯交给胥吏。狱吏因缘为奸，将系囚视为奇货，将刑狱视为财源，所以审判刑事案件最为积极。狱吏通常根据长官的需要出入人罪，长官欲重罚，则罗织罪名，逼囚伏罪；长官欲轻惩，讯问则避重就轻，草草结案。或者收受贿赂，教唆翻异，帮助犯罪人脱罪，牵连无辜者入狱。狱吏对折狱的程序、技巧和公文极为熟悉，制造出来的案卷几乎无懈可击，别勘官员从成案中发现问题为系囚翻案的可能性极小。

宋代士大夫在很早就指出翻异别勘中存在吏强官弱的现象，这既有官员的原因，也有胥吏的原因，官员怠于行使职权，胥吏在任职过程中逐渐掌握了处理刑狱案件的专业技能，进而把控了刑狱案件审理的主动权，一味“舞文弄法，贪饕货赂而已”。

针对胥吏乱法，宋代统治者和士大夫并无更好的办法，只是严加约束，重惩奸吏。同时也给胥吏出路，给他们发放例钱，允许其参加法律考试，通过者给予做官的机会。但是，这些措施也没有根除宋代胥吏乱法的问题，在翻异别勘的制度运行中，胥吏始终是刑狱淹滞的制造者和操纵者。

四、结论

通过对宋代翻异别勘制度运行的历史考察，我们发现该制度的运作效果背离了其立法

---

① （宋）李焘：《续资治通鉴长编》，卷66，景德四年七月癸巳，中华书局，2004，第3册，第1477页。

② （清）徐松：《宋会要辑稿》，《刑法三·勘狱》，刘琳、刁忠民、舒大刚、尹波等校点，上海古籍出版社，2014，第14册，第8434页。

③ （清）徐松：《宋会要辑稿》，《刑法三·勘狱》，刘琳、刁忠民、舒大刚、尹波等校点，上海古籍出版社，2014，第14册，第8442页。

目的，宋代统治者想尽办法予以补救其弊，但收效甚微。由于时代和历史的局限性，宋人不可能认识到翻异别勘制度运行的两大深层次矛盾，所以也就无法从根本上解决问题。

其一，翻异别勘虽为司法程序，但实际上其遵循的是行政逻辑。这主要体现在两个方面，一是罪囚翻异之后，决定别勘的是各级行政长官。在地方州府推鞫犯罪时翻异，由本处长官决定移司别勘，选择和本案没有利害关系、没有参与过之前司法程序的官员重审；如果本州府审结之后翻异，则由上级监司长官——路级转运使、提点刑狱公事差官推勘。翻异别勘案件都要层报到中央法司，重大翻异案件最终是由各法司的长官奏报皇帝定夺。所以翻异别勘虽然是由罪囚启动，但是决定移推或者别勘的仍然是各级官府的长官。如乾道元年（1165 年）十二月臣僚所言："窃见近岁以来，大理狱多取决于大臣，州县狱多取决于太守，狱官不循三尺，专以上官私喜怒为轻重，求民无冤，不可得矣。"① 其二是在官员违反翻异别勘制度时，由中央行政机关申明指挥，约束违法官员的行为。对于没有成法可依的行为，中央命令刑部立法，对于有成法的情形，则以行政命令的形式自上而下发布指挥。所以在翻异别勘制度中，我们常见的是上级官府"申严法禁行下，令监司觉察纠举"。翻异别勘制度虽然设计精巧，但运转复杂，成本高昂，其本质是行政机关对于司法政务的监督，其运行过程是按照行政逻辑进行的。

宋代的翻异别勘在本质上是一种行政监督式司法，制度的核心要义是控制和监督，所以审讯者需要由行政长官指定，审判结果对上级汇报，按照长官命令或者更高层级的指挥进行审判。这是宋代加强行政监督在司法领域的反映，也是上下相维、内外相制在司法程序上的体现。但是这一依靠行政权力指挥控制的司法制度在运行中遇到巨大的挑战：制度出发点之一是通过当事人翻异和没有利害关系的其他官员对审讯官员进行监督，但是设计的缺陷导致所有的参与者都是利益相关方，当事人、审讯官员、胥吏展开激烈的利益博弈，各有所得也各有所失。因关乎各方利益，中央管制式的指挥系统部分甚至全部失灵，制度运行中受到伤害最大的是涉案的无辜干连人。

其二，翻异别勘制度运行效果反映了司法理想和官僚司法实践的矛盾。翻异别勘制度追求的是"无冤"理想，制度本身并不符合司法的规律，而这一理想化的司法制度是由官僚群体执行的，官僚制将司法改造为官僚司法。官僚司法优先考虑的是利益、赏罚和责任风险，当司法理想遭遇庞大的官僚体系，司法迅速行政化，官员在处断案件时和处理其他政务并无不同，当面对监督和考核，他们会做出最有利于自己的选择。宋代设计严密的翻

① （清）徐松：《宋会要辑稿》，《刑法三・勘狱》，刘琳、刁忠民、舒大刚、尹波等校点，上海古籍出版社，2014，第 14 册，第 8439 页。

异别勘制度沦为形式，制度运行效果最终因多数官僚的利益选择而大大折损。

官僚体制下的翻异别勘表面上是按照司法程序在运作，但是实际上从受理案件开始就涉入各种各样的斗争，斗争的焦点包括：受理或不受理，诉冤和嚣讼的认定，成案的上报、奏谳和复审复核，当这些考量都纳入官员利益权衡时，案件本身就不重要了，判决就变成不同衙门、不同官员之间的博弈。不同衙门之间、同一衙门之间在审判案件时形成复杂的利益关系。如果判决结果最终被认定为出入人罪，做出判决的衙门的上下级都要承担连带责任，长官责任重，鞫谳皆有罪。此时，对判决持肯定意见的各级官员均应承担出入人罪的连带责任，而对判决持否定意见者则会因为纠正错误、判断意见正确而受到嘉奖，这样在同一件案件的审判过程中持不同意见的官员事实上形成了利益对立关系。在利益纠葛之下，同一部门之间、上下级之间的司法监督大部分失灵，被皇帝寄予厚望的监司巡按实际上也在地方化和利益趋同化。宋代统治者能运用的手段也只是重申法令、催督守法、严格赏罚，这些手段不仅无助于救弊，反而强化了司法的行政化。也正因如此，宋朝虽为施行翻异别勘制度付出巨大的司法成本，但运行效果却完全背离立法目的，冤滞始终难解，统治者的“无冤”理想最终也只能是理想。

主题研讨四：

转型时期的法律与人物

为后者告：吉同钧《东行日记》所现的蒙案审办及其启示*

邱玉强**

摘　要　光绪二十八年（1902年）初，吉同钧曾随兵部尚书裕德等人出关至奉天查办蒙古哲里木盟案件，往返百日的所见所闻及蒙案审办过程，详记于吉同钧的《东行日记》中。此次蒙案审办主要有二：一为哲里木盟盟长、图什业图亲王色旺诺尔布桑保被旗下逼迫自缢案；一为哲里木盟副盟长、札萨克图旗郡王乌泰通贼虐民案。前者虽是该亲王咎由自取，且案犯已认罪画供，但吉同钧仍为之原情以求其生、拟罪以期无憾；后者审办时该郡王虽恪恭逊顺，但有俄方从中干预，仅以革职结案，吉同钧为此也颇为无奈。这次蒙案的审办过程既易且速，一方面在于吉同钧所总结的蒙古地区"人无诪张之心，官乏巧避之术"，另一方面则在于案件审理之勤慎，以及案件的众多参与者能够遵循"随到随审，随审随结随释"。透过这次蒙案审办及其见闻，亦可管窥清廷治理蒙边之实况。日记内容夹叙夹议，多有规矩劝诫之意，亦可为后之办理蒙案者提供经验借鉴。

关键词　吉同钧；《东行日记》；蒙案审办；蒙边治理

吉同钧是中国新旧法律过渡中的一位重要人物，其精于律学、遇事能断，一向为刑部堂官薛允升、赵舒翘、沈家本等倚重。随着"陕派律学"研究的兴起，吉同钧的生平著述

* 本文系北京市法学会2024年研究课题"吉同钧《审判要略》整理与研究"［项目号：BLS（2024）C006］的阶段性研究成果。

** 邱玉强，清华大学法学院博士后流动站助理研究员。

及其法律思想亦引起了学界的广泛关注。关于吉同钧的生平著述，在其逝世后的“讣告”及“圹志铭”中均有所提及。① 吉同钧丰富的存世作品，是其特定时期的思想表达，也是我们了解其法律思想的坚实基础。现有研究多是围绕其精于律学而展开探讨，并关注到了吉同钧于清末修律过程中的立场及作用等。② 而关于吉同钧遇事能断的司法实践考察，却所见不多。③ 吉同钧在《审判要略》的“自序”中曾提到其“久官西曹，周历塞外”。④ 在《京师法律学堂开学演词》中也曾自称：“随往奉天蒙古查办事件，考察盟旗风俗，参观蒙古刑例，阅历既多，遇事始有把握。”⑤ 关于这段承办蒙案的经历，可详见吉同钧所撰的《东行日记》。吉同钧还在日记中特意强调：“详记始末，以为后之办理蒙案者告。”⑥ 日记内容夹叙夹议，多有规矩劝诫之义，足见吉同钧“为后者告”之用心。本文拟以《东行日记》中所载的蒙案审办为中心，考察吉同钧遇事能断的经验技能。与此同时，通过评析《东行日记》所现的蒙案办理，亦可管窥清廷治理蒙古边疆地区的一些细节，以古为鉴，奉享今人。

一、《东行日记》的版本及其内容

日记为第一手史料，以私人化、现场感构成了其特定时间段的历史叙事。目前可见的

① “生平撰著有《大清律讲义》《秋审条款讲义》《审判要略》《乐素堂诗文集》，均已先后刊行，为世之研究法律沿革者所必取资。晚年代嘉兴刘氏撰《皇朝续文献通考·刑法考》一门，约数十万言，尤为伟作云。”《讣告：法界耆宿吉同钧逝世，享年八十岁》，《盛京时报》1934年6月27日第6版。萧之葆曾为吉同钧作圹志铭时写道：“所著有《大清律讲义》二十卷，《现行律讲义》二十六卷，《秋审条款讲义》六卷，《审判要略》一卷，行世。又《乐素堂文集》六卷，《诗集》八卷，《西曹公牍》二卷，《随扈记程》《南游记程》《东行记程》各二卷，《日记》四卷，待梓。”《皇清赐进士出身、诰授通议大夫、钦加二品衔法部郎中韩城吉石笙先生圹志铭》，藏于陕西省韩城市博物馆。

② 这方面研究成果主要有：俞江：《倾听保守者的声音》，《读书》2002年第4期，该文亦以《清末修律中的吉同钧》为题，收于俞江：《近代中国的法律与学术》，北京大学出版社，2008，第91—101页；李欣荣：《吉同钧与清末修律》，《社会科学战线》2009年第6期；刘广安：《晚清法制改革的规律性探索》，中国政法大学出版社，2013，第130—131页；闫晓君：《吉同钧：中国传统法律文化的守望者》，《中国社会科学报》2021年3月24日法学版；陈丽：《论吉同钧与〈清朝续文献通考·刑考〉的续订》，《中西法律传统》2021年第2期；谢蔚：《晚清法部研究》，中国社会科学出版社，2014，第79—80页；苏亦工：《吉同钧清律讲义的版本、成书过程及其价值》，《法律科学（西北政法大学学报）》2023年第5期；等等。

③ 目前关于吉同钧司法实践的研究主要有：张田田：《末世刑章细羽毛：吉同钧“朝审失出”事考——从陕派律学家事迹看晚清司法（一）》，《法律文化论丛》第5辑，知识产权出版社，2016，第115—120页；王斌通：《陕派律学家的司法技艺管窥——以晚清“故杀胞弟案”为视角》，《法大研究生》2017年第2期。

④ （清）吉同钧：《审判要略》，载杨一凡编：《古代折狱要览》，社会科学文献出版社，2015，第十六册，第452页。

⑤ （清）吉同钧：《大清律讲义》，载高柯立、林荣辑：《明清法制史料辑刊（第三编）》，国家图书馆出版社，2015，第五十四册，第280页。

⑥ （清）吉同钧：《东行日记》，载王建朗、马忠文主编：《近代史研究所藏稿钞本日记丛刊》，国家图书馆出版社，2020，第十九册，第86页。

吉同钧《东行日记》有三个版本，其一为闫晓君教授于2014年整理出版《乐素堂文集》中内附的《东行日记》，该版本系据《近代史资料（总87号）》整理。① 其二为杜春和与耿来金先生于1996年点校整理的《吉同钧东行日记》，该本收录于《近代史资料（总87号）》。② 其三为《东行日记》的原始稿本，该版本收录于《近代史研究所藏稿钞本日记丛刊》（第十九册）。③ 相较于前两个点校本，原始稿本为影印出版，内容最全，更便于读者一睹《东行日记》之全貌，故本文所参考的版本以该稿本为主。该稿本日记，封面左边题《韩城吉石笙先生手订东行关外日记稿》，附题为“己巳暮春鹤寿敬题”，右边载有“临汾段鹤寿珍藏纪念”，并钤“段鹤寿”方印，可知该稿本曾由临汾段鹤寿收藏。日记全文为墨笔楷书，用“法律馆”十行稿纸，半页十行，每行有二十个字格，字格外又有许多增添、删减及勾画的痕迹。日记时间起于光绪二十八年（1902年）正月二十六日，止于同年五月初六日，每日所记自成一段，主要记述了吉同钧随兵部尚书裕德等人出关查办蒙古哲里木盟案件时的所见所闻，后附有一篇光绪二十九年（1903年）的说贴，即“请宽原蒙古秋审人犯说贴”。

“此行往来共计百日。”④ 日记所述犹如历史缩影之相机，以个人之所见详史之略、补史之阙。吉同钧所作的《东行日记》不同于一般的公事写作，前后几日不仅详记了行程往返之路线、所经车站的道里远近、沿途山川水文之地舆，还考察了途经州县的历史沿革、官情民俗等，也展现了吉同钧的内心活动和种种隐私。受时局所影响，日记中多记有悲惨凄凉之象。往日繁华的天津府城尽被拆毁，“四面均为外洋各国租界（占据），洋兵盘踞横行，居民时被蹂躏”，此残破之情形已然殃及了京津地区的村落，“上年拳匪之乱，联军经过各村，多被残破，现虽大局粗定，而人亡室空，一望灰烬，惨目伤心，曷胜黍离之感”。⑤ 抵达盛京后，察知边地民众的困苦情状则更甚，“年来马贼横行，蔓延吉林，黑龙江及蒙古一带，处处伏莽，愈剿愈多，是亦东边之巨患也。近又加以俄兵逼处，凡关津要卡，州县城市，处处设兵防守，虽不至如马贼之劫夺杀害，而诸事钳制干预，一切不得自主，闾阎受其欺陵，敢怒而不敢言”，由此吉同钧不禁感叹：“呜乎，小民何辜而遭此浩劫

---

① 闫晓君整理：《乐素堂文集》，法律出版社，2014，第163—187页。

② 中国社会科学院近代史研究所近代史资料编辑部编：《近代史资料（总87号）》，中国社会科学出版社，1996，第69—97页。

③ 王建朗、马忠文主编：《近代史研究所藏稿钞本日记丛刊》，国家图书馆出版社，2020，第十九册，第1—149页。

④ （清）吉同钧：《东行日记》，载王建朗、马忠文主编：《近代史研究所藏稿钞本日记丛刊》，国家图书馆出版社，2020，第十九册，第139页。

⑤ （清）吉同钧：《东行日记》，载王建朗、马忠文主编：《近代史研究所藏稿钞本日记丛刊》，国家图书馆出版社，2020，第十九册，第7—8页。

也哉!”[①] 日记的中间部分，以记载办理蒙案的司法过程为主，穿插记述了一些日常的官员会见、宴席饮食、阅读内容以及个人心得感言等。对于此次蒙案的办理，时人刘敦谨曾在《韩城吉石笙先生德教碑记》中总结道：“蒙王激变蒙众，被逼自尽，株连数百人，案积季不决。先生连讯三次即定狱，仅诛渠魁四人，余皆分别责释，全活无数。”[②] 结合日记所现的蒙案审办细节，充分诠释了吉同钧遇事能断的司法经验技能。

二、《东行日记》所载蒙案之起因

《东行日记》中所详细记载的蒙案审办主要有二：一为哲里木盟盟长、图什业图亲王色旺诺尔布桑保被旗下逼迫自缢案；一为哲里木盟副盟长、札萨克图旗郡王乌泰通贼虐民案。两起案件的发生，均有其特定的社会历史根源。清廷在蒙古族原有的社会制度基础上，参照满洲八旗制，于蒙古族聚居地区实行盟旗管理制度。据吉同钧考证：“各旗之地，自数千里至数十里大小不等，各旗之主，爵位大小亦不等，最大者曰汗，曰亲王、郡王，次则贝勒、贝子、镇国公、辅国公，又次则台吉、塔布囊。每旗有一札萨克印信，以银铸之，统辖一旗地方。每盟设一盟长，一副盟长，帮办盟务，一二人不等。其盟长则于一盟各旗王公等项内，择其才德最优者，给以印信，请旨特绶，统辖一盟之事，其有不称职者，革除另简……其各旗一切事件，皆报盟长处，并报理藩院代奏，虽王公亦不准奏事。其各旗重大之事，则由邻近之督抚、将军、都统各大臣管理遥制，盟长不得专主。”[③] 其中，哲里木盟共十旗，为内蒙古东四盟之一，归盛京将军管理。《东行日记》中这两起蒙案的起因直接展现了清时蒙古王公与旗民之间存在着激烈的社会矛盾。

（一）内外离心的色旺诺尔布桑保亲王

色旺诺尔布桑保是科尔沁和硕图什业图亲王巴宝多尔济之长子，光绪十六年（1890年）巴宝多尔济病故，色旺诺尔布桑保袭爵正式成为科尔沁土谢亲王旗（右翼中旗）的第十五位世袭亲王，其在位共十二年（1890—1902年）。[④] 作为世袭的亲王，色旺诺尔布桑保在享受清廷荣恩的同时，也曾多次以捐助军需、报效银两等实际行动，积极向朝廷表示忠诚，

---

① （清）吉同钧：《东行日记》，载王建朗、马忠文主编：《近代史研究所藏稿钞本日记丛刊》，国家图书馆出版社，2020，第十九册，第27—28页。

② 《韩城吉石笙先生德教碑记》，藏于国家图书馆，可见于国家图书馆“碑帖精华”数据库。

③ （清）吉同钧：《东行日记》，载王建朗、马忠文主编：《近代史研究所藏稿钞本日记丛刊》，国家图书馆出版社，2020，第十九册，第81—82页。

④ 参见阿拉善盟档案史志局编：《清代蒙古各旗札萨克和王公世袭集》，宁夏人民出版社，2015，第8—9页。

《清实录》详记了这一恩赏互动过程。（见表一：《清实录》中所载朝廷与色旺诺尔布桑保之间的恩赏互动）

表一　《清实录》中所载朝廷与色旺诺尔布桑保之间的恩赏互动

时间	互动内容
同治十二年正月	赏科尔沁公衔头等台吉色旺诺尔布桑保花翎。
光绪五年十二月	赏科尔沁和硕图什业图亲王巴宝多尔济豫保长子花翎公衔头等台吉色旺诺尔布桑（保），在乾清门行走。
光绪十六年十二月	命科尔沁和硕图什业图亲王色旺诺尔布桑保，在御前行走。
光绪十七年正月	科尔沁亲王色旺诺尔布桑保奏，恭缴元狐端罩。得旨，毋庸回缴著加恩赏给色旺诺尔布桑保穿用。
光绪十七年十二月	赏科尔沁和硕图什业图亲王色旺诺尔布桑保三眼花翎。
光绪二十年正月	懿旨：本年予六旬庆辰，率土胪欢，蒙古王公等，自应一体加恩，以彰庆典。科尔沁和硕图什业图亲王色旺诺尔布桑保，着赏穿带膆貂褂。
光绪二十一年正月	以捐助军需，赏科尔沁札萨克和硕图什业图亲王色旺诺尔布桑保黄缰。
光绪二十三年十二月	赏科尔沁札萨克图什业图亲王色旺诺尔布桑保黄缰。
光绪二十四年正月	理藩院奏：蒙古哲里木盟长科尔沁札萨克和硕图什业图亲王色旺诺尔布桑保等报效银两，声称不敢仰邀奖叙。
光绪二十五年十二月	以报效巨款，蒙古图什业图亲王色旺诺尔布桑保赏穿黄马褂。
光绪二十七年五月	以报效银两，予科尔沁图什业图和硕亲王色旺诺尔布桑保等奖叙。

清人福格曾指出："本朝最重花翎，如古之珥貂也……亲郡王爵秩虽崇，非蒙特赐，转不能戴。"① 在色旺诺尔布桑保还未做亲王时，朝廷就已恩赐花翎，可见对其重视程度。色旺诺尔布桑保野心勃勃、精于仕途，不甘心只当一旗之王，经过一番权势角逐后，于光绪十八年（1892 年）成了哲里木盟盟长。② 此后又备受朝廷殊荣，甚至以黄马褂加身，即"赏穿则可按时自做服用，亦明黄色"。③ 色旺诺尔布桑保仕途虽顺，官秩虽高，但却并未给所辖旗民带来实质性的福祉，反而是极尽压榨残暴，这正是被旗下逼迫自缢案发生的根本原因。经学者考证，自色旺诺尔布桑保袭爵后，"每年冬季向旗民强征肉牛四十头，夏季强征乳牛四十头，还要向旗民课牧牛二百头，羊一千只；征调官差车四十辆，民夫五十名。每次进京，向朝廷'捐输'白银二十万两左右，从京返旗则大购珍宝。由于挥霍无度，亏欠华兴公司和恒星号白银五六十万两。为收押荒银，他大量出租旗地，'规定一方地（合四

① （清）福格：《听雨丛谈》，汪北平点校，中华书局，1984，第 9 页。
② 参见关中祥：《科尔沁草原上的魔窟——图什业图旗王府调查记》，《内蒙古民族大学学报（社会科学版）》1979 年第 2 期。
③ （清）福格：《听雨丛谈》，汪北平点校，中华书局，1984，第 18 页。

十垧），以三十一垧计租，上等地每垧租银四两，中等地每垧租银二两四千钱，下等地每垧租钱一两五钱’”。① 其“爱权谄媚”之余，亦不禁“豪华享受的诱惑”。② 此横征暴敛除以“捐输”朝廷换取荣恩外，其余皆为满足个人之淫奢，如其“好营宫室，就醴泉南旧邸拓置园林，极亭榭花木之胜。室内陈设多用外货，由京津捆载而来，道阻千里，车马糇粮皆取于民，以致谤讟繁兴，重以内政不修”。③ 此奢靡之举，已然使蒙民饱受剥削，更甚则视人命如草芥，即使对待家奴、属下亦过于苛刻，“尝以小过鞭笞人至死，或缚羁暗室瘐死以为快，民衔怨次骨”。④ 所属旗民暗地里称其为“道格辛大王”（蒙古语意为残暴的王爷），由是已内外离心矣。

色旺诺尔布桑保被旗下逼迫自缢案的直接原因，在于由花里亚孙等人发动的民变。光绪二十六年（1900年）八月，哲里木盟札萨克图旗和苏鄂公旗的交界处发生了以刚保和桑保两兄弟领导的“图胡莫起义”，并迅速得到群众的拥护。⑤ 这场起义活动威震四方，使得各蒙旗王愈加惶恐不安，色旺诺尔布桑保急忙召集家奴、旗兵等壮丁百余人以自卫，强制要求他们日夜为自己守护，并徭役民夫挖掘护城河。身为王府护卫花里亚孙等人实在忍无可忍，于光绪二十七年（1901年）三月初三日号召其他家奴和正在挖护城河的民夫哗变逃离王府。花里亚孙等为首的几人主张应趁此机会将这位残暴的王爷彻底消灭掉，避免其调兵遣将卷土重来以残害百姓。此主张得到了群众的支持，正在其杀回王府之际，王府旗兵亦发生了反叛，据哲里木盟长图什业图亲王色旺诺尔布桑保生前具报：“（三月初十日）该旗梅楞衔大台吉额力得呢瓦奇尔等十一员率众一百十八名，闯入王府，砸坏府门，抢出铅丸一万七千粒，火枪五百杆，弓六百六十张，大箭三千三百支，腰刀三百把，号衣三百件，牛马数百匹，俄国枪一百杆，并抢去撒带二千余个，火药百余斤，快枪一百八十二杆，毛瑟枪五百杆，子母数千粒，出兵帐房一百余架，暨军纛军饷，并大凌河官马一百余匹，全被抢掳一空。”⑥ 故此时的色旺诺尔布桑保亲王已然没有任何抵抗民变的能力了，虽亲作手谕，百般引咎自责，并多有求生改过之语，但却仍难逃一死。⑦

---

① 曹永年主编、赵之恒分卷主编：《内蒙古通史》，内蒙古大学出版社，2007，第三卷，第327页。

② 参见郝铁川：《中国封建政体的演变与法制法家化》，《法治社会》2021年第1期。

③ （清）徐世昌等编纂：《东三省政略》，李澍田等点校，吉林文史出版社，1989，第390页。

④ （清）徐世昌等编纂：《东三省政略》，李澍田等点校，吉林文史出版社，1989，第398页。

⑤ 参见内蒙古社科院历史所《蒙古族通史》编写组：《蒙古族通史》，民族出版社，1991，下册，第1055—1059页。

⑥ （清）徐世昌等编纂：《东三省政略》，李澍田等点校，吉林文史出版社，1989，第399页。

⑦ 参见玛尼扎布、都嘎尔苏荣：《化黎雅顺、化黎彦反封建武装起义始末》，《内蒙古日报》1963年6月11日第2版。“化黎雅顺”即“花里亚孙”，“化黎彦”为其弟。

（二）债务缠身依附于俄的乌泰郡王

乌泰青年时曾出家为喇嘛，光绪七年（1881 年）还俗袭爵，成为清时科尔沁札萨克图郡王旗（右翼中旗）的第十二位世袭郡王，并兼任哲里木盟副盟长。跻身于王公之列的乌泰可谓是步履维艰，一方面，部分贵族对乌泰承嗣袭爵之事持有异议，并向盟长和理藩院提出了讼告；另一方面，需要面对先辈郡王执政时期积年拖欠的巨额债务以及维持王府两百多口的开销用度。① 为了博取清廷的好感以稳固自身的地位，乌泰同样以“捐输”的形式屡向朝廷尽忠，此举亦得到了朝廷的恩赏，如光绪十年（1884 年）十二月赏三眼花翎，光绪二十年（1894 年）正月赏穿黄马褂，等等。② 但在这挥金如土的背后是其领旗内严重的财政困窘。为开辟财源，乌泰不顾朝廷对蒙地实行的封禁政策，直接招致外旗蒙民一千二百六十余户垦放洮儿河夹心荒地，每户押银二三十两即可无限制垦占、转相私售，进而导致荒务紊乱，阻碍了台吉壮丁在新放的荒地游牧。这也使得不服乌泰远支袭爵的众台吉更为不满，“格根珠拉虐死奴仆诸状，先后诉情申理，由盟长以至理藩院缠讼十余年，构难诸人参革殆尽，而乌泰亦以二十五年撤去札萨克印务，二十六年革去副盟长职，讼事罢困，负债益巨矣”。③ 另据宣统二年（1910 年）的《哲里木盟十旗调查报告书》记载：“札萨克图郡王初与俄人踪迹甚密，其事始于光绪二十八年，图旗内讧，亲王色旺诺尔布桑保被弑，牵涉及王，将图不利，王走避哈尔滨。俄领事延入使馆，盛设供张，诱以甘言，王为所惑，有附俄国之意。”④ 俄员格罗莫夫曾带护照游历哲里木盟十旗，至札萨克图旗时，郡王乌泰曾与之相见，此为结识俄人之始，刚保、桑保作乱时，俄人遣兵至札萨克图旗代防以至匪散，为此乌泰深表感激。时值该旗护印协理台吉巴图济尔噶勒已被革职，台吉朋苏克巴勒珠尔等正向乌泰发难，“乌泰遂带印至黑龙江见俄廓米萨尔，又以避难为辞，至哈尔滨见俄百里总督格鲁代格夫，居哈二十余日”。⑤ 虽然当时《辛丑条约》已然签订，但俄方仍未从东北撤兵，乌泰的不请自来，正为俄方尽可能地向东北各蒙旗渗透势力提供了契机。⑥ 而此时清廷收到了理藩院奏“台吉呈控盟长通匪据情代奏一折”，奏折中指控“札萨克图郡王

---

① 参见田志和：《乌泰传记》，载中国蒙古史学会编：《中国蒙古史学会论文选集（1980）》，内蒙古人民出版社，1980，第 340 页。

② 参见《德宗景皇帝实录（三）》卷二〇〇，载《清实录》，中华书局，1987，第五十四册，第 846 页；《德宗景皇帝实录（五）》卷三三二，载《清实录》，中华书局，1987，第五十六册，第 267 页。

③ （清）徐世昌等编纂：《东三省政略》，李澍田等点校，吉林文史出版社，1989，第 410 页。

④ 忒莫勒、乌云格日勒主编：《中国边疆研究文库・初编・北部边疆卷四》，黑龙江教育出版社，2014，第 76—77 页。

⑤ （清）徐世昌等编纂：《东三省政略》，李澍田等点校，吉林文史出版社，1989，第 410 页

⑥ 参见汪澎澜：《俄债、垦荒、叛乱：三大事件评乌泰》，吉林大学博士学位论文，2010，第 15 页。

乌泰敛财虐众，不恤旗艰，通匪抢掠，致将札萨克印信窃去”，又称“乌泰携带印信，不知去向”，清廷认为所奏内容“前后所报两歧，情节支离，亟应彻底根究”，因此派兵部尚书裕德会同奉天将军增祺将此案确切查明，据实具奏。①

三、吉同钧参与的蒙案审办及结果

色旺诺尔布桑保死后，其家眷慑于群情激愤不敢以实情向朝廷奏报，仅以病故向理藩院奏报，直到乌泰向朝廷奏“哲里木盟正盟长被属员逼勒毙命假作自缢、捏报病故”一折后，此案才震惊朝野。清廷对此十分重视，特发布谕令：“事关属员逼毙官长，复行捏报病故，并有贿嘱滥保承袭等情，虚实均应彻底查究。着派裕德驰驿前往，按照所称各节确切查明据实具奏，毋稍徇隐。哲里木盟正盟长，着派那莫吉勒色楞暂行署理，乌泰着暂缓陛见，原折着钞给裕德阅看，将此各谕令知之。”② 此时的裕德正任兵部尚书，为了方便开展调查而组建了专案组一同前往，即“大司马以事关刑名，须带刑曹知律例者一人，（商之）大司寇贵公恒，（贵公）以同钧荐，（大司马允之），随即（具折）奏准。随带四员：兵部正郎来（仪亭名）存、李（郁如名）钟豫，理藩院副郎联（仁山名）绶，刑部即同钧也。”③ 实际上，吉同钧在这次蒙案审办中不仅仅是列衔参与，对整个审办过程及结果都起到了重要的主导性作用。

（一）蒙案审办过程之勤慎

古代士大夫审断讼狱形成了丰富的经验智识，这些经验智识在吉同钧主导的蒙案审办过程中多有体现。首先，一案即有一案之问法，与其临事为难，莫若详细看卷。查看卷宗是审理案件前的必要准备，吉同钧在日记中写道：“初五日以后至三月初六日以前一月之内，迭奉廷寄三件，皆系查办哲里木事件。大司马交阅查核，共阅过卷宗三十余件，共办稿行文各旗提人十余件。”④ 据日记记载，哲里木距奉天近两千里，往返须经月余，因此，吉同钧等办案人员在等候提审案犯、证佐的这段时间依旧照例封门，借此能够有充分的时间详细看卷，便于日后研审出案件实情。其次，审案宜躬亲以勤，随到随问、随审随结，

① 《德宗景皇帝实录（七）》卷四九四，载《清实录》，中华书局，1987，第五十八册，第532页。
② 《德宗景皇帝实录（七）》卷四九三，载《清实录》，中华书局，1987，第五十八册，第512页。
③ （清）吉同钧：《东行日记》，载王建朗、马忠文主编：《近代史研究所藏稿钞本日记丛刊》，国家图书馆出版社，2020，第十九册，第5页。
④ （清）吉同钧：《东行日记》，载王建朗、马忠文主编：《近代史研究所藏稿钞本日记丛刊》，国家图书馆出版社，2020，第十九册，第29—30页。

可免民因讼拖累日久。案犯、人证提到后，当即设公案八座，由大司马、将军居中，随员六人列坐两旁，进行首次坐堂审讯。随后则专委随员研讯，撤去了将军、司马两座，共设六座，以官爵论，吉同钧当在第六，但问案系刑部专责，未拘泥于官职大小，故吉同钧当仁不让居于三座。每天辰时升堂，酉初退堂，“从此白日审讯，晚间顺供查案”。① 再次，审问案件要讲究策略，即循序渐进以取信服之口供。自三月二十二日辰时初次升堂至二十四日午正退堂，吉同钧等办案官员已将图什业图亲王旗下台吉、壮丁等案内要证十余人，以及案内牵涉之扎赉特郡王旗下台吉四人，逐一讯明，已大体获知案情。二十四日午饭后未正坐堂，始提逼死该亲王之犯，“提讯该犯等，初犹狡辩，当以善言开导，并略加严责，并未刑求，而正犯花里亚孙、花联、搭克他虎、约木加卜得及得噶勒桑五人均无辞可辨，自认逼死亲王，情甘伏罪。随即饬令画供”。② 由此而拟定案情说帖并呈大司马鉴定，随奉手批从重惩办，以儆各蒙刁风。最后，“断罪必取输服供词”。③ 听讼过程宜不厌详慎，为此在得到案犯画供之后，又展开了对案件的复审工作，不仅“复讯正凶”，还“详讯案内余犯，并案外见证二十余人，三面环质，各供均属相符”。④ 随后又于三月三十日，“钦差大司马与将军复行登堂亲审，八堂并坐。提到全案正犯五名、见证二十二名，对质互证，并传到王福晋、王格格，告以案情罪名，当即亲自画供”。⑤ 连续多日审讯，此案已无遁饰，即可拟结。

图什业图亲王旗案件问结后，吉同钧等人又紧接着审办札萨克图郡王旗乌泰一案。正逢四月初一日，“忽报门外有数十蒙古人喊冤，（随即坐堂）提讯，均系札萨克图王旗头二三等台吉，呈控该郡王乌泰虐敛通贼各节。红顶蓝顶，跪列数十人，口音哓哓，不辨一字，但见叩头恳恩而已。略问数语，饬退令具亲供备查”。⑥ 等到巡捕提到乌泰候审时，已是四月初六日，且乌泰所带的随从有百余人，皆持枪械，“显系包藏祸心，不可测度”。⑦ 吉同钧等人对乌泰的正式审判始于四月十一日，吉同钧在日记中写道：

---

① （清）吉同钧：《东行日记》，载王建朗、马忠文主编：《近代史研究所藏稿钞本日记丛刊》，国家图书馆出版社，2020，第十九册，第 69 页。

② （清）吉同钧：《东行日记》，载王建朗、马忠文主编：《近代史研究所藏稿钞本日记丛刊》，国家图书馆出版社，2020，第十九册，第 70—71 页。

③ 邱汉平编：《历代刑法志》，商务印书馆，2017 年，第 608 页。

④ （清）吉同钧：《东行日记》，载王建朗、马忠文主编：《近代史研究所藏稿钞本日记丛刊》，国家图书馆出版社，2020，第十九册，第 74 页。

⑤ （清）吉同钧：《东行日记》，载王建朗、马忠文主编：《近代史研究所藏稿钞本日记丛刊》，国家图书馆出版社，2020，第十九册，第 75 页。

⑥ （清）吉同钧：《东行日记》，载王建朗、马忠文主编：《近代史研究所藏稿钞本日记丛刊》，国家图书馆出版社，2020，第十九册，第 76—77 页。

⑦ （清）吉同钧：《东行日记》，载王建朗、马忠文主编：《近代史研究所藏稿钞本日记丛刊》，国家图书馆出版社，2020，第十九册，第 87 页。

十一日早，钦差、将军均升堂，仍列八座，会审（札萨克图）郡王乌泰。堂下文武委员侍立两行，均系四、五品翎顶，衣冠整肃，刑皂排列。该王身穿四团龙补服、宝石顶戴、三眼花翎，上堂向西跪请圣安，然后向钦差、将军及各问官以次请安。饬坐问话，先寒暄数语，随提揭参各项，均系翻译传述。略问数语，钦差、将军告退。（巳正坐堂，午初退堂。）午后，司官六人坐堂详讯。该王换改朝服，身穿黄马褂，上堂请安，饬坐细问各节，亦尚吐实，不作狡展。查该王素日著名桀骜，且倚外人为护符，（此次）未到之先，拟必抗慢不服审讯，不料一升公堂，恪恭（分外）逊顺，傲气尽消，可见朝廷威令，尚能行于外藩，此案不难了结矣。（申正）退堂，饬递亲供。①

该郡王衣着昔日朝廷恩赏的华丽荣服，审问时无从狡展。在接下来的几日则由六位司官展开对乌泰案的审讯，此时吉同钧胃疾发作，但仍强忍坐堂，仅十四日因两日未进饮食而身体倦软，特请诸君偏劳一次而未能坐堂。案件审理过程中还牵涉了众多台吉，“该台吉等虽头戴红蓝顶戴，而衣服破滥缺残，大有纳履踵决之势，其中又有白发老翁数人，千里往返，形瘁容枯，更可悯也”。对此，吉同钧深表同情，并于十六日案情审问已大致明朗时，“发落一干台吉二十余人，先行回旗，免其守候拖累”。② 直到十八日，钦差与将军又升堂，八座会审后，乌泰案才最终审结。

（二）蒙案审办结果之无憾

吉同钧身膺刑曹，诚以京官开方便之门，并有志于为民做事，故凡经手的案件，力求审办无憾。其在日记中写道：“吾审案勤慎，不受请托，不多传人，随到随审，随审随结随释，求其生而不得，死者与我无憾；应发者早发，勿使久羁囹圄，无辜到案取保，勿致久拖累。凡此数端，行之不懈，功业在此，阴德亦在此。”③ 这次蒙案的审办，亦呈现了其对结果的无憾。

相较于一些用尽刑具、积以年月尚不能完结的内地重案，图什业图亲王旗案件的审办可谓是既易且速，“不用刑求，不出旬日，即已尽吐实情，录供成招，拟以大辟，处之极

① （清）吉同钧：《东行日记》，载王建朗、马忠文主编：《近代史研究所藏稿钞本日记丛刊》，国家图书馆出版社，2020，第十九册，第99—100页。

② （清）吉同钧：《东行日记》，载王建朗、马忠文主编：《近代史研究所藏稿钞本日记丛刊》，国家图书馆出版社，2020，第十九册，第109页。

③ （清）吉同钧：《东行日记》，载王建朗、马忠文主编：《近代史研究所藏稿钞本日记丛刊》，国家图书馆出版社，2020，第十九册，第55页。

刑，均不翻覆追悔”。[①] 此案的审拟结果共办六人，“一斩枭，二斩决，一绞候，二充军，余俱省释”。[②] 此结果亦得到了涉案各方的认可，并均已画供。回京后此案奉旨交部速议，又出现了一些小插曲。“刑部以拟罪太轻，拟改从重。花里亚孙、约木加卜四名，原稿依刁徒聚众作乱例，分别首从，拟以斩枭斩决，部议加重定议，改照子孙谋杀父母例，不分首从，均处凌迟。得及得、瓦其尔二犯，原拟徒流，部议加重，均改斩候。”[③] 吉同钧得知后，以此案情轻法重向各堂力争，各堂均已首肯，而提调固执所议，吉同钧又再三辩论，加之各堂从中调停，“始将从犯约木加卜二犯，照旧斩决，不加凌迟，而首犯花里亚孙仍改凌迟，瓦其尔等仍改斩候。从此定稿具奏，始了此案”。[④] 此案结果至此，实为“求其生而不得，死者与我无憾”焉，主犯花里亚孙改为凌迟，尚不冤屈，瓦其尔等由生入死，殊抱不安。裕公与吉同钧晤见时，谈及此事不觉为之扼腕。至光绪二十九年（1903 年）秋审时，吉同钧又特作《请宽原蒙古秋审人犯说贴》，将此案各犯细情详加阐述，力争昭雪。最终，“瓦其尔始得声叙免勾，得及得亦改缓决，均得免其一死，稍释前憾”。[⑤] 吉同钧以此连救两命，为生平中最得意之事。

关于乌泰案的审办结果，仅拟革职留任、三年开复。由于此案涉及了外交，俄方从中干预，乌泰身为蒙古郡王却倚恃俄国，更借马贼自卫，种种情伪，未便彻底根究，虽以钦差之权，亦不能遽治其罪，只好敷衍了事含混审结。从钦差裕德会同增祺将军呈奏的覆折可知，审办结果的重点在于能够及时止损蒙荒，故在覆折中特将该旗开垦章程开单具拟，以便圣鉴训示：“经界，宜正也”，“亩数，宜清丈也”，“原领荒价，宜划一也”，“续放荒价，宜酌增也”，“蒙荒全势，宜先知也”，“地亩，宜分别荒、熟也”，“升科章程、宜酌定也”，“报领生荒，宜示区别也”，“酌留余荒，宜讲求牧养也”，“遴派委员，宜亲往该旗督办也”。[⑥] 此案虽已将群情不服、缠讼不休各节讯明，但对乌泰及巴图济尔噶勒二人并无实

---

① （清）吉同钧：《东行日记》，载王建朗、马忠文主编：《近代史研究所藏稿钞本日记丛刊》，国家图书馆出版社，2020，第十九册，第 86 页。

② （清）吉同钧：《东行日记》，载王建朗、马忠文主编：《近代史研究所藏稿钞本日记丛刊》，国家图书馆出版社，2020，第十九册，第 75 页。

③ （清）吉同钧：《东行日记》，载王建朗、马忠文主编：《近代史研究所藏稿钞本日记丛刊》，国家图书馆出版社，2020，第十九册，第 140 页。

④ （清）吉同钧：《东行日记》，载王建朗、马忠文主编：《近代史研究所藏稿钞本日记丛刊》，国家图书馆出版社，2020，第十九册，第 140 页。

⑤ （清）吉同钧：《东行日记》，载王建朗、马忠文主编：《近代史研究所藏稿钞本日记丛刊》，国家图书馆出版社，2020，第十九册，第 141 页。关于此案秋审断定，亦可参见［日］高远拓儿：《清代秋审文书与蒙古——关于 18 世纪后半期—20 世纪初蒙古死刑案件之处理》，白玉冬、高雪辉译，载周东平、朱腾主编：《法律史译评》，北京大学出版社，2013，第 255—256 页。

⑥ 参见李澍田主编：《蒙荒案卷》，张文喜等整理，吉林文史出版社，1990，第 6—8 页。

质性的处罚，仅告谕现在办法："姑从宽均革职留任，以观后效。"① 或许也正是因为对乌泰的过度宽纵，留下了日后其私借俄债以及叛乱之隐患。

四、由蒙案审办管窥清廷蒙边治理

在清廷统一边疆和巩固发展多民族国家的过程中，蒙边地区的治理尤为重要，透过吉同钧《东行日记》所载的蒙案审办及其见闻，亦可管窥清廷治理蒙边之实况。吉同钧指出：

> 考蒙古地方，在周为猃狁，汉为匈奴，唐为突厥、为契丹，宋为鞑靼，后灭宋入中国，建号为元，明兴逃走边外，故地累为边患。其人禀北方刚劲之气，筋力强健，耐受风寒。其地不产五谷，水草满地，又宜牧畜，故兵强马壮，历代时被侵陵，畏如虎狼。及明末代，西藏黄红喇玛（嘛）教兴，流传各处，其人感于佞佛，红黄二教，遂以慈悲仁柔之说，易其强梗坚忍之习。凡兄弟二人者，即准一人为喇吗（嘛）诵经，终身不娶，由是生齿渐稀，风气渐弱，一变向时桀骜强盛之风。我朝崛起满洲，借其兵力入关以取天下，（从此）结为甥舅之国，不以臣民役使，又恐其强悍难制，思所以羁縻而笼络之，于是优以王爵，许其尚主，年班朝见，而又禁买汉女、禁读汉书、禁习汉语、禁习汉字，诚恐开其心思，发其智虑，启其聪明，教其韬略，使为边患，如宋明之不可制也，是以人心愚昧浑噩，无狡诈诡谲之习，尊王畏法，如同神明。②

今有学者总结道："尽管清代在边疆立法和司法相对深入，但与以往的羁縻政治一样，总体上并没有破坏边疆建立在宗教文化信仰上的社会基本秩序，这在社会层面对于维持这类边疆社会'自组织'能力和社会稳定是有益的。"③ 清廷治理蒙边以之为天然长城屏藩，既要利用其军事力量维护统治，又要削弱其地方势力，因而以各部落"不相统属"的属性，通过"分而治之"达到"众建而分其势"的目的。"清廷在对蒙古族制定的法律中既极力利用又牵制制约藏传佛教。"④ 对于普通蒙众，清廷借助广布黄教、宣讲法律等方式，使番夷僧俗崇法幕义，以佐助王化。正如清人昭梿所言："国家宠幸黄僧，并非崇奉其教以祈福祥

---

① （清）吉同钧：《东行日记》，载王建朗、马忠文主编：《近代史研究所藏稿钞本日记丛刊》，国家图书馆出版社，2020，第十九册，第114—115页。

② （清）吉同钧：《东行日记》，载王建朗、马忠文主编：《近代史研究所藏稿钞本日记丛刊》，国家图书馆出版社，2020，第十九册，第84—85页。

③ 杜文忠：《王者无外：中国王朝治边法律史》，上海古籍出版社，2017，第675页。

④ 杨强：《论蒙古族法律与宗教的关系》，《民间法》第19卷，厦门大学出版社，2017，第140页。

也。只以蒙古诸部敬信黄教已久，故以神道设教，藉仗其徒，使其诚心归附，以障藩篱，正《王制》所谓‘易其政不易其俗’之道也。”① 对于蒙边地区的上层贵族，清廷则注重恩威并用，正如乾隆皇帝所言：“中国抚驭远人，全在恩威并用，令其感而知畏，方为良法。”② 因而时常通过封爵、联姻、朝觐等手段，对其上层人士结以亲谊，加以笼络。为了实现对蒙边地区的有效控制以确保秩序的安定，清廷甚至不惜严禁汉文化的流入，以致大多蒙民浑蒙愚鲁，心思智虑较内地又逊数筹。吉同钧认为：“盖纯厚未凿，易于治服在此，而谋生无术，日致困亡亦在此。当国初富强之时，天下不患贫弱，列祖深谋远虑，用红黄二教以愚蒙古，又用试帖八股以束缚中国人才学士，其意盖谓是可以遏乱萌保太平矣。讵料驯至今日，人乏才智，国致穷弱，诚非改弦更张不能振衰救贫。矿路工艺诸务，虽圣人复作，亦不能不与时变通，然必其人存斯其政举。德、俄、美、日本之变法自强，横绝一时，亦以有毕士马克、大彼得、华盛顿、伊藤之英君贤相非常人也。不然新法乱宋、矿貂亡明，安知西学不为乱国之阶梯也，余滋惧焉。”③ 显然，清廷守旧的治国之策已很难自立于世界强国之列，沿途巧夺天工的外洋铁路制造乃是其明证。加之贵族、官僚、马贼以及洋兵的极尽压榨与盘剥，使得普通百姓生活更是苦不堪言。

这次蒙案审办，亦直接揭露了清廷蒙边治理之不足。对于哲里木盟图什业图旗爆发以花里亚孙为首反抗蒙古王公压迫的民变，实则是该旗亲王色旺诺尔布桑保咎由自取。“该王平日设有黑屋，禁死无数良人，其骨骸至有二十车之多，而旗下妇女，轮流给入王府使给，十日一周，一有违犯，去衣拷打，监禁不放。（该王向）又在京买女四人，俱封福晋，稍不顺意，立即踢毙。此其结怨取恨，非伊朝夕，故一旦众怒决发，不可遏阻，姬妾被人抢掳，独身仓皇出走，毕命于三尺绢下，虽曰刁民目无法纪，究不得谓非自取也。”④ 在清廷蒙边治理政策下，蒙古王公权力的极度膨胀以致压迫百姓是发生民变的根本原因。对于普通民众而言，切身权益很难真正得到保障，如“沿路所收呈词百余件，均系被匪抢掠及陈旧命案，碍难准理，然亦见蒙古之强弱吞噬，法令不行矣”。⑤ 对于乌泰案，非但不追究该郡王通贼虐民之情，仅以革职了事，为此，吉同钧不禁慨叹道：“刑法仅及于愚氓，而威令不行

---

① （清）昭梿：《啸亭杂录·续录》，冬青点校，上海古籍出版社，2012，第 256 页。

② 《高宗纯皇帝实录（一四）》卷一一一六，载《清实录》，中华书局，1986，第二十二册，第 916 页。

③ （清）吉同钧：《东行日记》，载王建朗、马忠文主编：《近代史研究所藏稿钞本日记丛刊》，国家图书馆出版社，2020，第十九册，第 109—110 页。

④ （清）吉同钧：《东行日记》，载王建朗、马忠文主编：《近代史研究所藏稿钞本日记丛刊》，国家图书馆出版社，2020，第十九册，第 115—116 页。

⑤ （清）吉同钧：《东行日记》，载王建朗、马忠文主编：《近代史研究所藏稿钞本日记丛刊》，国家图书馆出版社，2020，第十九册，第 91 页。

于强藩，柔则侮而刚则吐，国事从此可知矣。”①

五、结语

“详记始末，以为后之办理蒙案者告”是吉同钧撰写《东行日记》之初衷。该日记承载了当时丰富的历史文化信息，集中展现了吉同钧于特定历史背景下审办蒙案过程中的诸多思考以及经验总结。具体而言，为后者告之内容则主要体现在以下几个方面：

其一，遵循因俗立治的深心美意。清廷对于蒙边地区的治理，尤为注重“修其教不易其俗，齐其政不易其宜”。② 吉同钧回京后于京师讲习法律之地兼摄教习之职，曾在“律学馆第一集课艺序”中回忆起蒙案审办之心得：“经裕寿田中堂奏派随往哲里木盟审判事件，周历奉天、蒙古各地，又知关外土俗与内地不同，而蒙古人情又与关外有别，始恍然于《大清律例》止可治内地，不可治外藩，从此研究理藩院《蒙古律例》与《大清律例》不同之故，知律之（为）道，因地制宜，因人立法，而以胶柱鼓瑟之见求之则左矣。”③ 蒙边治理尤应因地制宜，如律例禁卖淫书淫画，而马哈拉佛像却较春宫图更为生动、显露，且蒙古各旗喇玛庙内均有此像，究其缘由在于“若蒙古地方人性愚蒙、情窦未开，又自红黄教兴，群迷皈佛，十人中习喇玛（嘛）者约有七八，人事日少，生齿渐稀。先皇患其种类无遗也，故设此佛像，导其欲心，启其淫念，使之知有人道，不至沦于清净之域而人类断灭”。④ 因此，做吏者欲正风安民，宜达治体、通时务。对于当今社会而言，因俗立治的深心美意亦尤为重要，即“国家法律的适用要与民族自治地方的风俗习惯有效衔接”。⑤

其二，彼恃权势凌人者，观此可以鉴矣。“夫高洋、杨广皆万乘之主也，淫虐无度，皆不得保首领，况外藩蒙王乎!”⑥ 哲里木盟图什业图旗发生的民变起义，为那些极尽盘剥的蒙古王公势力敲响了警钟。至于该旗亲王色旺诺尔布桑保究竟是被起义军击杀，还是被逼自缢身亡已无关大局，但可以明确的是，该亲王之死实系平日淫虐所致。《列子》云：“无

---

① （清）吉同钧：《东行日记》，载王建朗、马忠文主编：《近代史研究所藏稿钞本日记丛刊》，国家图书馆出版社，2020，第十九册，第115页。

② （清）祁韵士：《皇朝藩部要略》序，载刘长海整理：《祁韵士集》，三晋出版社，2014，第一册，第133页。

③ （清）吉同钧：《乐素堂文集》，卷5，北平中华书局，1932年影印本，第三册，第13b页；闫晓君整理：《乐素堂文集》，法律出版社，2014，第91页。此整理本无“为”字。

④ （清）吉同钧：《东行日记》，载王建朗、马忠文主编：《近代史研究所藏稿钞本日记丛刊》，国家图书馆出版社，2020，第十九册，第117—118页。

⑤ 于语和、许欣宇：《蒙古传统习俗中的“无讼”观——以〈蒙古风俗鉴〉为载体》，《民间法》第28卷，研究出版社，2022，第117页。

⑥ （清）吉同钧：《东行日记》，载王建朗、马忠文主编：《近代史研究所藏稿钞本日记丛刊》，国家图书馆出版社，2020，第十九册，第115页。

夺人妻而召其怒。”《左传》载楚王临死曰：“人之爱其子也，亦如余乎。”吉同钧以此作引喻，“（假）使图什业图王而知此义，何至酿出今日如此重案，身死非命，府库被抢一空，止留弱息一女一妻，而匍伏公堂，受辱含耻”。① 公堂上一提已故亲王被匪徒逼死等情，王福晋、王格格即泪下如雨，不禁令人惋惜动容。历史上的民变事件亦可告诫今人，治国理政宜体察民情，为百姓谋求安居乐业的良好环境。

其三，精于律学，遇事能断，审定疑狱巨案。此次蒙案审办，要比吉同钧想象中容易得多，结案如此之速且易，一方面是在于“人无诪张之心，官乏巧避之术”，另一方面则在于吉同钧等人审案之勤慎，“随到随审，随审随结随释”。然而吉同钧并不以此自诩明决、借以居功，而是“以悯其愚，复哀其死，多方求其生不可得，而不忍见其诛也”。② 详记此次蒙案审办之始末，多有规矩劝诫之意，可为后人办理蒙案提供经验借鉴。吉同钧晚年曾自述：“自念身膺司法，每审一案一稿，未必情罪允协，惟恐妄杀一人。”③ 此次蒙案审办亦是其明证，这也正是我国传统士大夫所提倡的司法职业操守。由此亦可勉励现代的司法工作者，要精通工作业务并注重司法审判的人文关怀，努力做到现代版的法精、理通、情达的统一。

---

① （清）吉同钧：《东行日记》，载王建朗、马忠文主编：《近代史研究所藏稿钞本日记丛刊》，国家图书馆出版社，2020，第十九册，第 116 页。

② （清）吉同钧：《东行日记》，载王建朗、马忠文主编：《近代史研究所藏稿钞本日记丛刊》，国家图书馆出版社，2020，第十九册，第 86 页。

③ （清）吉同钧：《乐素堂文集》，卷 2，北平中华书局，1932 年影印本，第一册，第 5b—6a 页；闫晓君整理：《乐素堂文集》，法律出版社，2014，第 33 页。

民初两广盐法改革中的“抑私”之困*

刘方圆**

摘　要　民国初期，英国爵士丁恩在两广盐区主导了一场盐业自由贸易运销法制改革。这一改革持续近十年却未能取得预想的效果，最终出现了“包商—自由—包商”的制度复辟。国内学者将丁恩自由制改革失败的原因，笼统地归结为封建势力根深蒂固。深入考察这一改革在两广盐区的施行实效则会发现，其失败根源于自身“最利销私”。自由制改革不仅将清代包商制隐藏的“抑私”之设计尽数消解，甚至还变相创造新的走私环境并增加政府缉私的成本和难度，最终导致正常的食盐运销系统在私盐蚕食下全线崩溃，出现食盐走私销尽、省城盐价飞涨、贫民化为盐匪而国税无处征收的荒诞情景。

关键词　民初；两广盐法改革；自由制；包商制；“抑私”之困

1913年北洋政府与五国银行团签订善后借款合同，约定以盐税作为借款之担保。为使本息能够如期偿付，须由外国人直接监管中国盐税的具体征用并协助政府进行盐务改革。英国爵士丁恩随即被中国政府聘任为盐务顾问和盐务稽核所会办，全国各主要盐区亦在其主导下，陆续拉开了盐业自由贸易运销法制改革（以下简称“自由制改革”）的序幕。国内学者认为这一改革具有重大的历史意义，它使我国盐业制度从传统封建形态中脱胎出来走

---

* 本文系汕头大学研究课题“近代川盐运销法制改革研究”（项目号：STF22023）的研究成果。

** 刘方圆，汕头大学法学院法律系讲师。

向资本主义市场经济，客观上符合中国社会经济发展的潮流，是一种历史的进步。① 然而，这一改革经历了无数波折，最终却“未能修成正果”。② 究其原因，学者们认为主要是存续千年的封建势力根深蒂固，旧盐商和旧官僚的反抗使改革自始至终面临着巨大阻力。例如，李晓龙将自由制改革之失败归结为中国盐业长期专商垄断、官商勾结，以张弧为首的中国官员与商人利用前清盐业旧制的逻辑来包装新政策，借自由贸易之名而行包商垄断之实。③ 毕昱文同样肯定了近代盐政改革的先进性，只是强调中国的引岸专商制度已存续千年、根深蒂固，丁恩不得不时刻感受由此生成的巨大挫败感和无力感。④ 刘经华则将封建势力的阻碍描绘得更为具体：就民初食盐自由贸易而言，改革是要整饬素被称为“盐糊涂”的中国盐政和极富刚性的专商引岸制度，要触犯那些长期依持种种陈规陋习坐食厚利的封建专商、利用职权营私分肥的盐官税吏，以及靠截留盐税以为己用的地方势力，必然会遭到他们的拼命攻击和百般破坏。⑤

抛开外部因素不谈，丁恩所倡导的盐业自由制改革本身是否存在某种制度层面的缺陷，使其在具体实践过程中逐渐陷入无法消解的困顿，并最终导致失败的结局？目前，国内学者对这一改革失败的内在原因讨论不足。本文将以改革最为彻底的“两广盐区”⑥ 为例，对民初丁恩所倡之自由制改革自身所存在的问题进行深入考察，以期证明不论国家法律制度以何种价值导向和意识形态为内核，其实施过程中都不得不接受来自民间的检验。老百姓绝非逆来顺受，他们不停寻找制度漏洞以谋微利，或为规避制度之害而琢磨出各种与官方互动的策略。这些看似微不足道的“被动服从”和“主动反抗”，⑦ 可能在时间的流逝中逐渐汇聚成一股强大的暗涌，并对国家法制施行的成败产生决定性影响，此乃制度背后的官私博弈。民初丁恩所倡之自由制改革在两广地区的失败，亦主要归因于其难以抵御“私”之蚕食，而非所谓抽象的“封建势力”之阻碍。

---

① 参见刘经华：《民初盐务改革与近代化问题论析》，《江汉论坛》1997 年第 5 期。除此之外，李晓龙和毕昱文也曾对丁恩主导之改革做出评价，认为它是“盐务近代化的重要内容”，“非常符合盐业运行规律与发展需要”，参见李晓龙：《近代盐务就场征税制改革与官商博弈》，《史学月刊》2020 年第 12 期；毕昱文：《北洋政府时期丁恩盐务改革述评》，《盐业史研究》2018 年第 3 期。

② 参见李晓龙：《近代盐务就场征税制改革与官商博弈》，《史学月刊》2020 年第 12 期。

③ 参见李晓龙：《新瓶旧酒：民初长芦盐业自由贸易改革与新包商的出现》，《近代史研究》2017 年第 6 期。

④ 参见毕昱文：《北洋政府时期丁恩盐务改革述评》，《盐业史研究》2018 年第 3 期。

⑤ 参见刘经华：《民国初期食盐贸易自由化论析》，《中国社会经济史研究》2003 年第 2 期。

⑥ “主张此制者，实以丁恩氏为最。力倡此行者，则以两广为最优”（邹琳：《粤鹾纪实》第 1 编，华泰印制有限公司，1922 年影印本，第 11 页）。

⑦ ［加］宋怡明：《被统治的艺术》，［新加坡］钟逸明译，中国华侨出版社，2019，第 10 页。

一、改革历程中的“抑私”追问

两广位于中国南部，背负五岭，东、西、南三面临海利于产盐，盐政管理历史极为悠久。① 两广盐区“终清之世，质曰包商时代”。② 康熙三十二年（1693 年）至乾隆五十四年（1789 年）间，此区实行按埠定商制，大埠招商两到三名，小埠招商一名，允许商人永久承充。乾隆五十五年（1790 年）始“改埠归纲”，将各埠并为一局，举荐老成谙练的十位商人作为局商总司，由其众筹本钱 140 万两作为盐本，再分设下属六柜（即六个行销区域），每柜由局商选派人分管经营（图 1）。由于联资经营机构过于庞大且管理混乱，嘉庆十七年（1812 年）进行了“改纲归所”的改革，内容为裁去总商，在埠商中选老练者六人经理六柜事务，三年一换。这一改革将大的联合总局裁撤为六个直接经营的小团体，商人到各盐场取盐自行垫款配运而不再由公局支垫盐本，盐商在自己所划归的盐埠中享有垄断经营权并承包盐税课饷。道光十二年（1832 年）以后，这一制度在两广地区得到了全面推行，直到民初自由制改革前夕。③

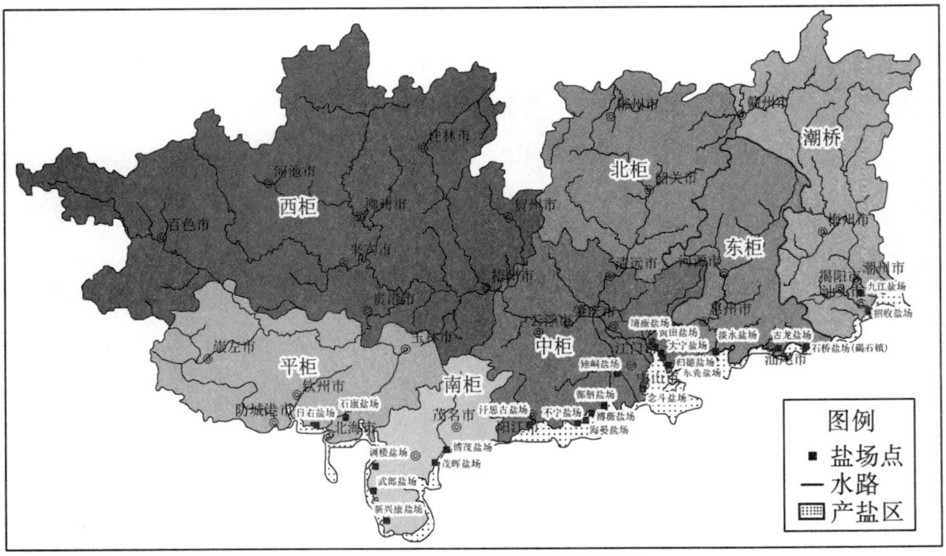

图 1　清代两广行盐图

（图片来源：根据《两广盐法志》自绘）

---

① 参见周琍：《清代广东盐业与地方社会》，中国社会科学出版社，2008，第 24 页。

② 邹琳：《粤鹾纪实》第 1 编，华泰印制有限公司，1922 年影印本，第 6 页。

③ 参见周琍：《清代广东盐业与地方社会》，中国社会科学出版社，2008，第 57—68 页。

民国成立之初埠歇商散、无人续承，便将中、西、北三柜区域悉行开放并听任商民自由售卖。每盐一包纳饷三元，即准其指定地点领照运销。1914年因善后借款合同设立稽核所，丁恩在两广盐区的改革逐渐拉开序幕。“沿海各埠，初仍商承，至是亦先后亏饷取销，改为自由。”① 场产方面实行就场征税，即在产盐地设置收税关卡，一税以后放任商民自行经营，政府不再多加干涉。运销方面则将清代水路和陆路的不同税收形式进行统一，取消专商，使原被大小包商垄断的运销市场向所有人开放。丁恩意图效仿印度，以市场经济自由竞争来改革中国的盐政，以达到平抑盐价、提高盐质之目的。然而，这一改革在两广盐区持续近十年，却未能取得预想的效果。1921年一篇社论毫不留情地抨击道：

> 终清之世，法网日密，而私漏日多。沿至今日，已成积重难返之势。自盐税抵押外债，洋稽核所成立，宜若可以大加整顿矣。不知自由买卖改章而后，洋员丁恩只知收税抵息……夫民国盐法，由商专卖，变而为商运商卖。行之九年，税率倍加，而税收反短。销数日少，而民食反贵。无他，商运商卖，最利销私，且便垄断。病国害民，莫此为甚。②

由此可见，当时已有人认识到改革后的盐法“最利销私，且便垄断”，是为“病国害民”之制。1924年10月，“广属”③ 附近各县私盐越发猖獗而饷盐销量亦每况愈下。④ 这一地区配盐数目的大幅度减少直接影响到政府盐税之大宗，盐运使署遂决定在此私盐盛行之地重新改行包商制。广属地区实行包商制以后，各县饷盐销数明显提高，政府省配地区的盐税收入也随之大增。⑤ 1925年8月，国民政府财政部部长兼广东省财政厅厅长宋子文，决定将包商制由广属地区逐渐推广至粤省各地。⑥ 1925年10月，国民革命军东征战役相继克复东江、潮汕、雷琼等地区，包商制得以在这些坐配地区推广。⑦ 1927年10月，盐务总

---

① 邹琳：《粤鹾纪实》第1编，华泰印制有限公司，1922年影印本，第6页。

② 江霞公：《改良粤省盐纲说明书》，《粤鹾月刊》1921年研究号第2册。

③ 指以省城广州为中心，其治下的11县，包括香山、新会、番禺、东莞、花县、从化、三水、增城、龙门和顺德等。

④ 以新会县为例，该县1923年之前每年配盐26312包，1923年配盐8650包，1924年前10个月仅配盐5740包。参见《呈财政部长为怡怡公司商人邓鲁闲、邓霭如承办新会县全属总盐店谨具章程暨十一年来销盐数目表请照准指遵文》，《粤鹾月刊》1924年第78期。

⑤ 广属及附近各县1924年10月至12月实施包商制前后盐斤数目总表，参见《省河配销中西北三柜盐斤数目总表》，《粤鹾月刊》1924年第78期。

⑥ 参见《处签呈财政部关于布告招商投承广州市区及西北各区盐店请鉴核示遵文》，《盐务月刊》1927年第18期。

⑦ 参见《部布告运商人等定期开投琼崖盐税仰即到处竞投文》，《盐务月刊》1926年第4期；《处批东江盐务局局长谭平据呈商人请设盐店肯核明准予立案由》，《盐务月刊》1926年第8期。

处开始在北柜的清远、佛冈、英德、乳源、翁源等县，以及西柜的高明、鹤山、高要、德庆、罗定、云浮、郁南等县投承招募盐商，实施包商制。① 包商制的实施短时间内使盐税收入迅速增长，从1924年的500万元上升至1927年的1100万元。② 如此一来，两广盐区在民初所行之自由制改革亦不复存在。

回顾1911年至1927年两广盐区运销制度的改革历程，可见“包商—自由—包商”的曲折往复，这一发展脉络也是对全国盐业自由制改革之失败的地方性例证。民国时期，已有学者将两广盐区自由制改革的失败归因于其“最利销私”，而包商制复归的过程似乎也证实了这一观点——最初是私盐泛滥最为严重的广属地区改自由行包商，然后才逐步推广至盐区内其他地方。单纯从实施效果来看，复归后的包商制比民初推广的自由制更能抑制私盐，从而有利于提高饷盐的销量和盐税收入。然而，为何包商制比自由制更能“抑私”？学界迄今无人对此展开详细考察。想要释清这一问题，必须从民初两广盐区自由制改革在场私控制、税率设计和缉私效果方面的具体情形入手，分析包商制和自由制不同的“抑私”原理，以及自由制改革对包商制原有“抑私”设计的修改和变动。

二、从场私控制看改革“抑私”之失败

查清代包商制下，政府对食盐生产所征之税与运销相分离。两广盐区产盐地附近虽也设有官方管理机构，却因其地处沿海偏僻地带且“完全不能为适宜之生活”，则“从前向无官员居驻”，“管理此项盐场人员不过虚有其名，驻于距场甚远地方”。③ 清政府仅在场产处对盐场占地面积及其锅灶、盐丁数量等项目进行征税，而两广盐区场课主要包括灶丁、灶地、盐漏、盐灶等，虽名目较为繁复，所征总数尚不为重。④ 盐税最大宗之来源，实在于运销环节。又因该环节实行包商制，由专商按岁包饷，清政府自不必对每一次交易活动皆进行严密监察，不必在场产地征运销之税，更不会将大宗税收银两存储于此。然而，自由

---

① 参见《处签呈财政部关于布告招商投承广州市区及西北各区盐店请鉴核示遵文》，《盐务月刊》1927年第18期。

② 参见《广属及附近各县包销盐店承商年限认额及按预饷数目表》，江苏省中华民国工商税收史编写组、中国第二历史档案馆编：《中华民国工商税收史料选编》第2辑，南京大学出版社，1994，第1750—1752页。

③ 丁恩：《改革盐务报告书》，盐务署刊行，1922年影印本，第84—85页。

④ 场课又称灶课，按各盐区具体生产方法的不同分为滩课、锅课、井课等。长芦灶课内有白盐折价、盐砖折价、边布、公费、草荡、滩锅等款。山东灶课内有灶丁、灶地、草荡、滩池、锅面、民佃盐课、白盐折色等款。两淮灶课内有草荡折价、沙荡折价、仓基、砖池各款。两浙灶课内有灶丁、灶田、盐田、荡坦、亭垛、仓基、团墩、灰场、涂淤课税、余粮、水乡、库价等款。福建灶课内有依山附海丁地、丘折公费等款。四川灶课内有井课、锅课等款。云南则有井费、养廉经费等款。不论何种名目，皆未将运销之税囊括在内。以上内容参见陈锋：《清代盐政与盐税（第二版）》，武汉大学出版社，2013，第169—170页。

制改革奉行就场征税，将运销环节的征税地点亦归并于场产之地，于盐场处大设管理和税收机构，对不同商人到场买盐的每一次交易皆进行稽征，一税以后任其所之。场产管理机构遂从原有的“虚有其名”，一跃而成为自由制下税收系统的核心。据不完全统计，自由制改革后部分正税如坎白场的路担、鱼盐、鱼斤、妈宫港费，碧甲场的埠盐截角、鱼盐配费，电茂场的红盐变价费以及乌石场的平南配费等，皆由各场产处代为征收。除此之外，“各场征收之丁课、盐务官产所得之租款，暨琼崖所属各县之盐课等，均属地丁性质，绝与盐税无涉……各省均别为另款，直接由各场署征解”。① 场产遂成为大宗税款的直接流经之地，自然常有银两存储。

如此一来，改革成功的关键即取决于：其一，能否在场产地实现对所有交易行为的全面监控，完全杜绝灶户和商人的私相授受；其二，能否保证大宗税款存储在场产的安全性，因为各产盐之地几乎都远离中心城市、偏僻荒凉，安保等级极为低下。对交易行为进行全面控制需要足够数量的监管人员，提高大宗税款的安全等级则依赖于强有力的军队部署，这两者皆会造成改革成本的隐性上涨，而改革者对如何攻克此难点明显准备不足。以乌石盐场改革后的效果为例，1917 年盐运使认为该场辖地甚广难以完全监管，拟议将场署迁至石头埠一带并添设场佐一名。石头埠建筑新署的经费获准支用 4000 元左右，添设场佐之经费则月支 138 元、年支 1656 元，临时共支 4200 元，花费甚靡。② 1918 年，乌石场又因幅员辽阔，控制海、遂、徐三县共 230 余埇盐田且散布于 29 围，人员不够难以查禁漏私，不得不请求招充围甲。“或一围招充一人，或数围招充一人，视围内盐田之多寡以定围甲之人数。”遇有运商到场投验、程照指定某围下盐，即由围甲通知总甲并帮助该运商向埇户公平买卖。由于总甲和围甲皆有饷项经手，为确保饷金安全，必须“殷实铺保并取金保证，方为妥善”，此举意使“各埇户无从隐蔽，较易清厘”。③ 1919 年情势却急转直下，海康土匪联合散军洗劫乌石、流沙一带，公然拒捕并伤毙多名团警。④ 曾经花费大量资金修建起来的乌石场署，以及那澳和流沙两场的公有器物皆遭匪乱损失，税款被劫。该场知事不得不请求修复场署被毁各处，酌量购回办公用品，并进一步添置巡勇、海船和运械等。⑤ 但修

---

① 邹琳：《粤鹾纪实》第 5 编，华泰印制有限公司，1922 年影印本，第 55—60 页。

② 参见《呈：盐务署请设乌石场场佐并附送经费预算文》，《粤鹾月刊》1917 年第 1 期。

③ 《公文三：本署指令乌石场呈拟招充围甲以维饷应暂准试办半年以观后效文》，《粤鹾月刊》1918 年第 10 期。

④ 参见《本署训令：训令乌石场知事奉督军令该场呈报署厂被匪洗劫一案候令行营县认真痛剿并设法查起赃掳仰即知照文》，《粤鹾月刊》1919 年第 20 期。

⑤ 《本署指令：令乌石场知事据呈场厂器具前因匪乱损失现经分别购置并将用过修理盘运各费一并列册呈请咨转核给归垫由》，《粤鹾月刊》1919 年第 20 期。查 1919 年被土匪洗劫的盐场不止乌石一家，“双鱼埇户黄正义等被匪伙劫，并焚毁盐仓掳去晒丁一十三名”（《本署训令：训命双恩场知事奉督军指令该场属双鱼户黄正义等被匪劫掳一案已令行该管营县缉起并随时保护令仰知照文》，《粤鹾月刊》1919 年第 21 期）。

复之后也并未维持太久，1921 年乌石场再次遭难："雷州匪炽，乌石场知事公署，为匪袭逼。知事挟印逃匿，员役尽走。"①

抛开偏僻之地匪患对场署征税工作的干扰不谈，仅从场私走漏一端来看。回溯有清一代，包商资金和官发帑本不足以收买墹户的全部盐斤，政府又难以在辽阔的盐场四面设卡稽查，再加上沿海各县处处产盐，官府很难掌握盐斤生产的具体数量，这就为灶户与盐枭的私下交易提供了条件，场私走漏绝难禁止。② 好在大宗税款主要由包商尽数承揽，不论政府稽查场私的效果如何，只要包商按期缴款，盐税收入总量在短期内就不会大幅度波动，除非场私走漏足以让包商歇业倒闭。自由制改革以后盐税不再由包商专承，原包商饷银之份额被分摊到无数次交易之中，当年税收之好坏也直接受场私稽查效果所影响。墹户与商人的每次私相授受都会造成当年盐税总额之流失，一旦场私走漏数额过大，政府的正常征税将变得极为困难。包商制下饷银不足尚可向相关责任人追讨，自由制下的缺额风险却只能由政府自担。为能如期且足额完成盐税之征收，政府只有加大力度稽查场私，尽最大可能避免食盐不经征税即从场产流入运销市场。因为一税以后任其所之，偷漏盐斤越过场产再无征缉，漫漫盐道、广袤海域再往何处寻查?

实践证明，民初自由制改革后政府对场私的控制极不理想，直至 1919 年出现了戏剧性一幕。大量私盐从场产地偷漏并寄屯于宝安、顺德、香山、东莞和新会一带，再由渔船和渔户私下零星贩卖。为躲避缉私警察，贩私者往往会避开各大城市而在偏僻乡镇分销私盐。私盐的过量走漏又导致沿海各大盐场存盐量严重不足，最终竟无盐运往广州省城。盐运使刘玉麟不得不将已走漏之私盐，又从香山等地悉数收买回来，运至广州平抑盐价：

> 运使因近月场产缺乏不敷，存盐无多，据督配局日前单报存河盐仅三千余万包，盐价腾贵异常，恐酿盐荒。有人陈议临时救济方法，拟援照从前配运余盐成案，收买沿海余盐回省应销，冀平盐价而免盐荒等情……查得各场漏晒盗卖洋盐往往寄屯于沿海宝安、香山等属，渔船渔户零星贩运。倘能将此种余盐悉数收买运回省配，不特有裨于税源，兼可辅助缉私所不及。③

① 《接专电》，《新闻报》1921 年 11 月 21 日第 4 版。

② 参见周琍：《清代广东盐业与地方社会》，中国社会科学出版社，2008，第 70 页。

③ 《粤运使私运洋盐近讯》，《时事新报》1920 年 1 月 21 日第 2 版。

刘玉麟之作为却被众盐商误解成是收买洋盐，随后掀起轩然大波。盐商们宁愿自筹两万余元填补盐运使购盐定金之亏空，也誓要将洋盐悉数沉入大海。① 更有人直截了当地指出省城缺盐并非盐荒所致，而是场私走漏过于严重：

> 况现年各场产盐并无荒象，只因私枭搀夺，以致买配为艰。若能整顿场私，来源自裕……今年场产确非盐荒。纵使果因场上歉收，查前者只有借运邻省，万不能准洋盐进口，自乱盐法也。②

这一事件发生以后，场私走漏真的得到了有效治理吗？1923 年又一份报纸刊文，“广州市忽发现盐荒景象，价值日涨，来源日绌，市民均有淡食之虞”。此次报道甚至详细描绘了当时省城盐价飞涨的具体情形。“盐价日涨一日，实足惹起人民恐慌。查八月份盐价每包仅沽洋二元六角，及九月上旬则涨至三元，下旬则涨至三元五角，十月份则竟涨至四元五角。如日内仍无大帮接济，将必涨至五元六元。”盐价的急速上涨使所有日用副食品皆受连带影响，“如咸鱼、霉菜各种什货食料，罔不涨价倍蓰，贫民大有度食维艰之叹”。而对比当时私盐泛滥的顺德、香山、东莞和新会一带，“现下市价仍不过售银三元左右，其情形恰与省河为一反比例”。③

三、从税率设计看改革“抑私”之流弊

除了将场产与运销相分离，包商制下的清政府还对不同运输方式之食盐设定了不同税率，水路运输的盐斤为“引盐”，而以陆路运输者则为“票盐”。将盐道做水路和陆路的区分，最大好处是节约政府监管和缉私的成本。各盐区内大大小小的盐道纵横交错、如网密布，各盐道处皆可走私，清政府不可能在所有道路上处处设卡征缉。通过对盐运市场作内在观察，清政府发现一个极为重要的规律：同一段运输距离，商人若有水路可选就绝不会改行陆运，因为前者所费之运盐成本比后者低廉太多。清政府深知水运机关的重要性，故所有由水路供应盐斤各区域内设立的盐务机关也极其完备，所收之税亦属甚重。与此相反，由各省盐产地分运就地行销的“票盐或陆运盐斤，其税率则异常之轻且并不切实设法征

① 参见《粤运商反对采购洋盐》，《天津益世报》1919 年 12 月 9 日第 6 版。
② 《粤盐商请制止购洋盐》，《神州日报》1919 年 12 月 8 日，版数不详。
③ 《粤省发现盐荒之景象及其原因》，《时事新报》1923 年 10 月 24 日第 1 版。

收”。只因“陆路运盐费用奇昂”,① 若再行征收重税，销售价格的大幅度上涨恐对销区百姓造成沉重负担。而水路引盐的税率看似“甚重”，其具体设定却极有讲究。假如官方对引盐所收之税无限制增长，使得税款及水运成本的总额超过了陆运之花销，商人为合理避税将主动放弃水运而改陆运。因此，政府只要将水运盐斤的税额控制在一定幅度内，使其不超过陆路运费减水路运费的差额，就不会从政策上鼓励商人弃水路而行陆路之走私。这将为清政府带来巨大便利，它只需在各水路上择关键之处设卡查验盐商运单并清点运量，既精简了机构又节约了成本。而两广盐区水运系统极为发达，清政府最重要的征税、查验和缉私等局卡几乎都依水而建。② 丁恩对其中的奥妙有相当清晰的认识：

> 查中国盐政缺点甚多，但当日规画盐务政策之人，其见地尚属不差。按盐斤乃粗重物品，其运费与盐价之关系极为重要。除盐场邻近各地方外，其余各处苟非税率过高，则所有由陆路挑运、驮运及车运之盐虽不向政府缴税，亦不能与由水程或铁路运往之纳税盐斤竞争。故实行直接收税之制度，即仅对于天然路程运输之盐征收盐税亦可收得巨款。且所抽之税如果较陆路运费与前项天然路程输运之费相差之数为低，则偷漏之盐税为数亦不巨。③

此种以水路和陆路为区分标准而设计的征税制度，亦有极大缺陷。各盐区陆运之地通常邻近盐场，税轻价廉且区域经济发展水平较高。水路所行之处则多偏远贫瘠，人民本已贫困，却不得不以重价购盐并缴纳重税，导致“各地方可以负担盐税之人民，反逍遥法外毋庸纳税”。④ 为使盐税均平，民初两广盐区自由制改革以后取消了原水路和陆路运盐的税差，以经济发达地区多缴税为宗旨，按地域而非道路制定差别税率。改革初期省城配盐递增为每百斤征税 2.5 元，潮桥桥上与省配同，桥下则改为 1.5 元，其余沿海各区坐配 1.25 元，附场则 0.75 元。⑤ 然而，这一看似均平的制度设计却为食盐走私创造了新的便利。由于省配、坐配和附场的税率各不相同，奸贩往往在轻重两税交界之区越境冲销。政府却时常反应迟钝，等觉察之时，走私已扩展至一定规模且持续较长时间。例如，民国六年

① 丁恩：《改革盐务报告书》，盐务署刊行，1922 年影印本，第 60—61 页。

② “广东盐运是以水运体系作为运输路线的。由于珠江水系横贯两广，因而广东与广西能统合成一个运输网，而处于珠江河道出海汇交点上的广州市是连接海运和河运的中枢点，兼具海、河港口的功能，故成为广东总的盐运中心。在粤东，由于韩江水系独立，又形成了韩江、梅江流域的盐运系统，潮州处于海河交接的中枢站，故广济桥成为盐运中心。”周琍：《清代广东盐业与地方社会》，中国社会科学出版社，2008，第 57 页。

③ 丁恩：《改革盐务报告书》，盐务署刊行，1922 年影印本，第 60 页。

④ 丁恩：《改革盐务报告书》，盐务署刊行，1922 年影印本，第 60 页。

⑤ 参见邹琳：《粤鹾纪实》第 1 编，华泰印制有限公司，1922 年影印本，第 6 页。

(1917年)将石湾地区划归为省配并以菉兰为界，此后该地私运不止。直至民国十年(1921年)，才“因案发觉，始惩办严禁”。① 邹琳对税率改革以后，不同地区私盐越境冲销之情形做了十分详细的描述：

以平、南两柜而论，均有行销广西引地。彼为坐配，每担只税一元二角五分。而省配西柜之盐每担税银二元五角，因之平南冲销西柜之盐不可数计。又如博罗县属于东江坐配运销区域，每担征税一元二角五分，所属石湾地方与省配之石龙仅隔一水，而石龙每担即税二元五角，石龙销场自必为其冲销无余……潮桥桥上税率与省配相同，东江之盐亦时时冲入五华……惠来为潮桥特别区，每担原税二角，凡与毗连各区皆受其冲赚。桥下税率向系每担一元二角五分，少于桥上一半，接境各县，亦靡不冲销。②

不仅如此，清代包商制以运输方式定税率差额的做法，实际上还隐藏着一条增税红线。陆运盐斤一般没有大幅度增税的空间，而水运盐斤不论如何增税，其税收和运输的成本总额都必须低于陆运盐斤。倘若政府对水运之盐设定的税率越过这一红线，将刺激商人在有水路可行之处故意避开而行陆运，建设在水路要隘上的所有稽查关卡亦将因此全数失效，缉私的难度更将成倍数增长。但改革后以地域而非道路制定税率之差，实际上已抹消了清政府为增税划定的红线，省配、坐配和附场的边界及其税率完全由政府依主观意愿自行设定，这就为改革以后不同区域税率的无限制上涨提供了可操作的空间。民国时期自由制改革的初衷本为酌减税率，以弃清政府“苛税之恶名”。③ 这一理想虽美好，却未能考虑到政府亦有收益最大化的强大内驱力。当盐税总额不足以应付短时间内各方管理的开支，提高税率将是最直接、见效最快的解决方法。而税率每往上增加一个点，就会同时提升民众贩运私盐所获的利润率。税率越高，民间走私食盐的意愿则更强烈，反过来又会进一步降低已税盐斤的销售，从而导致当年盐税总额再行下降。两广盐区自由制改革以后盐税的增长趋势，即是对上述推断的有力佐证。1922年，改革施行已久，衡、永、郴、桂全体盐商以罢业为威胁要求降低盐税，否则商民将尽数失业。彼时盐税已涨至何种程度？据盐商所言，每石食盐的生产成本仅一串四百文，而所征之税却已达五元。近来“粤省又藉军费支绌，每石竟加税三元，共八元”。每石盐的收购价加税收支出已将近九元，而运回衡永销售时却

① 邹琳：《粤鹾纪实》第6编，华泰印制有限公司，1922年影印本，第29页。
② 邹琳：《粤鹾纪实》第6编，华泰印制有限公司，1922年影印本，第29—30页。
③ 四川省档案局、政协自贡市委员会编：《辛亥革命与川盐变革档案实录》，四川人民出版社，2011，第185页。

仅得洋九元上下，时常不敷运费花销。①

若将两广盐区清代包商制下的税率与民国自由制之税率相对比，则后者的涨幅更显夸张。清季光绪三十三年（1907年）袁树勋督粤任内，每年盐务饷杂的报销实数为库银328万余两。待盐商公所包承饷银以后，则由560万两逐渐增加至720万两。民国初期革除引额行自由贸易，由三四百万元递增至六七百万元。仅就改革以后论盐税似乎颇有起色，实际上比较盐商公所包承的税额固不相及，即就清政府原收的328万余两计也相去甚远。因为盐税之考成不能单纯看岁收的盈绌，还要对比销盐数量的多寡。清代河兑销盐实数最多时每年能达到150万包，但自由制改革以后的销数却不及120万包。再者，清代每包食盐各类盐饷杂项之总额至多不过一两九钱，自由制改革施行近十年以后却逐渐增加至五元七毫五分。清代省中食户照盐商公所呈丁运司规定价目，买价最贵也就每斤二分四厘，改革施行十年以后每斤盐价却贵至七分二厘。仅就省配而论，岁销已短30万包。若税率上再行比较，则"视清季骤增一倍有奇，而收入反不及额，② 盐价已贵两倍，而税收反绌"。③ 盐税的无限制增长亦为食盐走私带来暴利，进一步刺激甚至是变相鼓励商人通过各种途径规避国税，最终导致"枭匪走私，运商搀私，埔户卖私，场官放私，甚至运司运私，缉私庇私，其弊不一"的结果。④ 泛滥的私盐亦将严重挤压已税盐斤的市场份额并导致国税总额骤减，这将再次逼迫政府提高税率以应对收不抵支的现实危机。

四、从缉私效果看改革"抑私"之困境

在任何时代，缉私都绝非易事。政府花费巨资建设和维持缉私队伍的同时还要预防其自身腐败，⑤ 投入大量成本却可能收益甚微。缉私队伍面对的常常是人员充足、装备先进

---

① 《粤盐之危机》，《益世报》1922年3月21日第6版。

② 以1921年税率比较清季，应收一千万乃及额。

③ 江霞公：《改良粤省盐纲说明书》，《粤鹾月刊》1921年研究号第2册。

④ 江霞公：《改良粤省盐纲说明书》，《粤鹾月刊》1921年研究号第2册。

⑤ 民国时期两广盐区缉私队伍之腐败有据可查。"贩私获利虽巨，究竟尚须些少资本，且有畏惧官兵之时。于是军警团保往往勾通私贩，每担取费若干，或以船计、或以次计，为之保护，在其境内洒卖冲销，或越境护送，如遇邻境缉私过问则尽力抵抗。倘有不敌，则认为获私解案，领回赏款已足抵其盐本。缉私舰为此行之最便，其法尤妙。每使私船前行，已则尾随于后遥示保护，以达目的地。如遇他舰，则速行缉之，中途轻载，回省邀功，此其向来成法。若无忌惮之时，则并嫌此迂缓，而径装运拖带矣。故以缉私变为犯私之人，各省皆然。此种情形就海上言，则以六门居多，就陆地言，则以广属为最，故香山、宝安、新会、顺德、东莞各县几至历年绝销。非果民有淡食，实此私销弥漫之故。譬如某处竟敢抗拒缉私，伤弊盐警，某处阻止舰队入境，如临大敌，此等案件不胜枚举。岂私贩敢胆玩至此，盖有恃则不恐耳。"邹琳：《粤鹾纪实》第6编，全国商务印书馆，1922年影印本，第33—34页。

且训练有素的走私集团，若人数和火力上无法压制对方，则很难缉私成功。① 因此，缉私人员必须达到一定规模且装备先进，这也使缉私成本居高不下。1917 年广东平南支所呈请添募盐巡 200 名，增设缉私卡五处并添购巡船两艘。以当时市价看，新增巡勇开办费为 1562 元，每月经常费为 1950 元，缉私卡五处每月共需 343 元，巡船两艘的购买价格则是 800 元。② 同时为防止缉私人员被私贩所收买，政府还制定了极高的奖励标准。“凡由海关人员缉获私盐，仍按关平每担一元二角五分之价给赏。由盐务人员缉获者，每包按九角给赏。变卖充公船只及他私物所得之净款，可一半充赏，一半归入盐款项下。”③ 如此高额的奖励，亦导致缉私所获大部分收入并不能充为公款。查同一年坎白场巡勇在马鬃港口缉获福安利船，内有一万三千斤私盐，除去渗漏斤数最终拍卖得洋 51.25 元。充公之渔船因拍卖价未达标准，迁延日久仍未售出，寄泊海面时经狂风触礁毁烂，废板发卖得洋仅 14.79 元，而此次缉私所花轿力洋、拖带费、小艇驳盐往来费、摆渡费、挑盐上栈工力洋、雇工驶船工力洋、解犯至海丰县路费洋和巡勇看船油烛钱合计已达 27.84 元。查获一万三千斤私盐最终所得的全部收入扣除单次缉私成本，再以部分作为缉私人员的奖赏，最终充公大洋仅 12.9315 元，可见政府投入缉私的巨大成本与其微薄收入完全不成比例。④

与自由制下缉私花费全由政府单方面负担不同，清代的包商们因获得了地区食盐的垄断经营权，常常愿意将所获利润的一部分用来帮助政府缉私。“凡是易于走私的关口要冲均设立有关卡，并且组织起了一支包括军队巡役、地方巡役、商人巡设在内的庞大的缉私队伍。”⑤ 清政府也乐于将缉私的具体花费分派给包商来承担。道光七年（1827 年），两广总督要求场栅各员将舱口尺寸、盐斤数目报明各口岸稽核，并于虎门和东关等地添委文员稽查、派委武弁催趱，系因该处皆缉私扼要之地，应稽查周密方免私盐透漏。该处所有委员更换之期定为半年，“其薪水由商供给”。虎门各口额设舰船，更是“令该商自行出资，分

① 发生于 1918 年的一次缉私事件，特别生动地说明了人数和火力对于缉私能否成功所具有的决定性影响。若人数和火力不够，已经缉获到手的盐船都有可能被私枭重新抢夺回去。1918 年有一卡员缉获了谭福利私盐一船，后因该盐船距卡太远，而卡内巡丁不多，当即另雇一名苦工帮同巡丁轮流看守。卡员亦不时前往查看，每当潮水上涨之时，便饬巡丁等逐日将船渐次拉入港内。待船已拉至火水局门首，距海关只有咫尺，却遇城内军队火拼，弹如雨点、屋瓦飞腾。卡员见此情形恐有性命之虞，不得已携带执照和图记潜出私人民屋暂避。不久以后，巡丁等慌忙寻得卡员，报称所运私盐船户谭福利前已遁逃，今闻雷城有警，即“率伙伴十数人手持刀棍，蜂拥到来劫盐与船”，巡丁等难以抵抗，现时船已被劫去。卡员闻报，“不顾弹雨枪林冒险奔往追缉，追至港头其船已杨帆而去”。《公文三：本署指令平南总局据呈谭福利乘乱劫回已获私盐船应由局咨会严缉文》，《粤鹾月刊》1918 年第 10 期。

② 《训令两广盐运使核准平柜添设缉私卡经费并饬将添募盐巡人数与分配办法与分所妥议呈核文》，《盐政汇览》1917 年第 11 期。

③ 《盐务署训令处置私盐及赏款办法仍照伺章毋庸变更文》，《粤鹾月刊》1917 年第 4 期。

④ 《本署指令海陆丰运销局呈缉获私盐船变价情形文》，《粤鹾月刊》1917 年第 4 期。

⑤ 陈锋：《清代盐政与盐税（第二版）》，武汉大学出版社，2013，第 276 页。

别改造修葺”。① 但民初自由制改革取消包商以后，其巡设队伍亦尽数解散，缉私全凭政府一己之力。部分盐场迫不得已私设缉私队伍，却将所需之花费全数报由政府来承担。以隆井小江场为例，此场产附近私枭向来猖獗，昔日包商配运时尚有其自雇水陆巡勇协力缉私，足为盐场之助力。1917 年 7 月 1 日潮桥桥下开放买卖、均准自由，小江场附近私枭亦假借自由之名，乘机联群私买私卖。“前商巡勇，既因取销专卖裁撤净尽，而职场平日陆巡已不多，水巡又向未设置，以故私枭绝无所畏惮。”而小江场沧洲一栅四面环海，非有水巡不足以资巡缉。该场知事不得已赶购旧缉私船大小各一艘，取其能应目前之用且价值亦较新船稍廉，并自雇水巡勇十五名日夜梭巡、严加取缔，但所有船价、勇粮及服装费皆报由潮桥运副公署签发。潮桥运副公署还将此项勇粮、服用追加预算，此后勇粮“准予按月照领支给，服用则于年中分冬夏两季领款制发”。至于船中应用器具之收据，也“拟俟领款交价后就近呈缴副运公署核验”。②

再者，包商的身份确定且数量比较有限，因登记详细则难以作假。清政府仅对包商进行直接管理，而具体的生产经营活动则由该商自行全面包揽。待包商每年如数缴清盐税以后，清政府只需在各大重要关卡查验其运单程照等文件。而包商生产经营的信息皆已提前交由政府掌握，一旦发现有人假冒包商身份或包商自己挟带私货，追踪和处理起来也相对容易。民初自由制改革以后取消包商、开放贸易，需由政府直接管理的商人数量迅速增加，相应的管理难度亦大增。各商人只需报明地点和日期，即可随地设店、运盐济销，结果却是：

> 奸商枭贩，遂承此漫无限制之机会，行其逃税走私之惯技。间有报配税盐不过少数，竟至经年累月，销售埠多。若令缴验运照，不特与销盐数目不符，且多属逾限废照，即或纳税，亦仅一二十包。其籍照影射，买私卖私，形迹显然。且有商人擅自刊用运照行销各区者，又有自刊发单，其单上盖用之字号戳记与立案店名两歧，预为走私破案，使官厅无所调查之地步。甚或倡言自由，并不报请立案者，以致遍地皆私，流弊百出。七年冬间，运署乃厘定中柜各县设立盐店均须详细报明商号、地址，核准方案，方能办运。其未经立案者，一律不准配盐运销。但此立案办法，虽有考查，仍无责任。③

① （清）阮元、伍长华纂修：《（道光）两广盐法志》，广西师范大学出版社，2015，第 4 册，第 425—432 页。
② 《本署咨潮桥运副据隆井兼小江场知事呈报添设巡船雇用巡勇一案核饬办理文》，《粤鹾月刊》1917 年第 4 期。
③ 邹琳：《粤鹾纪实》第 4 编，华泰印制有限公司，1922 年影印本，第 28 页。

1919年阳江盐犯关志贤、张昌唐等，数次假冒黄广才、曾世杰等商名瞒局缴税领照，借照倍配或一照迭运，甚至不惜金钱贿串收税缉私两机关走私分肥，计当年约走私盐五千担，证据确凿却无人查究。这一案件随之牵连出缉私卡局设置的漏洞和官私勾结的舞弊，管理之难可见一斑：

阳江除沿海之沙扒、匣坡、东平三卡有名无实外，东至恩平、开平两县属，经过合山、那龙、恩城、赤坎等要地，北至阳春、新兴两县属，经过大濑、牛肠、马水各要地，路线数百里之远，均无卡员驻守。而内河之平冈、大汉各熟盐行销恩开、阳春、新兴地方，只有江城石觉收税缉私一卡，如经金钱通气便妥，无论如何走私，不防别人缉获。即使有人控告串卡舞弊情形，此种案件批答往往令局查覆核办字样，不知两局经已通气。①

除上述两个较为明显的优势（即商人协助出资和较易清厘管理）以外，包商制其实还另藏玄机，那就是为清政府缉拿“大伙私枭”而放“零星小贩”提供了某种制度上的可行性。首先需要强调的是，清政府相当重视各地区私盐的稽查，甚至为此不惜规定了堪称严苛的官员考核标准。所有地区的州县官员不论是否监理盐务，都必须确保自己辖区内的包商将每年定额应销之盐全部售出。如果州县官员未能较好地完成此项公务，清政府将根据该地区尚未售出的盐额百分比对其进行严厉处罚。② 然而，此种严苛的缉私要求却包含了一处例外，即“附近场灶地方贫难小民、老幼残疾及妇女孤独者，准其挑卖零盐”。又因清制之下缴税者仅为包商，此种“零盐”实为无需纳税之私盐。但这一“体恤贫民之意”③却给州县官带来了巨大麻烦，皇帝要求缉私官员务必分清楚什么是“大伙私枭”，什么又是“穷黎肩挑”，前者必须严行查办而后者则应放其生路。皇帝的逻辑很简单：地方文武员极易受奸商大枭的贿赂，公然对其行包庇放私之举，或畏其党羽众多、强横拒捕而并不认真盘查缉拿，以至于私盐充斥、肆无忌惮。为冒功塞责，他们又常常以零星小贩进行上报，

---

① 《本署批令：据民人张修名禀为冒商领照藉照串卡走私乞饬查究由》，《粤鹾月刊》1919年第20期。

② 若未售出之盐达到应销数额的10%则不得晋升，20%到30%减俸，40%降官一级，50%到70%降官二至四级调用，80%以上革职。相反若某州县官完成了该地区食盐年销售额，将得到与完成地丁银征收任务一样的奖励。除此之外，州县官还需对任何未经允许的制盐、走私、非法售盐等行为承担责任：若未能觉察食盐的非法制造和销售，处罚为降三级调用；若上报了非法制盐行为却未能捕获犯法者，将被降三级留任原职一年以抓捕罪犯；如果期满时还未能捕获人犯，就会被真正降级并调任他职。参见周琍：《清代广东盐业与地方社会》，中国社会科学出版社，2008，第87—88页。

③ （清）阮元、伍长华纂修：《（道光）两广盐法志》，广西师范大学出版社，2015，第1册，第184—185页。

只因这些小贩毫无贿赂可图而擒拿又易，此等恶习相沿已非一日。①

实践中，所谓的“大伙私枭”却往往有组织地勾雇贫民、老幼、残疾和妇女孤独者将所运私盐分拆零售，甚至公然在担上插牌书写“奉旨”字样，尤其嚣张跋扈。地方官员因体恤贫民之例外不敢随意缉拿，面对严苛的缉私考核时深感无力，不得不将此特殊情形再行上报请示。最终结果却是体恤之例依然被保留，只是做了进一步限制。“附近场灶处所例准挑卖之人，仍许其挑卖，每日亦只准一次，不准更番出入，其余者概行禁止。如有担上书写‘奉旨’字样者立即查拿，除治其贩卖之罪，仍将擅为奉旨加等治罪，以儆刁顽。”②为何大伙私枭有组织地勾雇老弱贫民，清政府却仍要坚持为后者开行放私之例外？仅将此种例外理解为体恤，则不能完全展现其中的深意。这些居住于盐场附近的贫民、老幼、残疾和妇女孤独者，往往为无业游民又生计难保。场私走漏本就极为难缉，即使清政府完全禁止上述人等贩运私盐，他们为谋生路亦会铤而走险。再加上两广地区各大盐场皆地处偏僻且辖地相当辽阔，清政府的军队安保实难到位。若不解决老弱病残之生计，这些无业者一旦聚群为匪再抢夺盐场，将使正常的食盐生产秩序遭受严重破坏。包商制为清政府“抓大私放小枭”的策略提供了制度上的可行性，只要这些零星小贩的贩私行为被控制在一定幅度以内，未发展到使专商尽数歇业倒闭的地步，即无损于盐税国课，自然不必过度严格地缉查，以免逼民造反。然而，民初两广盐区自由制改革以后，此种“抓大私放小枭”的策略已然不存在。人人皆可贩盐，人人又皆可走私，各种零星私贩汇集起来足以对当年盐税之总额造成直接影响，因此不得不全部厉行缉查。然而，此种厉行缉查却带来了意想不到的结果。1921 年有报纸刊文称广东沿海地区盐匪为患，具体情形如下：

> 广东广饶地处海滨，民间食盐向系自由贩卖，是以一般贫民均藉此以谋生。自禁止私销以来，贫民因此失业者甚众，大都流为盐匪，每伙数十成群，携带枪械，劫夺场盐，赴乡贩卖。近来该匪尤为猖獗，甚至抢劫行旅。及军队闻警往剿，则已四散无踪。故官军剿匪，极为棘手。③

五、结语

民初两广盐区的自由制改革因何而失败，1924 年以后包商制又为何重回两广大地？通

① 参见（清）阮元、伍长华纂修：《（道光）两广盐法志》，广西师范大学出版社，2015，第 1 册，第 180—184 页。

② （清）阮元、伍长华纂修：《（道光）两广盐法志》，广西师范大学出版社，2015，第 1 册，第 185 页。

③ 《广饶盐匪之横行》，《民国日报》1921 年 3 月 4 日第 8 版。

过以上分析可知，清代包商制在“抑私”方面与民初自由制相比，至少有以下几个显著优势：第一，不必在盐产地监督商人的每次交易，极大地减轻政府缉查场私的负担。更不必将征税和储税机构设于偏僻荒凉的场产，从而保证税金存储的相对安全。第二，根据运输道路而非经济区域的不同制定差别税率，不仅可以从立法技术上消解商人贩私之动机，还能强制政府将食盐的增税幅度控制在特定红线之下，避免政府完全依照主观意愿提升税率，从而变相刺激走私。第三，将地区食盐的垄断经营权授予包商可换其出资协助缉私，极大地降低政府自行缉私的成本。而包商的身份确定、数量有限，政府对其进行管理和追踪也更为便利。包商制甚至能够为政府“抓大私放小枭”的政策提供一定的可行性，从而规避过于严厉的缉私所带来的负面影响。

民初自由制改革以后，清代包商制在制度层面的“抑私”设计尽数消解。就场征税和自由贸易的改革措施不仅难以遏制私盐，甚至还变相创造了新的走私环境并增加政府缉私的成本和难度，最终导致正常的食盐运销系统在私盐蚕食下全线崩溃，出现食盐走私销尽、省城盐价飞涨、贫民化为盐匪而国税亦无处征收的荒诞情景。由此可见，自由制改革之失败并非完全如学者所言，是因为封建势力根深蒂固、旧盐商和旧官僚群起反抗。至少在两广盐区，这一改革并未直接受到所谓封建势力的极力阻碍，其最终失败的根源亦在于自身，即“最利销私”。国内学者将这一改革定性为历史的进步，称清政府的包商制为传统的封建经济，又将民初自由制改革标榜为走向资本主义的市场经济。① 那么，民初自由制改革的核心措施——就场征税和自由贸易，果真是西方资本主义市场经济的先进代表吗？翻阅中国的盐政史书不难发现，东汉时光武帝废专卖之法、罢私煮之禁，任民制盐、自由贩运，于产盐较多之郡县设置盐官、征收盐税，其法与近代就场征税制相似。② 又有“今日本行之就场征税者，亭户杂商人官榷其税，一税之后任其所之，其法创于唐刘晏”。③ 因此，民初两广盐区的自由制改革究竟是对西方先进资本主义市场经济的效仿，还是包裹于洋人主导外皮之下中国盐政历史的自我更迭？不论包商制和自由制以何种社会意识形态为内核，都不能忘记它们作为盐税制度最根本的使命，即把每一粒盐中所包含的每一分国税都完整地征收上来。

---

① 参见刘经华：《民初盐务改革与近代化问题论析》，《江汉论坛》1997 年第 5 期。

② 参见曾仰丰：《中国盐政史》，东方出版中心，2020，第 3—4 页。

③ 金兆丰：《镇安晏海澄（安澜）先生年谱》，台北文海出版社，1930 年影印本，上册，第 174 页。

近代凉山彝区监狱改良考*

张晓蓓　张胜琴**

摘　要　中国监狱研究的成果极其丰富，但涉及民族区域监狱的研究，特别是近代彝区监狱改良的研究还难见其踪。结合清代、民国时期凉山西昌、会理、冕宁司法档案等史料进行探寻，会发现彝区监狱的近代改良，深藏着国家命运多舛中民族区域司法治理情节与行为模式，而对民族区域监狱改良的推行，是国家力图推行各地司法共进改良的见证。清代彝区监狱与内地一样是建立在衙门之内，但具有关押功能的机构却不仅于此，彝区的监狱管理是在国家与地方规范下运行并灵活实施，由此而具有民族特性。本文以凉山彝区监狱近代改良为视角，展开对改良中监狱的重建、管理和人才培养的阐述，以证监狱改良的历史过程，和监狱受司法垂直管理的开端中呈现出的民族地域特色。

关键词　凉山彝区；监狱；近代改良

不同地域的监狱是该地域司法①历史的重要写照，无论从历史学、社会学还是法学的角度，来研究监狱的发展演变都是极其重要和有价值的。② 民国学者认为：时代越文明，

---

* 本文系国家社科基金课题“‘藏彝走廊’地区少数民族司法史料的搜集、整理与研究”（项目号：19XMZ098）的阶段性研究成果。

** 张晓蓓，重庆大学法学院教授；张胜琴，重庆大学法学院博士研究生。

① 本文的司法，指中国古代司法，即包含并不限于审判、检察、监督、治安、监狱等。

② 监狱改良的研究成果较多，如肖世杰：《清末监狱改良——思想与体制的重塑》，法律出版社，2009；赵琛：《监狱学》，法学编译社，1934；孙雄：《监狱学》，商务印书馆，1936，李甲孚：《中国监狱史》，商务印书馆，1984；王平：《中国监狱改革及其现代化》，中国方正出版社，1999；万方安：《中国监狱史》，中国政法大学出版社，2003；陈兆肆：《清代私牢研究》，人民出版社，2015。

狱制就越完善。① 监狱的历史也是人类文明发展史的写照，中国古代自有羁押人犯始，就有教育人犯之意。沈家本认为："周曰圜圄。圜，令圄举也，言令人幽闭思愆，改恶为善，因原之也，今县官录囚皆举也。"② 无论清以前监狱有何种称谓，既有了监狱之设，就会有监狱管理。汉代已有监狱之称。③ 但从法律名词来看，监狱之词乃民国开始。④ 清代监狱集古代之大成，相对清以前其他历史时期，更为完善，从中央到地方，有各种不同的监狱。⑤ 雍正时期，京都监狱体系已经健全。⑥ 清代的笔记小说和一些官方政书中，所说"律所不著"的名称，有如"班房、卡房、差带"等，现实中确有此存在。⑦ 刘衡曾说："四川曰卡房，三江曰自新所，广东曰羁候所。"⑧ 四川臬司张集馨说：卡房"前此通省瘐毙者，每年不下一二千人，已往不咎，以后如再有私设卡房者，定即严参"。⑨ 在凉山彝区卡房也是存在的。清代的县级监狱主要用于羁押等候审理的人犯和证人，以及关押已判重犯。直到晚清，在监狱改良中，逐渐形成了近代意义上的监狱。凉山彝区在此情势下，努力推进着监狱改良，即使步履艰难，也在蹒跚中行进。

一、监舍改造是监狱改良的基础

监狱建筑是司法文明象征之一，如果说中国古代监狱是让监犯幽闭思愆、改恶为善的场所，对失去自由的监犯生活场所的建设与修造就是一切的基础。监狱的建筑是人类惩罚观念的物体再现。人类在社会文明发展中，通过对待自身群体中犯罪者的惩罚方式以及改造监舍的方式来表达和证明人类自身的智慧与宽容。清代凉山的监狱与内地一样是建在县

---

① 芮佳瑞：《监狱制度论》，上海商务印书馆，1934，第 3 页。

② （清）沈家本：《历代刑法考·狱考》，中国检察出版社，2003，第 1160 页。光绪三十一年（1905 年），他向皇帝上奏，提出"变法自强"，并改良监狱，建立新式监狱、改造旧式监狱、感化罪犯。1907 年 5 月 22 日，沈家本在上奏《实行改良监狱宜注意四事折》中明确提出"改建新式监狱"的主张。1907 年，皇帝下令在京师及各省建立模范监狱。宣统元年（1909 年），法部又提呈《奏设模范监狱折》，"通令各省，一律赶办"，后法部行文限期"统须于宣统三年前一律告竣"，并严定"以此考核各该省成绩之据"。1910 年，《大清监狱律草案》拟就，这是中国第一部监狱法典草案，也是中国监狱近代化改良的第一张蓝图。

③ 李甲孚：《中国监狱法制史》，台湾商务印书馆，1984，第 4 页。

④ 李甲孚：《中国监狱法制史》，台湾商务印书馆，1984，第 4 页。

⑤ 曹新强：《清代监狱研究》，湖北人民出版社，2011，第 37—40 页，并参见潘君明：《中国历代监狱大观》，法律出版社，2003，第 146 页。

⑥ 光绪《大清会典事例》卷 1158，《步军统领·断狱》。

⑦ 参见郑秦：《清代司法审判制度研究》，湖南教育出版社，1988；戴炎辉：《清代台湾之乡治》，台北联经出版事业公司，1979；那思陆：《清代州县衙门审判制度》，范忠信、尤陈俊校，中国政法大学出版社，2006；张世明：《清代班房考释》，《清史研究》2006 年第 3 期；瞿同祖：《清代地方政府》，范忠信、何鹏、晏锋译，法律出版社，2011；陈兆肆：《清代私牢研究》，人民出版社，2015。

⑧ （清）刘衡：《蜀僚问答》，官箴书集成编纂委员会：《官箴书集成》，黄山书社，1997，第六册，第 151 页。

⑨ （清）张集馨：《道咸宦海见闻录》，中华书局，1981，第 96 页。

衙内的，这样的建筑设置充分体现了中国司法行政合一的理念与实践。咸丰时期凉山冕宁县志记载："在城东衙门，乾隆三年建头门三间，二门三间，官箴坊一座，大堂连抱厦六间，开东西科房十间，差房三间……监狱在头门内，内墙外，俱系砖砌。"① 同样，清乾隆年间会理州志也是这样描述的："知州衙署一所，头门一座三间，左侧仓廒，右侧监狱。"② 头门也就是我们平常所说的大门。至少，凉山彝区的监狱在清乾隆时已经建立在衙门内了。清监狱建址附属于衙门，监狱在衙门的西面，凉山的监狱位置与内地监狱的位置没有区别，也印证了中国古人的天文观与风水观，即"主管狱事的是昂星，昂主狱事，典治囚徒，昂主西方"。③ 雍正十二年（1734 年），清代公布的《工程做法则例》已经对监狱建筑有所要求。除了监狱外，凉山各个营汛的卡房也用于关押人犯。凉山的卡房与四川其他地方的卡房是有所区别的。④ 凉山的卡房不仅设在营汛里，土司土目组织的夷兵营房也设有卡房。如果以内地或四川其他地方的卡房来鉴别凉山的卡房是不对的，因为凉山的卡房大多是国家默认的土司衙门和一些黑彝组织的彝兵营汛所设。也就是说，凉山的卡房主要是官设，但也不排除私设。

乾隆五十一年（1786 年），四川长宁县知县叶世倬，一上任就对卡房内长期关押的人犯实行释放，曾经一日释三百余人。嘉庆九年（1804 年），曾为御史的韩鼎晋，在《疏陈四川积弊六事》折中提出"查卡房以全命"，⑤ 道光十九年（1839 年），由于川滇交界及马边"夷⑥匪"抢掠，请求设立卡房，"准其在有要隘处所建立坚固卡房数座……所有上年防兵及嗣后轮防各兵盐粮，一并设立卡房经费，准其在于留备边费之盐课溢余款内动支，将此谕令知之"。⑦ 道光二十八年（1848 年），四川臬司张集馨客观描述了卡房的酷虐事件，他严令各州县清理卡房，⑧ 凉山立即对卡房进行了撤销，但也有卡房依然存在。这是由于凉

① 咸丰《冕宁县志》，咸丰七年刻本，卷五，第 953 页。

② 清乾隆六十年《会理州志》，卷一《衙署街坊》，第 42 页。

③ 曹强新：《清代衙署监狱建筑构造考》，《学习月刊》2020 年第 4 期。昂者，天子之耳也，主西方。清代州县的监狱设置就是根据这个理念而设计的。

④ 《高宗纯皇帝实录（四）》，卷 265，乾隆十一年四月下，中华书局，1986，第 438 页。因为卡房之设源于治安和日常紧急事务，如捉拿盗贼、审查窝赃、救济贫困、解纷争斗等，所以大多建在商旅必经之道，有保护贸易和人身安全的作用。

⑤ 《清史稿校注》，卷 361《列传》141，台湾商务印书馆，1999，第 9599 页。

⑥ 文中夷是少数民族代称，而彝指彝族。

⑦ 《清宣宗道光实录》，卷 322，华文书局，1964，第 3—4 页。魏治臻辑：《清实录彝族史料辑要》，云南人民出版社，1986，第 183 页。

⑧ （清）张集馨：《道咸宦海见闻录》，中华书局，1981，第 1 页。"卡房罪为惨酷，大县卡房恒羁禁数百人，小邑亦不下数十人及十余人不等；甚至户婚、田土、钱债、佃故被证人等亦拘禁其中，每日给稀糜一瓯，终年不见天日，苦楚百倍于囹圄。余严檄通省，凡寻常词讼人证，立刻提卡保释；而盗窃、棍徒、啯匪为从未杀人者，查明案情分别军、流、徒、杖，一概发落；犯人即由道、府过堂，听候部咨，定地起解……卡房全部拆毁，以后如再有私设卡房者，定即严参。"

山情况特殊，卡房成为地方治安的必须，也是国家默认的具有司法功能的机构。冕宁档案记载了同治八年（1869 年）监外设官私卡房的情况，这些卡房也有临时关押人犯的情况。“遵查冕宁县，罪关斩绞重犯，均照例禁固内监，徒罪以下及寻常盗窃暂收外监”，“笞杖轻罪及证佐人等，均取保候质，人证一齐，即便质讯明确，立予省释。至举贡生监人等，向未妄押，即或轻涉讼，概令取保候审，断不敢肆意滥押，致滋株累，以释宪”，“宪台札饬前往宁远府所属府，所属州县查明所设官私卡房，一律拆毁，所押干连人证，并一应轻罪人犯，概行取保候审”。① 该冕宁县的会禀对当时在凉山冕宁处以刑罚的犯人在监情况及取保候审情况做了说明。② 所以凉山官设卡房和私设卡房皆有。

清末，地方开始设立审判厅，审判厅下设检察厅、监狱和看守所，这是伴随司法改革而进行的机构设置，地方审判厅可以根据实际情况选择公地、裁撤的衙署、甚至是一些庙宇来建监狱和看守所，此时，监狱开始独立于衙门而建设。宣统时，四川已经开始在各地进行监狱改良，建设现代监狱成为必须。从宣统三年（1911 年）四月十九日的札文，可以看到四川对机构设置与建筑的急切需求。

札文指出各级审判厅应次第筹办，除省城及重庆商埠已先行奏办外，其余各府、厅、州、县地方初级审判各厅均须按年递设，不容稍事。因巡查建设，各级审判厅皆应配置检察厅，而看守所、监狱亦须同时并举，建筑之费甚属不赀，应就各属城治，选择公地或裁撤衙署局所及已废之庙宇，指定一二处以备建厅及狱所之用。③

该札对监狱选址做了介绍，对重修监狱的费用进行了预算，对监狱的修造样式进行了规范，要求按照四川模范监狱④的样式进行修造。该札于宣统三年三月到达会理，要求会理州立即成立各厅，第二年普及到各县。依据札文，预备立宪前应该先建筑厅署，并在一年之内改良监狱，对各属旧有监狱大牢进行修建，对修建监狱的费用进行较为全面的估算，支出由地方行政承担。凉山的部分州县开始召集当地士绅勘察监狱之地，按照国家规定的监狱建设要求进行丈量选址。由于会理修建监狱与设立审判厅同时进行，所以建设审判厅和独立监狱的资金来源，既有拨款又有当地士绅集资。

---

① 《中国少数民族社会历史调查资料丛刊》修订编辑委员会、四川省编辑组编：《四川彝族历史调查资料、档案资料选编》，民族出版社，2009，第 209 页。

② 《关于监外卡房设立会禀》，冕宁县清代档案，胶片号 00010163，四川省冕宁县档案馆藏。

③ 《关于为札饬事》，会理清代档案，档案号 1—1—463，第 1—4 页，四川省会理市档案馆藏。“本年应设地方厅、地方分厅、并看守所暨附郭初级厅建筑之费约计共须银三十余万金，万难再减，又各属改良监狱连重庆商埠共须四十九处，本年均应开办。”

④ 模范监狱，也称模范新监，清政府开始推行新政，在“预备立宪”的过程中对司法制度进行改革，是清末改建和拟建改良监狱的总称，仿照西方和日本监狱模式改良而成。沈家本提出了“监狱尤为内政外交最要之举”。

凉山彝区各县还截留州中兵米以作修造的费用，不够的由知州设法弥补。档案记载，知县甚至请示是否可以将犯人的罚款用于修建监狱和看守所，该请求得到四川提法使司认可。① 会理州迅速选址，找到了曾经裁撤的参将衙门一所。该建筑系乾隆年间建修，已有百数十年历史，地基宽广，他们认为该地"堂皇庄重，艺属相宜"。会理州不仅将民刑两庭，推事、检查录事工作室等审判厅的各职能用房设计好，还给看守所预留了空地。他们要求绅士们商议资助费用。② 由于在监狱、看守所的修建费用中，对上一年的预算没有按时用完的要缴还，所以各县都尽可能加快建设。凉山彝区监狱和看守所的建设情况，展示了西南民族区域监狱建设与内地的同步性，这充分说明清廷在监狱改良和监狱近代化过程中的统筹性和急迫性。

但是，彝区的监舍改造持续时间较长，从清宣统年间一直到民国后期，在近四十年的时间里才逐步改造完毕。其中一原因在于民国二十八年（1939年）后，四川凉山属于西康省，而西康省是由地方军阀进行行政管理。监狱、看守所的修建由西康省高等法院决定，他们专门设立了建筑委员会，由五人组成，其中有检察官一名。在民国三十年（1941年）六月二十一日训令中，西康省高等法院告知西昌地方法院院长骆盟雪，"司法行政部核准，拨发建修费一万一千元，设备费一千元，已严该院就上年划定地址十亩建修"。③ 七月二十九日，下令骆盟雪负责，由检察官检查监所建设。④ 但是，十月八日西康省高等法院还在发函，要求检察官检查该院是否动工，收到的回答却是"毫未动工"。西康省高等法院认为："迄今仍未着手，殊属玩延，除商覆外，合行令仰该院长，即便按照先令各令限文到十日内，兴工建筑。"⑤ 为何拖延不建，个中缘由实不得知，但当时凉山却是急需新的监狱房舍，该问题从会理档案中的民国十二年（1923年）的统计表所见，⑥ 而到民国三十年（1941年）都没有得到解决。再如西昌监狱墙壁破陋，随着羁押人犯数的增加，监舍不够用，看守所报称，已经有人犯意图越狱，鉴于无法对人犯进行有效管理，更无法阻止人犯越狱，加快新监建设急不可待。⑦ 西昌看守所吴嘉许所长也曾报称西昌监狱的紧急情况，

---

① 《关于为札饬事》，会理清代档案，档案号1—1—463，第1—4页，四川省会理市档案馆藏。

② 《关于察勘指定参将废署修造初级审判集绅估定工资筹议禀明遵事》，会理清代档案，档案号1—1—463，第20—23页，四川省会理市档案馆藏。

③ 《民国三十年训令》，西昌民国档案，全宗号4，盒号19，第13—15页，四川省西昌市档案馆藏。

④ 《民国三十年训令》，西昌民国档案，全宗号4，盒号19，第26—27页，四川省西昌市档案馆藏。

⑤ 《关于检查地方狱所建设之函》，西昌民国档案，全宗号4，盒号19，第65—67页，四川省西昌市档案馆藏。"查西昌地方法院、看守所迭经本院令饬该院刻日招工建修，所长一职亦饬由该院遴选合格人员，呈侯核派，并刊发看守所钤记各在案。"

⑥ 西昌民国档案，全宗号4，盒号19，第82—83页，四川省西昌市档案馆藏。

⑦ 西昌民国档案，全宗号4，盒号19，第94—95页，四川省西昌市档案馆藏。

请求搬迁。[①] 由于西昌监狱与看守所的选址与建设出现了诸多问题，地方法院请求重新划拨，并且直接给出建议。[②] 但西康省高等法院更关注的是看守所所长兼监狱长的人选。从清末模范监狱新建到凉山彝区划归西康省，省级法院与县级法院的利益博弈在监狱建造与官员任免上得到充分展现。[③] 显然，此时的监狱和看守所受法院管理，所有新成立的监狱看守所所长由法院的合格人员担任，该人选由高院指定，并由西康省高等法院发放钤记。[④] 在选址中，县级政府只能与同级法院通过商榷来达成共识。从西昌政府向西昌法院提出重新选择地址勘查的意见的政府致函中发现，法院与政府的关系发生了变化，文中用词及语气相当注意级别变化。如“双方均有未便”“双方同感官理难周”“双方管理自易周到”“似此于双方均有便利”,[⑤] 等等。这些用词充分说明司法与行政机构分离后的关系变化，这种变化至少在操作层面上已经完成事实分离。凉山彝区监狱与行政衙门的剥离，在办公建筑方面就可见端倪，这是监狱改良中标志性事件之一，也是司法改革的成果。所以，监舍与衙门建筑的分离，不仅是监狱改良的基础，更是监狱改良的象征。

二、狱犯管理是监狱改良的根本

监狱的设置是为了犯人的改造。对狱中犯人的教育，是决定刑罚实施效果的重要工作，也是判断监狱功能的重要标志。清代省级有按察司监狱，简称司监或司狱，州县有州县监狱。凉山彝区西昌有同治七年（1868 年）的“禁革私开小押碑”。这是一块官方碑刻，是一份告示，也是一份禁止性地方规范。告示明确指出严禁禁卒在监狱里私开当铺，“一经查出，定将当本照例充公，仍治以应得之罪，决不宽贷”。[⑥] 这说明当时凉山的监狱首先要遵循的就是国家法律。其次，处罚也是灵活的。当铺的存在应不是个别情况，否则不会通过碑刻的形式进行通告。那么，凉山监狱管理也应是与内地一样。监犯入监必须履行手

---

① 西昌民国档案，全宗号 4，盒号 19，第 82—83 页，四川省西昌市档案馆藏。

② 西昌民国档案，全宗号 4，盒号 19，第 94—95 页，四川省西昌市档案馆藏。“于女监右侧作一直墙直抵隔离所之左，以南为新看守所地址，原看守所、管收所徒刑监全部在此。将原隔离所关闭，又从徒刑监、管收所侧面开一正门向崇正街，以作新看守所出入正门，则看守所单独出入，这样就不妨碍县府人员的出入。”

③ 西昌民国档案，全宗号 4，盒号 19，第 43—45 页，四川省西昌市档案馆藏。“再本院看守所长兼监长一职，已蒙西康高等法院令派吴嘉许暂代，并饬俟该员到任时，即将看守所组建成立，（该员现尚未到西昌）呈该所成立为期还远，在该所成立后，建修房屋未完工前，同于人犯羁禁员工出入及堆置材料等诸事项，务希贵府赐以种种便利，实纫公谊兴政。”

④ 古代官印的一种，清朝时使用制作，木质。到民国三十年（1941 年）仍然在沿用。

⑤ 西昌民国档案，全宗号 4，盒号 19，第 41—42 页，四川省西昌市档案馆藏。

⑥ 凉山彝族自治州博物馆、凉山彝族自治州文物管理所编著：《凉山历史碑刻注评》，文物出版社，2011，第 177 页。小押，即小型当铺。

续：首先在关押簿里登记，然后通过粉牌实行信息公开，如刑房号簿中的“监犯簿、管押簿、监犯事由册、管押犯人事由册、新旧命盗案事由册”等各种记录，① 以便查阅和存档。清代冕宁档案已可看到这些监狱文册，其间有部分入监记载，民国时期的会理档案也有一些完备的名册。雍正六年（1728年），定例规定了刑部审理案件，必须及时将监犯的名数、收监日期，造具清册，以备查核。如有滥行监禁、无故不结案将会题参。② 乾隆元年（1736年），对设立循环簿再次进行了确认。③ 光绪二十二年（1896年），四川按察司再次重申内外监分别关押人犯的规定。光绪二十五年（1899年）又再次强调外结人犯关押于外监，④ 严加看管，不许妇女探监。光绪二十七年（1901年），四川规定，若待质人犯和关在外监的人犯逃脱，所有看役人员照军流罪犯在配脱逃勒限一百日严缉。

监犯在监是否使用刑具，本是一个常识问题，但到底如何使用，从档案中可窥见端倪。雍正年间冕宁司法档案里，再次强调“请嗣后强盗及十恶谋杀、故杀等案重犯仍照例用铁锁杻镣各三道，其余斗殴、人命等案罪犯以及军流、徒罪等犯俱止用铁锁杻镣各一道”。⑤ 刑具应该按照法律规定统一其样式与制作，“嗣后刑具务照定式，不得违禁滥用，仍会该管道府，赴州县盘查之便，查验详揭。如有徇庇一并提参。倘督抚不行查参，交部议处”。⑥ 如果滥用刑具，官员将受到处罚，文中特别提到“钱粮本应用小棱轻枷，簿以示惩，下限完粮即行释放，倘嗣后有司官员用大棱重枷，将粮户辙行酷责者，应令该督抚不时察参”。⑦ 这些规定如不遵守，州县官依旧擅用非刑，定将革职。如果上级道府没有发觉，一起处罚，按例降二级调用。督抚没有查处，则交刑部处分。这些档案文献说明凉山狱犯用刑规定的存在以及违规使用刑具的法律后果。

除刑具的规范外，清律对狱犯监舍卫生要求也有规定。监舍房间的通风和卫生条件是保证监犯身体健康的重要方面，监狱卫生状况好坏，从另一角度反映了司法文明的进步。笞、杖等各种身体伤害以及心理、精神状况的恶化，也是导致狱犯疾病、死亡的原因所在。

---

① 《偏途论》，载庄建平主编：《近代史资料文库》，上海书店出版社，2009，第10卷，第356、359页。

② （清）薛允升：《读例存疑》，卷48，《刑律》24《断狱上》，《淹禁律附例》第3条。

③ （清）薛允升：《读例存疑》，卷48，《刑律》24《断狱上》，《故禁故勘平人律附例》第6条。“设立循环簿，将每日出入监犯名姓，填注簿内，按月申送该府查对。如有滥行监禁，及怀挟私雠，故禁平人，照律拟罪。”雍正七年（1729年）规定，人犯到案，移送衙门审判时，衙门州县官应当场仔细搜查有无携带刀刃等金属物品，禁止将砖、石、树木、铜铁等器物带入，更不能买酒入监。

④ 沈云龙主编，钟庆熙辑：《四川通饬章程》，载沈云龙主编：《近代中国史料丛刊续编》第四十八辑，台北文海出版社，1977，第111页。

⑤ 《关于刑具使用之规范》，冕宁县清代档案，拍摄号200509070405—07，四川省冕宁县档案馆藏。（文中凡是用拍摄号的，均为笔者原档拍照，拍摄号，即原档上编号。）

⑥ 《关于刑具使用之规范》，冕宁县清代档案，拍摄号200509070405—07，四川省冕宁县档案馆藏。

⑦ 《关于刑具使用之规范》，冕宁县清代档案，拍摄号200509070405—07，四川省冕宁县档案馆藏。

《清实录》记载，雍正屡次要求监狱做好卫生，医治病犯。[①] 清代的法律规定，狱卒应每日查询是否有生病的囚犯，将患病囚犯名单呈送提牢厅，分别医治。州县监狱，即由狱卒上报典史，再由典史上报县州，遇有囚犯病死，要及时上报。清律还规定，离省较远的州县若有秋审情实的囚犯在监病故，管狱官要立即通报督抚。所管道府于接文之日速派邻近的吏员前往验讯明确，详请告部咨询，一月为限。[②] 凡是没有家属的囚犯，必须给予衣粮，有疾病者，必须给予医治。囚犯若有疾病须及时脱去刑具，并通知家人入视。如果当地官员没有按照其规定执行，有从笞、杖到同罪其罚不同等相应的处罚规定。[③] 赵舒翘的《提牢备考》对清代监狱的卫生要求做了记载："锁杻要常洗涤，席荐常须铺直。冬设暖床，夏备凉浆。"[④] 天气炎热时，各个监牢头和更夫要每日打扫清洁，水坑内不准缺水，所有囚犯要勤加梳洗，以保平安。[⑤] 档案中关于这些规定的记载非常少。这是否可以推断，凉山监狱存在实施这些规范的疏漏？于档案里更多看到的是，犯人因疾病而亡的监狱格式化的报亡书。清顺治十二年（1655 年）规定了"谋杀人造意律"，对监狱管理者谋杀监犯，要进行严格的惩处。[⑥] 雍正初年还规定，徒罪以下的人犯如果生病，狱官应立即报承审官，通令佐领、骁骑校、地方官，写出保证书，可以保出医治，无人保出的，可以散禁于外监调治。凉山的司法档案和其他史料都记载了通赎保外的案件，特别是清末，由于经费的原因，就地保外执行的情况较普遍。光绪十年（1884 年），四川规定人犯患病，经查实可立即交保医调，病痊愈之后，再回监所。在保期间要求随时密查役保户人等有无虐待事情，如有发现，即刻严惩。[⑦] 光绪二十年（1894 年）四川马边厅请示按察司，因疯病杀人可否永远监禁，如果该犯在监禁的过程中病死，该如何处理。按察司回复：案犯在监，因疯因病身死，可以由各州县自行验报，如果案件还未审定，就要看该犯是否受到过虐待，还要详情查验、提讯，以昭慎重。[⑧] 虽然有诸多规定，但从死亡报案来看，监狱管理的漏洞还是较大的。

---

① 《清世宗实录》，卷四十七，雍正四年（1726 年）八月丙戌。"屡谕问刑衙门修整监狱，督责监狱，督责禁卒不时洒扫洁静，遇有疾病，必加意调治，务令痊可"。

② 《清朝通典》，卷八十七，《刑八·囚系》，浙江古籍出版社，1988，第 2689 页。

③ 上海大学法学院、上海市政法管理干部学院、张荣铮、刘勇强、金懋初点校：《大清律例》，卷三十六，《刑律·断狱上·狱囚衣粮》，天津古籍出版社，1993，第 570 页。

④ （清）赵舒翘：《提牢备考》，卷二，《条例考》，法律出版社，1997，第 15 页。

⑤ （清）赵舒翘：《提牢备考》，卷三，《章程考》，法律出版社，1997，第 18 页。

⑥ （清）薛允升：《读例存疑》，卷 48，《刑律》24《断狱上》，《凌虐罪囚律附例》第 4 条，"凡官员擅取病呈致死监犯者，依谋杀人造意律，斩监候。狱官禁卒人等，听从指挥下手者，依从而加功律绞监候。未曾下手者，依不加功律，杖一百，流三千里。"

⑦ 沈云龙主编，钟庆熙辑：《四川通饬章程》，载沈云龙主编：《近代中国史料丛刊续编》第四十八辑，台北文海出版社，1977，第113 页。

⑧ 沈云龙主编，钟庆熙辑：《四川通饬章程》，载沈云龙主编：《近代中国史料丛刊续编》第四十八辑，台北文海出版社，1977，第115 页。

冕宁档案记载了雍正四年（1726年）的一次交接犯人的程序与规范情况，这是四川成都督捕府交建昌监理府的照会。① 这份递解外省或解部犯人的照会中，明确了三件重要的事情：第一，凉山是重犯的执行地，至于这些犯人是服流刑或是其他什么刑，该牌文并没有说，只是表明了他们是旗人犯罪，是重犯；第二，凉山的卫所（营汛）是用来安押已经判决的重犯犯人的，“贵厅希将解到旗人转饬各卫所，会同汛弁好生安押”，严加约束。那么，在雍正时期，凉山营汛已有监狱的功能；第三，该交接过程，有印信牌据等交接公函，记载了犯人的情况，规范了交接过程。

清代法律明确规定递解犯人或解部犯人，要按照囚粮之例给予口粮，如遇寒冬要给予衣帽，如果违反规定不给，“官侵吏蚀，照冒销钱粮律治罪”。②《清史稿》记载的“囚犯日给仓米一升”在凉山是有所不同的。监犯的口粮，法律有严格的规定，雍正十三年（1735年）的囚粮的查核单可以证明此时的凉山监狱口粮出现的问题：

> 查本年七月初十日，据该县验赍造报雍正十一年（1733年）十月初一日起至十二年九月底止，支给各番犯斩绞各犯囚粮米石人犯姓名、数目清册到府，据此为查。斩犯王君诏自康熙六十年（1721年）内，审拟解省之时原在省监禁，秋审数咨既后，奉宪详明将各犯发回原籍地方监禁，但该犯历年秋审免解并无出监日期。又查绞犯金官保，系雍正十年（1732年）内审拟解省返回收禁，又遇秋审解省，应除何年月日出监，并何月日收监日期，并未造有起止，支结囚粮确数。又查诸犯陈起朋等六名系审拟枷责之犯，不应支食囚粮，革生傅嗣英系盗杀拒捕，审拟解省定□梓潼，光徒之犯亦不应食囚粮。③

---

① 《雍正四年交接犯人的程序与规范》，冕宁清代档案，四川省冕宁县档案馆藏。（作者原件拍摄，原档无编号。）“今准将黑达色等递解前来，合行檄发为此牌，仰该营卫遵照，即将发下旗人，会同好生安押，当若差责令专管汛弁，互相严加约束，不时稽查，勿致疏虞……据会同安押印结前来，兹蒙檄行，拟合再行飞催，为此照会。贵所希将前发旗人巴扎尔三名……好生安押，当若差仍不时严查，勿致疏虞……雍正四年八月，右照会冕山所准此。”

② 上海大学法学院、上海市政法管理干部学院、张荣铮、刘勇强、金懋初点校：《大清律例》，卷三十六，《刑律·断狱上·狱囚衣粮》，天津古籍出版社，1993，第571页。

③ 《雍正十三年囚粮查核单》，冕宁清代档案，四川省冕宁县档案馆藏。（作者原件拍摄，原档无编号。）“‘四川宁远府正堂……为敬陈丈量使案’，此二名何得混造入册种种错碍难转，赍合行驳饬。为此仰县官吏，查照牌内指驳事理，文到该县。即将斩犯王君诏，于何年月日收到监禁，绞犯金官保何年月日出，何年月日收监，日期起止，支给囚粮确数分别另造清册，具文申赍，本府以凭核转。倘再舛错延于处未便速速，须至牌者冕宁县，雍正十三年八月。”

宁远府要查冕宁县雍正年间几名犯人口粮支发情况，并且明确指出有两名囚犯有不该支付的囚粮。而对雍正十三年（1735 年）的徒犯傅嗣英等七名，也是不应支食囚粮的。那么多给的囚粮怎么追还呢？这件事发生在米知县当任期间，于是经过新县令核查米知县工作，① 发现其并非是接受不清，而是对傅嗣英等七名徒犯，不应给的食囚粮多给了米十四石六斗七升，前县令已经追缴还来，并将支付明细报府。知县在工作交接时都有清楚的存单明细，一旦发现问题，会立即复查。即，囚粮的管理是与知县离任考核相关的。

《大清律例》规定了犯人递解的口粮供应要求。② 咸丰《冕宁县志》记载："监犯口粮、棉衣、单裤银两岁无定数，每年由县垫支至次年冬，统计用数赴臬库请领归款。监犯自招审发回之日起，在监一日，每名日给口粮米八合三抄。盐菜银五厘，每名冬季给棉衣合银四钱七分，单裤一条，合银一钱四分。"③ 这些费用每年由县衙垫支到第二年冬，统计用数后，赴臬库请领归款。④ 在冕宁档案里，有监犯囚粮号簿，每月必报。其中有监犯的姓名、发放囚粮的数量、油灯钱、盐菜钱以及每月奖赏人员的名字和数量。⑤ 当时冕宁关押人犯数目不断变化，每月上报发放口粮名册是管理之必须。冕宁县衙对管理人员有工作奖励，在光绪十四年（1888 年）里的发放囚粮号簿里，有对禁卒的奖赏，还有更夫的油灯钱和禁卒的赏钱和粮食。值得注意的是，解押人犯、转审人犯的所有衣食及扭锁皆由府县支付。光绪十五年（1889 年）四川臬司规定："招审人犯到省，支给饭食银两，系交何役承领共银若干，在于移送三监，添募禁更灯油、工食银两交内注明。迳移司狱衙门，随犯来呈司狱，于收禁时当堂查验数目，是否与文内所注相符，如有不符，即由司狱移知该州县，计日补送，尚解役私逃，亦由司狱移请责革，另派妥役来省顾案，以示儆戒。"⑥ 这样看来，州县

---

① 《雍正十三年囚粮查核单》，冕宁清代档案，四川省冕宁县档案馆藏。（作者原件拍摄，原档无编号。）"查得雍正十一年，分官庄租谷六十三石八斗二升零，原系米令征壮支给囚粮，敝厅奉委署事于雍正十二年八月二十三日到任。准米令移交囚粮册，开自雍正十一年十月初一日起至十二年八月二十三日交代止。……系敝县捐给等语，敝厅恐有多支情弊，随即移查。查米令当处移称此项囚粮，实系已经支给，若奉部驳行追，敝县自当一体遵照等语，敝厅是以照依米令所开之册造报。"

② 上海大学法学院、上海市政法管理干部学院、张荣铮、刘勇强、金懋初点校：《大清律例》，卷三十六，《刑律·断狱上·狱囚衣粮》，天津古籍出版社，1993，第 613 页。规定凡解部及递解外省各项犯人，有司官照支给囚粮之例，按程给予口粮。凡在禁囚犯日给仓米一升，五城司坊羁禁人犯，及刑部等衙门发交各司坊枷号，及看守牵连待质等犯，果系赤贫并无家属送饭者，每人每日给老米一升，按季造报户部核销。

③ 咸丰《冕宁县志》，咸丰七年刻本，第 926 页。

④ 咸丰《冕宁县志》，咸丰七年刻本，第 926 页。

⑤ 《监犯囚粮号簿》，冕宁县清代档案，胶卷号 27—0922069，四川省冕宁县档案馆藏。以光绪五年（1879 年）为例，一至三月为 9 名监犯，四至十一月为 8 名，十二月为 7 名。"……以上监犯九名，从光绪五年正月初一起至三十日止，每名打米三斗，领盐菜钞一百五十文，总共打米两石七斗，领盐菜钞一千三百五十文，外油灯小一百八十文，又赏张蛮刀米一斗五升，盐菜小七十五文。"

⑥ 沈云龙主编，钟庆熙辑：《四川通饬章程》，载沈云龙主编：《近代中国史料丛刊续编》第四十八辑，台北文海出版社，1977，第 71 页。

承担的费用是相当大的，特别是边远的山区府县解犯去省，而解役的责任也较大。民国时期，囚粮的数目更加清晰，每人每日多少都记录在案。① 如会理县管狱员将民国十二年（1923年）一月监所囚粮、粥食、夷饷、柴薪、盐菜、工资及入出人犯表，逐一分别填注明晰，请监督府赐查核饬，公款收支所照数给发。② 在西昌档案中，有大量关于囚粮的统计表，会理县也有。③ 根据县知事公署训令，指令管狱员康乃亿，结领监所囚粮、粥食各项。④ 领结由管狱员康乃亿出具，并在领结中明确写明所领物品种类、数目。当所有手续齐全后，批示将相关物品支出发放，但是要将所发放物品的领表存好备查。⑤ 民国三十年（1941年）六月，司法行政部颁发监所完善注意事项六则，民国三十二年（1943年）八月，规定各监所清洁课目，内容涉及较为全面，涵盖饮食次数、饮食煮沸、人犯运动时间、疾病预防保暖、器物供给等方面，并要求各监所按月具报。

监狱改良中，看守所与监狱的收禁者划分非常清楚，在司法改革中的监狱改良上，四川制定了府厅监狱、看守所的暂行规则，以力除积弊为宗旨，整顿没有设立审判厅之前的旧有监狱。在没有设立新监狱的内外监，一律改为监狱及看守所，以所在地的地名，冠以监狱、看守所之名。监狱由司法司管理，以府厅州县知事为主官，没有官厅的地方，由典狱官管理，典狱官除收封防封外，每日至少须巡查狱所一次，府厅州县知事每星期至少须巡查狱所一次。监狱看役人员接受典狱官的命令，对监狱进行管理，不得无故告假，请假必经典狱官的许可，看役管理狱所人员（人犯或犯人），不得有违规的举动。不得在狱所留客、食宿及饮酒、赌博，不得用私刑凌辱或受其酬谢馈赠，不得私自随意增减狱所人员的饮食。在监狱的人犯，除了民事案件无法保释的被告，其余人犯的饮食全部是由国家按照标准提供，有些人犯表现比较好的，可以经过典狱官批准后，自己准备更好的饭食，这就为有权势之人提供了条件，其中弊端可见一斑。另外，还规定人犯定期洗澡，保证自身的卫生，每日必须进行一次卫生扫除，定期对卧具进行晾晒，对狱所进行消毒，春冬季节每

---

① 《计开囚粮数》，会理民国档案，档案号2—2—544，第1页，四川省会理市档案馆藏。“民国十二年二月六日立，计开囚粮数及折合数，大监每名每日囚粮八合，看守所每名每日粥食四素合。”

② 《关于监所囚粮、粥食、夷饷、柴薪、盐菜、工资及入出人犯表》，会理民国档案，档案号2—2—544，第3页，四川省会理市档案馆藏。

③ 《计开囚粮数》，会理民国档案，档案号2—2—544，第6页，四川省会理市档案馆藏。档案中载明：大监每名人犯每日囚粮数量八合，看守所每名在押人犯每日粥食四素合，每一石为四斗米。从档案记载来看，当时的监狱与看守所的人犯待遇是有所区别的，但是在造报囚粮数量的时候是一同上报的。

④ 《计开囚粮数》，会理民国档案，档案号2—2—544，第8—9页，四川省会理市档案馆藏。“领得十二年二月分监所囚粮、粥食、添煮干饭共去六石零一升八合四勺，又夷饷、柴薪、盐菜、工资各项去洋三十九元七角一并如数领讫，中间不虚领结是实。管狱员康乃亿。”

⑤ 《计开囚粮数》，会理民国档案，档案号2—2—544，第10页，四川省会理市档案馆藏。

半个月用药熏监舍，夏秋季节每十日用药熏监舍，如果遇到特别炎热的酷暑天气，每隔一天就要用药熏监舍，如果监舍比较阴暗潮湿，则需要用石灰除湿，以确保监舍的干燥，等等。

所有在监人犯，凡是遵守监狱规则、表现比较好的可以得到优待，如可以去掉戒具、增加通信次数、增加粮食数量，甚至还可以自办伙食。如果狱犯有逃走、暴行、自杀的行为，看役可以实施全刑或减食处分，但必须立即告知典狱官。此时的典狱官成为监狱管理的直接责任人，典狱官可以自定监狱管理人员的行为规则，经主管官厅认可，转司法司查核即可实施。由于典狱官权力较大，对典狱官的素质要求就很高，需要对相关管理人员进行培训和选拔。这不是一蹴而就的事，是经过了几十年的不断变革实施的。查阅民国三十六年（1947 年）的行政院的资料会发现在内地实施的难度，而凉山彝区实施情况如何，还有待后期研究论证。狱政与行政的分开，将监狱归于法院的直接管理下，相对清代而言，狱犯生活环境与待遇更为规范化、人性化。西南彝区没有因为清王朝的灭亡和抗日战争的爆发而停止改良进程，这种持续的改良，不仅是因为凉山所处的地理位置，也得宜于国家规范与政策在少数民族地区的相对稳定性。狱犯管理的改革是监狱改良的根本，否则，再好的监舍也不能人尽其用，不能实现刑法与刑罚的实施目的。

三、培养专业管狱官是改良的保证

“治狱者得其情，则无冤死之囚”，① 借陈寿对治狱者的观点来理解管狱官的责任重大亦不为过。在清代的法律规范中，有对监狱管理人员的相关规定，② 如对臬司、司狱、吏目、典吏等的规定，但他们是行政官吏中的一部分，是衙门官吏，而不是专业的监狱管理人。清代衙门里与狱官相关的衙役还有皂隶（多司站堂行刑），快班（或称快手，负责查案、拘提、追捕），民壮（负责守卫监狱、护送罪囚以及传唤案件犯证等），古有宁为小官不为狱吏之说。清末沈家本对狱官有过客观的评价，他认为管理监狱，“典狱一官，统辖全监，非兼有法律、道德及军人之资格者不能胜任”。对其狱吏，要“美名、高位、爱其精

① （晋）陈寿：《三国志・魏书・王朗传》，线装书局，2008，第 255 页。清代关于监狱及其相关的法律法规有《大清律例》《大清会典》以及部门则例和提牢章程（至今没有发现全文）等。

② （清）赵尔巽等：《清史稿》，卷 116《职官三》，中华书局，1976，第 3348 页。清代省级有按察司监狱，简称司监或司狱。省级监狱由省提刑按察使司管理，按察使司又称“臬司”。乾隆三十三年（1768 年）规定了按察使司衙门收禁人犯的类型，包括各省犯罪官员和秋审情实罪犯，照刑部的规定，按察使还要监刑。府州县也有狱官，府一级设司狱，从九品；州一级设吏目，从九品；县一级设典吏，没有品级。

神、足其俸薪、考其才能”。[①] 这样的观念不仅在过去监狱改良的过程中得以部分实施，于今日还尤有教益。四川臬司张集馨在道光二十七年（1847年）到任前被皇帝召见，道光帝说，四川刑名之繁，甲于海内，汝当京官自然知道。每年勾到时，四川一省就要占住一天，缓决黄册堆积满地。四川实系戾气所钟，洞胸贯胁之案，层见叠出。我见缓决本内，颇有该入情实者，不过因入实之案已多，稍从宽大耳，亦诛不胜诛。汝到任时，要自拿主意，不要听劣幕救生不救死之说，彼等有何学识，不过以积德行好之说动人，不知死者含冤，凶徒漏网，这才是真正的造孽呢！道光帝还认为，作为臬司不必太过怜悯，该杀即杀，“总是他们自作自受，与人何尤？若感于生死之说，我每年值勾到时，竟可一人不勾，有是理乎？”[②] 张集馨于十一月到蜀，记载了四川啯匪横行的情况，狱吏对外州解来县的匪犯进行私刑拷打，责毙无数，“惨酷不可言状”。[③] 在道光二十八年（1848年），张集馨又记载了一起越狱案件，“各犯俱收成都府监，共知不能免死，遂于黑夜反狱，扭断镣铐，打伤禁卒，连另案盗犯共越狱十七人”。[④] 这些逃犯被拿获后照例处决，并未按照死刑程序进行审理，体现出监犯越狱处罚方式的灵活性。由此，监狱的性质与监狱管理人员工作的特殊性，成为清末监狱改良的重点所在。在监狱改良中，对专业监狱管理人才的培养成为当务之急。光绪三十一年（1905年），京师法律学堂开设监狱专修科，[⑤] 宣统初年，设京师模范监狱，各省会也大力建设新式监狱。四川积极响应，光绪三十一年（1905年），总督锡良提出“就地筹设，通饬各属一体查办”。[⑥] 整个西南地区，云南模范监狱成立最早，于1907年竣工。[⑦] 而四川的模范监狱是于1911年8月建成。

由于监狱的增多和旧监狱的改良，清末四川的监狱有四十九处，监狱管理人员奇缺，清政府通饬全国，培养和招考监狱管理人员。“改良监狱在需人，若不先事储才，势必无从罗致。”[⑧] 这样的担忧无不影响着专业人才培养的推进。司法档案中宣统三年（1911年）的

---

① 修订法律大臣大理院正卿沈家本：《奏请实行改良监狱以资模范而宏教育事》，光绪三十四年四月十一日，档案号：03—9286—022，中国第一历史档案馆藏，转引自陈兆肆：《清代私牢研究》，人民出版社，2015，第262页。

② （清）张集馨：《道咸宦海见闻录》，中华书局，1981，第88—89页。

③ （清）张集馨：《道咸宦海见闻录》，中华书局，1981，第92页。

④ （清）张集馨：《道咸宦海见闻录》，中华书局，1981，第95页。

⑤ 宣统二年（1910年）拟定《监狱专修科毕业员委用章程》十一条，除考列下等的“俟有相当之差，再行酌量委用”，《监狱专修科毕业员委用办法》，《申报》，宣统二年九月廿八日。

⑥ 参见陈兆肆：《清代私牢研究》，人民出版社，2015，第206页。《四川总督锡良奏为川省各属遵办习艺所及警察情形事》，光绪三十一年五月初六日，档案号：03—7420—015，中国第一历史档案馆藏。

⑦ 参见陈兆肆：《清代私牢研究》，人民出版社，2015，第211页。王文豹编：《京外改良各监狱报告录要》，1919年，第一历史档案馆藏。

⑧ 《浙臬注重监狱专科》，《申报》，宣统二年三月初八。

文札，已经有了关于监狱管理人员的选拔规定。首先是监狱科的设置，宣统三年（1911年），法部下文："法部咨饬设临时法官养成所，附设监狱专修科，当经前任司摘录简章，通饬示谕。招考并定期录取各在案。现养成所学员，经本署司覆加甄别淘汰，榜示上课，其愿习监狱科各员生亦应一体覆考，依限于养成所第一学期内成立，惟监狱为执行刑罚之机关，管理各职员责任极为重要，此时若无严密考核之法，以后安有完全结果之望?"① 自此，中国开启了培养专业监狱管理人员的历史。监狱科员的录取较为严格，要从法官养习所里选拔并复考后才能录取。该文还指出，录取的学员大多为省、州、县、道的人员，偏远处却寥寥无几，这样下来，就会出现"偏枯之患"，而如果将近省之人派赴边远地方的话，这些人员对该地的情形不熟悉、习性不合等，就会给工作带来不便。所以，各地方"考验申送每属至多不得逾二名来所肄习，以期教育普及，人地相习"。② 这样的规定为民族区域监狱管理人员的培训提供了保证，这些学生由国家发放一定费用到省学习。来省时，监狱专修科学员还要出具印结，连同相片一起交所查验，不可逾期。③ 会理州立即设立了临时法官养成所，并且拟出招考公告广为宣传。招生过程中，选拔程序清楚、公开。明确按照要求选送，否则决不录取。④ 然而直到民国三十年（1941 年），专业监狱管理人员的缺位仍没有得到缓解，更为严重的是不仅监狱管理人员缺少，看守所所长的选拔也成问题。西昌法院呈请司法行政部委派，并向西康省高等法院申请候补书记官张和生兼代本院看守所所长，⑤ 西康省高等法院没有同意，直接委任吴嘉许代西昌地方法院看守所所长兼监长。从吴嘉许的履历表来看，他毕业于四川高等农业学校，曾任四川省广汉、江油、罗江、安县、绵阳、忠县、峨边、江安等县管狱员。⑥ 虽然并非法科出身，但学业优秀，有较多地方监狱的任职经历。从监狱长和看守所所长的任命中可以看到，在专业人员急缺的情况下，

① 《关于札饬事》，会理清代档案，档案号 1—1—463，四川省会理市档案馆藏。

② 《关于札饬事》，会理清代档案，档案号 1—1—463，四川省会理市档案馆藏。"查川省应设地方厅暨分厅监狱计有四十九处之多，普及全省，而查取录各学员多系附省、州、县，道远各属寥寥无几，既有偏枯之患，且以近省之人派赴边远地方情形亦不相习，兹定由各属考验申送。"

③ 《关于札饬事》，会理清代档案，档案号 1—1—463，第 10—11 页，四川省会理市档案馆藏。"除通饬外，合行札饬到该州。即便遵照前发部章示谕，所属如有愿遵章发费肄业监狱专修科者，还用出具印结，交由该员生连同相片亲赍来省，务于本年七月三十日以前投文报名，听候示期。连前任司所取专修科学员一并覆考，开堂上课，逾期概不收取，慎勿违延，自误亦毋徇情滥送，致使该员生徒耗路费，切切。特札。"

④ 《关于札饬事》，会理清代档案，档案号 1—1—463，第 10—11 页，四川省会理市档案馆藏。

⑤ 《关于呈请委派看守所所长之申请》，西昌民国档案，全宗号 4，盒号 19，第 28—30 页，四川省西昌市档案馆藏。

⑥ 《吴嘉许履历表》，西昌民国档案，全宗号 4，盒号 19，第 59 页，四川省西昌市档案馆藏。

有监狱管理实践经验的人员将是重点培养的对象。①

光绪三十三年（1907 年）的《大公报》指出，监狱对良吏的需求，犹如医院对良医的渴求一样。② 沈家本提出：官吏“纵不能尽人而感化之，第使十人而得六七人，或四五人，或二三人，则人之有害风俗、有害治安者必日见其少。积渐既久，风俗自日进于良，而治安可以长保焉”，③ 始于清末的监狱改良，由于时局和经费等原因，一直持续到民国十七年（1928 年），仍在陆续颁布施行监狱及看守所规章。到民国三十六年（1947 年）六月底，行政院公布新式监狱已经设置 121 处，新式看守所已经设置 595 处，受长期专业训练之监狱官可造就者 200 名，分发各监狱使用。④ 凉山彝区处于后方，在清末到民国的数十年里遵循着国家和地方的监狱改良规范，对狱所的管理人员进行一定的培训和规范，典狱官亦自主制定一些监狱规则，通过主务官的认可，呈司法司查核后实施，开始了现代监狱的管理模式。西南彝区的监狱改良即使推行难度较大，也是与内地同步推进，司法与行政渐行渐远。

综上所述，凉山彝区监狱的近代改良，深藏着国家命运多舛中司法治理的情节与行为模式，而对民族区域监狱改良的推行，是国家力图全国司法共进改良的见证，清代彝区的监狱管理是在国家与地方规范下运行并灵活实施的。本文以凉山彝区监狱的近代改良为视角，探讨监狱改良的急切性和推行的艰难性，彝区监狱改良是在监狱的重建与行政的分离过程中逐渐完成的，监狱受制于法院管理成为历史上司法与行政分离的一个转折性标志之一，这也是监狱受司法垂直管理的开端。彝区监狱改良是中国司法史上监狱改良过程中民族区域的历史实证。由于档案保存的历史时间相对长久，而且可以将冕宁、西昌、会理档案结合起来研究，凉山监狱改良从一定的程度上展现了近代司法文明在少数民族地区的历史推进。

---

① 1909 年清廷颁布《各级审判厅试办章程》，这是中国第一部关于审判机关职责与权力的法律性文件。1910 年 2 月 7 日，又颁布实施《法院编制法》，它规定各级审判机关“独立执法”“行政主管不准违法干涉”，标志着司法权与行政权在立法上分离的开端。

② 《法制与民品之关系》，《大公报》，光绪三十三年七月廿二日：“感化人而非苦人、辱人也”，“施教化”须有教员，“授技能”须有技师，教育感化、预防改造、治“病”救人，皆有赖于监狱管理人员。“监狱之需良吏，犹病院之赖良医”，狱官就是文明国“最清洁”“最高尚”的职业，执行戒护、监管等事的狱卒更是“直手足之虞人身耳”，“不得以其取缔罪人而忽之也”。

③ （清）沈家本：《历代刑法考·刑制总考》，邓经元、骈宇骞点校，中华书局，1985，第 51 页。

④ 《监狱管理》，行政院新闻局印行，1947，第 27 页。

民国诉讼铺保考*

康 黎**

摘 要 诉讼铺保是指店铺商号为他人诉讼活动担保的一种法律制度，它广泛适用于民国时期的告诉、保释等诉讼环节。“殷实铺保”是其基本要求，实践中形成了联名铺保、阶段铺保、特别铺保等方式，其保状中的铺保落款因关涉保证责任追究而成为铺保纠纷中的一个法律难点。诉讼铺保制度虽在当时一定程度上起到了“减少讼案”“维稳社会”的作用，却也加重了民众诉讼负担，催生出一批“职业铺保”，导致审前羁押率过高，最终在不少地方被迫变通执行。

关键词 民国；诉讼；铺保；保状；效用

“铺保”是民国时期盛行的一种担保制度，它应用的社会领域较广，如工商业管理铺保、银行信贷铺保、宗教管理铺保、学徒铺保以及诉讼铺保。中国近代的这一特殊担保方式曾引起学者关注，亦出现了一些有价值的研究成果。① 但总体而言，我国学界对民国铺保制度的研究仍显不足，至今研究多囿于北京地区的商业管理铺保和宗教管理铺保，对其

* 本文系地方档案与文献研究中心重点项目《民国璧山县司法档案研究》（项目号：DAWXB1905）的阶段性研究成果。

** 康黎，西南交通大学法学系副教授。

① 相关成果详见周锦章：《论民国时期的北京商业铺保》，《北京社会科学》2011年第3期；卢忠民：《近代北京社会的“铺保”初探》，《中国社会历史评论》第十一卷，天津古籍出版社，2010，第110—118页；董晓萍：《流动代理人：北京旧城的寺庙与铺保（1917—1956）》，《北京师范大学学报（人文社科版）》2006年第6期。

他类型的铺保尤其是诉讼铺保关注不多，专题式的深入研究更是阙如。而在民国时期，铺保曾广泛运用于诉讼审判过程，对当时的司法产生了重要影响。有鉴于此，拙文聚焦民国时期的诉讼铺保，拟对其法律规定与实践运行作一考论。

一、另类担保：诉讼“铺保”释义

“铺保”又称“店保”，在诉讼中是指店铺商号以其名义为他人就某一诉讼行为或司法活动提供担保。它是区别于传统诉讼“人保”“金钱保”的另类担保。

作为诉讼中的一种店铺担保，追根溯源，明清时期的歇家可谓开其先河。歇家即客店，其在明清诉讼中不仅具有确保原被告真实身份的职能，所谓“大抵告状之人投寓饭家必系熟识，告状之时必令饭家同至，纸铺认明住址，保非冒匿，方许纸铺用木图记”，① 而且可以履行保释以及保证原被告等人及时到审的职责。② 民国建立后，歇家作保的这种方式某种程度上得以延续，并最终发展成为铺保。与明清时期“只此一家”的客店担保不同，民国铺保的主体范围更加宽泛，只要是具备合法资质的店铺，无论客店抑或商铺，皆可担任诉讼铺保。有研究发现，铺保在会审公堂的适用似更为普遍，“在会审公堂不提出特别要求的案子里，总是接受用铺保代替现金担保”，会审公堂所采铺保是“由一家在公共租界内实际执业的华人店铺以其货品、资产作不固定的抵押”，“如果被告不能听传出庭，会审公堂可以命令执行保单，对于铺保，则发布对担保人抵押财产的查封令”。③ 可见，铺保其实质是一种以店铺作抵押的担保。

（一）铺保之铺户

铺户，又名商铺、店铺，它是我国近代法定商事主体之一。清末颁行的《商人通例》第五条规定：“凡商人营业，或用本人真名号，或另立店号某记某堂名字样，均听其便。”④ 清末对铺户采取“任意登记主义”，除妇女从商须在商部存案外，各大店铺商号开设无须在政府备案登记。尽管如此，为方便国家统一管理，晚清政府同时鼓励公司铺户自行申请注册登记。清末《公司律》第二十三条就此规定：“凡现已设立与嗣后设立之公司及局厂行号

① （清）余缙：《大观堂文集》，卷22《杂说二·匿名冒告》，载《四库未收书辑刊》第9辑，北京出版社，2000，第16册，第389页。

② 详见胡铁球：《明清歇家研究》，上海古籍出版社，2015，第449—453页。

③ ［俄］郭泰纳夫：《上海会审公堂与工部局》，朱华译，上海书店出版社，2016，第348页。

④ 神州编译社年鉴编辑部编：《民国三年世界年鉴》，神州编译社发行部，1914年印行本，第524页。

铺店等，均可向商部注册，以享一体保护之利益。”①

民国成立后，工商部总长张謇于民国二年（1913 年）十二月十六日呈大总统《请用前清商律公司律为工商部现行条例呈》并得核准。② 民国三年（1914 年）三月二日新颁《商人通例》修改了商人注册程序，其特别规定，“应注册之事项由该商人各就其营业所所在地该管官厅呈报注册”，“业经注册之事项，该管官厅随即公告”，“商人得以其姓名或其他字样为商号”。③ 当时，为该条例所认可的营业商业包括买卖业、赁贷业、制造业或加工业、供给电气煤气或自来水业、出版业、印刷业、银行业、兑换金钱业或贷金业、揽承信托业、作业或劳务之承揽业、设场屋以集客之业、客栈业、保险业、运送业、承揽运送业、牙行业、居间业、代理业。④

（二）诉讼铺保之铺户资质

虽然民国政府拓宽了诉讼担保的主体范围，但也非任何铺户皆能充任诉讼铺保。从民国相关法令和政府公文中，笔者发现其中均有诸如“殷实铺保”或“妥实铺保”之类要求。换言之，一家店铺要成为诉讼铺保，需符合相应资质条件。据笔者考察，这种资质条件主要有三：

一须具备“营业铺保执照”。晚清民初，因政局动荡和警务机构不断改革调整，各地店铺商号普遍缺乏严格登记。以北京为例，“北京警察创始于庚子，始而内外九厅，继而归并四厅，由四厅又改为内外两厅，至民国始并内外一厅。凡在庚子以前及九厅四厅时代，内外城所开铺户均未报过营业，故无营业铺保执照”，法律基于此，便未要求为诉讼作保的店铺商号需具营业铺保执照。但这种宽松政策导致逃保事件屡见不鲜，譬如京城，“外右三区界内魁顺蜡铺铺掌吴润亭，弃铺逃跑，拖累若干账目，惟系老铺户，开张时在光绪十几年，彼时京中尚未创办警察，故至今任其坑人，无法追究”。有鉴于此，北京警察厅于 1920 年对辖内铺户进行清查，并发布命令，“传知各区署一律按铺调查，如系老年开设者，亦得补报呈领执照，补取铺保，以杜弃铺潜逃之风”。⑤ 此后，不少地方均出台了类似措施，营业铺保执照遂成为诉讼铺保必不可少之条件。

二须为本地店铺商号。1921 年颁布的《刑事诉讼条例》第 82 条规定，被告人声请停止

---

① 神州编译社年鉴编辑部编：《民国三年世界年鉴》，神州编译社发行部，1914 年印行本，总第 526 页。

② 详见张怡祖编：《张季子（謇）九录：政闻录》，载沈云龙主编：《近代中国史料丛刊续编》第九十七辑，台北文海出版社，1983，第 360—361 页。

③ 司法部编：《改定司法例规（上）》，司法部，1922 年编印本，第 810 页。

④ 司法部编：《改定司法例规（上）》，司法部，1922 年编印本，第 809 页。

⑤ 《清查营业铺保》，《晨报》1920 年 12 月 5 日第 6 版。

羁押，可以提出保证书，“但保证书以该管区域内殷实之人或商铺所具者为限，并应记载保证金额及如有命令即行缴纳等情”。① 原告觅保也有类似要求，如江苏省政府民政厅于1928年2月17日对所属各县县长、各市县公安局局长发布第759号训令：“嗣后凡有来府呈诉事件，应具铺保，以南京为限，如在京无保可觅，须具本籍铺保或取具本京或本籍法定团体之证明，方可受理。”②

三须具备良好商誉及与担保案件相当的资产。拥有当地合法执照的店铺商号并非一定就能获批在诉讼中作保，取保决定机关尚需根据个案对店铺的担保信誉和担保实力予以综合考量。《申报》1915年7月18日报道了一起因店铺“甚小”而不准保的案件，其文曰：“党人魏兴云、魏正军前因悔罪自首，请求镇守使署，给发免罪证书，业经允准免究，惟该二自首人所觅保人系聚乐团店铺，甚小，毫无根据，尚难照准，昨日镇署着令该自首人另换殷实铺保，具结送署，以便给发免究证书。”③ 对此项资质条件，我们还可以银行职员录用时的铺保要求为参照。当时银行业内部规定，“银行行员正式录用后，应觅具妥实铺保或人保，以为保证。保证人之资格，若铺保，应稳实商号公司，而具有较大设备及丰富资金者为宜；如饭馆、旅店、洗染店、委托商行等，或资本甚小，或代理性质，对保证之实力稍差，似不宜作为保证”。④ 银行业内职员录用的铺保条件皆如此严格，想必作为事关司法正义的诉讼案件，其铺保资质要求似不会比这更低。

二、普适要求：诉讼铺保的提出

（一）诉讼铺保的适用范围

民国时期，铺保在诉讼中适用广泛，在告诉、保释、上诉、申请法律援助、申请保外就医等程序环节，司法机关对相关诉讼参与人均有“觅具铺保”之普适要求。这里笔者仅以告诉和保释中的铺保为例，对其展开阐述。

1. 告诉的铺保要求

为了防止诬告滥诉，各地普遍规定一些特定案件的原告在起诉时需提供铺保，否则官厅概不受理。例如：1915年12月21日，福建巡按使许世英谕告：

---

① 《刑事诉讼条例》（十年十一月十六日），载唐慎坊辑：《最近司法法令》第一辑，天一书局，1922，第137页。

② 《江苏省政府民政厅训令（第七百五十九号）》，《江苏省政府民政厅公报》1928年总第213期，第1页。

③ 《自首党人须觅殷实铺保》，《申报》1915年7月18日第10版。

④ 陆晋蘧：《银行文书实务》，商务印书馆，1949，第176页。

福建巡按使公署为晓谕事，据闽海道道尹详称，近日屡次发见假冒捏禀情事，此种凿空造谣，一经饬查其事，既属子虚，其人且归乌有，甚或颠倒是非，挟嫌诬陷，无论稍被欺朦，固足以滋扰累，即设法查明其欺不售，而多费周折，案牍徒劳，亦大为行政之障碍，是造诬者可以任情被诬者，无可申诉，官厅即欲根究，亦苦莫得主名，法律既穷，道德全丧，人心治道，实多隐忧，拟请嗣后人民来省陈述事件，必须照章取具妥实铺保，注明在省住址，并须亲身或正式委托人陈递禀词，遇有疑义，传询明白，方准分别核办，仅用邮递或形式不完之件，概不准理，倘该禀中实有阻挠煽惑，以及破坏公益、毁伤名誉等项情事，仍应查明惩治等情，查此项弊端，前经剀切示禁在案，据详前情，除批准照办外，为此示阖省民人一体知悉，嗣后如有控告官吏以及诸色人等文件，均须妥觅铺保，取其铺保水印签禀人，一律盖章，以备随时传案，违则概不受理，至关于所控案内之证人证物，均须一一叙明，不得稍涉含糊，希图尝试，倘或砌词诬控，一经查实，即以诬告论罪，决不姑宽，本巡按使令出法随，其各凛遵毋违，特示。①

1929年4月，江苏萧县县长何飞雄发出布告云，“因设密告之箱，是以呈诉，无分民刑，批答专求迅速，耿耿此心可告民众，讵知不肖之徒，藉词捏诬，以伪乱真，专盗多人之名用，遂一己之愿驯，至书写信件由邮转来，不曰民众公呈，即曰公民同启，既无确鉴之名，复无商店之保，迨至询查，究竟半皆空中楼阁，全属子虚，似此市虎杯蛇含沙射影，偶一不慎，贻害匪轻”，“嗣后民人所递呈文信件，非有姓名、盖章及有确实铺保者，无论何事，概不受理”。②

1929年7月6日，河南教育厅厅长张鸿烈发布第869号通令：

案查本厅于民国十五年十二月间，以教育行政诉讼日多一日，其中案情属实者固间亦有之，而捏词诬控者则实居多数，甚或假造姓名伪刻铺保戳记具呈来厅希图受理，若不严加取缔，殊不足以戢刁风而重教育，当经拟定学务诉讼暂行办法，呈奉核准施行，并布告周知各在案，惟日久玩生渐滋流弊，近查各县地方人士，往往邮递禀件折诉办学人员，其列名原告者，是否本人，禀内所盖之铺保印章有无伪造情事，均属无

---

① 许世英：《示谕民人嗣后递禀务须取具铺保毋得砌词妄控干咎由（中华民国四年十二月二十一日）》，《福建公报》1915年第1199号，第15—16页。

② 何飞雄：《布告人民递呈须有姓名盖章及确实铺保者方能受理由》，《萧县县政公报》1929年第3期，第19—20页。

从查悉，亟应重申前诫以矫恶习，嗣后凡系教育陈述事件，务须觅具省垣妥实铺保备具副呈，并依法贴用印花亲自来厅投递，经收呈人查明无讹后方予收受，否则概不受理，以重法令而警刁风，除布告外，合行令仰该县长转行布告地方绅民人等一体知照。切切，此令。①

1932年1月，江西省政府发出布告称：

本府近来接受呈控官吏案件，多不遵照程序，既未取具铺保，又复捏造姓名，甚至简用代电，假借团体各义，或砌词耸听，或涉嫌诬陷，一经受理，多属子虚，委查既徒滋繁犊，究坐更无从查追，似此情形，殊失官吏保障之效，徒起人民诬陷之风，本主席责在整饬官方，澄清吏治，督责应取其严，察覆宜昭其实，嗣后人民控告官吏，须依照法定手续，取具在省妥实铺保，以凭查封，一纸空文，概不受理，合行布告一体周知。切切，此布。②

甚至，一些地方连当事人购状缮写也都明确要求铺保。譬如，上海法院就曾规定：

本区地方法院前对诉讼当事人购买状纸，除民事外，刑状不得携出，须备具副本，在内缮写，顷以缮状室设备不周，为便利诉讼当事人起见，所有民刑诉状，可予购出缮写，但须具有店保，开明所购数目，其系自行携有副本，注明住址于状尾，签名署押者，即可勿须觅保，所有状纸，刻已编明号数，如发见有捏名控告等事，应由原店保负责云。③

2. 保释的铺保要求

铺保适用于保释程序最为常见。民国时期，不仅刑事被告人，民事被告也常遭羁押。为减少审前羁押，民国九年（1920年）修订的《各级审判厅试办章程》第81、82条规定，“凡民事被告及刑事轻微案件之被告均准取保候审”，“凡取保或责付其家属或取具切实铺保

① 《河南教育厅通令（第869号）：令各县县长嗣后凡系教育诉讼事件务须觅具妥实铺保并贴用印花否则不理仰布告周知》，《河南教育》1929年第1卷第24期，第32—33页。

② 熊式辉：《布告人民控告官吏须取具在省妥实铺保》，《江西省政府公报》1932年第4期，第16—17页。

③ 《民刑状法院准予购出外缮 但须觅具店保负责》，《新崇明报》1942年12月5日第3版。

或由官吏及殷实土著之人保其听候传审皆可，无庸管收”。① 1921 年《刑事诉讼条例》第 81、82 条也规定，“被告及其法定代理人、保佐人或配偶得随时具报声请停止羁押”，“许可停止羁押之声请者，应指定相当之保证金额，命声请人缴纳，但有第三人缴纳者，亦得允许之。保证金得按其情形许以有价证券，或保证书代之，但保证书以该管区域内殷实之人或商铺所具者为限，并应记载保证金额及如有命令即行缴纳等情”。②

即使最终经审判定罪，囚犯也可在一定条件下提出铺保，请求保外就医。《民强报》1946 年 9 月 27 日就曾报道过这样一则案例：

> 影星李明，自前日被判处徒刑五年，即送回第一监狱羁押，李明身怀六甲回狱后即就榻躺卧，关于请求保外生产，昨日下午一时许，接到河北高等法院刑庭裁定，大致谕令李明取具妥实铺保二家，担任保证金五百万元，准其在外就医生产云。③

（二）诉讼铺保的适用方式

1. 联名铺保

从法律规定和实践来看，民国诉讼铺保并无明确的数量限制，同一案件同一当事人可以就同一事项同时提出多家铺保，即“联名铺保”。该铺保方式常见于诉讼标的额较大或被告人涉嫌严重犯罪的案件，例如《申报》1916 年 7 月 17 日刊发一则案件新闻：

> 怡盛号控协和号王鲁卿不理欠款银五千余两，前日由公共公廨复讯，据被告代表律师上堂译称，因原告所控之数太巨，难觅妥保，请求准交寻常保人出外候讯，中西官判被告觅五家铺保，各保银一千两，听候传讯。④

民国时期诸如此类“联名铺保”案件不胜枚举，它一方面迎合了当事人的诉讼所需，另一方面强化了诉讼担保。

2. 阶段铺保

民国时期，一些地方还采行“阶段铺保”，即对诉讼中的同一事项如被告人保释，司法机

---

① 黄荣昌编辑：《大理院法令判解分类汇要》，中华图书馆，1926，第三册民诉之部，第 546 页。

② 《刑事诉讼条例》（十年十一月十六日），载唐慎坊辑：《最近司法法令》第一辑，天一书局，1922，第 137 页。

③ 《李明保外生产　高院昨照准取妥实铺保二家保证金五百万元》，《民强报》1946 年 9 月 27 日第 4 版。

④ 《须觅五家铺保》，《申报》1916 年 7 月 17 日第 11 版。

关规定同一案件的不同诉讼阶段被告人须分别提出铺保。例如，“北京地方法院检察处，与刑庭为划清案件程序起见，所有刑事被告人在检察官侦查时取据之铺保，仅负检察处之传唤责任，至起诉案移送刑庭审判时，被告人仍行由刑庭另换铺保，在检察处所取之铺保无效”。①

3. 特别铺保

民国法租界设立有一种被称为“人银两保”的特别铺保方式。《法公堂交保新章》规定，就民事被告而言，“查本公堂交保定章，必须法租界内店铺，方准具保。惟间有被控之案，为数太巨，本租界内一时实无此相当店铺，可作保人，以致被告因此被押累月经年，亦殊可悯。本公堂为体恤商银起见，筹一通融之法，嗣后除寻常钱财细故之案，仍照第一条办法办理外，其被控款目过巨之案，准其于本租界内或本租界外居住之人，外埠不准，如有殷实可靠，夙有名望之人，有房产生意，价格能及原告所控之数，愿为被告具保者，准其随时到案陈明，听候核夺”。② 这种诉讼担保虽是以有房产生意的人作为担保主体，但其实质系以该保证人的生意作为担保，性质仍属铺保，故笔者将其称为“特别铺保”。

（三）铺保文书

依照民国法令，铺保需采书面形式，称为“保状”“保单”或“保书”。“凡向法院具保者用保状。例如在民事案件提出诉讼担保物，刑事案停止被告羁押者，须用之”。③ 保状于各地司法机关有手书或印制的不同要求。法国租界内的会审公廨 1914 年曾以“向来交保之案，其保状由交保人自书或请人书写，案情不明，难免有错误之处”为由，决定“将一切保状，分别案情，由工部局印刷处印就，只须将堂断填入，由保人加盖图章具保，以归一律，而免错误”。④

1. 文书程式

“铺保切结向无定式”。⑤ 铺保实践中，保状一般包括具保状人和被保人的姓名、年龄、籍贯、住址和职业，以及具保状之关系、具保状之原因和具保状之责任三项内容，⑥ 其参考程式如下：

---

① 《刑事被告人在检察处与刑庭须分别取具铺保》，《晨报》1941 年 5 月 11 日第 4 版。
② 晨报编辑处、清华学生会合编：《五卅痛史》，晨报出版部，1925 年印行本，第 440 页。
③ 陈和群编辑：《撰状实鉴》，普益书局，1933，第 4 页。
④ 《保状将用印刷品》，《申报》1914 年 10 月 30 日第 10 版。
⑤ 《松江县长请核铺保切结式样》，《江苏省政府公报》1929 年总第 154 期，第 3 页。
⑥ 陈和群编辑：《撰状实鉴》，普益书局，1933，第 5 页。

为声请具保事：窃具保人某某某，现因被告某某某，因民国某年某月某日某字第某号，被某人控告某一事案，愿保被告出外候讯，随传随到，如有违抗，具保人愿听处罚。僅呈某某法院　公鉴

附缴保证金　元

中华民国　年　月　日具状人某某某押①

针对铺保文书实践中书写混乱的状况，有人曾指出，“为郑重起见，似应规定式样，以照划一”，并建议“详叙该铺保开设地点、营业种类、并店东姓名、住址、签字、盖章”，这些建议得到一些地方政府的采纳。② 不过总体而言，民国时期的铺保文书仍程式不一，缺乏规范。

2. 铺保落款

铺保在保状或保书上如何落款是一个重要且备受争议的问题，落款不完整、不规范不仅会影响铺保的法律效力，而且关涉铺保的法律责任追究。与自然人人保不同，铺保的主体是独立的商户组织，其对外作保系以铺户或商号名义而非任何个人名义，因此铺户戳记或商号书柬成为铺保保状或保书中的必要落款。为慎重起见，商号戳记边上一般还需同时附署该店铺商号经理姓名。尽管如此，铺保实践中的保状落款责任划分仍较复杂，屡酿纠纷，其常见疑难问题有三：

一是铺户为诉讼作保是否需事先征得该铺户股东之许可。根据当时上海的铺保责任习惯，“具保证手续，仅凭经理盖商号书柬及经理签字而止，从无先经股东开会议决同意，及调查书柬是否为股东所承认之事实，是铺保制度为谋商业之安全图相互之利益，商业上均有确信心”，“查铺保习惯，凡盖用书柬图章，并由经理人签字自应认为发生效力，但该商号股东所立议据或合同，载明图章不得与人作保者，则与股东无涉也”。③

二是商号经理或伙友以商号书柬印章代人担保是为铺保责任抑或其个人责任。上海商事惯例认为：

商号之书柬印章，即所以代表其商号，商号之地位为法人，组织此商号者，即该商号之股东或店主，故一切事项，既经盖用商号之书柬印章，则直接上商号当然负其

---

① 储菊人编纂：《交际手册（袖珍本）》，上海正气书局，1948，第 392 页。

② 《松江县长请核铺保切结式样》，《江苏省政府公报》1929 年总第 154 期，第 3—4 页。

③ 《铺保责任习惯（民国十七年二月上海总商会答覆震巽木业公会）》，载严谔声编，徐启文辑校：《上海商事惯例》，新声通讯社出版部，1933 年印行本，第 148 页。

责任，而实际上股东或店主间接负其责任，盖他人之所以信赖此印章者，无非因其商号可靠，而商号之可靠与否，亦惟视其股东或店主之信用，因此商号印章，方能在商业行为上发生货物及金钱之保证也，至于商号中之经理及伙友，在法定上为使用人，使用人对店主负责，故如来函所称种种，以商号书柬印章代人担保，负其责任者，直接为商号，间接为该商号之股东或店主，不能以事前知与不知，为责任负与不负之解释，假使此书柬盖出时，确为未经股东或店主之同意者，或商号议据中，有载明图章不准为人作保者（但属于本店营业范围内者不在此限），其办法亦只应先由该商号之股东或店主，承认此项责任后，再由股东或店主责令盖出人，负担此项应行负责一切责任，断不能即推诿于盖出人，而卸去一切责任也。①

三是保状上既盖有商号书柬印章又有经理签名盖章的情形下，如何划分商号责任和经理责任。1932年上海有律师咨询当地商会，“兹有商号经理，以商号书柬印章代人作保，经理在保单上，再亲自签名盖章，对于经理是否连带负责，现有三项疑问：一谓依我国商铺习惯，铺保只须书柬，是经理再签名盖章，即表示其系连带负责；一谓系仿欧美方式，代表商号行使职权，故只负清理偿还责任；一说谓担保事宜，不属商号营业范围，或出诸经理人私人所为，应负连带。以上各说，胥有理由，但究以何说吻合本市商业习惯，请代解释”。② 对于此种情形，上海市商会答复曰：“商号以商号书柬印章代人作保，当然由商号负责，经理在保单上再亲自签名盖章，系以法人代表资格，并非以其自然人资格，按照正常完备手续，应于签名盖章上，写明‘经理’字样，以明责任及地位，否则手续上似觉欠缺。”③ 可见，上海市商会采取严格主义的保状落款，即一份完备的铺保保状除加盖商号书柬印章外，经理签名处还应注明“经理”字样，以示慎重。

为了防止诉讼铺保中的骗保、逃保等事件发生，一些地方对铺保文书严加规定，将铺保商号地址、电话电报等内容也增列入铺保落款项目，甚至要求将其在戳记印章上与商号名称一并镌刻钤印。例如山东胶澳商埠督办公署1923年刊发布告称：

---

① 《经理以商号书柬代人担保责任习惯（一）（民国二十一年一月上海市商会答复刘世芳律师）》，载严谔声编，徐启文辑校：《上海商事惯例（第2版）》，新声通讯社出版部，1936年印行本，第183—184页。

② 《经理以商号书柬代人担保责任习惯（二）（民国二十一年五月上海市商会答复徐益律师）》，载严谔声编，徐启文辑校：《上海商事惯例（第2版）》，新声通讯社出版部，1936年印行本，第184页。

③ 《经理以商号书柬代人担保责任习惯（二）（民国二十一年五月上海市商会答复徐益律师）》，载严谔声编，徐启文辑校：《上海商事惯例（第2版）》，新声通讯社出版部，1936年印行本，第184页。

为布告事照得现在本埠各商号，凡出具铺保或收据等项，其签盖图记，往往只有商号名称，多未刻名地址，颇难稽考，恐有伪造商号图记或捏名具保情事发生，易滋流弊，本署为慎重防弊起见，定于五月一日起，各该商号所用图记，除商号名称字样大小仍照旧有图记镌刻以资凭信外，并应于上端或两旁刻明各该商店所在街名，其设有电话或电报挂号者，并应分别镌明，以凭考查而资信守，否则一律认为无效，特此布告，仰各该商号一体周知，迅速遵照刻制，并将印成样本注明图记样本不作别用字样，径呈本署备案，以昭慎重，而便稽核，切切此布。①

三、殷实要件：诉讼铺保的审核

民国关于铺保的诸多诉讼法令和政府文告中均有“殷实铺保”之要求，一份题名为《附钞民刑事案件交保及改进办法案（第一七六号）》的民国政府司法改革文件对此强调指出：

我国幅员广大，举凡登记、公证、户籍等制度尚未普遍施行，民事债务人隐匿财产不易查悉，故有管收民事被告之规定，实即基于兼采对人执行之办法而来，依管收民事被告规则第三条，民事被告有第一项各款情形之一者，应提出担保，又刑事被告具保声请停止羁押之时，通常均以商铺负保人之责任，惟商铺是否殷实，有无信用，及与被告之关系如何，尤以在被告住居地内易于调查，此在第一审法院或县政府于受理案件之初最宜注意，且交保之时并应以其事实通知当地警察机关，请其对于保人及被告随时加以视察，如遇死亡迁移或其他情事或刑事被告再有犯罪时，应即报告法院或检察官，庶于诉讼进行诸多便利，以免徒有交保之名而无其实。②

可见，殷实与否乃诉讼铺保审核的基本要件，其内涵包括作保店铺的真实合法性和担保实力两个方面。

首先是就铺保的真实合法性进行审查。若铺保不实，则驳回当事人的相应申请。例如1929年吴济川、潘养春觅且铺保“恰顺行”呈控杭县地方法院检察官曹文彬私吸鸦片一案，地方当局业经调查，以“同乡会并未设立铺保恰顺行，无此行号”为由，认为该案“显系

① 《胶澳商埠督办公署布告：第二一号》，《胶澳公报》1923年第27期，第12页。

② 《附钞民刑事案件交保及改进办法案（第一七六号）》，载法部编辑室编：《司法行政法令辑要（下）》，法部总务局，1939年印行本，第1679页。

该民等捏控，殊属可恶”，做出“不准，特斥，此批”的结论。①

其次是就铺保的担保实力予以审查。这是殷实要件审核的重点，往往需要对作保店铺的资产进行评估。店铺资产不仅包括货物、资金、证券、土地、房屋等有形财产，而且包括店铺商誉、信用等无形资产。在案件侦查起诉阶段，铺保一般由检察官进行审查，例如，“上海会审公堂检察官负责当事人用作抵押的货物和证券的估价。作为铺保的货物和资产经过实际评估后，交保处向检察官提交详细的报告，检察官可以根据自己的判断，接受或拒绝这项担保”。② 迨至审判阶段，铺保则由法官亲自审核，如广东高等法院1935年发布训令，“被告之具保及责付，在第一审之法院，自应特加注意，对于保人之有无，以及具保证书之人或商铺是否殷实，其受责付之人有无监视能力，均应由承办法官亲自核定，不得全假手于吏役”。③

为了防止“吏警之从中弄法”，民国政府还一度要求对诉讼铺保作持续性审查，甚至科以相关吏警连带责任。《附钞关于民刑事案件交保及其他改进事项案（第三零零号）》就此指出：

> 按审理民刑案件固应采交保为原则，然每有因交保而流弊丛生，反不利于诉讼之进行者，如审查案情虽无羁押之必要，因本案人证物证尚未传集齐全，确无终结之可能性，又复人地生疏，实无可以责付之人保及住居者如此场合看管，则近似滥押不交保，又进于疏纵，再交保事件，吏警之从中弄法者，如当事人未予结纳，则报为无保可觅，故使迟滞拖累，反之则妄指情节轻微朦托盖保或假托简单小店滥予盖印，以达朦蔽一时之目的，经再传讯时，始觉保人尚不知情或早经潜逃，无处可传，因之案悬经年无从审结者，亦数见不鲜，欲求改进，惟有严令承办人员，凡经吏警取得保结者，立传该保人当庭询问，释明责任关系，毫无保障之小店亦应当时责诸吏警同负责任。④

四、“双刃之剑”：诉讼铺保的效用

铺保融合了“人保”和“钱保”两类传统担保方式优点，开辟了我国诉讼担保的“第三条道路”，在当时无疑具有制度上的创新性。民国铺保的兴盛映照出近代中国尤其是民国日益

---

① 《批吴济川等所控曹文彬吸食鸦片查悉铺保不实显系捏控不准特斥由》，《禁烟公报》1929年第10期，第54页。

② ［俄］郭泰纳夫：《上海会审公堂与工部局》，朱华译，上海书店出版社，2016，第349页。

③ 《关于刑事案件交保及其他改进事项令》，《广州律师公会月刊》1936年第6期，第54页。

④ 《附钞关于民刑事案件交保及其他改进事项案（第三零零号）》，载法部编辑室编：《司法行政法令辑要（下）》，法部总务局，1939年印行本，第1679—1680页。

蓬勃发展的工商业图景，彼时各地林立的工商铺户通过在诉讼中作保，不仅扩大了自身知名度，而且拓展了其社会功能，借此参与到国家司法与社会治理的过程之中。故而，于此种意义言之，诉讼铺保制度不啻为我国实现从传统农耕社会向近代工商业社会转型的一个生动注脚。

民国初创，新式司法机构和办案程序次第建立，“健讼之风”又在不少地方悄然兴起，城镇里“抱讼牍而控于道旁者”的景象不绝如缕。① 即便在乡村，“诉讼事件，确比从前增加得好几倍”，其原因“果然有一部分是因为势绅的波弄，地棍的作孽；可是农民方面，不能说没有喜打官司的倾向。他们都以为民国时代，打官司是一件很容易的事情，用钱既不十分，而法官亦容易见面，所以愈弄而胆愈大”。② 如此讼事纷扰，更加剧了本已动荡不安的民国社会危机。而诉讼铺保尤其是告诉铺保的推行，在某种程度上减少了讼案，发挥了维稳社会的功能。

当然，与此同时，诉讼铺保制度又如一柄“双刃之剑”，相伴生出一些问题：

（一）加重民众诉讼负担

民国时期，无论被告保释还是原告起诉，中央和地方法令都不同程度地要求铺保。这给已受“讼累”之苦的民众又带来了“不能承受之重”。

对被告而言，要求提供铺保才予保释的规定可谓是变相支持羁押。因为在该规则下，“假使找不到殷实的店铺担保呢？暂时可以恢复自由的，那就不恢复；宣告无罪的，也依旧住在监狱内，一直到有殷实的铺保，才能走出来”。③ 时人对此评论道，“能否恢复自由，单凭有没有殷实的铺保作定，从这一点，很可以看出中国的全部法律的精神来了”。④ “犯了什么嫌疑，不幸而被囚禁在监狱内，要暂时地恢复自由，也必须有钱的人所开设的店铺来担保，能暂时地释放，这是现行的法律；已经宣告无罪了，还须有钱的人所开设的店铺来担保，算是真实的‘良民’，能走出监狱的大门，这是现行的法律”，“全部的法律是有钱人的法律”。⑤

对原告而言，起诉需觅具铺保的规定则较大限制了民众诉权。尤其是不少地方对于状告政府官员多有“觅取铺保”的强行要求，这对那些已受政府罹害的人民无疑“雪上加霜”，“官官相护”使得老百姓往往告状无门，有冤难伸。

---

① 《灵寿县知事示劝人民息讼文》，载景亮钧编：《文牍》，京师第一监狱，1916年印行本，“示文”，第15页。

② 王骏声编：《教育中心：中国新农村之建设》，商务印书馆，1934，第156页。

③ 婉嵘：《从“交保释放”说起》，《万人杂志》1930年第1卷第4期，第61页。

④ 婉嵘：《从“交保释放”说起》，《万人杂志》1930年第1卷第4期，第61—62页。

⑤ 婉嵘：《从“交保释放”说起》，《万人杂志》1930年第1卷第4期，第62页。

（二）催生一批“职业铺保”

前已所述，铺保之铺户皆有其经营的主业，诉讼作保不过“副业”而已。但一些人竟窥得其中商机，认为有利可图，遂干起了专为他人提供诉讼铺保的行当。据载，“旧社会京津等地有个特殊行业——卖水印儿的，就是弄个小破门脸儿，挂个牌匾儿，便算是一家买卖字号了，但并不卖货，而是专门为那些取铺保的盖图章——水印，收取高额‘手续费’”，①这便是所谓的“职业铺保人”。不管被保人是否熟识、被告是否符合取保条件、原告是否具备起诉理由，只要对方能给钱，职业铺保人就爽快承保。可一旦收了钱，职业铺保人对被保人就不管不问，甚至在应当承担保证责任时逃之夭夭。

（三）导致审前羁押率过高

对许多平民百姓而言，铺保乃“可望不可即”之司法奢侈品，一旦涉讼沦为被告，他们往往难以觅取铺保，遭受羁押也就成为常态，狱所因此人满为患。鉴于此，南京国民政府司法院曾于1937年6月特令“各法院不得久羁刑犯，无须严格要求铺保”，当时的《京报》还对此做了专文报道：

> （中央社南京二十四日电）司法院以近来各法院及各县司法机关，对于刑事被告滥行羁押者，事实上恐所难免，且有停止羁押亦每俟具保声请始许可行之者。须知刑事被告，穷苦无告者居多，保证金固属无力缴纳，即觅取殷实商铺等之保证书，亦须不易，驯至法律上停止羁押之规定，等于具文，殊非矜恤人民之本旨，现在时交夏令，气候渐热，押所人犯拥挤，患病死亡，在在可虑，亟应及早疏通，以重人道。该院特训令司法部遵照，并通令各省高院院长首检，饬属一体注意，嗣后对于刑事被告，不得滥押久羁，其得停止羁押者，除有必须具保之情形时，应命具保外，并应兼采责付及限制住居之方法，以资便利，而符法令云。②

在民国时期的广袤乡村，铺保作用更是无从发挥。毕竟，铺保制度是城市工商业社会的产物，而民国城乡的“二元分治”致使城乡差异较大，对于身居穷乡僻壤之地“面朝黄土背朝天”的乡民，觅取铺保甚比登天还难，以至于很长一段时间，诉讼铺保制度在乡村

① 蒋寒中：《堵漏洞是根本》，载刘国超主编：《中国企业应用文体全书》，黑龙江人民出版社，1992，第185页。
② 《司法院令各法院不得久羁刑犯　无须严格要求铺保》，《京报》1937年6月25日第6版。

不得不变通执行。例如 1936 年，北平市政府就发文要求，乡民取保可“以保长甲长二人以上签名盖章代替铺保”，其文如下：

> 平市府前据自治事务监理处呈，以郊区民众，百分之九九以务农为业，平素与城区铺店已少往来，而郊区复少正常商号，一旦遇有事项，行政官厅依照手续莫不责令当事人觅取铺保，方予接受了结。因此郊区民众极感困难。自办理保甲之后，当选之保长甲长确为当地之殷实行户，而郊区民众复与城区流动之市民不同，多为世代务农之家，平素动异极少，凡当事人可否即以当地之保长甲长二人以上签名盖章代替铺保予以变通，呈清核市等情。闻市府以事关便民，刻以将原案分别发交所属各机关，将可以变通部分各项章则修呈核后，再行公布施行云。①

作为民国诉讼中的另类担保，铺保自其产生之日起就备受争议，甚至一度沦为国民党政府肆意对共产党人和革命群众进行司法迫害的工具。1935 年，革命先驱、共产党员瞿秋白被捕，“国民党反动派故意放出风声，说只要有一殷实商店愿意出面铺保，可以释放。可是当时有哪个商店老板肯干呢？上海的地下党同志和鲁迅先生为此多方奔走，先生甚至打算变卖一切，自己去开铺子，当老板，再出面见结作保。可是铺保云云，不过是国民党的一个烟雾而已，先生筹划未定，瞿秋白被害的消息已经传来”。② 此种案例，不胜枚举。在这种情况下，诉讼铺保显然已经异化为国民党司法当局的一种政治伎俩。

1949 年中华人民共和国成立后，基于历史惯性，诉讼铺保制曾短暂地存续了一段时日，但 1956 年随着我国社会主义“三大改造”的完成，诉讼铺保制度最终退出历史舞台，成了今人追忆评说的一段过往故事。

---

① 《乡民取保办法　市府将予变通》，《京报》1936 年 4 月 16 日第 6 版。

② 《“人被杀了，文章是杀不掉的！”》，载苏长仙、李栋编：《古今文人轶事》，广西人民出版社，1980，第 19—20 页。

主题研讨五：

地方档案与纠纷解决

清代巴县衙门档案司法文书评介

陈廷湘　刘丽平*

摘　要　巴县衙门档案是国内保存数量最多、内容最丰富的清代县级地方政权档案。其中司法案件数量约占总卷数的84%，有文书百余万份，种类多样，形式复杂，值得深入研究。本文以具体统计数据为依据，发现清代各朝巴县衙门处理司法案件呈现由远而近逐步增多的趋势；各朝各类司法案件文书数量分布上，命盗案文书数量少于细故案件；各朝各类司法案件文书分布样态基本一致，文书不完整的案件数多在司法案件总数的50%以上；从乾隆朝的统计数据来看，司法文书总数的约71%分布在约36%的完整和基本完整的案件中。统计数据还显示，清代各朝巴县档案文书名目繁多，由远而近呈增加趋势，同一名目文书的功能并不统一，表明清代基层政权当政者对司法文书尚无标准化要求。

关键词　巴县档案；司法案件；司法文书

清代《巴县档案》11万3千多卷，过去研究者一般认定其中司法档案8万6千多卷。经国家社科基金重大项目“清代巴县衙门档案整理与研究”课题组逐卷内容重新审查，发现司法档案实际95284卷，约占巴县档案总卷数的84%，文书共百余万份。文书主体形成时间从乾隆二十二年（1757年）至宣统三年（1911年），共155年，历有清乾、嘉、道、咸、同、光、宣七朝，其间经手的知县数十人。各朝，尤其各知县对文书种类，特别是文书书写方式多有调整，样态十分复杂。本文拟对清代《巴县档案》司法文书存在基本样态作一评介。

---

* 陈廷湘，四川大学历史文化学院教授；刘丽平，四川大学历史文化学院博士研究生。

一、各朝司法案件分布情况

在长达155年时间内形成的《巴县档案》究竟记载了多少巴县衙门曾处理的司法案件是难于厘清的。笔者主持“清代巴县衙门档案整理与研究”重大项目研究，为彻底弄清清代巴县衙门在155年间曾处理且尚留存于世的案件提供了契机。在编著《清代巴县衙门档案分卷提要》过程中，课题组对每卷档案所载案件的兴讼主体、事由和被告做了全面整理编写，相应对清代155年间巴县衙门曾处理的案件数量及在各朝的分布有了较准确的掌握。下表即是各朝各类案件基本情况的统计：

表一　清代巴县档案所载各朝巴县衙门处理案件统计表

乾隆朝						
案件类别		案件完整情况			不完整所占比例	案件总数
		完整	相对完整	不完整		
命盗案	命案	73	138	203	49.03%	414
	盗案	50	124	444	71.84%	618
	合计	123	262	647	62.69%	1032
细故案件	地权	44	89	140	51.28%	273
	房屋	11	16	45	62.50%	72
	钱债	12	33	71	61.21%	116
	欺诈	11	20	77	71.30%	108
	敲诈勒索	22	45	122	64.55%	189
	强占财物	7	14	50	70.42%	71
	家庭	16	24	66	62.26%	106
	妇女	34	59	158	62.95%	251
	商贸	16	15	51	62.20%	82
	凶殴	25	119	322	69.10%	466
	租佃	2	4	26	81.25%	32
	赌博	4	23	41	60.29%	68
	水运	0	5	3	37.50%	8
	卷逃	2	0	14	87.50%	16
	地方事务管理	3	18	19	47.50%	40
	侵吞	3	4	5	41.67%	12
	宗教	1	0	5	83.33%	6
	其他	12	33	177	79.73%	222
禁政		6	11	23	57.50%	40
总计		354	794	2062	64.24%	3210

续表

嘉庆朝						
案件类别		案件完整情况			不完整所占比例	案件总数
		完整	相对完整	不完整		
命盗案	命案	253	181	351	44.71%	785
	盗案	254	304	757	57.57%	1315
	合计	507	485	1108	52.76%	2100
细故案件	地权	182	155	443	56.79%	780
	房屋	24	32	81	59.12%	137
	钱债	118	122	373	60.85%	613
	欺诈	46	44	131	59.28%	221
	敲诈勒索	155	119	488	64.04%	762
	强占财物	18	20	87	69.60%	125
	家庭	121	49	44	20.56%	214
	妇女	91	99	250	56.82%	440
	商贸	59	46	86	45.03%	191
	凶殴	82	131	566	72.66%	779
	租佃	23	34	101	56.74%	158
	赌博	11	25	87	70.73%	123
	工矿	8	1	5	35.71%	14
	水运	1	0	8	88.89%	9
	卷逃	4	7	21	65.63%	32
	抢夺	3	9	26	68.42%	38
	地方事务管理	4	13	14	45.16%	31
	税费	1	1	7	77.78%	9
	侵吞	4	8	10	45.45%	22
	宗教	6	4	9	47.37%	19
	其他	52	85	261	65.58%	398
禁政		23	42	73	52.90%	138
总计		1543	1531	4279	58.04%	7373
道光朝						
案件类别		案件完整情况			不完整所占比例	案件总数
		完整	相对完整	不完整		
命盗案	命案	438	235	711	51.37%	1384
	盗案	799	980	1915	51.84%	3694
	合计	1237	1215	2626	51.71%	5078
细故案件	地权	701	217	592	39.21%	1510
	房屋	147	65	127	37.46%	339

续表

道光朝						
案件类别		案件完整情况			不完整所占比例	案件总数
		完整	相对完整	不完整		
细故案件	钱债	201	242	509	53.47%	952
	欺诈	302	190	642	56.61%	1134
	敲诈勒索	492	225	856	54.42%	1573
	强占财物	38	11	76	60.80%	125
	家庭	226	143	455	55.22%	824
	妇女	340	223	487	46.38%	1050
	商贸	172	133	209	40.66%	514
	凶殴	532	383	1632	64.08%	2547
	租佃	113	66	186	50.96%	365
	赌博	86	68	254	62.25%	408
	工矿	81	33	65	36.31%	179
	水运	3	2	8	61.54%	13
	卷逃	11	6	19	52.78%	36
	抢夺	18	13	38	55.07%	69
	地方事务管理	10	15	62	71.26%	87
	税费	4	2	8	57.14%	14
	烟泥	6	17	11	32.35%	34
	侵吞	19	11	24	44.44%	54
	宗教	7	9	20	55.56%	36
	移关	3	10	233	94.72%	246
	其他	130	189	656	67.28%	975
禁政		19	28	72	60.50%	119
总计		4898	3516	9867	53.97%	18281
咸丰朝						
案件类别		案件完整情况			不完整所占比例	案件总数
		完整	相对完整	不完整		
命盗案	命案	226	94	326	50.46%	646
	盗案	272	665	749	44.42%	1686
	合计	498	759	1075	46.10%	2332
细故案件	地权	207	92	280	48.36%	579
	房屋	54	32	47	35.34%	133
	钱债	176	121	341	53.45%	638
	欺诈	143	67	218	50.93%	428

续表

咸丰朝						
案件类别		案件完整情况			不完整所占比例	案件总数
		完整	相对完整	不完整		
细故案件	敲诈勒索	298	144	567	56.19%	1009
	强占财物	51	29	91	53.22%	171
	家庭	71	39	102	48.11%	212
	妇女	297	135	373	46.34%	805
	商贸	103	89	96	33.33%	288
	凶殴	285	229	840	62.04%	1354
	租佃	20	19	33	45.83%	72
	赌博	19	10	114	79.72%	143
	工矿	8	5	14	51.85%	27
	水运	8	4	25	67.57%	37
	卷逃	7	7	15	51.72%	29
	抢夺	16	20	47	56.63%	83
	地方事务管理	5	9	34	70.83%	48
	税费	0	0	15	100%	15
	烟泥	5	2	11	61.11%	18
	侵吞	9	6	19	55.88%	34
	宗教	5	3	6	42.86%	14
	移关	1	18	34	64.15%	53
	其他	65	158	465	67.59%	688
禁政		4	15	26	57.78%	45
总计		2355	2012	4888	52.81%	9255
同治朝						
案件类别		案件完整情况			不完整所占比例	案件总数
		完整	相对完整	不完整		
命盗案	命案	228	156	491	56.11%	875
	盗案	157	914	2164	66.90%	3235
	合计	385	1070	2655	64.60%	4110
细故案件	地权	181	185	725	66.45%	1091
	房屋	6	13	36	65.46%	55
	钱债	50	110	454	73.94%	614
	欺诈	84	214	1128	79.10%	1426

续表

同治朝						
案件类别		案件完整情况			不完整所占比例	案件总数
		完整	相对完整	不完整		
细故案件	敲诈勒索	115	244	1381	79.37%	1740
	强占财物	11	24	90	72%	125
	家庭	63	103	457	73.35%	623
	妇女	88	141	688	75.03%	917
	商贸	9	23	78	70.91%	110
	凶殴	95	208	1456	82.77%	1759
	租佃	18	40	172	74.78%	230
	赌博	6	17	225	90.72%	248
	工矿	4	0	2	33.33%	6
	水运	0	0	15	100%	15
	卷逃	18	44	167	72.93%	229
	抢夺	29	52	245	75.15%	326
	地方事务管理	2	21	191	89.25%	214
	税费	9	22	128	80.50%	159
	侵吞	5	8	36	73.47%	49
	宗教	3	4	19	73.08%	26
	移关	6	28	250	88.03%	284
	其他	51	129	886	83.11%	1066
禁政		2	9	17	60.71%	28
总计		1240	2709	11501	74.44%	15450
光绪朝						
案件类别		案件完整情况			不完整所占比例	案件总数
		完整	相对完整	不完整		
命盗案	命案	433	413	1438	62.96%	2284
	盗案	386	2335	3481	56.13%	6202
	合计	819	2748	4919	57.97%	8486
细故案件	地权	711	842	1405	47.50%	2958
	房屋	132	229	370	50.62%	731
	钱债	1557	954	2243	47.18%	4754
	欺诈	522	1054	1714	52.10%	3290

续表

光绪朝						
案件类别		案件完整情况			不完整所占比例	案件总数
		完整	相对完整	不完整		
细故案件	敲诈勒索	335	656	1500	60.22%	2491
	强占财物	19	23	63	60%	105
	家庭	340	395	616	45.60%	1351
	妇女	270	627	977	52.13%	1874
	商贸	480	991	947	39.16%	2418
	凶殴	252	506	1534	66.93%	2292
	租佃	335	464	830	50.95%	1629
	赌博	25	69	271	59.45%	365
	工矿	58	59	74	38.74%	191
	水运	12	69	103	55.98%	184
	卷逃	34	84	224	65.50%	342
	抢夺	27	96	208	62.84%	331
	地方事务管理	9	30	131	77.06%	170
	税费	86	112	338	63.06%	536
	烟泥	23	62	106	55.50%	191
	侵吞	110	96	210	50.48%	416
	宗教	27	33	105	63.64%	165
	移关	21	129	303	66.89%	453
	其他	218	610	1695	67.18%	2523
禁政		21	55	119	61.03%	195
总计		6443	10993	21005	54.64%	38441
宣统朝						
案件类别		案件完整情况			不完整所占比例	案件总数
		完整	相对完整	不完整		
命盗案	命案	27	22	44	47.31%	93
	盗案	142	177	156	32.84%	475
	合计	169	199	200	35.21%	568
细故案件	地权	51	30	40	33.06%	121
	房屋	35	6	50	54.95%	91
	钱债	125	54	166	48.12%	345
	欺诈	63	85	110	42.64%	258

续表

宣统朝						
案件类别		案件完整情况			不完整所占比例	案件总数
		完整	相对完整	不完整		
细故案件	敲诈勒索	41	38	73	48.03%	152
	强占财物	2	8	6	37.50%	16
	家庭	58	25	69	45.39%	152
	妇女	18	72	89	49.72%	179
	商贸	149	51	124	38.27%	324
	凶殴	43	45	59	40.14%	147
	租佃	11	35	40	46.51%	86
	赌博	11	14	13	34.21%	38
	工矿	2	2	4	50%	8
	水运	2	29	10	24.39%	41
	卷逃	4	12	8	33.33%	24
	抢夺	3	5	7	46.67%	15
	地方事务管理	2	4	11	64.71%	17
	税费	31	8	39	50%	78
	烟泥	22	28	29	36.71%	79
	侵吞	7	12	24	55.81%	43
	宗教	1	4	4	44.44%	9
	移关	7	25	56	63.64%	88
	其他	34	99	190	58.82%	323
禁政		7	22	7	19.44%	36
总计		898	912	1428	44.10%	3238

资料来源：《清代巴县衙门档案分卷提要》，未刊。

上表中有诸多问题尚须讨论。其一，县级司法案件类型一般分为刑事、民事、行政三类，但清代《巴县档案》记载的司法案件主要分为命盗重案和其他细故案件及禁政案。在当时的经济社会条件下，凡发生死人和盗窃事件，县衙都作为重大案件处理，大体上可算作刑事案件。但是，案件的处理却并非均导致被告被处刑。据笔者研究，其中最重要的命案，最终处刑的比例也很小。“乾隆朝命案档案 342 件，除去真假难辨的 23 件余 319 件，其中‘假命案’239 件，约占 75%；嘉庆朝命案档案 703 件，除真假难辨的 27 件余 676 件，其中‘假命案’518件，约占77%”。① 乾隆、嘉庆朝假命案分别约占有据可查的命案数量的75%、77%，意味着最终处刑的命案只占立案数的约25%、23%。盗案被告处刑者显然也不会多。即命盗案尽管属于清代县衙处理的重大案件，但大部分均以调解方式解决，并未处刑。细故案大多属于民事讼案，也有部分本身可归属于刑事案。这类案件自然大都经调解方式处理。《巴县档案》未列行政案，禁政案大体可归入行政案范畴。

其二，表中所载不完整案件有两方面含义。一是案件审理过程不完整，有的只见告状，有的只见验票等，无堂审记录，更无审理结论。二是文书太少，仅存一二件文书，完全不能呈现审理过程。《巴县档案》所载案件不完整的比例，除宣统约44.1%、乾隆约64.24%、同治约74.24%以外，各朝比例均在50%至60%。这些数据说明案件不完整与档案保存情况关系不大。如系档案保存问题所致，则应呈现案件随朝代向后延伸，不完整案件比例逐步降低的状态，但这种情况并未出现。因此，案件不完整很可能是县衙立案后兴讼主体多半途而废所致。

其三，巴县衙门各朝处理司法案件数量呈由远而近逐步增多的趋势。乾隆（39年，3210件，年均约82件）、嘉庆（25年，7373件，年均约295件）、道光（30年，18281件，年均约609件）、咸丰（11年，9255件，年均约841件）、同治（13年，15450件，年均约1188件）、光绪（34年，38441件，年均约1131件）、宣统（3年，3238件，年均约1079件）。同治朝案件总数虽少于道光朝，但年平均数远多于道光朝。宣统朝已临清王朝灭亡之期，时间短且动荡剧烈，该朝巴县每年处理司法案件略少于光绪朝。从整体看，自同治朝始，每年司法案件均在1000件以上，约为乾、嘉两朝的4到14倍。有清一代仍主张息讼。乾隆朝属盛世，王朝政策自然有效，该朝巴县每年处理司法案件极少，似应与此有关。咸丰朝巴县年均处理案件近千，其后各朝年均案件均在1000以上，似与清中期以后王朝昌盛不在、皇家息讼号召逐渐下降有关。

其四，巴县档案所载案件一般为一卷载一个案件，只有少数情况下一个案件被档案馆分为一至三卷保存，较多为一个案件附有一至三个案件。巴县司法档案保存的案件实际数量要超过95284件。

二、巴县衙门司法案件文书数量分布情况

《巴县档案》所载案件文书数量分布可从两个方面分析。一是在各类案件中的分布。从

---

① 见笔者：《“遇邪”与清代假命案的形成与处理——以〈巴县档案〉为中心的讨论》，待刊。此篇待刊稿与本文统计方法不同，故在乾隆、嘉庆朝命案档案数量统计上存在出入，特此说明。

表一看，各朝命盗重案文书数量均少于细故案，但也可知，细故案亚种类可多达23类，因此，各类案件中，命案、盗案平均每件对应的文书数量实际远多于细故案件。二是在完整和非完整案件中的分布。按表一统计，乾隆朝不完整案件占64.24%，数量为2062件。按表二计算，数量在4份及以下的案件2011件，文书共4223份，仅占文书总数的约29%。这部分案件属于不完整案件。因此，乾隆朝巴县衙门司法文书的约71%分布在约36%的完整和相对完整的案件中。足见乾隆朝《巴县档案》的资料价值主要集中在这部分案件上。详细情况见下表二：

表二　乾隆朝司法案件文书数量统计表

文书份数	案件类别				案件总数	文书总数
	命	盗	细故	禁政		
1	109	168	533	8	818	818
2	52	115	290	6	463	926
3	46	108	280	7	441	1323
4	44	52	189	4	289	1156
5	31	37	183	5	256	1280
6	27	27	159	3	216	1296
7	22	20	114	0	156	1092
8	22	19	107	1	149	1192
9	15	12	67	0	94	846
10	10	7	58	2	77	770
11	8	10	43	1	62	682
12	5	8	22	1	36	432
13	4	4	17	0	25	325
14	1	6	12	0	19	266
15	2	2	19	0	23	345
16	4	3	15	0	22	352
17	3	3	8	1	15	255
18	1	0	4	0	5	90
19	1	2	1	0	4	76
20	2	2	4	0	8	160
21	2	3	1	0	6	126
22	0	0	2	0	2	44
23	0	2	1	0	3	69
24	1	0	1	0	2	48
25	0	0	1	0	1	25
26	1	2	1	0	4	104
27	0	1	2	0	3	81

续表

文书份数	案件类别				案件总数	文书总数
	命	盗	细故	禁政		
29	1	1	1	0	3	87
30	0	1	1	0	2	60
31	0	1	0	0	1	31
32	0	1	0	0	1	32
35	0	0	1	1	2	70
40	0	0	1	0	1	40
44	0	1	0	0	1	44
合计	414	618	2138	40	3210	14543

资料来源：《清代巴县衙门档案分卷提要》，未刊。

表三　巴县衙门司法档案中文书最多最少案件统计表

朝代	案件类型	文书份数最多数量		文书最少数量
		份数	卷号	
乾隆	命案	29	6—01—519	1
	盗案	44	6—02—3389	1
	细故	40	6—02—2943	1
嘉庆	命案	60	6—03—1310	1
	盗案	48	6—06—6395	1
	细故	156	6—06—7806	1
道光	命案	64	6—07—1829	1
	盗案	115	6—14—14687	1
	细故	93	6—10—7437	1
咸丰	命案	58	6—18—1630	1
	盗案	24	6—21—7971	1
	细故	45	6—19—3300、6—20—5979	1
同治	命案	46	6—24—2016	1
	盗案	74	6—29—1236、6—29—12878	1
	细故	106	6—24—2682	1
光绪	命案	151	6—34—7962	1
	盗案	186	6—47—33134	1
	细故	182	6—40—19758	1
宣统	命案	67	6—55—4653	1
	盗案	88	6—55—3437	1
	细故	115	6—55—4404	1

资料来源：《清代巴县衙门档案分卷提要》，未刊。

表三显示，清代各朝《巴县档案》所载文书数量最多的司法案件所含文书份数大体呈由远及近逐步增多的趋势，文书最少的案件则均为1份，大体可以说明巴县各朝各类案件文书分布样态基本一致。参照表一各朝巴县处理案件大体呈由远而近逐渐增多和不完整案件比例变化不大的态势，再参考乾隆朝巴县衙门司法文书份数多的案件数量较少的状况，大体可说明巴县各朝处理案件中，尽管各朝案件文书份数最多者在具体份数上差别很大，但各朝各类案件文书数量总体上是随案件数量变化而变化的。

三、《巴县档案》司法案件文书变化分析

《巴县档案》记载的司法文书大类各朝一致，但各大类中亚类及名称则十分复杂，每朝均有变化。在完成国家社科基金重大项目“清代巴县衙门档案整理与研究”过程中，课题组得以将各朝大类文书及亚类文书种类和名称加以汇总。由于文书亚类数量太多，汇总可能有所遗漏，但此汇总应是迄今为止《巴县档案》司法文书大类和亚类种类和名称最全面的罗列：

乾隆朝

状：诉状、保供状、催状、存状、哀状、首状、认状、辞状、缴状、哀缴状、签状、晰状、息状、拦息状、报状、限状、保限状、保辜限状、拦状、验状、免验状、拦验状、告状、投状、保状、互保状、哀保状、举状、覆状、禀状、结状、保结状、领结状、悔结状、息结状、领状、领尸状、悔状、遵状、缴状、请状、拦词。(42种)

行文：咨文、移文、申文、札文、牒文、巴县县衙刑房关文、巴县县衙刑房折文、牌文、呈文、详文、禀文、详册、签呈、涉案人员供词、判词、批词、尸格、告示、信件。(19种)

单：验伤单、验尸单、验病单、比单、投审单、审单、覆讯单、验单、勘单、履勘单、押单、喊单、点解单、点名单、报单、到单、疏枷单、发落单、查河单、巡河清单、缴约单、伤单、脏单、涉案人员清单、涉案物品清单、失窃物品清单、赏格。(27种)

票：信票、差票、拘票、唤票、验票、缉票、签票、解票、照票、解役照销、销票、牌票、护票、查票、委票。(15种)

牌：宪牌、信牌、护牌、解牌、提牌、委牌、勘牌、唤牌、关牌、缉牌。(10种)

嘉庆朝

状：诉状、喊状、恳状、哀恳状、冤状、供状、催状、存状、哀状、哀拦状、声状、首状、认状、辞状、缴状、哀缴状、签状、送状、息状、呈状、报状、限状、保限状、缴

限状、结限状、领限状、哀限状、认限状、拦状、验状、免验状、拦验状、免验下身状、免验尸状、告状、投状、保状、认保状、约保状、限保状、互保状、结保状、哀保状、连环保状、举状、公举状、覆状、禀状、结状、缴结状、保结状、甘结状、遵结状、遵依结状、供结状、限结状、领结状、结领状、悔结状、息结状、领尸结状、免验领尸结状、免验下身结状、免验结状、领状、领尸状、领尸掩埋状、悔状、辞状、请状、约状、拦词。(72种)

行文：咨文、移文、申文、札文、牒文、关文、折文、牌文、呈文、详文、禀文、详册、红白禀、招册、报帖、申册、涉案人员供词、判词、批词、验尸图格、告示、批回、信件。(23种)

单：验伤单、验尸单、验病单、比单、比讯单、讯单、覆讯单、审单、验单、勘单、履勘单、提验单、查验单、勘验单、相验单、喊单、枷单、疏枷单、点解单、审解单、提单、押单、管押单、现押单、点名单、报单、到单、发落单、发单、伤单、涉案物品失单、收管单、扭送单、涉案人员清单、涉案物品清单、失窃物品清单、在押人犯姓名清单、账目清单、债务清单、田房契约价址单、该还账项单、置买田业单、田产单、当文单、药单、赏格。(46种)

票：信票、差票、传票、拘票、唤票、验票、缉票、拿票、签票、解票、照票、解役照销、销票、牌票、护票、查票、委票、捞票、凭票、存票。(20种)

牌：宪牌、信牌、护牌、解牌、提牌、委牌、勘牌、唤牌、关牌、缉牌、差牌、传牌、拘牌、查牌、验牌、牌示。(16种)

道光朝

状：诉状、喊状、恳状、哀恳状、禀恳状、冤状、亲供状、供状、催状、存状、哀状、哀拦状、声状、首状、认状、保认状、辞状、续状、缴状、哀缴状、限缴状、领缴状、签状、送状、晰状、息状、呈状、报状、限状、保限状、保辜限状、辜限状、缴限状、缴保限状、结限状、哀限状、认限状、拦状、免验状、拦验状、免验下身状、告状、投状、保状、认保状、限保状、互保状、结保状、哀保状、连环保状、举状、公举状、舍状、覆状、禀覆状、禀状、复禀状、结状、缴结状、保结状、甘结状、遵结状、遵依结状、切结状、供结状、限结状、领结状、结领状、保限结状、悔结状、息结状、领尸结状、免验下身结状、免验结状、领状、领尸状、领尸掩埋状、领尸埋状、领埋状、悔状、请状、领状、领结状、拦词。(84种)

行文：咨文、移文、申文、札文、牒文、关文、折文、牌文、呈文、详文、禀文、详册、详折、红白禀、验折稿、招册、批文、涉案人员供词、判词、批词、检骨图、验尸图

格、告示、信件。(24种)

单：省释单、保释单、提释单、开释单、验伤单、验尸单、验病单、比单、比讯单、覆讯单、审讯单、提讯单、审单、勘单、履勘单、验单、提验单、相验单、喊单、疏枷单、点解单、牒解单、照解单、捕单、供单、提单、开单、押单、锁押单、点名单、报单、到单、发落单、发单、伤单、赃单、涉案物品失单、领尸单、收单、收管单、涉案人员清单、涉案物品清单、失窃物品清单、合单、扭送单、枷锁单、取保单、赏格。(48种)

票：信票、差票、传票、拘票、唤票、验唤票、验票、勘验票、缉票、勘票、查勘票、验勘票、拿票、签票、解票、关票、催票、照票、解役照销、给役回销、回销、销票、销照、验销票、牌票、护票、查票、捞票、领票、给票、收票、凭票、存票、移票、借票、执票、印票、当票、饬票、牒票、押票、欠票。(42种)

牌：宪牌、护牌、解牌、委牌、唤牌、关牌、差牌、查牌、潮牌、饬牌、催牌。(11种)

咸丰朝

状：诉状、喊状、恳状、哀恳状、副状、冤状、供状、催状、存状、哀状、声状、首状、认状、保认状、辞状、缴状、领缴状、申状、伸状、签状、送状、伸晰状、息状、告息状、报状、限状、保限状、拦状、免验状、拦验状、免验下身状、告状、保状、认保状、缴保状、哀保状、连环保状、舍状、覆状、禀状、公禀状、承认禀状、结状、缴结状、保结状、甘结状、限结状、领结状、保限结状、悔结状、息结状、领尸免验结状、免验下身结状、免验结状、领尸埋结状、领尸掩埋结状、领状、辞领状、领尸状、领尸掩埋状、领埋状、悔状、约状、拦词。(64种)

行文：咨文、移文、申文、札文、牒文、关文、牌文、呈文、详文、禀文、详册、详册稿、红白禀、验折稿、涉案人员供词、判词、批词、尸格图、告示、信件。(20种)

单：省释单、提释单、开释单、验伤单、验尸单、验病单、比单、覆讯单、提讯单、审单、履勘单、提验单、相验单、喊单、疏枷单、点解单、提单、点名单、发单、伤单、涉案物品失单、涉案人员清单、涉案物品清单、失窃物品清单、扭送单、药方、赏格。(27种)

票：信票、差票、拘票、唤票、勘唤票、验票、缉票、勘票、签票、解票、关票、催票、照票、解役照销、给役回销、回销、牌票、护票、查票、给票、借票、执票、当票、饬票、牒票。(25种)

牌：宪牌、护牌、解牌、关牌。(4种)

同治朝

状：诉状、喊状、恳状、哀恳状、冤状、供状、催状、存状、哀状、声状、首状、认状、辞状、缴辞状、续状、扭状、缴状、保缴状、禀缴状、认缴状、节略状、伸状、签状、送状、晰状、息状、结息状、呈状、报状、限状、保限状、认限状、结限状、拦状、免验状、拦验状、免验下身状、告状、投状、保状、认保状、缴保状、哀保状、连环保状、保举状、舍状、覆状、禀状、结状、缴结状、保结状、甘结状、遵结状、切结状、供结状、领结状、悔结状、息结状、免验下身结状、免验结状、领尸掩埋结状、领状、领尸状、领尸掩埋状、领尸结状、辞领状、悔状、拦词。(68种)

行文：咨文、移文、申文、札文、牒文、牌文、呈文、详文、禀文、详册、详册稿、红白禀、详折稿、示谕、批文、详稿、涉案人员供词、判词、批词、告示、信件。(21种)

单：省释单、保释单、提释单、开释单、验伤单、验尸单、验病单、比单、讯单、覆讯单、提讯单、结讯单、审单、勘单、履勘单、验单、提验单、相验单、喊单、疏枷单、点解单、满单、提单、押单、锁押单、点名单、发单、伤单、脏单、涉案物品失单、涉案人员清单、涉案物品清单、失窃物品清单、被搂物品清单、赃物清单、领尸单、收单、扭送单、枷锁单、帖送单、取保单、汛贴单、药方、赏格。(45种)

票：信票、差票、拘票、唤票、验票、勘验票、缉票、勘票、查勘票、验勘票、签票、解票、关票、催票、照票、解役照销、给役回销、回销、销票、护票、查票、给票、给票回销、收票、凭票、存票、移票、借票、当票、牒票、押票。(31种)

牌：宪牌、护牌、解牌、委牌、唤牌、关牌、传牌。(7种)

户部执照、国子监监照。

光绪朝

状：诉状、喊状、恳状、哀恳状、催恳状、禀恳状、副状、冤状、申冤状、冤白状、供状、亲供状、禀亲供状、催状、存状、哀状、哀拦状、禀哀状、声状、首状、认状、保认状、辞状、续状、扭状、缴状、补缴状、哀缴状、限缴状、领缴状、保缴状、添状、节略状、节状、申状、伸状、签状、送状、晰状、履晰状、析状、息状、告息状、回状、回明状、呈状、报状、限状、保限状、保辜限状、缴限状、拦状、验状、拦验状、免验状、免验下身状、免验领尸状、告状、比告状、投状、保状、认保状、互保状、缴保状、哀保状、恳释保状、举状、公举状、投白状、申白状、告白状、申明状、缕晰陈明状、舍状、覆状、禀覆状、禀状、扭禀状、协禀状、公禀状、回禀状、复禀状、说禀状、辨禀、亲禀、结状、缴结状、保结状、甘结状、遵结状、遵依结状、切结状、供结状、限结状、领结状、结领状、免验切结状、保限结状、悔结状、诬结状、息结状、甘息结状、免验下身结状、免验结状、领尸掩埋结状、领状、领尸状、领尸掩埋状、领尸埋状、暂领状、领埋现状、领尸结状、悔状、认悔状、遵状、缕词、收状、搕状、勘状、履勘状、勘验状、禄状、说状、窃状、协状、并状、牒状、叩状、施状、回词状、粘状、辞状、请状、拦词抄状、拦词。(135种)

行文：咨文、移文、申文、札文、牒文、牌文、呈文、详文、禀文、详册、详册稿、红白禀、详折稿、示谕、尸格、尸格稿、涉案人员供词、判词、批词、府宪词稿、解文、信件、告示、照会、签条、请帖、便条。(27种)

单：释单、省释单、保释单、提释单、开释单、满释单、审释单、开宥释单、束释单、验伤单、验尸单、验病单、比单、讯单、比讯单、提讯单、传讯单、带讯单、覆讯单、审单、比覆单、结覆单、勘单、履勘单、验单、提验单、勘验单、相验单、刑房自验单、报验单、收验单、查验单、捕验单、充验单、喊单、开枷单、疏枷单、解单、点解单、申解单、移解单、递解单、捕单、供单、刑房续供单、满单、枷满单、提单、提禁单、开单、押单、收押单、锁押单、看押单、点名单、发单、报单、申报单、到单、伤单、赃物清单、涉案物品失单、涉案人员清单、涉案物品清单、失窃物品清单、票银数目清单、账目清单、保限单、结覆单、催单、领尸单、收单、收管单、添差单、合单、送单、移送单、护送单、扭送单、协送单、催谕单、面谕单、余被单、禀单、刑房计开拨监单、巴县县衙刑房的拨单、冤由粘单、刑房奉单、事由单、录界单、验签、保单、取保单、赏格。(94种)

票：信票、差票、传票、差传票、签传票、拘票、差拘票、验拘票、勘拘票、签拘票、唤票、差唤票、勘唤票、验唤票、拘唤票、查唤票、并唤票、传唤票、照唤票、验票、勘验票、相验票、差验票、查验票、签验票、唤验票、缉票、通缉票、差缉票、勘票、查勘票、稽勘票、履勘票、拿票、差拿票、签票、解票、关票、催票、照票、解役照销、给役回销、回销、销票、验销票、牌票、护票、查票、存查票、委票、捞票、领票、给票、给票回销、收票、凭票、存票、移票、借票、结票、执票、并票、印票、当票、估票、持票、红票、合票、饬票、牒票、羁票、官票、押票、唱票、兑票、传签。(76种)

牌：宪牌、护牌、解牌、提牌、委牌、勘牌、关牌、通缉牌、牌、牌示、差牌、差勘牌、签牌、传牌、移牌、递解牌。(16种)

宣统朝

状：诉状、喊状、恳状、禀恳状、副状、供状、催状、存状、哀状、声状、首状、认状、辞状、续状、扭状、缴状、保缴状、代缴状、添状、节略状、节状、送状、晰状、析状、息状、呈状、报状、限状、免验状、告状、投状、保状、恳保状、缴保状、举状、公举状、舍状、覆状、回覆状、禀状、协禀状、结状、缴结状、保结状、甘结状、供结状、

领结状、恳结状、保辜结状、免验结状、领状、领尸状、领尸掩埋状、领尸结状、辞领状、悔状、牒状、拦词。(58 种)

行文：咨文、移文、申文、札文、牒文、牌文、呈文、详文、禀文、详册、详册稿、红白禀、示谕、复文、尸格、涉案人员供词、判词、信件、照会、批回、告示。(21 种)

票：差票、传票、拘票、唤票、签唤票、勘唤票、验唤票、验票、勘验票、缉票、勘票、签票、解票、关票、照票、解役照销、给役回销、牌票、护票、给票、收票、凭票、存票、借票、执票、印票、估票、红票、合票、牒票、地丁纳票。(31 种)

单：省释单、保释单、提释单、开释单、验伤单、验尸单、比单、提比单、讯单、审讯单、比讯单、提讯单、传讯单、覆讯单、审单、勘单、履勘单、验单、提验单、相验单、复验单、喊单、解单、点解单、申解单、长解单、逮捕单、供单、满单、开单、报单、发单、伤单、涉案人员清单、涉案物品清单、失窃物品清单、催单、领尸单、收单、收管单、合单、送单、移送单、审谕单、刑房计开拨监单、巴县县衙刑房拨所单、巴县县衙刑房拨厂单、巴县县衙刑房的拨单、事由单、取保单、赏格。(51 种)

牌：巴县县衙赏牌、查勘牌、护牌、解牌、关牌、差牌。(6 种)

各朝文约

收钱文约、借约、家谱、永敦合约、请约、卖田土文约、分开合约、领培修家祠文约、包约、认质约、认约、借银文约、甘愿请息文约、息约、合伙文约、杜患文约、佃约、摘留山土圆房屋供奉谷硕文约、永敦和睦杜患文约、请息文约、承认文约、承担文约、收银文约、欠票文约、彻底扫清全收租谷文约、伏约、摘留文约、甘愿领女重叠再西焦永不翻悔的文约、悔亲文约、休妻文约、冤约、拆离文约、嫁妻文约、领约、再婚文约、退婚文约、凭约、退亲文约、请媒文约、领妻文约、卖女文约、提约、甘愿包承文约、承嗣顶宗文约、戒约、领聘文约、保释文约、退妻文约、送妻文约、冤白文约、悔过文约、洗旧从新文约、暂借文约、认过央情文约、央恳免逐文约、悔过回庙恪守清规文约、央请文约、自愿嫁妻文约、逐出自甘拆散退悔文约、主推文约、住户文约、付约、命约、通白泄冤文约、限约、弃子文约、分炊文约、分居文约、杜害文约、让约、过继文约、投约、申约、永远合认文约、免讼文约、暂分文约、请会文约、掌放文约、抱子文约、出价文约、供奉文约、断讼文约、请抚孤文约、领尸文约、遵断合约、拦约、央请俯罪认约、认摘文约、承认踩台演戏文约、服约免送文约、过房文约、遵谕还膳文约、甘愿请罚文约、甘愿受罚免究文约、拆伙文约、和好仍还旧规合约、承认买射厂引盐合约、帮人文约、顶打文约、拆伙出租文约、相还文约、招认本账发达相还文约、承凭割纸文约、甘愿了案合同、合伙协办官运合约、央请执掌并请管束文约、权立分约、集众了事文约、出庙文约、哀恳暂祈焚献文约、同心合伙文约、帮工文约、出认文约、分居文约、承认帮工文约、承请文约、代收文约、展还文约、撤伙文约、包管行生理文约、杜患释疑合约、全收文约、晓白文约、定田文约、掌管文约、掌字文约、禁止文约、请中觅主文约、恳请抚孤文约、射破文约、和好文约、免息文约、领存文约、同心合伙凿打门硐挖炭生理文约、立账文约、结算文约、续约、催约、澄清文约、帮约、批约、甘愿寝息文约、分居文约、认赔文约、共患文约、保抵文约、哀恳文约、悔过认罚字约、欠土价文约、剖白文约、永不滋事戒帖文约、担扶文约、违示文约、永不串害文约、供奉文约、哀恳文约、哀保文约、甘心悔白文约、付送文约、遵断承祧辅孤全贞文约、合伙开挖到脚炭山生理文约、交押细文约、送字文约、追佣文约、永定规程合约、甘愿承认永作家祠文约、承继嗣续文约、借谷文约、领放约、剖白了息字约、佐掉文约、认投文约、抵借钱文约、央合限还文约、保辜文约、托孤继承文约、知感文约、欠限约、承认当嫁文约、永杜轸镐合约、全领银文约、依劝息讼文约、杜后复合伙文约、暂借短拨文约、承认帮工文约、承认请工文约、全收文约、投租文约、担保文约、抱子延宗文约、担保文约、帮贸文约、包修文约、互扣合约、分辞免累文约、认捐文约、自愿退庙文约、认咎文约、认过文约、永不赎回文约、和义文约、立判文约、舍铺文约、售约、哀怜文约、情愿调明文约、承凭文约、了息文约、领尸约。(209种)

表四 《巴县档案》载各朝司法文书类型统计表

<table>
<tr><th>朝代</th><th>状</th><th>票</th><th>单</th><th>牌</th><th>行文</th><th>文约</th></tr>
<tr><td>乾隆</td><td>42</td><td>15</td><td>27</td><td>10</td><td>19</td><td rowspan="7">209</td></tr>
<tr><td>嘉庆</td><td>72</td><td>20</td><td>46</td><td>16</td><td>23</td></tr>
<tr><td>道光</td><td>84</td><td>42</td><td>48</td><td>11</td><td>24</td></tr>
<tr><td>咸丰</td><td>64</td><td>25</td><td>27</td><td>4</td><td>20</td></tr>
<tr><td>同治</td><td>68</td><td>31</td><td>45</td><td>7</td><td>21</td></tr>
<tr><td>光绪</td><td>135</td><td>76</td><td>94</td><td>16</td><td>27</td></tr>
<tr><td>宣统</td><td>58</td><td>31</td><td>51</td><td>6</td><td>21</td></tr>
</table>

资料来源《清代巴县衙门档案分卷提要》,未刊。

以上各朝各种文书亚类与各类文约的名称显示,巴县衙门在有清一代处理案件时尚无将司法文书格式与名称标准化的意向。涉案人员呈状时,状纸格式名称可能五花八门,而堂讯录状及衙门行文,票、单、牌均衙门所为,亦很不统一,说明衙门既未对涉案人员状纸格式和名称提出标准化要求,自身书写各类文书亦有一定随意而为。表四的统计数据显示各亚类文书数量大体呈由远及近逐渐增多状态,从各朝亚类文书种类罗列看,各朝文书亚类比前一朝大多有所增加。每个亚类文书的份数各不相同,并非一个亚类仅有一份文书。

文约中有少量类似结状、禀状类文种，但大多属于县衙收集的证据之类，因此，本文未将这类文书归入巴县衙门处理案件的文书中。

《巴县档案》所存各类文书十分复杂，可以说每一类都值得深入研究。本文不可能对每类文书起用的确切时间、各类文书的功能及与相近类型之间的微小差异做出全面研究。这里，笔者只就某些问题作简要说明。第一，原告的报状、约邻的报状（名称不一。发生命案，无主尸或死者不在当地时，往往由约邻报官）、涉案人的供状及县衙审理案件过程中各类涉案人的禀状（名称众多）、领埋状（命案文书）、结状（名称各异。一般状后附有知县的批示）这几种文书是决定案件审理过程是否完整，文书是否齐全的关键。同时，案件审理过程中，或受县衙劝说调解，或由约邻出面调解，或因被告不服申诉乃至翻供、反告等，致使案件文书成倍增加也不在少数。但是，不管案件处理过程如何复杂，如未存有报案、审理和结案文书，案件审理过程也不算完整。第二，票和牌这两种文书往往功用十分相近，甚至存在名称互用的情况。为何巴县各朝档案都有这两种文书及其微妙差别，尚须深入研究。第三，禀文大体有三种完全不同的类型。一是涉案人员向县衙的禀状，功用只是向县衙说明案情。一是受理重案后，县衙向上司禀明发生案件事，不须回复。然后县衙按规定应在初步了解案情后向上司呈递详文、详册（实际则往往审理清楚后才上呈详文），此文须上司批复，县衙按上司批复审理结案后还得上报详文。一是县衙因重要事项向上司上呈禀文。有学者依据南部县清代档案资料研究，指出清代自乾隆起，下级官员向上级请示公事上呈禀文，用白纸书写，再用红纸抄录一份，称为红禀白禀。白禀由上司留存，红禀则批复遵办。① 如果这是惯例，《巴县档案》中保存的此种禀文理应是红禀，但巴县衙门案件中能见到的原件均称“红白禀”，并非只是红禀。因此，红白禀在巴县衙门如何使用，尚须进一步研究。

《巴县档案》所存文书中大多数从字面上大体能知晓是何意指，但也有少量仅从字面无法明了其意为何，如缕词（缕状）、揢状、窃状、首状、并状、施状、析状、晰状、声状、请状、息状等。经仔细研究档案原件，缕词（缕状）就是涉案人详细呈报案情之意；揢状是原告被人揢索后以事件本身命名的报状；窃状是涉案人被人窃用名义后的告状；首状即状告某被告之意；并状是几个涉案人同告或同禀某一事由时，再告者自称为并状；施状是涉案人将财物施给文会之意；析状、晰状均有把案情尽量陈述清楚之意；声状为声说请求知县做主之意；请状为地邻请求县衙准调解息讼之意；息状则是告状人自己停诉的禀状。上述乃笔者查核档案原件析出之意。《巴县档案》数量巨大，很难穷尽所有同名文书的本

---

① 黎春林：《清代“红禀”研究》，《西南交通大学学报（哲学社会科学版）》2017 年第 5 期。

意。但是，上述这些文书名称，已表明巴县衙门处理司法案件所用文书随意性很大。这种现象形成的原因，恐主要在于当时县以下文化程度有限，一些初有文化之人不能用更准确语言陈明意中之事，只能就自己对事情本身性质的理解定名。面对这种现实，县衙也只能顺其自然而为之。

四、结语

《巴县档案》所载155年间巴县衙门司法档案案件文书十分博杂，本文所举个例只是冰山一角。清代巴县属水陆交通要冲，各地商贾和各种谋生者汇聚一处，习俗众多，俚语混杂。这些社会因素均在巴县衙门司法文书中有所体现，辨析已难，加之书写潦草，档案毁损严重，彻底厘清所有司法文书名称本意，殊非易事。“清代巴县衙门档案整理与研究”课题组只是进行了全面梳理巴县衙门文书的初步尝试，还有待《巴县档案》研究者和利用《巴县档案》研究清代巴县社会的同行进一步深入探讨。

20 世纪 30 年代川省民间合会及其纠纷处置浅析

——以三台县为例

李常宝*

摘　要　合会是一种民间自发组织的金融互助形式，因有其相当的社会需求和群众基础，在中国基层社会长期存在，至 20 世纪 30 年代依然活跃，并演化出较多的起会形式，成为民间融资的常见手段。然就考察国民政府时期川省基层民间合会的实际运作而言，合会围绕会款而起的纠纷较多，究其原因多在于会众在转会之际无力填会，或滥会之际如何处理会款问题多有分歧等。会众处理此类纠纷，多提请地方保甲处理，不成则诉诸地方法院。地方法院在受理此类案件之际虽无章可循，然则可比照《中华民国民法》或审理或调解结案，大体上此际的合会纠纷易于化解。

关键词　民国；四川；合会；会众纠纷

合会是官方正式金融体制之外的一种民间借贷，能为成员轮番提供信贷，具有成员之间互助资金、共同储蓄性质。① 合会此类民间信贷不仅存在于中国，英国等也有此类经济活动，如“轮转储蓄与信贷协会”（Rotating Savings and Credit Association），简称 ROSCA。②

* 李常宝，山西师范大学历史文化学院教授。

① 冯兴元、何广文、杜志雄：《中国乡镇企业融资与内生民间金融组织制度创新研究》，山西经济出版社，2006，第 129 页。

② 苏亦工：《中法西用：中国传统法律及习惯在香港》，社会科学文献出版社，2002，第 172 页。

中国民间的合会究竟始于何时，民国学者王宗培考证认为起于唐宋之际。① 当代学者进一步考辨指出民间合会在汉代已有其雏形，唐代基本成型，宋代有了初步发展。② 此后，随着商品经济的萌发，民间的合会更为活跃，至20世纪30年代，合会依然是中国民间社会广泛存在的借贷方式。③ 尽管合会在中国各地的称谓不一，形式各异，然本质均为民间储蓄与民间借贷二者通过一定的邀约形式结合起来，带有民间保险性质的小额信贷方式，是一种小规模的金融合作制度，是金融不发达的产物。合会一般多存在于社会制度较少变化，社会秩序较为安定，家族观念浓厚，乡党亲友关系密切的社会，这种“以互助为目的，以对人信用为主干的合会组织便可以应运而生”。④ 不过，民间合会的功能具有多面性，且受合会发起目的与运行的影响，此种经济行为之结果亦具有不确定性，易于引发社会问题。又因此类活动多为熟人间的自愿行为，历代官府对此难以直接规范，容易滋生经济纠纷，是社会治理当中的重要关注点。本文就南京国民政府时期地方法院关于合会纠纷的司法实践，并结合近代以来引发社会震荡的标会之类民间合会，⑤ 开展对合会的深入研究，并对其施以法律规制势在必行的原因进行探讨。

一、南京国民政府初期川省的乡村合会

较诸既往，南京国民政府治下的社会结构并未有太多的变动，传统的社会形式或组织依然存在，如传统时代的合会依旧在各省运行。不过，此类民间金融组织虽名称各异，然性质类似，如延续传统农村婚丧互助性质而来的合会，在山西临城（今属河北省）称为“红白会”。又如江西省宁都县有“众会”，其由聚居在一起的家族内部族人共同组成，按当地习惯在族内广泛筹集款项，并登记在册，依照成例进行管理使用。众会通过世代积累下来的会金用于族中公共事业，如祭祀、修路或救济天灾人祸。会金的管理人由族内共同推

---

① 王宗培：《中国之合会》，中国合作学社，1935，第6页。

② 郑启福：《中国合会起源之考辨》，《湖北经济学院学报》2011年第2期；官正艳：《中国近现代合会研究——以法文化的视角》，西南政法大学硕士学位论文，2007，第5页。

③ 徐畅：《“合会”述论》，《近代史研究》1998年第2期。

④ 杨西孟：《中国合会之研究》，商务印书馆，1935，卷上，第2页。

⑤ 中华人民共和国成立之后，一切管制之外的金融活动均视为非法而加以取缔。在“三大改造”时期，农村旧有的民间借贷关系成为改造的对象之一，代之以社会主义性质的信用合作社。1964年中央出台《关于城乡高利贷活动的情况和取缔方法的报告》对合会有了具体的规定：“对民间有习惯的标会或摇会，可不予禁止，但利息不得超过上述规定，超过规定者，其超过部分，应予取消。今后会款谁用，可由协商决定，不再采用投标方法。标会摇会已经结束的，一般可以不再追算。”中共中央文献研究室编：《建国以来重要文献选编》，中央文献出版社，1997，第18册，第230页。“上述规定”指该报告前文所说的“月息一分五厘”。

举，且会金可以外借从而收取利息，会金及利息属于全体众会。① 其在四川等南方各省尤为活跃，在农村普遍贫困化的基层救急当中占据重要地位。

民国初年，川内大小军阀林立，兼并战争时有发生，为此，军阀在其防区需索无度，民众不堪其苦。在长江以北，宣汉、蓬安、灌县以南一带，本系川省最为富饶之区，而各地驻军预征田赋至二十年到四十年之久，另外还有附加税及额外征发。② 兼以此际水旱灾频发，外货倾销农村市场，农村经济进一步衰败，“农产输出减退，而工业品之输入农村则旦夕滋长。农村入不敷出之结果，现金一味外流，而甚少运回农村之机会。往昔适应于农产季节之金融季节，至是而渐失其作用”。③ 同期，乡村资金呈现向城市的单向流动，及至20世纪二三十年代，川中地主往往放弃田亩，移居成都重庆城中，借以逃避田赋之交纳。总之，农村经济恶化加剧，乡村金融日渐枯竭，民众生活水平显著下降，根据1934年针对四川省1556户农家的调查，负债度日者占61%。④ 此类贫苦者为了维持日常生计，在新式农贷产生之前，大多只能求诸民间借贷。

因时代使然，合会在此时期有其存在的社会基础。根据1933年南京国民政府中央农业实验所农业经济科对22省农民的借贷调查可知，1930年代民间借贷多为现款借贷和粮食借贷，其中四川省56县现款借贷年利率3.8%，粮食借贷月利率5.7%。⑤ 虽此两项指标明显低于甘肃和陕西两省，然虑及借贷所存在的经济压力，民众多倾向于选择合会以纾解经济窘境，如，民国年间三台县常见的高利贷有“场场钱”，月息高达100%—150%；又如“扣头钱”，借10元实际到手的只有8—9元。⑥ 高利贷业务一般是由当地的保甲、富绅等经营，借贷者所支付的利息甚至高达本金的1到3倍，民众除非万不得已，否则不敢如此饮鸩止渴。因此，民众更倾向于实物借贷或以请会等方式筹得款项以渡难关，尤其是请会不仅能使得会者迅速有效地解决经济困难，而且低息、甚至无息，是基层民众解决燃眉之急的首选。究其实质，就在于合会运作模式有其特殊性，即民众起会取得会款不需要复杂手续、抵押或经济担保，具有较强的互助性质。因此，南京国民政府治下的中国，合会进一步深入乡村社会，“流行遍及于穷乡，传授普及于妇孺”。⑦

---

① 前南京国民政府司法行政部编：《民事习惯调查报告录》，中国政法大学出版社，2005，第6页。

② 陈瀚笙：《现代中国的土地问题》，黄汝骧译，《中国经济（南京）》1933年第4—5期合刊。

③ 章乃器：《民国二十二年国内金融之回顾》，《社会经济月报》1934年第1期。

④ 章有义编：《中国近代农业史资料第三辑·1927—1937》，生活·读书·新知三联书店，1957，第759页。

⑤ 实业部中央农业实验所农业经济科：《各省农民借贷调查》，《农情报告》1934年第4期。

⑥ 四川省三台县志编纂委员会编：《三台县志》，四川人民出版社，1992，第588页。

⑦ 陈正江：《浙江民间金融规范与创新发展的法制保障》，浙江工商大学出版社，2014，第32页。

在川省的民间金融活动当中，合会作为统称，在该省各地名称不一，且名目繁多。① 如，双流县称为“起会”，三台县叫“请会”，珙县则称为“打会”。根据其所采用现金或谷、米之取付形式，有钱会和粮会之分。“约定每月、每季、或每年举行一次，每次各交一定数量的会款（或谷米），轮流交一人使用。”② 而在每一县内，依照合会的发起形式和会众人数，合会还有其具体的会名。如三台县内通行有“月月会”“五福会”“八仙会”“十全会”等。合会发起人即起会者为“会首”，参与者为“会脚”。起会者因面临某种经济困难，邀请亲友按议定份额集资，起会者得首会（集资总金额），并依次排定会脚得会时间。得会者可以计利息，也可以请吃酒席。当然也有会脚应交会金之时拖欠或不交，以致合会难以为继的“滥会”现象发生。③

合会发起者在三台县亦称为会首，参与者称为会脚。合会一般分为四个步骤：请会、齐会、转会和得会。经过若干次转会，至最后一名会脚得会，此会即宣告解散，是为终会。会首主要承担召集会脚、组织请会、决定开会时间与人数等事务。会众经统一协商后，请会正式运行。会脚得会称为“接会”，缴纳会金称为“填会”，若一人没有按时缴纳会金，且屡次催讨拒不交纳，是为“滥会”。以三台县月月会为例，因合会周期为一月一次。第一次聚会时，会首、会脚集体议定请会金额、会期、利息、得会方式。例如，“会首邀约 5 个会脚议定会金 100 元，每脚 20 元，分 5 年填上，会首首次得 100 元。若议定的会款为有息得用，那么会众便民主协商占会秩序的先后，以及相应所得会款。占一会者上会金 27 元，五次共 135 元。占二会者每次上 24 元，共 120 元。三会每次上 20 元，共 100 元。四会每次上 16 元，共 80 元。五会每次 13 元，共 65 元”。④ 会首最早得会，不计利息，只负责每次开会酒席等花销。得一会者出资总金额 135 元，35 元则是一会支付五会的利息。二会总金额 120 元，其中 20 元即利息。依次类推，越晚得会需缴纳金额越少，反之越早得会的人需缴纳的金额多且利息较高。费孝通对此类互助会予以总结，指出此项经济活动由若干成员组成，为时若干年。会员每年相聚数次，每次聚会时存一份款，各会员存的总数，由一个会员收集借用，每一个会员轮流收集使用存款。第一个收集人即组织者，活动一开始，他是该会的借债人，他分期付款，交一定量利息。最后一个收集人是存款人，他最后收集自己那笔存款和利息。其他成员则依次收集存款，从存款人变成借债人。收款次序按协议、

① 《自贡市金融志》编纂委员会编：《自贡市金融志》，四川辞书出版社，1994，第 94 页；乐山金融志编纂委员会编：《乐山金融志》，巴蜀书社，1999，第 374 页。

② 中国农业银行四川省分行农村金融志编委会编：《四川农村金融志》，四川大学出版社，1992，第 307 页。

③ 四川省三台县志编纂委员会编：《三台县志》，四川人民出版社，1992，第 588 页。

④ 中国农业银行四川省分行农村金融志编委会编：《四川农村金融志》，四川大学出版社，1992，第 207 页。

抽签或自报公议的办法决定。①

二、会众会款纠纷情形

作为一种互助性质的草根金融模式，基层民众发起合会之本初目的是为了解决某种临时性的经济困难，并为之邀请其周边亲朋好友共同商议集资总额和份额，此际合会依靠的是入会者之间知根知底的信用关系，保证这种原始的信贷关系可以无担保运行。合会性质属于民间组织，并没有明确的规章制度和法律保障，因此“滥会”“倒会”之际，围绕会款问题的纠纷不易解决。

在民国之前，中国法律上很少有近代意义上的民事法律关系之规定，合会之类民事活动所遵循者多为习俗与彼此间的约定，合会也反映了基于熟人社会的经济关系，且带有互助相恤的功能，符合传统中国社会的价值标准。至民国时期，集合财力而形成的合会，就其组织目的和功能来看，逐渐有所发展，且随着社会的发展，合会会款的用途具有多样性，并开始用于经商或放贷等牟利活动。② 资金链条断裂，填会环节出现问题，合会难以为继，滥会现象时有发生，围绕此类之纠纷往往诉诸法律。

会款纠纷大多起于合会转会之际会脚无法及时填会。揆诸史实，合会会脚以从事农业生产的社会下层民众居多，大多靠天吃饭，自然因素对其生产经营影响较大，因此他们的经济基础脆弱。据羊文山控胡香庭会款案记载，羊文山与胡香庭均参加了由谢永良邀集的“千元会”。1937 年羊文山接会时，上一会胡香庭无钱填会，请求缓期缴纳会款，然而至合会期满仍难填会，羊文山为之诉至三台县地方法院。庭审当中，胡香庭承认应付会款 163 元之事实。不过，胡氏陈明因时局变幻天年不好，饥荒严重以致无力归还会款，表示愿将地契作为抵押，约定以 1938 年 4 月为限期还清此款。据此，三台县地方法院针对两造略加调解，双方和解。③ 胡香庭业农，其参会之目的为获得农业生产之资金，其填还会款的资金来源亦主要依靠土地收入。而 1936 年夏季到 1937 年春夏，四川省发生惨烈的旱灾，三台县禾苗枯槁，且多次遭受龙卷风侵害。至 7 月，该县气候走向另一个极端——连日大雨，三台境内凯江、涪江洪水暴涨、沿河庄稼损失严重，农业损失至巨。④ 胡香庭无法填会当

---

① 费孝通：《江村经济》，北京联合出版公司，2018，第 226—227 页。

② 冯和法编：《中国农村经济资料》，黎明书局，1933，第 386、388 页。

③ 羊文山：《呈为抗判不遵意图奸赖迫恳究追以维债权而抵偿事》，民国三台县地方法院档案，档案号 9－3－611，四川省三台县档案馆藏。

④ 四川省三台县志编纂委员会编：《三台县志》，四川人民出版社，1992，第 588 页。

在情理之中，农业收入本身受自然影响较大，具有很大的脆弱性、不稳定性。

会款纠纷除由天灾影响致使无力填会引发外，还与得会者经营不善有关。如会脚以经商为业者，其所得会款多用于放贷以谋取利息。如1938年龙杨氏控刘玉成债务一案，龙杨氏称早年曾变卖祖业得款500元以及前接刘采章发起的田园会会款200元，共700元以3分利息借予刘玉成父子，刘玉成以其名下窗子湾产业作抵押。龙杨氏企图以此700元所获利息来填刘采章发起的田园会，结果事与愿违。借款后第一年刘玉成照约付利，龙杨氏顺利填会。第二年刘玉成未给利息，当初借款所押之窗子湾产业也被刘玉成分割，转会届期，龙杨氏无法填会。依据田园会规，会众聚集，逼迫龙杨氏填款，纠纷遂起。经联保调解未果，双方诉至三台县地方法院。① 一般而言，民间私人借贷的利息往往高于合会内部收取的利息，其间的差额促使得会者为之投机冒险，一旦得会者将会款放贷以图利，在其能获利的同时，也存在无法收回本金的风险，进而无法及时填会，导致合会难以为继，纠纷遂起。

从近代以来社会性质的渐变来看，会款纠纷与起会者所依赖的信用开始降低存在关联。据1935年梁蒋氏控梁季常会款一案记载，梁季常曾于1927年邀众发起500元一局的田园会，梁季常为会首，会脚梁蒋氏在首会填会金38.5元，其后一会填35.5元，合共74元。到第二年开会时期，梁季常称会局不齐，意即该会不再继续。按照地方传统习俗，合会中途结束，则接会人应全数退出会金，按年照约退交会众均分。梁蒋氏除照例得本金74元外，还应获得照会规规定已达9年之久的利息。梁蒋氏屡次催讨，梁季常拖延不予退款，为此梁蒋氏诉至三台县地方法院请求解决。② 又如，杨永兴以侵吞会款为名将会首杨邦夫控告于联保，杨邦夫申辩虽充当会首，然因学历不足，账目款项不清，以至收支不抵，是以难还会款。经保长何盛根一再劝解，双方达成和解，杨邦夫"补交500钏钱以弥补前后错账之损失，承诺不翻案"。③ 由此可见，近代以来维系合会存在的信用逐渐降低，传统的民间融资方式所依赖的基础受到侵害。

除此之外，南京国民政府时期合会还成为基层保甲人员敛财的手段，因为保甲掌握基层权势，其发起合会往往隐匿了会款纠纷的实质。1936年，三台县芦溪乡第三十四保第八甲游本银控李君太债务案，游氏称自己曾于1930年受本甲甲长曾洪基邀请作会，当时一会

---

① 龙杨氏：《为恶骗抵押债务告请传案究追勒令清偿事》，民国三台县地方法院档案，档案号9—3—809，四川省三台县档案馆藏。

② 梁蒋氏：《为欺骗不偿依法告诉，恳请传案究追事》，民国三台县地方法院档案，档案号9—3—1007，四川省三台县档案馆藏。

③ 何盛根：《为劝和了息可否注销以免讼累事》，民国三台县地方法院档案，档案号9—3—944，四川省三台县档案馆藏。

的会金为500元。曾洪基以其名下种花产业作抵押要求游本银担负保全合会终局责任。碍于曾洪基甲长身份，游本银不敢不从。1931年开会期间，曾洪基无钱填会以致滥会，合会解体。因为游本银有保会终局责任在先，所以会众纠集向其催讨。游本银认为李君太等会脚与甲长串通一气，设计谋财，为之诉到三台县地方法院。① 又如，三台县芦溪乡第四保保长罗正太为修房子筹款发起“五福会”，会脚均为家有壮丁者，每人出口粮一老石（合450市斤），共收粮五老石，结果罗正太只请五人吃了一顿饭，以后再也不提开会之事，而会脚害怕被拉壮丁，不敢声扬，人们称此为“独脚会”。② 尽管此类合会具有以权谋私的成分，然则套用的还是传统的合会形式，可见，随着保甲制度的推行，地方保甲长起会的动机显然具有了复杂性。保甲作为国民政府时期的地方管理机构，其保甲长掌握治下的田赋征收、兵役、劳役差派大权，保甲长对甲民享有的直接控制权，是民众莫敢违抗的。③ 1936年，三台县县长潘秉衡指令石安场联保主任景润民：“查保甲经费收支规程，所订征费标准，每保5元，保甲内住户最低者一月出捐5仙，多者2角，贫民免出，若谓保与保之间有不平均，该主任尽可全联保统筹，用资调解。即该处以44保而论，总期摊成220元之额定月收保甲捐为度，则上合法令，下恰民情矣，摊派妥定，即造花名清册，经呈该管区署。”④ 由此可见，地方政府规定每月每户须缴纳定额保甲经费，关于贫者、富者的划分权由地方保甲掌握，即便是出现上文所述之“独脚会”，而民众屈从于保甲长的威势，亦往往选择妥协，传统合会的性质有了新的变化。

三、围绕合会纠纷的司法实践

传统合会产生的最初动机是相互救助，其互助合作的经济活动契合了传统中国社会守望互助的道德义务，因此，合会能够长久活跃在中国社会，其主因在于人际之间的诚信，即“谨以义起，冀以信终”。⑤ 遵循儒家思想中“仁”“义”与“信”之精神和互助守信之道德风俗，是传统时代民间互助合作活动发展与壮大之基。但至民国时代合会之传统内核

---

① 游本银：《诉为串局分吞非诉难生事》，民国三台县地方法院档案，档案号9—3—604，四川省三台县档案馆藏。

② 中国农业银行四川省分行农村金融志编委会编：《四川农村金融志》，四川大学出版社，1992，第308页。

③ 三台县在南京国民政府“新县制”推行之前，共分为4区署，67联保，1745保，17437甲。四川省三台县志编纂委员会编：《三台县志》，四川人民出版社，1992，第53页。

④ 三台县县政府：《令石安场联保主任景润民呈报保甲经费情形暨等级表》，《三台县县政月刊》1936第10—11期合刊。

⑤ 徐畅：《“合会”述论》，《近代史研究》1998年第2期。

渐变，虽有起会，然滥会益多，会款纠纷随之而来。因涉及合会所属会众，其关键在于确定滥会的责任主体，及其应承担偿还的会款金额及方式。前文已述，合会若设有保全终局责任者，则由其承担主要责任；若未设保全终局责任者，则由谁来承担滥会的责任以及会金的分配方式往往就成为会众之间起讼的直接原因，也是会款案件处理的关键。

根据对三台县地方法院20世纪30年代档案的考察，会众一旦发生会款纠纷，首先会邀请当地联保介入调解；若调解不成，则诉诸地方法院。如1937年宋承变与宋承派会款纠纷一案，宋承派于1933年作为会首起会，“每会会洋5元”。1937年10月10日，合会开会期间，各会局以连年水旱灾害，无力填会以致滥会。宋承变要求会首宋承派退还其会洋5元，为之抢走了宋承派之家用耕牛，宋承派之妻上前阻拦被殴伤。经联保处主任夏尊三召集双方调解，令宋承变除已付医药费2元外，尚需赔付医药费7元。至于宋承变所主张的应退会金，联保处不理。宋承变为此诉至三台县地方法院，请求归还会金。[①] 关于合会纠纷之法律依据，地方法院尚无法可依。

在民国以前，中国尚未有专门的民事法律，即便是有官方介入民事纠纷，其目的亦在于“定分止争”。民国前期的民商事习惯调查中，曾将合会归入债权习惯。1928年以后，国民政府陆续颁布的民法之债编中并不涉及合会，亦未专门针对合会颁布成文法，唯一可以遵循的法律依据则是《中华民国民法》，其第1条明确规定：“民事法律所未规定者依习惯，无习惯者依法理。”[②] 然则习惯法不得违背公共秩序和善良风俗，因此，在司法过程中，地方法院判决合会案件中更多的是依靠法官自由意志与当地习惯法的相互结合。因此，既往大理院的判例和最高司法院判例通常成为南京国民政府时期地方法院援引的重要依据，法律界对于合会也基本上持许可态度，并一定程度上进行保护，在处理会款案件时更多借鉴债务案件的审理方式。

其一，解决合会内部纠纷。1937年羊文山与胡香庭共同参加千元会，胡香庭因无力填会，于是以产业契约作抵押，委托羊文山代为交款填会，承诺3月内连本带息归还，羊文山因此帮其填会。事后三月期满，羊文山几次讨还垫付款，胡香庭推辞不还。羊文山诉至三台县地方法院。经法院调解，双方达成和解，被告胡香庭承诺在当年内还清欠羊文山本金43元及利息若干。[③] 由此可见，地方法院在审理此类相对简单的合会会款纠纷案件时，

---

① 宋承派：《呈为借会敲打陷害朴懦恳予传案讯究以恤愚农事》，民国三台县地方法院档案，档案号9—3—623，四川省三台县档案馆藏。

② 中国法规刊行社编审委员会编：《六法全书》，法学编译社，1948，第2页。

③ 羊文山：《呈为抗判不遵意图奸赖迫恳究追以维债权而抵偿事情》，民国三台县地方法院档案，档案号9—3—611，四川省三台县档案馆藏。

一般把会款纠纷视同私人之间的债务关系，并按民法第292条“给付有确定期限者，债务人自期限满时起，负迟延责任。其经债权人起诉或依法督促程序送达支付命令者，与催告有同一之效力”定谳。

除了上例会脚间的会款纠纷外，会首与会脚间的利益纠纷也时常发生。1932年，余长富请亲友凑集200元起会，名曰“杠成会”。商定4月、10月期间开会，一会、二会、三会由李荣生、余祥等人接会。至四会由曾李氏承接之际，只接到会款90元，因经济拮据，会脚均推诿不能填会。曾李氏以余长富为会首，要求余长富出具110元借条，该会勉强维持到1935年。是年春，时值红四方面军发起嘉陵江作战，三台县境人心动荡。该“杠成会”开会之际无人接会，会众均主张滥会，已接会者归还会款，然退本无息。各会员均依次退清，余长富退清曾李氏一会之会金，向曾李氏催讨当初所立借约，曾李氏推辞不还。经所在联保处调解，且由接第一会的李荣生出具证明并居间作保商定：曾李氏共出会金50元，已收16元，所差34元要求余长富补给曾李氏，借约作废。然余长富未能补齐曾李氏欠款，曾李氏诉至三台县地方法院，经执达员实地调查后，证实确为事实，地方法院判令双方结算金额，归还手续。①

从余长富案不难发现，会首在请会过程中负有较多责任，不仅要纠集会脚起会，在转会时因会脚临时性经济困难难以填会之际，还要从中周济以维护合会之存续。至于滥会时，也要结合会众意见，对已交会金进行有效合理的分配以协调会众间的利益，所以会首作为合会的第一得利者，亦成为债务人，所要承担的义务亦随之而来。因此，地方法院在审理合会案时，多尊重合会内部会规和协商结果，再结合当地习惯，其判决以保护会众实际利益为主。

其二，会与会之间的纠纷案件。1939年三台县第四区石板滩联保发生龚蕴良与谭德安会款纠纷，联保主任黄友之召集双方及会众证人等过问此事，查明龚蕴良、谭德安同属于朱大生之会，龚蕴良应收谭德安会款88元，“谭德安以其所另属鼎新小学校会之会金未发，不缴纳应付会款”。遵照民间习俗，民众参加合会，应本着各会了各会之规定，以免彼此混淆。谭德安则坚持将其参加的鼎新小学校之会款填朱大生之会款，联保主任黄友之为之采取折中之办法，“令蕴良将应收25元了清德安应分鼎新小学会金，余下63元，再扣蕴良以后应填大生5年之会洋45元，其余18元由德安兑现，两会会簿抵约由联保长当众销毁，双方不得再生枝节”。然此事并未了结，并被诉至三台县地方法院，地方法院参考联保之处

① 余长富：《为虚呈控恳请调卷添质以明真象事》，民国三台县地方法院档案，档案号9—3—634，四川省三台县档案馆藏。

理意见，并当庭调解，判定谭德安限期一个月内付清欠款，诉讼费用各自承担。①

根据20世纪30年代三台县合会纠纷实况考察，无论是会首与会众间的矛盾，会众间的纠纷，还是会与会之间的牵扯，地方法院对于此类合会纠纷案件的判决，其重要参考者有联保的调查和调解，合会内部会规，再结合债务案件的一些审理原则加以结案。当然，由于民间合会并无定规，且每一合会内部的组织规则各异，此则给地方法院的司法审判带来了一定困难。由此可见，南京国民政府时期随着合会的发展，其成员因为无须提供担保，且有些合会有所扩大，成员之间信用下降，合会的内部控制机制削弱，存在滥会的风险。不过，此际合会不同于标会，尚处于可控制范围，不至于引发群体事件或社会震荡。

四、结语

传统时代的合会系不以营利为目的的经济组会，与高利贷者有别，在正常运行状态之下，合会对于会首、会众的利益并无损害，且能有效纾解成员的经济困境，维持了基层社会的稳定。然则合会得以运行是基于公序良俗和民间乡约，以及熟人社会由地缘和血缘关系所形成的信用，且大多没有担保机制，因此，合会虽有经济互助的优势，但随着会众间联系的松散，合会的举办次数增多，会众存在流动性，合会有其潜在风险。从20世纪30年代合会纠纷处置可知，传统制约机制松懈，民众参加合会之目的也悄然变化，在投机和短期求财之动机驱使下，会款被用作投资或借贷以追求高额利益，而随着经济状况的不确定性，滥会、倒会随之而来，社会问题因之发生。由此可知，政府对于此类民间融资活动须得加强监管，完善会首、会众责权利的法律规范，发挥合会在民间金融中的积极作用。同时，结合20世纪30年代围绕合会纠纷的司法实践来看，其主要是难以对合会进行法律定性，在司法实践中只能类推适用与之相似的典型合同的法律规定。但是需要看到的是，合会又具有非典型契约的特点，这就是合会难以法典化的重要原因。因此本研究所带来的启示在于，分析合会的法律关系，不仅要依照合会的具体内容而定，还要结合民间习惯和公序良俗，进而对合会进行创制性的补充。同时还要借助海外日本、印度等国的司法经验，对合会进行法治规范，完成合会的法制化规定。这对当代民间信贷业务依然具有警示意义。

① 石板滩联保处：《案奉均处二十七年十月五日发第九六零号训令饬查明调解龚蕴良与谭德安会款纠纷一案》，民国三台县地方法院档案，档案号9—3—993，四川省三台县档案馆藏。

民国“刑民二分”立法格局下的基层审断

——基于荣县档案的考察

阮嘉禾*

摘　要　在民国时期刑民体系分隶的立法格局下，基层司法中刑民的实体与程序要素交叉不定，传统中国州县审断以重情细故为分类标准的特质得以保留。基层司法官员以对案件本身及其发展情节轻重、执行情况难易的把握，考量如何用严厉或温和的方式止争，展现了司法过程所依托的判断标准的主观性但非恣意性，即更多地基于社会治理效率的需要，与外在的刑民规范相配合。民众则完全基于案件对自身利益的影响区分刑民。刑民要素的混淆源于一场诉讼的投入与产出问题，特别是在司法权为军事、行政两面夹击，司法资源与个体资源明显匮乏的时期。彼时司法的重心仍在于维护秩序的整体性而非保护个体权利，该种顶层设计的客观标准与基层实践的主观判断分异的局面，是新旧制度、移植与传统文化、需求与现实条件纷沓塑造的结果。

关键词　荣县司法档案；刑事民事；重情细故；基层治理

一、引言

依照现代法的观点，刑事、民事两个法律概念之间并非没有交叉或相互影响，而是存

---

* 阮嘉禾，清华大学法学院博士研究生。

在中间地带（middle ground），[①] 二者在“量”的积累上相互联结。然而，鉴于二者的可期待性、可谴责性截然不同，其不易达到“质”的转变。这是基于统一法秩序、保障正当权利和维护公平正义的要求。现代法治下的刑民立法和司法需要在各自的场域内稳妥行事，不能轻易越界。

而在古代的法律观念中，刑即是法，二者概念相通，内涵上也有同义之处。[②] 明清时期仍以刑律例为立法的主体，而在司法中依据案情轻重，将案件分为“重情”（“重事”）与“细故”（“细事”）两类。[③] 涉及人命奸盗等重大情节，需立刻处理并报上级定谳的案件为重情，而户婚田土类的州县官员自理案件为细故。[④] 重情案件的审判自是援引官方的律例、成案等正式依据，而细故案件的处理依据则由州县官员自行选择，可能参照律例、规约，抑或是按照当地风俗、道德情感断案。并且，细故常因事关私人、情节琐碎而数量繁多，不受州县官员重视，甚至进入审断程序都有诸多限制。对比来看，传统中国的“重情”与“刑事”、“细故”与“民事”不能等同，只能辨异，因为在有后者赖以产生的部门法划分理论之前，前者已然存在。有学者认为“重情”与“细故”大致相当于今日罪与非罪的区别，[⑤] 但其中的认定标准更为复杂，不乏难以界定的过渡情形。在历史视野下，“重情”“细故”这一案件分类标准的重要意义之一在于提供符合传统司法的概念框架，避免仅用刑民二分思维加以探讨，继而陷入“证实性偏见”的圈套中。

法律史研究“既非向东，亦非向西，而是向内”，以寻找“我们真正的家园”，[⑥] 深刻理解本民族历史文化传统对于建立自主知识体系尤其重要。本文即通过民国荣县司法档案等史料，考察彼时立法格局下的基层司法如何从案件实体定性、程序适用等方面进行刑事、民事的分隶或混合，基层社会对此有怎样的行为表达，背后有怎样的社会原因、文化理解和观念认知。望能从立法与司法、表达与实践、顶层与基层的联动中管窥彼时国家治理与社会治理之一斑，对于当今基层法治建设稍加启发。

---

① See Kenneth Mann, Punitive Civil Sanctions: The Middleground Between Criminal and Civil Law, *The Yale Law Journal*, June 1992, Vol. 101, No. 8.

② 张晋藩：《中国法律的传统与近代转型》，法律出版社，2005，第136页。

③ 里赞：《刑民之分与重情细故：清代法研究中的法及案件分类问题》，《西南民族大学学报（人文社科版）》2008年第12期。

④ 里赞：《晚清州县诉讼中的审断问题——侧重四川南部县的实践》，法律出版社，2010，第53页。

⑤ 俞江：《明清州县细故案件审理的法律史重构》，《历史研究》2014年第2期。

⑥ 吴经熊：《法律哲学研究》，清华大学出版社，2005，第11页。

二、清季民国刑民二分的立法格局

清末法律改革将区分法律体系作为先进法律文明的标志，对外有收回法权之旨，对内有树立“司法”威信之意。从相关立法文件来看，光绪三十二年（1906 年）修成《民事刑事诉讼法草案》，在篇幅编排上区分“民事通则”“刑事通则”；第二年编订《大清刑律草案》，“在形式与内容上均与中国两千年来之律典大异其趣”，① 区分民事与刑事、实体法与程序法。而宣统元年（1909 年）通行试办的《各级审判厅试办章程》，兼具法院组织法与刑民诉讼法两方面内容，虽在法典编排上仍类似“诸法合体”的形式，但也做出了刑民审理的区分，“凡因诉讼而审定罪之有无者属刑事案件，凡因诉讼而审定理之曲直者属民事案件”，② 并明确了刑民的不同程序要求。宣统二年（1910 年）编成《刑事诉讼律草案》与《民事诉讼律草案》。至民国“六法体系”建构，刑法、民法、诉讼法成为相对独立的法律领域。③ 可见刑民分立、诉讼法从实体法中剥离，是晚清民国时期顶层设计的意志体现。

从结果上看，“诸法合体”的律例体系结束了它的生命，一系列新的部门法得以出台或被起草。然而，这些刑民规范多是在内外压力下被匆匆提出，带着不甚明确的规范效力。可见彼时新制变革在立法层面即有各方角力，如一位老人来回踱步，带着建新的期望，又无弃旧的勇气。而从变法修律内容上看，加入的一些西方先进法则虽体现了法律现代化中“理性化”的一面，但“形式意义重于实质”。④ 更何况顶层设计与基层实践之间并未形成统一，居庙堂之高，奈何江湖之远，就算顶层立法有心于焉，基层司法仍多自成一套。

三、民国中前期的基层审断实践（1912—1935）

本文考察了四川荣县“断裂与延续交织”⑤ 转型阶段的基层司法情况。该时期中央政权经历了从北洋政府到南京国民政府的过渡，而四川地区政权呈现出某种“裂变”。之于基层司法的建设和实践，亦出现了有别于其他区域的复杂态势，⑥ 直至 1935 年川政统一后才

---

① 梁治平：《礼教与法律：法律移植时代的文化冲突》，广西师范大学出版社，2020，第 5 页。

② 《谨拟各级审判厅试办章程》，《大清法规大全・法律部》，卷七，政学社，1910，第三册，第 5—10 页。

③ 张晋藩主编：《中国法制史》，高等教育出版社，2007，第 327 页。

④ 黄源盛：《近代刑事诉讼的生成与展开——大理院关于刑事诉讼程序判决笺释（1912—1914）》，《清华法学》2006 年第 2 期。

⑤ 罗志田：《裂变中的传承——20 世纪前期的中国文化与学术》，中华书局，2003，第 1 页。

⑥ 谢健：《民国时期的基层司法建设与社会治理研究——以四川地区为中心（1927—1949）》，南开大学博士学位论文，2018，第 4 页。

趋于一致。而通过对此前荣县司法档案的梳理，可见以刑民二分的现代思维逻辑套入彼时的司法实践，不免产生隔膜和怪异的感觉。实际上，民国时期（至少是中前期）的基层司法仍保留了明清州县审断的某些特质。因此虽有刑民二分的形式要求，但难掩以重情、细故为断的实质，继而在大量案件中产生了刑民要素交叉的情况，荣县司法档案反复展示了这一点。

（一）形式上的混淆：案件文书的适用混乱

1. 非正规制作的状纸

1913年，司法部定出各式标准状纸，包括刑事诉状、民事诉状、刑事辩诉状等，要求照此印制各类状纸。而荣县档案反映出多案状纸刑民混乱的情况，如民事诉状载刑事诉求，刑事辩诉状内容与刑事无关，又如民事股点名单上载刑事强制措施、取保谕令及判词等。① 四川高等审判厅和高等检察厅亦发文对该现象予以批斥。② 而部分状纸甚至没有状面，或由当事人自创状纸名称。如在被诉至自贡地方法院的蓝玉珊等抢劫食谷一案中，被诉人蓝玉珊等称自己在蓉城（现成都市）候案，③ 与自贡地方法院距离一百余里，“无法购取诉讼格式，恭缮白纸诉状，邮呈”，就以所谓的“声请书”代替标准格式的辩护状寄送来案。

2. 起诉案由的不规范

荣县档案中有“怙恶不悛霸掯祠契”“故抗族议掯碍破坏”“伪造伪押惯行弄弊”等大量冗长的案由，其并非由刑民法律所规定，纯属告诉人或反诉人叠词自创之物。因此，仅凭案由就将案件归为刑事或民事是较为困难的，需要司法官员对案情进一步了解及质询后加以明确，有些案件甚至要到完结时才能做出区分。另外，案由可能还并不固定，随案情发展及诉讼过程中当事人不断地登场退场而发生变化。如在叶朝熙虐待一案中，最初是由叶周氏的父亲周郁文起诉女婿叶朝熙对女儿“虐待嫌逐”，随着争执的白热化，叶周氏和母亲周杨氏又呈上刑事起诉状，控诉叶朝熙“重婚遗弃”，其母叶曹氏“虐待嫌刻”。而当知事终于讯明叶朝熙重婚遗弃，处以拘役一月后，叶周氏的姑姑又以叶曹氏“悖判致人狼狈无依”诉至县政府，称叶曹氏将叶周氏辱骂不堪，逐出不予同居，又不给予生活；而在叶

① 多案文书中，知事在民事股点名单上作“羁押”“收押”“管押”等批词，以及做出判决性质的谕令。

② 四川高等审判厅、四川高等检察厅：“……各月刑事表仍未合法，且□□案件未涉及刑事范围，亦复列入者未免混淆，表内案由一□应收被告罪名录入，即按刑律各罪之标题分别填载。”这体现制度设计上将刑民两分的决心。《荣县地方法院关于刑事案件已结未结登记簿》，民国荣县地方法院档案，案卷号9—01—040，四川省荣县档案馆藏。

③ 实际综观案件情况，蓝玉珊等人是拒绝自贡地方法院检察处的传唤到案，而非万难不能到案。《黄三兴诉蓝玉珊等抢劫食谷、虚抗匿背一案》，民国荣县地方法院档案，案卷号009—03—313，四川省荣县档案馆藏。

朝熙刑满之际，叶周氏以叶朝熙母子“藐判抗判”为刑事诉由，请求知事划拨叶朝熙租产若干，以供生活。① 该案戏剧性地呈现出，明明可能是包含在单个案件内的情节，却杂糅着针对不同当事人的多个案由。在一起诉讼中，两造的范围仿佛无所谓具有直接“诉的利益”的当事人，只要是在“丢石头形成的同心圆波纹”② 范围内的人，都能加入其中。这反而可能形成纠纷解决的负反馈效应：讲事情的人越来越多，而事情却越难越讲清楚。

（二）实体法上的混淆：名为刑事的案件性质考察

1. 覆着刑事面纱的细故

精读档案中载明刑事的卷宗，可见大量名为刑事的案件。根据审理后的案情，实质只落在细故纠纷的范围内。下选取两案以为例：

案例一：宋宗翼横恶逆霸叠骗一案。宋祠祠首宋玉光、宋恒章及族长宋大典共同起诉族人宋宗翼，称其“擅佃本祠鱼塘堽田”，并在团正吴恕平为其担保、出具悔过书以后，乘清明该祠举行祀典之际，“估逼前首将悔过书退还销毁，以湮减证据……甚至摩拳擦掌，邻近即后竟敢扭打”。起诉的族长祠首认为，像宋宗翼这般“生性恶逆横霸，辱及宗亲”之人，必须被提讯严惩。案件以刑事案件受理并做出决断，但有趣的转折是，在宋宗翼一方不服上诉至自贡地方法院时，法院却是以“民事第二审判决”的形式作断，查明该案案情是“祠产租佃纠葛”，判决宋宗翼等将无权租佃的佃户揭退，“原业交祠首另招妥佃，以解纠纷”。③

案例二：张藻如盗窃一案。张祠祠首张德铭控诉族人张藻如“年亏欠祠谷五石四斗，久不给还”，在荣县公署审理后又提出刑事上诉，先称张藻如欠谷不还，又称其胞弟侵占，在移交祠首职务时未将任期内所置祠业的印契一同移交。对此，自贡地方法院检察处首席检察官却以训令回复：“经本检察官调卷查明，该案系民事纠葛，不得向本处上诉，合将原卷捡齐随令发还。”④

此外，又如以刑事为名的：曹子和等串骗一案，实质争议围绕欠租的拨付；⑤ 潘荣福

① 《叶周氏诉叶朝熙虐待重婚遗弃一案》，民国荣县地方法院档案，案卷号 009—03—300，四川省荣县档案馆藏。

② 费孝通称传统中国的亲属关系、地缘关系是“丢石头形成的同心圆波纹的性质”。参见费孝通：《乡土中国·乡土重建》，群言出版社，2016，第 29 页。

③ 《王德明等诉宋宗翼横恶逆霸叠骗一案》，民国荣县地方法院档案，案卷号 009—03—091，四川省荣县档案馆藏。

④ 《张德铭等诉张藻如盗窃一案》，民国荣县地方法院档案，案卷号 009—03—312，四川省荣县档案馆藏。

⑤ 《刘克孙诉曹子和等串骗一案》，民国荣县地方法院档案，案卷号 009—03—148，四川省荣县档案馆藏。

等欺诈一案，实际是被诉人未能支付承佃的原诉人全部谷价稳钱；① 龚赟让等膳谷霸骗一案，实则孙辈赡养食谷不给；② 刘光炽虐待侮辱一案，真实案由是离婚生活费纠纷；③ 樊品高横霸侵占一案，其实是被诉人拖延缴纳参与民间行会预付会款。④ 可见，荣县档案中归为“刑事”的卷宗中，实为田土钱债等细故的纠纷不在少数。这种发现或许可以解释，为何基层司法官员在面对这些案件时，并未施以真正的刑事程序及制裁。

2. 以诬告为名争讼的常态

两造所叙述的“事实”具有偏向性甚至完全相反，在档案中是较为常见的。一方面，原诉人存在一定的夸大和虚构。如前所述，在只负责初审的基层司法中，有不少覆着刑事面纱实为民间细故的案件，被原诉人叠加恶情状告来案，如在廖麟书诈骗一案中，原诉人伍克涵借被诉人廖麟书若干大洋，但经多次催讨只拿回部分。这明显是一个简单的钱债纠纷，当属细故。但伍克涵却以刑事诉请，称廖麟书“恃横欺藐……势醉凶殴民，似此套借赔累尤敢滋凶，良心安在，法纪不容”，然而该情节无充分证据予以证实，在审理中并未被认定。⑤ 另一方面，被诉人利用诬告罪名抗告和反诉。档案中屡屡可见被诉人直接以诬告为刑事案由又兴起一诉，称原诉人虚假陈述，应以诬告罪惩处。⑥ 对于陷入纠纷的当事人而言，以“诬告”再诉也是一种名誉上的“挽尊”。如在曾绍荣诬陷一案中，曾绍荣与其妻张氏感情不和，分居将离期间，怀疑张氏联合万联三夫妇盗窃并窝藏自己的财物，找来团总等人理落。后万联三夫妇以曾绍荣“挟嫌陷诬”向县政府起诉，获得立案，但此案审理的全过程却围绕着盗窃窝藏案情，真实的案由和决断的内容仍是关于盗窃。⑦ 因此，借用“诬告罪”之名另案提起诉讼，更像是一个响亮的口号，实质上仍为对原案的辩诉。

此外，部分被诉人会将控诉对方诬告作为手段，威胁对自己有不利言词的证人。如在胡宅仁父子诈欺图产一案中，就出现了被诉人胡宅仁“闻控惊慌辩诉，凡从场之人稍言其父子不合，彼遂声云以控诬累”的情况。⑧ 与其说想获得公正审理，倒不如说借助诬告诉讼为工具，给非利己者以威慑。那么基层司法官员是如何处理诬告相关案件呢？荣县档案

① 《胡树培诉潘荣福等诈欺一案》，民国荣县地方法院档案，案卷号 009—01—303，四川省荣县档案馆藏。

② 《龚梁氏诉龚赟让膳谷霸骗一案》，民国荣县地方法院档案，案卷号 009—03—092，四川省荣县档案馆藏。

③ 《刘曾权忠诉刘光炽恃富嫌刻一案》，民国荣县地方法院档案，案卷号 009—003—085，四川省荣县档案馆藏。

④ 《樊树荣诉樊品高诈取侵占一案》，民国荣县地方法院档案，案卷号 009—01—095，四川省荣县档案馆藏。

⑤ 《伍克涵诉廖麟书诈骗恃横欺藐一案》，民国荣县地方法院档案，案卷号 009—03—343，四川省荣县档案馆藏。

⑥ 《周春廷等诉刘源江诬搕一案》，民国荣县地方法院档案，案卷号 009—03—316，四川省荣县档案馆藏。

⑦ 《万联三诉曾绍荣状嫌陷诬一案》，民国荣县地方法院档案，案卷号 009—003—314，四川省荣县档案馆藏。

⑧ 《熊吴氏等诉胡宅仁等诈欺图产一案》，民国荣县地方法院档案，案卷号 009—03—365，四川省荣县档案馆藏。

反映出其主要态度是“不理”，让诉或被诉之人不要在此事上再纠缠讼累。① 如非具有确凿完整证据，最终一般不会纳入正式的刑事程序，多以调解方式结案。

（三）程序上的混淆：民案入刑和刑案脱刑

除实体法上刑民罪名的混淆外，彼时司法在程序法上也存在“入刑”与“脱刑”，即适用或脱离刑罚方面的模糊。

1. 管辖：意定管辖用于刑事案件？

在蓝玉珊抢劫食谷一案中，原诉人黄三兴诉至自贡地方法院检察处，被诉人蓝玉珊夫妇等反诉至荣县县政府，并称黄三兴为“越境控词朦控于自贡法院”，该诉应被依法注销。根据自贡地方法院成立时公布的管辖规则，第二条载明受理范围为“自贡两厂区域内属于初级及地方两审级民刑诉讼案件、人事诉讼及非讼事件”，具体管辖区域为“以自贡两厂为中心，凡周围距厂三十里以内地方的所有民刑案件”。故钟裕成称其住址荣县双龙桥距自贡地方法院检察处有三十余里，不在该处管辖范围内；而黄三兴称其与钟裕成等“所住地方距处均仅二十余里，是应归钧院管辖，毫无疑义”。鉴于两造歧控，自贡地方法院检察处屡次派法警和荣县第四区团总刘鸣岐去查明“该钟裕成等之住址究竟距离本处若干里”，但最终却是以黄三兴被荣县县政府传获，团总刘鸣岐禀报检察处“黄三兴已赴县投审，与诉讼法合意管辖相符”，使得案件的实体内容在荣县县政府进行审理。②

这场歧控闹剧，反映出其参与者虽然有一定的程序法观念，但仍对管辖等程序法概念理解不清，对于分异的刑民程序理解和适用混乱，于法不符。首先，程序法上的管辖一般分为地域管辖和级别管辖，自贡地方法院与荣县县政府在地域上为包含与被包含关系，在级别上属于上级和下级（地方和初审）关系，而本案中的自贡法院检察处却被当事人关于被诉人住址和该处地理距离的争辩“带着跑”，仅关注了横向上的地域管辖问题，却忽略了其和荣县县政府纵向上作为不同审级的机关，应以案件本身的性质、繁简和影响范围确定管辖归属。其次，这场闹剧的结尾，公人称歧控的两造对管辖意见最终达成一致，合意由荣县县政府管辖，状至自贡法院检察处的告诉应予注销。至此闹剧仿佛和谐落幕，然而，实际情况是，黄三兴是在钟裕成等向荣县县政府起诉并被受理以后，被荣县县政府勒传来案并管押，并非形成了“管辖的合意”，更非现代民事诉讼法意义上的“合意管辖”“协议

① 《张德铭等诉张藻如盗窃一案》，民国荣县地方法院档案，案卷号009—03—312，四川省荣县档案馆藏。

② 《黄三兴诉蓝玉珊等抢劫食谷、虚抗匿背一案》，民国荣县地方法院档案，案卷号009—03—313，四川省荣县档案馆藏。

管辖”。何况，蓝玉珊、钟裕成等是以涉嫌抢劫、伤害等犯罪行为被诉，本案亦以刑事案件初步定性，依照刑事诉讼法的规定，刑事案件的管辖本就以法定而非意定，“合意管辖”从何谈起？这是为民刑程序理解和适用紊乱的表现。

2. 强制措施：私纠纷以公权力强制处理？

传统司法观念中将“刑”作为禁暴止乱、配合司法的手段，因此在必要时对私主体纠纷也采取刑事强制措施及刑罚制裁。随着民国司法改革的推进，刑民在制度设计上分为两个体系，并各自被赋予独立的价值内涵，而“以刑为械”的观念在基层司法实践中并未根除。荣县档案显示，部分以民事诉请的案件却对当事人拘传及收押，“传即押”现象较为明显，不论是管押（临时拘押）或羁押（长期拘押，案情未清楚之前不放人），前者在如民事审讯、传讯、覆讯点名单等文书中出现频率更高，而后者通常在决定做出一段时间后以取保作结。

3. 证据规则：举证责任在谁？

对于诉讼中的案件事实应由谁提供证据加以证明的问题，刑民诉讼法各有规定，区分了公权机关和私主体的举证责任。而在荣县彼时司法实践中，均是由两造在审理期间向知事提供证据，以证明其主张的案件情况属实。例如，在叶朝熙虐待一案中，县政府发给被诉人叶朝熙的传票上写道：“案内物证由当事人自行携带，人证抗传不到立予拘提。”① 又如，在廖麟书诈骗一案的刑事书状后，知事批“携带证物来案”。② 上述案件被视为涉刑案件，为何证物都要自行携带？这无疑与近代以来的刑事诉讼证据规则相悖。

实体法与程序法层面的刑民交叉，使得案件审理结果分散甚至冲突，形成“棋盘式”的决断。③ 寺田浩明认为，传统中国并不存在依照客观规范进行整齐划一式审判的价值要求，甚至呈现出一种相反的价值指向。④ 法律适用更重于实质权衡而非形式统一，这种价值要求持久地浸染和影响着民国以至更往后时期的司法实践，特别是在与高高在上的立法层级相隔甚远的基层审判中。这在当今司法实践中也并非稀事，“同案不同判”成为司法改

① 《叶周氏诉叶朝熙虐待重婚遗弃一案》，民国荣县地方法院档案，案卷号009—03—300，四川省荣县档案馆藏。

② 《伍克涵诉廖麟书诈骗恃横欺藐一案》，民国荣县地方法院档案，案卷号009—03—343，四川省荣县档案馆藏。

③ [美] 罗纳德·德沃金：《认真对待权利》，信春鹰、吴玉章译，中国大百科全书出版社，1998，第46页。德沃金论及法律原则：“只有诉诸原则，法律解释才能够确保整体性，从而不至于陷入‘棋盘式’的法律分割局面；只有诉诸原则，才能把分散和彼此冲突的规则协调起来。”

④ 参见寺田浩明：《日本的清代司法制度研究与对“法”的理解》，载氏著：《权利与冤抑：寺田浩明中国法史论集》，王亚新等译，清华大学出版社，2012，第195页。

革颇为关注的话题。[①] 但比较而言，今日与彼时情况仍有所差异，前者大多仍落在刑民案件各自的审理范围内，所谓“不同判”，或是刑事具体罪名评价不同、量刑幅度差距较大；或是民事违法损害赔偿的数额迥异。但不论如何，结合案件事实，基本案件性质是泾渭分明的。然而，民国基层审断中情节相似、程度相当的案件，却对罪与非罪的基本定性都无法厘定。

四、基层司法实践的背后：权难实行

如果以现代法观念来看，刑民的判断标准应当是较为客观的，这得益于法律体系的成熟。除了一些复杂疑难案件，普通案件的司法运作往往是顺着法律规范按图索骥。但切入民国彼时的情境，可能发现这些案件性质、案件类型、案件程序却模糊不清。核心原因在于彼时司法所依托的判断标准的主观性。基层司法中“小事闹大”而“大事化小”,[②] 表明该案本身在司法官员看来并非重案，若以重情、细故分类，则更像细故纠纷。在刑民的形式包装之下，基层司法官员关注的重点在于如何用严厉或温和的方式止争，而不甚在意自己的作为涉及哪些刑民构成要素。站在谁的角度、以何种标准认定案件严重程度？人心不同，亦如其面。置身于司法实践中的每个主体回答都是不同的。而深入其所处的基层社会图景则进一步可见，在新的制度法律适用于基层社会的过程中，需求与客观现实条件之间的差距逐渐显现，司法运行的障碍愈发凸显，不得已从缓从弱，向现实寻求妥协。不论是司法官员的权力，抑或基层民众的权利，都面临“权难实行”的困境。

（一）司法权的弱势

1. 制度本身的矛盾：县知事兼理司法

县知事兼理司法是民国时期地方法院普设前过渡性的制度安排。[③] 其特点为：不再设专门的审判机构，由县知事行使司法审判权；不再设检察人员，县知事审检权合一，事实

① 在当今司法责任制改革背景下，司法统一被视为司法的价值目标。“各级法院在审理类似案件时应参照指导性案例”被作为司法原则予以强调，法官应避免“同案不同判”。最高人民法院亦以规范性文件的方式将该要求加以制度化。见最高人民法院：《关于统一法律适用加强类案检索的指导意见（试行）》，http://www.court.gov.cn/fabu-xiangqing-243981.html，2023 年 10 月 6 日。

② 参见王有粮：《民国县域刑事审判的“模糊”面相：从事实与规则说起》，《甘肃社会科学》2017 年第 4 期。

③ 1914 年 4 月 6 日，民国北京政府公布施行《县知事兼理司法事务暂行条例》《县知事审理诉讼暂行章程》，分别明确了未设法院各县司法事务由县知事处理的管理体制和诉讼程序，实际上将县知事兼理司法审判事务在法律上完全视为基层社会的正式审判制度。《县知事兼理司法事务暂行条例》公布后，原安排作为基层法院过渡机构的审检所即被裁撤。

上消解了检察权；承审员员额上限为三人，但“如地方事简可不设者，听之”,① 承审员地位无疑弱化。

改革人士及学界普遍认为该制度弊窦丛生,② 在制度设计上使强势的行政权与方兴的司法权在同一赛道内，无疑将导致司法权的空间大为缩减。从荣县的实践来看，该地在民国中前期均由知事兼理司法，有个别承审员协助知事办理各类案件，直到20世纪30年代后才逐渐建立地方法院负责案件初审。侦讯、检察的权力同样如此，20世纪30年代后方由“荣县司法处检察官”行使检察权。不过，该司法处是县公署设立的机关，县长仍然是县公署的一把手，故其只是在机构设置上相对独立，将审判与检察相对分离。

在荣县知事兼理司法时期的卷宗中，极少看到知事以“判决”形式作断，而仍以谕令、批词等了结诉讼。原因在于，知事并不愿让大量琐碎案件进入正式的开庭审理环节，遂以“听讼”阶段“当对事实本身当事者已不再争执时即告终结”,③ 自然也不会做出正式判决。另一原因可能是，由于一些案件的事实和理由难以严格区分刑民，在程序适用上也并未区分刑民而行，加之知事兼侦讯、检察、审判于一身，极易产生程序混同的情况,④ 导致其难以出具包含事实理由和法律规定的正式刑民判决书，也担心经不起上级的推敲和核查。此外，承担行政兼司法职能的知事担负着基层治理的使命，其并非只位于法律场域，而是处于社会的综合场域中。知事的决定并非仅基于法律，而是综合各因素后的复合结果。因此，其针对个案的处理内容相对模糊，处于动态变化之中。堂谕、命令等代替判决情形的常见，使得知事的决断不具有终局性。案件经批复后即解决为最佳，但若当事人继续控诉，则知事又继续批复。这样没有确定效力的决断往往难以使人信服，却为县知事兼理司法所默认，甚至成为这一制度下的必然。

2. 司法运行的阻碍：军权的介入

除司法权被行政权吞蚀以外，司法权被军权介入也是当时社会的突出特点。自辛亥革

---

① 司法部公报处等编：《司法公报》，国家图书馆出版社，2011，第7册，第421页。

② 如韩秀桃虽然指出县知事兼理司法制度中也做出了对知事权力进行限制的规定，但更多地还是通过引介时人评述批判县知事兼理司法是行政官肆意干涉司法，使司法审判缺乏独立与公正的必要保障；玩法弄权、徇私舞弊以致诉讼迟延、冤假错案层出不穷。参见韩秀桃：《司法独立与近代中国》，清华大学出版社，2003，第274—279页。

③ ［日］滋贺秀三：《中国法文化的考察——以诉讼的形态为素材》，载王亚新等编译：《明清时期的民事审判与民间契约》，法律出版社，1988，第14页。

④ 典例是知事在“审讯点名单”“提讯点名单”所做批示、谕令等即为对该案的处理。如胡洪源诈欺图产一案中，知事在民事股第一次审讯点名单中做出“判词”，由胡氏父子还债若干，而胡氏父子收到后再三不履行并且态度恶劣，因此知事又在民事股第二次覆讯点名单上做出新的“判词”，直接对胡洪源科处以拘役一月的刑罚，褫夺其甲长一职并要求其履行。参见《熊吴氏等诉胡宅仁等诈欺图产一案》，民国荣县地方法院档案，案卷号009—03—365，四川省荣县档案馆藏。

命后，军阀混战使四川地区形成独特的防区制，一直延续到1935年左右。军阀们拥兵自重，以实力决定一切，① 极大影响了该地区的司法建设。四川高等审判厅厅长薛仲良、高等检察厅检察长刘灼先在呈请四川总司令兼省长刘湘的文中，忧心忡忡地写道：

> 吾川自有法院以来，虽叠经变乱而体制尚存，不意滇黔战役而还，而国家立法之尊严、司法行政之组织遂随军事纠纷摧残殆书，固原新旧军队良莠不齐，亦因戎马仓皇积重难返，长此不治，蜀法院虚设，有如赘疣，而诉讼人民之蒙其害，更无从控诉，检察长、厅长等所日为深忧……查法庭之设原以申理人民之宽抑，无论民刑案件，审检独立行其职权而后是非以明，是非既明而后依法判决。乃今年以来政纲无主、法纪荡然，有检察质问于庭突被军人干涉者，有审理未终之案，忽来军令提人者，其或确定罪刑之徒，亦复假借威权，并不知会法官，率竟自由提放。而民事案件意存左袒，指授判词，人焉至于管狱。承审两职定章资格极严，非学有专门或经试取知事不能请奏……乃近年以来各县之管狱多为防军所委任，各县之承审员随知事而转移，以至管狱无监狱学问、承审无法律知识者比比皆是，而狱囚充斥不问其死生，判断专横遑恤夫法律，故人民之怨诟，闾里之咨嗟，据所见闻有不忍殚述者，职权不逮挽救末由。②

对于军权的介入，防区制时期的荣县可谓受影响的典型。在较复杂或具有影响的案件中，能看到军长对基层司法官员的批文指示。③ 当地驻军攘夺司法资源，司法的运行强烈受制于军政，如在范洁（清）廉等设阱骗害一案中，当事人彭子商称“民现任军职不能分身到案”，而收到传票命其赴质的二区团正亦称“因催收粮款拨付驻军伙饷万分紧急，难以脱身，理合据实声明，恳予免质”。④ 一些军队人员甚至攫取了司法官员对于强制措施的决定权，对当事人进行强行羁押。在周可均诉凌朝宗等违约欺诈一案中，县长派承发吏及队丁传讯凌朝宗，而承发吏在两次履职中都遇到驻军阻碍，只得向县长呈请“凌朝宗既被自井驻军黄团部扣押着……遵谕前往，不意适逢团部亦派兵四人在可均住籍传伊归案，可均

① 吴燕：《南京国民政府时期四川基层司法审判的现代转型》，四川大学博士学位论文，2007，第18页。

② 《四川高等审判厅、检察厅、荣县知事公署等关于征收司法收入的训令（1918—1924）》，民国荣县地方法院档案，案卷号009—01—042，四川省荣县档案馆藏。

③ 如在凌朝宗一案中，军长刘湘在收到凌朝宗呈至司令部的申冤状后，在该案已经县长审理做出刑事判决后，复在国民革命军第二十二军司令部训令中“令荣县县长为令遵事……查明呈覆，以凭核办”。《周可均诉凌朝宗等违约欺诈一案》，民国荣县地方法院档案，案卷号009—01—292，四川省荣县档案馆藏。

④ 《陈赵氏诉范清廉设阱骗害一案》，民国荣县地方法院档案，案卷号009—01—152，四川省荣县档案馆藏。

亦畏情隐匿”。① 在近代法制转型的时机下，司法权又因时局动乱、军政两面夹击而难以获得自主空间与地位，反倒其弱化可见一斑。

3. 辩证看待：仍有进步表现？

在当时回归知事兼理司法、军事侵略司法的社会中，基层司法运行状况多遭诟病。但辩证地看，司法实践的细节表明此一时期也并非全无进步。如在司法技术上，被纳入正式开庭审理程序的案件会得到公开审理以“判决”结案；② 部分知事和承审员具有一定法律知识，对认为确乎重要的案件往往会依法办理，而对其他案件虽会简化程序，但并不代表其全然不重视事实调查或形式程序。

例如，在朱国泰侵吞祠款一案的第二次覆讯中，知事批“此案朱重伦未到，传朱重伦到案再夺”。案情关键人物不到，审讯便不继续。③ 又如在凌朝宗一案中，其经刑事判决定为侵占罪，处以有期徒刑六个月，褫夺公权四年。他在判决后写具悔过状：“犯此刑事蒙恩并未执行，恳准废去前判……俯准念民无知，法外施仁，破格将民提释。”名为悔过，实则想要知事废除前判将其破格提释，在不服判的情况下应当上诉而不为，认为求情求恩即可扭转局面。这明显是受“以行政权为大”的传统观念影响，在刑事宽免方面期待行政仍能通过恩赦、恩诏等法外手段干预司法甚至取代司法决断。换言之，当事人认为知事作为“父母官”柄权甚大，可不受司法程序制约而为出入罪；自己也可凭借纯粹法外因素，如受刑给家庭带来的痛苦，而非与案件有关的实体或程序内容，得到宽宥。对此知事批：“据呈四大痛苦不无可悯，但案经宣判不能违法变更，恳释之愿碍难为准。”继之，凌朝宗再次具状希望“将全案卷宗合并申送四川省办公署以凭阅卷判决”。该行为反映出，其或是将司法与行政混同，认为该司法判决不过是一个行政处断，或是认为上级行政机关对县知事的制约和威力要强于上级司法机关。知事又批：“该民不服县判，仰即向四川高等法院提起上诉，恳送覆判之处于法不合，未便照准。”④ 可见，知事在案件处理上并非恣意司法，其权力在一定范围内仍按照法制的原则来运作。这既是司法官员受一定制度性限制所致，又有其中部分人专业能力和法律意识增强的影响。

对于县知事兼理司法的制约机制，在当时主要是以地方承审员制度、司法收费制度等的调整，对知事公正审断进行保障。在1918年的《征收审判费三联式印单规则》中，规定

① 《周可均诉凌朝宗等违约欺诈一案》，民国荣县地方法院档案，案卷号009—01—292，四川省荣县档案馆藏。

② 《周可均诉凌朝宗等违约欺诈一案》，民国荣县地方法院档案，案卷号009—01—292，四川省荣县档案馆藏。

③ 《朱友奉等等诉朱国泰侵吞祠款一案》，民国荣县地方法院档案，案卷号009—01—409，四川省荣县档案馆藏。

④ 《周可均诉凌朝宗等违约欺诈一案》，民国荣县地方法院档案，案卷号009—01—292，四川省荣县档案馆藏。

承审员要和知事一同盖章、共同履责，以整顿司法收入、杜绝隐匿。① 可见，县知事兼理司法制度相较于州县官员行使全部统治权力的传统而言，在司法程序及其配套制度的形式化要求上仍有一定进步意义。至少前者在主动避免而非消极对待基层官员行使权力的恣意或不可预测性。

（二）诉延讼累的制约

如前所述，基层司法官员实际是衡量案件之于社会秩序影响的轻重来把握司法过程，故刑民分异的律法并不是其审断逻辑的大前提。而民众关注的重点则是如何兴讼以维权，故以案件对自身利益影响的轻重来分刑民。双方的核心考量，就在于一场诉讼的投入与产出问题，特别是在司法资源和个体资源明显匮乏的时期，这种效率考量甚至超过了其他一些价值目标。若借经济学的概念，行政兼任司法的官员必定会作社会治理的成本—收益分析，而民众则完全作自身利益的成本—收益分析。这些分析随着诉讼的进程，动态引导着他们的行为表现。在诉延讼累之下，各方的这种经济分析就显得尤为重要。

1. 对于当事人：诉讼成本高

民生有欲，不能无争。② 对于与自身利益切实相关的案件，即便只是钱债田土纠纷，当事人也不只以民事案由兴讼，以免像传统诉讼中的细故而难以得到及时处理。如在蓝玉珊唆使土劣劫谷霸田一案中，黄三兴诉称：“民一家数口全赖耕耘生活……依法控诉之案，拖延数月不得一讯，长久以往，岐累何堪?”③ 告诉人会试图将事件复杂化与严重化，最好以刑事案件的形式运作，以调动更多的司法资源而减少自身的诉讼成本投入。“规则的熟稔和运用或许是普通民众难以掌握的专业技术，但是向司法官员呈现什么‘故事’，却是一项普罗大众都能说上两句的大众艺术。”④ 从荣县的实践来看，确有人能从这种策略中获益，这成为在民众角度模糊案件实质的动力之一。但更多情况下，这种方式并不能带来法律上的压力和优势。

2. 对于司法官员：司法资源缺乏

现有研究会提及当事人的前述诉讼策略，但多未谈到司法官员的考量。对于基层司法官员而言，案件的轻重衡量、成本投入完全取决于其对社会公益和公共秩序的影响。因此，

---

① 《四川高等审判厅、检察厅、荣县知事公署关于司法收费、状纸的训令、规则（1916—1918）》，民国荣县地方法院档案，案卷号 009—01—039，四川省荣县档案馆藏。

② （明）丘濬：《大学衍义补》，京华出版社，1999，第 502 页。

③ 《黄三兴诉蓝玉珊等抢劫食谷、虚抗匿背一案》，民国荣县地方法院档案，案卷号 009—03—313，四川省荣县档案馆藏。

④ 余洋：《诉讼的话语——民国河口档案中民众的法律实践》，华东政法大学博士学位论文，2020，第 50 页。

官员的策略大致有三：一是尽量限制细故案件进入司法程序；二是尽量避免这些进入司法程序的细故案件漫长拖延；三是在细故案件的处理上尽量简单有效，不依托太多官方力量。第一点前文已论及，第三点将在下文展开。对于第二点，由于“刑”在一定程度上意味着“强制”，蕴含着压力和义务，因此司法官员为了将其威慑力赋予整个程序，从传讯、审理到执行，不得不将案件覆以刑事面相。官员在撰写文书中提及刑律规定，也非即要给当事人以相应惩罚，倒更像是对其告知、警示和规劝，“一记重拳打进棉花里”，最后仍以调解和解了息。这中间有一个可惩可不惩、严惩或宽宥的灵活地带，是由司法官员自由裁量的。

3. 双方都关注的核心问题：执行难

执行难在当时的基层司法中是极突出的现象，也是“民案入刑”和“刑案脱刑”的重要原因。其一，实体被定性为民事的案件，如债务纠纷，因义务人违抗执行且态度恶劣，因此采取刑事强制措施以避免执行拖延。然而，由于强制措施的适用对权利有更深影响，司法官员应如何“根据情节轻重”在私主体纠纷中引入公权力制裁，以免对正当权利产生不当侵害，这在近代程序法建构以来业已成为重要的课题和难题。现代虽有更完善的强制措施制度，但解决执行难的效果也不尽如人意。民事强制执行还被称为“法律与社会、实体法与程序法、理论与实践碰撞最为激烈的场所”“各种复杂权利冲突最为集中的领域”。[①]而历史视野中的基层司法执行现象，或能辅助更本质的原因探析。其二，实体被定性为刑事的案件，尤其是侵占盗窃等财产犯罪案件，因刑事执行成本大、执行结果遥遥难期且成效甚微，很大一部分需依靠其他社会力量落实，并形成“和解状”“了息状”等，最后再禀告知事就此结案，以免滋生拖累。

进一步考察执行难背后的社会情境，一方面当然与彼时社会客观条件相关，司法资源的缺乏、执行成本的巨大及军政势力的介入，合力形成了司法实权弱、决断执行难的局面。基层审断机构的规制能力相较于复杂的社会事务而言，显得力不从心。另一方面，执行难在彼时愈演愈烈，亦是源于民众自身对于司法官员处理方式和执行能力的不信服。如前所述，基层司法官员多以谕令代判，导致其决断不具有终局性，一些案件“并不以使尽了程序的手段而终结”，[②] 体现出既判力原则的空置。继而民众可能怀着这样一种期待：不服判，案件就不能终结，不终结，当然可以不执行。如在王泽常窃伐树木一案中，当事人控经三审都未履行判决，执行义务人又向高厅提起不服的告诉，并称“万一请求不准，然后

① 肖建国：《民事强制执行立法的中国选择》，《华东政法大学学报》2021 年第 2 期。

② ［日］滋贺秀三：《中国法文化的考察——以诉讼的形态为素材》，载王亚新等编译：《明清时期的民事审判与民间契约》，法律出版社，1988，第 14 页。

照判执行，复有何说?”以该种拖延诉讼的策略逃避执行。① “国家立法，期于令行禁止。有法而不能行，转使民玩法而肆无忌惮”,② 在权利人求执行难、义务人抗不执行的负向循环中，司法执行本身对于民众而言已无很强拘束力。而其背后是司法安定性的缺失，实质只会让诉延讼累的局面如滚雪球一般越滚越大。

总之，在当事人基于自身利益而呈现与变化的诉讼策略，以及司法官员基于社会治理效率的考量中，刑民交叉难分的话语便由此而生。有学者认为，基层刑案审判者忽而“小事闹大”，又“大事化小”，裁量空间之大已超出自由裁量理论的价值预设，也于刑事法律规范无据。③ 本文基于荣县司法实践的进一步结论为，基层司法官员呈现出判断的“主观性”而非“恣意性”，其对于当事人的策略多心知肚明，也对自己的主观态度有所把握，一般不会突破“责任的天花板”，将某些“表达”得极严重的案件当作重案处理，抑或将影响社会公益和秩序的案件轻轻放过。在对于案件的把握上，其内在的评判并非无据，只是更多地基于社会治理效率的需要，与外在的刑民规范相配合。

（三）新旧观念的冲突

1. 权利意识的觉醒

清季民国旧制废改，平等自由等思想纷沓而至，传统弱势群体开始借由顶层新制新法的规划和宣示，挑战其所处基层社会中的传统强势群体，其方式便是法律诉讼。如在刘泽江关于债权一案中，刘泽江称另一造为土豪劣绅，“该但懋庚如是不法行动，核与土豪劣绅何殊？应恳县长威信行政兼司法权……土豪劣绅行为依新颁刑法施以相当之制裁”。④ 刘泽江根据新法和当时治理土豪劣绅的刑事政策，以彼为豪绅、我为佃农进行强弱身份的对立，希望知事在审理上有所倾向，并对另一方施以刑事制裁。虽然这种对身份的挑战有诉讼策略之由，但产生这种权利意识也不能不说是时代的进步。

2. 义务伦理的主导

当“法律的精神通过社会权利渗透到最底层的人们”时，⑤ 在以义务主导的传统价值

---

① 《冬崇芳诉王泽常窃伐树木悖案揑诬一案》，民国荣县地方法院档案，案卷号 009—03—295，四川省荣县档案馆藏。

② 劳乃宣：《修正刑律草案说帖》，《桐乡劳先生（乃宣）遗稿》，台湾艺文印书馆，1964，第二册，第 901—902 页。

③ 王有粮：《民国基层刑事审判中的民间规范——以新繁档案中的“个人”“权利”和“国家”等观念为例》，《民间法》2017 年第 2 期。

④ 《但懋庚诉刘泽江等关于债权案》，民国荣县地方法院档案，案卷号 009—03—020，四川省荣县档案馆藏。

⑤ Alexis de Tocqueville, *Democracy in America*, New York: Doubleday/Anchor, 1969, p. 270.

体系未完全改变前，法律诉讼仍含有不可克服的传统羁绊，这在家事诉讼中尤其明显。荣县诉状可见，女子不讳昌言“我国女权值开放之时，决不甘长受虐霸”,① “现在离婚本属自由律载明条，为何不能以一面之意即可离也?”② 但随即又言“若不告请究断，民女生活何赖、终身谁靠?”③ 更多时候，虐待伤害等情节的陈述只是为了追讨生活费。参讼的女子虽表露了自由平等的要求，但仍受制于客观物质条件和传统伦理的约束，难以生出真正的独立意识，显得态度游移矛盾。

可见，当时的新旧观念产生了冲突，权利的制度性宣扬和实际以义务为主导的价值体系发生抵牾。民众对于自身有何种权利，司法官员对于应保障哪样权利都显得有所认识又复有怀疑。社会中道德和法律的重心，仍在于维护秩序的整体性，而非保护个人权利。

五、基层多元纠纷解决方式下的信任缺失

在传统中国，社会力量在基层纠纷解决中举足轻重。到民国时期，该种传统得以沿袭，与基层司法审断共同形成多元纠纷解决路径，“在互相对抗或补充中，人们根据各个纠纷状况和社会关系，寻找与此相适应的解决手段”。④ 然而，在这样的“转型与承续”时期，⑤ 二者在现实中都不甚令人满意。对于基层民众而言，他们常徘徊、迷茫于司法与司法外纠纷解决方式之下，不断寻找、替换着信任对象，最后却发现无处可去。

（一）新建司法权威的萎靡

在司法方面，如前所述，基层官员的司法运作具有一定主观性和流变性，带来司法过程的不确定性，这也体现了司法本身的不自信；而司法的结果也无法保障——执行难的问题深深影响了民众对于司法的信任，“国家设立司法以保障民权何用? 为害何堪?”⑥ 国家层面大兴新制新法，进行司法改革，而基层民众想要依靠诉讼给予自身权利以法律定性及相应保障，关键时刻却发现无法“兑现”。由此不仅加剧了国家与地方社会之间的矛盾，还

① 《万联三诉曾绍荣状嫌陷诬一案》，民国荣县地方法院档案，案卷号 009—003—314，四川省荣县档案馆藏。

② 《刘曾权忠诉刘光炽恃富嫌刻一案》，民国荣县地方法院档案，案卷号 009—003—085，四川省荣县档案馆藏。

③ 《叶周氏诉叶朝熙虐待重婚遗弃一案》，民国荣县地方法院档案，案卷号 009—003—300，四川省荣县档案馆藏。

④ ［日］中岛乐章：《明代乡村纠纷与秩序：以徽州文书为中心》，郭万平、高飞译，江苏人民出版社，2012，第280—290页。

⑤ 胡铭、张健：《转型与承续：民国时期的刑事和解——基于龙泉司法档案（1929—1949）的考察》，《浙江大学学报（人文社会科学版）》2014年第1期。

⑥ 《张德铭等诉张藻如盗窃一案》，民国荣县地方法院档案，案卷号 009—03—312，四川省荣县档案馆藏。

使民众对制度设计的信任降低，认为与其他救济不如自我救济。如在王泽常窃伐树木一案中，原诉人得到判决后难获执行，致其通过到被诉人家中直接取木材的方式，维护自身财产权益。①

此外，荣县诉状中可见当事人一边用“仁天在上”等敬辞恭维，哀乞知事“俯鉴”，一边却以各种理由逃避知事的谕令或判决。这种戏剧性张力反映出，在民国中前期的基层司法中，知事一方面仍循着传统司法“父母官”的职权，但另一方面，其在民众中的权威已不如传统司法“青天大老爷”理讼明断的形象，不足以使狱讼平、两造服。在该情况下，当时的基层司法实践中仍普遍运用知事的权威代替司法的权威，这样的司法如何能具有威信?

（二）传统社会力量的式微

荣县案件的处理过程表明，不论是刑事还是民事案件，多少都存在着社会力量在法外止争或调解的程序。基于客观条件制约和传统文化因素，基层司法官员在诉讼中往往依靠社会力量的介入。对于一般案件的审断，司法官员通常会让社会力量前置性地参与，自主解决该人际网络内的纠纷。如在朱国泰侵吞祠款一案中，知事批复“拙计报凭该管团甲邀集族众人等安为理落，勿率兴讼取累”，而面对朱氏宗族多人的一再诉请，知事只是令团正“再为理处，如再不能了结，具覆核断”。而在审断过程中及事后，司法官员也往往凭借社会力量使案件处理更加顺利，达到真正化解纠纷的目的。

不过，这种经由传统承续的解纷方式，在当时的诸多实践中也并未让民众信服。首先，这一方式本身具有非强制性，需凭义务伦理加以约束。而随着法制近代化进程中从义务到权利的精神向度，忽略个人权利的方式可能不再被信赖。其次，诸如宗族、团甲等社会力量在新时期已发展出种种弊端，甚至成为加重对民众盘剥的工具。其本身并未维护良好的风气，团甲偏袒徇私、族首侵吞祠款等情况时有发生，使得民众对于那些在传统社会中具有威信的角色难再相信。宗族内部的关系变得紧张和不信任，“阖族和睦，历久无讼”② 如明日黄花。如前所述，同姓以诬告相诉的情况绝非个例。这些都在一定程度上体现出社会力量治理的失效。再有，这一方式以不可避免的情感倾向为主导，使得纠纷的处理受制于

① 《冬崇芳诉王泽常窃伐树木悖案揑诬一案》，民国荣县地方法院档案，案卷号 009—03—295，四川省荣县档案馆藏。

② 范忠信、郑定、詹学农：《情理法与中国人》，北京大学出版社，2011，第 207 页。

关系网络的情况。[①] 哪方有更多的人为他讲话，哪方就可能更有优势。如在朱国泰侵吞祠款一案中，“单枪匹马”的朱国泰将其父子被多位族人伤害的情况报请朱氏总祠理落，回应却是“总祠及支祠执事人等俱碍情面，不便传理”。[②] 由情感、关系交织牵引着的行为，更加面临中立性缺失的质疑。

在新旧更迭的时代背景下，基层社会“法”未建而“礼”已破，“并没有带着创立新秩序的力量，可是又没有个服从旧秩序的心愿”。[③] 司法与司法外的力量都不足以赢得民众信任，而由这些力量引导纠纷的解决，亦不足以获得妥善的结果，反而折损了各自的权威。

六、余论

自近代西法东渐以来，直至今日，法学研究都格外关注这些问题，即怎样处理法律移植、处理不同“基因”的法律之间的关系，来构建更为适用的法律规范世界，“避免再次陷入人为的自我限制型的发展空间中”，[④] 建设真正的法治国家；怎样将国家权力进行有效的下沉和分配，并找到基层制度运行中复杂多变情势的逻辑和能够加以解释的理论工具，来处理顶层设计与基层治理的偏异，建设真正的法治社会。对此，历史视野的考察无疑能带来诸多启发。

民国司法改革势有树立“司法威信”的期许，令人惋惜的是，虽然这股浪潮浩浩荡荡，但在基层实践中却只存浮光掠影。“国家要努力实现司法的现代化，并为此渗透、规范和改革社会，而地方社会则对国家的努力加以抗拒和寻求变通。”[⑤] 这种“背反”的典型情况是：在民国“刑民二分”的立法格局之下，基层司法实践中对于案件性质的判断、案件程序的适用、案件结果的决断却脱离顶层设计的客观标准，自成一套。虽然有刑民之外在包装，基层司法官员和涉案的当事人仍多以传统诉讼要素和主观标准对案件进行把握。

在司法和社会治理的结合中，当时的基层官员更看重“维稳”而非“维权”目标，导致司法的价值偏离不均，在一定程度上也削弱了治理的合法性与合理性。其结果是民众对于司法的不信任，反而未能达到防止纠纷扩大与冲突激化的目的。这对今日的提示是，在

---

① 杜正贞：《诉讼实践中的意义之网与关系之网：社会关系网络视角下的清末民初龙泉司法案例》，《民俗研究》2020年第2期。

② 《朱友奉等诉朱国泰侵吞祠款一案》，民国荣县地方法院档案，案卷号009—01—409，四川省荣县档案馆藏。

③ 费孝通：《乡土中国·乡土重建》，群言出版社，2016，第74页。

④ 韩秀桃：《司法独立与近代中国》，清华大学出版社，2003，第27页。

⑤ 刘昕杰、陈佳文：《民国司法改革的开篇：1912年的中央司法会议》，《苏州大学学报（法学版）》2020年第4期。

社会治理的过程中要注意各个治理行为的价值目标应当有异，以此增强治理的合法性与合理性。其中，司法行为应当遵循相对独立的价值目标，用今日之言即“在每一个案件中体现公平正义”，这仰赖于在司法过程中对主观恣意的尽力避免，而代之以一种相对客观的理性决断，将目光往返于规范与事实之间，达成形式判断与实质衡量的统一。只有具有独立价值目标的事物，才会被视为一个目的而非手段或工具。由此，民众并非单纯顺从于法律规则，而是发自内心产生敬从的情感，才是一个国家、一个社会真正的法治化治理的体现。

“二次被害”：抗战后军人婚姻诉讼维权困局

——从民国江北县地方法院18起军婚讼案切入*

陈翠玉　肖　潇**

摘　要　抗日战争使得大量的壮丁从戎，长期出征不能归家。为了稳定军心，南京国民政府不得不用立法构建起保护军婚的新秩序。由此，国家公权力站在民族道义的制高点，形成对婚姻等私法空间的挤压。然而，民间生存逻辑带来的民众应对与反弹，远远超出了国家预期，不断挑战着公权力的权威，迫使国家不得不进一步加紧这方面的立法，在民间逻辑的反差之下呈现出强硬姿态。但是，随着抗战胜利和工作重心的转移，国家公权力的立场和话语体系发生了相应的变化，对民间侵害军婚的行为表现出更多的宽容姿态，相形之下，却忽视了对幸存军人利益的保护，造成他们的“二次被害”。本文以18起战后军婚诉讼案件为例，以特定的时空和场域为背景，在人物—事件框架下，揭示抗战中出征军人身后妻子被霸占和财产被侵害的事实，讨论他们及其近亲属的维权行为、诉讼处境及命运，以期为未来的军人保护制度构建提供一些镜鉴。

关键词　抗日战争；军婚保护；国家立法；民间逻辑；立法；司法

*　本文系重庆市教育委员会人文社科重点研究基地项目“中国古代国家安全法制研究”（项目号：23SKJD029）的阶段性成果。

**　陈翠玉，西南政法大学行政法学院教授；肖潇，西南政法大学博士研究生。

一、引言：问题、材料与研究背景

毫无疑问，战争的爆发会把人的身体和婚姻拖进政治领域，对个人及家庭命运带来巨大的影响。就战争对婚姻的影响而言，战争本身带来的社会动荡、家庭分离是婚姻遭遇问题的主要诱因。而战争造成的征属独守空房的身心痛苦和生存困难、其他男人对军人配偶身体的觊觎、民众在战时对两性关系认识的松动及社区舆论网络监督力量的弱化，都使得很多军人婚姻在战争中岌岌可危。

然而，长期以来，此类档案资料的匮乏和难以寻找，使研究工作难以有效开展。有关军婚保护的历史，学界多只从理论层面展开分析，且多基于和平时期国家宏观立法层面，只关注到共产党革命根据地时期的有关立法，而很少注意到国民党的立法情况。而保护军婚的司法实践情况，则更是鲜有人提及，甚至有学者不得不借用美国发动伊拉克战争对军人婚姻的影响来比对中国的情况。① 仅有的涉及军人婚姻的研究也难以有机会涉及战争对婚姻的影响及战时、战后军人身后遭遇和命运等微观实践层面。② 但对这些问题的关注与思考，却构成了思考未来军婚制度立法及其司法实践的一个不可忽略的面相和必要的逻辑起点。

在非常偶然的机缘下，在查阅陪都重庆市江北县地方法院司法档案过程中，笔者意外发现了一起妨害军人婚姻家庭罪的诉讼的案卷。针对这一主题，经过仔细排查，在 1912 年到 1949 年间江北县地方法院③受理过的全部 11781 个案件卷宗中，发现 18 起同类案卷，涉及婚约、重婚、离婚、通奸等妨害军人家庭婚姻罪的各种类型，为我们研究抗战大后方陪都重庆保护军婚的司法实践提供了宝贵素材。这些有关抗战军人婚姻诉讼的案卷材料之所以珍贵，是因为在社会动荡时期，对于多数地区而言，司法工作本身难以正常开展，而相关司法档案的留存更是极其困难的事。相比较下，作为抗战大后方的陪都重庆市江北县，社会环境相对稳定，虽几经日军轰炸，但总的来说较少受到战争的直接威胁。为维持大后方的社会秩序，江北县地方法院在抗战时期保持着正常运转，积极行使司法审判职能，受理了大量案件。更为庆幸的是，当时审理案件形成的这些司法档案被较为完整地保存了下来。

---

① 参见张群：《抗战・军婚・人权——我国近代军人婚姻立法初探》，《比较法研究》2007 年第 5 期。

② 现有少数研究涉及共产党军婚问题，且局限于国家立法的宏观层面，较少关注司法实践层面尤其是战争场域下诉讼实况的考察。

③ 江北县地方法院初设于民国一十九年（1930 年）12 月 26 日，民国二十一年（1932 年）3 月 25 日被裁撤。民国二十五年（1936 年）12 月 1 日，建江北县司法处。民国二十六年（1937 年）10 月 1 日，江北县地方法院开院，是三级三审制的基层法院，内设检察处。参见重庆市渝北区地方志编纂委员会：《江北县志》，重庆出版社，1996，第 592 页。

故事要从一幅军人抗战归来推开家门看到的“妻子和财产全不见了”的悲惨画面说起。

“熊松林，本为石工，营业素未非为，情因前民三十三年，本保保长朱伯卿抽送壮丁，服兵役出征抗敌，兹于本年农历二月二十八日，由泸县本连请假返乡回家视察，妻王氏及一男一女，男名牛儿，五岁，女名白君，年七岁，全家三口人丁不见，并家中物用器具衣物等项一搂而空。”① 该故事讲述了抗日战争爆发后的民国三十三年（1944 年），40 岁的昔日石匠熊松林在家乡被本乡保长选抽为壮丁出征抗敌，在战争结束后返乡推开家门时看到的情形。后来，熊松林四处打听乡邻，始得知妻子由刘海全唆使做媒改嫁给了张沙溪的范银轩（自己的两个孩子，被寄养于熊松林的二姐和三姐家）。

此故事并非虚构，它来自一则真实的档案记载。它是 1945 年抗日战争结束后众多国民党幸存抗战军人战后返乡遭遇的一个缩影：妻子改嫁、财产被霸占。战前，他们自愿应征或被强征入伍，② 奔赴代表死亡的战场，九死一生。战后，即使侥幸存活下来，却不得不像一群落魄的陌生人一样回到曾经的家乡。等待他们的不是应有的礼遇，而是妻子、财产全没了的艰难生活处境。这种情形到底有多普遍？显然，这无法用精确的数据加以统计，但它绝非个案。

实际上，为了构建保护军婚的新秩序，当时的国民政府曾公布了一系列法律文件，试图改变民间社会原有婚姻习俗和逻辑。然而，值得追问的是，这些保护军婚的立法在实践中是否得到了普遍贯彻？面对妻子改嫁和财产被侵占的厄运，他们及其亲属何去何从？容忍还是反抗？是否以及如何提起诉讼？他们的诉讼处境如何？代表官方和“正义”的国家机关如何处理他们的申诉，是否能生产出他们所盼望的“正义”产品？毫无疑问，解释这些问题的最佳途径是观察具体司法实践。

抗战军人群体是一个被以往研究严重忽略的群体。这种忽略与其说是有意，不如说是困于研究资料的匮乏下的无奈。在当时严酷的战争和民族存亡背景下，抗日战争意味着个人的身体、生命被赋予维护民族、国家大义的道德要求。很多出征军人的生命及婚姻轨迹

① 该案件档案藏于重庆市渝北区档案馆，卷宗号：民 2，目录号：1，案卷号：10652，另本文中其他 17 起案件皆出自该档案馆同一卷宗，目录号均为 1，案卷号分别为 167、536、2640、2656、2682、3141、3161、3197、3198、3199、3120、3386、5273、7526、8998、9100、9232。

② 民国二十五年（1936 年），国民政府颁布第一部《兵役法》，在全国实行义务兵役制。抗战爆发后，国民政府颁布《征补兵员实施办法》，江北人民积极抗日救国，自愿应征上前线，民国二十七年（1938 年）有 1275 人自愿从军抗日。1941 年，始按照《征补兵员实施办法》举行抽签征兵，当年，分 3 次征送壮丁 4452 人。全面抗战 8 年中，江北县征送壮丁上前线 32827 人。除抗战胜利后有复员和转业外，均未按《兵役法》转役退役。（参见重庆市渝北区地方志编纂委员会：《江北县志》，重庆出版社，1996，第 674 页。）

因抗战的爆发而被改写。开篇提到的战后军人的悲惨遭遇较普遍。① 本文这里所说的军人，包括以下几类：“直接参与作战之军人；调回后方修养整训之军人；空军勤务人员及对空作战之部队；准各拨补前方服役之运输士兵；国民兵团常备队之各补兵及补充团队之新兵；凡编入战斗序列或担任战地攻守任务之警察及地方团队。”② 本文中所说的抗属，即抗日军人家属，“以直接参与作战军人之配偶及其直系血亲为限”。③ 通过整理和分析这些诉讼案卷，本文力图还原和叙述具体而真实的抗日战争生活“事件”，探讨国家保护军婚的立法和民间逻辑的背离及其背后逻辑，剖析抗战后的出征军人（个别由近亲属代为）在特定的时空场域下，维权抗争的经过、诉讼处境以及在战后国家立场和话语的转换背景下注定不幸的命运。

二、保护军婚的国家立法建构

抗日战争关乎中华民族存亡。全面抗战爆发后，组织民众抗战系政府职责所在。“拉壮丁”是抗战大后方一种相当普遍的现象。④ 大量男人（其中许多是妇女的未婚夫或丈夫）不得不长期出征，冒着失去生命的危险在战场上浴血奋战。为了维护抗战大局和稳定军心，从国家的角度运用立法构建保护军婚的新秩序，树立新的战争贞操观，实现对抗属的身体与欲望的规训，维护军人婚姻家庭，成为当时历史背景下的必然选择。本着民族利益高于一切，战争胜利高于一切的原则，为保证军人抗战积极性，解除其后顾之忧，南京国民政府通过立法构建起了保护军人婚姻的话语体系。⑤

① 在笔者看来，很可能还有很多类似遭遇的抗战军人的身影被淹没于历史的海洋。之所以未留下资料记载，要么是因为被动放弃（已死，无法申诉），要么主动选择容忍而放弃抗争（如对高成本诉讼的恐惧，不愿与乡邻为敌等），要么借助了其他救济方式而没有诉诸法院。当然，这里也不排除个别出征抗战军人的未婚妻或妻子坚守贞操等到战后团圆的美满情形。

② 参见1941年12月20日修正过的《优待出征抗敌军人家属条例》第二条（《出征抗敌军人婚姻保障条例》第一条也采用了该定义），参见司法行政部编：《司法法令汇编》，上海法学编译社，1946，第一册，第14页。

③ 参见1941年12月20日修正过的《优待出征抗敌军人家属条例》第二条（《出征抗敌军人婚姻保障条例》第一条也采用了该定义），参见司法行政部编：《司法法令汇编》，上海法学编译社，1946，第一册，第14页。

④ 全面抗战爆发后，国民政府颁布《征补兵员实施办法》，基层保甲的征兵职能也应运而生。抗战后期随着兵源日渐枯竭，适龄壮丁征集愈发困难，终演变成强征、估拉，以致各地被征集之人及其家属谈“兵”变色，闻“拉”匿迹。为了推动征兵工作，国民政府于民国二十九年（1940年）六月廿九日公布实施《妨害兵役治罪条例》，其中第14条规定：“意图避免兵役故意毁伤身体者，处五年以下有期徒刑。”在具体征兵过程中，负责实际征兵工作事宜的地方保甲长借势凌虐、受贿贪污、徇私舞弊等现象层见叠出、屡见不鲜。各地抗役之诉、违法估拉之诉和徇私舞弊之诉层出不穷。参见彭垚垚：《试论抗日战争时期国民政府兵役制度下的“拉壮丁”——以四川为中心的考察》，四川师范大学硕士学位论文，2010；徐德莉：《宏观与微观的二重面相：以抗战时期湖南事关“拉壮丁”伪造案为例》，《贵州社会科学》2012年第11期。此外，江北县志以及重庆市渝北区档案馆诉讼档案资料也有诸多反映，这里不再赘述。

⑤ 参见司法行政部编：《司法法令汇编》，上海法学编译社，1946，第一册，第14—18页；吴经熊编，郭卫增订：《卅七年版中华民国六法理由、判解汇编》，上海会文堂新记书局，1948，第一册，第947—962页。

首先，在全面抗战爆发后不久，1938年10月12日南京国民政府颁布了《优待出征抗敌军人家属条例》(以下简称“《优待条例》”)。① 该法第三十条规定，“出征抗敌军人在服役期内，其妻或未婚妻无论持何理由不得离婚或解除婚约。”② 国民政府立法保护军婚的努力由此肇始。③

之后，战事的发展需要和军婚纠纷频仍的社会现实，迫使国民政府不得不进一步出台更全面、更严厉的法规，调整战时军人的婚姻家庭生活。④ 1943年8月11日，国民政府公布并施行了《出征抗敌军人婚姻保障条例》(以下简称“《保障条例》”)。⑤ 该条例全面贯彻了前述《优待条例》第三十条的基本精神。概括起来，其内容主要有以下四个方面：

一是对未婚妻解除婚约及与他人结婚的限制及惩罚。《保障条例》第四条规定：出征抗敌军人在出征期内，其未婚妻除依民法第九百七十六条第一款、第五款、第七款或第八款规定外，不得解除婚约。不依前项规定而与他人订婚者，除婚约无效外，处拘役或五百元以下罚金；与他人结婚者，除撤销其婚姻外，处一年以下有期徒刑或拘役，得并科三千元以下罚金。此外，以不当手段与之订婚或结婚的第三人也可能被判刑。第五条规定：对于出征抗敌军人之未婚妻，以胁迫利诱或作诈术相与订婚或结婚者，处三年以下有期徒刑，得并科五千元以下罚金。

二是对军人妻子离婚的限制和惩罚。军人出征期间，抗属与他人订婚或结婚可能面临刑事处罚，刑期可长达七年。《保障条例》第二条规定：出征军人在出征期内，其妻不得请求离婚。其第三条规定：出征抗敌军人在出征期内，其妻与他人订婚者，除婚约无效外，

---

① 在中国历史上，每逢战乱，首遭劫难的都是妇女（且不论妇女地位的低下）。这不仅指那些直接遭到战争侵害的女性群体，还包括所有军人的家属。对于留守后方的她们来说，除了承受所有女性共有的战争威胁和劫难以外，还要时刻担心前方的家人是否平安，应对个人和家庭可能遭遇的危险和灾难。她们是最为需要也最应该得到政府和国民帮助的群体。战争时期的军婚法令对于军人家属来说，在权利上确有所限制（如限制离婚），但这一制度（包括有关政策）所给予妇女权益的保护也是极为有力和全面的，特别是因此连带的拥军优属等政策。

② 参见司法行政部编：《司法法令汇编》，上海法学编译社，1946，第一册，第16页。

③ 除了《优待出征抗敌军人家属条例》和《出征抗敌军人婚姻保障条例》外，国民政府颁布的一系列优待抗属的条例和细则，如《出征抗敌军人家属免派积谷办法》《现职军官佐属在抗战期间无力求学子女救济办法》《出征士兵及其家属调查办法》《对应征新兵及其家庭鼓励办法》《抗战人员家属保障办法》《出征抗敌军人婚姻保障条例》《征属田地义务代耕办法》等，从提高政治地位、实行代耕制、债务清偿、典权回赎、房屋出租及子女上学等方面给予优待。（参见兵役部役政月刊社编：《抗战八年来兵役行政工作总报告》，重庆时代印刷出版社，1945；军政部兵役署役政司宣查科编：《兵役宣传从书第七集：兵役宣传暨优待征属法令汇编》，重庆军政部兵役署役政司宣查科印，1943。）

④ 1942年（司法）院字第2331号文件提到，如果出征抗敌军人的未婚妻违反婚约与他人结婚，因为《优待条例》没有特别规定，不得请求法院加以其他之制裁，只能依照民法第九百七十八条的规定请求赔偿损害。值得注意的是，即使未婚妻解除婚约有民法上的法定理由（即民法第九百七十六条的规定），但因为《优待条例》第三十条明确禁止解除婚约，按照特别法优于普通法的原则，仍旧不能免除其赔偿损害的责任。（参见吴经熊编，郭卫增订：《卅七年版中华民国六法理由、判解汇编》，上海会文堂新记书局，1948，第一册，第952页。）

⑤ 参见司法行政部编：《司法法令汇编》，上海法学编译社，1946，第一册，第17页以下。

处六月以下有期徒刑、拘役或一千元以下之罚金，其相与订婚者亦同；与他人重新结婚者，除撤销其婚姻外，处七年以下有期徒刑，得并科五千元以下罚金，其相婚者亦同。此外，伤残军人妻子或未婚妻欲离婚或解除婚约必须取得其同意，不然也可能面临刑事处罚。其第八条规定：出征军人因伤成残废后，其妻或未婚妻非取得本人同意，不得离婚或解除婚约，其以胁迫利诱或作诈术取得本人同意离婚或解除婚约，处三年以下有期徒刑或拘役。

三是对军人未婚妻解除婚约及妻子改嫁条件的规定。其第六条规定：出征抗敌军人生死不明，满三年后，其妻或未婚妻始得向法院声明为死亡之宣告。其第七条规定：军人之妻，自其夫死亡逾六个月后，始得再婚。

四是对抗属与他人通奸行为的惩罚。惩处对象包括抗属及其相奸者，惩罚办法是判六个月到三年的有期徒刑。其第九条规定：在出征期内，军人之妻与人通奸者，处三年以下有期徒刑，三千元以下罚金；未婚妻与人通奸者，处六月以下有期徒刑、拘役或一千元以下罚金。相奸者均同。

总之，为了维护抗日大局和安定军心，当时的国民政府出台了一系列保护军婚的举措。其立意在于保障军人的婚约及婚姻，确保抗战军人身后的未婚妻或妻子的身体和家庭财产的安全。分析起来，国民政府运用立法构建保护军婚的话语体系，主要有以下特点：一是对妇女婚姻自由的强制性限制。国民政府保护军婚的立法内容主要是在民法上限制离婚和在刑法上惩罚破坏军婚，两者均指向了对军人配偶离婚权的限制。可以说，国民政府保护军婚的话语构建是以对作为抗属的妇女权利和婚姻自由的限制为前提的，具有一定的强制性。二是对破坏军婚行为的严厉惩处。按照《出征抗敌军人婚姻保障条例》的规定，一些和平时期本属民事纠纷的行为被作为犯罪行为对待，甚至被施以刑罚加以严厉制裁。比如，对出征军人未婚妻解除婚约与他人结婚、对军人妻子离婚或与他人通奸等行为给予从重处罚。三是立法的临时性。国民政府保护军婚的立法呈现出鲜明的战时法规的性质和特点，时效有限。抗战期间及抗战后，国民政府对待军婚的态度有所改变。在抗战时期的 1940 年 1 月 15 日，国民政府行政院曾在回复湖南省政府的请示电中明确宣布：“抗战以前剿匪阵亡军人家属不能适用《优待出征抗敌军人家属条例》。”① 在抗战结束后的 1947 年，又再次明确宣布：“《优待出征抗敌军人家属条例》虽无明文废止，但抗敌战事结束后，即无所谓出征抗敌，该条例适用之前提要件即不存在，自无再适用之余地。”②

---

① 参见民国政府司法院参事室编：《新订国民政府司法例规》，民国政府司法院参事室印，1940，第三册，第 1582 页。

② 参见吴经熊编，郭卫增订：《卅七年版中华民国六法理由、判解汇编》，上海会文堂新记书局，1948，第一册，第 961 页。

三、军婚被侵害的民间景象及其逻辑：被觊觎的身体与财产

（一）军婚被侵害的民间景象：被觊觎的身体与财产

相对于国家立法建构起的话语体系，实际的社会生活可能是另一番情形。在战时，大量壮丁应召入营。从已掌握的陪都重庆市江北县18起案件来看，一旦出征军人上了战场，除了自身身体和生命处于随时可能牺牲的险境之外，很多军人婚姻并没有如同国家保护军婚立法所希望建构起来的那样稳固，军人未婚妻退婚、妻子通奸甚至改嫁等情形时有发生。与之相伴随的，是处于无人监管状态下的军人身后财产的流失或被侵夺。① 据掌握的相关档案，军婚被侵害的情形主要有如下三种：

1. 婚约被毁，未婚妻另行嫁人

比如，出征军人张宗先，未婚妻及娘家登报声明婚约无效，并意图另行订婚和改嫁；出征军人吴忠祺，抗战结束后，准备告假回家完婚，未婚妻的父母以女方未达到婚约年龄为由起诉该军人，要求解除婚约；出征军人胡志彬，与被告之女谭世梅订婚，1943年出征，3个月后，谭世梅被李义臣为媒诱嫁于潘庆云为妻，正式结婚。胡志彬返乡后，诉未婚妻违背婚约改嫁他人，要求交人完婚。参见文尾附表中的案例1—3。

2. 妻子改嫁，财产被霸占

比如，开篇所提到的抗战军人熊松林，抗战返乡后发现，妻子被岳父母改嫁，产业被侵占；还有，出征军人汪国忠，出川抗敌，妻子看其杳无音信，自认被遗弃，携幼子无生活能力，亦无恒产可以提供生活来源，被同乡教唆改嫁，财产被霸占；抗战军人彭友福，民国二十九年（1940年）被本保征送抗敌，妻子彭陈氏被邻居唆使改嫁，财产被侵占；出征军人陈有道，遭保长强迫入营服役，妻子改嫁，所有动用什物被搬去；出征军人樊代喜，1942年入营，妻子被强占生子，儿子坠入粪池中憋死，父亲告到乡公所逾1年，无人理睬；出征军人段书均，被保甲征送入营，出省参加抗战，妻年轻寂守，意志薄弱，受其兄诱惑另嫁，家中财物受损；出征军人田荣昌，受乡间流氓串通陷害，应征入伍，妻子改嫁，家中所有贵重银饰衣物财产被侵占。参见文尾附表中的案例4—13。

---

① 在这十八起案件中，除婚约案件外，其他案件均涉及产业或财产被侵占的问题。虽然有时候，被侵占的财产数额价值并不大，但由于战争时期物资极度匮乏，仍可能给返乡出征军人的生活带来很大的影响。此外，有些抗属改嫁后，其本人以及新夫也会伺机抢夺生活资料。还有一种情况是，乡村社会里某些有权势的群体，可能基于对其妻子身体和财产的觊觎，事前有预谋地串通和迫害，将家中男人送进军营，以便之后可以趁机淫其妻、霸其产。

3. 妻子与他人通奸（甚至生子），财产被霸占

比如，出征军人邓银成，遭胞兄预谋居心霸产，暗串派出出征。抗战胜利后返乡后，发现其胞兄同妻子私通且生有一子，家中产业、田谷、家屋、动用、器具皆被夺；出征军人罗起伦，出征后，其妻子与人通奸，不守妇道，不赡养婆婆；出征军人刘继星，妻子与人通奸后，伪造离婚合同，后为追讨生活费反悔，请求认定离婚合同无效。参见文尾附表中的案例 14—18。

（二）军婚受侵害的民间逻辑

相较于外来的国家立法建构，对老百姓而言，战争期间更现实的考量是如何生存下去。也就是说，在国家保护军婚的逻辑之外，还存在着另一种逻辑：即民间生存逻辑。特别是，战争造成的很多独守空房的军人配偶，其身体很容易被乡村社会其他男性觊觎：在无形间为未娶妻的男子提供了很多新机会，也给已婚男子提供了获得婚外性以可乘之机。而对于广大军人未婚妻或妻子而言，迫于生存的需要，在亲属的支持和第三人的诱拐或胁迫下，她们也可能会偏离原来的婚姻轨迹，主动或被动地改变着自己婚姻和处境，以各种方式追逐着获得新生活的权利。在这些民间生存逻辑影响下，抗战大后方军婚受侵害事件仍时有发生。国家建构起的保护军婚的话语体系，在短时间内似乎无法有效"征服"或取代民间传统并获得面向社会的现实支配力。究其原因，战争本身带来的社会动荡、家庭分离是军婚遭遇问题的主要诱因。此外，未婚妻或妻子独守空房的身心痛苦、生存困难、民众在战时对两性关系认识的松动以及舆论网络监督力量的弱化也是诱发妨害军人婚姻犯罪的重要因素。

从生存层面来说，许多农民被迫出征参军、奔赴抗日前线，加之战争时期交通及通信不畅，留在家中的妻子长期没有丈夫的消息，不得不独自面对生计的压力①和忍受独守空

① 关于重庆抗属的生活窘境，当时很多报纸和杂志中都有记载。比如，《重庆律师公会吁请全国律师保障抗属权益》（《中华法学杂志》1944 年第 3 卷第 6 期，第 100 页）中提道："查抗战以来，政府对于抗战军人家属一再颁布法令，明文规定抗属应享之权益，而实际一般抗属仍多未能受其应受之优待，享应享之权益，以致酿成诉讼者有之，无力告诉颠沛流离者尤屡见不鲜，影响抗战至大且烈。"再如，《重庆妇女对抗属问题的意见》[《妇女生活（上海 1935）》1939 年第 3 期，第 7 页] 指出："一般抗属，一无恒产，生活陷于极度困难，原来抗属中的百分之九十以上，都是依赖出征人为生的，但当倚柱被移去保卫国家时，他的家属被丢掷在贫困里不能自拔了，有的替人洗洗衣服，作零星活计或经营小生意，青年妇女甚至被迫去干那些不愿干的勾当，或把自己仅有的一点点房屋，租给烟馆或赌窑，贪图得到一点较高酬报，有的人也愿意做工，而老人、孩子，家务拖累了她，不能整天走出家庭去。"又如，《重庆市抗属生活现状》（《现代妇女》1946 年第 4 期，第 18 页）指出："例如单就我所接触的这个区来说，就有五百多户抗属。可五百多户中，勉强有饭吃的不过十多户；其余都是吃不饱，穿不暖的。大半的抗属，原来只有一个出征壮丁是有生产能力的，留下的多是老态龙钟，不能从事生产的老头子，老太婆，或拖了几个子女的中年妇人。自然，他们被饥饿所逼迫，也还是想尽了办法去谋生活；可见十分悲惨了。有的老头子或老太婆是卖香烟，水果，青菜，草鞋，等等，每日赚几百元过日子。中年妇女大都是卖菜，卖水果，收荒，洗补衣服，倒溺罐，卖洗面水，擦皮鞋，等等。还有一些疾病残废根本失去了谋生能力的抗属，就只好沿途求乞了。"

闺的寂寞，寻求活下去的经济支持和心理支持成为她们的客观需要。因此，可以说，战争造成的征属身心痛苦和家庭经济困难是妨害军婚案件发生的主要原因。① 此外，长期的压抑和内心的激情也可能诱发不当行为。

从观念层面来看，“重庆历来文化教育事业不发达，人民群众中文盲多，受封建道德、传统观念、社会习惯势力中愚昧落后的东西很多”。② 战争与迁都促进了新、旧观念的交流与碰撞，在彼此不能完全取代的情况下，两种观念相互妥协、融合，形成了杂糅的特殊观念形态。受到新式婚姻观念的影响，主张“婚姻自由”的军人配偶可能由于不满“父母之命，媒妁之言”的旧式婚姻和追求新生活的需要，成为重婚罪、通奸罪的主体。

从舆论监督环境来看，重庆作为陪都，战争和人口迁移可能使得大量人口内迁。“流动人员生活不稳定，乡土监督网络基本不复存在，因而发生婚外性行为的可能性提高。”③ 也许正是战争造成的社会动荡、乡村经济破败和民众生存艰难的现实，使民众对两性关系的认识有所宽松，当事人所承受的舆论压力与道德谴责也较平常为轻。

四、非诉抗争的失败与迫不得已提起的诉讼

档案资料显示：在这些案件中，在诉诸司法解决之前，很多自诉人曾尝试寻求其他救济，如找人理论，找族长、保长调解或向乡公所求助等。但是，在上述过程中，有些出征军人及其近亲属不仅没有得到来自社区或基层组织的帮助或救济，反而受到进一步伤害或侵害（比如被殴打或被羁押），使得他们不得不转向诉讼寻求他们希望的“正义”。为了更好地描述和分析这些案件诉讼情况，笔者制作了案件诉讼情况简表作为参考（参见文尾附表）。

（一）非诉抗争失败后才不得不转向诉讼

在开篇故事（即案例4）中，战后返乡军人熊松林先是找保长调解，对方自知其过错，答应赔损失法币一十万元，妻室儿女限日送还，但熊松林择日去取时，却遭诬告抢劫，捆绑押送羁禁乡公所十余日，后不得不转而向法院起诉。档案中提道：“随后，熊带孩子前往范家讲理，被范家人拘禁起来，后经该地曹保长及民该管保长朱伯卿等调解，该银轩自知其过错，

---

① 正如苏成捷所指出：“很大程度上，穷人的婚姻是工具性的，在婚姻中寡妇再婚，或者把自己卖掉或者被姻亲卖掉，换得一笔财礼，用来还清债务或者继续维持生活，是生存策略，是小人物应对社会和经济的重大问题的一种方式。”参见苏成捷：《性工作：作为生存策略的清代一妻多夫现象》，载［美］黄宗智、尤陈俊主编：《从诉讼档案出发：中国的法律、社会与文化》，法律出版社，2009，第133页。

② 参见周勇：《重庆通史》，重庆出版社，2002，第1424页。

③ 参见王跃生：《清代中期婚姻冲突透析》，社会科学文献出版社，2003，第187—190页。

愿意赔损失法币一十万元，同意将妻室儿女限日送还给熊。因其过期失约，熊到银轩处清询事由，被告等不惟分厘不给，反串该保土豪民丁周麻子（即绍青）、杨明寿、赵青云等以朱子廉劫案堕诬，搜掠去了熊身上自带法币三万零九百元金物，将熊捆绑起来，还以熊陷害诈欺为由，押送乡公所，次日转送江北县侦缉队羁禁十余日，熊缴纳保证金后暂时被无罪释放。”

熊松林的遭遇并非个案。案例5中，出征军人陈朝万的弟弟陈朝华，试图找对方理论，发生扭打，并被扯破长衫，转而向法院状告之。在案例13中，出征军人樊代喜的父亲樊长富到管辖乡公所理论无果，转向起诉。在案例9中，军人段书均报永兴乡乡公所数集理剖检，历时数月置之不理，情迫莫何，只得提起自诉。又如，在案例12中，出征军人父亲曾报本乡公所理，但因其既系乡公所干部至亲，而且又属共事，竟一再袒庇，不惟不秉公处理，反勒检认理费，转向法院告诉。在案例14中，军人邓银成去理论反被辱骂，又被抢夺法币，凭族亲保甲等在家理论，迫而凭乡公所理剖，无结果，转向刑事自诉。当然，也有经过调解达成息讼合约的。比如，案例6中，出征军人汪国忠的弟弟最终和被告自愿和解，财产归还，对方因此被法院宣布无罪。再如，案例18中，最终出征军人母亲撤回诉讼，与军人配偶和解，对方答应断绝与奸夫往来并赡养婆婆，检察署作不起诉处分书。

（二）迫不得已提起的诉讼

很多抗战军人及其近亲属在采取非诉的传统纠纷解决方式失败后，才不得已地将寻求心中“正义”的最后希望寄托在法院诉讼上。本文开篇故事的主人公熊松林在找对方理论和乡保长调解失败，反遭抢掠和限制人身自由的情况下，不得已以妨害出征家庭、束缚自由、串匪堕诬、抢夺法币财物等理由将妻子、唆使人刘海全、同居者范银轩以及同伙打人抢钱者周绍青、杨明寿等一纸刑事状纸告到江北县地方法院。

相对于战死的同伴，熊松林等从战争中活下来的军人无疑是幸运的。但他们终究还是不幸的：他们中的多数在战后返乡后不得不面对妻子和财产被侵夺的事实。面对这样的残酷事实，有些幸存军人选择自己主动提起刑事自诉。此外，也有些案子里，军人自始至终没有出现在法庭上，甚至他们对诉讼是否知情也无从得知，案子完全是由他们的近亲属围绕着军人的利益代为提起和展开诉讼的，而军人则以一种“身体不在场而利益在场”的方式出现。此外，也有军人是作为被告出现在诉讼中。在这些案件中，诉讼启动的方式主要有提起自诉、代为诉讼与被起诉三种。一是军人自己提起自诉。抗战结束返乡，面对妻子、财产尽失的遭遇，迫使抗战军人提起刑事自诉。比如，案例3、4、8、9、11、14、15。二是军人近亲属代为诉讼。有时，提起自诉的人并非本人。当出征军人权益受损害时，由于其在服役期间不知情或者知情但无暇维护自己的权利，很多诉讼案件是由其亲属代为提起的，比如，弟弟代讼的（案例5、6、7、16）、父亲代讼的（案例1、10、12、13）、母亲代讼的（案例18）。在这些案件庭审过程中，基本看不到抗战军人的身影。但个别案件中出征军人在诉讼后期参与诉讼。三是军人被起诉。有的军人被起诉，而不得不应诉。比如，案例2，出征军人被未婚妻父母起诉要求解除婚约。再如，案例17，出征军人被妻子起诉，要求确认离婚合约无效。这些军人的出征时间集中在1940—1944年，案件发生时间集中在1942—1945年，而诉讼时间都在战后，集中于1945—1948年。除了前面提到的自诉人多种多样外，被告身份也比较多样化，除了配偶、第三者（如军人的胞兄弟、保甲长等村干部及村里其他能人、有权势者，等等），有时还包括女方父母、媒人、邻居、社区其他成员等。

五、诉讼中的维权困局

在战时财产被侵害和妻子被霸占的既定事实面前，战后返乡的这些幸存军人，讨回公道并不容易。在求助社区和基层组织的非诉抗争失败后，诉讼成为这些抗战军人及其近亲属唯一的希望。一旦脱离亲邻救济和社区救济的轨道，转向求助国家公权力，也往往意味着双方关系的彻底破裂和难以修复。

这些幸存军人在司法程序中扮演各种不同的角色，诸如自诉人、被代理人、被告等。他们在案件中往往是以受害人的形象出现，且多以不同状态，或泪流满面，或激烈悲愤，或无可奈何地讲述或被讲述自身故事，故事的核心是出征后妻子的离去和财产的被侵害以及战后返乡无家可归和无法生活的种种艰难。以军人诉配偶通奸或重婚案件为例，透过发黄破碎的档案纸张，一场场典型的法庭审判场景似乎呈现在我们面前：一方面，出征军人一方竭尽所能力图建构起一个战前为国效力，战后返乡后发现妻子财产尽被侵占，生活无依的自我形象，以及一个“乘机淫妻霸产”的战时第三者形象；另一方面，作为第三者的新夫或奸夫，也在使尽浑身解数地解构被加于自身之“描绘”，试图重新洗刷自己，撇清与军人配偶（有时还包括两人所生孩子）的关系，建构起自己极度无辜甚至慷慨义气相助的形象，有时还要想办法给对方扣上图谋侵占财产进而诬告自己的帽子。而军人配偶们则多半站在与军人对立的层面上，倾向于不承认军人的指控，而是极力进行“自我道德化”的抗辩，描述自己在丈夫出征后悲惨的生活境况，不得已或被诱骗改嫁或被诱奸，将自己描述成形象弱小，被逼无奈，并非不想守志贞节的女子形象。可以想见，随着诉讼的进展，当事人之间，或在法庭空间里，或在诉讼文本上，进行着一场场不断升级的“道德化”的论战。而检察官和法官则对进入法庭空间的一切人进行持续的观察和思考，不得不在这种虚虚实实的“道德化”论战中给出自己的判断。

然而，很多案件的案情往往错综复杂，要查清案件事实并不容易，要讨回公道则会更难。档案显示：他们及其代为维权的近亲属在实际的诉讼过程中也多半处于明显的劣势地位。其维权困境来自提起诉讼难、调查收集证据难、获得社区支持难、认定事实难和长期坚持诉讼难等诸多方面。

1. 诉讼提起难

抗日战争时期，很多军人死在战场上，无暇顾及身后的权益受损问题，更不可能自己维权。而那些正在战场上拼杀的出征军人，在远离家庭和交通、通信不畅的情况下，对很多侵害行为并不知情，即使有机会知情，也无法在第一时间返乡提起诉讼。对这部分出征军人受侵害的权益，除非足够重大且亲属的关系足够亲近，否则其近亲属也未必会代为提起诉讼。而对于极少数在战争中幸存下来的军人来说，当战后返乡发现自己的妻子离去、财产被侵占后，其中很多人可能会碍于熟人脸面、证据难求及社区压力等，选择忍气吞声，从而不提起诉讼。

2. 调查取证难

维权行为不得不依赖于证据。但军人及其近亲属们查找证据和寻找证人的工作往往耗时费力却未必有成效。而且多数侵害发生时间较久远，加之出征军人长期离家造成的社会关系的隔膜和应对当下窘迫生活的迫切需要等，都是造成调查取证困难的原因。另外，很多侵害者本身是出征军人及其所在家庭的亲属或熟人，他们有着极其便利的实施侵害和毁灭、隐藏证据的条件。对于那些亲属代为提起诉讼的案件来说，信息不对称和身份上的不适格也是造成调查取证难的原因所在。在很多案件中，军人妻子在诉讼中往往面临着被追究刑事责任的现实威胁，为求自保，她们多不会选择站在军人一边。还有，出征军人及其亲属很难获取乡村社会成员的支持并找到愿意作证的证人。在有些案件中，即使出征军人及其近亲属作为自诉人能够提供证人名单，但在庭审过程中，这些证人往往推诿搪塞、含糊其词，且有些时候证人本身就是利害关系人，因而不愿作证。比如，在案例 4 中，出征军人方所提供的三个证人，在法庭上临时改口称不知情。再如，在案例 5 中，证人在庭审时称未见殴打和不知情。又如，在案例 14 中，证人为佃户，临时改称不知被告（即出征军人胞兄）和军人配偶住在一起。

3. 获得社区支持难

出征军人及其近亲属在抗争维权的过程中往往难以从陌生的熟人社会获得有效支持。首先，很多侵害发生在兵荒马乱、物是人非的战争时期，相关证据很难被完好留存下来。而且，一旦军人出征后，家中惨状自不待言，而最有机会侵害其权益的，往往是那些关系极其密切的或是受委托或是负有道义责任帮助其家庭的人。比如，岳父母、邻居、熟人、乡亲等。因此，军人的诉讼行为往往不得不在关系亲密的熟人间展开，很容易受到来自熟人社会的种种阻挠。其次，出征军人长期离家抗战造成原有的社会资本大量流失。当长期离家抗战甚至被误认为已经死亡的出征军人重新回到家乡后，其原有的关系网络遭受破坏，在乡村社会关系网中处于相对劣势的地位，难以获得来自乡村社会的支持。特别是，在侵害人处于相对优势的情况下，其他乡村社会成员可能慑于侵害人及其所在圈子的权威或强势地位，不愿或不敢支持出征军人及其近亲属的维权行为。

4. 法官认定事实难

法官的主要工作是在认定事实的基础上适用法律。但事实真相的分辨往往并不容易。特别是，一旦对方当事人为了争取自身利益，运用某种策略或技巧，进行自我道德化的说辞包装，呈现出一些特定的无辜者的举止和表情，情真意切地表演，很容易影响法官心证，使其难以分辨事实真相。比如，在案例4中，被告之一的媒人力证自己无辜的言辞使事实真相难以辨别。他指出："民做媒一语实目原其说空言，主张既无证人可质，又无证据可凭，信口捏诬，意图陷人于罪，且查自诉人之妻果真嫁与范姓，今确不在范姓家，而在自诉人家中，可为捏词妄诬铁证，特为辩诉，恳请钧院俯赐察核准予宣告无罪。"此外，很多时候，有权势的对方当事人还能轻而易举地获取乡村社会成员的支持，提供相反的证据和证人，从而影响法官对事实的认定工作。比如，在案例12中，作为乡干部，被告李炳辉提供了保甲长、乡民等证人为自己作证，就可能存在这种情况。

5. 长期坚持诉讼难

居无定所和生活没有着落也是战后返乡的出征军人难以长期坚持诉讼的原因所在。比如，案例4中，军人熊松林称自己无家可归并到处流浪，后来法院以传唤未到及其他理由宣判了对其不利的判决结果。再如，在案例9中，出征军人需要以劳力供养自己和母亲，不堪诉累，所以主动撤诉。"为不堪讼累，放弃自诉权，声请撤回自诉，以免损耗事。""意得保冻馁，殊仍赤手空囊。声请人知妇逃亡，忿□难忍，虽向钧院自诉，但仍以劳力求资供养老母，一日停□即不能解决一日生活之需，是难以长久支持，只得放弃自诉。"又如，在案例12中，军人父亲称"为依法撤回，请予注销完案，以示体恤而息讼争事"，"惟正进行中间，幸逢双方至好人等，出而一舟负责，居间调停，而现又值农忙之时，无暇长此讼累，结果解释误会，化除成见，均甘水释前嫌，言归于好"。

还有，出征军人及其近亲属对自身在诉讼中相对不利的地位和较低维权希望的预判也是他们难以坚持诉讼的重要原因。在有些案件中，出征军人及其亲属在诉讼过程中主动放弃诉讼，自愿接受调解或自行和解，退而求其次地选择拿回部分财产以解决更为迫切的生活难题，不再追究侵权人的责任。比如，在案例18中，出征军人的母亲年老体衰，难以长期坚持诉讼，所以诉讼开始后不久，她选择进行调解并自愿撤回告诉，以省讼累。

值得注意的是，这些军人及其近亲属选择撤诉的做法，很难得到法官同情式的理解。个别法官倾向于认为，撤诉代表理亏，就此认定出征军人及其亲属撤诉，是因为无理或所控事实不存在因此知难而退，从而容易形成对他们不利的认知判断。比如，在案例 9 中，法官认为：“奉本院票传后，自诉人既不投案陈述，且于事后具状撤回诉讼，足见所诉非实，要难采信。”

此外，从已掌握的档案情况看，所有 18 起案件都没有聘请律师，这可能与军人及其近亲属因战争及其期间受侵害而造成的相对窘迫的生活处境相关，或许也是出征军人及其亲属难以长期坚持诉讼的一个原因。

六、徒劳无果的诉讼：被遮蔽的权利

在开篇故事中的主人翁熊松林不得已提起诉讼后，接下来，戏剧性的一幕发生了：媒人刘海全接到传票后，反诉自诉人熊松林捏诉刑事案件，要求法院予以处分。他声称，自己与自诉人家相距数十里，从不相识，对于其妻与范银轩通奸一事完全不知情，熊松林既没有证人也没有证据，因此是空言，捏造诬陷自己，要求宣告其无罪。而第三人范银轩辩称：征属目前不在自家，在自诉人家。

案件结局是熊松林的最终败诉。江北县地方法院在中华民国三十五年（1946 年）做出判决，宣告“周绍清、赵青云、杨明寿、刘海全、范银轩、熊王氏均无罪”。败诉的理由是“自诉人熊松林虽曾进状攻击被告刘海全串同被告范银轩诱拐自诉人之妻室儿女，并透漏家产什物，嗣又串同被告周绍清、杨明寿、赵青云等以劫案诬告自诉人，但本院审理时，被告刘海全、周绍清、杨明寿、赵青云等既坚决否认，质云自诉人两举证人朱伯卿、朱文斌、吴海林等亦均供称不知该被告等之犯罪行为，既乏证明应予宣告无罪。再，自诉人熊松林既经合法传唤未到，被告范银轩、熊王氏又经本院认为应谕知无罪，自得不待其陈诉进行判决，合并声明”。可见，全部被告坚决否认，熊松林请的举证人朱伯卿、朱文斌、吴海林等又临时起变，均供称不知道被告抢掠熊随身携带之法币和限制自由等犯罪行为。而熊松林也传唤未到（熊后来解释为自己无家可归到处流浪，因而没有及时收到法院传票），故缺乏证据。最终，虽经历了坚持诉讼的种种苦难，从战场中幸存的军人熊松林最终却没有得到自己想要的正义，没能夺回自己的妻子和损失的钱财。

从档案显示的其他 17 起案件处理结果上看，有 16 起案件的处理结果也分别指向了不提起公诉、不予受理，驳回诉讼或无罪判决等四种情形。出征军人及其近亲属没有得到期盼的结果，军人权益最终没有得到公权力的有效救济。法院对这些案件似乎更倾向于采取不了了之或回避的姿态。出征军人以及近亲属耗时费力的诉讼几乎都是徒劳的。他们要求惩处犯罪、保护军婚的想法多半落空，而其返还财物和赔偿损失的请求也难以得到国家公权力的支持（个别案件中双方就此达成和解的除外）。他们能得到的只是控诉无门带来的绝望，还有可能因诉讼及其失败而带来的进一步恶化的乡邻关系和来自传统熟人社会的排挤以及愈加艰难的生存处境。

就案例1、2、3这3起婚约案件的审理结果来看，法官未直接适用《出征抗敌军人婚姻保障条例》保护军婚的规定，而是考虑多种因素，要么以婚约由未成年人签订为由，要么以人身不能作为民事诉讼请求之标的和婚约不能强制履行为由，做出不利于出征军人的判决。比如，在案例1中，张宗先与陈启凤是订立婚约的关系，后来张宗先出征抗日，陈启凤被和诱另与杨玉辉结婚。根据旧式婚姻传统，婚约是婚姻成立的一部分。张宗先的父亲张云龙试图用此逻辑来控告杨玉辉构成和诱有配偶之人脱离家庭罪。而且根据1943年南京国民政府颁布的《出征抗敌军人婚姻保障条例》，重婚者陈启凤必与和诱并且相婚者杨玉辉受到刑罚的制裁。但是，法院最终以婚约由未成年人签订为由，驳回了出征军人父亲的诉讼请求。在案例3中，法院以人身不得为民事诉讼请求之标的为由，驳回了出征军人胡志彬要求撤销未婚妻与他人的婚姻，交人完婚的请求。

重婚案件也是这样，审判结果多是不了了之，并没有按照《出征抗敌军人婚姻保障条例》中所规定的那样对改嫁的配偶及其相对人进行刑事处罚。其中，不予受理的如案例6，理由是自诉人不适格，非本夫不得告诉；自诉人撤诉而未和解的如案例9；因双方达成和解而自诉人撤诉的如案例12；适用《大赦令》，检察署做出不起诉决定或法院认为无罪的如案例7；判定人身侵害部分无罪，妨害军人婚姻罪未处理的如案例5；起诉被驳回的如案例13。

就通奸案件而言，只有案例15这一起案件出征军人胜诉，其配偶和奸夫被判刑。其胜诉有着极其特殊原因：出征军人自己提出诉讼，且配偶自认通奸罪行并控诉奸夫，加之法官巧妙地运用了自由裁量权，认为胞兄弟不可能以不名誉事相诬，因此做出了有罪推定。除此外，其他案件结局也大致多是不了了之。比如，判定侵害军人财产部分无罪而妨害军人婚姻罪部分不予受理的如案例14；以自诉人不适格为由判处不予受理的如案例16；适用《大赦令》因而检察署做出不起诉决定或法院认为无罪的如案例10；达成和解而撤诉或检察署做出不起诉决定书的如案例18。

值得注意的是，其中部分案件起诉人资格上的瑕疵是案件被检方做出不予起诉决定或被法院判处不予受理的主要理由。比如案件1、7、16、18。在案例16中，法院以强奸罪以自诉人为限为由主张自诉人不适格，因而做出不受理决定。在案例18中，出征军人母亲告儿媳通奸虐待案，检察官做出不提起公诉决定告终。其不提起公诉的依据是刑事诉讼法第213条第二款规定“通奸罪是非配偶不得告诉”。但是根据战时特别法的特殊规定，代为诉讼是被允许的。《出征抗敌军人婚姻保障条例》第十条规定：“在出征期内，其妻与他人订婚，或与他人通奸，或未婚妻与人订婚，或者与人结婚者，须本夫或者未婚夫告诉乃论。如因障碍无法告诉时，该管检察官得依利害关系人之声请，指定代行告诉人，但不得与本夫或者未婚夫明示之意思相反。”① 值得注意的是，法院眼中的这种所谓“起诉人资格上的瑕疵”的来源是战争及其带给军人的种种身不由己所造成的，不该由从战场九死一生幸存下来的军人买单。而且按照特定法优先于普通法的原则，由军人近亲属代为提起诉讼是应当被允许的。检方及法院的做法值得质疑。下面笔者就来进一步分析其中缘由。

七、背后的“正当性”：战后《大赦令》的颁布与国家话语体系的转换

造成这些诉讼不了了之的原因固然是多种多样的。除个别案件是由于证据不足等本身因素外，更重要的原因似乎来自案件之外。战后，国家公权力呈现出某种不便言明的倾向性。随着抗日战争胜利，国家工作重心发生转换。抗战结束后，战时构建起的保护军婚的话语体系作为过时的产物逐渐被抛弃。② 尽快构建与民间日常逻辑相契合的新话语体系成为大势所趋。鉴于特殊社会情形的消失和维护现有的秩序的客观需要，国家公权力似乎更倾向于对战时民间生存逻辑以及破坏军婚的种种犯罪行为给予同情式的理解。《大赦令》的颁布即是这种态度变化的反映。

抗战胜利后，民国三十六年（1947 年）元旦，南京国民政府颁布《大赦令》。至于颁布大赦令的理由，主要是考虑战乱对犯罪的影响以及战后建国和恢复秩序的需要。正如著名法学家陈盛清所言：“一是认为战时犯罪主因是战乱时的饥寒和迫于生计压力，二是考虑到建国和恤刑劝善的需要。”“犯罪的主要原因，还不是由于‘饥寒起盗心’，迫于社当生计而使然？况当日寇侵凌，国土丧乱，人民流离失所，饥寒交迫者不知凡几，因而铤而走险，以谋衣食，以育子女，作奸犯科，以身试法。所以抗战胜利后必须考虑大赦问题……抗战胜利，建国正待开始，建国工作千头万绪，需才孔亟，颁行大赦，可使失足之徒，利其才力将功赎罪，效劳于国家社会。各地监所，因犯罪激增，多有人满之患，颁行大赦，可以济刑政之失，减轻国家和法院的负担。划时代的历史开端之际，颁行大赦，以示普天同庆，与民更始，所谓‘以前种种，譬如昨日死，以后种种，譬如今日生’，在此非常的时期，应

① 参见吴学义：《战时民事立法》，北京商务印书馆，1944，第 136 页。

② 1947 年 11 月 11 日《优待出征抗敌军人家属条例》被废止，同日起施行《动员时期军人及家属优待条例》。其他法律法规，虽无明文废止，但抗战战事结束后，适用之前提要件即不存在，自无再适用之余地。（参见《国民政府公报（南京）》，第 2969 号，1947 年 11 月 1 日。）

实行非常的办法，颁行大赦，使罪犯均得自新之路。”“各级官吏，尤应善辅人民，匡正风俗，勿使轻蹈法纲。以副政府恤刑重赦之至意。”① 又如《大赦令》开篇提道：“现代刑事政策，重视罪犯所以犯罪之环境及动机。常引为减科罪刑之主要理由。我国抗战八载，艰苦异常。民不安生，易触法网。显与平时情形不同。今于胜利之后，值中华民国宪法经国民大会制定明令公布之日。邦基永奠。建设方殷，尤宜依法颁行大赦。以启更新向善之机。”②

关于赦免的适用范围，从犯罪时间上看，应为“罪犯在中华民国三十五年十二月三十一日以前。”从刑罚种类看，“其最重本刑为有期徒刑以下之刑者。”不赦免的情形主要是战争犯，惩治汉奸条例第二条至第四条之罪，惩治贪污条例第二条、第三条、第五条及第八条之罪，三代直系血亲尊亲属之罪，禁烟禁毒治罪暂行条例，专科，死刑或无期徒刑之罪。而减刑规则为：除上述各罪外，“犯罪在中华民国三十五年十二月三十一日以前。其最重本刑为无期徒刑以上之刑者。”减刑办法是“一、死刑减为有期徒刑十五年。二、无期徒刑减为有期徒刑十年。三、有期徒刑或并科罚金者，减其刑期或金额二分之一。”③

在上述抗战后国家工作重心转移的时代背景下，国家公权力对战时保护军婚立法的态度发生了根本变化。从江北县的司法实践来看，随着《大赦令》的颁布，抗战军人及其亲属依据战时颁行的《出征抗敌军人婚姻保障条例》提起诉讼并要求维护自身权益和追究有关当事人罪责的主张无法再得到国家公权力的支持。比如，在案件7、8、10、11中，依据《大赦令》，检察官或法官直接做出了不起诉或不予受理的决定。正如案卷中所提到的其直接根据就是“民国三十六年一月一日，司法部重（36）训参字第三六三号《大赦令》之规定”。在现实的案件处理过程中，检察官和法官们不是从所谓普适的、理性的保护军婚的立法规则出发，而是不得不考虑民间社会现实，尽一切可能妥善解决纠纷，维护社会稳定。为此，他们必须小心行走于国家保护军婚的旧话语体系和维护战后稳定的新话语体系之间，努力寻找两者的平衡点，甚至不得不发展出一套特定的审判技术或技巧，以妥善处理案件：一方面尚不能公然彻底地抛弃旧的保护军婚的话语体系，以免引发军人及其亲属不满引起社会动荡；另一方面，又不得不去回应或暗合新的国家话语体系，以更好顺应民间生存逻辑，努力恢复和维持战后秩序。

八、结语

抗日战争的意义不言而喻。战争造就的特殊群体——抗战幸存军人群体，其命运值得

① 参见陈盛清：《当前大赦问题》，《胜流》1946年第3卷第5期，第2—4页。
② 参见《大赦令》，《法令周刊》1947年第10卷第3期，第1页。
③ 参见《大赦令》，《法令周刊》1947年第10卷第3期，第1页。

同情。作为抗战的直接参加者，没有谁能比他们更能体会这场战争的特殊性和残酷性。从立法层面看，为了解除军人的后顾之忧，南京国民政府确实出台了一系列保护军婚和优待抗属的规定，但在民间社会中军人妻子改嫁或通奸等情形并不罕见。这也提醒我们“徒法无以自行”，“法律的生命不在于逻辑，而在于经验”。立法必须以现有的社会环境（经济、政治、文化等因素）为依托。对于任何可能会破坏社会秩序的行为，虽然可以从立法予以禁止，但也必须考虑社会普遍价值观和民间逻辑。任何立法如果一味沉浸于缺乏社会现实基础的法律臆想，导致的将是法律权威与效力的大幅削减和国家立法与社会实践的背离，以及这种背离所带来的混乱局面。从实践层面看，在抗日战争爆发前后，我国国家与社会的关系经历着一系列微妙的变化。战时，虽然国家制定了保护军婚的立法，但却受到来自民间生存逻辑的严峻挑战，国家立法与民间逻辑之间呈现出某种对峙或背离的紧张关系。但是，随着战后国家重心的转移，国家公权力对自己先前构建起的旧的保护军婚的话语体系表现出与战时不尽相同的新立场，对民间社会日常生存逻辑下多数民众的利益采取了更多的顺应态度。在这种情况下，基层司法机关也迅速调整了其实践策略，甚至发展出一套特定的审判技术或技巧，努力回应这种国家立场和话语体系的转变，至此，国家与民间社会似乎呈现出某种一致性或相互融合的态势。然而，正是国家与民间之间这种经意或不经意的合谋，导致了战后抗战军人维护其因战争而受侵害的婚姻和财产权益的希望破灭，代表官方和“正义”的国家机关最终并没有按照之前法律所规定和他们所期望的那样，生产出他们所盼望的“正义”产品。战争时期，他们或自愿应征或被强征入伍，奔赴代表死亡的战场。国家公权力以维护民族大义的道德名义，置他们宝贵的生命和身体权益于极度危险之中。战后，在其九死一生侥幸存活下来后，却又不得不面临妻子和财产都没了的悲惨命运。当他们提起诉讼来维护受损的婚姻和财产权益时，国家公权力却以维护稳定秩序大局的“正当性”名义再次将他们抛向万丈深渊。“二次被害”由此而来。尽管，在战后国家立场和话语体系转换的背景下，国民政府基层司法不再遵照战时保护军婚立法判案的策略有其历史合理性，但其漠视、甚至损害军人权益的做法值得深思。①

① 后来南京国民政府军队军心不稳并招致战事彻底崩败的真实历史，对此提供了最好的注脚。此外，糟糕的优抚工作也反映出其不注重保护抗战军人合法权益的倾向，是其最终走向失败的重要教训之一。尽管抗战胜利后国民政府出台了一些优待和抚恤复员军人的政策，但这些优抚政策并没有得到广泛实施。抚恤组织机构不健全、贪污腐败以及随后大规模爆发的内战都是优抚安置工作未能实现的原因。参见兰雪花：《抗战时期国民政府的军人优抚安置制度述评》，《长春师范学院学报（人文社会科学版）》2009 年第 1 期。此外，根据台湾学者张瑞德的统计，八年全面抗战期间，国民党伤亡官兵总计达 4972754 人，然而直到抗战胜利后，获得抚恤者仅 458039，抚恤的比例仅占伤亡总数的约 9.2%。参见张瑞德：《抗战时期的国军人事》，台湾“中央研究院”近代史研究所，1993，第 105 页。

18起战后军婚案件诉讼情况简表

序号	类型	军人	自诉人	案件起因	诉前维权及遭遇	检察署意见	法院判决	判决理由	上诉与否及结果	其他
1	婚约	张宗先	军人父亲	女方及娘家登报声明主张婚约无效，并意图另行结婚		不起诉	被判解除婚约	父母为未成年人子女订婚		
2	婚约	吴忠祺	未婚妻父母	在营，请假回乡完婚，被诉解除婚约			被判解除婚约	女方定婚约时年龄未到	上诉，维持原判	自告奋勇抗敌，后悔不该入营
3	婚约	胡志彬	军人	未婚妻违背婚约改嫁他人已结婚			诉讼驳回	婚约不得强制履行	上诉，被驳回	
4	重婚	熊松林	军人	归来发现妻子孩子财产全没有了	找保长调解，对方答应赔，却分厘不给且搜走钱财，扭送乡公所		被判均无罪	被告坚决否认；证人说不知；自诉人传唤未到		在营，无家可归到处流浪
5	重婚	陈朝万	军人弟弟	妻子改嫁，原有产业也被典售和私自投佃	找对方理论，发生扭打，并被扯破长衫	提起公诉	无罪，未处理妨害婚姻改嫁部分	未来院验明伤痕、证人说未见殴打		
6	重婚	汪国忠	军人弟弟	妻子改嫁，财产被侵占			不予受理	自诉人不适格，重婚罪须由本夫告诉	检察官不服上诉，未见下文	同年自行和解
7	重婚	彭友福	军人弟弟	妻子改嫁，率众夺什物		不起诉	无罪	《大赦令》		
8	重婚	陈有道	军人	妻子改嫁，四壁皆空，一无所存			无罪	《大赦令》		
9	重婚	段书均	军人	妻子被诱改嫁重婚，财物被掠	乡公所数集理剖检，历时数月不理					不堪诉累，撤诉
10	重婚	段辉吉	军人父亲			免予起诉		《大赦令》		

续表

序号	类型	军人	自诉人	案件起因	诉前维权及遭遇	检察署意见	法院判决	判决理由	上诉与否及结果	其他
11	重婚	骆占云	军人		乡公所法办，置之不理，保甲长等与被告狼狈为奸	免予起诉		《大赦令》		
12	重婚	田荣昌	军人父亲	豪棍欲霸妻，设套送入兵营，妻子通奸生女，财产被侵占，忤殴婆婆	具报乡公所，系至亲又共事，一再袒庇，不秉公办理，反勒检认理费	不起诉				族亲调解，撤回告诉，父亲久病耳聋，被告被具保
13	重婚	樊代喜	军人父亲	儿子被害，妻子被强占并生子	控乡公所查复，一年，因循不理			被驳回		
14	重婚	邓银成	军人	因被预谋霸产故被串通送入军营，妻子通奸生子霸产后逐出其妻	去理论反被辱骂和被抢夺法币；乡公所理剖，无结果			抢夺部分无罪，其余自诉不受理，原告返回财产之诉驳回	对于配偶不得提起自诉，告诉不可分，不予受理	
15	通奸	丁吉贤	军人	妻子通奸生子后被虐待，被霸产	族戚调解未果			有期徒刑3个月（配偶）；有期徒刑6个月（奸夫）；返还财物		唯一胜诉案件，配偶自认罪，法官自由心证推断，认为自诉人不可能诬告其胞兄
16	通奸	江子全	军人弟弟	被串通于保甲送入兵营，诱奸妻子后通奸生子并被霸产				不予受理	自诉人不适格，强奸罪以配偶告诉为限	
17	通奸	刘继星	妻子起诉	妻子通奸伪造离婚协议，后为要生活费，反悔诉离婚无效，军人父亲要求确认离婚有效				判决离婚无效	离婚合同要件欠缺	
18	通奸	罗起伦	军人母亲	妻子与人通奸，不守妇道，不赡养婆婆	族戚调解，撤回告诉	不起诉				婆婆希望改嫁丈夫弟弟

专题书评：

李秀清主编《镜中观法：〈中国评论〉与十九世纪晚期西方视野中的中国法》

左顾右盼：凝视“异域”与镜观“自我”

杜　金*

一

在晚清中国生活了 20 年，足迹遍布南方通商口岸的英国商人立德之妻，人称“立德夫人”（Alicia Bewicke Little，1845—1926），她曾在自己的中国旅行见闻《穿蓝色长袍的国度》中感慨道：“人们啊，不带偏见地看待事物，有多么困难！”① 这句来自 100 多年前一位欧洲女性首访北平时的反思，可以说是一条颠扑不破的真理。观者总是站在特定的位置，以特定的视角和姿态观看事物，其定焦镜头下截取的图像往往是事物的某一面向，而非完整的面貌。在立德夫人的北平游记结尾，她再一次自省说：“也许世界上的每一个民族都是如此，对他人的缺陷分外敏感，对自己的缺陷却熟视无睹。”② 这似乎有些道理，又不完全是。某种程度上，“他者”可以是“自我”认知的一面镜子，在鉴照与比较的过程中能够发现和认识自己。不过这面镜子并不总是呈现真实而纯粹的镜像，它可能如哈哈镜那般令物像失真、扭曲和畸变。若以他者作为自我反思和自我批评的标尺，镜像便可能凸显他者的优势。就像 18 世纪的欧洲人一样，对中国文化的魅力与情趣充满好奇、青睐和向往，并掀起了一股席卷欧洲的“中国热”。中国文化不仅成为他们关注的话题，也是竞相追逐和模仿

---

* 杜金，中山大学法学院副教授。

① ［英］立德夫人：《穿蓝色长袍的国度：关于晚清社会的真实生活记录》，方悄悄、余思、刘向林译，电子工业出版社，2016，第 7 页。

② ［英］立德夫人：《穿蓝色长袍的国度：关于晚清社会的真实生活记录》，方悄悄、余思、刘向林译，电子工业出版社，2016，第 8 页。这句话也被译为“每个民族都对自己的缺点熟视无睹，却对邻居睁大了双眼”。见［英］阿绮波德·立德：《穿蓝色长袍的国度》，刘云浩、王成东译，中华书局，2006，第 9 页。

的对象，尽管其间存在一些“热恋”中的幻象，亦有不同的论调与严厉的批评。[①] 反之，当观者以自我优越的眼光打量他者时，镜像便缩小了自我的问题，放大了他者的劣势。正如19世纪来到中国的很多西方人，满眼皆是衰败的景象——肮脏拥挤的城市，穷困潦倒的民众，落后的交通和糟糕的路况，专制无能的皇帝，保守排外的朝廷，残酷野蛮的刑罚，等等。对清代中国的这般刻画和渲染，不仅为“拯救”中国的传教活动制造了理由，也为坚船利炮轰开中国大门提供了借口，冀以在自我正当化的策略中瓜分中国。就此而言，“东方主义”不仅仅是一套话语，一种对“异域”的凝视，也是一种殖民策略。

在近代西强东弱的时局之下，西方人对中国的污名化和妖魔化话语，也成为中国人自我省思和自我批判的思想资源。受到“落后就要挨打”的压力驱使，以西方舶来的器物、制度与思想全盘改造中国，也成为晚清以降有识之士的心愿与行动。一部近代中国法律史，可以说是反思、批判与抛弃中国固有法律的历史，也是不断西方化的历史。而今，反思中国的法律、法学以及历史叙事的西方化范式，在“去西方中心主义”的脉络中重构中国法律史的叙事范式，已经成为学界共识，并涌现出不少学术作品。例如王人博教授的《法的中国性》一书，即为广有影响的代表性论著。[②] 近来被热议的中国式法治现代化路径等话题，可以说是中国法学界在更自觉、更具有自主性意义上进行学科建设的努力。

2015—2016年间，中国学界迎来了两部反思与批判“法律东方主义”的重量级佳作，即李秀清教授的《中法西绎：〈中国丛报〉与十九世纪西方人的中国法律观》（以下简称“《中法西绎》”），[③] 以及美国学者络德睦（Teemu Ruskola）教授《法律东方主义：中国、美国与现代法》（*Legal Orientalism*：*China*，*the United States*，*and Modern Law*）一书的中译本。[④] 这两部书甫一出版，便受到学界的高度关注，引发了一系列书评和学术研讨。几年后，魏磊杰教授又主编了《法律东方主义在中国：批判与反思》，汇集了对络德睦教授著作的相关评论以及若干拓展研究。[⑤] 有趣的是，《中法西绎》和《法律东方主义在中国：批判与反思》这两本书不约而同地选择了18—19世纪广州的外销画作为其封面设计：前者的封面图是19世纪前期广州十三行的商馆风貌，呈现了中西交流的贸易空间（参见图1），也是外销画（它本身就是对外贸易的文化商品）最常见和最具代表性的题材之一。[⑥] 后者则

---

① 相关讨论，可以参见许明龙：《欧洲十八世纪“中国热”》，外语教学与研究出版社，2007；[法] 雅克·布罗斯：《发现中国》，耿升译，广东人民出版社，2016。

② 王人博：《法的中国性》，广西师范大学出版社，2014。

③ 李秀清：《中法西绎：〈中国丛报〉与十九世纪西方人的中国法律观》，上海三联书店，2015。

④ [美] 络德睦：《法律东方主义：中国、美国与现代法》，魏磊杰译，中国政法大学出版社，2016。

⑤ 魏磊杰编：《法律东方主义在中国：批判与反思》，商务印书馆，2022。

⑥ 关于清代外销画的考论，参见江滢河：《清代洋画与广州口岸》，中华书局，2007，第127—247页。

选取了一幅广为传播的公堂审讯图，它是一套22张清代司法和刑罚题材组图中的一张，出自身份神秘的广州外销画家蒲呱（Pu Qua，这其实是18世纪中叶至19世纪下半叶常见的外销画署名，未必是同一个人）之手，同时也被英国人乔治·亨利·梅森（George Henry Mason）少校收入其编著的《中国的刑罚》（*The Punishments of China*）一书作为配图（参见图2），于19世纪初在伦敦出版。① 这组配图不仅可以作为清代司法场景的图像学史料，也在一定程度上代表了当时西方人对中国法律的认知。当我们将这两幅长辫子中国画家为他们的欧洲客人定制的画作并置而观时，它们似乎暗示了一个有意思的问题：无论主动还是被动，当时的中国人已经参与着贸易全球化的进程，那么法律又将如何？延续之前的研究兴趣和学术语境，李秀清教授新近推出了由其主编的《镜中观法：〈中国评论〉与十九世纪晚期西方视野中的中国法》（以下简称“《镜中观法》”）。② 这部文集不仅拓展了《中法西绎》的材料与论域，也深化了对相关论题的思考与阐述，将西方人看中国与中国人看西方结合了起来，相互观照。而这，也是笔者借用“左顾右盼”一语作为主标题的意味。

图1 《中法西绎》封面

图2 *The Punishments of China* 配图（部分）

二

《镜中观法》一书除“导论”以外，共由三个部分构成。第一部分为“主题篇”，即以

---

① George Henry Mason, *The Punishments of China*, Printed for William Miller by William Bulmer and Co., 1804.

② 李秀清主编：《镜中观法：〈中国评论〉与十九世纪晚期西方视野中的中国法》，商务印书馆，2023。

清末英国人在香港创办的英文期刊《中国评论》（*The China Review*：*Or*，*Notes and Queries on the Far East*）为基本史料的研究。作者首先对其刊载的文章特别是法律相关的部分做了全景速写，以干净流畅的线条勾勒出整体轮廓，包括作者群体、编辑方针、主要内容、风格特色及研究价值；再就其中的中国家庭法、中国本土与中外交涉案件的司法实践、《圣谕广训》《洗冤录》的域外传播、杀女婴等具体问题加以深描，用细腻的笔触从不同侧面展现19世纪晚期西方视野中的中国法。第二部分为“附篇”，利用了三种材料：以来华传教士最早创办的英文刊物《印中搜闻》，考察19世纪早期西方人的中国法律观；以中国驻英使节的域外日记，分析晚清中国人对英国议会的建筑与政治功能的认知；以英国流行的法律自助书籍《人人自为律师》及其中文译介，讨论这一读本的产生、传播、功能以及转译的中国诠释。第三部分为“刊文选译”，编译了《中国评论》刊登的西方人介绍中国法律的四篇专文，有重要的史料价值。全书的结构设计没有一味追求系统性，却有着拓展论题与材料的优势，也为未来研究预留了空间。毕竟，一项课题或者一部著作总难面面俱到，对结构完备性的过于执着有时也会伤害研究的纵深度和精细度。

李秀清教授在导论和第一章指出的两个问题，特别引发了我的兴趣：一是《印中搜闻》和《中国丛报》着重报道和批评清代中国的刑讯逼供、死刑执行、司法官员的渎职与腐败等问题，而相比之下，“《中国评论》对于中国刑事司法的关注度降低，广泛、公开地处决死刑犯的信息已是鲜见，对于非法刑讯的报道骤减，地方官审判不力、失职渎职的描述也很少”。① 同时，《中国评论》关注的中国法律范围更广，包括律例条文、判决例、习惯法和地方习俗，涉及家庭法与商事法，出现“重民轻刑”的视角转换。② 二是相比于《印中搜闻》和《中国丛报》，《中国评论》的风格和价值观都发生了明显变化，抨击性和偏激性的内容减少了，系统性和学术性的色彩增强了，对中国法律的介绍更追求客观中立，不再一味否定和抨击中国司法。③ 这是两个非常敏锐和重要的发现，动态呈现出从19世纪早期到19世纪晚期中国法律在域外传播中微妙的形象变化，也为进一步研究提供了可资参考的线索。当然，如果放宽史料的范围来看，这种转变可能会不那么明显，刑讯逼供、死刑执行、司法官员的渎职与腐败等问题仍然是西方人关注、记述和评论的焦点。

对于上述变化的原因，李秀清教授给出了很好的解释：从国际时局来看，19世纪下半叶中国引入西方制度，中西关系暂时缓和；就《中国评论》的办刊地而言，香港具有独特

---

① 李秀清主编：《镜中观法：〈中国评论〉与十九世纪晚期西方视野中的中国法》，商务印书馆，2023，第10页。
② 李秀清主编：《镜中观法：〈中国评论〉与十九世纪晚期西方视野中的中国法》，商务印书馆，2023，第34—35页。
③ 李秀清主编：《镜中观法：〈中国评论〉与十九世纪晚期西方视野中的中国法》，商务印书馆，2023，第35页。

的地缘和文化环境；编作者群体人数众多且身份多元，也塑造了刊物的开放性格调。除此之外，笔者推测或许还有一些因素可以解释这种变化：

其一，第一次鸦片战争前后，来华西方人与中国人发生冲突的领域更多是刑事法的范围。庭审的公开性，使刑讯逼供暴露在西方人的视野中。而为了达到“杀一儆百”目的公开执行的死刑、站笼、枷号等，因其更具有“广场性”——在犯案地点、城门附近或其他有展示效果的固定场所执行，也更容易引起来华西方人的注意。他们不仅围观，也通过绘画和摄影记录下这些场景，并成为晚清外销画和明信片的题材之一，广为传播。对于不久之前（18 世纪末 19 世纪初）废除了刑讯逼供和公开行刑的欧洲人而言，① 中国当时的刑事司法不仅产生了带有异国色彩的视觉效果和心理冲击，也是他们极力要贬损的酷刑的象征。西方人之所以热衷于刻画中国的刑讯和行刑场景，虽然有其事实依据，但也有对异域的猎奇心理和污名化意图。

其二，《印中搜闻》和《中国丛报》均刊行于第二次鸦片战争之前，彼时的来华西方人大多尚未取得在中国自由行动的权利，难以深入中国社会，无法真正了解普罗大众的日常生活。与之相关的礼俗习惯，也就落在了他们的视野之外。而 1872 年创办的《中国评论》则刊行于第二次鸦片战争之后，此时的来华西方人已经获得行动上的自由，更深入中国社会，更多地与中国民众打交道，更近距离地观察他们的日常生活和礼俗习惯，也会产生了解中国民商事规则的兴趣和需求。这一时期西方人之所以转而关注清代中国的家庭法与商事法，部分原因可能即在于此。

其三，西方传教士为了达到更好的传教效果，需要深入了解中国人的宗教信仰和家庭观念；同时，这些传教士长期生活在民间社会，不免要与普通百姓发生经济交往，有必要知晓相关的礼俗习惯。清代中国的礼俗习惯与家庭法、商事法原本就混杂在一起，掌握这样一种混合的礼法知识，也就成为题中应有之义。

其四，第二次鸦片战争之后，生活在中国的西方人越来越多，他们之中通晓中国语言和典籍的人也多了起来；同时，学术资源越来越丰富，研究水平也随之提高。这些因素或许也推动了报刊法律文章的学术性取向与价值观转变。当然，这仅仅是笔者一些大胆的猜想。

---

① 参见［法］米歇尔·福柯：《规训与惩罚：监狱的诞生》，刘北城、杨远婴译，生活·读书·新知三联书店，2007。

三

主题篇第二章是于明教授撰写的《晚清西方视角中的中国家庭法——以哲美森所译〈刑案汇览〉为中心的讨论》，讲述了英国人乔治·哲美森（George Jamieson）对中国家庭法的翻译和研究。① 这些成果最初发表在《中国评论》上，可以作为接续《中国评论》"从律例到判例""从成文法到习惯法""从刑事法到家事法"的关注转型之例证，也涉及近年来中国法律史学界讨论的一些热点问题。因为专业的缘故，这是我个人非常感兴趣的一章。

首先是"从律例到判例"的关注转型。"哲美森以殴伤（assault）为例，他发现中国法律并不像英国法律那样，首先给所有的殴伤犯罪确定一个基本规则，然后交由法官依据该规则在具体情节中决定具体的刑罚。相反，中国的法典在讨论殴伤犯罪时，是在对各种具体情形进行规定，对具体情节进行不断细分和再细分。"② 哲美森的这一发现相当敏锐，就清代的法律体系来看，可以说例是对律的细化，成案是对例的进一步细化。于明教授对此评论认为："哲美森的观察的确触及了中国传统判例与英国判例法的一个内在差异——与英国普通法判例更关注对抽象法律规则的提炼不同，中国对案例的关注始终集中在具体的事实。"③ 与此相关，"中国传统司法在援引先例时，相关律例规则往往是明确的，援引成案的目的更多是一种事实类比"。④ 笔者以为，哲美森对于清代中国律、例与成案之间关系的解释，以及援引成案时进行事实类比的概括，确实抓住了问题的关键，于明教授对哲美森的点评亦称得上画龙点睛。

再来看"从成文法到习惯法"的关注转型。哲美森指出，"在实施刑罚的同时，民事权利有时也会被宣告；但大多数情况下，惩罚是首要的、唯一的，民事权利只能留待人们去推测"。⑤ 想要寻找清代中国的"民法"，也就只能到习惯法中去寻找。更为重要的是，哲美森关于清代中国"权利"的隐含意义的揭示，极具理论意义。虽然中国固有法律没有对"权利"的正面规定与积极宣示，但仍然可以从法律中推测出"权利"的意蕴。这一见解，

---

① 哲美森对中国民商事法的研究与译介，可以参见［英］哲美森：《中国家事与商事法》，刘昕杰译，社会科学文献出版社，2023。

② 李秀清主编：《镜中观法：〈中国评论〉与十九世纪晚期西方视野中的中国法》，商务印书馆，2023，第53页。

③ 李秀清主编：《镜中观法：〈中国评论〉与十九世纪晚期西方视野中的中国法》，商务印书馆，2023，第54页。

④ 李秀清主编：《镜中观法：〈中国评论〉与十九世纪晚期西方视野中的中国法》，商务印书馆，2023，第55页。

⑤ 李秀清主编：《镜中观法：〈中国评论〉与十九世纪晚期西方视野中的中国法》，商务印书馆，2023，第57页。

与黄宗智教授的看法颇为一致。① 于明教授则犀利地洞察到，“哲美森的这种观念来自与普通法的类比”，② 切中肯綮。不过，清代中国是否存在英国法意义上的习惯法，在中国法律史学界仍有不同观点。或者说，传统中国的礼俗习惯是否可以被界定为“习惯法”，仍然是一个悬而未决的问题。一方面，这些礼俗习惯似乎缺少了实证性与规则性；另一方面，它们也缺乏制度化的“认证”机制。

最后是“从刑事法到家事法”的关注转型。根据于明教授的概括，“在许多时候，成文法中对婚姻、继承等问题的规定，‘仅仅是对这些既存规则的认可，并通过惩罚任何违反规则的行动来确保这些习惯规则的执行’。换言之，在哲美森看来，中国的家庭法从来都是习惯法的领域，成文法只是对这些习惯的一种事后的‘认可’和‘救济’”。③ 这是一种颇具启发性的意见，不过哲美森认定“中国的家庭法从来都是习惯法的领域”，似乎有些言过其实。毕竟，家庭法也是礼制和律例关注的重要内容。

李泽厚先生提出的“情本体”论，④ 对于理解传统中国的法律亦有提示意义。无论是广为流传的“律设大法，礼顺人情”，还是乾隆帝在《大清律例》序文中所说的“揆诸天理，准诸人情”，⑤ 都在某种程度上揭示了律例与人情之间的根本性关联。哲美森在分析《刑案汇览》收录的某些案件时不仅触及这个问题，并且给出了颇为恰当的解释。相较于刑事法和商事法，家庭法与情感之间的关系更为紧密，家事纠纷的解决也几乎不可能忽略对情感因素的考虑。在这个意义上，人情不仅是律例的根源，也是平衡律例与个案的考量因素。甚至可以说，虽然理论上“天理”是衡量“人情”的原则，或者说是更高层级的超验原则，然而在中国的法律与生活实践中，超验的“天理”同样必须以经验的“人情”为基础。脱离了人情，天理也就失去了意义。

哲美森作为拥有英国律师会馆学习经历并取得英国律师资格的法律专业人士，又长期生活在中国，曾任上海会审公廨外籍陪审员、英国驻华法院法官等职，有着丰富的法律实务和外交经验，⑥ 他对中国法的观察与理解，天然带有对照和比较的色彩。于明教授作为专研英国法和比较法的中国学者，他的评论同样是比较意义上的。哲美森以英国法为参照来观察中国的家庭法，于明教授则是将哲美森的研究置于英国法、中国法以及现代学术语

---

① 参见［美］黄宗智：《清代的法律、社会与文化：民法的表达与实践》，上海书店出版社，2001，第 222 页。

② 李秀清主编：《镜中观法：〈中国评论〉与十九世纪晚期西方视野中的中国法》，商务印书馆，2023，第 57 页。

③ 李秀清主编：《镜中观法：〈中国评论〉与十九世纪晚期西方视野中的中国法》，商务印书馆，2023，第 58 页。

④ 参见李泽厚：《实用理性与乐感文化》，生活·读书·新知三联书店，2005，第 55—56 页。

⑤ 《大清律例》，田涛、郑秦点校，法律出版社，1999，第 4 页。

⑥ 关于哲美森的生平，可以参见李秀清主编：《镜中观法：〈中国评论〉与十九世纪晚期西方视野中的中国法》，商务印书馆，2023，第 47—48 页；刘昕杰：《译序：传统中国民法研究的先驱之作》，载［英］哲美森：《中国家事与商事法》，刘昕杰译，社会科学文献出版社，2023，第 1—2 页。

境中进行解读，从而彰显了哲美森研究的现代意义。如果将“比较”理解为一种“镜观”，那么哲美森对《刑案汇览》收录的解决家事纠纷案件的分析，以及于明教授对哲美森解释的再阐释，就不仅富有启发性和触及要害，而且形成了实像与镜像不断叠加的空间效果，延伸着我们的思考维度。

四

附篇第三章《近代英国法律知识的大众传播及其中国影响——以〈人人自为律师〉的译介为例》由冷霞教授撰写，讨论了一种英国流行的大众法律读本是如何被转译成中文并做出不同诠释的。这一主题不仅可以与明清中国流行的日用类书所收录的法律知识进行比较，① 而且可以作为法律知识“跨境”（既是国境也是语境）传播的一个范例。

传统英国判例法的纷繁复杂，以及法律语言（拉丁语、诺曼法语和普通英语）的多样晦涩，都使得法律和诉讼令人生畏。这种法律特性，塑造了英国法的精英化色彩和法律知识的高度垄断性，并成为普通民众接近司法、利用法律的障碍。传统英国判例法之令人困惑，还体现在司法制度设计的悖论上。冷霞教授指出：“在英国，司法领域自始就呈现出精英化与大众化并存的特征：一方面，由职业律师遴选产生的英国中央法院法官成为英国司法职业化、精英化传统的象征；另一方面，参与审判的陪审团以及负责基层司法的治安法官被视为英国司法民主化、大众化的代表。”制度理念上的精英化与大众化并存，遭遇了诉讼实践中的高成本和高门槛，引来了人们“对英国法律职业精英垄断法律知识的反抗”，并成为“近代英国法律知识大众传播运动的首要目标”。②

为了满足大众对于法律知识的需求，从 16 世纪初期的托马斯·莫尔（Thomas More）到 17 世纪的约翰·李尔本（John Lilburne）和乔治·福克斯（George Fox），都在努力践行这一目标。编撰《人人自为律师》这种内容实用完备、表达平实通俗、价格便宜的法律小册子，使法律读本易读、易懂、易买，就成了英国法律知识史上一个有趣的现象。那么，这一“法律知识下沉运动”的效果又如何呢？冷霞教授研究发现：“通过此类读本对法律语言通俗化、法律形式简明化的推进，在一定程度上得以实现。另一方面，借由法律职业的民主化而推进的‘司法可享’的诉求虽在英国遭遇了挫折，但作者们通过强调此类读本进

---

① 关于明清中国日用类书与法律知识传播的讨论，可以参见尤陈俊：《法律知识的文字传播：明清日用类书与社会日常生活》，上海人民出版社，2013。

② 李秀清主编：《镜中观法：〈中国评论〉与十九世纪晚期西方视野中的中国法》，商务印书馆，2023，第 345 页。

行公民政治教育，从而通过限制专制权力、保障公民自由和权利的政治功能赋予了其新的意义。”① 如果就此而论，《人人自为律师》这类“大众法律自助”读本，其政治意义可能远远超越了技术价值。虽然利用这类简化了的法律知识手册，民众可以相对轻松地触及甚至游览法律的丛林，但这种“到此一游”的知识体验距离导览地图上“自为律师”的目的地显然还很遥远。毕竟，英国的判例法与司法制度本身并没有出现同步的简易化与通俗化，普通人读了《人人自为律师》，并不足以有效应对日常生活中的法律事务与诉讼实践。

如果以这样的视角反观明清中国日用类书提供的法律知识，我们或许也只能得出类似的结论。正因为如此，尽管这些书籍的“法律门”和“体式门”收录了较为实用的法律知识，尽管这类法律知识的通俗读本大量传播，然而作为“地下助讼专家”的讼师似乎非但没有减少，反而更加活跃。不过，清代中国的皇帝和官僚之所以禁止讼师秘本等书籍的写作与传播，除了想要消除民众诉讼“热情”的隐患，也有压抑民众借助法律知识挑战国家权力的政治意图。这与近代英国《人人自为律师》的传播相比，可能存在着政治理念上的根本性差异。

五

镜子是文学家与艺术家偏爱的意象，包含了复杂甚至矛盾的多重主题，它有时象征着真实与洞察，有时喻说着虚荣与幻象。在西方绘画史上，镜子是经常出场的题材和道具，除了拓展视觉空间和宗教隐喻以外，它也经常被用以表达观看、自省、凝视和自我认知。在拉·图尔两幅描绘“忏悔的抹大拉”的画作中，都以抹大拉面前的镜子来表现她对自己过往经历的反思；迭戈·委拉斯凯兹《宫娥》中那面著名的镜子赢得了众多大师的青睐。福柯在《词与物》中对其中的观看与被看、在场与缺席、凝视与权力进行了迷宫般不厌其详的解读。② 在中国的文化传统中，镜子始终承载了自省和反观的象征意义。东晋顾恺之的《女史箴图》较早出现了“镜照”题材，由于《女史箴》本身的劝诫意味，以及镜照场景所对应的箴文“人咸知修其容，而莫知饰其性，性之不饰，或愆礼正，斧之藻之，克念作圣”，使画面上的镜子具有了自我审视的寓意（参见图 3）。

---

① 李秀清主编：《镜中观法：〈中国评论〉与十九世纪晚期西方视野中的中国法》，商务印书馆，2023，第367页。

② 参见［法］米歇尔·福柯：《词与物：人文科学考古学》，莫伟民译，上海三联书店，2001，第3—21页。

图 3　《女史箴图》唐代摹本（局部）

虽然近代西方人对中国法的描绘与评论，可能是一种将中国作为“异域”的凝视，也不可避免地存在着东方主义的色彩，需要审慎地看待。但是这些素材依然可以成为一面镜子：一方面，它反射出晚清中国的法律与司法的样貌，虽然这些镜像是有些扭曲的；另一方面，它也反射出近代西方人如何去认知和理解当时的中国法，这些镜像或许更加真实。对于当时和当下的中国读者而言，它也可以作为观照和省思传统中国法这个“自我”的镜子。如文化史学者在探讨19、20世纪之交中国的视觉文化与现代性时所使用的“哈哈镜”的隐喻，“它的镜面反映并转变了中国人看自己和外部世界的方式，看者与被看者互相定义了彼此”。① 在这个意义上，李秀清教授主编的《镜中观法》一书，为我们提供了一个典范。

就像马克·彭德格拉斯特在《镜子的历史》一书中所说的：“最终，我们在镜子中能看到什么取决于我们把什么带到镜子跟前。”②

① 彭丽君：《哈哈镜：中国视觉现代性》，张春田、黄芷敏译，上海书店，2013，第2页。

② ［美］马克·彭德格拉斯特：《镜子的历史》，吴文忠译，中信出版社，2005，“序言”，第ix页。

西洋镜、哈哈镜、衣冠镜

卢　然*

一、风自西方来

中西法律交通史一直是法律史与近代史领域的热议所在，继《中法西绎：〈中国丛报〉与十九世纪西方人的中国法律观》（以下简称“《中法西绎》”）之后，《镜中观法：〈中国评论〉与十九世纪晚期西方视野中的中国法》（以下简称“《镜中观法》”）的成书无疑做出了极有分量的贡献。须知，《镜中观法》所关注的19世纪不仅是中国近代史的开端，成为传统社会与传统法律漫长转型的起始，更是西方社会普及民族国家模式，巩固世界殖民体系的重要阶段。

无论中西，在19世纪的社会制度、意识形态与社会理念上，都可谓与传统揖别，在冲击碰撞中构建出全球秩序与近代理念，进而深刻地影响着当下。在传统的法律史研究中，多以中国为主体视角，对于19世纪以降的巨变进行了解释，但稍有主体单一化与结论线性化之嫌。

需要承认的是，近代秩序的生产，其主要推手仍然是西方世界，经典的“冲击—回应”（impact—response）理论在大体上仍旧具备解释力。在面对古老中国的传统秩序之时，西人如何理解与反应，对于其后的西方冲击与中国因应都带来了深远且微妙的影响。因此，借由西人之眼，观照中国传统法律的镜像与症结，是理解自近代以降中国法律与社会所发生巨变的重要参考。

---

* 卢然，苏州大学王健法学院副教授。

作为19世纪晚期的出版物，《中国评论》为研究者提供了理想的素材，毕竟，此时中西之碰撞已颇有时日，相较于著者早先所关注的出版于该世纪上半叶的《中国丛报》而言，无论是作者群体之代表性，还是洞察力与研究范畴，《中国评论》都有了长足的进步。在“长十九世纪”中，英美学人对于中国社会之理解，已经从简单的刻板印象进阶到更为精深专业的维度，因此，是著凭借对《中国评论》等资料之研究已经可以分析西方主流舆论与汉学研究界对于彼时中国社会各层面之研判理论。

是著所关切的主要研究对象《中国评论》，在19世纪的中国研究相关媒介中，占据了显要地位。相比19世纪上半叶中国境内最先创办的英文媒介《中国丛报》，以及在马六甲创办的，如隔岸观火般对于中国法律间或关注的区域性研究刊物《印中搜闻》，《中国评论》在时间跨度、出版周期、参与群体与理论深度上，都可谓有了长足进步。尽管出版人固定单一，但就其作者群体来源之广度与学养经历而论，都堪称兼容并包的时之翘楚。因此，在研究架构与理论深度上，《镜中观法》也有了更多的发挥余地，能够因地制宜，针对《中国评论》的特点与内容进行了颇为用心的架构搭建。

面对庞杂的作者群体与涵盖极广的文章主题，是著做了精巧的分类，首先将重要的作者与议题进行紧密结合，以个体化的视角，将哲美森、理雅各、翟理斯等汉学家的言说作为基本材料，结合时代背景与其个人经历，以个人学说演进史的方式进行了细致入微的考察与剖析。其次，针对《中国评论》所论及的散乱却老生常谈的话题，如中国的司法制度、对外关系以及杀女婴等议题，以主题探讨的方式，结合各方言论，理解西方在华人士对于中国社会法律印象的流变与机理，并厘清其中的洞见、理据与偏差误判。在研究视角与论述层次上，都可谓引风气之先。

相对于过往研究中，多以材料的堆砌与史实的核验为主要内容的方式，是著在理论论述上有了更加显著的贡献。从《中国丛报》到《中国评论》的历程，恰恰是西方对于中国之了解程度与互动范围不断扩大，从资料收集与翻译整理的观察，到兼具理论探讨的汉学研究的历史进程。因此，相较于《中法西绎》针对五个不同法律主题的观察诠释与分析总结，《镜中观法》在理论层面进行了更多的探索，并结合西方学界的理论动态，解读了汉学家群体的养成路径以及其背后的学术渊源所在。

以对于哲美森的研究为例，作为中国家庭法领域的研究专家，兼为《刑案汇览》的翻译人，具备英国法律教育背景的哲美森，之所以将专注力放置于司法实践的关注之中，与其研究路径有着紧密联系。在翻译《刑案汇览》的过程中，哲美森认为尽管传统中国法律兼具法典与判例，但缺乏完整的概念体系与法律原则性阐释，无抽象的逻辑体系却具备了繁复的文本，导致对于官方法律意旨的理解变得极其困难，大量的立法与判例颁行，在实际上并无助于法律知识体系的进化。① 可以看出，无论是家庭继承领域，还是刑事司法判例，对于哲美森的吸引力都远大于生硬的律文条例。② 如此，可以解释为何哲美森只选取了《刑案汇览》中九个关于家庭法的案例进行翻译。作为经受了普通法训练，又通晓中文法律文本的专家，哲美森本具有重新梳理、构建中国民法体系的宏大愿景，③ 但在冷峻的现实面前，只能退而求其次，以司法为镜鉴，从单个角度出发来理解中国问题。

是著对于哲美森的研究，并没有停留在单纯的言论分析、研究概括层面，更从维多利亚时代的英国学术背景出发，结合彼时英国人类学、社会学与历史学的研究动态，对于哲美森所依赖的学术资源进行了细致梳理，以此为镜像，为理解西方汉学的学术渊源与理论路径，提供了卓有成效的案例研究。

而在“附篇”部分，是著所精心选取的内容，可谓回应解释了西方法律的知识体系是如何在中国的土地上产生了具体细微的影响。而《印中搜闻》的误读误判与《人人自为律师》在中国的意外功用，大抵展现出在中西交往中，主体性选择与需求所产生的微妙复杂却悠远绵长的影响。

在“刊文选译”部分所选取的数篇材料，可谓是英美在华人士对于中国法律与社会的深切观察。其中两篇作为提交清廷的建言献策，更是少有的可以借之洞悉西方精英与清廷交往的重要文献，据此可以解读出外籍在华人士对于清廷革新的殷切期望，这有效修正了殖民者在过往叙述中所留下的刻板的“掠夺者”形象，丰富了复杂历史进程中的多样面向，能够让读者见仁见智，留出省思之空间。

二、西学的想象与可能

《中国评论》可谓正式开启了海外汉学研究的路径，在内容深度上以理论分析、专题探讨见长，见证了英美汉学家群体的生长与研究路径养成。是著对于《中国评论》能有此里程碑意义上的突破做出了卓有洞见的解读，可谓是解读西方汉学研究的重要补充。

兼容并蓄与专业化元素是《中国评论》得以成功的首要条件，刊物之作者群体选择可谓博采众长，汇集在华外籍人士中的诸多职业精英。④ 相较于解读中国社会与法律甚为失

---

① 李秀清主编：《镜中观法：〈中国评论〉与十九世纪晚期西方视野中的中国法》，商务印书馆，2023，第 52—54 页。

② 李秀清主编：《镜中观法：〈中国评论〉与十九世纪晚期西方视野中的中国法》，商务印书馆，2023，第 51 页。

③ 李秀清主编：《镜中观法：〈中国评论〉与十九世纪晚期西方视野中的中国法》，商务印书馆，2023，第 56 页。

④ 李秀清主编：《镜中观法：〈中国评论〉与十九世纪晚期西方视野中的中国法》，商务印书馆，2023，第 20 页。

败的《印中搜闻》,《中国评论》长期坚持在地化的经营运作，更直接依赖作者的第一手观察与老道分析，不以个别作者的好恶臆断为主导，而是兼采诸长，构建了能够吸引高素质的中国观察研究者的对话渠道，在熟稔汉学、对中国抱有“同情之理解”的数任主编主导下，借由此平台造就了第一批的西方汉学家群体。

西方世界自身的转型，也是造就《中国评论》成为汉学发轫地的重要缘由。时至 19 世纪中后期，殖民体系初建所带来的惊喜已经在西方逐渐退场，从“文明”“半开化”“野蛮”的粗浅分类出发对全世界进行观察并制定政策的方式显然已经过时，随着殖民体系问题的暴露、民族主义思潮在殖民地的逐渐传播，西方世界的思维模式在殖民帝国的巅峰时期已悄然发生转变。在新萌芽的社会学、人类学等诸多学科的主导下，对于熟悉但又陌生的“他者”进行系统化、理论化的端详研究，成了主导西方的精英所亟须开拓的领域，因此也为《中国评论》的研究提供了新视角与新理论。

是著中，多有以《中国评论》所刊载文章来分析欧美中国叙事之内容，[①] 开启了针对西方汉学的话语研究，也能够给汉学、历史学的研究提供诸多有益的思路指引。譬如，作为英文刊物，《中国评论》所关照的作者群体，大抵集中在英国与美国在华人士，尽管有郭实腊这般出身德国、由荷兰教会遣发的欧陆人士，但与《中国评论》产生交集是其人与英国在华机构与群体的交集所致。因此，在整体意义上，《中国评论》是观摄英美而非欧美在华人士对华评论与研究的代表性成果，作为必要的研究参照对象，完全可以将欧陆在华群体的观察剖析纳入比较之范畴。

毕竟在彼时之中国，以英文为媒介的外籍人士无法代表西方。譬如，以拉丁文为交流媒介的法国、比利时、葡萄牙、西班牙等国天主教传教士群体已经构建了自身的传播媒介与学术平台。在汉学领域，1889 年法国人考迪埃和荷兰人薛力赫商议创设汉学研究的学术刊物，在次年《通报》(*T'oung Pao*，Archives) 由布里尔出版社 (Libraiie et Imprimerie E. J. Brill) 正式出版，副题为“对亚洲东方诸国的历史、语言、地理和民族学研究（包括中国、日本、朝鲜、印度支那、中亚和马来半岛)”，在百余年后的今天仍为汉学研究的欧陆标杆。在中国大陆，经过天主教传教士们的努力，也形成了以辅仁大学为代表的汉学研究重镇。

相较于 19 世纪凭借炮舰外交来华的英美传教士，天主教传教士在华的历史起源可以追溯至明末的利玛窦，而在历史中的影响范畴上，也有着自身的特点。如获得康熙、雍正、

① 李秀清主编:《镜中观法:〈中国评论〉与十九世纪晚期西方视野中的中国法》，商务印书馆，2023，第 278 页。

乾隆等皇帝特批的法国传教团在华北就有着较大影响，涌现出如南怀仁（Ferdinand Verbiest，1623—1688）、张诚（Jean François Gerbillon，1654—1707）等一批与统治者关系密切、对中国文化事业产生重要影响的人物。随着19世纪殖民化进程的加剧，欧陆天主教传教士群体的影响范围更是遍布中国各地，在西南、东南诸省尤甚。

在欧陆天主教传教士群体之外，来自德国、俄国、瑞典等国家的传教士与汉学研究者群体也涌现出一批卓越的人才，如曾任汉堡大学与柏林大学汉学教授的傅兰克（Otto Franke，1863—1946），以及主导了对于中国新疆与西藏探险的瑞典汉学家斯文·赫定（Sven Anders Hedin，1865—1952）等。

自19世纪以降，英美先后成为国际秩序的主导者，加之英文资料因获取与解读上的相对便利，在历史研究中占据了与其历史地位可能不成比例的重要篇幅。在漫长的历史进程中，多元的欧陆在华群体，也为观察、理解、研究中国的社会与法律做出了自身的判断与贡献。在论及“西方”概念时，英美确实具备典型意义，但在研究中，仍需注意到在历史长河中“西方”概念的不断分化演变，不应简单地以“英美”代指“西方”。

三、汉学家群体的移转

是著开启了以汉学家个体作为研究对象，探究其研究范畴与理论门径的研究路径。第一代汉学家的形成可谓颇为特殊，在19世纪西方汉学的初创期，并无严格意义上的学术训练要求，而重在吸纳具备良好教育背景、兼有多年在华履历的外交官与传教士群体，他们也成为西方大学所新设之汉学教职的主要聘任来源。但在相似的汉学背景之下，出身与职业各异所造成的视角差异与思维定式，很有可能会映射到汉学的研究内容与价值导向中，进而对西方解读近代中国带来重要影响。

是著关注了从传教士眼中的中国法到专业汉学家眼中的中国法之转变历程，① 也提供了如何对传教士、外交官与汉学家群体之间交错繁杂的人际网络与群体移转进行梳理的研究路径，完全可以为后来之研究者所借鉴并深化扩展。

探究汉学家的来源，不难发现，外交官与传教士群体成为其主要选拔对象。由是，形成了外交官、传教士、汉学家群体错综复杂的交集与身份转换，三者之间少见外交官转为传教士，却常见传教士服务于外交机构，而汉学家则是声名卓著之外交官与传教士的最终

---

① 李秀清主编：《镜中观法：〈中国评论〉与十九世纪晚期西方视野中的中国法》，商务印书馆，2023，第40—41页。

荣誉。尽管表面上三者在职业路径上依然汇通，但若细细体察是著所分析的传教士与外交官的言说与价值取向，则会发现此两类群体在价值导向与关切层面上有着显著区别。

是著中提及斯当东对于中国的态度由褒转贬，与郭实腊对于中国的态度由贬转褒加以对比，[①] 如果能代入到两人不同的背景出身与人生走向，应当会有更多的解释力。毕竟，虽然曾经同为19世纪初叶的英国外交机构服务，出身外交世家并在英国政界据有一席之地的斯当东，与来自德国、本为传教士、因缘际会为英国外交使团服务的郭实腊，在个人理念、知识背景上有着诸多不同。终其一生为英国效力，先服务于外交机构，再长期投身议会政治的斯当东，对于中国态度的转变，结合19世纪上半叶的中英关系史来理解多少显得顺理成章。而相形之下，即便委身于外交使团，郭实腊也不忘传教士的使命，始终致力于布施教义，在数十年传教经历浸染之下，对于中国观感逐渐转变亦符合常理。

由此可见，尽管二者同在《中国评论》上发表文章，对于中国法律与社会之状况进行剖白分析，但基于自身使命之分野，传教士、外交官群体的解读出发点很可能存在着诸多差异。须知，相较于其他在华的外交官、外商群体，传教士可谓对中国故地有着极其深厚的感情，对于这块土地上的固有文化与普罗大众也保持着极大的敬意与温情。以20世纪法律界与外交界所关注的废除治外法权事件为例，相较于外商群体竭力保留在华特权以维系现实利益，而在英美政界不断游说鼓吹留存治外法权的必要性，在华传教士群体极力主张及早废除治外法权，以促进中国民众对于西方价值之认同。[②]

与伴随着殖民主义扩张而来华的英美人士不同，来华更早的天主教传教士群体有着尊重在地文化的传统。始自利玛窦来华，就确定了调和并适应中国文化、与社会上层交好、对中国人的道德价值保持开放与宽容，以及通过科学技术的传播帮助传教的“利玛窦规矩”。此种传统，不仅为同是天主教徒的耶稣会传教士所沿袭，在19世纪来华的新教传教士中也有大量的追随者，如丁韪良在其著作中就多次提及利玛窦与徐光启的传教事业的整体意义。

尽管传教士在晚清以降的教案与外交纷争中确有过不光彩的表现，但论及其对于中国近代化之贡献，恐难有其他群体可与其相提并论。本书中所论及的诸多传教士，无一不是在中国的土地上贡献半生心血，并对中国法律与社会抱有极大敬意与温情。此种情感，并未随着时光流逝而消散。20世纪以来，无论是赛珍珠还是裴宜理，身为传教士的后人，在

---

① 李秀清主编：《镜中观法：〈中国评论〉与十九世纪晚期西方视野中的中国法》，商务印书馆，2023，第278页。

② 参见 Nicholas R. Clifford，*Spoilt Children of Empire*：*Westerners in Shanghai and the Chinese Revolution of the* 1920*s*，Hanover and London：Middlebury College Press，University Press of New England，1991.

其论著中都投射出对于中国普罗大众命运的深切同情。《镜中观法》对于汉学研究群体的分类论述，给读者提供了新颖的视角，更能体会作为个体的汉学家之殊异特征。

四、东方主义的错位

是著有部分篇章以“东方主义”作为理论分析框架，指出《中国评论》中对于中国法律与社会进行评判中所暗藏的偏见、歧视，乃至于成为殖民体系的理论铺陈。无法否认，近代以降，在中西力量对比不均衡，列强获得在华特殊权益的境地中，殖民主义与“东方主义”式的思维判断确为历史事实。随着《法律东方主义：中国、美国与现代法》的译介，[①] 近年来在论及近代法律之中西互动乃至国际法律秩序的研究中，言必称“东方主义”理论，论述西方世界的意识形态霸权已成普遍现象，随之而来是进一步强调民族的自主意识等主张言说，此种研究路径几成公式。

如果对“东方主义”的概念鼻祖萨义德以及《法律东方主义：中国、美国与现代法》的作者络德睦进行考察，则会发现，当下中国对于“东方主义”的借用，很可能完全与“东方主义”提出的初衷背道而驰。作为世界主义者，萨义德从后殖民角度对前殖民地的民族主义提出了诸多批评，认为刻意表现自身的独特道路，实际上是“接受帝国主义的推断，接受帝国主义所强加的关于（文化之间）种族、宗教和政治分裂的说法”。所谓的本土主义，在萨义德看来“并不是（殖民主义）唯一的代替物。（后殖民社会）完全有可能建立一种更为大度、更为多元的世界理想”。

作为对殖民主义进行批评的理论，“东方主义”在中国所呼唤的不应当是“身份政治”的“中华性”或“亚洲价值论”，仅从此类言说所持的文化不可弥合观来看，也只能成为亨廷顿式“文化冲突论”的一种延续。反复强调殖民与被殖民之间的善恶对立，很有可能否认人类在文明价值中针对种种制度性压迫与苦难的共识与联盟，而此种共识恰恰是 20 世纪下半叶以来国际社会赖以存续的价值基础。须知，“东方主义”所反对的对象中不仅有殖民主义，也包括了民族主义。

作为后民族主义与世界主义的理论，若将“东方主义”作为塑造民族主义的工具，不仅会显得荒腔走板，甚至会有再造帝国主义式招魂幡的莫名风险，20 世纪上半叶的东亚历史，可谓是对于“东方主义”问题的冷峻注脚。是著对于“东方主义”理论的处理则显得颇为周到，一方面将其作为解读具体问题时用来纠偏的辅助线，不断提醒读者西人眼中的

---

① 参见［美］络德睦：《法律东方主义：中国、美国与现代法》，魏磊杰译，中国政法大学出版社，2016。

偏见与傲慢所带来的问题；另一方面，也引用奈益对于中日两国进行社会变革时候的比较研究为例，提醒读者在以民族主义旗号来瓦解殖民体系的过程中，所可能导致的危险倾向与潜在矛盾。① 无论在立意，还是理论运用上，都显得纯熟周延。

五、余论

诚然，是著亦存在部分不足。譬如在主体部分最后一章，论及杀女婴现象的西方偏见就略显生硬，因之在中国传统社会中杀女婴乃为常态，大量的地方文献都有详尽的记载，不唯传教士群体如是。只不过杀女婴的地域特征明显，如闽省在记载中有着长期的杀女婴历史，而其他地域则或多或少有着难以概而言之的杀婴现象。在传播描绘杀女婴问题时，散布各地的西人群体确会带来信息上的混乱与相互冲突，与传统中国的地方多样性生态大约有着直接的关系，若要直接附会殖民者妖魔化中国的动机意图，则多少显得有些牵强臆测。

是著也开启了更多的比较研究路径，如针对《印中搜闻》的研究，不仅可以视为对于中国法律镜像言说的研究，亦能作为殖民观念史、区域化殖民政策的研究。在知识谱系的序列中，在殖民帝国形成之际，传教士、汉学家在一定意义上，亦是新世界体系的有效参与者。其人对于后发世界之观察，很可能具备一种复杂多元的视角，而此种视角如果不分轩轾地以恶意善意抑或“东方主义”的标签进行总结，未免太过粗疏。如果能从比较的意义上，对于西方学者如何看待奥斯曼帝国、日本、中国、波斯等传统国家在近代的社会转型；如何在法律政策上，对于东南亚、东亚、南亚等“半开化”地域进行编订修正，当会收到更加显著的成效。当然，此种研究对于一本以《中国评论》为研究对象，关照近代中国的著作而言可谓期许过多。

西人所打造的镜像，固然可能是带有歪曲的臆测附会，但是误读误判的不仅有西人，也可能有理论错位、急于纠正自身形象的国人。在解读西人所提供的镜像时，无需有顶礼膜拜西洋镜的情怀，也不必有矫枉过正的急切动机。哈哈镜般的互动场景中，镜像与受众的双重扭曲或许是最不乐观的结果。在斑驳复杂的历史镜像中，平心静气地爬梳史实与冷静分析，才是以史为鉴、以镜正衣冠的正确路径。而这正是经由《中法西绎》与《镜中观法》所开启的，足以让后世学人在近代法研究中参照的范式样本与方法路径。

---

① 李秀清主编：《镜中观法：〈中国评论〉与十九世纪晚期西方视野中的中国法》，商务印书馆，2023，第156页。

中西法律文化交流史研究的新进路

韩　驰*

一

时下有关中国近代法律文化交流史的研究，其核心在于处理欧洲中心主义“文明”（civilization）话语中的中国法（特别是清季中国法）的西方凝视。现有的研究中，多从清季档案等基础史料着手，① 通过外交史、经济史、翻译史等不同研究进路，揭示西方国家的法律东方主义和法律帝国主义话语实践，或说明清季自我东方化的倾向。② 更进一步来说，这些研究多在论证“文明等级论”统摄下的两种话语，即欧洲中心主义和（法律）东方主义，前者为欧洲文明的先进性提供了论证，而后者为非欧洲文明信纳欧洲文明的先进性提供了支撑。

---

* 韩驰，华东政法大学法律学院硕士研究生。

① 这里的档案史料主要包括：《筹办夷务始末》（中华书局，2014），王彦威、王亮辑选的《清季外交史料》（湖南师范大学出版社，2015），台湾“中央研究院”近代史研究所汇编的《中国近代史资料汇编》，台北“故宫博物院”馆藏“前清及民国时期条约协定”等。通过翻译史研究中国近代中西法律文化交流史的学者还会使用如 FO（英国外交部档案）、CO（英国殖民事务部档案）、FRUS（美国对外关系档案）和美国国会档案等档案文件。

② 参见李育民：《晚清中外条约关系研究》，法律出版社，2018；屈文生、万立：《不平等与不对等》，商务印书馆，2021；王宏志：《龙与狮的对话：翻译与马戛尔尼访华使团》，香港中文大学出版社，2022；王元崇：《中美相遇：大国外交与晚清兴衰（1784—1911）》，文汇出版社，2021；［美］徐中约：《中国进入国际大家庭：1858—1880 年间的外交》，屈文生译，商务印书馆，2018；Turan Kayaoğlu，*Legal Imperialism*：*Sovereignty and Extraterritoriality in Japan*，*the Ottoman Empire*，*and China*，Cambridge：Cambridge University Press，2010；Teemu Ruskola，*Legal Orientalism*：*China*，*the United States and Modern Law*，Cambridge，Mass：Harvard University Press，2013；Li Chen，*Chinese Law in Imperial Eyes*：*Sovereignty*，*Justice*，*and Transcultural Politics*，New York：Columbia University Press，2016.

以中国为例，他们首先将中国拟制为一个“无法”的国家，通过过往华洋交涉案件中，清政府处理相关案件时存在的“弊病”（当然也就是不符合欧洲国家殖民利益的情形），来证成中国法的无序，进而说明中国的半文明国家地位。① 这种“为西方寻求支配强权愿望而产生的一种内部高度自洽而外部表现在霸权的话语体系”，② 被萨义德概括为“东方主义”（Orientalism）。前述的一些晚近研究多呈现出这样一种研究思路和范式，后殖民主义（post-colonialism）话语研究和第三世界国际法（TWAIL）的方法往往在其中占据重要地位。

诚然，相比于早期中国近代史研究的诸多范式与方法而言，③ 这种批判主义路径已经做出了相当的突破。然而，当我们将中国近代的中西方交流置于更宏大的语境或叙事中时，会发现中国近代史叙事具有相当的复杂性，从重要人物和重要事件入手，往往会让我们忽视大众作为历史书写主体与客体的可能性，此外，一种所谓“侨居地汉学”的发展也与这种复杂的历史叙事密切相关。从这一方面而言，李秀清教授的《中法西绎：〈中国丛报〉与十九世纪西方人的中国法律观》（上海三联书店2015年版，以下简称“先著”）和《镜中观法：〈中国评论〉与十九世纪晚期西方视野中的中国法》（商务印书馆2023年版，以下简称“新著”），分别选取了《中国丛报》（*the Chinese Repository*）和《中国评论》（*the China Review*）这两个外国人在华创办的报纸加以发掘，为我们开辟了一条从中国近代报刊史视角，重新审视中国法的研究新进路。

这种全新的研究进路既是中西法律交流史文献运用上的创新，也是研究视角和理念上的创新。新著延续了先著的研究模式和逻辑，以清季外国人主办的报纸作为切入点，将报刊本身作为史料进行研究，这种将中国近代新闻事业史与中西法律交流史相结合的研究在国内学界尚未得见。两部著作都将舆论史作为重新思考和塑造中西法律文化交流史的工具，“通过对塑造‘他者’形象的‘自我’考察，以重述中西法律交流史”，④ 对学界已有的认知与叙事进行证成和强化，甚至在一定程度上为传统的线性历史叙事提供反证。同时，侨居中国的外国商人、外交领事官员、实施治外法权的领事法庭和专门法院的法官，以及其

① See Carol G. S. Tan, How a “Lawless” China Made Modern America: An Epic Told in Orientalism, 128, *Harvard Law Review* 1677(2015).

② Li Chen, *Chinese Law in Imperial Eyes: Sovereignty, Justice, and Transcultural Politics*, New York: Columbia University Press, 2016, p. 9. 中文译文转引自屈文生、万立：《不平等与不对等》，商务印书馆，2021，第120页。

③ 有关史学界对中国近代史研究的范式之反思，参见崔志海：《中国近代史研究范式与方法再检讨》，《历史研究》2020年第3期。

④ 汪强：《中西法律交流史研究的新范式：评〈中法西译〉》，《法律书评》第12辑，北京大学出版社，2017，第32页。

他汉学家等，他们对中国法与中国文化的观察，囿于档案的特殊文献属性，无法在过往的研究中一一展现，反而成为重新理解西方人眼中的中国和文明互鉴的另一重语境。

二

李秀清教授的新著共有导论、主题篇、附篇和刊文选译四个板块，主题篇紧紧围绕《中国评论》中有关中国法律与社会的描述，展开中西法律交流史的研究；刊文选译板块也延续先著的风格，将报纸中有关中国法的重要章节译为中文，尽管两本著作中的译文选择的依据并不相同，但其背后却反映出相似的逻辑——一方面作为佐证全书研究的材料，另一方面亦可提示后学，相关研究仍可深入挖掘。

新著的主题篇共有九篇论文，除第一篇有关《中国评论》研究价值的描述和最后一篇有关全书行文过程中始终围绕的“叙事史”“话语史”和“观念史”研究的研究方法分析外，其余七篇文章从不同主体、不同层面和不同研究方向，对《中国评论》所载中国法与中国社会的观察进行了具体论述。

先著对《中国丛报》的研究集中于早期中外交涉中的法律冲突，兼有传教士、顾圣使团翻译和报纸主编多重身份的裨治文（E. C. Bridgman）的中国观，以及中华帝国的帝制、刑法与诉讼。新著对《中国评论》的研究，则注重对19世纪晚期参与中国法律与社会的外国人之个体与群像的研究，就个体研究而言，新著选择了哲美森（George Jamieson）、理雅各（James Legge）和翟理斯（Herbert A. Giles），这当中包括了侨居地汉学研究的三个典型主体——领事官员（或商人群体）、传教士和外交官员。有趣的是，对这三者的研究存在一个明显共性，那就是从他们对中国法的英译着手，哲美森译介的对象是《刑案汇览》和《大清律例》中的民事法律部分（主要是婚姻与家庭），理雅各译介的对象是作为官修道德典籍的《圣谕广训》,① 翟理斯译介的对象则是中国传统法医学著作《洗冤集录》，这种基于中西交往中生成的文本研究，将翻译事件看作历史事件，与“新翻译史”研究进路在一定程度上是相合的。②

就群像研究而言，新著试图打破对研究问题的单一主体限制，将西方社会作为一个整体，考察西方社会对东方社会的理解与认知。新著主题篇的第四章和第五章，就采用了一

① 理雅各是中西文化交流史上的重要人物，其中学翻译与王韬的承佐密切相关。参见屈文生、万立：《王韬的西学与中学翻译身份、认知与实践》，《北京行政学院学报》2021年第3期。

② 有关新翻译史研究的方法与理念，参见屈文生：《“新翻译史”何以可能——兼谈翻译与历史学的关系》，《探索与争鸣》2021年第11期。

种突破主体藩篱的叙事风格，以西方人眼中的中国司法和“文明论”视野下的晚清中国及其对外关系为研究重心。在这两章的叙事中，作者不再拘泥于某一个主体，如当中提及的美国商人奈益（N. Gye）、英国外交官倭讷（E. T. C. Werner）、英国驻华公使威妥玛（Thomas Wade）、京师同文馆总教习丁韪良（W. A. P. Martin）等，他们不再是作为一个个独立的外国汉学家存在，而是已经作为一个外国人（或外国行使治外法权主体）的群像存在，这两篇内容所论及的，也正是作为群像的外国人对中国法律与社会的印象。

与先著不同的一点是，新著中增设“附篇”，收录三篇论文“《印中搜闻》与19世纪早期西方人的中国法律观”“晚清中国的英国议会形象——基于1866年至1885年域外日记的研究”“近代英国法律知识的大众传播及其中国影响——以《人人自为律师》的译介为例”，这三篇文章的视角与材料虽然与《中国评论》和主题篇中的论述没有直接关系，但它们的存在，使李秀清教授有关近代中西法律交流史的叙事更加完整。附篇第一篇文章，对先著和新著都未论及的19世纪早期中西法律交流起始阶段西方人眼中的中国法问题进行了讨论，其选取的材料同样也是外国传教士所办的报刊《印中搜闻》（*the Indo-Chinese Gleaner*）；附篇第二篇和第三篇文章，对叙事结构进行反转，一篇关注中国人的西方政治与法律观，另一篇关注西方法律文明在中国的译介，尽管听起来是老生常谈的问题，但新著中选取的视角凸显比较法律史研究的特征，也紧贴新著的主题“镜中观法”，即中西方法律交流史的研究本就是一个双向互动认知的过程，远非单一叙事。

三

有鉴于此，李秀清教授在两部著作中开创的研究方法和范式，对从新闻史（特别是报业史）的发展路径进入中西法律交流史的研究极具启发意义。在先著和新著的研究中，《印中搜闻》《中国丛报》和《中国评论》，分别能够代表中西接触的早期阶段、朝贡—条约冲突阶段和条约体系稳固阶段西方对中国的印象表达。而在这三个时期，报刊舆论中也展现出了对中国法的不同态度，从本质上讲，这些舆论同样也是为不同主体的话语叙事服务。两本著作基本廓清了西方视域下中国法的面貌，但仍有诸多细节可以深入挖掘。

报业史之所以能够成为中西“法律”交流史研究的新动力，并不难理解。在殖民主义际遇下，帝国主义者为了论证殖民主义与“文明等级论”的正当性，在诸如文化、宗教和技术等方面都会援引法律。西方行使治外法权的群体，如商人、传教士、殖民者和他们在帝国中心的支持者，自然建立了非西方国家与欧洲帝国之间的帝国主义式的联系。① 他们当然需要关心中国的法律与社会，自然而然地成为打量中国法律与中国社会的主体，其记述也就成为对清末中国“西方凝视”的来源。然而，日记、往来文书、论著与照会档案等或私人或官方的通信，毕竟是零散又欠缺系统性的，而且这些材料所带来的也只是某一特定主体对中国的形象描述，并不足以完成对整个中国形象的建构，而报刊作为大众媒介，在大众传播的过程中完成了社会认知从个别到普遍的历程，其中对中国法律与社会的描述当然也就成为可资研究的素材。

当然，同样有趣的一点在于，中国报业史肇始于外国来华传教士的办报，传统新闻史研究中，往往关注于这些传教士的报人身份和内容评述，而很少对他们所肩负的中西交流重担进行考察。② 例如，《中国丛报》的主编裨治文和几位编辑兼撰稿人伯驾（Peter Parker）、卫三畏（S. W. Williams）和郭实腊（Karl Friedrich August Gützlaff）在整个中西法律交流史中都占据极为重要的地位。裨治文、伯驾和卫三畏本就是中美《望厦条约》谈判中顾圣使团（Cushing Mission）的译者，伯驾曾为林则徐翻译过瓦特尔（E. de Vattel）《各国律例》（*Le Droit des Gens*）的片段，对近现代国际法理论引入中国具有“首译之功”，后又成为美国驻华公使；卫三畏后在美国驻华使团任职，曾七次代理驻华公使职务，并参与订立1858年中美《天津条约》。③ 因此，他们作为中西法律冲突与交涉的亲历者，参与到中外条约谈判和中国融入国际大家庭的历程当中；作为规范性知识的生产与传播者，参与到知识跨域流动与互鉴的全球流通当中，塑造了近代中国法“翻译法学”的基本样态；④ 作为话语的建构者，成为东方主义话语实践的重要力量。

以中国近代新闻事业发展史为视角，李秀清教授的两部著作所开创的中西法律交流史研究的新进路是可延续的。之所以对报刊史料进行深入挖掘，不仅仅是因为其中记录了外国人眼中的中国法问题，还在于它还留存了外国人眼中的中国社会、中国历史上的重要事件和中国对各有约国的态度与政策，等等，这种研究可以或丰富或修正传统中西方二元对

---

① See Turan Kayaoğlu, *Legal Imperialism*: *Sovereignty and Extraterritoriality in Japan*, *the Ottoman Empire*, *and China*, Cambridge: Cambridge University Press, 2010, p. 21.

② 对中西交流史的关注主要集中于《印中搜闻》《中国丛报》等重要报纸的研究，但也几乎未见专题论文讨论办报人本身所负载的文化交流意涵。如吴义雄：《〈印中搜闻〉与19世纪前期的中西文化交流》，《中山大学学报（社会科学版）》2010年第2期；刘美华：《〈印中搜闻〉视域中的中国社会信仰和习俗》，《北京行政学院学报》2014年第2期。而对于其他外国传教士在华办报的情况则更是少有涉及。

③ 参见何勤华：《〈万国公法〉与清末国际法》，《法学研究》2001年第5期；屈文生：《〈望厦条约〉订立前后中美往来照会及翻译活动研究》，《复旦学报（社会科学版）》2017年第1期。

④ 全球法律史的新近研究中往往将法律史称为规范性知识的翻译史。See Thomas Duve, *Legal History as a History of the Translation of Knowledge of Normativity*, MPILHLT Research Paper Series, No. 2022—16.

立的认知。可延续之处在于，其他外国人在华创办的报纸中具有相当丰富的材料可供挖掘。就内容丰富性程度和与法律文明交流的相关程度而言，最值得移植这一范式进行研究的报刊当属《北华捷报》（*the North China Herald*）及其相关系列报纸（以下统称为“《北华捷报》”）。

《北华捷报》于1850年8月3日在上海创刊，其创办人是英国侨商奚安门（Henry Shearman），其办报之初的主要目的是为了便利在华侨居的英商，为他们提供英国快讯、上海英侨动态、中外商务情报、广告及船期公告等方面的信息；自1859年起，该报被英国驻沪领事馆指定为公署文告发布机关，得到上海工部局的资助，被视为“英国官报”（Official British Organ）；① 1864年，字林洋行接收《北华捷报》报馆，将当时的广告日刊《航务商业日报》（*the Daily Shipping and Commercial News*）更名为《字林西报》（*the North-China Daily News*），并将《北华捷报》作为其每周附刊出版，1867年易名为《北华捷报与市场报道》（*the North-China Herald and Market Report*）；1870年增出期刊《最高法庭与领事公报》（*the Supreme Court and Consular Gazette*），不久后两报合并，更名为《北华捷报及最高法庭与领事馆杂志》（*the North-China Herald and Supreme Court & Gazette Consular Gazette*），该刊物直至1941年停刊一直作为英王对华及对日最高法院（H. B. M. 's Supreme Court for China and Japan）的官方公报和判例汇编；② 作为正刊的《字林西报》一直到1951年才最终停刊。③

在既有的对《北华捷报》的研究当中，已经出现对中西交流的关注。④ 但作为一份横

---

① 有学者因此认为《北华捷报》代表着英国政府的观点，这种说法有待商榷。See Frank H. H. King & Prescott Clarke, *A Research Guide to China-Coast Newspapers, 1822—1911*, Cambridge, Mass: Harvard University Press, 1965, p. 79.

② 英王对华及对日最高法院是依据1865年枢密院令成立的英国在东亚地区行使治外法权的机构，1884年英王御准新的枢密令，将朝鲜纳入英国对华及对日治外法权法院体系，将法院更名为“大英对华日朝三国最高法院”。1899年，日本成功撤废治外法权，英王御准通过枢密令，又将该法院更名为“大英对华及对朝最高法院”。及至1910年日韩合并后，英国不再对朝鲜行使治外法权，通过1911年枢密院令，再度将该法院更名为“大英对华最高法院”。但无论名称如何变化，《北华捷报》一直以来都是该法院的官方公报和判例汇编。有关该法院设废历程的梳理和该法院如何在中国行使治外法权的研究，参见万立、屈文生：《近代英国对华域外法体系研究》，《中外法学》2021年第5期；屈文生：《英美在近代中国行使治外法权主体之型化与形替》，《法学研究》2023年第3期。

③ 有关《北华捷报》和《字林西报》的历史，整理自方汉奇主编：《中国新闻事业编年史（第二版）》，福建人民出版社，2018，第18页及：方汉奇主编：《中国新闻传播史》，中国人民大学出版社，2002，第56—58页；Xiaoqun Xu, *Chinese Professionals and the Republican State: The Rise of Professional Associations in Shanghai, 1912—1937*, Cambridge: Cambridge University Press, 2001, pp. 45—48; Frank H. H. King & Prescott Clarke, *A Research Guide to China-Coast Newspapers, 1822—1911*, Cambridge, Mass: Harvard University Press, 1965, pp. 76—81.

④ 参见李珊：《晚清时期〈北华捷报〉上的中国声音》，《近代史研究》2015年第5期。

跨朝贡—条约冲突阶段、条约体系稳固阶段和修约废约阶段的英文报纸，其中对中国法律与中国社会，以及中西方之间法律冲突的关注不在少数；此外，由于时间跨度极大，在《北华捷报》当中体现出西方社会对中国法律与社会的印象转变要比其他报纸更为明显。更重要的是，对《北华捷报》的研究可能会发现侨居中国的这些治外法权群体对西方社会也并不是没有批评，中国国民也在《北华捷报》当中发表各种各样的评论，这在李秀清教授先著和新著所关心的报纸当中几乎未见，但这也恰恰说明了近代中西法律交流史叙事的多元性和复杂性。

举例而言，《北华捷报》从1851年至1854年一直关注太平天国运动问题，其中经历了大量的叙事转变，最初中立观察；1853年开始转而积极支持太平军的基督教信仰，并确信太平军胜利将助力西方传播福音，实现平等贸易；在1854年“泥城之战”（the Battle of Muddy Flat）以后，开始采取极端反太平天国运动的立场，刊载了许多有关太平军和清政府，以及各个条约国在华利益的讨论。① 再如，《北华捷报》中有关天津教案的主体责任问题的争论，报纸的不同主编对这些问题的立场并不完全一致，天主教传教士、民众与清政府依次成为报纸中争论的责任主体。② 又如，在《北华捷报》的创刊号中，就有长篇评论谈到“当下与未来关于对华关系问题的考量”，其中就已提及上海在与列国贸易中的重要地位。③

有关中国法的讨论，在《北华捷报》当中也从不缺乏。报纸对清末修律和民国时期的法律改革给予高度的关注，其中既包括对立法的变化进行的诸多评论，也包括对司法案件的各种反应。著名汉学家陈玉心（Carol G. S. Tan）的博士学位论文就以威海卫租借地为例，使用大量《北华捷报》的报道，对当时外国人眼中的租借地法制、中国法及其变革进行分析。④ 更重要的是，《北华捷报及最高法庭与领事馆杂志》本身就可以成为中西法律交流史研究，特别是有关治外法权（extraterritoriality）研究的重要资源，也是研究会审公廨和英王对华及对日最高法院等列强在中国行使治外法权主体的珍贵史料。

当然，除《北华捷报》以外，仍有许多近代外国人在华创办的报纸可以成为研究的对

---

① See *the North-China Herald*, No. 193, April 8, 1854, pp. 142—143. See also Sibing He, *Russell and Company in Shanghai, 1843—1891: U. S. Trade and Diplomacy in Treaty Port China*, paper presented to "A Tale of Ten Cities: Sino-American Exchange in the Treaty Port Era, 1840—1950: An Interdisciplinary Colloquium", Hong Kong University, 23—24 May 2011.

② See Frank H. H. King & Prescott Clarke, *A Research Guide to China-Coast Newspapers, 1822—1911*, Cambridge, Mass: Harvard University Press, 1965, p. 80.

③ See *the North-China Herald*, No. 1, August 3, 1850, p. 2.

④ Carol G. S. Tan, *Law and the Administration of Justice in the Leased Territory of Weihaiwei*, Ph. D. Dissertation, School of Oriental and African Studies (SOAS), University of London, 2017.

象，如1827年创办的《广东纪录报》（*the Canton Register*）、1842年创办的《中国之友报》（*the Friend of China*）、1894年创办的《捷报》（*the China Gazette*）、1901年创办的《泰晤士申报》（*the Shanghai Times*），还有十分重要的《密勒氏评论报》（*the Millard's Review of the Far East*），等等。①

但李秀清教授对舆论所见的中西法律交流史研究的意义绝不仅限于路径的可延续，更重要的是这一路径可推广。19世纪后期中国人自主办报推动中国报业成长的同时，也在自己创办的报纸当中对中国法律与社会，以及由西方引入的社会知识进行批判与反思，表现出源于自我东方主义和东方法律主义的叙事对西方法律与社会亦拒亦迎的复杂心理。同样的研究思路、方法和逻辑，可以转而应用于清末民初中国人对外国法认知的研究，以及外国人在中国报刊上发表的有关中国法与外国法的研究，《申报》《大公报》等就是可资使用的报刊资源。我想新著书名中的"镜中观法"（peering through the looking glass），不仅仅在于西方视野下的中国法，当然也有东方视野下对西方法的诸多凝视与思考。

四

由于丰富的例证和别样的视角，报刊舆论史可以作为中西法律交流史研究的新路径和新视野，并深入推进。对于话语和叙事的研究，新闻报刊作为一种史料具有重要的工具意义，可以对话语和叙事的生成过程进行具象的描述；但更重要的是，有关法律东方主义的话语是如何生成的，又将如何消亡，以及我们时下需要建构的话语应当如何生成，传播学理论或许能够提供一种更具学理性的解释方式。我们只有将具象描述和抽象理论相结合，才能真正理解话语、叙事或观念的建构与解构。本节将提供一些可能的思路，简单地对上述问题进行说明。

东方主义和欧洲中心主义话语研究本身就与传播学理论具有耦合性。按照菲尔克拉夫（Norman Fairclough）的观点，话语（discourse）是围绕着特定语境（context）中的特定文本（text）所形成的传播实践和社会实践。② 李秀清教授在新著主题篇的最后一章中，通过《中国评论》中有关"杀女婴"问题的描述，揭示了形塑"中国的落后"和"中国人野蛮"

---

① 相关的研究成果参见马学强等主编：《〈密勒氏评论报〉总目与研究》，上海书店出版社，2015；郑保国：《〈密勒氏评论报〉：美国在华专业报人与报格（1917—1953）》，北京大学出版社，2018。

② ［英］诺曼·菲尔克拉夫：《话语与社会变迁》，殷晓蓉译，华夏出版社，2003，第4页。

的过程，对“文明论”背后所蕴含的权力对抗进行分析。① 这种论证逻辑本身就暗含着对“传播是一种控制，也是一种权力”的话语认同，或者说是一种福柯式的弥散开的话语权力观念。

从传播学的角度来看，西方社会所塑造出的中国“落后与野蛮”的形象，正是西方行使治外法权的群体“有意图地施加影响”的结果，绝大多数的西方人从未真正接触过“杀女婴”的场景，而是通过各种报纸中有关“杀女婴”的描述，建立起对这一问题的认知的。但外部的真实世界、媒体营造的虚假世界和人们头脑中关于世界的图像是三个不同的面向，作为西方人了解中国的媒介，报纸中所描述的内容未必是现实世界的真实表达，在很大程度上可能是利益群体利用大众媒体制造出来的虚幻图景，进而使公众（特别是从未跨过媒介接触真实中国世界的西方人）以自己头脑中先入为主的观念和刻板印象定义“野蛮中国”。② 而这只是完成了话语建构的第一步，即剥离了现实与观念，通过对西方社会施加影响，形成刻板印象。

此后，通过融合武力、操纵与说服形成权力控制。③ 简言之，西方社会通过舰炮“正义”、条约“正义”和话语“正义”，剥离主观印象与客观知识，这是西方社会将他们的文明观作为普世性价值，对东方社会的文化与观念加以控制，辅之以殖民战争和条约体系的传统帝国主义形态，将意识形态这样一种“文化”帝国主义融入殖民话语当中。在葛兰西（Antonio Gramsci）看来，意识形态上霸权（hegemony）的推广不是建立在强制的基础之上，而是控制者与被控制者之间妥协与合作的结果，④ 而这也恰恰能够解释在晚清修律和民国废除治外法权运动当中，中国社会何以自我东方化。这也印证了福柯的观念，即权力的成功之处就在于其使自己不被人们注意，让人们忽略了它的本质，西方社会正是通过不断地生产“客观”知识，将权力与知识混同，使其文化霸权无影无踪地被合法化。⑤

除话语本身以外，一些经典传播模型与理论也有助于我们认识国际法在中国的传播与泛化，以及近代中国何以丢失主体性这一问题。实际上，“文明化”是话语建构以后所必须面临的问题，但在《中国评论》所载的各种有关“文明论”的论述中，我们也会发现西方

---

① 参见李秀清：《叙事·话语·观念：论19世纪西人笔下的杀女婴问题》，《中国法律评论》2017年第5期，新著中将其纳为主题篇第九章。

② See Walter Lippmann, *Public Opinion*, New York: the Free Press, 1922, pp. 3—62.

③ 有关权力理论，参见［美］丹尼斯·朗：《权力论》，陆震纶、郑明哲译，中国社会科学出版社，2001。

④ 有关葛兰西思想的解读，参见刘海龙：《大众传播理论：范式与流派》，中国人民大学出版社，2008，第21—22页。

⑤ 参见［法］福柯：《规训与惩罚》（修订译本），刘北成、杨远婴译，生活·读书·新知三联书店，2012，第29页。

社会并非一味叙述中国法与中国社会的野蛮，他们也在一定程度上迎合中国固有的传统叙事，典型例证就是丁韪良的《中国古世公法论略》(*Traces of International Law in Ancient China*)；在塑造欧洲国际法特殊性的同时，也在舆论中塑造国际法普遍性的氛围。[①] 国际法知识向中国的流动，是为了在理论上证成欧洲国际法的特殊性，进而使近代中国“从一种法理进入另一种法理”，即从朝贡体系进入欧洲公法体系，从而进入“由西方人建立的世界秩序”之中，[②] 这种互竞的历程除了可以用国际法欧洲地方性的解构与国际法普遍主义普遍性的建构同时发生进行解释外，詹姆斯·凯瑞（James Carey）提出的“仪式传播”理论也有助于对这一问题的理解。

凯瑞认为，所谓“传播”，就是“一种现实得以生产、维系、修正和转变的符号过程”。“传播的‘仪式观’并非指讯息在空中的传播扩散，而是指在时间上对一个社会的维系；不是指分享信息的行为，而是共享信仰的表征。”[③] 换言之，在前一个话语控制的问题上，西方的话语建构是为了区分“我们”与“他们”，尽管西方社会以“他者”来看待中国，但在文明推广的过程中，西方社会也同样需要东方社会的共情，也就是形成一个所谓的“我们”。为使中国在理念和制度上接受国际法，丁韪良必须建构出一个“中国古代就存在类似于近代欧美国际法的国与国之间交往规则”的观念，只有这样才能破除欧洲社会与非欧洲社会、主体与客体、秩序与无序的二元对立，当时西方人刻板印象中的中国才能接受这一体制，融入国际大家庭。丁韪良正是希望通过大众传播形成社群、共同的身份与文化，一旦这样的共同身份与文化形成，西方社会就不再需要动用武力和强制，仅仅通过东方社会的自我东方化，就可以完成霸权的控制。

一个相反的例子也可以证明，仪式传播理论在这一问题上的可适用性。奥斯曼土耳其帝国在进入世界体系以后的发展际遇也恰恰说明了国家之间的共同意志，是叙事模式传播的重要基础，仅仅在制度上的模仿与变革并不足以真正使得非共同体成员进入共同体当中。失去文化传统和意识形态基础的底层土壤，形式一致的仪式，将滋生出实质不一致的分歧，进而演化成为共同体意识的崩塌。

最后，当我们将近代中国的反帝反封建（也是中国的去殖民化）问题置于世界史立场

① 此处的讨论所使用的材料是新著主题篇第五章《“文明论”视野下的晚清中国及其对外关系——以〈中国评论〉为考察对象》。

② 参见杨国强：《衰世与西法：晚清中国的旧邦新命和社会脱榫》，广西师范大学出版社，2020，第144—145页。

③ James W. Carey, A Cultural Approach to Communication, in *Communication as Culture: Essays on Media and Society*, London: Routledge, 2008, p. 15.

中，还可以从传播政治经济学视角对传播、全球权力转移和去殖民化知识建构进行考察。①全球权力的转移过程，本身也是去殖民化的过程，或者说就是国际权力均质化的过程。这一点在有关文化帝国主义的研究中颇为常见，此处也不再赘述。②

赖骏楠曾在对李秀清教授先著的书评中写道："该书是李秀清教授近八年学术探索的一个结晶。该书也将是李教授未来八年、十年研究的一个起点。"③ 实际上，展现在我们面前的这本新著，正是李秀清教授所搭建的图画之补编。可以说，李秀清教授的研究已经形成了中西法律交流史研究的新范式，借助报刊舆论史，将新闻传播学的观念引入法律史研究，不仅打破了学科之间的藩篱，更是重塑法律史多元主义叙事的努力。话语史、叙事史和观念史的研究，最终将导向我们去探索如何塑造一种新的中国话语、中国叙事与中国文明的观念，而这种话语建构的努力需要从其他学科中汲取更多新的营养。

---

① See Yuezhi Zhao, Communication, Crisis, and Global Power Shifts: An Introduction, 8, *International Journal of Communication* 275(2014).

② 相关研究参见马忠、达雅楠：《国际传播背景下文化帝国主义的叙事话语批判及中国应对》，《探索》2022 年第 4 期；李江静：《帝国主义与数字帝国主义的意识形态分析》，《马克思主义研究》2022 年第 7 期；张小平：《当代文化帝国主义的新特征及批判》，《马克思主义研究》2019 年第 9 期；潘慧琪：《不平等的世界传播结构："文化帝国主义"概念溯源》，《新闻界》2017 年第 12 期；刘禾主编：《世界秩序与文明等级——全球史研究的新路径》，生活·读书·新知三联书店，2016。

③ 赖骏楠：《"近代法"的别样叙述——阅读与思考李秀清教授〈中法西绎〉一书》，《法律书评》第 12 辑，北京大学出版社，2017，第 13 页。

综述

法律史研究的史料、方法、视野及新领域

——第十七届全国法律文化博士论坛专家圆桌会议发言纪要*

张　生　王　健　赵晓耕　吕　丽　李　力
高汉成　李玉生　肖建新　张仁善

编者按：本篇系2023年7月8日至9日，由南京大学法学院、南京审计大学法学院联合承办的第十七届全国法律文化博士论坛专家圆桌会议的发言纪要。发言专家围绕“法律史研究的史料、方法、视野及新领域”这一主题，结合自己的研究经历，与青年博士（生）们分享了各自的经验教训及心得体会。每位专家发言限定8分钟，言简意赅，对研读法史的青年学子颇有启发。特此刊发，以飨读者。内容已经发言者本人审阅。发言时间：2023年7月9日上午。地点：南京审计大学中和楼502室。主持人：刘宏宇（南京审计大学法学院党委书记、法学博士）

张　生（中国社会科学院法学研究所研究员）

各位同人、各位同学，大家上午好！我的研究领域是近代法律史，侧重于近代民法史的研究。在全程聆听了各位青年才俊的报告之后，我感觉收获非常大。这么多年以来，我始终觉得做博士学位论文期间的研究，可能是大家学术生涯上的一个阶段性的高点。我博士毕业二十多年了，深感突破这个高点是非常困难的，在突破高点以后去追求一个体系性的创新也是很艰苦的。下面我把近年来对民法史研究的一些经验教训向各位同人、同学汇报一下。

---

* 本文由张仁善、李相森整理编排，吴俊豪、曹一铭协助现场记录。

民法史的基本理论范式实际上已经形成，这可能和其他领域的研究也比较相似。简单地概括起来，就是民法的三次继受，如史尚宽、吴经熊，他们一个参与民国民法的起草，一个参与民国宪法的起草，二人基本上都属于第一次法律继受的历史阶段，此后还有第二次继受和第三次继受，由于时间关系我在这里就不做进一步的展开了。从基本理论范式上来看，法律继受可能是目前比较权威的通说。所以如果评价史尚宽和吴经熊，还要看一看后来蔡枢衡对清末民国三十年立法的评价。因为蔡枢衡可能是第一次继受到第二次继受这一转型期的关键性人物。可以说从方法上来看，创新太难了，在民法学界也基本上形成了这样一套理论体系，能超越这套体系的学者极为罕见。在《中华人民共和国民法典》出台以后，我看过四个权威版本的民法典评注，它们基本接受了这个范式。并且在中国近代民法史的研究领域，主要文献史料已经挖掘得差不多了，具体来讲在2000年左右的时候，中国第一历史档案馆和第二历史档案馆所藏的民法史料就已经基本被挖掘完了，除了地方裁判档案，现在再挖掘发现新的立法材料是比较困难了。

反思自己的研究，在2003年的时候，犯过一个材料引用的错误，当时我认为民国民法的第一条，它的前身是德国民法第一次草案的第一条，但当时我并没有看德国民法第一次草案的德文本。后来在细读比较法的材料时，我看到了1875年日本的民事司法法令，再向前追溯，我发现民国民法的第一条在立法例上的来源，是德国的旧商法。可以说，民国民法第一条真正法条渊源是德国旧商法的第一条，但德国旧商法用的是习惯法，因为商法和民法有非常的大区别，商法承认习惯法效力，而民法则不然。后来民国民法第一条将此前的“习惯法”改成了“习惯”，并把日本词汇“条理”改成了“法理”。甚至于后来我们民法的第十条连“法理”都删去了。所以大家要注意到的一个非常重要的问题是，民国民法的第一条有一个非常大的变迁。通过请我的博士同学田士勇翻译德国民法第一次草案的第一条，还有奥地利民法、法国民法的相关条文，加以研读后，我认为，在清末民国时期翻译“法例”一词的时候，用了中国古代律典中的一个文言词汇，后来我们都误解了，“法例”这个词其实就是一般规则的意思，而我们阐释、运用“法例”的时候，把它变成了一个专有名词。如果从功能上来看，它就是一个一般规则，与民法总则在功能上极为相近。所以当我们发现新材料的时候，我建议做民法的同学一定要从法学的角度深刻理解一些重要的外文词汇，如果不求甚解的话，很容易造成误读误解，突破既有成说也就很难了。

现在我们可以把之前的一些错误厘正了。应该说从原文上来讲，法国的拉丁式编纂体例和德国的潘德克顿式的编纂体例，“法例”和“总则”本身是不兼容的，两者可以说是出于不同理念和体系样式的“一般规则”。瑞士民法的“法例”第一次引起了普遍关注，但“总则”与“法例”的第一次兼容则是在土耳其民法典中，民国民法在“总则”的开端规定

“法例”，是参照了土耳其民法典。谈到这一个曲折认识，是希望各位博士们全面掌握材料、精准解读材料，如此才能站在学术研究的前沿，不能看了一些文章就把它们排列组合，造出一篇论文来。你们是法律史学的未来，你们应该有更清醒的前沿意识。

王　健（西北政法大学教授）

首先非常感谢南京审计大学承办这次法律史专业博士生研讨会。这是我第一次踏进南京审计大学的校园，第一次到南京审计大学法学院进行专业交流。今天上午讨论法律史研究的史料、方法、视野和新领域，这是一个永远说不尽的话题。

我想说的第一点是史料的重要性。有无数强调史料之于历史研究重要性的论述。的确，没有史料，就没有办法开拓新的研究领域和写出新的文章来了，这是大家都能深切感受到的。往往有一条资料就可以写出一篇好文章，有一批资料就能写出一部好作品。我个人的体会是，一流的资料写一流的文章，二流的资料写二流的文章，三流的资料写三流的文章。资料和作品的关系，就是这样清楚。当然我说的资料不光是网上查出来的论文，这些严格来说大多属于研究成果类的资料。我说的是别人没有用过的、网上也查阅不到的新发现的档案资料。

第二点是史料和概念引导，也就是讨论议题的方法，我个人认为二者之间密不可分，是相互支持、互为发明的关系。有时候我们很需要概念来发挥引导作用。当有了某个概念之后，可以直接去探索和发掘相关方面的文献资料。举个例子，研究历史上的法律，以往我们的研究范式都以中央政权为中心，这实际上就是把对法律的理解局限在中央政权制定的法律这个范围内了。如果我们改变对法律渊源形式理解的范围，把地方民间生活的各种规则也包括进来，从而扩大法律的范围，这样就会引导我们去关注地方，研究地方民间社会的各种互动关系，由此，我们的目光就必须从内阁大库的档案转移到各种地方档案，去寻找地方的一些档案资料，像巴县档案、龙泉档案、紫阳档案，等等。所以概念引导很重要，我们在确立概念之后，就能以概念为引导去探索某一方面的文献资料。这是法律史研究常用的路径。再比如过去我们的法律史研究往往以汉族政权为主体，常常忽略少数民族，而当我们以中华民族多元一体概念为引导来观察中国历史上的法律时，就会关注除了中央政权之外的各边疆少数民族政权的法律，于是我们就会去开辟和探索诸如内蒙古、新疆、西藏、云南等地区的法律档案资料。我曾去内蒙古科技大学法学院，法学同人就告诉我说他们那里有一套很完整的土默特衙门档案，有蒙文有汉文，很少有人使用。而这些档案所反映的，正好是农业区和游牧区过渡地带的生活情况，包括司法审判方面的文件和案例。

概念引导还可以深化我们对以往相对熟悉的知识领域的认识。例如研究革命根据地法制史，我们都知道1949年2月党中央发出的《中共中央关于废除国民党〈六法全书〉和确定解放区司法原则的指示》这一重要文件，但是这个文件是怎样起草的一直缺乏清晰的说明。现有的一些说法也带给我们大量疑惑。这就引导我们去进一步查找党史文献，不过这是一个很有难度的工作，主要是文献资料不对外开放。有次张生会长问我有关后甘泉村宪法起草方面的情况，也是文档封存无法看到而无从开展研究。现在关于中央苏区的研究资料，主要靠的就是《红色中华》，其他的资料就很少了。不过陕甘宁边区政府的资料，都全部完整地保存了下来，所以研究陕甘宁边区宪法也好，研究解放区土地法大纲也好，这些资料都是齐全的。最近这些年兴起研究红色法治文化，有些事件和人物随之慢慢浮出了水面，不过还是苦于文献资料不充分、不够用，研究就开展得不是很好。我们都说《中华苏维埃共和国宪法大纲》很重要，这是中共党史上第一个重大的法律。那么问题来了，这个文件是谁起草的呢？是毛主席，是项英，还是张国焘？无从得知。直到党史工作者陈刚先生费尽心力挖掘出了梁柏台这个消失的重要人物。那么问题又来了，梁柏台的法律知识又是从哪来的呢？顺着这个人物要往下追溯，我们知道梁柏台是共产国际远东局的人，曾在伯力这个地方工作，并因为当地华人交涉事务较多，被委派到伯力省法院当审判员，这样就促使他专门突击学习了苏联法律，可以说梁柏台是中国共产党早期领导人当中极少对苏联法律做过专门研究的人。那么问题又来了，梁柏台当时在伯力地区都判过哪些案子？怎样学习研究的苏联法律？要弄清楚这些问题，就涉及苏联方面的文献档案，特别是共产国际远东局的档案。总之，文献资料和概念引导相互支撑，这样才能更好地把法律史研究推向深入。

赵晓耕（中国人民大学法学院教授）

我就接着前两位老师的话题，我也想谈谈我的一些看法。说到了史料，我们这二十年有一个很突出的变化，比如说在先秦和秦汉，我们这个圈子里边的人好多关注的是简牍。此类研究对于一般意义上的文科以及社会都是有价值的。但你不要忘了你是个法科生。我始终说我们法律史专业之所以还在法学院，是因为法律史更多关注和法律有关的话题。不要辛辛苦苦读了三年硕士研究生、四年博士研究生，到毕业的时候，连我们现在基本的社会法律制度状况都不了解，你对不起那张文凭，怎么好意思跟别人介绍说你是法学专业的？

当然我们这个学科一经被选择，我们本人也很尴尬，连同行都认为我们不是法学专业人士，这就是要自我检讨的地方。我们到底都在关注些什么东西？比如说这些史料，同样的史料，不同的学科背景，大家的关注点是完全不同的。举个例子，我招了两个硕士研究生，这两个人一个本科是学法学，一个是学中文，然后我就布置了作业，让他们回去读1908年颁布的《钦定宪法大纲》，看看他们能读出什么来。过了两天我跟他们交流，法科的学生说这个宪法它基本上具备现代宪法的结构，比如有序言、正文等，所以他就按照这种传统的知识积累提出了一个问题，为什么这部宪法大纲没有附录？学中文的同学提的问题截然不同，他上来就问这部宪法为什么叫钦定？钦定到底是什么意思？可见他们的关注点完全不一样。今天学法律史的同学跟我们这一辈人是不一样的，我们虽然也是本科法科专业出身，但我们那个年代能读到的法律很有限，而诸位是很标准的法学科班出身，有很好的专业基础。随着人年龄阅历的增长，选择的能力是越来越强，但是能选择的范围一定是越来越窄。大家在法学院，选择了法律史，你更应该关注的是那些和法律有关的话题。简牍研究当然重要，但是回过头来检索一下，这20多年我们这些法律史专业人士搞的简牍研究，颠覆性的结论有多少？我举这个例子不是说这个研究没有意义，它可以在一些最基本的观念、概念，甚至在以往的一些价值判断上有一定的突破，但更多的是对法律史宏观整体上的一种补充。

我接着讲些跟刚才两位老师发言能够发生关联的内容，他们反复强调史料的重要性，我不否认，但是中国有句古话大家一定要记住，温故而知新。台湾学生有个很好的习惯，尤其是法科生，几乎每个人包里都装着一本“小六法”，我们今天也可以做到这一点。随手翻翻法典、资料，就会发现其实很多问题几乎都不是学术问题，翻一遍书大多问题就解决了。我们南大有位老先生钱大群，钱老师很早的时候写过一篇文章，公然和圈子里的人唱反调，说《唐六典》根本就不是行政法典，我们当时觉得这个观点很了得。把《唐六典》借出来翻一翻，就会很直观地感受到怎么能把这东西当作行政法典？我们好多貌似学术的问题，你只要拿出那本书看看目录，其实就会有自己的看法，它一点都不复杂。

很多人说我们需要发现新史料，但是，以往的那些史料其实更有价值。历史就是古人经过他们的智慧一代一代选择的结果。尼采说没有事实，有的只是描述。凡是映入眼帘的史料，都是前人留下的记录。史料真的很重要，但我们不是都要一味地去四处搜求新史料。我们面对的这些史料是一代一代人认为值得后人去阅读、去记取，才留存下来的。正史就是前人们不断梳理、整理、选择、判断留存下来的。大家今天感兴趣的各种司法档案，可能就类比于今天某个区法院的档案，固然再过500年，它可能也有某种新颖性，但它的学术价值究竟有多大，我们今天不难判断。

吕　丽（吉林大学法学院教授）

感谢主持人，感谢南大法学院、南审法学院、百闻律所共同组织这次活动。前面三位老师谈到的我非常认同，围绕今天的主题，我主要谈两点看法与博士们分享。

首先，应该理性对待国外学者的研究。国外学者的中国法律史研究，在史料运用、观点创新以及研究方法等方面都很值得我们学习、借鉴，但我们也不能盲从，不能跟风，不能盲目跟着外国的调子跑。比如说在史料运用方面，国外学者用案例判牍，我们就一度兴起案例判牍热；国外学者热衷于用司法档案，那我们也掀起了运用司法档案进行法律史研究的风潮。国外学者的研究，有他的优势，有非常值得我们学习与借鉴的地方，但是也可能存在着一定的局限，有的国外学者可能受限于汉语水平问题，或者对中华文化的理解存在偏差。另外，我们对国外学者的某些研究结论，也可能存在误解、误读。中国法律史学会上一期的法律史大讲堂，赵晶教授就谈到了一个问题，刷新了我的认知。她谈到日本学者关于律令体系和律令国家的论断，其实主要是就日本史上一段时期而言的，中国史上能否使用，日本学者是持非常慎重的态度的。但后来这一论断就被误读成了是日本学者对中国传统法律体系特点的概括而被我们较普遍地接受和运用了。顺便也谈一点我对中国古代法律体系特点的看法。实际上从晋到唐，律和令确实是法律体系中的两个主干，格和式如戴建国老师所言是律和令的辅助法。可以说中国的法律体系有一脉相承的特点，分为两大门类：一个是用以设范立制的“积极规范”，一个是用以正刑定罪的“消极规范”。晋至隋唐的律与令，向前追溯，三代的礼与刑，向后发展到明清的会典与律，其实都可以印证古人对国家制定法律的分类模式大体就是两大类。不过我认为在“积极的规范”这个门类下还可以再分出一个特殊的门类，那就是礼仪法。

其次，就是关于如何对待史料和研究领域的问题。前面的老师其实也都谈到了这个问题，我也再强调一点，年轻学子应避免在对法律史的基本问题与基础史料缺乏基本的了解与积累的情况之下，把自己的研究过于单一化、局限化。例如不能单纯地就档案研究档案，沉迷其中无暇他顾，只见树木不见森林。如赵晓耕老师刚才谈到的正史，另外政书、类书、简牍、案例判牍、笔记、小说，等等，都可以成为主要的研究资料。我们的积累不仅要专和精，还要兼顾博和通。史料的运用要多元，要能互相印证。

李　力（中南财经政法大学法学院教授）

我想谈三点。第一点，关于这个主题，我们在《法律史评论》最近一期上，邀请很多青年老师做了一个专门的栏目，涉及本次论坛的一些问题，可能代表了70后、80后老师的一些看法，大家可以看一看。我非常赞同刚才前面的几位老师对史料的判断。我想各位青年学子需要完成自己的博士论文，对学界讨论的前沿内容要大致清楚。法律史学科毕竟是一个法学和史学交叉的学科，我们应该有一些专业的认知和心理判断，要有阅读史料的能力、阅读史料的研究习惯，不能上来就套用法学理论。

第二点，我想讲的就是史料到底有没有新和旧之分。这种新旧当是以发现时间来考虑的，但是作为基本功，最基础的研究对象还是常见史料。不管哪一个历史阶段都有基本史料。按照以往史家的经验，围绕这些史料，我们应该去读懂它，要找问题。当然除了常见史料之外，可能还要考虑一下新史料，如地方司法档案、秦汉简牍、金文，甚至甲骨文。但是这些新史料的阅读学习往往有很大的困难。至于如何处理这些新史料和常见史料的关系，在法律史、在文献学中还是有基本看法的。一些问题，在基本史料都读不懂的情况下，是不能依靠那些阅读起来更困难的新史料去推测的。这样的推测很难成立。当然也有观点认为研究简牍可能没有什么意义，但这种并非是我们所要考虑的。我们要研究的是问题，这个问题我能不能把它解决掉，能解决到什么程度，这是需要去关心的。至于将来别人用不用，部门法看不看，和我们的研究没有关系。我想我们最根本的工作就是去研读史料，去看前人的二手研究，越全越好。

第三点，我认为史料常读常新，关键就是我们有没有能力发现问题。史料读不懂，史料性质搞不清楚，不了解史料是怎样生成的，那很多法律问题就很难去搞清楚。我个人的体会就是不管什么史料，面对它的第一件事就是读通它，然后看自己能不能发现问题，能不能做出文章来，至于研究的作用，我们目前并没有能力涉及。还有就是要注意一下我们现在的理论恐怕是不能直接套用在古代的法律上的，古代的一些东西，我们用现在的理论来阐释也不一定能适用。当然作为一个法学生，像民法、刑法这些法律体系的基本认识还是要有，法学基本功和史料基本功都要踏实。这是我个人的三点体会，在这里跟各位同学分享，也希望大家能够继续努力用功，把我们的学科做好。

高汉成（中国社会科学院法学研究所研究员）

刚才几位老师都谈了很多，很受启发，我接着聊。其实大家可以看到刚才各位老师讲的都是史料的问题，像各位老师说的，史料有基本史料，也有现在很多学者关注的所谓的稀有第一手史料，就是我昨天打比方谈到的“挖矿”“淘金”问题，它们是需要提高深度挖掘技术来获取的东西，比如秦汉简的研究，以及对南部档案、龙泉档案等司法文书档案和民间契约的研究，等等。但正如刚刚赵晓耕老师所说的，这样的研究能不能改变现在法律史研究的面貌？也就是说如果今天出版的教科书和10年前的教科书，甚至20年前的教科书，历史叙事的基本观点还是一样的，我觉得这就意味着上述法律史学的研究工作是失败的，所以我不太建议大家追风做学术研究，还是要立足于对基本史料的研读和开发利用。另外就如王健老师所讲，有一些史料我们由于一些不可抗力因素难以窥视，不只是学生，像我们这些老师也看不见它们，所以完全寄希望于史料的稀有和独特性来取胜是很难的。再说“温故而知新”，这句话听起来很简单，其实对大家来说也很难，在很多时候仅仅是阅读基本史料，同学们是没有新的感觉和创新的冲动的，是找不到题目的。所以我认为现在最大的问题是如何解决没有问题意识这一个问题。你讨论这个问题，是在关心什么？前人的研究解决了什么问题，还没解决什么问题？你想从哪里出发来讨论这个问题？

我这样说并不是认为史料不重要，史料研究当然有很重大的意义。有一点意义在于，研究史料就不会人云亦云。比如晚清的法律文献，为什么有的加“钦定”，有的不加“钦定”？《钦定宪法大纲》可不可以直接叫《宪法大纲》？我个人看法，其实完全可以。原因就是晚清所有的法律都经过皇帝的亲裁，都是钦定的。如《大清刑律》，也可以叫《钦定大清刑律》，大家可以看当时刊刻的法律文本，封面上写的是《钦定大清刑律》，但是内页写的是《大清刑律》。这些东西，你只有看了文献材料以后，才能知道是怎么一回事。那么很可能从这里出发，你的问题意识就有了。再接着说《大清刑律》。现在普遍说法是1911年1月25日颁布的，但实际上这个问题是值得商榷的。1911年1月25日是宣统二年十二月二十五日，此时《大清刑律》总则部分资政院已经通过了，但是分则部分还没有讨论，所以宣统二年十二月二十五日其实是法律文本内容钦定的时间，但还没有定本，《钦定大清刑律》真实的法律文本还不存在，更谈不上颁布的问题。颁布这个词其实是一个近代法意义上的词，那么一般意义上说是公告的意思。到了宣统三年三月二十二日（1911年4月20日），宪政编查馆上奏《刑律黄册缮写告竣装潢进呈折》，才有了一份真实的《钦定大清刑律》的法律文本，上面写有“恭呈御览，另由臣等刊刻成书，颁行京外”。因此严格说《大清刑律》颁布的时间，至少应在宣统三年三月二十二日（1911 年 4 月 20 日）之后，而不是 1911 年 1 月 25 日。这些问题你要是不去看材料，尤其是第一手的材料，你是根本发现不了的，自然也就不会产生问题意识。

我觉得大家既然已经选择了法律史这条路，要在这条道路上走下去，那么大家就应该有这样一种意识——从史料出发，但是不要拘泥于或一定要执着于是什么样的一条史料，大处着眼，小处入手。我还是希望在 10 年以后，经过我们大家的努力，从“卫星”上看到我们法律史的“田野”的时候，它是越来越绿的，我觉得这个是最重要的，也是法律史研究真正取得进展的证明。

李玉生（南京师范大学法学院教授）

非常高兴参加这个论坛，我这些年主要忙于实务，在本专业研究方面，跟各位专家比确实是惭愧，但是也有一些体会想跟大家交流一下。就这个主题，我想大家要注意的首先是一些基本的观念。我们这一代人是从 20 世纪 80 年代开始学习法律史的，那个时候中国法律史学界整个的学术倾向是批判的，对传统法律否定的居多。大约从 2000 年之后，随着中国综合国力的提升，大家越来越觉得传统文化、传统法律中还是有一些值得肯定的地方。尤其是随着年轻一代的登场，这种态度倾向的变化越发明显。但是这带来另外一个问题，现在大家一直在说要传承和创新中华优秀传统法律文化，我们在看到中国法律史发展机遇的同时，也要注意到现在我们传承的应当是优秀传统法律文化，并不是全部的传统法律文化。因此在这种情况下，作为研究者，我们更要注意传统法律文化当中还有不好的一面，是不能全盘继受的。对于中华传统法律文化，我们不能只看传统，不讲优秀，要一分为二地看待，要取其精华，去其糟粕。

还有一点，在一些宏观的观念上，有一些概念的使用我们还是要注意的。比如说像法治，这个词怎么用，能不能用到现在传统法律文化研究里面去？我想这个要谨慎。就在前两年，安徽六安举办了一个“皋陶法治思想与法治中国建设研讨会”，我想这恐怕就是用词不当了。还有后来《光明日报》上刊登了一篇包括曾国藩在内的湖湘人物法治思想的文章，我当时也在思考法治这个词用得妥当与否。因为关于法治这个词，学术界对于其概念已经有了一个明确的共识了，我们在研究中国传统法律文化时，最好还是重新使用一个词语，至少你得重新界定法治的含义，不能不顾共识。

第二个问题，当代中国法学的学术转向大家都是知道的，就是研究的主流方向已经从立法转向了司法。法史学界也受其影响，从过去重点关注立法的法史学转向了更加关注古代司法的法史学。司法当然是要更关注实际运行中的法律，但是与此同时，我们也不能忘了古代的立法情况，这是研究法律史的前提和基础。如果我们对于古代立法情况不太清楚，就直接去研究司法或法律实施问题，可能就会出问题。最简单的，我们如果对古代某个法律文献的性质不清楚，那么在引用时就可能发生偏差。就比如刚才晓耕教授讲到的《唐六典》，它究竟是不是法律甚至行政法典？其实在古代的传统书籍分类中，中国古人从来没把它当法律看，像《唐会要》把它记载在“修撰”门，而不是记载立法的“定格令”中，《新唐书·艺文志》则是将其记载在史部“职官类”而不在记载法律的“刑法类”中。最早将《唐六典》定性为行政法典的，依据杨鸿烈《中国法律发达史》的说法，是近代日本学者织田万，他在其清末民初所编的《清国行政法》中说中国“古来有两大法典，一是刑法典，一是行政法典”，然后我们才开始有人接受这个观点。二十年前中国政法大学出版社点校出版了织田万的《清国行政法》一书，但是我没有找到杨鸿烈引用的这句话，不知何故。像这种对于古代法律文献性质的认识，是能直接影响到论文的表达的。既然《唐六典》不是法律，那引用时就不能说其规定了什么，只能说书中记载了什么。同样的，昨天我也提到南宋的《庆元条法事类》，它也不是法典，而是法律汇编。与《庆元条法事类》同时存在的，还有那些敕令格式，这些才是当时适用的法律，《庆元条法事类》不过是把当时的敕令格式等重新分类编排了一下。

更为重要的是，中国古代历朝制定的法律都不止有一种，比如唐代就有律令格式四种，后来还有格后敕。因此在研究唐律是否得到实施时，不仅要关注唐律前后的修订变化，而且要注意唐律与令格式特别是格之间的关系。有学者从史籍中找到一些唐代定罪量刑与唐律规定不一致的案例，就质疑说唐律没有得到有效的实施，是不是这样呢？显然不是。因为唐律不仅在唐代中期以前有先后十余次的修订，而且唐格也会对唐律加以修正或者增加一些规定。因此，如果对唐代立法中律令格式之间的相互关系不太清楚，如何能够透彻分析唐代司法中的某些问题？这种问题其他朝代也有。如此，就会落入一些日本学者所批评的“缺乏常识”，这是很重的话，应当避免。

谢谢大家！

肖建新（南京审计大学法学院教授）

谢谢主持人，感谢会议提供的发言机会！

昨天的博士论坛很成功、很圆满！在目前学术凸显功用、功利的环境下，还有这么多的同学、学者仍然坚持从事法律史和基础法律理论问题的研究，我很感动，也很敬佩。今天这个圆桌会议的主题很好，是法史研究的基础问题，很有价值，也是昨天论坛的继续和深化，是进一步的交流学习和研讨，我很乐意参与，并向同学和同人学习，分享自己心得，希望能提供一点参考。为此，昨晚做了个作业，备了一点课，主要是对我在史料，包括法律史料基本问题上的研究和思考做了一些梳理、反思，现在向大家报告。

我们做法史研究的，还是要返本于这一研究的本源、本质问题，在浮躁的学术氛围之下返璞归真，更是难能可贵。我们谈的史料问题实际上是一个基础的问题，这从昨天一些同学们的报告中就反映出来。有些同学在史料的应用上就很认真，也有些就不规范了，比较简陋粗疏。史料和史料学的重要性和基础地位，我就不多重复了。在我国学术史上，傅斯年早就讲过，历史学是什么？史学就是史料学。梁启超也指出史料是历史的细胞。所以我们研究法律史离不开这个基本的要求、基本的遵循。目前我们既要有研究方法、思想的创新，同时也要对史料的本质和运用再重视、再思考。在此主要想谈四个方面的看法。

第一，历史材料所讲并不都是曾经发生过的历史事实。我们要看到任何史料都有意识性和精神性的内容，主动或主观地渗透其中，不要以为你看到的法律史料就是法律的事实、法律的历史，中国历史上有汗牛充栋的记述，在记述的那一刹那，已经介入了主观的人的意识。无论“左史记言，右史记事”，还是“述而不作”，其所言、所记、所述未必全是事实，其中往往带有“微言大义”“成一家之言”的认识。对这种材料，如何分析它，如何区别叙事与所叙则是有相当难度的。之所以强调这个问题，是要引起我们的注意，不要被现在的一切历史都是思想史、当代史的口号或观点所蒙蔽，更不能盲目崇拜。要明确你到底研究什么：是研究叙事还是所叙？还是二者兼而有之？你对所研究的历史、法史到底采取什么样的态度？要特别注意其中所强加的意识性、精神性的内容。

第二，我们研究时所引用的所有史料，包括中国法律史料，在它的发展过程中，是经过了一系列的建构、解构、重构而形成的，在研究过程中，研究（或认识）主体、史料中介、历史客体三者循环往复，不断深化或创新，史料是重构的结果。如《史记》所述的汉武帝时代法制，实际上是司马迁—《史记》—汉武帝时代法制重构的结果。面对呈现在我们面前的史料，即使你从中得出一个重大的发现，也是经过一代又一代人的认识而获得的一种接近历史的反映，是重构的一个节点。所以在这种情况下对于史料的重构性一定要注意，要有所警惕。今天对待口述史料时，更要谨慎、慎重，一定要科学地、理性地去看待和利用。要有自知之明，人的记忆是有欠缺的，认识也是有差异的。

第三，一定要注意到史料是研究的中介，或者说史料具有中介性。这是基于上述史料重构的观点而对史料性质做出的基本判断。史料的三重建构往往不断进行，历史记载、材料传承、研究再现，经过多次重复的建构，有时更接近历史真实，而有时离历史的本来面貌也可能会越来越远，但我们的研究是要去接近真实的历史。我们没法回到古代，只有通过中介材料去认识历史，所以这种中介性认识或认识中介性是应该存在的，也是历史包括法史研究的规律。

最后一点，也是我最近思考的问题。我们研究中国法制史的时候，大家都知道这是一个交叉学科，但是，还是一定程度上停留在某种表面上去考察的。我们一定要注意，中国法律史学的交叉，不仅是法学与史学学科的，而且是社会科学与人文学科之间的。这一点从学科的本质去考察，是比较重要的，也是以往人们注意不够、重视不够的地方。法学应该主要是社会学科，而法史学主要是人文学科，二者的差别不只是学科的差别，更是学科领域（社会与人文）的区别。这两大学科领域在材料基础、资料应用、研究方法上都有很大的区别。从这个方面或角度讲，我们以往的思考、反思是很少的。限于时间，不做进一步的说明。最后借用《易经》上的一句话来概括如何对待法律史文献的基础性问题，“观乎天文，以察时变；观乎人文，以化成天下”，法律史的研究就是通过史料呈现历史上的“天文”“人文”现象，探寻历史上真实发生过的事情，并通过还原这些历史真相揭示历史规律；而发现这个规律又是为了启迪民智、内化于心，形成历史的自觉，获得历史智慧，为现代社会服务，最终的目的是“化成天下”。显然，这是法学基础性、理论性学科研究的使命，与部门法的研究是有很大差异的。

张仁善（南京大学法学院教授）

指导什么是谈不上的，这个会议手册是我花心思去做的，这个圆桌的主题“法律史研究的史料、方法、视野及新领域”也是我定的，就是想借这么一个机会，请各位专家聊一聊经验，和大家交流一下。反正成功的都是经验，失败的都是教训。现在学界似乎有个现象：年轻人在玩概念，中年人在忙课题，老年人在做史料，这可能就是一个研究的过程。刚刚就史料、方法，大家都提了不少，这里结合我最近研究的心得来简单讲讲。史料、方法和视野之中，视野要特别重视，视野就包括了思维、视角，还有见识、眼界。我下面谈谈我的感触。

第一，我的一个感触就是，中国法律史越学越胆小，越学越觉得心虚。在法律史，包括中国法律史、西方法律史的研究中，越学越觉得自己的知识结构不够，要不断扩大视野，多了解信息。比如，我近年来在关注郑天锡先生的自传，在关注的过程中，我发现中国目前对于郑先生的研究还不够，郑先生之前是海牙国际法院的法官，还做过大理院的推事，把大理院的判例翻译成英文，但是这么一个中国的国际法律大家却少有人关注。最近我和学生翻译的郑天锡先生自传《东方与西方》英文原版书，就是20多年前我在南大教过的一个本科生帮我在英国二手书市场买的（他顺便帮我买了郑氏另一本书《孔子塑型之中国人》），《八十感言》则是一位后来去港大读博的南大诉讼法研究生，也是我篮球场上的球友帮我搜集到的。同学们知道吗？清代黄六鸿的《福惠全书》早就有人全文翻译成英文了，民国《民商事习惯调查报告录》也早有日文翻译版，这些也都是学术信息。

还有我认为知识结构不够的一点是，在研究中可能涉及一些英文、法文、德文及其他语言的应用。我最近正在关注一位法国学者让·爱斯嘉拉（或译作艾斯加拉），他是20世纪前半期法国法学界研究中国法律的绝对权威，一直参与、指导民国北京政府、南京国民政府的法律建设，直接参与到中国的立法、司法等法律实践，并协助指导中国政府收回治外法权，但我们对他的研究还是不够。他最有代表性的一本关于中国法律的著作《中国法：概念与沿革、立法与司法制度、法律学科与法学教育概况》（以下简称“《中国法》”），用法语写成，1936年于巴黎、北京同时出版，这样一部关于中国法律的书有日文版（1941年），有英文版（1959年），却没有中文版。我搜集到法文版、日文版、英文版，我英文还可以，但法文、日文的水平并不足够支持阅读，不懂法文，日语虽然读博士时期学过，期末考试成绩也是优秀，但长期不用，生疏了。英文版又在美国的几个大型图书馆里，没法进入查阅，只能请朋友通过馆际借阅，分段陆续扫描复制。我现在只能请今年刚招进的在日本留过学的博士生帮忙，通过翻译日文版的《中国法》，把整本书介绍到国内来。我所要表达的意思，是自己的语言跟不上，所以要不断学习。再如瞿同祖的《中国法律与中国社会》，这本书的英文版就是请爱斯嘉拉全文审核的，可见爱斯嘉拉的地位，这种关联性需要广泛的阅读和语言基础才能建立。就是在这种情况下，越学越觉得自己知识不够，语言水平不够。做法史研究还是很有必要学习外文的，我们不仅要学金文、甲骨文，还要提升自己的外语水平，多掌握几门语言。学习法律史的人一定是越来越谦虚、谨慎的。

第二，是觉得自己要多交朋友，要多交老、中、青朋友，多和青年人交流。前天晚上我还在读瞿同祖先生《中国法律与中国社会》英文版的序言，其中有一个不解，序言作者是法国人，序言脚注中一个注释，简介了爱斯嘉拉的讣告发在“*T'ung Pao*”上，这个词的意思我当时有疑惑，后面就问了我认识的一个南大听过我讲课的后来去法国留学的国际法研究生，他立即在瑞士图书馆的东方研究部查到，系1890年在荷兰创办的英文刊物，中文名字叫《通报》，在欧洲汉学界很有名，我以前却没有关注过。再如近代中国在法国拿到法学博士学位的有两百多人，在德国拿到法学博士学位的也有十七八个，这些人的论文都是用法语、德语写成的，我已经搜集了一批德语论文，目前还没有人把它们翻译过来，或者从事这方面的研究，有机会，看能否组织一些学德语的学生做做翻译工作。我的意思是，这些工作都需要不停地去交朋友，不停地去学外语，扩大自己的视野，扩大自己的知识面。学者只耕耘自己的一亩三分地也是可以的，但是法律史的研究，不只有一亩三分地，还有更广阔的天空。

图书在版编目（CIP）数据
法律史评论. 第23卷 / 里赞，刘昕杰主编. -- 成都 ：
巴蜀书社，2024.3. -- ISBN 978-7-5531-2271-7
Ⅰ. D929－53
中国国家版本馆 CIP 数据核字第 20241BR629 号

法律史评论（第23卷）
Falüshi Pinglun（Di 23 Juan）
里　赞　刘昕杰　主编

责任编辑　徐雨田
特约编辑　史晓鹏
责任印制　田东洋　谷雨婷
封面设计　冀帅吉
出　　版　巴蜀书社
成都市锦江区三色路238号新华之星A座36层　邮编：610023
总编室电话：（028）86361843
网　　址　www.bsbook.com.cn
发　　行　巴蜀书社
发行科电话：（028）86361852
经　　销　新华书店
印　　刷　成都蜀通印务有限责任公司（028）64715762
版　　次　2024年3月第1版
印　　次　2024年3月第1次印刷
成品尺寸　185mm×260mm
印　　张　26
字　　数　510千
书　　号　ISBN 978-7-5531-2271-7
定　　价　138.00元